EDUARD SPRANGER

Gesammelte Schriften
III

EDUARD SPRANGER

Gesammelte Schriften

Herausgegeben von
Hans Walter Bähr   Otto Friedrich Bollnow   Otto Dürr
Walter Eisermann   Ludwig Englert   Andreas Flitner
Hermann Josef Meyer   Hans Wenke

III

Max Niemeyer Verlag
Tübingen

Quelle & Meyer Verlag
Heidelberg

EDUARD SPRANGER

Schule und Lehrer

Herausgegeben von
Ludwig Englert

Quelle & Meyer Verlag Heidelberg
1970

Erscheint mit Unterstützung durch die
Stiftung Volkswagenwerk, Hannover.

Satz und Druck: Druckhaus Darmstadt GmbH.

Inhaltsverzeichnis

Allgemeinbildung und Berufsschule[1]

1920

Wer an der Pflichtfortbildungsschule tätig ist, findet sich von zwei widersprechenden Gefühlen erfüllt: von dem beglückenden, auf einem jungfräulichen Boden zu stehen, der ungeahnte Möglichkeiten des Schaffens gestattet, aber auch von dem bedrückenden Gefühl, diese hohen und reichen Ideale in den beschränkten Raum von sechs oder allerhöchstens acht Stunden zusammenpressen zu sollen. Gewiß, wir sind wohl alle darin einig, daß eine auf so geringe Stundenzahl beschränkte Schulform nur einen vorläufigen Notbehelf darstellen kann. Und es ist immer wieder die Ansicht geäußert worden, daß es eigentlich einer Verlängerung der Volksschulpflicht über das 14. Jahr hinaus bedürfe. Leider gestatten die gegenwärtigen Verhältnisse weniger als je, diesem Gedanken praktisch näherzutreten. Angenommen aber, es bestünde die Möglichkeit, so würden wir damit vor die entscheidende Frage gestellt werden, ob wir einen solchen Aufbau auf die Volksschule weiter im allgemeinbildenden Sinne gestalten, oder ob wir das Prinzip der Berufsbildung ausschlaggebend sein lassen wollten. Es würde dann gleichsam in vergrößerter Form dasselbe Problem wiederkehren, das gegenwärtig im Zusammenhange mit der Pflichtfortbildungsschule neu aufgerollt wird. Wir wollen diese Frage hier nicht nur von dem Notgesichtspunkte aus erörtern; deswegen habe ich sie in den größeren Zusammenhang hineingestellt; sondern wir wollen allein von wahren Bildungsgesichtspunkten aus untersuchen, ob die Berufsbildung wirklich geeignet ist, den Bedürfnissen des Lebens wie den ethischen Forderungen der Kultur zu genügen.

Es sah zwar so aus, als ob diese Frage schon lange entschieden sei. Durch *Pache* und dann *Kerschensteiner* ist die Fortbildungsschule grundsätzlich auf den Boden der beruflichen Gliederung gestellt worden. Und doch sind gerade im Verlaufe des letzten Jahres ernsthafte Bedenken gegen das Be-

[1] Vortrag, gehalten auf dem XIII. Deutschen Fortbildungsschultag in Dresden.

rufsprinzip geltend gemacht worden, so daß wir uns der Forderung nicht verschließen können, noch einmal im Zusammenhange zu erwägen, ob das Berufsprinzip der Fortbildungsschule angemessen ist. Sie haben die Berechtigung dieser Frage dadurch anerkannt, daß Sie sie an die Spitze Ihrer diesjährigen Tagung gesetzt haben.

Wenn ich nunmehr von meinen Gesichtspunkten aus dieses Problem erörtere, so muß ich im voraus Ihre Nachsicht dafür erbitten, daß ich nicht aus der Fülle täglicher Erfahrungen und praktischer Eindrücke reden kann, sondern entsprechend meinem Arbeitsgebiete von allgemeinen kulturellen und psychologischen Erwägungen ausgehe.

Es wird unvermeidlich sein, mit dem Begriff der Bildung selber zu beginnen und ihn in seiner allgemeinsten Bedeutung zu erörtern. Ich verstehe unter Bildung eine Gestaltung des Menschentums im einzelnen Wesen, die es zum Erleben, Verstehen und Erzeugen objektiv wertvoller Lebensinhalte fähig macht. Bildung, kürzer gesagt, ist die Gegenwart objektiver Werte im Zusammenhang der einzelnen Seele. Das objektiv Wertvolle nun bereichert nicht nur das eigene persönliche Dasein, sondern es stellt kraft seines Wesens zugleich auch einen sozialen Wert dar, Eigenschaften, die für die Gesellschaft, ihren Bestand und ihren Gehalt als wertvoll angesehen werden müssen. In der wirklichen Bildung sind diese beiden Seiten ungetrennt. Die Bereicherung des eigenen Wesens und die Bereicherung des Gemeinschaftslebens fallen nicht auseinander, sondern sie haben eine höhere Einheit. Wir würden weder den Genießer, der alles nur in sich hineinziehen möchte, um daran seine Lust zu haben, einen gebildeten Menschen nennen, noch würden wir von demjenigen, der sich ganz und gar den anderen aufopfert und auf jede Form eigener Existenz verzichtet, gelten lassen, daß er ein gebildeter Mensch sei. Er mag sonst so hoch stehen, wie er will; Bildung wohnt nicht in ihm. Wir können also sagen: Bildung ist immer wertvolles Menschentum, oder mit dem alten gebräuchlichen Fremdwort, *Bildung ist immer Humanität.*

Es gibt jedoch sehr verschiedene Ausprägungen der Humanität. Als das Wort im Zusammenhang des deutschen Bildungslebens seine Blütezeit hatte, dachte man besonders an den innerlich ästhetisch geformten Menschen, an die Persönlichkeit voll innerer Harmonie. Das ist aber nur eine zeitliche Erscheinung des Humanitätsgedankens. Es gibt so viele Hauptformen der Humanität, als es Arten der menschlichen Werte gibt. Es ist nicht meine Aufgabe, hier diese Mannigfaltigkeit zu beleuchten. Ich hebe nur zwei verschiedene Auffassungen heraus. Die Vollendung des Menschentums wird von den einen gesehen in einer allseitigen, universalen Entfaltung und von den anderen in der ausgeprägten individuell sicheren Persönlichkeit. Es sind zwei verschiedene Lebensstile, die wir hier nebeneinander gestellt haben. Der eine ist erfüllt von dem unersättlichen Drang, sich nach allen Seiten des Daseins auszudehnen; das ist jene Lebensform, wie sie Goethe immer wieder in seinen größten Dichtungen dargestellt hat, im Faust sowohl wie im Wilhelm Meister. Man könnte Goethe selber, auch seinen Lehrer Herder, als so allseitig veranlagte Naturen bezeichnen. Aber wir sehen zugleich im Leben dieser beiden Männer auch die innere Tragik, die mit einem universalen Lebensdrang verbunden ist. Solche Menschen sind innerlich unselig, weil sie nicht den Mittelpunkt ihres Daseins finden können. Das ist es, worum Goethe Jahrzehnte seines Lebens gerungen hat: aus der unsäglichen Fülle der Möglichkeiten herauszukommen zu einer Beschränkung des Daseins, zur fruchtbaren und bestimmten Tat. Stellen wir nun diesen universalen Naturen die andere Form gegenüber, die man etwa als Spezialismus bezeichnen könnte! Sie wissen, meine Damen und Herren, es liegt in allem Spezialistentum eine gewisse Kraft und Sicherheit; aber hier ist nun wieder das dringende Bedürfnis vorhanden, über die Enge des beschränkten Daseinskreises hinauszukommen. Deswegen hat Schiller von den Fragmenten der Menschheit gesprochen, die er um sich herum fand. Deswegen hat Rousseau die Arbeitsteilung angeklagt: sie hindert die Entwicklung des ganzen und vollen Menschen. Schiller und sein Geistesverwandter Humboldt haben geglaubt, daß sie die Enge und Einseitigkeit des Spezialistentums nur durch ästhetische Erziehung überwinden könnten, durch den Umgang mit der Kunst; denn die Kunst ist es, die den Menschen erweitert, indem sie ihn von der Beschränktheit des Stoffes und der Zeit befreit.

Von diesen beiden Formen des Lebens hat der Klassizismus den Universalgedanken zur Herrschaft gebracht. Eigentlich entgegen der letzten Lebensweisheit von Goethe ist in den Tagen der klassischen deutschen Literatur das gesamte deutsche Bildungswesen auf die Grundlage der allgemeinen umfassenden Menschenbildung gestellt worden. Ich erinnere nur daran, daß man sie damals in drei Stufen aufbaute: die Elementarstufe im Anschluß an Pestalozzi als Entwicklung der grundlegenden Geisteskräfte nach allen Seiten. Die zweite Stufe bildet dann das Gymnasium mit dem allseitigen Menschenideal, das am Altertum sich entzünden sollte. Und endlich kam auf der Universität der universalistische Gedanke zum Ausdruck durch den philosophischen Rahmen, in den man jede einzelne Wissenschaft einzufügen bestrebt war. So ist das ganze 19. Jahrhundert hindurch der herrschende Gedanke im deutschen Bildungswesen der Gedanke der allgemeinen Menschenbildung, der Gedanke der Humanität in *diesem* Sinne gewesen.

Viele von Ihnen werden sich noch erinnern können, wie mühsam andere Schulformen darum haben ringen müssen, sich gegenüber diesem Grundprinzip durchzusetzen; zum Beispiel die Realschule. Sie konnte nicht anders in den Zusammenhang des bestehenden deutschen Bildungswesens aufgenommen werden als dadurch, daß sie sich selber als eine allgemeinbildende Schule legitimierte. Noch in den Jahren 1878 und 1879 sind die preußischen Provinzialgewerbeschulen wieder von dem Gesichtspunkte der notwendigen Allgemeinbildung aus in Oberrealschulen umgewandelt worden. Erst die Fortbildungsschule hat mit ihrem Berufsprinzip seit den neunziger Jahren den Damm durchbrochen. Und wenn bis dahin das Fachschulwesen in Deutschland nur eine langsame, gleichsam bescheidene Entwicklung gehabt hatte, so ist durch den Ausbau der Fortbildungsschule der ganze Berufsbildungsgedanke überhaupt erst stark in den Gesichtskreis der Gegenwart getreten.

Aber nun besteht umgekehrt die Gefahr, daß an Stelle der allgemeinen Menschenbildung eine Berufsschule zurückführen könnte wieder in den bloßen Spezialismus. Wir haben ja schon gesehen, daß beide Formen, der Universalismus sowohl wie der Spezialismus, einseitig sind und daß sie beide nach einer höheren Einheit drängen, die wir in der Sprache der klassischen Zeit, von der wir eben geredet haben, als Totalität bezeichnen könnten. Totalität wäre dann Ganzheit, Einheit, Geschlossenheit der Person, und es würde überhaupt keine Bildung geben, in der sich nicht dieses beides miteinander vereinte, eine gewisse Vielseitigkeit des Umblickes und die sichere individuelle Bestimmung, die das einzelne Wesen besitzt. Irgendwie also in der Synthese dieser beiden Gegensätze wird das Wesentliche der Bildung gesucht werden müssen. Ehe wir aber auf das Wie dieser Verbindung eingehen, bedarf es noch einer genaueren Verständigung über die Gegensätze im Bereich des Bildungsbegriffes.

Viele, die die Allgemeinbildung gegen die Berufsbildung ausspielen, haben dabei eigentlich einen anderen Gegensatz im Auge, den sie diesem Problem unterschieben: den Gegensatz von formaler und inhaltlicher Bildung oder um das Fremdwort zu vermeiden, den Gegensatz von Kraftbildung und von Stoffbildung. Viele, sage ich, die gegen die Berufsbildung kämpfen, meinen im Grunde die verwerfliche Herrschaft des bloßen Stoffprinzips, und sie treten für die Kraftbildung, für die Entwicklung der Fähigkeiten, der inneren Möglichkeiten ein. Es wird nun unsere Aufgabe sein zu zeigen, daß Berufsbildung und formale Bildung sich nicht etwa ausschließen, sondern daß gerade sie eine sehr fruchtbare Verbindung miteinander eingehen können.

Fassen wir die möglichen Formen der Bildung, die sich aus der Kreuzung der beiden Gegensatzpaare ergeben, der Reihe nach ins Auge! Das erste wäre eine Allgemeinbildung, die das Hauptgewicht legt auf den Stoff, auf den Inhalt der Bildung, also eine *materielle Allgemeinbildung*. Es versteht sich ohne weitere Worte von selber, daß eine so umfassende Bildung in keiner Form der Schule durchführbar ist. Wie wollte man es machen, für alle Gebiete des Lebens überhaupt, für die Wissenschaft, für künstlerische und technische Aufgaben, für die Gesellschaft und den Staat, für die Religion und die Kirche zu gleicher Zeit so vorzubilden, daß alle Inhalte dieser Lebenskreise zur Geltung kämen? Niemand wird sich ein so umfassendes Ideal im Ernste stellen können. Nur in begrenzterer Form ist es von Zeit zu Zeit vertreten worden, nämlich als allseitige *wissenschaftliche* Bildung. Man könnte das die enzyklopädische Bildung nennen. Auch dieses Ideal ist unerreichbar; aber man ist sich darüber nicht immer klar gewesen. Es war der Fluch der höheren Schule in Deutschland, und er ist es zum Teil noch, daß sie diesem enzyklopädischen Ideal nachjagt, daß sie die Gesamtheit des wesentlichen Wissens der Gegenwart in ihren Hallen zusammendrängen möchte.

Es gibt jedoch noch einen dritten, einen engeren Begriff der inhaltlichen Allgemeinbildung, der hier vielfach gemeint wird, nämlich die Bevorzugung der ästhetischen und wissenschaftlichen Bildungsgüter vor dem ökonomischen, technischen und sozialen Gebiet. Darin zeigt sich eine Nachwirkung des alten deutschen Idealismus. Noch immer liegt es weiten Kreisen bei uns im Blute, daß Bildung eigentlich nur literarische und im günstigen Falle künstlerische sei, daß aber die Vertrautheit mit dem technischen Gebiete, mit dem wirtschaftlichen Leben, mit den sozialen und politischen Verhältnissen eigentlich nicht zur wahren Menschenerziehung gehöre. So ist denn auch gerade in den Diskussionen der letzten Zeit immer wieder der Wert der ästhetischen und wissenschaftlichen Bildung gegenüber der ökonomisch-technischen betont worden.

Wenden wir uns nun zu der zweiten Form, zu der *formalen Allgemeinbildung*, so haben wir hier ein erreichbares Ideal vor uns. Es handelt sich ja auf diesem Boden nur um die Belebung der entscheidenden Grundkräfte, die der Mensch als Subjekt besitzt. Es würde also die Aufgabe sein, die elementaren Akte des Erkennens so anzuregen, daß sie sich entwickeln können. Man würde ein geschultes Auge, ein geschultes Ohr erziehen, man würde die exakte mathematische Anschauung des Raumes und der Zeit entwickeln, die verschiedenen Formen und Kategorien des Denkens zur Entfaltung bringen. Das wäre formale Allgemeinbildung auf dem Gebiete des Erkennens.

Aber sie bliebe immer noch eine begrenzte Allgemeinbildung. Schon

Pestalozzi hat zur Kunstbildung des Kennens auch die des Könnens und des Wollens hinzugefügt. Er hat die technischen Fähigkeiten und die sittlichen Fähigkeiten außer den Erkenntnisfähigkeiten entwickeln wollen. Und noch deutlicher haben wir diese Tendenz bei Fröbels Beschäftigungsspielen. Fröbel hat sich bei seinen Beschäftigungsspielen nicht damit begnügt, Erkenntnisformen, das heißt reguläre mathematische Formen erzeugen zu lassen, sondern in ihnen zugleich auch Schönheitsformen und Nutzformen gesehen. Darüber hinaus hat er auch das soziale Bildungsprinzip unter dem Namen der Lebenseinigung gekannt. Ja, die ganze Bildungsaufgabe gipfelte für ihn zuletzt in dem religiösen Gedanken der allseitigen Lebenseinigung. – Gewiß, eine solche Entwicklung der inneren Kräfte und Möglichkeiten aus den letzten Tiefen her ist ein hohes Ziel; aber wir werden damit der Frage nicht enthoben, wo denn der Ausgangspunkt für eine solche Entwicklung liegen soll, um welches Zentrum sich diese gesamten Bildungsmöglichkeiten lagern sollen. Auf der frühesten Stufe, etwa in der Volksschule, ist das Heimatprinzip das entscheidende. Die Heimat gibt den Mittelpunkt ab, um den sich alle Bildungsbestrebungen herum gruppieren. Neuerdings hat man begonnen, auch noch die Grundformen der individuellen Begabung nach allgemeinsten Veranlagungstypen zu differenzieren. Auf einer höheren Stufe aber wird ohne Zweifel der Beruf der natürlichste Ausgangspunkt sein, um die Kräfte des jungen Menschen mit allen den Lebensgebieten in Berührung zu bringen, die es überhaupt gibt.

Wir kommen damit auf die *Berufsbildung*. Wenn man die Berufsbildung im inhaltlichen Sinne versteht, wenn man hier das Stoffprinzip voranstellt, dann freilich kommt man in die Gefahr, ein bloßes Berufswissen und Berufskönnen als Ziel anzusehen; dann würde sich die ganze Bildung verengen auf das wirtschaftliche und das technische Gebiet, und das wäre dem eigentlichen Geiste der Bildung ganz genauso zuwider, als wenn einer auf der Universität nur eine Fachwissenschaft betreiben wollte. Vielmehr gerade entgegen diesem unfruchtbaren Spezialistentum muß die produktive Kraft des Berufes herausgeholt und dafür gesorgt werden, daß die Berufsfähigkeiten in einem gewissen Grade umstellbar bleiben. Und außerdem muß die Mannigfaltigkeit der Lebensbeziehungen anklingen, auch als eine Bildung innerer Kräfte und Möglichkeiten; mit einem Worte: Berufsbildung darf nicht nur Abrichtung für bestimmte Leistungen sein.

Wir befinden uns gegenwärtig nicht fern von der Gefahr des Taylorsystems. Dadurch, daß wir durch Eignungsprüfungen die seelischen Kräfte und Möglichkeiten untersuchen, die für einen bestimmten Beruf besonders geeignet machen, kommen wir leicht in die Versuchung, den Menschen aus lauter einzelnen Kräften zusammenzusetzen und ihn als mechanisches Mittel für bestimmte Wirtschaftszwecke zu benutzen. Man sollte nicht vergessen, daß der Mensch immer ein Ganzes ist, und daß es keine Berufsbildung geben darf, die nicht auch einen gewissen Überschuß an formalen Kräften mit den Berufsleistungen zugleich erweckte.

Damit kommen wir auf die vierte Form, auf *die formale Berufsbildung*, zu sprechen. Ich verstehe darunter einmal die Forderung, daß von einer wirklichen Bildung für den Beruf erst dann die Rede sein darf, wenn das Können reicher ist als die tägliche Anwendung. Deshalb wird jede wahre Berufsbildung mit dem Elementaren des Berufes beginnen, also etwa mit gewissen primitiven Produktionsformen, sei es das Spinnen, das Weben oder eine andere ähnliche uralte Technik. Gerade die Anlehnung an die Geschichte eines Handwerks wird die Möglichkeit geben, aus einfachsten Formen die komplizierten herauswachsen zu lassen. Man wird nicht damit anfangen, daß man eine fertige Maschine, wie sie in dem betreffenden Berufe gerade gebraucht wird, hinstellt und Teil für Teil erklärt, sondern mit der Maschine überhaupt, mit ihren technischen Urgedanken, mit ihren einfachsten Leistungen und ihren allgemeinen Formen, und man wird dann erst eingehen auf die besonderen Anwendungen und Aufgaben. Das Können also, sagte ich, muß reicher sein als die tägliche Anwendung.

Das zweite aber ist dies: Es darf nicht eine bestimmte enge Beschäftigungsart in den Mittelpunkt der Bildung gerückt werden, sondern es muß immer ein gewisser *Berufstypus* vorangestellt werden; man muß eine Gruppe von Berufen im Auge haben, also etwa die Landwirtschaft oder den Handel überhaupt, aber nicht nur einen Zweig der Landwirtschaft oder einen Zweig des Handels.

Noch wesentlicher aber ist das dritte: Auch diese Berufsgruppe dient gleichsam nur als ein Mittel, um daran den Berufsgedanken überhaupt lebendig zu machen, um die Berufsidee oder das Berufsethos zu veranschaulichen. Es kommt zuletzt nicht an auf diese oder jene einzelne begrenzte wirtschaftliche Funktion, sondern sie ist nur das Medium, an dem der Berufsgedanke in der jungen Seele überhaupt entwickelt werden soll, die Größe, die Heiligkeit und die Schönheit des Berufs als Lebensinhalt.

Daraus ergibt sich das vierte ganz von selber: daß nämlich dieser so weit und hoch verstandene Berufsgedanke das Zentrum abgibt für die Ausbreitung in die übrigen Lebensgebiete überhaupt. Von der wirtschaftlichen Bedeutung des im Vordergrunde stehenden Berufes kommt man zum wirtschaftlichen Leben überhaupt, und das Wirtschaftliche ist wieder eingelagert in soziale, politische und rechtliche Beziehungen. Jeder Beruf hat gewisse wirtschaftliche Voraussetzungen und wirtschaftliche Ziele. Jeder

Beruf steht in irgendeiner Beziehung zur künstlerischen Produktion und Erlebnisweise, und jeder Beruf weist zuletzt in gewisse Tiefen des Lebens zurück, die nur religiös oder metaphysisch gedeutet werden können. Wird so der Beruf als eine Kulturaufgabe aufgefaßt, als ein Dienst am Ganzen, so erscheint er zugleich als das geeignete Mittel zur persönlichen Selbstvollendung. Wenn man sich auf diesen Boden stellt, dann gibt es eine echte Berufsbildung ohne eine von ihr ausstrahlende Allgemeinbildung überhaupt nicht. Aber diese von dem Berufszentrum nach allen Seiten hin ausstrahlende Allgemeinbildung ist nur eine Bildung der Kräfte, der Kräfte des Verstehens, des Auffassens und des Gestaltens. Freilich gibt es auch keine Kraftbildung ohne Anwendung auf einen bestimmten Stoff. Und so kommt es endlich darauf an, daß man diesen Stoff, an dem die Kräfte sich üben sollen, selber möglichst wertvoll gestaltet. Es führt ein innerer Zusammenhang von der Berufsbildung über die formale Allgemeinbildung zu einem gewissen Grade inhaltlicher Allgemeinbildung. –

Wenden wir nun diese vorläufigen Betrachtungen auf das besondere System der Fortbildungsschule an! Ich habe dabei sowohl die Pflichtfortbildungsschule, wie die freiwillige, die eigentliche Fachschule im Auge. Sie sehen aus allem, daß mit unserem Problem auch der Name dieser Anstalten in Frage steht. Ob es nicht berechtigt ist, sie auf Grund ihres Bildungsprinzipes geradezu als Berufsschulen zu bezeichnen?

In neuerer Zeit sind manche Stimmen laut geworden, die die Allgemeinbildung auch für das Lebensalter der Fortbildungsschule weiter durchführen wollen, und zwar ist folgendes dafür geltend gemacht worden:

Man hat zunächst gesagt: Die Volksschule schließt zu früh ab; es bedarf einer Fortführung ihrer Unterrichtsweise, aber einer wirklichen Fortführung, nicht einer bloßen Wiederholung, sondern einer Erhöhung ihrer Bildungsstoffe, die wesentlich allgemeinbildender Natur sind. Dabei denkt man dann überwiegend an wissenschaftliche und literarische Bildungsgüter.

Und diese erste Begründung wird durch die zweite gestützt: Die volle Empfänglichkeit für die allgemeinbildenden Werte und Güter beginne doch eigentlich erst mit der Pubertät; vorher sei der Mensch gar nicht so bildungsfähig, daß man den wesentlichen Gehalt des nationalen Geisteslebens an ihn heranbringen könne.

Drittens wird gesagt: gerade der Proletarier solle erst zum Vollmenschen werden, damit er ein geistiges Gegengewicht gegen das Mechanische seiner Arbeit in sich besitze.

Damit hängt wieder das vierte zusammen: die geistige Einheitlichkeit des gesamten Volkes dürfe nicht dadurch gestört werden, daß ein Teil der

Jugend schon in den Berufszusammenhang hineingeführt wird, während der andere Teil auf der höheren Schule noch der freien allgemeinen Geistesbildung lebt.

Endlich der fünfte Einwand gegen das Berufsprinzip: Er ist dem organisatorischen Gebiete entnommen. Man behauptet, die Berufsgliederung biete unlösbare Schwierigkeiten, weil es nicht weniger als 15 000 verschiedene Beschäftigungsarten gebe und die Berücksichtigung dieser Mannigfaltigkeiten unmöglich sei; diese sei besonders undurchführbar in kleinen Orten und für die Zahl der ungelernten Arbeiter.

Diese Argumente sind so beachtenswert, daß wir sie im einzelnen erwägen müssen. Ich bediene mich dabei aber einer anderen Anordnung und beginne mit der entwicklungspsychologischen Frage, mit den Gründen, die aus der Psychologie des Pubertätsalters hergenommen werden. Es ist ganz richtig, daß die Empfänglichkeit für die Geistesgüter in Literatur und Kunst erst mit der Reifezeit beginnt. Erst in diesen Jahren wächst der jugendliche Mensch in die verschiedenen Geistesgebiete überhaupt hinein. Er kommt aus der Welt des Kindes in die Kulturumgebung, um sie mit seinem inneren Verstehen und seinem Gestalten auszufüllen. Bedürfte es eines Beweises für diese Tatsache, so brauchte man nur auf die Lesewut hinzuweisen, die sich gerade in den Jahren der Pubertät entfaltet. Man würde aber doch sehr irren, wenn man glaubte, daß das Schwergewicht der lebendigen Interessen bei *allen* Jugendlichen auf dem literarischen und ästhetischen Gebiete liege. Wir wissen, es gibt solche, die in diesen Jahren vor allen Dingen nach literarischen Gütern hungern, und, falls sich darin schon eine dauernde Geistesregung ankündigt, so würden diese bei einer richtigen Auslese in den Zusammenhang der höheren Schulen, des Gymnasiums und der verwandten Anstalten gehören. Aber bei einer mindestens ebenso großen Zahl von Jugendlichen liegt das Hauptinteresse auf dem Gebiete der praktischen Lebensgestaltung. Und selbst angenommen, daß wirklich das ästhetische Bedürfnis in dem Reifealter überwöge, so würde damit noch gar nicht gesagt sein, daß die Schule gerade die geeignete Form wäre, um dieses Bedürfnis zu befriedigen. Man macht in der höheren Schule keineswegs ausschließlich günstige Erfahrungen mit der Voranstellung dieser Bildungsstoffe und Bildungsgüter. Durch die intensive Behandlung unserer Klassiker in den Deutschstunden wird sehr oft ein Überdruß erzeugt, weil nämlich der Jugendliche an diese Dinge von ganz anderen Seiten herankommt, sie ganz anders versteht und wertet, als sie von einem gebildeten Literarhistoriker gedeutet werden. Vielleicht würde diesem Bedürfnis durch freie Bildungsanstalten, durch Theateraufführungen, durch Erläuterungsabende, möglicherweise auch durch bloße Anregungen schon gedient sein. Aber nicht bei allen Jugendlichen steht diese Neigung zum Literarischen und Ästhetischen voran. Wir haben vielmehr zwei Typen von Jugendlichen, die sich durch alle Stände hindurchziehen. Der eine Typus ist der der ästhetisch unbestimmt Suchenden, der andere Typus der der praktisch bestimmt Suchenden. Die erste Art hat vielleicht eine reichere Entwicklung vor sich, aber auch große Schwierigkeiten, sich selber zu finden. Die Phantasie ist ja eigentlich nichts anderes als ein Selbstbildungsmittel der Natur; deswegen stirbt sie ab, wenn der Mensch sich voll gebildet hat. Bei manchen Jugendlichen aber überwiegt die Phantasie so sehr, daß sie nur dafür Nahrung suchen, daß sie infolgedessen von einem Gegenstand zum anderen hinhuschen. Diesem Typus steht ein anderer gegenüber, bei dem ebenso ausgeprägt der Wunsch vorhanden ist, etwas zu schaffen, etwas fertig aus sich herauszustellen. Sehr oft verbindet sich damit der Gedanke: ich will unabhängig werden, ich will Geld verdienen, damit ich aus der Misere meiner Lebensumgebung herauskomme. Hier also regt sich eine starke Ichbetonung, die aber veredelt werden kann, und ein brennender Tatendurst. Bei den Mädchen ist dieser Unterschied der Naturen fast noch deutlicher zu sehen. Auch unter ihnen gibt es solche, die sich gern in sentimental-ästhetischen Interessen bewegen, und andere, die das Leben praktisch meistern wollen. Infolgedessen ist auch das Problem der Frauenschule eigentlich noch nicht voll gelöst. Die erste Form der Frauenschule, die preußische vom Jahre 1908, zeichnete sich aus durch ein ästhetisches Allerlei. Da war wirklich Allgemeinbildung das Ziel durch Literaturgeschichte, Kunstgeschichte, Archäologie, Italienisch und Spanisch bis in die letzten Winkel der Kultur. Aber nirgends war ein Mittelpunkt, nirgends war etwas Bestimmtes. Infolgedessen wurde es allgemein als eine Befreiung begrüßt, als im Jahre 1917 in Preußen die *praktische* Frauenschule eingerichtet wurde, in der Hygiene, Pädagogik und Haushaltungskunde den Mittelpunkt bilden. Als ich aber mit großen Erwartungen in eine solche Frauenschule hineinkam, machte ich die Beobachtung, daß diese Gegenstände dort auch nicht wirkten, daß dort die Kunstgeschichte die ganze Liebe der jungen Mädchen auf sich zog. Diese also gehörten anscheinend dem ästhetischen Typus an, zumal auch die Kunstgeschichte viel besser gegeben wurde als die Volkswirtschaftskunde. Man sieht aus diesem Beispiel, daß man beides berücksichtigen muß. Man muß die ästhetisch-phantastisch veranlagten Naturen auf ihren Mittelpunkt führen, so wie Wilhelm Meister durch das ganze Theaterwesen hindurch schließlich zu einer bestimmten Lebensauffassung kommt, wenn auch erst nach langem Suchen. Und umgekehrt: Die praktisch Veranlagten muß man innerlich ausweiten, so daß sie nicht bloß an ihrer engen Scholle haften. Mit einem

Worte, es muß das Ganze in eine höhere Zone gehoben werden. Aber man glaube nicht, daß man dies nur durch ästhetische und wissenschaftliche Bildungsgüter erreichen könnte. Man darf vor allem nicht vergessen, daß das echte Verständnis für Kunstleistungen seine letzte Wurzel im eigenen Erleben hat, daß man nicht ohne weiteres irgendeine hohe Form der Kunst der jugendlichen Seele aufoktroyieren kann. Man kann nicht gleich mit dem Torquato Tasso kommen. Was sagt der Tasso einem jungen Menschen, der für diese Formen der Konflikte und Lebenseindrücke noch gar kein Ahnungsvermögen in sich hat! Man muß also auch das Ästhetische anheften an diejenigen Seiten des Lebens, die bereits entwickelt sind. Man muß beim lebendigen Interesse anfangen. Nun ist es aber wohl zu erwarten, daß das lebendige Interesse nirgends so stark wurzelt als in dem Gebiete der künftigen und zum Teil schon gegenwärtigen Lebensaufgaben. Wenn sich jemand mit der Technik des Bauens beschäftigt, so wird er vermutlich viel sicherer ein Interesse für Baustile haben als jemand, der sich bloß Bilder besieht und dabei die Architektur kennenlernt. Und wer selber schon einmal die Technik des Gießens praktisch beobachtet hat, wird auch den tiefen Gehalt der Schillerschen Glocke viel stärker erfassen als jemand, für den das völlig unbekannte Dinge sind. Man kann viel Allgemeinbildendes auch aus dem Gebiete der Literatur und Kunst an die unmittelbaren Berufsinteressen anknüpfen; wenn von den Zünften die Rede gewesen ist, kann man Anregungen geben, einmal das Textbuch der ›Meistersinger‹ zu lesen; man kann auch hinweisen auf Julius Wolffs ›Sülfmeister‹. Wer sich mit dem Gebiete des Handelns beschäftigt, wird eine Art von literarischem Evangelium noch heute in Freytags ›Soll und Haben‹ finden. Aber auch ohne solche manchmal künstliche Verbindung wird es möglich sein, im Zusammenhang mit dem eigentlichen Berufsstoffe Anregungen zu geben, die weite Perspektiven eröffnen. Wir können wohl so sagen: wie eine echte Kunst selber aus dem Leben des Volkes gewachsen sein muß, so muß auch die Anregung zur Kunst ungezwungen aus dem Lebensinteresse herauswachsen. Nur in diesem Zusammenhange kann die Kunst lehrplanmäßig berücksichtigt werden. Am leichtesten liegen wohl all diese Dinge in der Mädchenfortbildungsschule; denn die jungen Mädchen finden viel leichter den Übergang von der Realistik des Lebens zu den Formen, in denen Kunst und Literatur dieses reale Leben verklärt haben. Von der Haushaltung zur Familie, zu der Dichtung, die das Familienleben in seinem Wert und seiner Mannigfaltigkeit darstellt, führt für sie ein leicht zu findender Weg.

Aber nicht nur von dem Gesichtspunkte der entwicklungspsychologischen Tatsachen aus scheint mir die Anknüpfung an das berufliche Interesse das

Gebotene zu sein, sondern auch von einem ethischen, und zwar zunächst von dem *persönlich* ethischen Gesichtspunkte aus. Ein junger Mensch, der aus der Volksschule heraus in das Leben tritt, muß das Gefühl haben, daß er in der Welt irgendwo bestimmt hingehört. Wenn er nicht das Gefühl haben kann, daß er sich der großen Welt mit seiner Arbeit und Leistung achtungswert eingliedert, dann entsteht dieses Abenteurertum und Rowdytum, das seine Geltung sucht auf ganz phantastischen Gebieten abseits vom gegenwärtigen Leben. Der junge Mensch will etwas gelten. Er kann auf gesunde Art nur durch seine Leistungen im Berufe über die Gesellschaft zu einer Geltung kommen. *Irgendwann muß doch die Bildung für den Beruf einmal anfangen.* Wir haben in Deutschland immer noch eine gewisse idealistische Berufsscheu, die aus der klassisch-ästhetischen Zeit stammt; im Gegensatz dazu betrachtet die alte *religiöse* Überzeugung, wie sie im Luthertum und im Calvinismus entwickelt worden ist, den Beruf gerade als den Boden der *Bewährung*, und so ist der Beruf nicht etwa ein notgedrungenes Übel, das uns durch den Sündenfall vererbt worden ist, sondern er ist die Stelle, wo der Mensch sich wirklich entfaltet. Dazu kommt noch, daß die Schule, die der Volksschule folgt, der Vermehrung der Ungelernten entgegenwirken muß. Wir beobachten ja jetzt als eine der größten Gefahren unseres ganzen nationalen Lebens, daß der Zudrang zu den ungelernten Berufen infolge der hohen Bezahlung ein ganz ungeheurer ist. Die Fortbildungsschule muß dadurch, daß sie den Wert, den Ernst und die Höhe des Berufsgedankens in den Vordergrund stellt, dieser ungesunden Vermehrung eines berufsuntüchtigen, vom Zufall des Lebens herumgeworfenen Geschlechts entgegentreten. Kerschensteiner hielt es für notwendig, daß durch ein Reichsgesetz jedermann die Erlernung eines Berufes zur Pflicht gemacht werde. Und dann endlich: das Ethos der Arbeit ist für die weitaus größte Zahl der Menschen der eigentliche Boden ihrer Sittlichkeit. Sittlichkeit liegt nicht in gefühlsseligem Genießen, auch nicht in abstrakten Spekulationen, sondern in der Hingabe an ein objektives Ziel; und dieses objektive Ziel ist dem einzelnen gestellt durch seinen Beruf. Er kann gar nicht anders zu einer kräftigen Persönlichkeit werden als dadurch, daß der Berufsgedanke in ihm eine sittliche Höhe erlangt. Also schon seine eigene Vollendung fordert, daß das Berufsprinzip in den Vordergrund gestellt werde.

Unterstützt wird diese Begründung durch den dritten, den sozialen Gesichtspunkt. Unter den heutigen Verhältnissen unserer Kultur ist nun einmal Arbeitsteilung unvermeidlich, und schon deswegen ist es ganz aussichtslos, ein in allen Stücken einheitliches Bildungsideal für alle Gruppen des Volkes zu schaffen. Vielmehr werden wir immer eine Fülle abweichender Bildungsideale nebeneinander haben, und wir sollen in diesem Reichtum an Individualität etwas Wertvolles sehen; aber erst dann etwas Wertvolles, wenn wir jeder dieser Ausprägungen einen wirklichen Kulturgehalt gegeben haben. Es gehört dazu, daß die Berufsbildung den Wert des Berufes, seine soziale Bedeutung herausarbeite. In Handwerk und Industrie besteht immer die Gefahr, daß der bloße Erwerbsgesichtspunkt zu sehr in den Vordergrund gestellt wird. Es ist Aufgabe der Fortbildungsschule zu zeigen, daß über den Erwerb hinaus der einzelne mit seiner Arbeit einen Dienst am Volke leistet, und daß er dadurch seinen persönlichen Wert bestimmt. Das ist der einzige Weg, um das Seelenlose, Mechanische der Handarbeit zu überwinden und selbst die kleinen Teilleistungen der Industrie zu erfüllen mit dem höheren Bewußtsein, daß dies alles im Zusammenhange des Gesamtlebens eine wertvolle und unentbehrliche Leistung ist.

Bildung, sozial betrachtet, macht frei. Sie gibt eine Überlegenheit über die bloßen einzelnen Berufsfunktionen; sie gibt eine volkswirtschaftliche Ansicht. Wenn der Beruf wirklich bis in seine bildenden Kräfte zurückverfolgt wird, so wird sich ergeben, daß auch die Umstellung auf verwandte Berufe für den beweglicheren Geist möglich bleibt. Gerade deshalb forderten wir ja, daß der Berufstypus und die Berufsidee überhaupt das Übergewicht haben sollten über den speziellen Berufsdrill und die Berufsabrichtung.

Aber Bildung macht nicht nur frei, sondern sie bindet auch. Sie zeigt, daß ein Beruf auf den anderen angewiesen ist. In der Arbeitsgemeinschaft, wie Kerschensteiner immer wieder betont hat, liegen die allergrößten Erziehungswerte. Verantwortlichkeit, Treue, Hilfsbereitschaft und hingebende Sorgfalt, das alles entwickelt sich in der Arbeitsgemeinschaft viel energischer als in bloßen Lerngemeinschaften.

An den sozialen reiht sich der politische Gesichtspunkt! Wir brauchen eine hochstehende Berufsbildung auch vom volkswirtschaftlich-nationalen Standpunkte aus; denn die Weltwirtschaft hat nicht aufgehört, und solange es eine Industrie gibt, wird diese Weltwirtschaft abhängig sein von den Weltmarktpreisen und von der Weltmarktqualität. Wir brauchen also in Deutschland Qualitätsarbeiter; wir brauchen Menschen, die dem Rohstoff durch ihre veredelnde Arbeit einen Wert zu geben vermögen, der die gesamte volkswirtschaftliche Leistung erhöht. Nur die werteschaffende Arbeit ist unsere Zukunftshoffnung. Deswegen beobachten wir, daß die Mehrzahl der großen Industriebetriebe schon heute sich besondere Lehrlingsschulen, Werkschulen, angegliedert hat, damit die Höhe ihrer Produktionsformen erhalten bleibe. Die Entwicklung, die jetzt in dem sechsten Bande der Abhandlungen des »Deutschen Ausschusses für das technische Schulwesen« dargestellt ist, bedeutet eine der größten Leistungen auf dem Gebiete des nationalen Bildungswesens, und sie verdient, daß sich auch andere Schulformen mit diesem neuen Bildungswesen beschäftigen.

Etwas Ähnliches gilt vom Handel. Wir müssen sagen, daß der deutsche Kaufmann sich im Auslande vor dem Kriege nicht durchgesetzt hat, mindestens nicht für das Deutschtum geworben hat. Um so mehr müssen wir darauf bedacht sein, daß er auf der Grundlage seiner handelskundlichen Kenntnisse ein ganzer Mensch werde. Es genügt nicht, daß er die Kunst des Erwerbs beherrscht; er muß den Zusammenhang der wirtschaftlichen Beziehungen mit offenen Augen übersehen und eine Gesamtbildung besitzen, die ihn in den Augen des Auslandes emporhebt.

Und wenn ich schließlich noch von den Frauen im besonderen reden soll, so wird ihre Aufgabe in der unmittelbar bevorstehenden Zukunft auch nicht das Malen und Dichten sein, sondern sie werden sehr praktisch zugreifen müssen. Diese Veredlung ihres Berufs als Mutter und Hausfrau ist eine so hohe Erziehungsaufgabe, daß man gar nicht entschieden genug darauf hinweisen kann. Heute genügt nicht mehr der natürliche Instinkt und die bloße Vererbung alter Traditionen, sondern es bedarf auch hier der qualifizierten Arbeit und Bildung.

Freilich wird gegen das Prinzip der Berufsbildung gesagt, organisatorisch sei dies alles nicht durchzuführen. Ich möchte darauf zunächst erwidern, daß die kaum überwundenen Widerstände etwa des Handwerks gegen die Fortbildungsschule verdoppelt und verdreifacht wiederkehren würden, wenn man etwa das allgemeine Bildungsprinzip wieder zur Herrschaft in der Fortbildungsschule bringen wollte. Aber auch das Berufsprinzip hat unzweifelhaft in der Praxis große Schwierigkeiten zu überwinden. In kleinen Orten dürfte es kaum möglich sein, alle Hauptformen des Berufs zu berücksichtigen; und die ungelernten Arbeiter bedeuten auch für die Großstädte eine Erschwerung der Einrichtung. Aber wenn ich gefordert habe, daß man den Berufstypus und den Berufsgedanken in den Vordergrund stelle, so ist damit schon gesagt, wie man den ungelernten Arbeitern helfen kann: es muß ihnen der Berufsgedanke überhaupt nähergeführt werden. Und es gibt gewisse Wissenszweige und Fertigkeiten, die in jedem Berufe eine bedeutende Rolle spielen. Man denke an die Fähigkeit zur Abfassung von geschäftlichen Schriftstücken, an Rechnen, Buchführung, an die Kenntnis der Maschine überhaupt. Das alles ist auch für den Arbeiter, der nicht im bestimmten Berufe steht, ein wertvoller Bildungsstoff für die Zukunft.

Und wenn wir uns fragen, ob die Facheinteilung, die wir in den allgemeinbildenden Schulen haben, etwas ganz Natürliches und Zweckmäßiges sei, so werden wir doch wohl auch mit Nein antworten müssen. Diese abstrakte Scheidung der Wissenschaften, wie wir sie heute haben, ist eine Trennungswand, die dem organischen Wachstum des Bildungslebens eigentlich nicht entspricht. Wer hätte nicht schon in seinem Unterricht empfunden, daß diese Trennung oft die natürliche Entwicklung des Verfahrens geradezu behindert? Nun denke man sich für die Fortbildungsschule, wo man doch oft mit solchen zu tun hat, die nicht aus dem innersten Eifer und Trieb erscheinen, daß man ihnen die ganze Chemie systematisch vorführen solle nach rein wissenschaftlichen Gesichtspunkten. Wo soll da das lebendige Interesse der Schüler einhaken? Zeigt man ihnen aber zum Beispiel das Bessemerverfahren, so hat man dabei eine ganze Reihe von chemisch-physikalischen Kenntnissen, deren Notwendigkeit und Wert selbst dem weniger strebenden Geist einleuchten müssen. Oder nehmen Sie an, jemand habe Geometrie in der Fortbildungsschule zu unterrichten und beginne nun mit einer Definition des Körpers, der Ebene, der Linie und des Punktes. Er würde gewiß von den ungelernten Besuchern seiner Schule etwas verwundert angesehen werden. Wenn man aber die praktische Bedeutung der Geometrie etwa in der Holzbearbeitungsindustrie darstellt, wenn man das Mathematische ungezwungen mit der technischen Aufgabe der Herstellung verbinden kann, so wird das Interesse sofort belebt sein. Es ist der alte Rousseausche Gedanke, daß man das Wissen überall anknüpfen sollte an den lebendigen Wissenstrieb, an das, was als inneres Suchen und Forschen diesem Wissen entgegenstrebt.

Freilich ergibt sich damit eine sehr große und schwere Aufgabe für die Neuanordnung der Bildungsstoffe. Denn nach rein wissenschaftlichen Fächern werden wir sie im allgemeinen nicht mehr anordnen können. Ich komme daher zuletzt mit ein paar Worten auf die Durchführung des Berufsprinzips. Die Sache liegt einfach für die ganztägigen, für die eigentlichen Fachschulen; denn hier ist ausreichende Zeit verfügbar, und neben denjenigen Gebieten, die dem betreffenden Beruf wesentlich angehören, ist es durchaus möglich, auch noch viel Raum zu schaffen für das Deutsche, für die Kunstgeschichte, für Wirtschafts- und soziale Geschichte. Hier also kann die Allgemeinbildung sogar mit einer stattlichen Stundenzahl auf dem Plane erscheinen. Ich erinnere nur daran, wie etwa Wende in seiner neuen ›Staatsbürgerkunde‹ mit der Entwicklung des Siedlungswesens und der Staatsformen die Geschichte der Baustile verbunden hat; ein sehr glückliches Beispiel für die organische Verbindung zweier Wissensgebiete, die, rein theoretisch betrachtet, einander ziemlich fern liegen. Wenn man derartige weitere Berufsperspektiven allgemein verfolgte, würde es möglich sein, die heute vielfach noch geistig notleidenden Fachschulen zu wirklichen Bildungsstätten auszugestalten. Aber schwieriger liegt die Sache natürlich für die Pflichtberufsschulen mit ihren sechs bis acht Stunden, die zum Teil noch dem Turnen gehören. Hier bedarf es einer ganz eigenartigen Konzentrierung. Es muß das alte Prinzip von Rousseau und Pestalozzi, das Prinzip der Lebensnähe und der Individuallage wieder belebt werden. Ich bemerke nebenbei, daß ein sehr interessanter Versuch in dieser Richtung schon bei dem Pestalozzischüler Harnisch vorliegt, der in konzentrischen Kreisen den Unterricht schon in der Volksschule führen wollte von der Heimatkunde bis zur Weltkunde und von dieser zurück zur Vaterlandskunde. Dahinter steckt Alexander von Humboldts Naturauffassung, der Gedanke, daß alles in der Natur in organischer Beziehung zueinander stehe, und daß man es infolgedessen nicht in Fächer auseinanderreißen dürfe, sondern daß man überall im Unterricht diese organische Beziehung zu berücksichtigen habe. So ist es auch mit den Bildungsstoffen der Berufsschule. Ein Beruf ist nicht etwa ein Sektor, der aus dem Kreise der ganzen Kultur herausgeschnitten wäre, sondern er liegt irgendwo innerhalb des Kulturganzen, und in immer sich erweiternden Kreisen führt von den speziellen Berufsaufgaben die Bildung bis zu einem umfassenden Kulturverständnis. Ich will diese sich erweiternden Kreise hier kurz andeuten, wobei ich aber nicht meine, daß es sich dabei um wirkliche Fächer handle, die zeitlich aufeinander folgen sollten; denn das wird bei jedem einzelnen Berufsgebiete anders sein. Ich hebe nur die Hauptgesichtspunkte heraus, die bei jedem Berufsgebiete wiederkehren müssen.

Der erste und engste Kreis gleichsam ist die Berufskunde. Sie gibt den Mittelpunkt für die Unterrichtsstoffe der Fortbildungsschule ab. Die Einführung in den Beruf ist ihre wesentlichste Aufgabe. Das Berufswissen beherrscht den Lehrplan, und wer in diesen Dingen nicht sachverständig ist, kann nicht an der Fortbildungsschule lehren. Es handelt sich durchaus um Fachkenntnisse, die geeignet sind, die Meisterlehre zu unterstützen oder zu ergänzen. Jeder Beruf hat nun eine wissenschaftliche und technische Seite, andererseits aber auch eine ökonomische Seite. Zum Wissenschaftlichen und Technischen gehören etwa das Zeichnen, das Konstruieren, das Rechnen, die Anfertigung von Schriftstücken und Briefen, vielfach aber auch schon Grundbegriffe der Physik und Chemie. Das alles wird durch das Berufsprinzip in bestimmter Weise ausgelesen und aneinandergebunden. Die ökonomische Seite des Berufs beginnt mit dem Kalkulieren; sie zeigt die Privatwirtschaft in ihrer Verflochtenheit mit der Volkswirtschaft und endlich deren Abhängigkeit von der Weltwirtschaft, und so erweitert sich schon die Berufskunde über den ganzen Erdball hinaus.

Der zweite Kreis würde eingenommen durch die Bürgerkunde und durch die Gesellschaftskunde, oder, mit den entsprechenden Wissenschaften bezeichnet, durch die Politik, Rechtswissenschaft und Soziologie. Hier ist zu zeigen, wie jede wirtschaftliche Arbeit abhängig ist von der sozialen Struktur der Gesellschaft, wie diese Gesellschaft in bestimmte Rechtsformen gefaßt ist und wie der ganze Strom des wirtschaftlichen Lebens durch diese rechtlichen Normen kanalisiert und gelenkt wird. Wenn es eines der Ideale der Gegenwart ist, neben das politische Parlament ein berufsständisches Parlament zu setzen, so würde der Berufsschule als eine wesentliche Aufgabe zufallen, die Erziehungsbasis für die Entwicklung zu dieser neuen politischen Funktion zu schaffen. Denn der Sinn für das Eigentümliche des Berufes und für den Zusammenhang dieses Berufes mit allen übrigen wirtschaftlichen Leistungen der Nation ist etwas, was erst durch Bildung entwickelt werden muß.

Aber über der Berufskunde und über dieser Bürgerkunde denke ich mir nun noch einen weiteren Kreis, den ich mangels eines anderen Namens als Lebenskunde bezeichnen möchte. Ich verstehe darunter nicht Kulturkunde, denn kein Mensch kann das Ganze der Kultur im Unterrichte ausschöpfen. Ein solches Fach würde daher zu oberflächlichen allgemeinen Redensarten verführen. Sondern ich verstehe unter Lebenskunde hier eine aus dem Beruflichen und Wirtschaftlichen herauswachsende Ethik und Weltanschauungslehre: die Erhöhung des bloßen Berufsprinzips zu dem ethischen Prinzip und, wenn Sie so wollen, zum Metaphysischen.

Drei Formen gibt es, in denen Ethos und Weltanschauung ausgesprochen werden können. Die Kunst vermag in ihrer höchsten Form Weltanschauung auszudrücken; die Wissenschaft gibt Weltanschauung, besonders in der Form der Philosophie; endlich ist auch die Religion Weltanschauung, gleichviel, welche Ausdrucksform man bevorzuge. Bis zu diesem Punkte, wo eine selbständige Weltanschauung sich zu regen beginnt, bis zu dieser Höhe muß die Bildung auch der Berufsschule nach Kräften gefördert werden. Vielleicht, meine Damen und Herren, halten Sie das für unmöglich. Gewiß, eine irgendwie abgeschlossene Weltanschauung kann man in diesem begrenzten Rahmen nicht geben, ja, man kann eine Weltanschauung überhaupt nicht *geben*. Damit ist aber nur gesagt, daß man andere Mittel wählen muß, um diese in dem Menschen rege zu machen. Man kann in ihm inneres Suchen erwecken. Man kann ihn einführen in die Problematik des Lebens, in das auch er hineingestellt ist. Dies halte ich allerdings für eine notwendige letzte Aufgabe auch der Berufsschule, daß die großen Probleme, mit denen jeder unserer Zeitgenossen zu ringen hat, irgendwann einmal als Fragen im Zusammenhange des Unterrichts aufgetaucht sind, nicht als beantwortete Fragen – denn wer möchte sich anheischig machen, diese letzten und tiefsten Fragen zu beantworten? Das hat auch Sokrates nicht getan, der mit 14–20jährigen Jünglingen die tiefsten Gespräche führte und in ihnen nur etwas erwecken, sie einmal zum Stutzen bringen und zur Einkehr veranlassen wollte. Warum sollte man das nicht auch bei jungen Leuten unserer Berufsschule versuchen? Warum sollte man ihnen nicht etwa die Frage vorlegen können, wer denn nun eigentlich der Sieger geblieben sei in dem großen Kampfe zwischen Mensch und Natur, ob wir durch unsere Technik den Menschen befreit haben oder ob durch der Technik geheimnisvolle Rückwirkung der Mensch nur noch abhängiger geworden sei? Ob der Technik nicht etwas innewohne vom Zauberlehrling, der die Geister rief, der sie aber dann nicht mehr los wurde. Warum sollte man nicht ähnliche Fragen behandeln können, etwa wie die vom Werte des Reichtums und der Ehrlichkeit, Problemstellungen, wie sie zum Beispiel in Foersters ›Lebenskunde‹ vorliegen, nur noch nicht scharf genug zugespitzt für besondere Probleme des realen Berufes? Ich meine, so wie es in jedem Berufe eine besondere Ethik gibt, etwa die Anständigkeit des Kaufmanns und Handwerkers usw., so müßte man besondere ethische Probleme jedes Berufsgebietes in der Lebenskunde irgendwann einmal anklingen lassen; zum Beispiel die Ethik des Handelns, die gegenwärtig bei manchem etwas in Vergessenheit geraten zu sein scheint, könnte man durch Erweckung des eigenen Nachdenkens vielleicht etwas wieder zum Leben bringen. Überall ist das Wesentliche bei den Bildungsstoffen, die in der Berufsschule vorkommen, *daß man bis zu dem Ethischen vordringt*, nicht bloß Kenntnisse und Fertigkeiten mitteilt, sondern jede dieser Einzelheiten sogleich beleuchtet von dem großen Lichte der ethischen Werte aus. Jeder dieser Stoffe muß gefördert werden bis zu dem Punkte der Geistesfreiheit gegenüber dem persönlichen Berufe. Es muß gezeigt werden, daß nicht das Nützliche das letzte ist, auch nicht das sozial Nützliche, wie manche sagen, sondern daß erst der »Gehalt« dem Leben Wert gibt, ein geistiger Gehalt. Der Nutzen liegt noch ganz und gar auf dem Gebiete der bloß naturhaft materiellen Güter, das Soziale erhebt die Seele bereits zu einer größeren Weite des Bewußtseins. Aber darüber hinaus muß sie so freigemacht werden, daß sie eine Ahnung gewinnt von der Überlegenheit des Menschen über den Stoff, über Raum und Zeit und zuletzt über das bloße enge Ich überhaupt. Denn das ist es doch, was in aller Technik, allem wissenschaftlichen Streben und allem Beruf als treibendes Motiv lebt, der Wunsch, frei zu werden von den Schranken des eigenen begrenzten Ichs, von dem Druck der Außenwelt, von der Enge der räumlichen und zeitlichen Begrenzung, und in sich zu begründen ein geistiges

Reich, wodurch man hinausragt aus dem bloß naturhaften Zusammenhang in den wahrhaft menschlichen. Die Wege freilich zu diesem Ziele sind in den verschiedenen Berufsgruppen durchaus verschieden, verschieden in Landwirtschaft und Handel, in Handwerk und Industrie und in der Frauenschule. Sie alle haben ihre ganz besonderen Anstiege zu diesem Ziele. Die Aufgabe der Gegenwart, die große produktive Aufgabe, besteht darin, charakteristische Bildungstypen herauszuarbeiten für jeden Beruf, einen jedem besonderen Beruf gemäßen Weg zum vollendeten Menschentum. Diese Arbeit erscheint mir als der eigentliche wesentliche Punkt in der Ausgestaltung der neuen Einheitsschule. Das Alte steht schon auf festen Füßen, aber jener Zweig, der hineinführt in die praktischen Berufe, in das Fach- und Fortbildungsschulwesen, er fordert noch eine produktive Bildungsarbeit, nicht nur die Entwerfung von Lehrplänen – das ist mehr eine technische Arbeit –, sondern die Ausgestaltung von wirklichen Bildungstypen.

So möchte ich denn das Ergebnis dessen, was ich hier vertreten habe, in dem einen Satze zusammenfassen:

Die Berufsbildung in den Berufsschulen ist so zu gestalten, daß sie sich nicht in einem engen Fachwissen erschöpft, sondern

erstens an einem umfassenderen Berufstypus die Berufsidee und das Berufsethos überhaupt entwickelt,

zweitens die Umstellung auf verwandte Berufe ermöglicht und

drittens den organischen Mittelpunkt abgibt für eine nach allen Seiten des gesellschaftlichen und geistigen Lebens ausstrahlende Allgemeinbildung.

Ich könnte den Satz auch kürzer so formulieren, daß in letzter Hinsicht die Berufsschule die Aufgabe hat, ihren Schülern den Beruf als das wesentliche Mittel zur Menschwerdung eindringlich zu machen. In diesem Sinne ist auch in der neuen Berufsschule die Humanitätsidee das letzte Ziel; aber wir streben nach dieser Idee auf verschiedenen Wegen, jeder nach seiner Kraft, nach seiner Bestimmung und nach seiner individuellen Veranlagung. Im Hintergrunde aber steht die große Aufgabe, von diesem Boden aus sich zu entfalten zu einem ganzen, reichen und freien Menschen.

Den Weg zu diesem Ziele wird man nur finden, wenn man scharf acht gibt auf die geheimen Gesetze, nach denen sich das Bildungswachstum vollzieht. Denn so wie der Baum Ring für Ring ansetzt, so setzt auch die Bildung Ring für Ring an, und zwar nach einem organischen Gesetz und nicht nach einem mechanischen oder theoretisch-abstrakten. Deshalb ist vielleicht nichts so vorteilhaft für die Entwicklung des inneren Menschen als die Verwertung der Biographik. In der Anschauung, wie andere Menschen sich entwickelt haben, empfindet der junge Mensch instinktiv, wie er sich selber entwickeln soll, und er überträgt das, was er bei anderen sieht und erlebt, in seine individuelle Sprache. Man könnte wohl sagen: Die Berufsschule wie jede echte Schule hat nicht die Aufgabe, dem Menschen etwas aufzuprägen, was ihm von außen kommt, sondern ihm zu helfen, daß er den richtigen Weg finde, den er seiner innersten Bestimmung nach gehen soll und will.

Gedanken über Lehrerbildung*

1920

Vorwort

Es wäre an der Zeit, eine Abhandlung zu schreiben über »die Grenzen der Politik in der Schulpolitik«. Die vorliegende Schrift ist keine politische. Sie geht von dem Gedanken aus, daß Bildung ihr eignes Gesetz hat, unabhängig von Machtfragen und Standesgegensätzen, und daß alle Schulorganisationen zunächst von innen heraus, aus dem Bildungsgedanken, entwickelt werden müssen. Für den Werdegang des Lehrers trifft dies in einem dreifachen Sinne zu: Es muß zunächst als Mensch gebildet sein, offen für das Leben und für die geistige Welt, die ihn als denkenden Volksgenossen wie die tägliche Luft umgibt. Die Forderung, daß er eine höhere Schule durchlaufen müsse, und zwar eine vollwertige höhere Schule, ist von hier aus gerechtfertigt. Er braucht sodann Berufsbildung als Lehrer, das heißt eine auf echter und weiter Besinnung ruhende Einführung in die Verfahrungsweisen der Erziehung und des Unterrichts. Kein andrer Beruf bleibt dem humanistischen Ideal einer menschlich wertvollen Entwicklung durch seine inneren Anforderungen so nahe. Endlich aber bedarf er eines Besitzes an Bildungsgütern, die er in andern wecken und pflegen soll. Gleichsam zum dritten Male wird damit ein menschlich bedeutsamer Gehalt von ihm gefordert. Dieser aber kann nicht für alle Zweige des Lehramts der gleiche sein, wenn auch der Geist des Erziehertums in allen der gleiche ist.

Der Gedanke der Volkserziehung verlangt ein neues Lehrergeschlecht. Seinen Bildungsgang habe ich zu zeichnen versucht. Er führt nicht durch eine Pädagogische Fakultät. Denn diese würde, in das alte und unaufgebbare Wissenschaftsideal der Universität hineingeflickt, eine Bildung zweiter Klasse zum Inhalt haben. Schon deshalb, weil die pädagogische Verwer-

* Den Kollegen Carl Götze – Hamburg, und Karl Muthesius – Weimar freundschaftlich gewidmet.

tung der Wissenschaften nicht *vor* den Wissenschaften selbst gelehrt werden kann. Ein solcher Plan ist ein großes Mißverständnis sowohl der Universität wie der Würde des Lehrstandes. Es gibt nur die Wahl zwischen diesen beiden Wegen: ein *volles* Studium im alten Sinne, und damit Einspannung des ganzen Volkes in eine einseitig theoretische Kultur, statt seiner Beseelung mit einer ganzen, plastischen, lebengestaltenden Kraft; oder den neuen Weg, den ich hier zeige. Ob er eine Bildung vom ersten Range ist, hängt von den Maßstäben ab, mit denen man die Werte mißt. Wer nur nach der hergebrachten sozialen Schätzung fragt, unbekümmert um den inneren Gehalt der Bildung, mag die ausgetretenen Pfade wandeln. Wer Neues zu schaffen den Mut und die Kraft empfindet, wird auch den Maßstab seiner Selbstschätzung nur in dem Wert seiner eignen Ideale finden. Die langen Kämpfe des deutschen Lehrerstandes sollen nicht geführt sein, um mit einem Plagiat zu enden. Ansiedlung auf einem jugendlichen Boden stellen die folgenden Blätter als Ziel. Wird man aus ihnen Stellen herausgreifen, um sie an alten Schlagwörtern zu messen, oder wird man sie als ein Ganzes nehmen, dem nur ein echter Kulturwille zum Dasein helfen kann?

Leipzig, den 15. November 1919

Eduard Spranger

1. Bildung

Jeder weiß, daß Bildung und Kenntnisse nicht dasselbe sind. Kenntnisse können tot sein, Bildung ist immer etwas Lebendiges. Jenes ist der Fall, solange das Wissen unverbunden nebeneinander steht, ungefähr so, wie ich mich auf einem Gelände, in dem grellbeleuchtete Stellen mit völlig finstern wechseln, nicht zurechtfinden kann. Vor allem aber dann, wenn die Kenntnisse nicht mit dem Leben dessen, der sie hat, in einer lebendigen Verbindung stehen. Kenntnisse, mit denen ich nichts anfangen kann, gehören gar nicht zu meinem Wesen; sie liegen an den Randfeldern meines Bewußtseins und sind nicht in den organischen Zusammenhang meiner Persönlichkeit hineingewachsen. Dabei mögen sie so richtig und wichtig sein, wie sie wollen. Ja, sie mögen sich sogar bis zu dem Range der Wissenschaft erheben. Denn auch Wissenschaft und Bildung fallen nicht zusammen. Wissenschaft ist die Ordnung unsrer Erkenntnisse nach ihrem streng sachlichen, objektiven Zusammenhang. Sachlichkeit ist also das Wesen der Wissenschaft, nicht Persönlichkeit. Ihr Gesetz besteht geradezu darin, sich von dem lebendigen Subjekt, von seinen Wünschen und Werten immer strenger abzulösen und nur den Forderungen der »Gegenstände«

(im erkenntnistheoretisch weiten Sinne) zu gehorchen. So geht die Wissenschaft ihren Gang, oft ganz unbekümmert darum, ob jemals wieder eine Brücke zurückführen werde von dieser sachlichen Ordnung zum Leben. Sie verweilt in den fernsten Fernen der historischen Grammatik ebenso gern wie in den letzten theoretischen Folgerungen der Funktionentheorie; sie hat für das griechische Recht dieselbe Liebe wie für das eben geltende und für die Verfassung des Mitelalters die gleiche Aufmerksamkeit wie für die Sozialdemokratie der Gegenwart.

Daraus folgt dann freilich, daß der Gelehrte sehr oft kein gebildeter Mann ist. Man pflegt zu sagen, er wisse mit seinen Kenntnissen nichts zu machen, er habe das Auge für die wahren Größen der Dinge verloren. Das ist nun nicht ganz gerecht, wie man schon in dem herrlichen Zwischenspiel von Platos ›Theätet‹ lesen kann. Der Gelehrte ist in seinem Lande wohl zu Hause und gar nicht hilflos. Aber dieses Land ist nicht die ganze Welt. Es kommt also darauf an, den Unterschied von Wissenschaft und Bildung ganz zu erfassen.

Das erste Merkmal haben wir schon angedeutet: Die Wissenschaft löst sich von dem *Wertleben* des Menschen mit Bewußtsein los; oder genauer: sie ist (als zielbestimmte Kulturarbeit) nur von *einer* Klasse von Werten beherrscht, den reinen Erkenntniswerten. Bildung aber bedeutet, daß das, was ich weiß, auch zu den anderen Lebenswerten in einer inneren Beziehung steht. Wir wollen die Klassen dieser Werte hier noch nicht aufzählen. Genug, daß auch zur Erzeugung des Nützlichen, zum Genießen des Schönen, zum Dienst an der Gesellschaft, zum Hineinleben in den Sinn des Daseins Bildung gehört. Das alles ist nicht reine Wissenschaft, sondern es ist eine persönlich durchdrungene, mit dem eignen warmen Lebenshauch erfüllte und beseelte Geisteshaltung.

Damit aber ist ein zweites sogleich gegeben: wie die Lebenslage der Menschen verschieden ist, so auch das, was für sie Bildung bedeutet. Die Wissenschaft kann ihrer Idee nach nur eine und dieselbe sein, nämlich das objektive Wahre. Natürlich gehört zur Bildung auch Wahrheit, aber in einem persönlich bezogenen Ausschnitt. Pestalozzis Tiefblick hat daher Bildung und Erziehung durchaus anknüpfen wollen an die *»Individuallage«* des Menschen. Der Landmann braucht eine andre Bildung als der Handwerker, der Politiker eine andre als der Künstler. Und ganz von selbst, ganz triebhaft wird er nur das sich aneignen, was in seine Natur und seinen Daseinskreis organisch hineinpaßt. Deshalb kann man zwar die Wissenschaft vergleichen mit einer Ebene, auf die alle Gestalten der Wirklichkeit projiziert werden. Bildung aber hat etwas Plastisches: sie ist geradezu die Gestalt und Form des in seinem Kreise voll entfalteten Menschen. Wären Fremdwörter noch erlaubt, so würde ich sagen, daß sie etwas »biologisch« Bedingtes, einen »vitalen« Zusammenhang der Seelenkräfte darstelle. Und sofern ihr Stoff der Wissenschaft entstammt, ist sie immer *beseelte Wissenschaft*, in der hinter dem Erkenntnistrieb etwas wirksam wird, was sich mit dem künstlerischen Formtriebe vergleichen läßt.

Nur daß diese Form – und darin liegt das dritte Merkmal – nicht eine feste und geronnene ist, sondern eine Form, die *»lebend sich entwickelt«*. Bildung ist nie ein Abgeschlossenes; vielmehr zieht sie immer weiteren Stoff in sich hinein. Sie wächst von dem Mittelpunkte der Persönlichkeit her in immer neuen Jahresringen. Ihre Zeugungskraft liegt in dem nie gestillten Wertbedürfnis des geistigen Menschen. Immer mehr objektive Werte sucht er sich zu vermählen, um sich eine größere innere Fülle und Mannigfaltigkeit zu geben. Bloßes Wissen kann totes Kapital sein; Bildung ist werbendes und wachsendes Kapital. Sie ist ein Stück von mir, ein mit mir Werdendes, mir persönlich Angehöriges, nicht einfach eine sachliche Ordnung.

Soll aber in dieser Ausbreitung nicht die Gefahr eines gestaltlosen Zerfließens liegen, so muß ein Letztes hinzukommen: die Abrundung zu einem Ganzen; oder, wie man in der Zeit des deutschen Klassizismus sagte: die Universalität muß ihre Begrenzung durch die *Totalität* empfangen.[1] Dabei ist nicht ganz eindeutig, was man unter dieser Ganzheit der Persönlichkeit versteht. Manche sind der Ansicht, daß der gebildete Mensch notwendig und ausschließlich der literarisch Gebildete sei, das heißt derjenige, der sich an den wissenschaftlichen und künstlerischen Geistesschätzen der Vergangenheit und seiner Gegenwart genährt habe. Nur auf diesem Wege empfange der Mensch die innere Geschlossenheit, die man als ästhetische Form seines Inneren bezeichnen dürfe; nur so trete er zugleich aus der Befangenheit und den Grenzen seiner eigenen Natur heraus. Innere Schönheit sei Bildung; die Beziehung zu nützlichen Werken oder zu gesellschaftlichen Leistungen gehöre nicht dazu. Wie das Kunstwerk ohne äußeren Zweck in sich ruhe, so auch der gebildete Mensch, der eigentlich nichts anderes sei als die Urform, von der alle sichtbaren und hörbaren Kunstschöpfungen nur Spiegelungen bedeuten. In diesem Sinne haben etwa W. v. Humboldt oder Schiller gewollt, daß der Mensch sich innerlich zum Kunstwerk gestalten solle.

Aber diese nur literarische Form der Bildung ist zu eng. Sie würde zu einer Geistesaristokratie führen, die nur wenigen erreichbar wäre und von den Notwendigkeiten unsrer Kulturlage allzu weit abseits führte.

---

[1] Vgl. Eduard Spranger, Wilhelm von Humboldt und die Humanitätsidee. Berlin 1909.

Wir sagten, daß Bildung ganz allgemein die persönliche Aneignung von objektiven Werten sei, die in diesen oder jenen Kulturgebilden verwirklicht sind. Die Kultur ist das Reich der zur Wirklichkeit gewordenen objektiven Werte. Kultur des Menschen ist das von seiner Individuallage her bestimmte persönliche Verhältnis zu diesen Wertgebilden. Wie Mikrokosmos und Makrokosmos verhalten sich die objektive Kultur und die subjektive Kultur. Alles Erleben und Schaffen von Kulturwerten vermag zu einer Seite der Bildung zu werden. In diesem Sinne also dürften wir behaupten, daß *kulturelle Leistungsfähigkeit* das Wesen der Bildung ausmache.

Nur mit einem sehr wesentlichen Zusatz. Denn Kulturarbeit kann auch in einer ganz spezialisierten Leistung bestehen. Nun ist aber der Bildung nichts mehr entgegengesetzt als jede Einseitigkeit, jede bloße Routine und Spezialisierung. Sie gerade bedroht den inneren Menschen, weil sie ihn in Teile auseinanderreißt und ihm die gesunde Harmonie seines Wesens nimmt. Zu jener objektiven Beziehung muß also ein subjektiv bedingtes Maß hinzukommen. Und dies ist es wohl, was jene Vertreter der rein literarischen Bildung gemeint haben: die Person darf sich nie restlos an die Sache verlieren, sondern sie muß in und mit der Leistung bzw. dem Erleben und Verstehen eines objektiven Wertgehaltes, zugleich ein frohes Gefühl ihres eigenen Wesens, das lustvolle Erlebnis ihrer eigenen Kräfte empfangen. Diese Seite der Bildung, die zu der kulturellen Leistungsfähigkeit hinzutritt, nennen wir den *Selbstgenuß der Persönlichkeit*. Und in ihm ist zweifellos ein ästhetisches Formprinzip enthalten.

Der Selbstgenuß allein, abgeschieden von den Aufgaben des schaffenden Lebens und der gesellschaftlichen Kultur, führt zu jenem unfruchtbaren Genießertum und Einsiedlertum, das niemand schärfer bekämpft hat als derjenige, in dem der genialste Bildungstrieb zum Lebensgesetz geworden war: als Goethe. Aber verbunden mit der Beziehung zu der Welt des Wirkens und Schaffens ist der Selbstgenuß nur die selbstverständliche Folge einer gesunden Ausweitung der eigenen Natur: die berechtigte Freude an dem, was man *ist* und *kann*.

Wo eine Kraft verkümmert, die zu den notwendigen Lebensäußerungen des Menschen gehört, kann man nicht von wahrer Bildung sprechen. Dies ist der Grund, weshalb man immer die Notwendigkeit der *allgemeinen* Bildung so stark betont hat. Nur fragt sich, was man hier unter »allgemein« versteht. Nach allem Vorangegangenem ist ganz klar, daß damit kein unfruchtbarer Universalismus und Enzyklopädismus gemeint sein kann, sondern nur das, was an sich zur menschlichen Natur gehört, also Allseitigkeit zunächst der *Kräfte*, nicht der *Stoffe*. Alle Grundfunktionen des Menschen müssen einmal einen Gegenstand gefunden haben, an dem sie zu einem lustvollen Bewußtsein ihrer selbst gelangen konnten. Dahin gehört das Hineinleben in den Sinn von Wirtschaft und Technik, die Aufschließung für den Genuß der Kunst, die Einordnung in das gemeinschaftliche und organisierte Handeln der Volksgenossen, die Ahnung für den höheren Sinn des Lebens, der jenseits der bloß äußeren Verkettung des Weltlaufes empordämmert. Alles muß *anklingen.* Aber alles muß auch zur Individuallage in organische Beziehung gesetzt werden. Diese wiederum zerfällt in die beiden Seiten der individuellen Anlagen oder Wesenszüge und der äußeren, historisch-geographischen Lebensbedingungen.

Wir können daher abschließend das Wesen der Bildung (als individuellen Besitz) so definieren: *Sie ist die lebendig wachsende Aufnahme aller objektiven Werte, die zu der Anlage und dem Lebenskreise eines sich entwikkelnden Geistes in Beziehung gesetzt werden können, in das Erleben, die Gesinnung und die Schaffenskräfte dieses Menschen, mit dem Ziele einer geschlossenen, objektiv leistungsfähigen und sich selbst lustvoll genießenden Persönlichkeit.*

2. *Bildungswerte*

Aus unsrer Begriffsbestimmung der Bildung ergibt sich ohne weiteres der Satz: *Nicht alles, was Wert hat, hat Bildungswert.* Schon in der Natur gibt es kaum einen Stoff oder eine Kraft, die nicht für das Leben der Menschen irgendwelchen Wert hätten oder unter Umständen in eine Wertbeziehung zu ihnen eintreten könnten. Noch mehr gilt dies von der Kultur, die ja eigentlich nichts anderes ist als der Inbegriff der historisch erarbeiteten, das heißt in die räumlich-zeitliche Wirklichkeit übergeführten objektiven Werte. Aber nur ein kleiner Ausschnitt dieser wirklichen Werte ist zu einer gegebenen Zeit gerade aktuell, das heißt wird tatsächlich von Menschen als Wert erlebt oder anerkannt. Und noch ein kleinerer Ausschnitt fällt in den Umkreis der Bildungswerte. Denn diese sind ja nicht nur durch das eigne Wesen der Wertklasse, der sie angehören, zu definieren, sondern zugleich durch ihre Bedeutung für einen sich entwickelnden Menschen und für einen ganz bestimmt gearteten Menschen. Die Auslese der Bildungswerte aus den Werten überhaupt erfolgt also nach Maßgabe ihrer Bedeutung für die geistige Entwicklung des werdenden Subjekts.

Trotz alledem wäre es noch unmöglich, die Bildungswerte vollständig aufzuzählen, weil dazu nicht nur die Kenntnis der ganzen geistigen Entwicklung des Individuums, sondern auch der zahllosen Individualitäten und Individuallagen selbst gehörte.

Vielleicht aber gelingt es, diese Mannigfaltigkeit von Bildungswerten auf einige Grundklassen zurückzuführen, die dann natürlich den Hauptrichtungen der menschlichen Kräfte, ihres Wertschaffens und Werterlebens entsprechen müssen. Nennen wir die Akte des Menschen, die eine bestimmte Richtung des Wertens und der Wertverwirklichung ausdrücken, formal, die konkreten Gegenstände aber, an denen sich diese Akte betätigen, material, so müssen wir formale und materiale Bildungswerte unterscheiden. Formalen Bildungswert haben geistige Tätigkeiten, an denen sich die Grundrichtungen des wertvollen Erlebens und Gestaltens üben. Materialen Bildungswert haben die geistigen Inhalte, die in diesen Grundrichtungen des Verhaltens angeeignet werden. Dann wissen wir, daß die formalen Bildungswerte (die ja nichts anderes sind als der Widerschein der sich entwickelnden allgemeinen Struktur des menschlichen Geistes) einigermaßen vollständig aufgezählt werden können. Die materialen Bildungswerte aber lassen sich nie erschöpfen. Und auch in der ersten Richtung kann systematische Geschlossenheit *hier* nicht unsre Aufgabe sein; es handelt sich zunächst nur um einen erläuternden Überblick.

1. Am nächsten liegen der heutigen Auffassung *die intellektuellen oder wissenschaftlichen Bildungswerte*. Es sind diejenigen, die von der Klasse der Erkenntniswerte abzuleiten sind. Formale Bildungswerte sind die letzteren dann, wenn es sich um ein so geartetes Erkennen handelt, daß an ihm die Entwicklung und Übung der intellektuellen Grundakte erfolgen kann; materiale dann, wenn in den Akten schon eine fertige sachliche Erkenntnis enthalten ist, die als solche gesucht wird. Der Unterschied fällt ungefähr mit dem der wissenschaftlichen Methoden und Ergebnisse zusammen. Freilich ist es nicht möglich, formale Bildungswerte wirksam zu machen, ohne gleichzeitig einen Erkenntnis*stoff* zu geben.

Die Hauptsache aber ist: nicht alles Wissen hat Bildungswert. Sondern nur ein solches, das 1. die formalen Grundfunktionen der Erkenntnis in Bewegung setzt, 2. zu der inhaltlichen Bestimmtheit der Individuallage des zu Bildenden in eine Sinnbeziehung gesetzt werden kann.

Unter dem ersten Gesichtspunkt müßte nun eine Übersicht aller elementaren Leistungen gegeben werden, aus denen sich die verwickelten Erkenntnisprozesse zusammensetzen. Zu diesem Zweck muß das in einer Kultur fertig vorliegende Wissen in den Zustand des Werdens, in die Akte der Wissensproduktion, zurückverwandelt werden. Es ist die Aufgabe, die sich Pestalozzi gestellt hat, Fichte und Fröbel fortgeführt haben; schon deshalb gehören sie zu den Klassikern der Pädagogik. Wer die Augen aufschlägt, beginnt zu sehen. Aber nicht alles Sichtbare steht in seinem intellektuellen Bildungswert gleich. Bestimmte sinnliche Anschauungen sind geeignet, die Funktion des Sehens, die Qualitäten der Farbe und des Lichtes zu einem besonders deutlichen Bewußtsein zu bringen. Ebenso bei den anderen Sinnesgebieten. Dann kommt es darauf an, die Raumanschauungen (Pestalozzis »Form«) zu exakter Auffassung zu erheben, von den einfachsten Gestalten und Lageverhältnissen zu immer verwickelteren. Zur Übung der Raumanschauung tritt die der Zeitanschauung. Noch eine Stufe höher liegt die scharfe Herausstellung der Kategorien des Denkens, sowohl der reflexiven (zum Beispiel Gleichheit, Verschiedenheit, Größersein, Gradunterschiede, Zahlbestimmungen) wie der konstitutiven (Substanzen und Personen, Tätigkeiten, gesetzliche Sachbeziehungen, Eigenschaften usw.). Hier kommen schon so schwierige Denkleistungen wie kausale und finale Verbindungen oder die funktionale Beziehung überhaupt in Betracht. Endlich löst sich das Denken immer mehr von seinen anschaulichen Grundlagen und erhebt sich in die Beziehungen des Allgemeinen und Besonderen, wie sie in den Verhältnissen der Begriffe und Urteile zueinander vorliegen.

Wer diese elementaren Funktionen des Erkennens *bilden* will, muß aus den möglichen Erkenntnisgebieten überalle diejenigen Seiten heraussuchen, die die betreffende Leistung in besonders reiner und deutlicher Gestalt herausfordern. Er wird also die anschauliche Welt, die Mathematik, die Naturkunde und die Sprachen daraufhin durchleuchten, wo und in welcher Richtung sie dazu besondere Gelegenheit bieten, mit anderen Worten: worin ihr besonderer formaler Bildungswert für die Erkenntnis beruht. Erst ganz neuerdings hat *Th. Litt* diese schwierigen Untersuchungen auch auf das Gebiet der Soziologie und Geschichte ausgedehnt.[2]

Vielleicht läßt sich im Vorbeigehen die allgemeine Regel aufstellen, daß man nach Möglichkeit keine formalen Bildungswerte in Wirkung setzen solle, die nicht zugleich auch einen inhaltlichen Bildungswert darstellen. Denn das ist nun das zweite, worauf es ankommt, daß für den jugendlichen Geist diejenigen Erkenntnisse ausgesucht werden, die ihm die Umrisse eines ihm faßbaren intellektuellen Weltbildes geben. Zugleich ist es die Aufgabe, Zusammenhang unter den inhaltlichen Einsichten zu stiften. Wir befinden uns auf dem Boden der Bemühungen, die man früher als Lehrplantheorie bezeichnet hat.

Endlich aber muß auch hier wieder individualisiert werden. Nicht für alle ziemt sich das gleiche Wissen, weder nach Art noch Umfang. Sondern hier müssen persönliche Begabung, Alter und künftiger Lebenskreis des Zöglings berücksichtigt werden. Darin liegt eine neue Auslese aus den Erkenntniswerten nach Gesichtspunkten, die aus dem Leben des zu bildenden Zöglings, zuletzt aus seinen Berufsaufgaben herstammen. Wir haben

[2] Geschichte und Leben. Leipzig 1918.

uns vom allgemein Menschlichen immer näher an die individuelle Formung des erkennenden Menschen heranbewegt.

2. Die intellektuellen Bildungswerte haben von jeher die Aufmerksamkeit am meisten auf sich gezogen, weil es kein Kulturgebiet gibt, das ganz ohne Erkenntniselemente wäre. Sie sind aber keineswegs die einzigen, so wenig wie Verstandesbildung die einzige Formung bedeutet, deren der Mensch fähig ist. An zweiter Stelle nennen wir die technischen, genauer *die technisch-ökonomischen Bildungswerte.* Alle technischen Erzeugnisse wie alle ökonomischen Güter haben Wert; aber nicht alle haben Bildungswert. Vielmehr entsteht dieser, indem auch hier wie auf dem Gebiete der Erkenntnis das fertige Wertgebilde in ein Tun zurückverwandelt wird. Aller Technik ist eigentümlich, daß sie auf Grund von kausalen Einsichten nützliche Zwecke mit dem sparsamsten (ökonomischen) Aufwand von Mitteln zu erreichen sucht. Eine erste Stufe der technischen Bildungswerte besteht also darin, daß die elementaren Tätigkeiten geübt werden, aus denen sich jede noch so verwickelte technische Zweckhandlung aufbaut. Dahin gehört die Herrschaft über den eignen Körper, wie sie durch Freiübungen, Turnen und Spiel gewonnen wird. Dann vor allem die Fertigkeiten der Hand und die Anwendung der Werkzeuge sowie die ganz primitiven Techniken des Flechtens, Faltens, Aufreihens, Nähens, Stickens, Schneidens, der Papp-, Holz- und Tonbearbeitung usw. Bis hierhin etwa erstrecken sich die formalen technischen Bildungswerte. Die zweite Stufe, die der materialen, besteht darin, daß die Herstellung ganz bestimmter technischer oder ökonomischer Güter geübt wird, zum Beispiel eines Federkastens, eines Korbes, eines Bucheinbandes, eines Mechanismus. Die Aufgabe dessen, der diese Bildungswerte lebendig machen will, geht dahin, alle bloße Routine zu verhüten und ein volles Bewußtsein von dem Verhältnis zwischen Arbeitsziel, Handgriff, Werkzeug und Material zu erzeugen, so daß die betreffende Übung ein beseelter Prozeß wird, der umgeschaltet werden kann, wenn etwa einer der vier Faktoren sich ändern sollte. Die letzte Stufe der technischen Bildungswerte endlich liegt darin, daß über die allgemeinen technischen Leistungen hinaus die Beziehung zu der Individuallage des Lernenden gesucht wird. Hier werden die einzelnen technischen Bildungswerte so miteinander verbunden, daß an ihnen die Bildung zu einem bestimmten technischen Beruf erfolgen kann. Es wird aber auch auf die besonderen Anlagen des Zöglings Rücksicht genommen und damit der Weg zur Qualitätsarbeit gezeigt. Mit einem Wort: die in den fertigen Gebilden geronnene Arbeit wird noch einmal in den fließenden Arbeitsprozeß zuürckverwandelt, und zwar so, daß der Ton auf alle die Teilprozesse gelegt wird, auf denen die menschliche Arbeitsfähigkeit beruht.

Jeder wird fühlen, daß dies etwas ganz anderes ist als bloß intellektuelle Bildung. Allein durch die Beziehung aller Einsichten auf einen nützlichen Zweck entsteht eine völlig andere geistige Einstellung als in der reinen Erkenntnishaltung. Schon die technische Anschauung ist eine andere als die rein theoretische, und so ist, von dieser Grundlage an, das ganze technische Gebiet durchleuchtet von dem *Zweck* aus, der die Arbeit oder das fertige Gebilde beherrscht. Soweit das Denken an der Technik beteiligt ist, ist es ein Zweck-Mittel-Denken, und der spezifische Bildungswert der Technik besteht gerade darin, daß dieses Formgesetz im Bewußtsein zur Herrschaft gelangt.

3. Kürzer will ich von den *ästhetischen Bildungswerten* reden. Auch hier gilt der allgemeine Satz, daß zwar jedes ästhetische Gebilde Wert hat, aber nicht jedes ästhetischen Bildungswert zu besitzen braucht. Vielmehr kommt dieser vorzugsweise denjenigen aktuellen Erlebnissen zu, an denen die eigentümliche Struktur des Ästhetischen in der einfachsten und eindrucksvollsten Form aufleuchtet. Um freilich die *formalen* ästhetischen Bildungswerte vollständig aufzuzählen, bedürfte es einer ausgebauten Ästhetik, die wir heute noch nicht haben. Indessen gehören hierhin schon einfache Farbenzusammenstellungen und einfache räumliche Formen, wie sie Fröbel für seine Beschäftigungsmittel benutzt hat, ebenso einfache Rhythmen, Zusammenklänge und Tonfolgen.[3] Darüber erheben sich dann die einfachen Ausdrucksformen der Plastik und Malerei, der Musik und Wortkunst, in denen ein seelisch bedeutsamer Eindruck zu sinnlicher Darstellung kommt. Überall wäre es die (bisher ungelöste) Aufgabe, zu letzten *ästhetischen* Einheiten zu kommen, die ja weder mit den Erkenntniselementen noch mit den technischen Elementen zusammenfallen, obwohl beide natürlich auch bei jeder Kunst beteiligt sind. Eben weil uns dies noch nicht gelungen ist, gehen wir bei unserer ästhetischen Bildung heute in der Regel gleich von materialen ästhetischen Bildungswerten aus, das heißt, wir lassen ein verwickeltes Kunstwerk sogleich als Ganzes wirken und erlebt werden. Vielleicht aber bedeutet dies nur, daß wir noch keine durchgearbeitete Kunstpädagogik haben. Wenden wir uns endlich bei diesen Darbietungen sogleich an die individuelle Empfänglichkeit, so individualisieren wir die Bildungswerte. Das letzte Ziel wäre hier die Erziehung zu einer persönlichen Erlebnisfähigkeit, die in Genuß und Ausgestaltung der Lebensumgebung die Züge eines eigenen »Stiles« trägt. Aber damit kommen wir methodisch noch ganz ins Unbestimmte.

[3] Nur hüte man sich vor dem bekannten Irrtum, daß es der Ton sei, der die Musik mache. Soweit gehen die *ästhetischen* Elemente nicht zurück, sondern nur bis zum Rhythmus, Zusammenklang und Motiv.

Bisher war nur von denjenigen Bildungswerten die Rede, die geeignet sind, ästhetisches Erleben auszulösen und zu jener, ihres einwohnenden Gesetzes sicheren Kraft zu machen, die man *Geschmack* nennt. Die Bildungswerte für das ästhetische Schaffen sind die gleichen. Denn Kunstschaffen entzündet sich nur an ästhetischem Genießen, wie ja alle selbständige Ausdrucksfähigkeit zuletzt auf gesteigerter Erlebnisfähigkeit beruht. Aber an die eigentlich schöpferischen Kräfte kommen wir bekanntlich nicht heran, und man muß sich hüten, das für Bildungswerte des ästhetischen Schaffens zu nehmen, was in Wahrheit nur Anleitung zur künstlerischen Technik ist. Dem späteren Künstler können wir nichts anderes geben als geformtes Erlebnismaterial. Die persönliche Ausdrucksfähigkeit muß er in sich selbst aufbringen, oder er ist nicht zum Künstler geboren.

Der höchste Bildungswert auf ästhetischem Gebiete eignet denjenigen Eindrücken, an denen das Erlebnis der *Form* aufdämmert. Vielleicht ist Form nichts anderes als das Gesetz der werterlebenden Seele selbst. Wo das reine Stoff- und Zweckinteresse überwunden ist, bleibt der sinnlich-sichtbare, -hörbare oder nachlebbare Gegenstand in unsrer Einbildungskraft und vermählt dort *sein* Gesetz mit dem Gesetz unsres erlebenden Innern. Die bildhafte Erscheinung wird zur Trägerin eines seelischen Gehaltes, der Eindruck wird vergeistigt und als Ausdruck wieder geboren. Wenn dieser Vermählungsprozeß ganz gelungen ist, das heißt, wenn die genießende Seele sich in die nur geahnte und gedichtete Seele des Objektes ganz hineingelebt hat, entsteht das Formerlebnis und auf höherer Stufe die Fähigkeit zum geformten Ausdruck. Jedes einzelne Formerlebnis ist daher schon abhängig von der Formkraft der ganzen eignen Seele. Ästhetische Erziehung ist also mehr als Erziehung zum höheren Genießen. Sie ist auch Stärkung des Willens zur Form im Innern des Zöglings und daher ein Weg zur Persönlichkeit. Die Griechen haben Musik und rhythmischen Tanz in diesem *ethischen* Sinne bewußt verwandt, und ihre Welt war voll von plastischen Gestalten, die die Schönheit der Seele atmeten. Bei uns mußte dieser Wille zur Form, zur inneren und zur äußerlich darstellenden, unter Führung von Lichtwark und Carl Götze für die Pädagogik erst wieder entdeckt werden. Wir sollen darauf halten, daß er uns nicht wieder in einer bloßen Stoff- und Wissenskultur verlorengehe. Ist doch die Pädagogik selbst nichts anderes als der Wille zur Form, angewandt auf die Bildung des Menschen.

4. Die *gesellschaftlichen Bildungswerte* hat schon Pestalozzi auf ihre Elemente zurückzuführen gestrebt. Auch sie liegen weniger auf dem Gebiete einer Belehrung, die sich an den Verstand wendet, als vielmehr in dem Erlebenlassen wirklicher gesellschaftlicher Werte. Unter ihnen verstehe ich

nicht das, was den besonderen Wert*inhalt* einer menschlichen Verbindung ausmacht. Denn dieser besteht entweder in Erkenntniswerten oder in Nützlichkeitswerten, in ästhetischen oder religiösen Werten. Sondern ich verstehe darunter die die gesellschaftlichen Verbindungen begleitenden Erlebnisse des Verbundenseins, Aufeinanderangewiesenseins und Voneinanderabhängens. Sie gehören entweder dem weiten Kreise der Sympathieerlebnisse und Gemeinschaftsgefühle an oder den ebenso mannigfachen Verhältnissen der Willensüberordnung und Willensunterordnung (der Freiheit und Organisation).

Auch hierfür gibt es *formale Bildungswerte.* Denn diese Einstellungen des werdenden Geistes üben sich zunächst, wie Pestalozzi erkannt hat, an den ganz einfachen naturhaften Beziehungen innerhalb des Familienkreises und später an dem begrenzten kindlichen Lebenskreise in der Erziehungsgemeinschaft. Darin eingehüllt liegen die aufbauenden Gemeinschaftsgefühle und Abhängigkeitsgefühle überhaupt. Alle diese Verbindungen haben aber auch schon *inhaltlichen sozialen Bildungswert,* insofern sie selbst zu den notwendigen Lebensbeziehungen gehören. Was so im kleinen Kreise erlebt und zu einer dauernden Kraft gestärkt worden ist, überträgt sich in gewissem Grade auf spätere größere Verbindungen. Jede menschliche Gesellschaft ist von selbst bestrebt, ihre Bänder von Sympathie und Willensordnung so herauszuarbeiten, daß ihr Wert für die persönliche Lebensgestaltung eindrucksvoll erfahren wird. Darin liegt der pädagogische Geist, der keiner Gesellschaft ganz fehlt. Endlich muß das Erlebenlassen solcher Bildungswerte ganz bewußt auf die *Individuallage* des Zöglings zugespitzt werden: die sozialen Werte *seiner* Berufsgemeinschaft, *seiner* Klasse, *seiner* Heimat und *seines* Volkes bestimmen den besonderen Bildungsprozeß, dem er zu unterwerfen ist.

Man pflegt die sozialen Bildungswerte als die ethischen im engeren Sinne zu bezeichnen. Und damit finden wir uns auf vertrautem Gebiet. Denn eine umfassende Erziehungsarbeit in Wort und Tat ist seit Jahrhunderten darauf gerichtet, unter den menschlichen Verhältnissen gerade *die* pädagogisch wirksam zu machen, auf denen das Bestehen und der kulturelle Gehalt der Gesellschaft beruht. Diese ethischen Werte sind mehr als alle anderen auf die Form von Bildungswerten gebracht worden, von denen das sich entfaltende Leben eine Höherbildung empfangen kann. Verantwortungsgefühl, Treue, Dankbarkeit, Hilfsbereitschaft, Wohlwollen, Gerechtigkeit, Charakterstärke, Gehorsam, Mut, Selbständigkeit sind nur wenige herausgegriffene Beispiele. Wo diese Eigenschaften in einer Gesellschaft verwirklicht sind, da bedeuten sie zugleich auch Bildungswerte für die Jugend, oder, wie man geläufiger sagt: Vorbilder und Ideale. Man muß sie eben nur als erlebbare Wertverhältnisse zur Anschauung bringen. Es ist hier so wie auf allen früheren Gebieten, daß diejenigen Kräfte, auf denen der eigentümliche Aufbau des betreffenden Gebietes – sein Formgesetz – beruht, wenn man sie in aktuelles Erleben zurückverwandelt, zugleich auch die spezifisch zugehörigen Bildungswerte ausmachen. Je reiner die Pädagogik sie herausarbeitet, um so zielsicherer werden sie in der Erziehung wirken.

5. Von den *religiösen Bildungswerten* zu reden, ist unendlich schwer, solange die eigentümliche Geisteshaltung, die wir Religion nennen, und entsprechend das erzeugende Prinzip, das in den großen objektiven Religionsbildungen wirkt, noch nicht eindeutig bestimmt ist. Vielleicht ist es erlaubt, hier ganz allgemein zu reden, ohne Bezugnahme auf diese oder jene historische Religion. Das Wesen der religiösen Geisteshaltung scheint darin zu liegen, daß sie die vereinzelten Werterlebnisse und Schicksale des individuellen Daseins auf einen Gesamtwert oder Gesamtsinn bezieht, der zugleich den höchsten erfahrbaren Wert überhaupt darstellt. Gleichviel, ob dieser dann auf Lebensbejahung oder -verneinung hinausläuft: er bedeutet jedenfalls die höhere Beleuchtung, unter die das Leben gestellt wird. Diese Sinngebung mag sich in den verschiedensten Symbolen aussprechen: als Erfahrung eines jenseitigen Gottes oder als innewohnendes göttliches Leben oder selbst als Atheismus: immer bleibt die Beziehung auf das Sinnganze und die Einordnung des jeweils erlebten einzelnen Wertes in einen höheren Sinn- und Wertzusammenhang.

Bildungswerte für das religiöse Leben liegen dann in all den fremden Geisteszeugnissen oder eigenen Erfahrungen, in denen die Nötigung zu einer solchen Einstellung enthalten ist. Wenn es wahr ist, daß man fremde Seelenbewegungen nur aus eigenen Erlebnissen ganz versteht, so würden also die elementaren (gleichsam formalen) religiösen Bildungswerte in den Augenblicken der Andacht und Erhebung liegen, die das Leben schon des reiferen Jugendlichen in seinem alltäglichen Verlauf oder in seinen tieferen Erschütterungen mit sich führt. Sodann aber ruhen inhaltliche religiöse Bildungswerte in allen spezifisch frommen Geisteszeugnissen der Vergangenheit und Umwelt, sofern sie geeignet sind, an jene persönlichen Grunderfahrungen angeknüpft zu werden. An dieser Stelle wird ganz deutlich, wie wenig es noch gelungen ist, aus dem reichen Schatz der Völker an echtem religiösem Leben gerade diejenigen Momente herauszusuchen, die als Bildungswerte für dieses Gebiet bezeichnet werden können. Oft genug hat man nur spekulative Erkenntniswerte oder ästhetische Stimmungswerte bei diesem Bemühen in der Hand behalten. Da aber die Religion das Individuellste und Innerlichste ist, was es gibt, so muß hier mehr als irgend anderswo die Anknüpfung an den persönlichen Lebensbestand des Zöglings gesucht werden. Mit andern Worten: die religiösen Bildungswerte müssen so stark individualisiert werden, daß ein Klassenunterricht, der doch immer an relativ typische Bildungswerte gebunden ist, sie wahrscheinlich gar nicht im höchsten Sinne herausarbeiten kann. Vielleicht ist hier überhaupt nicht mehr zu erreichen, als daß der in der Tiefe verborgen rauschende Quell religiöser Erlebnisse nicht verschüttet werde. Es gilt, ihn frei zu halten von der Oberflächlichkeit des täglichen Genießens wie von dem Schein, als ob ein bloß begriffliches Weltbild die letzten Rätsel des Daseins löse. –

Fassen wir diesen eiligen Überblick in eine letzte Formel zusammen, so können wir sagen: die Bildungswerte jedes Geistesgebietes sind einmal bestimmt durch das eigentümliche Aufbaugesetz, das das betreffende Gebiet beherrscht, und sie liegen andrerseits da, wo es am stärksten mit dem sich entwickelnden Leben zusammenhängt, wo es seine Zeugungskraft hat. Jedes Kulturgebilde kann mit einem Baume verglichen werden, der aus verholzten, nicht mehr abänderlichen Teilen und aus grünen, saftdurchströmten besteht. Bildung und Erziehung haben darin ihren Sinn, daß dem Baum der Kultur ein neuer Schoß zuwachsen soll. Durch ihn muß man frischen Saft leiten, der aus den festen Teilen strömt. Wer am meisten befähigt ist, gestaltetes Leben wieder in wachsendes Leben zurückzuverwandeln, der hat den feinsten Sinn für Bildungswerte und ist selbst der geborene Bildner. Wir dürfen hinzufügen, daß diese Kraft zuletzt darauf beruht, selbst in allen seinen Geistesäußerungen lebendig geblieben zu sein. Wer fertig ist, betrachte sich daher nicht als den besten Bildner. Denn gerade dem selbst noch Werdenden wird der Werdende am dankbarsten sein, weil er ihm ein Führer ist zu den frischquellenden Bildungswerten, an denen jeder seinen Durst auf seine Weise löschen mag. Darin aber liegt zuletzt auch das Geheimnis des Kulturwachstums.

3. Bildsamkeit

Unser Weg führt weiter ins Unbetretene. War schon das Problem der Bildungswerte von der bisherigen Pädagogik wenig beachtet, so hat sie das Zentralproblem, das ihr gesetzt ist, die Frage nach den Bedingungen und Wegen der Bildsamkeit, überhaupt noch nicht zusammenhängend behandelt. Denn der Satz, den Herbart an die Spitze seines Umrisses pädagogischer Vorlesungen gestellt hat, ist weder von ihm noch von seinen Nachfolgern entwicklungsgemäß durchgeführt worden.

Unter *Bildsamkeit* verstehe ich die auf psychologischen Gesetzen beruhenden Eigenschaften (Umbildungsmöglichkeiten) der sich entwickelnden Einzelseele, vermöge deren durch Erlebnisse, Fremderziehung oder Selbsterziehung Bildung als ein persönlich und kulturell wertvoller Besitz (s. oben S. 32) in ihr erzeugt werden kann.

Nach dieser Definition beruht also die Bildsamkeit einmal auf dem inneren individuellen Entwicklungsgesetz, andererseits auf den absichtlichen oder unabsichtlichen Einflüssen von außen, die jedoch in ihrer letzten Wirkung ebenfalls als Anwendungsfälle psychologischer Gesetze verstanden werden müssen. Legen wir diesen verwickelten Tatbestand in seine einzelnen Seiten auseinander, so ist in ihm enthalten (und natürlich nur in einer wissenschaftlichen Abstraktion zu sondern):

1. die innere *Seelenstruktur,*
2. die innerlich bedingte *Entwicklung* der Seelenstruktur,
3. die psychologischen Gesetze, nach denen *unabsichtliche Einwirkungen* von außen diese Entwicklung bestimmen,
4. die psychologischen Gesetze, denen jede *absichtlich bildende Einwirkung* von außen Rechnung tragen muß, wenn sie zielbewußt sein will.

Zur vollständigen Erkenntnis der Bildsamkeit würde also gehören 1. die *allgemeine Psychologie,* wofern es eine solche gibt; 2. derjenige Teil der *Entwicklungspsychologie,* der den Menschen in seinen verschiedenen Lebensaltern, als Kind, Jugendlichen, Erwachsenen und Greis betrachtet; 3. die psychologische Einsicht in den Zusammenhang von Anlage und Charakter einerseits, Milieu und Schicksal andererseits; 4. die Psychologie der absichtlichen Erziehungsmittel (nicht nur der didaktischen) im Hinblick auf die sie fördernden oder hemmenden Bedingungen im Zögling.

Es bedarf keines Hinweises, wie wenig wir von diesen Einsichten bis jetzt besitzen. Die Psychologie des Kindes steht noch in den ersten Anfängen und ist heute alles andere als eine wirkliche Entwicklungspsychologie. Und die psychologische Grundlegung der Erziehungsmethoden kommt schon deshalb nicht weiter, weil jenes andere noch nicht geleistet ist. Wir müssen daher, wenn wir unser Bild von der Erziehung als einem Prozeß der Wertbelebung vervollständigen wollen, uns in ganz allgemeinen Ausdrücken bewegen, mögen sie auch etwas spekulativ klingen. Dieses Verfahren wird um so weniger Bedenken unterliegen, als keine Kunst die inneren Entwicklungsfaktoren von den äußeren ganz zu scheiden vermag.

Wir müssen die Voraussetzung machen, daß die Stadien und Stufen, in denen der Mensch sich selbst oder mit fremder Hilfe bildet, nach einer bestimmten Gesetzlichkeit aufeinanderfolgen. Bildung ist ja selbst nichts anderes als veredelte Entwicklung. Die Entwicklung aber ist keine zufällige, wenn wir auch ihre psychologischen Gesetze noch nicht kennen. In den gröbsten Umrissen sind sie von jeher aufgefallen. Wir wissen ohne besonderes Studium, daß man vor dem zweiten Jahre kein selbständiges Laufen und Sprechen, vor der Pubertät kein abstraktes Denken und keine Selbstreflexion erwarten kann. Wir kennen den allgemeinen geistigen Typus des Jünglings und der Jungfrau, unterscheiden von ihrer relativen inneren Unbestimmtheit den geformten Charakter des Mannes und den überhaupt nicht mehr umbildungsfähigen des Greises. In diesem typischen Verlauf liegen Bedingungen der Bildsamkeit. Dieselben Erlebnisse, die das Kind noch nicht versteht, lassen den Mann kühl, während sie den Jugendlichen an die Grenze der Gefährdung führen. Die religiöse Entwicklung zum Beispiel macht ganz eigentümliche Schwankungen durch, wie ein Fluß, der bald sichtbar wird, bald im Boden versickert. Alle diese Zusammenhänge müssen in Zukunft genauer studiert werden. Man müßte über das Kindesalter, für das es heute schon eine Fülle freilich unverbundener Einzelresultate gibt, hinausgehen und ganze Bildungsgeschichten miteinander vergleichen. Natürlich spielt dabei auch die historische Umgebung eine wichtige Rolle, so daß nicht Persönlichkeiten der verschiedensten Epochen nebeneinander gestellt werden dürfen. Das letzte Ziel wäre eine Einsicht in die typische Geistes- und Wertstruktur der einzelnen Lebensalter und in die typischen Übergänge vom einen zum andern.

Vermutlich aber werden sich dabei nur blasse Allgemeinheiten ergeben. Denn dieser allgemeine Prozeß wird durch die *angeborene Eigenart* des sich entwickelnden Subjekts mannigfach umgebogen und individualisiert. Gewiß ist der Charakter nichts fertig Angeborenes. Es gibt aber eigentümliche Kräfte, die schon von den frühesten Lebenstagen an in der Entwicklung als Richtungskonstanten wirken. In ihrer Gesamtheit bilden sie die Seite der Individualität, die weder gepflanzt noch ausgerottet, sondern nur veredelt und gereinigt werden kann. Man muß sie sich als ein ursprüngliches Formprinzip denken, dem zwar mannigfacher Stoff geboten werden kann, wertvoller und wertwidriger, das aber selbst eine konstante Gesetzlichkeit des Agierens und Reagierens bedingt. Grobe Unterschiede, wie hohe künstlerische Begabung, fehlender religiöser Sinn, Grundrichtungen des Intellektes fallen von selbst ins Auge. Die feineren Züge sind oft dem Individuum selbst bis in späte Tage hinein verborgen. Eine immer schwerer bestimmbare Trennungslinie verläuft zwischen dem Normalen und den aus dem leiblichen Leben oder aus den Untergründen des Bewußtseins aufsteigenden krankhaften Hemmungen. Die differentielle Psychologie sucht von den letzten Elementen her bis zu ausführlichen Psychogrammen des Einzelwesens alle diese Rätsel zu ergründen. Jedenfalls liegen hier geheime Grenzen der Bildsamkeit, und das Unmögliche nicht zu wollen, dem

Unveränderlichen sich individuell wertgemäß anzupassen, ist auch schon ein Fortschritt.

Außer der gesetzlichen Folge der Bildungsepochen haben wir also das individualisierte Formprinzip der Einzelseele als ein Gesetz anzuerkennen, dem die Bildsamkeit in ihrer Weite und Enge unterliegt. Dadurch vollzieht sich ganz automatisch eine subjektiv bedingte Auslese unter den Bildungswerten, eine neue Einengung der Werte, die überhaupt assimiliert und in persönliches Leben verwandelt werden können. Aristoteles hat dieses jedem Wesen innewohnende *eigentümliche* Formprinzip und Entwicklungsgesetz seine »Entelechie« genannt, wenn er sich auch die Individualisierung noch nicht so weitgehend dachte wie später Cicero, die Renaissance oder gar die Gegenwart. Wer eine solche innere Zielstrebigkeit zugibt, der wird von der Selbstbildung wie von der Fremdbildung nichts anderes erwarten als das, was man im Deutschen für Entelechie sagen könnte: *Wesensverwirklichung*. Für den Bildner entsteht daraus die Aufgabe, neben allgemeinen psychologischen Einsichten auch eine Ahnungsfähigkeit für die Individualität in sich zu entwickeln. Er muß den Zögling verstehen, nicht nur wie er ist, sondern gerade so, wie er werden muß. Dieses Verstehen wird also *schöpferisch*, wenn der Erzieher das persönliche Bildungsideal des jungen Menschen in seiner Einbildungskraft vorwegnimmt. Will er doch aus ihm nicht einen Menschen als Gattungsbegriff herausholen, sondern einen wirklichen, plastischen, eigentümlich geformten Menschen. In einem solchen historisch und persönlich individualisierten Bildungsideal laufen also, wie wir schon im vorigen Kapitel überall angedeutet haben, schließlich alle Bildungswerte zusammen: hier sind sie zu einem gleichsam künstlerischen Ganzen komponiert, in dem jedes Moment zu dem andern eine lebendige, sinngemäße Beziehung hat.

An diesem Punkte wird am deutlichsten, wie sehr sich die Wertordnung unter dem Bildungsgesichtspunkt von derjenigen Wertordnung unterscheidet, die die reine Wissenschaft aufzustellen hat. Das Reich der Werte ist *der Idee nach* ein ewiges und eindeutiges System. Ein Bildungsideal aber ist eine historisch und persönlich bedingte Synthese gerade der Werte, die auf dem Boden einer lebendigen Seele nebeneinander Raum haben.

Zugleich bedeutet das persönliche Bildungsideal diejenige Zusammenfassung möglicher Bildungswerte, in der der Individuallage der zu Bildenden am weitesten Rechnung getragen wird. Gewiß schwebt über allen historischen Besonderungen die ewige Idee eines vollendeten, allseitig entfalteten Menschentums: die Humanitätsidee. Aber einen faßbaren Inhalt empfängt sie doch erst, wenn sie in der Ausprägung eines nationalen Bildungsideals, eines Berufsbildungsideals oder zuletzt eines ganz persönlichen Bildungsideals auftritt. Es gibt so viele Grundtypen des Bildungsideals, als es Klassen der Bildungswerte gibt. Aber auch in ihnen sind nur allgemeinste Richtungen angedeutet. Die letzte Aufgabe ist eigentlich eine durchaus künstlerische, nämlich diese Schemata mit anschaulichem Gehalt auszufüllen, *Menschenformen* in schöpferischer Phantasie zu entwerfen, die nun aber nicht in die Luft hineingezeichnet sein dürfen, sondern aus dem, was der einzelne Mensch werden kann, aus den Bedingungen seiner Bildsamkeit herauswachsen müssen.

Endlich gehören zu den Problemen der Bildsamkeit alle Einzelfragen der sogenannten pädagogischen Psychologie. Denn es genügt nicht, das allgemeine und individuelle Entwicklungsgesetz und die daraus folgenden Bildungsmöglichkeiten zu kennen, sondern man muß auch die einzelnen Bahnen und Mittel der bildenden Einwirkung untersuchen, die *Hebel*, durch die die Erziehung eine Bewegung in dem werdenden Menschen einleitet. Die Fragen: wie bilde ich einen theoretisch und ethisch wertvollen Vorstellungskreis? wie bringe ich einen mathematischen Beweisgang zum Verständnis? wie leite ich psychologisch am besten zum Lesenlernen an? sind oft genug erörtert worden. Auf diesem Gebiet der intellektuellen Bildungswerte, der Didaktik im engeren Sinne, fehlt es nicht an wichtigen Vorarbeiten. Weniger gut steht es schon hinsichtlich der ethischen Erziehungsmethoden, die ja keineswegs mit den Mitteln zur Bildung des Gedankenkreises zusammenfallen. Wo setze ich den Hebel an, wenn ich eine der Anlage nach unsoziale Natur zur Entfaltung sozialer Gefühle und Willensrichtungen bringen will? Wie fange ich es an, daß sich in den Pubertätsjahren ein persönliches Gewissen, ein Streben nach Selbstachtung und Reinheit entwickelt? Noch weniger ist geschehen, um die Bedingungen der technischen Bildsamkeit zu studieren. Welchen psycho*physischen* Gesetzen unterliegen die Fertigkeiten der Hand vom Zeichnen und Schreiben an bis zur Klaviertechnik oder den schwierigen Aufgaben eines Kunstgewerbes? Wie bilde ich die Stimme? die Muskeln der Gliedmaßen beim Turnen, Schwimmen, Tanzen, Reiten, Fechten? Wie zuletzt die innere Anschauungsfähigkeit für verwickelte technische Aufgaben des Maschinenbaues? Wie komme ich – auf einem anderen Gebiet – an die Geschmacksbildung heran, als Erlebnisfähigkeit und als Ausdrucksfähigkeit? Und wo endlich führt der Weg der Bildung zur Religion, der eigentlich seit Schleiermachers dritter Rede nicht mehr grundsätzlich erörtert worden ist? Ehrfurcht zu wecken hat Goethe als die höchste Aufgabe der Menschenbildung bezeichnet. Aber kennen wir auch schon die Art, wie Ehrfurcht im Menschenherzen wird und wächst? –

Abschließend dürfen wir behaupten: der Pädagogik helfen alle Ziel- und

Wertbestimmungen nichts, wenn sie nicht über die Möglichkeiten und Grenzen der Bildsamkeit ins Reine gekommen ist, der Bildsamkeit im allgemeinen, beim einzelnen Menschen und im besonderen Fall. Das Grundproblem der Pädagogik liegt daher in der *Bildsamkeit* und den *Bildungswegen*. Die Lehre vom *Bildungsideal*, vom *Bildner* und vom *Bildungswesen* wächst erst aus dieser Wurzel heraus.

4. Wissenschaft, Technik, Bildung

Wozu diese langen und schwierigen Ausführungen über Bildung, Bildungswerte und Bildsamkeit? Wir kommen zur entscheidenden Folgerung aus unsren Untersuchungen. Es ergibt sich nämlich, daß neben die Lebensgebiete der Wissenschaft und der Technik das der Menschenbildung als eine ganz eigentümliche Aufgabe tritt. Man wird den Kern dieser Schrift nur dann erfassen, wenn man sich über die folgenden Unterscheidungen Rechenschaft gibt.

Wissenschaft ist die Ordnung unsrer Erkenntnisinhalte nach einem streng sachlichen, die Forderungen der Gegenstände (im erkenntnistheoretischen Sinne) unabhängig von den nichttheoretischen Werten rein objektiv zur Geltung bringenden Gesetz.

Technik ist die Unterordnung wissenschaftlich erkannter Zusammenhänge unter das Wertgesetz der Nützlichkeit und der zweckbezogenen sparsamsten Wahl der Mittel.

Bildung (als Tätigkeit) ist die Entbindung *aller* Wertungsrichtungen im Erleben, der Gesinnung und dem praktischen Verhalten einer sich entwikkelnden Einzelseele gemäß der Norm ihrer objektiv wertvollen Gestaltung.

Aus diesen Sätzen ergibt sich, daß Bildung weder mit der Wissenschaft noch mit der Technik zusammenfällt.

Natürlich hat es auch die Wissenschaft in wesentlichen Teilen mit der Gesamtheit menschlicher Werte zu tun. Sie erörtert als Religionswissenschaft das Wesen der religiösen Werte, als Wirtschaftswissenschaft die wirtschaftlichen Werte, als Ästhetik die Phantasiewerte, als Sozialwissenschaft die gesellschaftlichen Werte, insbesondere als allgemeine Rechtswissenschaft die Werte der gerechten Machtverteilung und als Staatslehre die politischen Werte. Die Medizin kann man als eine Theorie der Gesundheitswerte auffassen. Wenn die Wissenschaft die Beziehungen dieser Wertklassen zueinander und ihre gesetzlichen Abhängigkeitsverhältnisse erforscht, so wird sie zur allgemeinen Werttheorie oder Kulturphilosophie. Aber – und das ist entscheidend – sie stellt alle diese Wertgebiete unter die alleinige Herrschaft der *Erkenntniswerte* und betrachtet sie von dem Boden einer objektiv-erkenntnismäßigen Geisteshaltung aus. Jede bloß leidenschaftliche, subjektive Stellungnahme zu den Werten ist der Wissenschaft als Wissenschaft fremd; ebenso jedes im voraus fertige Bekenntnis, mag es auch unvermeidlich sein, daß aus der umfassenden theoretischen Besinnung im Forscher zuletzt eine neue, geläuterte persönliche Werteinstellung folgt. Es gibt auch Gegenstände der Wissenschaft, die selbst keine Werte sind, nämlich die Mathematik und das gesamte Gebiet der Naturwissenschaften (mindestens der anorganischen). Hier ist das wertfreie Verhalten, die Objektivität, dem Erkennenden am leichtesten gemacht. Es ist daher kein Zufall, daß die Mathematik und die naturwissenschaftliche Methode immer als das Muster der Wissenschaftlichkeit überhaupt hingestellt worden sind.

Ganz anders die Technik. Sie ist eine wertbezogene Auslese unter den erkannten sachlichen Zusammenhängen. Und zwar wird von ihr alles bezogen auf die eine Klasse der Nützlichkeitswerte, das heißt auf diejenigen, die die Lebenserhaltung und angenehme (wirtschaftliche) Lebensgestaltung ermöglichen. Weil diese Wertklasse großenteils noch in den naturhaften, physisch bedingten Zusammenhang des Lebens hineinfällt, bilden die Naturwissenschaften die wichtigste Grundlage der Technik. Doch kann man auch von einer sozialen Technik reden, wenn nämlich die Kräfte der Gesellschaft und ihre wertgesetzlichen Abhängigkeitsverhältnisse lediglich unter dem Gesichtspunkt betrachtet werden, wie sie *nützliche* Mittel zur Erreichung vorausgesetzter wertvoller Zwecke werden können. Das ethische Ziel selbst kommt dann nicht in Frage, sondern nur die *kausalen* Mittel, die seiner Verwirklichung dienen, einschließlich des menschlichen Motivationszusammenhanges. Doch ist das ein Sonderproblem, das uns hier weniger kümmert.

Das ethische Ziel selbst – ethisch hier im weitesten Kultursinne genommen – bestimmt die Wertordnung, von der die Tätigkeit des Bildens beherrscht ist. Diese ist also nicht nur vom Erkenntniswert (Objektivität) und nicht nur vom Nützlichkeitswert geleitet, sondern – wie man früher sagte: vom Wert des Guten – wie man heute statt dessen auch sagt: von der Idee der wertfähigen Persönlichkeit und der wertvollen Persönlichkeit, die beide unter der Norm des höchsten Kulturwertes stehen. In einer solchen Persönlichkeit haben *alle* Werte nach einer bestimmten Rangordnung ihre Stelle. Jedoch muß noch ein wichtiger Zusatz gemacht werden: Handelt es sich nur um die normgemäße Wertsetzung, so haben wir eine über die Beschreibung der ethischen Werterlebnisse und Werturteile hinausgehende, persönlich stellungnehmende Sittlichkeit. Handelt es sich aber darum, diese umfassend verstandenen Werte in einer sich entwickelnden, bildsamen

Einzelseele *lebendig zu machen,* so haben wir die eigentümliche Kulturfunktion der Erziehung.

Der wesentlichste Unterschied der drei Gebiete läßt sich dahin zusammenfassen: für die Wissenschaft ist die Wissenschaft Selbstzweck, für die Technik und die Erziehung erscheint sie unter der Herrschaft anderer Werte.

Technik nämlich ist nicht denkbar ohne Wissenschaft. Aber sie trifft unter den Erkenntnissen eine scharfe Auslese derer, die sie für ihre eigentümlichen Zielsetzungen brauchen kann. Die Technik ist immer *Anwendung,* immer utilitaristisch, immer auf dieses oder jenes konkrete Nützliche gerichtet. Sie treibt Wissenschaft *nach Bedarf* und *für die Praxis.*[4] Die Bildung braucht *auch* Wissenschaft, aber wieder nicht um dieser selbst willen, sondern insofern die objektive Erkenntnis in gewissem Umfang zu den Bildungswerten gehört. Daneben aber kennt sie noch eine Fülle von anderen Bildungswerten. Denkt man sich eine ausgesprochen einseitige wissenschaftliche Erziehung, das Ziel einer *gelehrten Bildung,* dann erlangt natürlich die Wissenschaft wieder eine beherrschende Stellung, aber doch auch noch nicht ausschließliche Bedeutung in ihr.

Nun noch eine letzte Komplikation: die wissenschaftliche Besinnung kann sich in der Technik auch auf die Technik selbst als ein Kultursystem richten; dann haben wir die Theorie, die kulturphilosophische Behandlung der Technik. Eine solche wird dem Techniker, der seine Aufgabe tief erfaßt, sehr wichtig sein. Aber die Hauptsache bleibt für ihn doch immer die technische Begabung. Ebenso kann man auch die Ziele und Wege der Bildung wieder zum Gegenstande theoretischer Überlegungen machen. Dann erhält man die Theorie der Pädagogik. Sie ist wichtig; sie ersetzt aber nicht die pädagogische Anlage und geistige Grundeinstellung, so wenig etwa für den Künstler die Theorie seiner Kunst (Ästhetik) und die Technik seiner Kunst das Talent schaffen oder seine Rolle übernehmen kann. Die theoretische Pädagogik ist wissenschaftliche Durchleuchtung der Erziehung als eines eigentümlichen Kulturvorganges. Sie vertieft den Erzieher; sie macht ihn aber nicht.

Es ergibt sich also für unsern Zweck: Wissenschaft ist eine der Voraussetzungen und einer der Inhalte der Bildung. Sie ist ferner ein zum pädagogischen Tun nachträglich Hinzukommendes und auf dieses Tun Gerichtetes. Diese Beziehungen der Bildung zur Wissenschaft gehen aber nicht so weit, daß deshalb das Kulturgebiet der Wissenschaft mit dem der Er-

[4] Selbstverständlich ist damit nicht gemeint, daß der Techniker keine reine Wissenschaft treiben solle oder daß zu seinem Berufe keine freie menschliche Bildung gehöre: sondern gemeint ist nur das der Technik innewohnende *Eigengesetz.*

ziehung zusammenfiele. Der Erzieher muß Wissen haben; er muß auch theoretische Pädagogik teils als Kunstlehre (Ästhetik), teils als Lehre von der Technik der Erziehung (vergleichbar der technischen Seite in der Kunst) besitzen. Er ist aber deshalb nicht im Hauptamt Gelehrter, es sei denn, daß er sich ganz besonders der Aufgabe der gelehrten Erziehung zuwenden wolle.

5. Universität, Technische Hochschule, Bildnerhochschule

Organisationen sind niemals ein ganz reiner Ausdruck des geistigen Gehaltes, dem sie dienen sollen. Immer spielen bei ihrer Entstehung zufällige historische Umstände, bei ihrem Ausbau rein praktische Zweckmäßigkeiten mit. Das gilt auch von den Bildungsanstalten, denen wir uns nunmehr zuwenden.

Man könnte sich an Stelle der vielen Hochschularten, die wir in Deutschland haben, eine einzige große Kulturakademie denken, auf der alle Gebiete des nationalen Lebens vertreten wären. In ihr müßten dann enthalten sein: eine (reichgegliederte) rein wissenschaftliche Fakultät, eine technisch-ökonomische Fakultät für Technik und Gewerbe, Landwirtschaft und Handel, eine Fakultät der Künste, eine für praktische Politik und Verwaltung, vielleicht auch eine Fakultät für Religionsübung und eine letzte für Bildungswesen, die alle vorher aufgezählten Seiten des Lebens unter einen Erziehungsgesichtspunkt stellte. Diese Einteilung würde den großen Kulturgebieten folgen. Aber sie wäre im höchsten Maße unzweckmäßig, weil die Theorie und die Praxis der einzelnen Kulturleistungen auseinandergerissen wären. Entweder hätte man ihre Theorie an zwei Stellen, oder man hätte in den nicht direkt wissenschaftlichen Fakultäten *nur* die Praxis, ohne eine breitere wissenschaftliche Grundlage.

Das Leben ist daher einer anderen Linie gefolgt. Anfangs gab es nur die Universität als *die* wissenschaftliche Hochschule. Im 17. Jahrhundert ist daneben die Akademie der Künste entstanden, der man wohl dieses Selbständigkeitsrecht nicht bestreiten wird. Im 19. Jahrhundert haben sich gesonderte Technische Hochschulen, Landwirtschaftliche und Handelshochschulen gebildet, nicht zu erwähnen die Forst- und Bergakademien und die Tierärztlichen Hochschulen. Es wird heute vielfach die Ansicht vertreten, daß diese Absonderung ein Irrweg gewesen sei. In der Tat streben die Landwirtschaftlichen Hochschulen längst, die Handelshochschulen, Forstakademien und Tierärztlichen Hochschulen neuerdings in den Verband der Universität hinein bzw. zurück. Und auch von den Technischen Hochschulen behauptet man, daß sie besser in den Verband der Universität hineingenommen wären (wenn sie ihm auch niemals angehört haben, sondern tatsächlich abseits von ihr entstanden sind).[5]

Wir haben im Vorangehenden ausgeführt, daß ein wesentlicher Strukturunterschied zwischen der reinen Wissenschaft und der Technik besteht. Schon aus diesem Grunde erscheint die Trennung zwischen Universität und Technischer Hochschule keineswegs zufällig und äußerlich. Es wird aber eingewandt, auch die Universität sei keine rein wissenschaftliche Anstalt, sondern ein Bündel von Berufsschulen für Geistliche, Beamte, Richter, Ärzte und Lehrer. Wirklich ist die Gliederung der Fakultäten *nicht* nach rein wissenschaftlichen Gesichtspunkten erfolgt, wie etwa Schelling nachträglich glauben machen wollte, sondern sie ist aus einer bestimmten, historischen Berufs- und Arbeitsteilung erwachsen und deshalb auch gegenwärtig mannigfachen Umbildungen unterworfen. Aber das eine muß doch festgehalten werden, daß alle diese Fakultäten nur die *theoretischen* Grundlagen je ihrer Berufsgruppe lehren, nicht aber die Anwendung und die Berufsübung selbst.[6] Auf der Universität lernt man nicht predigen, nicht verwalten, nicht unterrichten und erziehen, sondern man lernt nur diejenigen Wissenschaften, die mit dem betreffenden Kulturberuf zusammenhängen. Einige bescheidene Ausblicke in die Anwendung finden wohl statt; aber die eigentlich praktische Ausbildung liegt überall hinter der Studienzeit, nicht in ihr selbst. Nur für die medizinische Fakultät wird dies bestritten. Aber glaubt man etwa, daß die Hunderte von Praktikanten wirklich schon zum Behandeln der Kranken kommen? Sie erhalten einen Anschauungsunterricht in ihrem Beruf; die eigentliche Ausübung aber beginnt wie bei Predigtamtskandidaten, Referendaren und Lehramtskandidaten erst nach dem Studium in der Stellung der Assistenzärzte.

Trotz alledem kann man zugeben, daß die drei ersten Fakultäten nur angewandte Wissenschaften treiben. Sie stellen nämlich *ihre* Wissenschaftsgebiete so zusammen, wie es eine bestimmte Berufsanwendung fordert. Was an ihnen *reine* Wissenschaft ist, könnte ebensogut in der heute überwiegend theoretischen Fakultät, der sogenannten philosophischen, seinen Platz finden: zum Beispiel Religionsgeschichte, Kirchengeschichte, Rechtsgeschichte, Physiologie. Die Medizin muß mit Physik, Chemie, Botanik, Zoologie, die Jurisprudenz (wenigstens bis vor kurzem) mit der Nationalökonomie bei der Philosophischen Fakultät eine Anleihe machen. Nicht anders wäre es aufzufassen, wenn die Technik ihre Mathematik, Physik, Chemie und Wirtschaftskunde aus der Philosophischen Fakultät bezöge.

[5] Vgl. Carl Heinrich Becker, Gedanken zur Hochschulreform. Leipzig 1919. S. 5 f.
[6] Vgl. Eduard Spranger, Begabung und Studium. Leipzig 1917. S. 50.

Dies alles soll zugegeben werden. Freilich würden sich sehr große praktische Schwierigkeiten herausstellen. Die physikalischen und nationalökonomischen Universitätsvorlesungen sind heute schon durchgängig überfüllt. Sie sind ferner für gewisse praktische Bedürfnisse bisweilen zu allgemein; doch ist dagegen zu sagen, daß der Arzt nie wissen kann, was später einmal aus der Physik medizinisch bedeutsam wird, und der Techniker nicht, welche neuen Zusammenhänge von Technik, Physik und Wirtschaft sich herausbilden werden. Entscheidend ist allein ein ziemlich äußerer Grund: Es läßt sich kein Stundenplan aufstellen, der so vielen verschiedenen Gruppen von Studierenden gleichzeitig gerecht würde. Die Techniker haben bekanntlich heute schon eine ganz fest gebundene, auf bestimmte Stunden verteilte Studienordnung. Von manchen wird dies als ein Nachteil angesehen; aber es läßt sich gar nicht anders machen, wenn Maschinen-, Brücken- und Schiffbauer, Architekten und Hütteningenieure alle in derselben Bildungsanstalt vereinigt werden sollen. Die ganz bestimmten, scharf umrissenen Aufgaben andrerseits, die den traditionellen *Grund*bestand der Technik ausmachen, gestatten eine solche Festlegung. Die Studienpläne in den drei ersten Fakultäten, wo es solche gibt, sind schon viel beweglicher, und in der Philosophischen Fakultät sind Forschung und Lehre so sehr im Fluß, daß im allgemeinen nicht einmal die Titel der Hauptvorlesungen ganz festliegen. Nähme man also auch die Technische Hochschule in die Universität hinein, so würde sie dort, ganz wie heute schon die landwirtschaftliche Gruppe und künftig die handelswissenschaftliche, doch ein Sonderleben führen und einen Organismus für sich bilden. Ja, nicht einmal ihre Allgemeine Abteilung würde entbehrlich werden, da ihre Vorlesungen für den Techniker zu späten und spärlichen Abendstunden angesetzt werden müssen. Die Möglichkeit und Zweckmäßigkeit dieser Angliederung ist mir also nicht wahrscheinlich.

Aber es handelt sich hier nicht in erster Linie um die Fragen der Technik, sondern um die Lehrerbildung. Welche Organisation ist hier zweckmäßig?

Die Einrichtung der Philosophischen Fakultät als Stätte der Lehrerbildung wird heute vielfach angegriffen. Man möchte auch ihren Disziplinen mehr den Charakter angewandter Wissenschaften geben, mit einem Wort: man möchte aus ihr eine Lehrerfakultät machen, wie es eine Juristen- und eine Ärztefakultät gibt.

Diese Bestrebungen halte ich für äußerst bedenklich. Aus zwei Hauptgründen: Einmal muß es irgendwo im Staate eine Stelle geben, in der reine Wissenschaft, ohne Rücksicht auf nützliche Anwendungen, gesucht und gelehrt wird. Diesen echt deutschen Gedanken, der sich seit dem 18. Jahrhundert durchgesetzt hat, dürfen wir uns nicht rauben lassen. Denn die geistige Größe des deutschen Volkes hat nicht zum geringsten Teil auf dieser Hingabe an zweckfreie Forschung beruht. Nur aus einem Überschuß an Wissen über die Bedürfnisse der direkten Verwertung hinaus folgen bisweilen ganz neue, ungeahnte Anwendungsmöglichkeiten oder kulturgestaltende Gedanken. Gäbe es nicht zuerst *Entdeckungen*, die aus der reinen Folgerichtigkeit des streng theoretischen Forschungsganges folgen, so gäbe es auch keine *Erfindungen*. Von dieser Wahrheit ist zum Beispiel die chemische Industrie heute so durchdrungen, daß sie in ihren Großbetrieben die auf den Universitäten vorgebildeten Chemiker den Polytechnikern vorzieht. So aber ist es überall: in der Mathematik, in der Physiologie und nicht zuletzt in den Geisteswissenschaften, die einen immer weiteren und klareren Kulturhorizont erobern sollen. Wer diese hohe und notwendige Aufgabe nicht versteht, der versteht auch nicht die eigentümliche Idee der deutschen Universität, die von der 4. Fakultät alle übrigen durchdringt und ihnen das höhere Leben gibt. Die Wissenschaft an der deutschen Hochschule ist durchaus eine Produktion auf Überschuß, keine reine Bedarfswirtschaft. Es ist daher auch ein völliges, wennschon weitverbreitetes Mißverständnis, daß man an der Universität eine *fertige* Wissenschaft erhalte, wie sie andere Schulen geben. Sondern Lehrende und Lernende erarbeiten sich gemeinsam immer neue Einsichten, und was man an durchaus unumstößlichen Ergebnissen inhaltlicher Art mitnimmt, ist so wenig, daß es in der Schule manchmal nicht für eine Woche reichen würde. Man kann dies auch so ausdrücken: An der Universität werden vorzugsweise Methoden vermittelt, nicht Kenntnisse; Arbeits- und Forschungsweisen, nicht abgeschlossene Systeme. Das sei vor allem denjenigen gesagt, die der Meinung sind, daß man auch schon in vier Semestern eine ausreichende Portion Wissen von der Universität mitnehmen könnte. So wäre es, wenn sie Lernschule wäre; sie ist aber (im höchsten Sinne) Arbeitsschule. Es kommt darauf an, daß man von ihrem *Geist* ergriffen werde, daß man die Grundeinstellung des reinen Wahrheitstriebes, den großen Willen zur Objektivität gewinne. Dazu genügen nicht zwei Jahre; sondern, da jeder im Anfang dieses Strebens unvermeidlich irrt (– ein heilsames und produktives Irren), so muß man lange und tief in diese Welt der Probleme untertauchen, um gebadet von ihren Fluten dann erst in die Welt der Lösungen und Anwendungen zurückzukehren.

Etwas derartiges, wiederhole ich, muß es in einem hochstehenden Kulturvolke geben. Die andern Nationen haben uns darum beneidet und es zum Teil nachgemacht. Aber muß es das für die Lehrer geben? Oder nur für einzelne Forscher, für besonders hochstehende und begabte Geister? – Ich komme zu meinem zweiten Gesichtspunkt: das Leben der Wissenschaft fordert nicht nur Forschung, sondern auch Überlieferung. Diese beginnt schon in der Universität, die eben deshalb auch in der Philosophischen Fakultät nicht nur Forschungs-, sondern auch Lehranstalt ist. Aber das allein würde nicht genügen. Es muß ein weitverzweigtes System von Kanälen geben, durch die sich die gewonnenen Einsichten in das Volk ausbreiten. Das ist die kulturelle Leistung der wissenschaftlichen Lehrer und die Bestimmung der gelehrten Schulen oder Studienanstalten. – Man hält mir entgegen, daß ich mir selbst widerspreche: also gebe es doch ein fertiges Wissen an der Universität und eine Überlieferung erst an die studierenden Lehrer, dann an die Schüler. Man verweist mich ferner auf die vielen, die studieren, ohne je selbst zu forschen oder auch nur selbst zu denken. – Ich habe niemals die Universität nach denen beurteilt, die eigentlich nicht auf sie gehören und für ihren Geist nicht empfänglich sind, weil sie nicht innerlichst hungern und dürsten nach Erkenntnis. Aber es wird auch niemals ein so feines Sieb geben, daß nur die von dem echten Suchergeist Gesalbten in sie hineinkommen. Diese sind die Seltenen. Nur sehe ich gerade darin einen Vorzug der deutschen Universität, daß sie auf diese Seltenen zugeschnitten ist und nicht auf den breiten Durchschnitt. Man denke sich, daß diese ungeweihten Thyrsosträger niemals mit den Geweihten zusammenkämen, wäre die Sache dann nicht noch viel schlimmer? Es bleibt *doch* etwas hängen, wenn man einmal auf sieben bis acht Semester mit Männern in Berührung gekommen ist, in denen die Wissenschaft lebendig ist. Es bleibt etwas von ihrem Hauche zurück, wäre es auch in unbewußten Tiefen der Seele. Und deshalb meine ich, daß es ein Unterschied ist, ob unsre wissenschaftlichen Lehrer nur Überliefertes überliefern oder original produzierte Wissenschaft. Das Beste aber wird es sein, wenn auch sie an einer noch so bescheidenen Stelle produzieren; denn auf den Geist des Suchens kommt mehr an als auf das Quantum des Gefundenen. Ich habe anderwärts ausgeführt, daß sich die wissenschaftliche Gemeinde über die Universität hinaus erstrecken soll, und daß sie noch mehr als unsichtbare Akademie im Volke wirkt denn als sichtbare.[7]

Dies sind die Gründe, weshalb eine Lehrerfakultät, die nur das für den Unterricht erforderliche Wissen gäbe, ein Schaden für die deutsche Kultur wäre.

Aber ich glaube deshalb keineswegs, daß der einzige und höchste Ruhm des Erziehers in seinem Verhältnis zur Wissenschaft und in seinen wissenschaftlichen Leistungen liege. Sondern zurückkehrend zu meinen Ausfüh-

---

[7] Vgl. Eduard Spranger, Denkschrift über die Fortbildung der höheren Lehrer. In: Kultur und Erziehung. Gesammelte pädagogische Aufsätze. Leipzig 1919. S. 91–131.

rungen in den ersten Kapiteln behaupte ich, daß Wissenschaft in dem großen Ganzen der Kultur wie der Bildung nur einen *Teil* ausmacht. Ich behaupte, daß *jeder* Lehrer Wissenschaft und wissenschaftlichen Geist besitzen muß, daß es aber zwei verschiedene Aufgaben sind, Gelehrsamkeit fortzupflanzen und Menschenbildner im umfassenden Sinne zu sein.

Das haben ja auch die echten Erzieher unter den Lehrern *aller* Schulen stets empfunden, wie viel dem Wissenschaftler, dem Gelehrten daran fehlt, um Bildner im höchsten Sinne zu sein. Haftet dem wissenschaftlichen Lehrer nicht immer etwas vom Spezialistentum und von bedenklicher Lebensferne an? Man hat nun gehofft, ihm dies Fehlende noch geben zu können, ohne ihm das andre zu nehmen. Es ist gewiß, daß noch viel geschehen kann, um im wissenschaftlichen Fachlehrer auch einen pädagogischen Geist zu wecken.[8] Mir aber scheint ein noch höheres Ideal, daß es außerdem eine Stätte gebe, an der der Bildungsgedanke als solcher zu seiner höchsten Darstellung kommt, wie er es nach dem Geist und der Bestimmung der Philosophischen Fakultät niemals kann. *Es gibt die Idee eines Dritten neben der Universität und der Technischen Hochschule: die* B i l d n e r - h o c h s c h u l e.

Manche wittern hier schon Verrat und glauben, daß der Volkslehrer unter einem glänzenden Namen um seinen Anteil an der Wissenschaft betrogen werden solle. Deshalb aber habe ich meine Ausführungen auf so breite Grundlage gestellt, daß man die Selbständigkeit und Höhe der Kulturfunktion sehe, die darin besteht, einen *ganzen* Menschen zu bilden, nicht nur einen wissenschaftlichen Kopf. Es könnte dem Techniker der Gedanke kommen, er wolle auf die Universität gehen, weil er *ohne* Wissenschaft seine Aufgabe nicht zu erfüllen vermöge. Er hätte recht; aber er würde vermutlich jahrelang in der Wissenschaft steckenbleiben und niemals zur Technik kommen, die doch nun einmal *seine* Kulturbestimmung ist. Beim Lehrer ist jener Gedanke noch berechtigter; denn der Unterricht ist ein hervorragender Teil seiner Aufgabe, und aller Unterricht fordert Vertrautheit mit der Wissenschaft. Aber so wenig der Techniker *seine* Sache macht ohne Wissenschaft, so wenig soll der Lehrer sie ohne Wissenschaft machen. Nur muß zur Wissenschaft bei ihm noch jenes eigentümliche Formelement hinzukommen, durch das Wissenschaft ein Mittel der Bildung wird. Der reine Gelehrte hat dafür meist keine Zeit und ist deshalb oft genug ein herzlich ungebildeter Mann, ein Spezialist. Der Lehrer des Volkes darf so wenig ein Spezialist sein wie ein Universalkrämer und enzyklopädischer Kopf: er muß vor allem ein Kulturträger sein oder, was dasselbe sagt: ein

[8] Vgl. Eduard Spranger, Begabung und Studium. S. 60 f.

Bildungsträger. Dazu aber gehört eine eigentümliche Ausbildung, die von der gelehrten abweicht, ohne irgendwie geringwertiger zu sein.

Was würden wir sagen, wenn heute die Kunsthochschüler zu uns kämen und verlangten, daß sie ihre Vorbildung auf der Universität erhielten? Wir würden ihnen erwidern, daß sie dort zwar viel Gutes und Schönes an Kunstgeschichte und Ästhetik empfangen würden; aber Künstler würden sie nicht werden. Kämen aber die Lehrer zu uns und wollten samt und sonders in die Philosophische Fakultät oder in eine Erziehungs*wissenschaftliche* Fakultät, so würden wir ihnen bedeuten: Alle könnt ihr in die Universität hinein; denn ihr werdet ja künftig das Abiturium haben. Aber als Künstler der Menschenbildung werdet ihr sie nicht verlassen; nicht als ob von dieser Kunst gar nichts lehrbar wäre, sondern weil sie dort nicht gelehrt wird. »Schafft euch die eigentümliche Kulturstätte selbst, in der das Bildungsleben im ganzen Umfang gepflegt wird, wie sich einst die Technik ihre Hochschule selbst schaffen mußte. Dann werdet ihr die Universität nicht mehr vermissen, weil ihr mehr habt und weil ihr euren eigentümlichen Reichtum fühlen werdet.«

Niemand wird doch sagen, daß künftig in den Volksschulen keine Handfertigkeiten mehr gelehrt werden sollen und keine Musik und kein Turnen. Also müßte der Lehrer von Rechts wegen auch in die Technische Hochschule und in die Musikhochschule und in die Turnakademie gehen. Er wird es auch tun, wenn er sich für diese Gebiete spezialisieren will, genau so, wie er unvermeidlich auf die Universität muß, wenn er Fachlehrer gerade für das Französische oder die Mathematik oder die Physik werden will. »Aber damit faßt ihr das Leben je an einem Zipfel, das doch als Ganzes in eure Hand gegeben sein sollte. Gewiß könnt ihr deshalb nicht Alleswisser und Alleskönner werden. Doch habt ihr den unverlierbaren einheitlichen Beziehungspunkt eurer Kulturaufgabe: den Menschen und seine Bildung.« Ihm zuliebe, dem werdenden Menschen zuliebe, werden aus den Wissenschaften und Fertigkeiten und Künsten die Bildungswerte gesammelt und, soviel der einzelne vermag, für den Empfänger der Bildung lebendig gemacht. Wie dabei die Gefahr einer enzyklopädischen Lehrerbildung vermieden werden kann, davon später. Daß die Gefahr des Auswendiglernens von bloßen Kenntnissen nicht mehr besteht, folgt schon aus dem Unterschied von Kenntnissen und Bildung, von dem wir ausgegangen sind. Derjenige, der andre bilden soll, muß zunächst selbst ein gebildeter und geformter Mensch sein; das ist eines der Urgesetze der Erziehung.

Wie also der Techniker aus den Wissenschaften das herauslöst, was technisch bedeutsam ist, so löst der Menschenbildner aus ihnen heraus, was für die Bildung von Belang ist. Sollte jemand sagen, beides könne man nur, sofern man die *ganze* Wissenschaft besitze, so hat er recht im Sinne der *Idee,* unrecht im Sinne dessen, was unter Menschen möglich ist. Denn dazu würden lange Jahre gehören, um wirklich zwei oder drei Wissenschaften so zu beherrschen, daß man sie selbständig fördert und vollständig überblickt, und doch würde man ihren Bildungswert deshalb vielleicht nicht in einem völlig neuen Lichte sehen. Der Techniker weiß in der Regel von der Mathematik nicht viel mehr, als er für seine Konstruktionen braucht. Der Lehrer aber – ich spreche von mir selbst – kann den eigentümlichen Bildungswert der Mathematip wohl erfaßt haben, wenn er auch nur wenig über die Mathematik der höheren Schule hinausgekommen sein sollte.

Gesichtspunkte der Ökonomie von Kraft und Zeit soll man im Leben nirgends gering veranschlagen. Für alle Organisationen jedenfalls sind sie entscheidend; so auch für die Lehrerbildung. Es muß der direkte Weg gesucht werden für die allgemeine Volkserziehungsaufgabe. Dieser Weg führt nicht durch die Philosophische Fakultät. Wir schweigen von der Länge der Ausbildungszeit, die damit gefordert wäre, von der Überfüllung der Universität, die vielmehr entlastet werden müßte, und von der Unbestimmtheit der Vorlesungsfolge, nach der manche Gegenstände überhaupt nur alle drei Jahre wiederkehren. Ein ganz wesentliches Hindernis der unmittelbaren Verbindung mit der Philosophischen Fakultät aber ist schon die Tatsache, daß zahlreiche Bildungsgegenstände in ihr überhaupt nicht vorkommen. Viele Lehrer, die heute die herrlichsten Vorstellungen von ihr hegen, würden enttäuscht sein, wenn sie die dürftigen Darbietungen in Pädagogik oder in der Bürgerkunde oder in der Heimatgeschichte aus eigener Anschauung kennenlernten. Und endlich: der Lehrer an der Volksschule braucht vielerlei, auch wenn man ihn vor dem alten Stoffballast bewahrt. Er muß doch von jedem wesentlichen Bildungszweig wenigstens einmal stark ergriffen sein, jedes Wertgebiet muß einmal eindrucksvoll in ihm angeklungen sein. Das ist nur denkbar bei einem Stundenplan, der – so frei man ihn auch benutze – wenigstens die *Möglichkeit* gewährt, in drei Jahren das Wichtigste in sich aufzunehmen. Die Studierenden der Universität verlieren, obwohl sie alle ausdrückliche Fachstudien treiben, heute schon viel Zeit durch immer wiederholte zeitliche Deckung von Vorlesungen, die sie notwendig brauchen. Auf jedes Sonderbedürfnis aber kann dort nicht Rücksicht genommen werden.

Wie jener direkte Weg nun praktisch zu gestalten sei, davon im nächsten Kapitel. Hier kam es darauf an zu zeigen, daß in unserm Hochschulwesen eine Lücke besteht. Eine Stätte für die Wissenschaft als solche ist da, und diese darf nicht mit Aufgaben betraut werden, die einem anderen als dem spezifisch wissenschaftlichen Interesse entsprechen.[9] Eine Stätte für die Technik ist auch da. Aber Erziehung ist so wenig Technik wie sie Wissenschaft ist, mag sie auch beide als Bildungsgüter ehren. Es fehlt eine Stätte, die gewollt und bewußt durchweht ist von dem Geiste der Menschenbildung. Vielleicht könnte jemand sagen, eine solche Hochschule wäre die höchste Akademie der Künste, die sich denken läßt. Ich würde ihm nicht widersprechen. Und doch ist die Erziehung auf einer so unvergleichlichen Mischung von wissenschaftlicher Besinnung, technischen Regeln und künstlerischer Genialität aufgebaut, daß keines der drei anderen Kulturgebiete ihrem Gehalt entspricht. Wenn nämlich Wissenschaft, Technik und Kunst darauf beruhen, daß die Seele objektive Werte nach je einer dieser drei Gesetzlichkeiten aus sich heraus schafft und verwirklicht, so besteht Erziehung umgekehrt darin, alle diese objektiven Werte in die menschliche Seele hineinzubilden und ihnen dort eine Einheit zu geben, die nirgends anders möglich ist als in der lebendigen formenden Seele. Menschenbildner verharren nicht in der Einseitigkeit eines nur gelehrten, nur künstlerischen, nur technischen Lebensstiles. Sie fassen das Dasein an seinem Einheitspunkte. Also kann es auch einer Hochschule für Menschenbildner nicht an der inneren Einheit fehlen, die sie den anderen Hochschulen kulturell ebenbürtig macht.

6. Die Pädagogische Hochschule

Einen anderen bilden kann nur, wer selbst ein gebildeter Mensch ist: Leben entzündet sich nur am Leben. Es ist deshalb ein feiner und wahrer Gedanke von Richard Seyfert, daß der künftige Lehrer seinen eigenen Bildungsprozeß mit Bewußtsein erleben müsse.[10] Aber nicht minder wahr ist es, daß man seine eigene Bildung am meisten fördert, wenn man einen anderen zu formen und zu erziehen hat. Darum möchte ich, daß der junge Mann – oder das junge Mädchen (dies denke ich auch im folgenden stillschweigend immer mit) – gleich bei seinem Eintritt in die Bildnerhochschule zu einem Kinde in ein persönliches Erzieherverhältnis trete, das sich möglichst durch die drei Jahre seines Aufenthaltes an der Hochschule hindurch erstrecke. Das gehört zu dem eigentlichen Geist dieser Bildungsstätte. Die Durchführung erfolge in der freiesten Form.

Der organisatorische Aufbau der Pädagogischen Hochschule selbst ergibt

---

[9] Die Aufnahme der Pädagogik, und zwar der *wissenschaftlichen,* auf Kulturbesinnungen ruhenden, bedroht diesen Charakter der Philosophischen Fakultät nicht.

[10] Zur weiteren Entwicklung des Lehrerbildungswesens. In: Deutsche Schulpraxis. Jg. 37. 1917. S. 305–308, 313–318. Vgl. Eduard Spranger, Die Erziehung der Frau zur Erzieherin. Frankfurt a. M. 1919.

sich aus den Ausführungen über Bildung, Bildungswerte und Bildsamkeit. Sie wird nämlich umschließen müssen eine wissenschaftliche Abteilung (zu der auch die theoretische Pädagogik gehört), eine technische und künstlerische, und eine praktisch-pädagogische – sie alle vereinigt durch einen aus der Sache folgenden Gemeinschaftsgeist. Denn alle diese Zweige der einen Hochschule müssen auf den Einheitspunkt der Selbstbildung und der Erziehungsaufgabe bezogen werden, der ihr Gravitationszentrum ist.

Es ist aber nicht zu vermeiden, daß auch hier die zusammenhängende Einführung in die Erziehungspraxis erst an den Schluß des Bildungsganges verlegt werde. Zwar ist es verlockend, lernen und lehren vom ersten Tage an zu verbinden, schon um die Begabung sogleich zu erproben und die Gedanken immer wieder auf das eigentliche Ziel zu lenken. Aber dem steht die unumstößliche Wahrheit gegenüber, daß man erst etwas gelernt haben muß, um lehren zu können. Von der Schule bringt der junge Mann einen allgemeinen Geisteshorizont mit; aber noch keinen geschlossenen Überblick über die Lehrgegenstände der Volksschule, keine geläuterte Psychologie und Methodik, und vielleicht manchmal (trotz feinster Siebung, wie wir hoffen) noch gar nicht die innere Einstellung zum Erziehen. Deshalb schwebt mir vor, daß man in den beiden ersten Studienjahren den Mittwoch- und Sonnabendvormittag frei lasse für gelegentliche Lehrübungen, für Besichtigungen, für psychologische Laboratoriumsarbeit und nicht zuletzt für Selbstbildung. Das dritte Jahr aber erhalte mit Entschiedenheit den Charakter eines praktischen Jahres (»Pjahr«), in dem wieder nur der Mittwoch und Sonnabend für die Vertiefung in die Bildungsgüter selbst frei bleibt.

Es muß hier vor einer Überspannung des pädagogischen Gedankens gewarnt werden, die immer in Zeiten methodischer Reformen naheliegt. Im Anfang des 19. Jahrhunderts hat eine Zeitlang die Frage geschwebt, ob man Normalinstitute oder Seminare gründen solle. Der Unterschied lag darin, daß das Normalinstitut, wie es der Pestalozzischüler Karl August *Zeller* vertrat, eigentlich nur eine methodische Ausbildung im Sinne des Pestalozzischen Verfahrens geben sollte, während Ludwig *Natorp* unter dem Seminar eine wissenschaftliche Bildungsstätte verstand, in der die Pädagogik als Theorie und Praxis nur einen Teil des Bildungsganges darstellen sollte. Damals hat der Seminargedanke Natorps gesiegt, zum Heile der Sache.[11] Denn wer etwas geben soll, muß etwas *haben*, und es genügt nicht, ihm zu sagen, *wie* man geben soll. Auch heute wäre es eine verhäng-

[11] Gunnar Thiele, Die Organisation des Volksschul- und Seminarwesens in Preußen 1809–1819. (= Sammlung von Abhandlungen aus dem Gebiete der wissenschaftlichen Pädagogik. Hrsg. von Eduard Spranger. I. Abhandlung). Leipzig 1912. S. 88 ff.

nisvolle Verirrung, wenn man glaubte, die Pädagogische Hochschule könne nur Pädagogik treiben. Abgesehen davon, daß diese Wissenschaft noch gar nicht über einen solchen Umfang gesicherter Resultate verfügt, daß man *irgendwo* (sei es hier oder an der Universität) *nur* Pädagogik studieren könnte, ist doch jede Erziehungskunde eine ganz leere Hülse, wenn nicht ein *Kulturgehalt* zugrunde liegt, dessen Fortpflanzung eben ihr Sinn und ihre Aufgabe ist. *Pädagogik für sich allein kann man ebensowenig studieren wie Philosophie allein,* weil man für beide schon etwas wissen muß. Es wäre nicht anders, als wollte man im Rechnen sich nur mit den Resultaten beschäftigen, nicht auch mit den Wegen, die zu ihnen hinführen. Deshalb werde also die Pädagogische Hochschule kein neues »Normalinstitut«, sondern eine wirkliche Kulturakademie mit eigenem *Bildungsinhalt.*

Dieser Bildungsinhalt ist jedoch, das kann kein Gott ändern, in erster Linie bestimmt durch die Gegenstände, die in der Richtung der Volksbildung liegen; man verstehe recht: nicht durch sie *begrenzt,* aber durch sie *bestimmt.* Es ist ja wohl nicht nötig, an die alten Sokratischen Sätze zu erinnern, daß einer auf dem Gebiet, das er lehren will, auch sachverständig sein müsse; was er sonst noch weiß und kann, ist seine Sache. Aufgabe einer staatlichen Einrichtung ist zunächst die Hinleitung zu einem Ziel; der Staat hat dafür zu sorgen, daß die Anforderungen, die er an einen Volkslehrer stellt, erfüllt werden. Darüber hinaus mag der einzelne sorgen.

Aber innerhalb dieses Rahmens ist Differenzierung nötig. Der Hauptmangel der alten Seminare war ihr enzyklopädischer Charakter. Sie wollten gleichzeitig treiben, was als *lebendiges* Wissen in keinen Kopf gleichzeitig hineingeht. Deshalb ist es von vornherein nötig, daß der junge Lehrer sich selbst ein *Bildungszentrum* wähle, nach dem berühmten Satz, der den Ertrag von Wilhelm Meisters Bildungsweg zusammenfaßt: »Narrenpossen sind eure allgemeine Bildung und alle Anstalten dazu. Daß der Mensch *etwas* ganz entschieden verstehe, vorzüglich leiste, wie nicht leicht ein anderer in der nächsten Umgebung, darauf kommt es an.«[12]

Sofern es sich um intellektuelle Bildungswerte handelt, scheiden sich die Naturen in Geisteswissenschaftler und Naturwissenschaftler oder tiefer gefaßt: solche mit hochentwickelter psychologischer Erlebnisanschauung und solche mit lebhafter sinnlicher Anschauung. Denken können müssen beide Typen. Aber sie empfangen ihren Stoff dazu von verschiedenen Seiten. Für

[12] Vgl. die drei Geleitworte zu Kerschensteiner, Grundaxiom des Bildungsprozesses und seine Folgerungen für die Schulorganisation. Berlin 1917. (Deutsche Erziehungsschriften zur Förderung des Bildungswesens im neuen Deutschland. Hrsg. v. Karl Muthesius. H. 8.)

die einen wird die Fachverbindung Deutsch und Geschichte, für die anderen Mathematik und Naturwissenschaften obligatorisch sein.

Obligatorisch? – Sollen immer noch feste Linien gezogen werden? Muß nicht volle Freiheit herrschen? – Meine Antwort lautet: niemand wird gezwungen, Lehrer zu werden; aber wer Klavierlehrer werden will, *muß* Klavier spielen können. Für ihn ist also dies bei aller Freiheit obligatorisch. Nicht anders für den Träger der Volksbildung. Er *muß* sich mit dem beschäftigen, was den Hauptinhalt der Volksbildung ausmacht, also mit ihrer historischen Seite oder mit ihrer mathematisch-naturwissenschaftlichen Seite, da beides in gleichem Maße nicht mehr möglich ist.

Eigentliche *Fach*kenntnisse bringt der Studierende auf unsere Hochschule trotz seines Abituriums weder im Deutschen noch in der Geschichte, weder in der Mathematik noch in der Naturwissenschaft mit. Er kennt aber die Umrisse dieser Gebiete gut genug, um nicht nur als Empfangender diesen Stunden beizuwohnen, sondern sogleich in eigene Mitarbeit einzutreten. Der Vortrag kann also hier auf das Nötigste beschränkt werden; die Hauptaufgabe besteht in der selbsttätigen Lösung so vieler Aufgaben, daß der ganzen Arbeitsgemeinschaft am Schlusse von zwei Jahren je über ihre Fachgruppe eine Art von systematischem Überblick erwächst. Dabei ist der Grad des Eingehens bestimmt durch den Gesichtspunkt der jedem Fach innewohnenden Bildungswerte. Denn ein inhaltlich nur *einigermaßen* erschöpfendes Fachstudium in Deutsch und Geschichte würde bekanntlich vier Jahre erfordern, und es würde für diejenigen, die kein Latein und Griechisch beherrschen, überhaupt unmöglich sein. Dies letztere bitte ich nicht leicht zu nehmen: die geplante deutsche Oberschule führt jedenfalls nicht zur Reife für ganz volle historische Studien; eher mag sie naturwissenschaftlichen Ansprüchen genügen.

Für jede der beiden Fächergruppen denke ich mir wöchentlich etwa acht Stunden verwendet, und zwar in beiden theoretischen Jahren. Dazu kommt für jede von beiden Gruppen als drittes verbindliches Fach: Pädagogik auf philosophischer Grundlage. Hierfür werden vier Wochenstunden erforderlich sein. Die Verteilung des Stoffes auf vier oder – wenn man die Pädagogik im Pjahre fortführt – auf sechs Semester möchte ich *hier* nicht näher erörtern. Die Hauptgegenstände werden dieselben sein, die ich in der Formulierung des § 25 der Preußischen Prüfungsordnung für das höhere Lehramt angegeben habe. Jedoch wird ein Kursus in Geschichte der Philosophie, ein zweiter in Logik und Psychologie, ein dritter in Ethik und Kulturphilosophie hinzutreten müssen. Geschichte der Philosophie und der Pädagogik lassen sich teilweise verbinden. Doch müßte in diesem Falle Geschichte der Schulorganisation gesondert behandelt werden. Wenn die ausgesetzte Zeit für die Pädagogik nicht reicht, mag man eine fünfte Stunde hinzunehmen; jedoch täuscht man sich vielfach über den Umfang der heute schon gesicherten Ergebnisse. Eine Wissenschaft, die noch vorwiegend aus Rohmaterial besteht (wie zum Beispiel die Psychologie des Kindes und des Jugendlichen und die experimentelle Didaktik) erscheint leicht größer als ein bereits geordnetes und geklärtes Gebiet.

Somit wären zwölf Stunden für verbindliche Gegenstände der wissenschaftlichen Abteilung festgelegt.[13] Fragen wir, welche *Fächer* der allgemeinen Volksschule damit gedeckt sind, so erscheint auf der einen Seite Deutsch, Geschichte, Staatsbürgerkunde und historische Heimatkunde; auf der anderen Rechnen, Botanik, Zoologie, Physik und physikalische Erdkunde. Damit ist das Bildungszentrum für den, der eine dieser Gruppen gewählt hat, bezeichnet.

Dem Urteil der praktisch erfahrenen Lehrerbildner überlasse ich es, ob das Studium und die eigene Arbeit in diesen Gegenständen schon gleichzeitig eine Zuspitzung auf didaktische und methodische Fragen erhalten soll. Wenn es geschieht, so muß diese Verwertung jedenfalls in einer besonderen Stunde von dem unbefangenen Sachstudium getrennt werden.

Es können und müssen sich hieran aber weitere Fachstudien anschließen. Diese werden entweder bestehen in der Verbindung zweier weiterer Wissenschaften oder in einer technisch-künstlerischen Ausbildung. Für solche Wahlfächer denke ich mir acht Wochenstunden in vier Semestern verfügbar.

Wer sein Bildungszentrum auf der geisteswissenschaftlichen Seite gesucht hat, für den kommen weitere Fachstudien in folgenden Zusammenstellungen in Betracht: Religion in historischem und philosophischem Zusammenhange, Geschichte und Geographie, Geschichte und Staatswissenschaften, Latein und Französisch, Französisch und Englisch. Für die andere Gruppe: die höheren Probleme der Biologie, höhere Mathematik, Physik und Chemie, Geographie mit Geologie, Mineralogie und Astronomie. Ferner muß Gelegenheit zur Ergänzung und Vertiefung der verbindlichen Fächer nach besonderen Seiten gegeben werden.

[13] Die schwierige *Religionsfrage* lasse ich hier außer Betracht; der Grundplan der Pädagogischen Hochschule wird dadurch nicht berührt. Diejenigen Parteien, die die Beibehaltung eines verbindlichen konfessionellen Religionsstudiums verlangen, werden zwei bis drei Stunden hierfür zu den Pflichtfächern hinzurechnen müssen. Die anderen werden mindestens die Gelegenheit zu einem solchen Studium bieten müssen. In beiden Fällen ist zu wünschen, daß es sich um eine in wissenschaftlichem Geiste gehaltene Theologie handle, soweit dies ohne Kenntnis des Griechischen und Lateinischen möglich ist.

Andere werden es vorziehen, die theoretischen Stammfächer mit einer künstlerischen und technischen Ausbildung zu verbinden. Die Grundlage bildet für die optisch Veranlagten das Zeichnen und Formen, für die Akustiker Gesang und Musik, beide verbunden mit Kunstgeschichte der betreffenden Richtung. Daran aber können sich in freier Verteilung anschließen: Elemente der Landwirtschaft und des Gartenbaues, Handfertigkeiten der verschiedensten Art, sei es im Dienste des Gewerbes oder des Kunstgewerbes, Grundlagen der Konstruktionskunde und der Technologie, Buchführung, Warenkunde; Körperkultur, Hygiene und Turnen. Wirtschaftskunde, Soziologie und Sozialpolitik treten überall in individueller Bezugnahme auf die Gesamtrichtung des Bildungsganges hinzu.

Die technisch-künstlerische Abteilung der Pädagogischen Hochschule ist die Stätte, an der der Geist der neuen Erziehung am sichtbarsten zum Ausdruck kommen muß: die Loslösung von dem Ideal des überwiegend theoretischen Menschen, das Bekenntnis zu dem Ideal eines lebensoffenen, auch in seinen schöpferischen Kräften entwickelten Menschen. Den Plan im einzelnen vermögen nur diejenigen zu entwerfen, die in der Welt dieser Bildungsgüter selbst leben und lehren. Sie werden auch dafür sorgen, daß überall eine Beziehung zu den theoretischen Gebieten der Volksschule: zum Deutschen, zur Kulturgeschichte, zum Rechnen und zur Naturkunde hergestellt werde. In diesen Aufgaben ist eine Kulturleistung umschlossen, um derentwillen die Universität zur Lehrerbildung nicht fähig ist. Hier gilt es, eigene Arbeit zu leisten und Wege zu gehen, die mehr sind als die ausgetretenen Pfade des akademischen Fachlehrertums. Ob die Lehrer diesen Willen zur Ganzheit und zur plastischen Kultur aufbringen, ist die letzte und wichtigste Probe, die die neuen pädagogischen Gedanken unserer Zeit zu bestehen haben.

Rechnen wir zusammen, über wieviel Zeit für jeden einzelnen in den ersten vier Semestern wir jetzt verfügt haben. Ich sehe im Geiste manche, die mir zürnen, daß ich in schulmäßiger Weise Stundenpläne mache. Aber der Zweck meiner Schrift ist ja, die künftige Lehrerbildung, die man bisher gern etwas in die Luft hineingezeichnet hat, einmal in ihren Einzelheiten wirklich zu durchdenken. Dazu gehört, daß man den realen Faktor der Zeit überhaupt einstelle. Und einen Stundenplan wird die Pädagogische Hochschule gerade deshalb machen müssen, weil sie nicht wie die Universität mit vier bis fünf Jahren Studium rechnen kann, also doch jedem die äußere Möglichkeit geboten werden soll, was er nebeneinander treiben will, auch wirklich nebeneinander zu treiben. Es ergibt sich folgende Gliederung, die im einzelnen möglichst frei durchgeführt werden soll:

	Geisteswissensch. Gruppe		Naturwissensch. Gruppe	
	theoretische	technisch-künstlerische	theoretische	technisch-künstlerische
Pädagogik	4	4	4	4
Religion	(2)	(2)	(2)	(2)
Deutsch-Geschichte	8	8	–	–
Mathem.-Naturw.	–	–	8	8
Historisch-sprachl. Wahlfächer . .	8	–	–	–
Naturwissenschaftl. Wahlfächer	–	–	8	–
Techn.-künstler. Wahlfächer . .	–	8	–	8
	20 (22)	20 (22)	20 (22)	20 (22)

Diese 20 Stunden sind auf die Wochentage so zu verteilen, daß Mittwoch- und Sonnabendvormittag für praktisch-pädagogische Anschauungen oder Übungen frei bleiben. Außerdem muß an den Nachmittagen Gelegenheit gegeben werden, in etwa zwei Stunden allgemeinste Anregungen aus denjenigen Gruppen zu empfangen, die der einzelne nicht gewählt hat. Die Hauptsache aber ist, daß er selbst arbeiten und denken könne, daß er Bewegungsfreiheit behalte. Dies wird auch von den Studierenden der Universität vielfach versäumt. Die ungesunde Stoffüberlastung ist aber die größte Gefahr jedes Studiums und ertötet notwendig ihren Geist, den Geist der Wissenschaft vielleicht noch nicht einmal so sehr, wie den Geist der Bildung. Deshalb denke ich mir auch, daß im zweiten Jahre die Bewegungsfreiheit noch zunehme. Sie ist weder durchführbar an ganz kleinen noch an Riesenanstalten. Individualität gedeiht immer nur in mittleren Verhältnissen. –

Wenden wir uns nun zu dem Praktischen Jahr. Es soll Gelegenheit auch zur Fortführung der Fachbildung geben. Der Hauptsache nach aber ist es eine, aus der Theorie erwachsende, praktische Einführung in den Beruf, wobei seine psychologischen und ethischen Voraussetzungen geistvoll herausgearbeitet werden müssen. Die Unterrichtsübungen müssen sich auf alle wichtigen Fächer der Volksschule und ihrer Nebenanstalten erstrecken, auch auf diejenigen, die der Kandidat nicht zu seinem Sonderstudium erwählt hat. Einzelne Vorschläge zu machen, ist aus all diesen Gründen schwer. Ich muß vorweg bekennen, daß ich gegen eine offizielle Übungsschule in jeder Form große Bedenken habe. Denn sie enthält immer die Gefahr, Lehrer, Kinder und Methoden schematisch zu behandeln. Brauchbare statistische Unterlagen fehlen leider im Augenblick. Aber man nehme beliebig an, daß eine Pädagogische Hochschule 1000 Studierende umfasse, also etwa doppelt so groß wie eine durchschnittliche höhere Schule sei und halb so viele Mitglieder zähle, wie zum Beispiel die Leipziger Philosophische Fakultät im Wintersemester 1913/14 vermutlich künftige Lehramtskandidaten beherbergte (ca. 2200). Dann würde folgen, daß im dritten Studienjahr über 300 Kandidaten, nicht nur mit gelegentlichen Probelektionen, wie in den vier ersten Semestern, sondern mit zusammenhängenden Lehraufgaben betraut werden müssen. Das ergibt einen Schulorganismus, den niemand übersehen und leiten kann, abgesehen davon, daß er gar keinen einheitlichen Geist entfalten kann, der doch zu dem Wesentlichen des Schullebens gehört. Die Schüler einer solchen Anstalt mit 300 unfertigen Lehrern würden sich auch nicht gerade zum Besten befinden. Natürlich müßten in diesem Schulorganismus alle Hauptarten der Volksschule und Fortbildungsschule mit ihren Nebeneinrichtungen vertreten sein. Ich gestehe, daß ich mir das Ganze schwer denken kann.

Es ist kein Zufall, daß man die praktische Ausbildung der wissenschaftlichen Lehrer von der Universität fort an einzelne Anstalten des Landes verlegt hat. Gewiß fehlen auch dort großenteils noch die Persönlichkeiten und Einrichtungen, mit denen die neue Prüfungsordnung von 1917 rechnet. Aber es ist doch wenigstens eine individuelle Beschäftigung mit dem einzelnen Kandidaten möglich, und dieser fühlt sich als Glied einer richtigen Schule, die schon ihren fertigen Geist hat, während bei lauter Neulingen die große Übungsschule überhaupt keinen bestimmten Geist entfalten kann.

Umgekehrt scheint es auch nicht wünschenswert, den künftigen Lehrer nach kurzen zwei Jahren des Hochschulbesuches schon wieder aus *diesem* Organismus herauszunehmen. Die von allen Seiten anerkannten Vorzüge der praktischen Seminarausbildung alten Stiles würden gefährdet werden, ohne daß ein Ersatz dafür gefunden wäre. Haben wir erst einmal die neugebildete Lehrergeneration, so mag ja jede Schule geeignet sein, Novizen in den Geist und die Technik des Lehramts einzuführen. Da damit aber heute noch nicht zu rechnen ist, und da der Aufwand an theoretischer Pädagogik in den vier ersten Semestern ziemlich in der Luft schwebte, wenn nicht eine unmittelbare Verbindung mit dem Anwendungsfelde hergestellt wäre, so bleibt nichts übrig, als die Pädagogische Hochschule in kleinerem Maßstabe zu halten, als vorhin angenommen wurde. Mit 100 Kandidaten im Jahr mag man an einer sehr großen Schule (die freilich wohl auch erst in der betreffenden Stadt gegründet werden müßte) schon durchkommen. 300 sind eine Unmöglichkeit. Diese Begrenzung ist auch aus anderen Gründen notwendig. Überall im Unterricht rufen wir nach Individualisierung. Die Universitäten haben infolge der Überfüllung aller Übungen schon ihre beste Wirkungsfähigkeit eingebüßt. Wir wollen diesen Fehler nicht da wiederholen, wo es vor allem auf Qualitätsmenschen ankommt und wo Persönlichkeit nicht bloß ein Erdenkinderglück, sondern (wenn dies möglich ist) Berufsausstattung werden soll. Jede Form der Massenpädagogik ist an sich unpädagogisch. Der Lehrer muß den Geist des individuellen Verstehens, der liebevollen Versenkung in die einzelne Seele, den einzelnen Stoff, die einzelne Situation in einer wahren *Musterschule* in sich aufnehmen. Eine Klasse von 100 Kunstschülern ist auch eine Unmöglichkeit. Da verflüchtigt sich der Geist selbst des größten Meisters. Diese Gesichtspunkte gelten schon für die beiden theoretischen Jahre der Pädagogischen Hochschule. Hat jeder Jahrgang gegen 100 Studierende, so kommen etwa auf jede der oben genannten vier Gruppen 25 Mitglieder, und das ist die Höchstzahl, mit der man wissenschaftlich eingehend arbeiten kann. Man überlege, wie viele da noch zu Worte kommen können, wenn jeder nur jedes Halbjahr einmal in seinem Arbeitskreise etwas Eignes vortragen soll. In einer Universitätsübung kann man in einem Semester nur 12–15 Referenten zu größeren Arbeiten heranziehen. Wird es hier anders sein? –

Es kommt schließlich noch ein sehr wichtiger Gesichtspunkt hinzu, von dem wir bisher geschwiegen haben. Eine Hochschule der Menschenbildung muß auch Gemeinschaftskräfte entwickeln, wenn diese Seite der Erziehung nicht aus dem Ganzen herausfallen soll. Der junge Mensch muß selbst die ethischen Situationen einer Bildungsgemeinschaft anschaulich erlebt haben, wenn er künftig diese Bildungswerte aus der Schule herausholen und zur Wirkung bringen soll. Das alte Internat hat dem Seminar die leidenschaftlichsten Gegner erzogen. Ich glaube: doch wohl nur, weil es in einem ganz falschen, veralteten Geiste durchgeführt wurde; und *einen* Wert hat es auch in seiner mangelhaften Gestalt schon gehabt, den man nicht übersehen soll. Woher kommt es, daß die heutigen Volksschullehrer *arbeiten* können wie niemand auf der Welt? Vergleichbar sind ihnen da nur die Portenser, allgemein: die Zöglinge der großen Gelehrtenschulen mit Alumnat. Klösterlicher Geist ist durchaus unmodern, aber er lehrt, die Zeit zusammenzuhalten und seine Kräfte nach einem Ziel zu strecken.

Das Internat ist nicht mehr zu beleben; es fällt als ein Opfer seiner Sünden. Aber der Gemeinschaftsgeist (worunter ich ebensowohl die Zusammengehörigkeitsgefühle wie die heilsamen Reibungen verstehe) darf nicht ganz fehlen. Die Universitäten hätten eine noch größere Reinkultur von Individualismus erzeugt, wenn nicht die Studierenden selbst sich in Verbindungen zusammengetan hätten. Etwas Ähnliches wird sich in der Pädagogischen Hochschule auch entfalten. Aber es wäre wünschenswert, daß diese Sonderbünde nicht außerhalb der Hochschule gravitierten, sondern in einer positiven Beziehung zu ihrem Geist und ihren Aufgaben ständen. Etwas vom Hauch der gesunden Jugendbewegung gehört in sie hinein; denn in ihr liegt ursprünglicher Erziehungsdrang, der zugleich Selbstbildung und Fremdbildung will, der ewige Eros zum geistigen Lebendigsein und zum Schöpfertum der Werte. Und so male ich mir aus, daß die Kulturmächte, die ich in den einleitenden Kapiteln geschildert habe, sich in der Pädagogischen Hochschule zu gemeinschaftbildenden Kräften entfalten werden. Bildung als gemeinsames Ziel, geformtes Menschentum in seinen individuellen Gestalten erzeuge ein reges Spiel von Geben und Empfangen. Ja auch die Schuljugend selbst werde in diese Sphäre mit hineingezogen. Als Freund des einzelnen, als Jugendführer und Jugendpfleger muß sich in der Pädagogischen Hochschule jeder Studierende betätigen. Es ist dasselbe, was für den Musikschüler der Konzertbesuch ist. Damit aber rundet sich die Skizze, die ich geben wollte, zu dem Bilde einer von eigentümlichem Geist durchwehten, ihres idealen Mittelpunktes bewußten Kulturstätte. Ich frage, ob sie nicht wert ist, neben den andern Akademien zu bestehen, die samt und sonders, was sie auch treiben, ihren Namen von Plato herleiten? Diese jedenfalls würde ihren *Geist* von Plato herleiten.

7. *Wettbewerb*

Wollte man die Ausbildung sämtlicher Lehrer, auch der bisherigen Volksschullehrer, der Universität übertragen, so würde entweder die Bildung der eigentlichen Volkslehrer in ganz einseitige Bahnen gelenkt werden, oder die Universität müßte so umgestaltet werden, daß damit wesentliche andere Kulturzwecke, die sie zu fördern hat, in Gefahr geraten.

Das erste wäre der Fall, weil die Aufgabe des Volkslehrers keineswegs eine rein wissenschaftliche ist. Vielmehr muß er Qualitäten in sich entwikkeln, die bei *ausschließlich* wissenschaftlicher Einstellung verkümmern oder doch nicht stark genug werden: den Sinn für den lebendigen Menschen und für die außerwissenschaftlichen Bildungswerte. Es liegt ein eigentümlicher Widerspruch darin, daß gerade heute das allgemeine Universitätsstudium gefordert wird, wo die Hüter der Volksschule selbst die sehr berechtigte Losung ausgegeben haben, daß wir von der bloßen Wissenskultur in der Volksschule loskommen müssen. Wir wollen nicht mehr bloß theoretische Menschen, wir wollen ganze Menschen mit geschultem Willen, sicherem praktischem Blick, gewandter Hand und gesundem Geschmack. Das Programm der Arbeitsschule und das Programm der Universitätsbildung der Lehrer vertragen sich nicht miteinander. Um jenem zu genügen, müßten die Lehrer auch die Technische Hochschule, die Kunsthochschule, die Landwirtschaftliche und Handelshochschule besuchen – *ein Beweis, daß es sich für sie um einen neuen, eigenartigen Bildungstypus handelt, dessen Bedürfnisse durch keine der bestehenden Hochschulen ganz befriedigt werden können.* Nicht mit Unrecht hat man gesagt, daß die Angleichung der Volkslehrerbildung an die heutige Oberlehrerbildung eine Improduktivität, einen Mangel an Kraft zur Entwerfung neuer Formen, verraten würde. Wenn 1848, besonders von den Lehrern der Provinz Brandenburg, die Forderung erhoben wurde, die Lehrerbildungsanstalten sollten ein Zweig der Universität sein und theoretische und praktische Ausbildung geben, so darf man nicht vergessen, daß damals (abgesehen von München) weder eine Technische Hochschule noch das Programm der Arbeitsschule existierte. Deutschland befand sich damals noch in der Hochblüte der rein wissenschaftlichen und literarischen Kultur. Es gab keinen anderen Weg empor als zu der Universität. Und doch empfand man schon damals, daß diese nicht eigentlich das sei, was man suchte. Denn die Forderung blieb vereinzelt. Sie ist aber die nächsten Jahrzehnte hindurch immer lauter erklungen, ohne daß man sagen könnte, sie sei in ihrer geistigen und organisatorischen Tragweite jemals ganz gründlich durchdacht worden.

Denn wie sieht denn die Universität eigentlich aus? Was vermag sie den Lehrern des Volkes zu bieten? Die Gründung *pädagogischer* Lehrstühle befindet sich gerade in den ersten Anfängen. Es fehlt ganz an den geeigneten Kräften, nur diese wenigen zu besetzen. Wie man da eine ganze Erziehungswissenschaftliche Fakultät zusammenbekommen sollte, ist völlig dunkel. Die *Philosophie* aber hat ihre Fähigkeit, den einzelnen Wissenschaften Fundament und Abrundung zu bieten, längst eingebüßt. Sie ist heute nicht viel mehr als eine Fachwissenschaft neben Fachwissenschaften, wenn wir auch auf die nahe Entstehung einer Kulturphilosophie hoffen. Fachwissenschaften also kann man an der Universität studieren. Darin liegt ihre Stärke. Und man kann dadurch, daß man sich einen weiteren Überblick über die angrenzenden Wissensgebiete verschafft, seinen Horizont so ausdehnen, daß man sich eine Art von Kulturbild erarbeitet. Aber das kostet viele Jahre. Mit den amtlich geforderten acht Semestern ist es in der Regel nicht getan. Viele studieren heute schon sechs Jahre, zumal wenn man den Abschluß mit dem Doktor- oder dem Staatsexamen hinzurechnet. Dann erst folgt die zweijährige praktisch-pädagogische Ausbildung. Will man alle Lehrer diesen Weg gehen lassen? Es wäre mehr, als die wirtschaftliche Lage des Staates und des einzelnen zu leisten vermag; es wäre aber auch hinsichtlich der geistigen Kraftökonomie ganz unzweckmäßig, denn ein Volkslehrer im höchsten und edelsten Sinne ist man dann nicht, wenn man diese Bahn durchlaufen hat. Man ist ein Gelehrtenlehrer und vielleicht selbst ein Gelehrter, man ist fast immer ein Fachmensch, nicht aber notwendig ein gebildeter Mensch in dem von uns entwickelten plastischen Sinne.

Soll also die Universität so umgestaltet werden, daß sie eine Volkslehrerbildungsanstalt wird? Ich habe darauf oben schon geantwortet. Die Philosophische Fakultät hat noch andere Kulturfunktionen, als Lehrer zu erziehen. Sie ist Forschungsstätte und zugleich Bildungsstätte für Gelehrte, mag deren Betätigungsfeld auch noch so bescheiden sein. Nimmt man dies fort, so nimmt man der deutschen Universität, was alle fremden Nationen an ihr bewundern. Man macht die Forschung und die Wissenschaft heimatlos. Dann müßten zahlreiche Akademien gegründet werden, damit es in Deutschland einen Platz für die Mathematiker und Chemiker, für die Historiker und Sprachforscher gebe, die zu einer so ausgebreiteten Lehrtätigkeit, wie sie eine reine Lehrerbildungsfakultät verlangt, einfach nicht fähig und nicht geneigt sind. Mit andern Worten: man würde der Universität nehmen, ohne den Lehrern zu geben. Denn was neu entsteht, würde *nur noch dem Namen nach eine Universität,* in Wahrheit aber ein Großbetrieb der Kenntnisvermittlung sein. Und es wäre doch eine seltsame Logik, etwas entschieden zu begehren, aber nicht so wie es ist und weil es so ist, sondern nur um seines Namens willen, jedoch in der Absicht, ein ganz anderes daraus zu machen. Das wäre in der Tat eine für das ganze Volk unheilvolle Standespolitik.

Es gibt nur zweierlei: entweder man will die Universität; dann muß die Volkslehrerbildung der heutigen Oberlehrerbildung angeglichen werden, und man muß den langjährigen Kursus mit seiner unvermeidlichen – aus Kraftgründen unvermeidlichen – Trennung der theoretischen und praktischen Ausbildung beibehalten. Oder man hat den Mut, etwas Neues zu schaffen. Dann gehen nur die wissenschaftlichen Fachlehrer auf die Universität, wie die technischen auf die Technische Hochschule, die Kunstlehrer auf die Kunstakademie gehen müssen. Diejenigen aber, die kein ausgesprochenes Fachwissen suchen, sondern die Bildungswerte, an denen man junge Menschen erzieht und das Volk emporhebt, die sollen sich ihre eigene Bildungsstätte schaffen, nicht *unter* der Universität, sondern *neben* der Universität. –

Es kann nicht gut geleugnet werden, daß in die ganze Erörterung sehr erheblich die Vornehmheitsfrage hineingespielt hat. Man will nicht zwei

Stufen des Lehrerstandes haben, sondern einen einheitlichen. Ich bin freilich der Ansicht, daß man die Sachfrage ehrlich voranstellen müsse. Lehrerbildung ist nun einmal Bildung für einen Beruf, mag dieser auch die weitesten Kulturbezüge haben. Jeder Beruf fordert einen ganz bestimmten Lehrgang, und man kann nicht bloß deshalb einen andern wählen, weil er für vornehmer gilt. Nicht die Einrichtungen muß man hier ändern, sondern die Anschauungen. Jeder, der seinen Beruf in einem kulturbewußten Sinne ausfüllt, *ist* vornehm. Es ist richtig, daß der Erziehungsberuf seinem Geiste nach *einer* ist, und zwar ein adliger und höchster. Es gibt daher auch nicht Stufen der Lehrerschaft, wohl aber Arten, die heute schon vielfach ineinander übergehen. Die Tatsache aber ist nicht aus der Welt zu schaffen, daß man auf andere Weise zum Volkslehrer wird, auf andere zum Gewerbelehrer, auf andere zum wissenschaftlichen Fachlehrer und auf wieder andere zum Universitätslehrer.

Als die Technischen Hochschulen entstanden, mußten sie auch erst um ihre soziale Anerkennung neben den Universitäten ringen, genauso wie die Realanstalten neben den Gymnasien. Sie *haben* sich durchgesetzt, nicht dadurch, daß sie wieder in die Universitäten hineinkrochen, sondern durch ihre kulturelle Leistung. Die gleiche Aufgabe steht den Hochschulen der Lehrerbildung bevor. Schon heute liegen die Dinge so, daß nur ihre hervorragenden Kulturleistungen den Aufstiegwillen der Volksschullehrer rechtfertigen. Dieser Aufstieg wird eine vollzogene Tatsache sein, wenn die Pädagogischen Hochschulen gleich den Technischen *durch originale Bildungsleistungen* ihren Befähigungsnachweis erbracht haben werden. Im voraus aber läßt sich das nicht erreichen. Es wäre nicht viel anders, als wollte man den Großkaufmannsstand sozial dadurch legitimieren, daß man ihn durch die Universität hindurchgehen ließe, obwohl er auf ihr für seine Zwecke wenig erhält. Wie denkt man sich denn den Verlauf: wenn der eine aus der Universität an die Volksschule, der andere an die Studienanstalt geht – werden dann nicht erst recht Abstände, und zwar nun Abstände der *Begabung* fühlbar werden? Denn seinen sozialen Rang empfängt man nicht oder sollte man nicht empfangen von da aus, wo man gelernt hat, sondern von da, wo man leistet. Die Arbeit des Volkslehrers, die sich nach meiner Auffassung von der allgemeinen Volksschule über die Fortbildungsschule in die Volkshochschule hinein erstrecken wird, muß sich durch sich selbst adeln. Dann wird die Ungleichartigkeit der Aufgabe nicht mehr den leisesten Zug der Ungleichwertigkeit mit sich führen.

Ja ich gehe darüber hinaus. Es ist ein neuer Typus der Kulturtätigkeit, den ich entwickelt habe. Wer sagt uns, daß er nicht durch die ihm innewohnenden Werte die entsprechenden Leistungen der Universität überflügeln wird? Wenn ganze Menschen und ganze Erzieher aus unserer Pädagogischen Hochschule hervorgehen, entsteht vielleicht ein Geist des Erziehertums, der die teilweise recht anfechtbaren Leistungen der Universität auf diesem Gebiet in den Schatten stellt. Möglicherweise werden dann auch die wissenschaftlichen Fachlehrer an den Studienanstalten in eine Verteidigungsstellung gedrängt, wie einst die Theologen an ihnen vor den Philologen und anderen Jüngern der Philosophischen Fakultät das Feld räumen mußten. Das ist die Palme, um die zu ringen ist. Aber dazu muß man diesen neuen Kulturwillen erst in sich entfalten. Und man beginne mit der aufbauenden Arbeit, die ja mit bloßen Organisationsgedanken nicht zu leisten ist. Der Geist selber muß aufgebracht werden, der kulturelle Gehalt, der wissenschaftlich-praktische Ausbau der Pädagogik und des Bildungslebens.

Eine äußere Angliederung an die Universität ließe sich denken. Aber sie scheitert an der Unmöglichkeit, die Pädagogischen Hochschulen auf Universitätsstädte zu beschränken. Die betreffenden Anstalten bzw. Fakultäten würden zu groß werden und durch den Mangel an individueller Wirkung den akademischen Geist einbüßen, der heute schon aus solchen Gründen an den Universitäten gefährdet ist.[14] Dazu kommen die eigentümlichen Stunden- und Studienverteilungspläne, die ich geschildert habe und die den Angehörigen der Pädagogischen Akademie die Benutzung der übrigen Universitätsvorlesungen doch nicht gestatten würden. Hat die junge Hochschule nicht den Mut, auf eigenen Füßen zu stehen, wie es die Tech-

[14] Greift man ein Jahr mit mäßigen Zahlen – etwa 1905 – heraus, so ergibt sich für Sachsen folgendes ungefähre Bild: Die Zahl der Studierenden an der Universität Leipzig im Wintersemester 1905/6 betrug in den für das Lehramt in Betracht kommenden Fächern der Philosophischen Fakultät 1282, die Zahl der Seminarabiturienten (männlich und weiblich) 1905 720. Nimmt man an, daß die bisherigen Seminarabiturienten nur drei Jahre der Universität angehören, so sind gleichzeitig anwesend 2160. Die Zahl der Lehramtskandidaten an der Universität würde sich also fast verdreifachen. Wie aber sollen 3440 Studierende zugleich praktisch-pädagogisch ausgebildet werden? Beschränkte man die Lehrübungen (von den Laboratoriumsübungen zu schweigen) auf 1 Semester, so hätte man immer noch zwischen 500 und 600 Kandidaten zu beschäftigen. – Eine Unmöglichkeit, selbst wenn die Zahl durch die Ungunst der neuen Verhältnisse auf die Hälfte herabginge!

In Preußen betrug die Zahl der (staatlichen) Seminarzöglinge 1905 12 943. Damit darf die Zahl der Lehramtskandidaten an der Universität unmittelbar verglichen werden, wenn man der Einfachheit wegen annimmt, daß auch an der Universität immer nur drei Jahrgänge gleichzeitig anwesend waren. Sie betrug, wenn wir alle zweifelhaften Studienfächer abrechnen, im Wintersemester 1904/5 ca. 6200. Hier kehrt also dasselbe Zahlenverhältnis wieder. Die Seminaristen verhalten sich zu den studierenden Lehramtsbewerbern wie 2 : 1.

nische Hochschule gelernt hat? Auch die Techniker haben heute, wie die Landwirtschaftler, Handelshochschüler und verwandten Gruppen in Berlin, das Recht, an der Universität zu hören. Die pädagogischen Hochschüler würden es, da sie Vollabiturienten sein werden, ebenso haben. Gewiß wäre ein reichlicher Gebrauch dieser Möglichkeit allen zum Heile. Aber die Zeit ist begrenzt, und nur wer einen individuell vertieften Bildungsweg sucht, vermag heute Kraft und Spielraum dafür aufzubringen. Es wird aber auch in solchen Städten Pädagogische Hochschulen geben müssen, die keine Universität haben. Dort mag dann die Lehrerbildungsstätte selbst sich zu einer immer umfassenderen Bildungsanstalt ausdehnen, als ein Mittelpunkt aller Kultur- und Volksbildungsbestrebungen am Orte. Diese gesunde Dezentralisation dient dem Volke besser als die geistlose Anhäufung unübersehbarer Massen an einem Orte, der bisweilen – man denke an die kleinen Mittelstädte, die Universitäten beherbergen! – gar nicht die geeignete Umgebung für eine Anschauung der heutigen Volkskultur bieten kann. Natürlich kommen die bisherigen Landstädtchen der Seminare für die neuen Aufgaben erst recht nicht mehr in Betracht. –

Endlich eine letzte Frage: Sollen nicht alle Lehrer durch die Pädagogische Hochschule hindurchgehen, ehe sie ihr Fachstudium auf der Universität, der Technischen Hochschule oder der Landwirtschaftlichen Hochschule beginnen? Auch diese Forderung ist im Interesse der Einheit des Lehrerstandes aufgestellt worden. Aber sie darf jedenfalls nicht zu einer bindenden Norm werden. Denn der Bildungsgang der wissenschaftlichen und technischen Fachlehrer würde dann allzulang werden; zumal dann, wenn man eine praktische Hilfslehrerzeit von zwei oder drei Jahren noch dazwischen schöbe. In so späten Jahren gewöhnt sich der Geist in der Regel nicht mehr an die spezialwissenschaftliche Forschung. Die notwendigen Schulkenntnisse sind großenteils vergessen; die Wissenschaft aber stellt Anforderungen, die dem Vierundzwanzigjährigen vielfach schon zu langweilig sind, während sie der Neunzehnjährige, der eben vom Schullernen kommt, noch in die Fundamente seiner Denkweise aufnimmt. Und darauf kommt es an; nicht auf das widerwillige Sichabfinden mit der Sache.[15] Der

[15] Der Universitätslehrer macht schon heute die eigenartige Beobachtung, daß viele junge Leute von der Universität nur Bildung erwarten, nicht Wissenschaft. Dies äußert sich darin, daß sie alle Darbietungen nur danach beurteilen, ob sie gerade ihnen für ihr inneres Leben etwas bieten. Daß andere ganz anderes ebenso sehnlich suchen, ahnen sie nicht; auch nicht, daß man nur dann zu freier Bildung gelangt, wenn man einmal ein weites Stück aus sich herausgetreten und gleichsam mit einer anderen Natur mitgegangen ist. Solche Menschen sind keine wissenschaftlichen Menschen und bleiben von der bloßen Gelehrsamkeit immer unbefriedigt. Sie aber sind in der Regel die Naturen von starkem pädagogischem Drang. Denn ihr eigenes schmerz-

Universitätsangehörige seinerseits muß auf die Werte der Pädagogischen Hochschule verzichten. Denn neben seinen Fächern kann er nicht auch noch eine ausgedehnte pädagogische Lehre und Übung durchmachen. An der Universität wird man sich mit den großen Berufsorientierungen durch Vorlesungen über Pädagogik als Kulturwissenschaft und durch einige theoretisch-pädagogische und psychologische Übungen begnügen müssen, wie sie etwa an der Universität Leipzig eingerichtet sind. Die Erziehungs- und Unterrichtspraxis aber kann erst hinterher folgen, da man ohne Studium so wenig zum Lehrer geeignet ist, wie zum Arzt. Und dann mag es dem einzelnen freistehen, ob er sie an den Studienanstalten, die mit Seminaren verbunden sind, oder an der Pädagogischen Hochschule suchen will, sofern die letztere noch Raum haben sollte. Was der eine an wissenschaftlicher Fachbildung entbehrt, entbehrt der andere an Einstellung auf die besondere Geistesart seines Lehrberufes. Auch aus dieser notgedrungenen Beschränkung auf beiden Seiten wird sich ein Wetteifer entwickeln, der jeden dieser Werte in seiner Eigenart und Kraft erst zum Leuchten bringen wird.

Manche freilich prophezeien eine andere Entwicklung. Sie behaupten, daß die Philosophische Fakultät sich künftig in zwei Stufen teilen werde: eine für die Berufsschulung von Lehrern und darüber eine Stätte der Forschung und rein wissenschaftlichen Weiterbildung. Ohnehin sei die Forschung in der Lehrerbildung an der Universität nur noch eine Fiktion. Das klingt sehr einleuchtend, ist aber für alle Beteiligten die verhängnisvollste Lösung. *Dann* nämlich würde die Lehrerbildung wirklich eine Stufe *herabgesetzt*. Es ist aber gar nicht so, daß man Wissenschaft treiben könne nach Gefallen *mit* Forschung und *ohne* Forschung. Sondern das sollten wir von Fichte allmählich gelernt haben, daß *jede* echte Beschäftigung mit der Wissenschaft ein *Erarbeiten* ist und deshalb den Charakter eines geistigen Produzierens trägt, von den ersten Anfängen, die nur zu der Erkenntnis des von anderen Erkannten führen, bis zu den Höhen selbständiger Neuentdeckungen.[16] Man kann also nicht erst zwei Jahre »lernen« und dann anfangen, »wissenschaftlich zu arbeiten«. Auch auf der geplan-

liches Suchen setzt sich in einen warmen Helferwillen um. Der Universität zürnen sie; aber nach zehn Jahren würden sie sie vielleicht verstehen. Nur zu den frühesten Stadien des Bildungsprozesses gehört das leidenschaftliche, bisweilen haßerfüllte Abstoßen alles dessen, was man im Augenblick für den Aufbau seiner inneren Welt nicht brauchen kann.

[16] Vgl. Fichte, Schleiermacher, Steffens über das Wesen der Universität. Mit einer Einleitung hrsg. v. Eduard Spranger. Leipzig 1910. (Philosophische Bibliothek. 120.) [Neue Ausgabe. Leipzig 1919.]

ten Pädagogischen Hochschule herrscht in der wissenschaftlichen Abteilung durchaus der Geist des Selbersuchens und Selberfindens. Würde dies nicht erreicht, so sollte sie ihre Pforten gar nicht erst öffnen.

Aber damit muß sich in ihr noch eine andere Einstellung verbinden, die an der Universität nicht gepflegt werden kann, ohne daß sie völlig umgebaut würde. In der Pädagogischen Hochschule kommt es nicht auf den Stoffumfang an, sondern auf die lebendigen Bildungswerte, die jedem Gebiete innewohnen. Es ist etwas anderes, ob ich Geschichte des Konsonantismus treibe, oder ob ich den geistigen Gehalt der deutschen Sprache nach seiner logischen, psychologischen und ästhetischen Seite zum Bewußtsein erhebe. Es ist etwas anderes, ob ich den theoretischen Zusammenhang der mathematischen Wissenschaft bis in die abstraktesten Höhen verfolge, oder ob ich die mathematische Anschauung entwickle und die grundlegenden mathematischen Denkformen eindrucksvoll herausarbeite. Alle diese Wissenschaften erscheinen hier, um mit Plato zu reden, als Kenntnisse, von denen die Seele sich nährt. Und folglich gehört dazu wesentlich die Beziehung auf das Wachstum der Seele. Aber weder mit den intellektuellen Bildungswerten noch mit dem Studium der intellektuellen Bildsamkeit ist die Aufgabe der Pädagogischen Hochschule erschöpft. Sie kann bei solchen leblosen Abstraktionen nicht stehenbleiben. Sie sieht auch in den technischen Bildungsgütern schlummerndes Leben, das in junge Schaffenskräfte umgesetzt werden soll. Sie arbeitet die Eigenart der ästhetischen, der religiösen wie der sozialen Bildungsgüter heraus. Ihr Blick ist ferner niemals allein auf die Welt der objektiven Kulturwerte gerichtet, sondern ebensosehr auf das Subjekt, das Wertträger werden kann und soll. Die eigentümliche Ganzheit der Seelenkräfte und ihr geheimes Werden gibt ihr den wichtigsten Beziehungspunkt. In dem jungen Menschen die Möglichkeiten neuer Wertverwirklichung zu sehen, sein individuelles Wesen in diesem Sinne zu verstehen und zu sich selbst emporzuheben, ist *ihre* Stellung zur Kultur. Dazu gehören Menschen, die *Bildner* im höchsten Sinne des Wortes sind, Menschen, die der Eros, die geistige Liebe, bewegt. Und zwar in seinen beiden Hauptgestalten: als Liebe zu den geistigen Werten und zu dem werdenden geistigen Leben. In dem jugendlichen Geiste liebt der Erzieher die großen Wertmöglichkeiten, denen die Natur auf dieser Stufe noch rein und frei entgegenstrebt. In den Kulturwerten aber liebt er die lebenspendenden Quellen, die wieder zu weitertreibendem Leben werden können und ohne diese Fortzeugung ihrer selbst nur tote Zeichen früherer Schaffenskräfte blieben. Wo diese Dreiheit sich vereint: die Liebe des Bildners mit den Bildungswerten und den Wegen individueller Bildsamkeit, liegt der Mittelpunkt der Pädagogischen Hochschule und ihre hohe Kulturaufgabe, die noch an keiner Stätte im deutschen Bildungswesen gelöst wird.

Und darin wird ihre erobernde Gewalt liegen. Ich glaube, den Volkslehrern ein Bildungsideal gezeichnet zu haben, das keinem anderen an Gehalt und Würde etwas nachgibt. Ich glaube, es von innen heraus und aus dem Wesen der Kultur selbst entwickelt zu haben. Es ist ein humanistisches Ideal im deutschen Sinne, wie es immer wieder geahnt, aber noch nicht zur Tat des ganzen Volkes geworden ist. Der Zeitpunkt dafür ist da. Nicht in dem Aufbauen leerer Gehäuse liegt die Leistung des Augenblicks, der der Schulreform so große Möglichkeiten bietet, sondern in einer neuen Bewegung, die mehr als Lehrerbewegung und Standessache, die *Kulturbewegung* ist. Ich hätte dies alles nicht schreiben können, wenn ich nicht ihren Sinn von dem Streben und Schaffen der deutschen Lehrer selbst abgelesen hätte. Insofern habe ich nur Vorhandenes gedeutet und von Keimen gesprochen, die von selbst zur Frucht treiben müssen. Wenn ich an diese Früchte glaube, so empfange ich meinen Glauben aus der Vergangenheit der deutschen Lehrerschaft. Alles, was in ihr erarbeitet und vorbereitet ist, drängt heute zum Werden. Möge die Schöpfung, die daraus hervorgeht, nun auch *die eigne des deutschen Volkslehrers* sein, nicht die bloße Nachahmung einer Bildung, deren Wert ich ehre, deren Mängel aber gerade der Vergleich mit dem echten Volkslehrer schon heute fühlbar macht.

(Abgeschlossen am 12. November 1919.)

Die drei Motive der Schulreform[1]

1921

In der widerspruchsvollen Welt der heutigen Schulreformbestrebungen findet man sich nur zurecht, wenn man den soziologischen Motiven der Erscheinungen nachgeht. Ich verstehe aber in den folgenden Ausführungen unter einer soziologischen Betrachtung nicht die Zurückführung der Schulprogramme auf die historisch gegebene Schichtung der Gesellschaft oder auf die offiziellen Parteikundgebungen, auch nicht ihre Ableitung aus den standespolitischen Interessen einzelner Lehrergruppen. Vielmehr ist es meine Absicht, die Abhängigkeit der modernen Gedankenbildungen auf diesem Gebiete von allgemeinsten soziologischen Strukturprinzipien zu erörtern, die die Gesellschaft des 19. und 20. Jahrhunderts beherrschen. Es handelt sich dabei keineswegs um bloße Theorien vom Seinsollenden, sondern um Grundkräfte, die in der Bewegung der Gesellschaft selbst richtunggebend und gestaltend wirken. Sie können im Bewußtsein des einzelnen Schulreformers auch dann aufeinandertreffen, wenn sie eigentlich entgegengesetzte Tendenzen bedeuten, die sich in einer rein begrifflich gefaßten Theorie ausschließen würden. Das Irrationale aber, das theoretisch Widerspruchsvolle, kann in der lebendigen Bewußtseinsverfassung gerade die entscheidende Eigentümlichkeit begründen. Nur kommt man an sie nicht anders heran als dadurch, daß man das Gewirr durcheinanderlaufender Linien zunächst einmal auflöst und einige Grundrichtungen darin festhält.

Die geistige und gesellschaftliche Gesamtbewegung, in der wir uns heute befinden, ist durchaus eine Fortsetzung jener früheren, die in der Regel nach der großen französischen Revolution benannt wird. Sollte in der Ge-

---

[1] Der Aufsatz bezieht sich auf Strömungen, die heute (1921) bereits vorhanden und deutlich erkennbar sind. Der Verfasser glaubt nicht, daß das Wünschenswerte in ihnen schon erschöpft sei. Weitergehende Forderungen zu begründen, behält er jedoch einem anderen Zusammenhang vor.

genwart etwas grundsätzlich darüber Hinausgehendes liegen, so doch jedenfalls nur als Keim, nicht im Sinne des Reifseins, wie man 1789 von dem Reifgewordensein einer Jahrhunderte lang vorbereiteten geistigen und gesellschaftlichen Entwicklung sprechen konnte. Wir wählen daher als Ausgangspunkt die historische Schicht, die durch die französische Revolution und die Stein-Hardenbergsche Reform bezeichnet ist. In Wahrheit ragen noch drei ältere geistig-gesellschaftliche Schichten bis in das Bildungsleben und die Bildungspolitik der deutschen Gegenwart hinein: die katholisch-kirchliche Einstellung zu Seele, Gesellschaft und Bildung; die orthodox-protestantische Konfessionalität und Kirchlichkeit des 16. Jahrhunderts; und darüber als dritte Schicht der absolute Beamtenstaat und die Aufklärung, denen beiden dies gemeinsam ist, daß sie an die Rationalisierbarkeit aller Lebensgebiete glauben, die aber insofern eine innere Spannung enthalten, als die Aufklärung noch über die Formen des absoluten Staates hinaustreibt und den bleibenden Rahmen für die immanente Weltanschauung auch der nachrevolutionären Zeit abgibt.[2] Mit der Nachwirkung dieser drei Schichten ist schon eine Problematik gegeben, die eine einheitliche Lösung der Schulorganisationsfragen eigentlich ausschließt: Es stehen sich mit unversöhnlichem Anspruch gegenüber jenseitige Weltanschauung und diesseitige Weltanschauung; und im Gefolge davon: Kirche und Staat, wennschon die Schwere dieses letzten Problems auf protestantischem Gebiete bisher durch die Verflechtung beider Verbände zur Staatskirche verdeckt war.

Aber von diesen Gegensätzen, die sich heute noch sehr scharf, besonders in der Volksschule, auswirken, soll im folgenden nicht die Rede sein. Vielmehr stellen wir unseren Blick nur auf die drei geistigen Schichten ein, die sich auf dem Boden der vor 110–130 Jahren neu geschaffenen Gesellschaftsordnung gebildet haben und sich ausschließlich auf soziologische Diesseitsprobleme beziehen. Sie aber sind auch für die Gestaltung der höheren Schule von entscheidender Bedeutung. Als Leitfaden mag uns zunächst die lose Anknüpfung an eine Parole dienen, die in der französischen Revolution selbst formuliert wurde und die in der Tat drei in ihr enthaltene Tendenzen ganz gut bezeichnet: *Freiheit, Gleichheit, Brüderlichkeit.* Alle drei Motive schlummern schon in der großen Revolution. Sie treten aber in der Folgezeit eines nach dem anderen in den Vordergrund der Gesellschaftsbildung, ohne daß das früher herrschende Moment deshalb ganz verschwände. Vielmehr sind heute noch alle drei in der Form von Bewegung

[2] Die Soziologie des französisch-englischen Positivismus kann als eine geradlinige Fortsetzung der Aufklärung bezeichnet werden, die immer starke empiristische Bestandteile enthalten hat.

und Gegenbewegung lebendig, und die Problematik der Schulreform beruht auf der Gleichzeitigkeit dieser inhaltlich keineswegs gleichsinnig gerichteten Kräfte.

Freiheit ist das soziologische Grundprinzip des *Liberalismus*. Anfangs noch erscheinend in der Form pflichtmäßiger Gebundenheit oder doch eingeordnet in eine angebliche Harmonie der gesellschaftlichen Kräfte, entfaltet es sich immer mehr zur Anerkennung weitgehender Rechte des Individuums in Staat und Gesellschaft. Sofern damit ein Hinauswachsen der reicheren Individualität über den Durchschnitt gefordert ist, bedeutet das Prinzip der Freiheit nicht nur einen individualistischen, sondern auch einen aristokratischen Grundsatz. – In entgegengesetzter Richtung wirkt das Prinzip der Gleichheit. Soll sie der freien Konkurrenz gegenüber aufrechterhalten werden, so bedarf es dazu einer zentralen Staatsmacht, die auf dem – mindestens juristisch – gleichen Willen aller aufgebaut ist und somit eine homogene Masse von grundsätzlich gleichwertigen und gleichartigen Individuen voraussetzt. Dies ist das Grundprinzip der *Demokratie*, die zugleich individualistisch und staatsbejahend gerichtet ist. Je nach dem Überwiegen der individualistischen oder der zentralistischen Kräfte haben wir den Typus der liberalen oder der sozialen Demokratie. Schon die erste muß Anstalten treffen, um die Freiheit durch Gleichheit zu ermöglichen; die zweite aber gewährleistet die Freiheit durch eine ausdrückliche gleichmachende Organisation, so daß im Enderfolg die Gleichheit den Vorrang vor der Freiheit erhält. – Endlich das Motiv der Brüderlichkeit. Es setzt zwischen den Menschen ein Band inneren Wesens, nicht nur das Verhältnis äußerer Gleichheit bei sonst individualistischer Vereinzelung oder bloß staatlicher Organisation. Denn das Gemeinschaftserlebnis läßt sich nicht durch staatsrechtliche Maßnahmen erzeugen. Es quillt aus der Fülle und Tiefe des Herzens. Deshalb entspricht dieser soziologischen Einstellung auch kein einfaches politisches Programm. Freiheit mag man wenigstens rechtlich herbeiführen können; Brüderlichkeit aber liegt jenseits alles juristisch Bewirkbaren. Sie ist, wo sie erscheint, ein organisch Gewachsenes. Und so wollen wir den soziologischen Typus, der dieser Einstellung entspricht, als *organischen Sozialismus* bezeichnen.

Überblicken wir die soziologische Entwicklung des 19. Jahrhunderts in Deutschland, so steht an seinem Anfang, energisch gegen den überlieferten absoluten Staat gewandt, der Liberalismus. Mit dem Jahre 1848 und seinen deutschen Einheitsbestrebungen tritt daneben bereits der demokratische Gedanke deutlicher hervor, der sich in der zweiten Hälfte des Jahrhunderts immer stärker von der liberalen zur sozialistischen Prägung entwickelt. Aber naturrechtlich im Sinne mechanisch-juristischer Konstruktion bleibt er auch da, wo er sich in das »wissenschaftliche« Gewand der marxistischen Geschichtsphilosophie kleidet. Erst auf dem Boden der jüngsten Jugendbewegung entfaltet sich seit dem Anfang des 20. Jahrhunderts Gemeinschaftserlebnis und Gemeinschaftskultur. Und dieser Sozialismus fühlt vor aller Theorie dunkel seinen Gegensatz gegen die parteimäßige Sozialdemokratie: es ist ein anderes Menschentum und ein anderer Stil des Lebens, der sich hier hindurchringt.

Die gleichen Leitmotive finden wir nun auch in der Entwicklung der Bildungsideale und der Schulpolitik. Sie setzen nacheinander ein; sie bleiben aber nebeneinander lebendig und bilden zuletzt in den Bewegungen, die der Revolution von 1918 folgen, ein Gewirr von höchst verwickelter Linienführung. Dem Liberalismus entspricht hier das Ideal der frei entfalteten *Individualität*; der Demokratie der *Einheitsschulgedanke* in seiner ursprünglichen Bedeutung; einer bestimmten neuen Form des Sozialismus entspricht das *Gemeinschaftsideal.*

I. Das deutsche Schulwesen wird im Anfang des 19. Jahrhunderts von Humboldt, Süvern und Schleiermacher auf der Grundlage des Humanitätsgedankens aufgebaut. Humanität bedeutet damals allgemeine Menschenbildung, die jedoch Individualisierung nicht ausschließt, sondern geradezu fordert. Aus der abgelaufenen Epoche des absoluten Staates bleibt freilich die feste staatliche Organisation erhalten, und sie erreicht für das Bildungswesen unter Johannes Schulze vielleicht ihren Gipfel. Aber als Träger dieses Staates erscheint doch schon die reich entfaltete Persönlichkeit, die sich mit universalem Gehalt gesättigt hat. Man glaubt noch, durch eine scharf zentralisierte Staatserziehung Persönlichkeiten züchten zu können. Man denkt vor allem an die *nationale* Individualität, wenn man die Idee des allgemeinen Menschentums individualisiert. So entsteht als das typische Bildungsideal dieses mit dem Staat ausgesöhnten Liberalismus der Gedanke der voll und reich entfalteten, von nationalem Kulturgehalt erfüllten *Persönlichkeit.* Auf ihrem vollendeten Menschentum, so glaubt man, beruhe zugleich das vollendete Bürgertum. Eine besondere staatsbürgerliche Erziehung scheint daher überflüssig und ist tatsächlich auch 1848 nur von den Demokraten, nicht von den Liberalen gefordert worden. Die Bildung an nationaler Geschichte, Dichtung und Kultur wurde bereits als *politische* Bildung betrachtet. Denn der »Mensch« ist es, der den Staat trägt, nicht aber darf (nach liberaler Theorie) der Staat den Menschen für seine Zwecke formen.

Der Weg führt von diesem nationalen Liberalismus zu immer weiterer Differenzierung und Befreiung der Einzelpersönlichkeit. Mit dem Ideal der *allgemeinen* harmonischen Menschenbildung muß man seit der zweiten

Hälfte des 19. Jahrhunderts brechen. An die Seite der *einen* humanistischen Schulform, des Gymnasiums, treten zuletzt Realgymnasium und Oberrealschule als moderne Formen der »allgemeinen«, aber doch schon spezialisierten, Menschenbildung. Selbst die Berufsschule bricht sich wieder stärker Bahn, und in der Abstufung nach Begabung zeigt sich die wachsende Rücksichtnahme auf individuelle Anlagen.

Während des Weltkrieges wird als entscheidende schulpolitische Losung der Gedanke verkündigt: »Freie Bahn dem Tüchtigen«. Sofern darin die Freiheit der Individualität gegenüber den Berechtigungsschranken des Beamtenstaates anerkannt wird, bedeutet dies eine weitere Steigerung des *liberalen* Prinzips in der Schulpolitik. Sofern aber besondere organisatorische Maßnahmen zur Auslese und zum »Aufstieg der Begabten« getroffen werden, findet bereits der Übergang von einem Liberalismus des »laisser faire, laisser aller« zu dem demokratischen Gedanken der organisatorischen Herstellung *gleicher* Wettbewerbsbedingungen statt. Die reinste Ausprägung aber findet der liberale Gedanke in dem schon seit 1905 verkündeten Prinzip der »Wahlfreiheit auf der Oberstufe«.[3] Wenn im gegenwärtigen Augenblick der Versuch gemacht wird, diese Pläne in die Tat umzusetzen, so gehört dieser Teil der Schulreform unter den Gesichtspunkt der letzten Ausstrahlungen liberaler Schulpolitik. Daran wird nichts durch den bezeichnenden Umstand geändert, daß ausgesprochen sozialistische Schulpolitiker mit Vorliebe diese Forderung vertreten. Er beweist nur von neuem, daß das Hauptmotiv der Sozialdemokratie im Grunde ein individualistisches ist.

In den gleichen Zusammenhang gehören die Auswirkungen des Prinzips der liberté de l'enseignement. Wo man für das Recht der Privatschule eintritt – wenn auch gemäß den Grundsätzen des Preußischen Allgemeinen Landrechtes immer unter Wahrung der Staatsaufsicht –, wendet man Leitgedanken der liberalen Schulpolitik an. Und wiederum ist es gleichgültig, daß es vielfach und mit Vorliebe Zentrumspolitiker oder jetzt Protestantisch-Konfessionelle sind, die sich dieser Methode für ihre besonderen Zwecke bedienen. Ferner sind hierher alle die Forderungen zu rechnen, die sich auf Selbstverwaltung der Schule in irgendeiner Form beziehen; denn auch in ihnen kommt der Gedanke der relativen Unabhängigkeit des Bildungslebens von der zentralistischen Staatsmacht zum Ausdruck. Wie die Verfassung der Hochschule schon längst auf die Grundlage

[3] Vgl. Friedrich Paulsen, Was kann geschehen, um den Gymnasialstudien auf der Oberstufe eine freiere Gestalt zu geben? Zuerst in: Monatsschrift für höhere Schulen Jg. 4. 1905. S. 65–73; dann in: Gesammelte pädagogische Abhandlungen. Hrsg. v. Eduard Spranger. Stuttgart 1912. S. 419–433.

freiester Selbstbestimmung gestellt war, so will man jetzt das ganze Bildungswesen aus der Verflechtung mit wechselnden Parteiregierungen und politischen Interessengruppen möglichst loslösen, damit das freie Walten des Geistes von der Einengung durch Machtinteressen und Wirtschaftsinteressen verschont bleibe. In der Dreigliederung des sozialen Organismus empfängt dann das Gebiet der Wissenschaft, Kunst und Bildung seine eigene Bewegungsfreiheit und sein spezifisches Selbstbestimmungsrecht.[4]

Endlich ist hierher auch der Plan eines »Deutschen Gymnasiums« zu rechnen. Denn dieses Programm erwächst wesentlich aus der Fortführung der schon 1848 lebendigen Gedanken, daß man Bildung vor allem an der Individualität des eigenen Volkstums zu suchen habe und daß im nationalen Kulturbewußtsein die stärkste Stütze des Staates ruhe. Hatte man früher Uhland, Schiller, selbst Rembrandt, geradezu als politische Erzieher der Deutschen angesehen, so glaubt man jetzt, daß der Staat nur am »Geist von Weimar« und an der Vertiefung in die Geschichte des deutschen Geistes genesen könne. Das politische Bewußtsein der Deutschen, das sich bereits zum Welthorizont und zum »planetarischen« Gesichtspunkt ausgeweitet hatte, schrumpft hier wieder zur nationalen Kulturpolitik zusammen. Es wird dabei nur zu sehr vergessen, daß man zum Bewußtsein eigenen Wesens nur in der Berührung und Auseinandersetzung mit fremder Art gelangen kann.

II

Wie der Liberalismus zuletzt in den religiös fundierten Menschenrechten wurzelt, so geht das demokratische Prinzip auf die naturrechtliche volonté générale zurück.[5] Auch hier ist daher die Denkweise im Grunde individualistisch. Aber man hat – zum Teil aus schmerzlichen Enttäuschungen des Liberalismus – gelernt, daß die Freiheit nur bei annähernder Gleichheit gewährleistet werden kann. Man begnügt sich auch nicht mit der Gleichheit des Rechtes; denn sie war durch Beseitigung der ständischen Privilegien, der Patrimonialgerichtsbarkeit, durch die Trennung von Justiz und Verwaltung u.s.w. bereits erreicht. Um so entschiedener arbeitet man an der Herstellung der Gleichheit der Rechte. Je mehr die Veränderung der

[4] Vgl. meine Thesen über ›Schulleitung und Schulverwaltung‹ für die Reichsschulkonferenz, abgedruckt in dem Werk: »Die deutsche Schulreform«. Hrsg. v. Zentralinstitut für Erziehung und Unterricht, Berlin. Leipzig 1920. Anhang: Reichsschulkonferenz Ostern 1920. S. 39–43; der zugehörige Bericht nur in den Protokollen: Die Reichsschulkonferenz 1920. Leipzig 1921. S. 261–274, 632–636, 683.

[5] Vgl. Leopold v. Wiese, Der Liberalismus in Vergangenheit und Zukunft. 1. u. 2. Aufl. Berlin 1917.

Einkommenverteilung und des Besitzrechtes in Frage kommt, um so deutlicher bewegt sich die Demokratie vom Liberalismus fort zur Sozialdemokratie, die zwar die *Harmonie zwischen gesellschaftlicher Organisation und individueller Entfaltungsfreiheit* für möglich hält, dabei aber doch immer stärker auf die Seite der gesellschaftlichen Bindung hinübergleitet.

So kann es nicht wundernehmen, daß die bürgerlich-liberale Demokratie und die Sozialdemokratie zunächst in ihrem Bildungsprogramm weitgehend übereinstimmen. Sie wünschen, auch hinsichtlich der Schulwahl, *gleiche* Bildungsmöglichkeiten für alle, natürlich rein im Sinne der Berechtigung, nicht im Sinne tatsächlicher Gleichheit aller Anlagen. Einheit, Weltlichkeit, Unentgeltlichkeit sind die gemeinsamen Forderungen. Allerdings ist darin gar kein neuer inhaltlicher Bildungsgedanke enthalten, während die Humanitätsidee des Liberalismus in ihrer Anknüpfung an Griechentum und deutschen Klassizismus eine wirkliche ideale Macht darstellte.

Das Prinzip der Einheitsschule ist schon in dem Süvernschen Gesetzentwurf von 1819 verwirklicht, freilich mit der aristokratischen Wendung, möglichst viele den *höchsten* Weg zu führen. Als ausdrückliches schulpolitisches Programm aber erscheint der Gedanke in der Bewegung von 1848 mit der Formel: »Einheitlicher Organismus des nationalen Bildungswesens vom Kindergarten bis zur Hochschule«. Die tieferen Motive liegen in der deutschen Einheitsbewegung und in dem Willen, den Resten ständischer Abstufung durch gleiche Bildung, dem Monopol des Besitzes durch gleiche Bildungsmöglichkeiten entgegenzuwirken. Daß das Problem mehr ein finanzielles als ein pädagogisches ist, wurde dabei bis in die neueste Zeit hinein meistens verkannt. Auch erwies sich der Gleichheitsgedanke als schädlich für den Bildungsgedanken. Denn da jetzt die demokratische Seite stärker als die aristokratische betont wurde, so entstand die Tendenz, möglichst viele möglichst lange im Bereich der allgemeinen Volksschule festzuhalten. Die vier Jahre, die durch das Grundschulgesetz von 1920 erreicht worden sind, genügen den radikalen Demokraten nicht. Sie betrachten acht Jahre allgemeiner Volksschule als das wünschenswerte Ziel. Durch diese schulpolitische Forderung wird also nicht nur der Bestand der höheren Schule, sondern einer wissenschaftlichen Bildung überhaupt ernstlich gefährdet.

Der innere Gewinn, den man dem Verlust an individuellen Entfaltungsmöglichkeiten gegenüberstellen zu können glaubt, soll in der Vereinheitlichung des Volksbewußtseins, in einem Zuwachs an sozialer Gesinnung liegen. Insofern nun aber das demokratische Prinzip ein rein naturrechtliches ist, das heißt den Gesamtwillen aus der arithmetischen Zusammenfassung der Individuen entstehen läßt, ist die Demokratie von sich aus ganz außerstande, diesen innerlichen Zusammengehörigkeitsgeist aufzubringen. Sie hat im Gegenteil, indem sie den gegebenen Staat der Rivalität der Parteien auslieferte, im Volksleben selbst gefährdet, was sie durch die Schule erzeugen möchte. An beiden Stellen hat sich der Gleichheitsgedanke nur als Hülle für Machtwillen und Klassenindividualismus erwiesen.

Auch in anderen Stücken erscheint die Demokratie als die echteste Tochter der Aufklärung. Denn sie glaubt allenthalben auf dem Wege der rationalen Organisation zu erreichen, was in Wahrheit nur aus organisch wachsendem Geistesleben entstehen könnte. Das wichtigste Beispiel hierfür ist der demokratische Staatsgedanke selbst. Man hat versucht, das gesamte deutsche Schulwesen von Reichs wegen zu vereinheitlichen. Besonders die Sozialdemokratie ist für eine zentrale Reichsschulbehörde und ein Reichsschulgesetz eingetreten. Über die Differenz der Weltanschauungen (wie über die Stammesindividualitäten und die persönliche Entwicklungsrichtung) glaubte man durch die alte Aufklärungsidee einer für alle gleichen, weltlichen Vernunft und einer rein wissenschaftlichen Kultur siegen zu können. Welche ungeheuren Schwierigkeiten dabei zu überwinden sind, und wie wenig das einfache Programm des Deutschen Lehrervereins einer Kulturmacht von der Kraft des Katholizismus gewachsen ist, haben die ersten Versuche einer Reichsschulgesetzgebung von den betreffenden Artikeln der Weimarer Verfassung an bis heute (1921) bereits deutlich gezeigt. Wo der Hebel in Wahrheit anzusetzen wäre, ließe sich leicht angeben; der Hauptfehler liegt in dem Glauben an die überbrückende Kraft der alten Aufklärungsideen. Die Brücken müßten aber heute in ganz anderer Richtung gesucht werden.

Ein zweites, soeben bereits gestreiftes Symptom der rationalen Richtung der Demokratie liegt in ihrem Verhältnis zu Religion und Kirche. Das liberale Prinzip (»Religion ist Privatsache«) wird hier nur taktisch verwandt. Im Hintergrunde liegt der Glaube an die Möglichkeit entweder eines allgemeinen Christentums oder einer allgemeinen immanenten Menschheitsreligion soziologisch-positivistischer Färbung. Beide Ansichten verkennen die Bewußtseinslage, die heute noch die weitesten Schichten der Bevölkerung charakterisiert. – Der Kampf für die Staatsschule ist zugleich ein Kampf gegen die Kirchenschule, gegen die Gemeindeschule und gegen die Privatschule. Der energische Staatsgedanke ist es ja gerade, was die Demokratie vom Liberalismus scheidet. Da nun aber der Staat allein und als solcher keinen Weltanschauungsgehalt hat, so reicht dies Prinzip allein nicht hin, um die Bildungsbedürfnisse tieferer Art wirklich zu befriedigen. Bildung des Menschen wird immer mehr sein als Erziehung zur einheitlichen Staats- und Staatsvolksgesinnung. Eine Überspannung des zentralistischen Staatsgedankens in der Schulpolitik muß folgerichtig dahin führen, den Bestand der Staatsschule überhaupt zu gefährden und das Wiedererstehen der Kirchenschule, der Gemeindeschule und der Privatschule indirekt zu befördern. Bedenkliche Anzeichen dieser Art sind heute bereits erkennbar. Zwang zur Einheit hat im Geistigen nicht nur die Belebung individueller Widerstände, sondern geradezu die Gefahr eines Kulturkampfes zur Folge. Wie die Dinge in Deutschland liegen, ist in der Tat nur eine individualisierte Einheit unseres Bildungswesens erreichbar: nur Einheit der Mannigfaltigkeit, nicht Einheit der Uniformität.

Ein letztes Symptom für den Zusammenhang zwischen Demokratie und Rationalismus sehe ich in dem Anwachsen technischer Methoden, um die geistigen Anlagen zu prüfen und danach die Wahl des Bildungsweges organisatorisch zu regeln. Denn auch hier wieder zeigt sich der Glaube, daß man das Lebendige kanalisieren und das Wünschenswerte »machen« könne. Die Intelligenzprüfungen, soweit sie von dem Faktor des Charaktergrundes absehen, und die Berufsberatungsmaßnahmen, sofern sie rein psychologisch sind und nicht individualisierte pädagogisch-soziologische Führung bezwekken, gehören in den Umkreis demokratischer Aufklärungsideen. Denn die Individualität wird hier zuletzt als etwas Meßbares und in Zahlen Faßbares, nicht als ein Strukturprinzip der Seele angesehen. –

Die geistig-geschichtliche Entwicklung aber ist nie von so durchsichtiger begrifflicher Einfachheit und Klarheit. Tatsächlich ist auch der Gleichheitsgedanke der Einheitsschule allein nicht durchgedrungen, sondern er ist mit dem Individualitätsgedanken des Liberalismus eine Synthese eingegangen. Das Ergebnis ist *die differenzierte Einheitsschule*, das heißt ein in der Grundlage für alle Kinder des Volkes gleicher, aber nach oben hin sich mannigfaltig gliedernder Organismus des nationalen Bildungswesens. Kerschensteiner hat das Verdienst, das Bild dieses Organismus in seiner Kieler Rede von 1914 ausgemalt und dadurch die Gefahr einer allzu rationalen Nivellierung beschworen zu haben. Der Gleichheitsgedanke hat sich nur für die Grundschule durchführen lassen. Vom 5. Schuljahr mindestens an kommt das Individualitätsprinzip in der doppelten Form zur Geltung, daß durch Verzweigung der Schularten auf die *inhaltliche Richtung* der Begabung, durch innere Gliederung – etwa nach dem Mannheimer Vorbild – auf den *Grad* der Begabung Rücksicht genommen werden muß. Der erste Gesichtspunkt wird auch weniger genau als sukzesssive, der zweite als simultane Differenzierung bezeichnet. Wesentlich ist hierbei, daß weder Abkunft noch Besitz für die Eingliederung in die Schularten und -stufen maßgeblich sein soll, sondern nur Begabung, Charakter und Gesamtleistung. Doch ist die Durchführung dieses berechtigten demokratischen Wunsches solange nicht gewährleistet, als der Staat nicht finanziell in der Lage ist, den ganzen, unter Umständen bis zu 20 Jahren umfassenden Bildungsgang des einzelnen aus öffentlichen Mitteln zu bestreiten. Nur das sozialdemokratische Programm einer Änderung des Eigentumsrechtes (über dessen problematische Durchführbarkeit hier nichts gesagt werden soll) würde *diese* weitgehende Verwirklichung der Einheitsschulidee herbeiführen können.

Neue Bildungsgedanken werden aus dem Bau der Einheitsschule nur insoweit erwachsen, als die Berufsschulen in den Gesamtorganismus mit eingegliedert werden. Sie sind im Begriff, einen neuen Bildungstypus auszugestalten, der auf dem Prinzip beruht, daß von dem Zentrum des Berufswissens, des Berufskönnens und des Berufsethos aus eine organisch damit verbundene Allgemeinbildung ausstrahlen müsse. Da es sich aber hier ausdrücklich um weitere Individualisierung handelt, so liegt dieses inhaltliche Moment wiederum auf seiten des Liberalismus.

III

Wer für geistige Strukturverhältnisse irgendeinen Sinn hat, fühlt den tiefen Unterschied zwischen dem demokratischen Prinzip und dem Gemeinschaftsgedanken. Die Demokratie ist aus dem Rationalismus erwachsen; sie endet in der politischen Arithmetik der Parteien. Es ist ihr nicht gelungen, einen wirklichen Gemeinschaftsgeist im Volke zu begründen; im Gegenteil: sie hat die Geister noch mehr atomisiert und allenfalls über dem Privategoismus den noch gierigeren Parteiegoismus errichtet. Die volonté générale bleibt eine Fiktion. Sie existiert in der Rechnung und als Rationalisierungsprodukt, nicht als belebendes Wesen des Staatskörpers. Ganz anderen Ursprungs ist das Motiv der echten Brüderlichkeit. Es ist zunächst da als Erlebnis, als Totalbeziehung von Mensch zu Mensch. Es wirkt sich aus in organischen Formen des Zusammenlebens, die das Wesen, nicht bloß die Interessen der Menschen umfassen. So ist überhaupt das Verhältnis des Gemeinschaftsgeistes zum demokratischen Gleichheitsgeist das des Organischen zum Mechanischen, des Wesenhaften zum Oberflächenhaften, des Erlebten zum Erdachten.

Natürlich hat es immer irgendwo Menschen gegeben, die dieses Erlebnis hatten; besonders da, wo der Sozialismus nicht eine Form bloß theoretischer Konstruktionen oder des machthungrigen Klassenindividualismus, sondern eine Frucht echten Liebesgeistes war; also etwa bei den Abkömmlingen des christlichen Sozialismus. Aber als eine Bewegung, als weite Kreise ergreifender Stil des Lebens ist diese Überwindung des Individualismus in der verweltlichten Gesellschaft etwas sehr Neues. Sie ist auch nicht durch das Stichwort Solidarität zu erschöpfen; denn Solidarität ist Interessengemeinschaft und Zweckgemeinschaft, bleibt also im Bereich der nützlichen Güter stecken und erstreckt sich nicht hinab bis zur Wesensgemeinschaft.[6]

Dieses tiefere Gemeinschaftserlebnis ist der einzig sichtbare, aber für sich genug beachtenswerte Grundzug der heutigen Jugendbewegung, so weit sonst ihre Ziele auseinandergehen mögen. An diesem Erlebnis erkennen sich die Geister. In ihm ist der neue Typus Mensch begründet. Denn eine Jugendbewegung ist nicht eine Schulrevolution, auch nicht Klubwesen oder Lebensreform, sondern das Wetterleuchten einer neuen Geistesart – neues Seelentum, neues Volkstum.

Der Kern der echten Jugendbewegung (es gibt auch nachgemachte) ist daher religiös. Alle charakteristischen Merkmale sprechen dafür: Bekehrung, Wiedergeburt, vita nuova, persönliche Offenbarungen. Dem Außenstehenden mag oft genug das Gemeinschaftserlebnis ohne greifbaren Inhalt scheinen. Aber wo es echt ist, da ist es Gemeinschaft im Tiefsten, Wesensoffenbarung, Hingegebensein, und gerade diese an die Mystik erinnernde Umrißlosigkeit ist wieder religiös. In den Ausdrucksformen und im Lebensstil ist vieles, wie es der Jugend gemäß ist, überwiegend ästhetisch: Eros, Naturfreude, Mondnacht, Feuerzauber. Manche bleiben darin stekken; manche finden den Übergang aus dieser Welt des Schauens und Glaubens zur Wirklichkeit nur unter den schmerzlichsten Krisen. Oft genug auch mischen sich in den Kreis der Thyrsosträger solche, die keine Begeisterten sind, oft genug Geister, die die »Aktualitätskonjunktur« benutzen und ihre Negationen ausleben wollen. Eine Jugendbewegung lebt nicht von Negationen. Soziologisch genommen aber liegt das Ja in der bezeichneten Richtung: Gemeinschaftserlebnis als Wesensgemeinschaft, als Berührung der *ganzen* Seelen in ihrer tiefsten Wahrheit.

Von hier, nicht aus dem offiziellen Sozialismus, stammt das Motiv der Brüderlichkeit, das bezeichnenderweise, noch ehe es sich direkt politisch auswirkt, pädagogisch gerichtet ist und dem Schulleben neuen Geist zuführen wird. Denn die wesentliche schulorganisatorische Folgerung liegt darin, die Schule aus einer Unterrichts- und Lerngemeinschaft in eine das ganze Jugendleben umfassende *Lebensgemeinschaft* zu verwandeln, aus

[6] Vgl. Eduard Spranger, Lebensformen. 6. Aufl. Halle 1927. S. 193–211: Der soziale Mensch.

ihr – nicht nur eine Arbeitsschule –, sondern eine wahre *Lebensschule* zu machen.[7] –

Betrachten wir das Verhältnis dieses dritten Motivs zu den beiden anderen, so ist unverkennbar, daß diese Gemeinschaft die Individualität nicht ausschließt, sondern auf ihr ruht. Die Tiefe der gegenseitigen Wesensoffenbarung wäre nicht denkbar, wenn nicht jeder sein Eigenstes in dieses Zusammenklingen hineingäbe. Nur starkes Individualleben ist in *diesem* Sinne gemeinschaftsfähig. Religiöse Echtheit und ästhetischer Reiz wirken hier geradezu gemeinschaftstiftend. Weniger eindeutig ist die Beziehung zum Gleichheitsgedanken. Gemeinsames Menschentum bindet alle, aber doch individualisiertes Menschentum und abgestuftes Menschentum. Deshalb ist in der Jugendbewegung auch der *Führergedanke* wieder lebendig geworden: ein aristokratisches Motiv auf genossenschaftlicher Grundlage. Den Sinn dieser eigenartigen soziologischen Formen nachzuerleben, wird nicht jedem gelingen, der sich ihnen nur von der Begriffsseite nähert; am wenigsten denen, die in demokratischen Kategorien denken; denn diese kommen aus der Aufklärungswelt und sind gewöhnt, in menschlichen Dingen zu rechnen. Hier aber wird uralter deutscher Geist wieder lebendig: Genossenschaft, Herzogtum, Lehnstreue, Jungmannschaft, *freie* Hingabe, organisches Ineinanderwachsen. Und doch: es ist *eine neue Welt*.

Auch sie erscheint vielfach in seltsamen Vermischungen mit Heterogenem. Vor allem haben sich Parteisozialisten der Sache bemächtigt und ihre Lieblingsidee vom ökonomischen Grundcharakter aller geistigen Bewegungen hineingetragen. Dies ist am deutlichsten bei der Gruppe der sogenannten Entschiedenen Schulreformer zu beobachten. Genialität und Parteischablone sind da ineinander gemischt. Man möchte vom alten Marxismus etwas retten. Man möchte übrigens auch seinen Haß gegen das ancien régime und das sogenannte Bürgertum aushauchen. So verflacht sich die Gemeinschaftsidee vielfach zum Programm der *Produktionsschule*.

Die Fäden sind hier unendlich schwer zu entwirrren. Ein Motiv ist die nackte Not. Schon die Schulen (und Hochschulen) sollen der Jugend die Möglichkeit geben, sich durch wirtschaftliche Arbeit, sei es Landarbeit oder ausgesprochene Massenfabrikation, selbst zu erhalten. Ein verfehlter Gedanke, an dem einst Pestalozzi scheiterte. Unsre komplizierte Wirtschaft würde diese schwachen Wirtschaftsgemeinschaften sofort erdrücken. Das andre Motiv ist der Wunsch, Kopfarbeiter und Handarbeiter einander zu nähern. Ein edles Ziel, das aber nicht marxistisch-dogmatisch so weit über-

[7] Vgl. Eduard Spranger, Unterrichtsschule, Arbeitsschule, Lebensschule. In: Neue Bahnen. Jg. 23. 1911/12. S. 289–303.

spannt werden darf, daß die Unvermeidlichkeit der Differenzierung der Kräfte verkannt und eine Rückbildung ins Primitive gefordert wird. Denn jene Arbeitsteilung ist nicht zufällig, sondern aus der Gesetzlichkeit menschlicher Kräfte heraus erfolgt. Höchstleistungen sind nur bei Spezialisierung möglich. Es bleibt als gesundes Motiv der Gedanke der Erdgebundenheit des Geistigsten und das große Evangelium vom Ethos der Arbeit. Auch die ökonomische Produktion wird heute vielfach von einem religiösen Andachtsgefühl umfaßt. Vielleicht gelingt es, *das* zu einer lebengestaltenden Kraft zu erwecken. Dann würde die Arbeitsschule, deren erziehende Kraft niemand so tief wie Kerschensteiner erkannt hat, wirklich bis in die letzte Lebenswurzel zurückgreifen. Aber der Wille zur Rentabilität darf nicht vorangestellt werden, weil das den ganzen Bildungsprozeß wieder materialisieren würde. Sondern das beste, was wir im *pädagogischen* Sinne von der produktiven wirtschaftlichen Arbeit haben, ist das Ehrfurchtsgefühl, das sie erweckt. Damit kommen wir in den Bereich der Goetheschen Pädagogischen Provinz.[8] Bis zu diesem Punkte sollte jeder geführt werden. Aber nicht alle können wirklich zu Landarbeitern oder Fabrikarbeitern erzogen werden. Die Berufsschule führe den Weg der manuellen und technischen Bildung im vertieften und erweiterten Sinne. Andere müssen mit gleicher Verantwortlichkeit und gleichem Dienstbewußtsein am Ganzen den Weg der rein geistigen Arbeit beschreiten. Niemals wird sich beides gleich stark in einer Schulform verbinden lassen.

Im Kreise der Entschiedenen Schulreformer lebt es und webt es von Gedanken. Vieles ist ästhetische Schwärmerei – ohne Wirklichkeitssinn und ohne historischen Sinn. Vieles ist Parteidoktrinarismus. Beide Seiten – ästhetischen Enthusiasmus und politische Leidenschaft – wird man auch in ihrem Führer Paul Oestreich finden. Zieht man beides ab, so bleibt bei ihm, im Gegensatz zu hundert Mitläufern, ein Kern von echt Erlebtem und tiefem Zeitgefühl. Diese stürmende Leidenschaftlichkeit hat einen prophetischen Kern.

Aber seltsam bleibt eines: dieser »entschiedene« Schulreformer ist im Grunde nicht sowohl entschieden, das heißt einseitig, als vielmehr faustisch universal. Denn alle drei Motive des Bildungslebens, von denen wir sprachen, möchte er zu gleicher Zeit in die neue Form der Schule hineinziehen. Auch er erstrebt eine Einheitsschule, wie es die Demokraten und besonders die Sozialdemokraten tun. Er begründet sie auf einen Kernunterricht oder Minimalunterricht. Doch soll diese Einheitsschule »elastisch« genug sein,

[8] Vgl. Eduard Spranger, Die Jugendbewegung und – Goethe. In: Deutsches Philologen-Blatt. Jg. 29. 1921. S. 215–216.

um auch der Individualität freien Raum zu ihrer spezifischen Entfaltungsrichtung zu lassen. Ja, dieses Moment der inneren Bestimmung und der freien Wahl tritt bei ihm so stark hervor, daß man kaum noch von Sozialismus, sondern von gesteigertem Individualismus reden möchte. Aber dieser Richtung steht nun wieder als Gegengewicht gegenüber die Idee der Gemeinschaftsschule. Das ganze Schulleben soll zu einer wirklichen Lebensgemeinschaft werden, hinter der die Familie bis zur pädagogischen Bedeutungslosigkeit zurücktritt.[9] Also ein charakteristischer Versuch, alle drei Grundprinzipien der modernen Gesellschaftsordnung zugleich im Rahmen der neuen Schule zu berücksichtigen.

Es hat immer etwas Betrübendes, solchen prophetischen Entwürfen nachrechnen zu müssen, ob sie organisatorisch möglich sind. Und man wird dabei leider zu keinem bejahenden Ergebnis gelangen. Zu verschiedene Renner sind vor diesen Wagen gespannt. Diese »Gemeinschaft« wird sich durch ihren allzu ungleichen Lebensrhythmus auflösen müssen. Angenommen selbst, es gelänge, einen so verwickelten Lehrplan durchzuführen, der niemanden bindet und doch einen gemeinsamen Kern für Volksschule und höhere Schule enthält, der jeder freien Neigung Rechnung trägt und doch in ein geschlossenes Kulturbild ausmündet – wo soll noch die Lebenseinheit für eine so differenzierte Jugend liegen? Welcher Staat soll diese Schulorganismen aufbauen und erhalten, die die ganze Mannigfaltigkeit des modernen Kulturlebens mit *einem* Bande umspannen wollen?

Der Weg der Geschichte wird anders gehen. Der echte Gemeinschaftsgeist läßt sich nun einmal nicht von Staatswegen organisieren. Auch die Schulen, als staatliche Organisationen, werden dem allgemeinen Gesetz der Arbeitsteilung, der Individualisierung nicht entgehen können. Und die früher erwähnte Differenzierung der Weltanschauungen wird auch hier nicht außer acht gelassen werden können. Schon was die gemeinsame Wurzel, die Grundschule, für die Stiftung der Volksgemeinschaft leisten kann, wird ein klarer Wirklichkeitssinn nicht überschätzen. Aber dieses Schulleben als staatliche Organisation wird, wenn nicht alle Zeichen trügen, künftig auf einer anderen soziologischen Grundlage ruhen, in ein anderes Gesamtleben eingebettet sein. Denn die Jugend wird im Schoße der ganzen Volksgemeinschaft ihre eigne Rolle und ihren organischen Platz finden.

[9] Diese Ausschaltung derjenigen Gemeinschaftsform, die ihrer Natur nach die Menschen am tiefsten und stärksten binden könnte, ist charakteristisch. Zum Teil beruht sie auf dem Parteidogma. Die Rede vom Versagen der Familie ist ein Wort, das einer dem anderen nachspricht, selten jemand nachprüft. Überwindung der Familienenge und des Familienegoismus ist ein wichtiges Ziel. Es bedeutet aber Vertiefung des Familienethos, nicht Ausschaltung der Familie.

Die Jugendbewegung, die sich heute der vorgefundenen Kultur schroff entgegenstellt, wird in einer zukünftigen Kultur selbst ein wertvolles Stück Volksleben sein. Sie wird Formen schaffen, in denen die freie Regung der Jugendlichkeit zum reichen Ausdruck kommt; nationale Feste, auf die das Auge des gesamten Volkes mit Stolz und Freude gerichtet ist, werden die Höhepunkte dieser bleibenden Gemeinschaft bezeichnen. Gymnastische Spiele und musischer Wettkampf werden alle Schichten und alle Berufszweige der Jugend einen.[10] Ein neues, von innen wachsendes, auf inneren Adelseigenschaften ruhendes Führertum wird aus der Gleichheit selbst eine echte Aristokratie, aus der Gemeinschaft geistige Höhenmenschen herauswachsen lassen. Die Schulen werden diesen Geist nicht erst schaffen und anerziehen – sie werden von ihm getragen sein und an ihm das Maß ihrer Volkstumsbedeutung gewinnen.

Sie werden auf organischer Einheit, nicht auf mechanisch erzwungener Gleichheit ruhen. Aus dem Schoße dieses Geisterreiches steigt die wahre Individualität und Freiheit, die wurzelhafte Persönlichkeit empor. Der Fluch des Klassenkampfes, geboren aus bloßem Wirtschaftsgeist und Wirtschaftsinteresse, wird einer neuen, tieferen Einschätzung der Lebensgüter und der Rangordnung der Geister weichen. Nicht rationale Gleichheit einigt die Menschen, sondern der gemeinsame Wille, über sich selbst emporzusteigen und das eigne beste Ideal im Spiegel der Ehre des ganzen Volkes zu erblicken:

Gegrüßt in deinem Adel, mein Vaterland,
Mit neuem Namen, reifeste Frucht der Zeit,
Du letzte und du erste aller
Musen, Urania, sei gegrüßt mir!

Noch säumst und schweigst du, sinnest ein freudig Werk,
Das von dir zeuge, sinnest ein neu Gebild,
Das einzig, wie du selber, das aus
Liebe geboren und gut, wie du, sei.

Wo ist dein Delos, wo dein Olympia,
Daß wir uns alle finden am höchsten Fest?
Doch wie errät dein Sohn, was du den
Deinen, Unsterbliche, längst bereitest?

So also stellt sich mir das Bild der werdenden Schulreform dar – nicht als Produkt ministerieller Verfügungen, sondern als ein aus dem Leben

[10] Vgl. Eduard Spranger, Hölderlin und das deutsche Nationalbewußtsein. In: Kultur und Erziehung. 4. Aufl. Leipzig 1928. S. 126–141.

selbst Geborenes. Es ist ein Wahn zu glauben, die staatlich verordnete Einheitsschule könne den Gemeinschaftsgeist erzeugen. Umgekehrt: erst wenn dieser Geist da ist, ist die Einheitsschule in tieferer Bedeutung möglich. Dieser Geist entsteht aus der neuen Lebensrichtung der Jugend. Schon in dieser Bewegung ist Individualität und Freiheit. Denn das Gemeinschaftserlebnis verlangt nicht Gleichheit der Glieder, sondern nur die Berührung in einem Tiefsten: im Willen zur Reinheit, Wahrheit, Echtheit des Innern und in der Bejahung des Willens zum echten Wert, den aber jeder nach seiner besonderen Art inhaltlich erleben und deuten mag. Aus diesem ethisch geläuterten Gesamtleben führen die Wege der Bildung in reicher Differenzierung empor. Denn Bildung ist heute unwiderruflich Kultur der Individualität, Emporführung zur Persönlichkeit. Aber die Individualitäten stehen nicht fremd und beziehungslos nebeneinander, sondern sie sind verbunden durch ein aus dem Wesen quellendes Band des Verstehens. Verstehen fordert nicht Gleichheit. Es wurzelt vielmehr in dem Gefühl für das Soseinmüssen des Mitmenschen, für die innere Folgerichtigkeit seiner Struktur im Hinblick auf den geistigen Boden, aus dem er wächst, und die Stelle, an der er steht. In diesem Verstehen, das ohne ein umspannendes Kulturbewußtsein nicht möglich ist, liegt zugleich auch die Grenze für die Freiheit der individuellen Ausbildung. Jede Individualität braucht in ihrer Bildungsbahn diejenigen *Gegengewichte*, ohne die sie in sich selbst nicht reif und reich würde, ohne die sie das geistige Leben ringsum und die Fäden, die zu anderen Kulturzonen hinüberführen, nicht verstehen würde. Der Staat aber sei bestrebt, nach Möglichkeit jedem, der zum Führertum berufen scheint, die *äußeren Mittel* zu gewähren, daß er an den höheren Bildungsgütern dieser lebendigen Kulturgemeinschaft Teil erhalte. Wird dies letztere Streben unter »Gleichheit« verstanden, so behält auch sie ihr gutes Recht unter den Kräften der Schulreform. Auf dem Boden echter Volksgemeinschaft und gleicher äußerer Bildungsmöglichkeiten erhebt sich dann das alte Ideal der Humanität: der reich und frei und eigentümlich entwickelten Persönlichkeit, die aber organisch in das Gesamtleben verflochten und ihm verpflichtet bleibt. Denn über aller Bewegtheit der Gesellschaft wölbe sich zuletzt der alte Dom des preußisch-deutschen Pflichtgedankens, das Ziel bezeichnend, das über uns allen ist. In solcher Architektonik wäre das gesunde Gleichgewicht zwischen den drei soziologischen Kräften der Schulreform: Freiheit, Gleichheit und Brüderlichkeit, erreicht.[11]

[11] Der Aufsatz, 1921 entstanden, bezieht sich in erster Linie auf die damals vorherrschende Problemlage. Als Ergänzung vgl. neuerdings Eduard Spranger, Die wissenschaftlichen Grundlagen der Schulverfassungslehre und Schulpolitik. In: Abhandlungen der Preuß. Akad. der Wiss. Phil.-hist. Kl. 1927, 3. Berlin 1928.

Die Verschulung Deutschlands

1928

Was einen Menschen wohlgefällig macht, kann ihm auch zum Verhängnis werden. Stil artet aus in Manier, Klugheit in Spitzfindigkeit, Kraft wird zu Übermut, Bescheidenheit zu Selbstunterschätzung, und Grazie endet oft in Ziererei. Ein Volk unterliegt der gleichen Gefahr und vielleicht um so mehr, als hier kein einzelner die unbedingte Verantwortung trägt, sondern die Dinge sich durch Sitte und Tradition zum Teil von selber machen. Da ist es denn gut, wenn man sich gelegentlich fragt, ob nicht der unmerkliche Schritt von der gesunden Linie zur Übertreibung irgendwo schon geschehen sei. So, als eine Frage an unsere Zeit, allerdings mit einem leichten Unterton von Ungeduld und Unmut, will die folgende »oratio contra domum« verstanden sein, die ich, wenn es nicht unbescheiden wäre, als die Umkehrung eines sehr berühmten Sendschreibens bezeichnen könnte. –

Deutschland hat im Laufe des 19. Jahrhunderts durch sein Schulwesen einen hohen Ruhm in der Welt errungen. Schon Victor Cousin hat Preußen das Land der Schulen und Kasernen genannt. Unsere Volksbildung erreichte früh eine große Blüte. Selbst in der Zeit, als der Liberalismus auf dem Höhepunkt seiner Wirkung stand, hat man in Deutschland das *Staats*schulwesen, das unter dem Absolutismus entstanden war, nur weiter ausgebaut und ein System von Prüfungen und Berechtigungen geschaffen, das in kaum irgendeinem anderen Lande seinesgleichen hatte. Ein sorgfältig ausgebildeter Lehrerstand wurde zum Träger einer Bildungsarbeit, die auf Grund unserer klassischen Bildungsidee die allgemeinen geistigen Grundkräfte des Menschen in jedem jungen Glied des Volkes zu einem seltenen Grade der Entfaltung brachte. Mit Recht genießen wir bis heute weithin in der Welt den Ruf einer Nation, die im Hinblick auf allgemein-menschliche Kultur und auf allgemeinen wissenschaftlichen Geist an der Spitze marschiert.

Aber jede Entwicklung trägt die Gefahr in sich, zur Überentwicklung zu werden, zumal wenn man die Motive vergißt, die ursprünglich hinter jenen Schöpfungen lagen. Denn was ist die Schule, und was soll sie sein? Ihre Aufgabe ist, ganz allgemein gefaßt: planmäßig geleitete und in bestimmter Form gesellschaftlich organisierte Entwicklung der Anlagen und des Könnens, der Gesinnung und der Fertigkeiten, die zu einer sittlich-verantwortungsbewußten, tätigen Lebensführung im Ganzen der Kulturarbeit befähigen. Die Schule steht also *vor* dem Leben, und das Leben ist das Ziel, auf das sie sinngemäß gerichtet ist. Es gibt eine zweite Form der Schule, die ergänzend *neben* das Leben tritt und das Fachkönnen wie die Fachkenntnisse zu sichern strebt, die in besonderen Arbeitsgebieten unserer verwickelten und hochgegliederten Kultur gebraucht werden. Dieser wie jener Sinn der Schule aber wird verkehrt, wenn die Schule *über* das Leben zu herrschen beginnt, wenn ohne Not immer mehr Inhalte und Jahre des Lebens der Verschulung verfallen, und wenn im Volke schließlich mehr Leute da sind, die zu leben lehren, als unmittelbar zu leben und zu schaffen begehren. Es kommt dann zu der verhängnisvollen Täuschung, als ob man den ganzen Gang des Daseins in der Schule bildend vorwegnehmen könnte, und als ob in diesem Dasein nichts anderes mehr vorkäme als eine Reihe von Anwendungsfällen für Schulfälle, die samt und sonders vorbereitet sind.

Befinden wir uns in Deutschland auf diesem gefährlichen Wege und ist es wirklich ein *gefährlicher* Weg? Ich glaube, beide Fragen für die Gegenwart bejahen zu müssen.

Die Gefahr, die eine solche Verschulung für das gesamte Volksleben bedeutet, erfährt zunächst der einzelne am eigenen Leibe. Das erste ist, daß die Zeit der Vorbereitung sich ins Ungemessene dehnt. Von unserer allgemeinen Volksschule zwar gilt, daß sie bei günstigerer Wirtschaftslage um ein bis zwei Jahre ausgedehnt werden sollte, wobei dann freilich die Überleitung in den Beruf schon allmählich erfolgen müßte, so daß ein Teil der Aufgaben, die heute die Berufsschule mit einer sehr geringen Stundenzahl erfüllt, besonnen in die letzten Jahre der Volksschule eingegliedert oder die ersten Jahre der Pflichtberufsschule ganztägig ausgebaut werden müßten. Aber unser höherer Bildungsweg ist zu lang. Er umfaßt heute eine normale Schulzeit von 13 Jahren. Da er jedoch nur die allgemeinen wissenschaftlichen Grundlagen gibt, und da das Abiturientenexamen herkömmlich nicht als Abschluß, sondern als Pforte angesehen wird, so folgt der grundlegenden *Vorbildung* eine weitere Schulzeit. Sie soll der eigentlichen Berufsbildung dienen und verbleibt in der Regel ebenfalls im Bereich der Theorie, wenn auch der theoretischen Grundlagen eines praktischen Berufes. Umfaßt diese Ausbildung nur zwei Jahre, so fühlt jeder das Mißverhältnis, das zwischen der Dauer der allgemeinen und der besonderen Ausbildung entsteht.[1] Wenn für die einfachen handwerklichen Berufe im allgemeinen die gesunde Proportion von 3 : 8 bestand, so ist es klar, daß für verwickeltere Berufsaufgaben das Verhältnis 2 : 13 eine Verkürzung der Berufsseite mit sich bringt, die schädlich wirken muß.

Die Berufsstudien des Akademikers in weitester Bedeutung umfassen aber nicht nur zwei Jahre, sondern durchschnittlich sieben und mehr. Bei diesem Ansatz ist mit einem Studium von acht Semestern, einem Examensjahr und zwei überleitenden praktischen Jahren gerechnet. Nimmt man den günstigen Fall, daß dann sogleich der Eintritt in die volle Wirksamkeit erfolgen kann, so ist der junge Mensch doch mindestens 26 Jahre alt geworden, ehe er aufhört, in irgendeinem Sinne Schüler zu sein. Oft aber dauert das Noviziat noch viel länger.

Und wie hat er diese Jahre verbracht! Man mag die Schule noch so frei gestalten; man mag sie Arbeitsschule, Tatschule, ja Produktionsschule nennen: sie bleibt als Schule immer Stätte einer vorgezeichneten Bewegung, eines überwiegend aufnehmenden und empfangenden Verhaltens und einer sitzenden Lebensweise, der man auch durch die stärksten Gegengewichte von Turnen und Sport nicht ganz abhelfen kann.

Die zweite, wirtschaftliche Seite der Entwicklung ist genug bekannt. Schuljahre sind keine Erwerbsjahre. Die Eltern oder irgendeine öffentliche Stelle müssen die Kosten dieses langen Lernens tragen. So werden die produktiven Kräfte des Volkes geschmälert und allzu große Mittel auf Einrichtungen verwandt, bei denen man sich damit zu trösten pflegt, daß sie indirekt produktiv wirken. Wie es damit steht, werden wir sogleich sehen. Zunächst ist festzustellen, daß kinderreiche Familien, die auch die gesundesten Familien zu sein pflegen, dahin gedrängt werden, möglichst kurze Bildungswege für ihre Kinder zu bevorzugen. Dadurch aber kommen sie bei dem Zwang der Berechtigungen mit der Berufswahl ins Hintertreffen. Seit einigen Jahren hat diese Entwicklung mit unheimlicher Schnelligkeit auch auf die Mädchenbildung übergegriffen. Man sehe sich einmal die Statistik der neunstufigen höheren Mädchenanstalten an, die seit dem Jahre 1908 in die Höhe geschossen sind, und man wird zugeben müssen, daß die Dinge zu weit getrieben werden. Es ist fast Weltanschauungssache, ob man der Meinung ist, gerade das schulmäßige Lernen sei für Mädchen ebenso das Richtige und Notwendige wie für Knaben. Aber dar-

[1] Vgl. Alfred Kühne, Die Bildungswege der deutschen Jugend nach dem zeitlichen Verhältnis von Berufsbildung und Grundbildung. In: Jugendführer und Jugendprobleme. Festschrift zu Georg Kerschensteiners 70. Geburtstag. Hrsg. v. Aloys Fischer und Eduard Spranger. Leipzig 1924. S. 82–97.

über muß man sich klar sein, daß die jetzt ins Werk gesetzte Normalisierung der höheren Mädchenbildung mit der Reifeprüfung, das heißt ihre Ausdehnung auf insgesamt 13 Schuljahre, noch keinen Abschluß bedeutet. Denn – um es noch einmal zu sagen: das Abiturientenexamen wirkt als Nötigung zu einer hochschulmäßigen Berufsbildung, nicht als Ende der Schulzeit. So tritt neben die Verschulung als nächster folgerichtiger Schritt die allgemeine Verhochschulung. Da aber kein Volk beliebig viele hochschulfähige Begabungen hervorbringt, muß der Begriff Hochschule so lange erweicht und erweitert werden, bis auch sie nichts anderes mehr ist als schlechtweg – Schule.

Die dritte Wirkung auf den einzelnen ist die am wenigsten sichtbare, aber die schlimmste, weil sie das Moralische betrifft. Wenn sich ein Volk gewöhnt, in diesem Umfang für alles und jedes Schulen oder Hochschulen einzurichten, so entsteht in dem einzelnen die Vorstellung, er habe an sich selbst mit freier Zielsetzung überhaupt nicht mehr zu arbeiten; er habe sich vielmehr einfach irgendwo »in Arbeit zu geben«, und die Schulen seien eben die von Gott und Obrigkeit verordneten einzigen Stätten, wo ihm von Staatswegen eine Bildung und ein Können gemacht werde. Folgt doch automatisch auf die Schule die Prüfung und auf die Prüfung die Berufsberechtigung. Wer hat dabei noch Zeit, etwas Eigenes zu treiben und *seinen* originalen Weg zu gehen? Die »Lehrpläne« sind ja so vollgepackt, daß man gerade noch sein bißchen Gesundheit hindurchrettet. Es bleibt nichts übrig, als für alle Lockungen stumpf zu werden, die von anderen Bildungsgütern und Bildungsmitteln herstammen, als eben von dem vorgeschriebenen Schulgang. Es schien mir sehr deutsch, als eine Kellnerin einmal in edlem Übersetzungseifer ein Menü ein »vorgeschriebenes Mittagessen« nannte. Im Bildungsleben Deutschlands kennen wir längst nur eine vorgeschriebene Ernährung. Nach meinen Vorstellungen von der Art, wie eine werdende junge Frau zu ihrer persönlichen Bildung steht, erscheint mir die schulmäßige Festlegung ihres Weges für alles – für Kunstübung und Handarbeit und Haushalt und Hygiene – um so gewaltsamer, als die Pflichttreue der Mädchen sich diesen Zumutungen weniger zu entziehen pflegt als der Knabe, der eine ihm nicht zusagende Bildungsnahrung einfach abstößt. –

Was den einzelnen schädigt, schädigt auch das Volk im ganzen. Das Wichtigste und Merkwürdigste in dieser Hinsicht ist, daß die allgemeine Verschulung die erziehlichen Kräfte des Volkes herabsetzt, nicht sie stärkt. Für die Familie ist dies längst bekannt. Was ist bequemer für sie, als zu sagen: die Schule habe sich ja bereit erklärt, die Erziehung zu übernehmen. Man bringt die Mittel auf, man kauft die Bücher, liest wohl auch die Zeugnisse. Aber die deutsche Schule ist so gut, daß die Familie fürchten müßte, dilettantische Nebenarbeit zu treiben, wenn sie ernstlich nach einer eigenen Wirkung strebte. Und wann sollte das auch geschehen? Die Schule macht die Spaziergänge, die Schule veranstaltet die Geselligkeiten, die Schule führt ins Theater, auf den Sportplatz, auf die Wanderfahrt. – Man wendet mir nicht ohne Recht ein, daß die Schule wohl niemals auf so weite Gebiete übergegriffen hätte, wenn die Familie nicht unter dem Druck der modernen Erwerbsverhältnisse oder aus Gleichgültigkeit gegenüber ihren hohen Aufgaben versagt hätte. Man solle ihr dankbar sein, nicht sie für ihre Mühen tadeln. Zugegeben; obwohl noch nicht geklärt ist, wie weit die Schule dadurch einen ungünstigen Entwicklungsgang noch unterstützt und beschleunigt. Denn das muß jeder Sehende bekennen: das Feinste und Entscheidende der Erziehung *kann* die Schule gar nicht leisten. Sie kann belehren und Gemeinschaftskräfte für den Kreis der Schule selbst in Wirkung setzen. Aber die geheimeren Kräfte des Gemütes, die ganz persönlichen Bindungen, die den sittlichen Takt der Seele stärken und so etwas wie ein eigenstes Reich des fühlenden Herzens im Menschen gründen, die müssen in den Kinderjahren tief und voll gewirkt haben, wenn der Weg durch die Pubertätsjahre ohne Haltlosigkeit gelingen soll. Was wir an der Großstadtjugend erleben, ist – ob man es gern höre oder nicht – nun einmal doch die laute Bezeugung der Tatsache, daß die Erziehung durch die Schule allein nicht genügt und nicht genügen kann. Pestalozzi hat das gewußt. Man feiert ihn; aber man folgert daraus nicht, von ihm auch zu lernen.

Wenn jedoch wirklich die Familie und ihre Erziehungskraft nicht zu retten wären, so sollte man sich durch diesen Niedergang jedenfalls warnen lassen, nicht auch auf anderen Gebieten ähnliche Prozesse zu beschleunigen. Das muß man wissen: überall, wo eine neue Schulform gegründet wird, beraubt man ein Eigengebiet des Lebens seiner vollen, freien, erzieherischen Kraft und Verantwortung. »Gelernt« wird heute im allgemeinen nicht mehr da, wo die Arbeit an der Sache selbst sich vollzieht, sondern es wird die Theorie abgesondert, vielleicht ein kleines künstliches Modell der wirklichen Arbeit hergestellt, und somit am Phantom gebildet. Das heißt dann Schule; dahin flüchtet sich, was an der vollen Wirklichkeit emporwachsen sollte. Das Leben verengt sich, die Schule nagt und höhlt es aus.

Es gibt so etwas in der Welt wie echte *Meisterlehre*. Ihr Geheimnis ist die persönliche Berührung des Reifen und des Werdenden, des Könnenden und des Emporstrebenden, auf dem Boden der konkreten Aufgabe selbst. Meister zu bilden, wäre das höchste Ziel der Erziehung: Meister des Lebens überhaupt wie des bestimmten Könnens. Der Ausdruck stammt vom alten

Handwerk. Gewiß, dies Handwerk ist selbst zum großen Teil verfallen und hat anderen Produktionsformen Platz machen müssen. Aber ich habe nie gehört, daß man besondere Anstrengungen gemacht hätte, auch nur den bescheidenen Rest von Handwerkslehre zu retten und zu vertiefen, der heute noch zu erhalten wäre. Nur selten hört man von Bemühungen, der Fabrik selbst auch nur ein geringes Maß von pädagogischem Geist zu geben, der das *ganze* Zusammenwirken heben und adeln müßte, weil alles Lehren und Führen ja auch immer die Verantwortung für den totalen Menschen einschließt. Die Berufsschule mit einer künstlichen Organisation soll ersetzen, was hier verlorengegangen oder überhaupt nicht erzeugt worden ist. Aber von ihr gilt noch mehr als von der Schule überhaupt: *erziehen* kann sie wenig; unterrichten kann sie, theoretische Vertiefung geben, berufs*klug* machen. Und jeder wird sie darum loben. Das aber fürchte ich, daß diese Klugheit nur zu hellsichtig macht für alles eigensüchtige Fordern, wenig willig für das Dienen und für den Gemeinsinn, der immer nur am totalen Zusammenleben und Zusammenwirken wächst.

Auch auf die Kunst hat die Verschulung übergegriffen.[2] Besonders schwer empfindet man hier den Unsegen solcher »Akademisierung«. Wo von vielen im wesentliches Gleiches gefordert wird, entfaltet sich unvermeidlich die Schablone. Denn der größte Meister kann nicht beliebige Menschen und beliebig viele in der Tiefe packen. Die deutsche Universität, die durch die große Zahl ihrer Hörer längst um ihren alten guten Sinn und ihre Tiefenwirkung gekommen ist, erreicht noch heute wenigstens da pädagogische Gipfelleistungen, wo sich der Schüler mit dem Meister in allen Feinheiten und Kleinheiten der täglichen Arbeitsnot und Arbeitsmühe eng verbunden fühlen kann. Wer das einmal erfahren durfte, kommt überhaupt erst zu der Ahnung, was Meisterschaft bedeutet und auf welchen Charaktergrundlagen sie, neben allem Können, ruht. Auch Erziehenlernen, wenn es das gibt, kann man nicht in Seminaren und durch Vorbereitung für eine zentralisierte Prüfung, sondern nur da, wo in der Stille ein wahrer Meister für die Bildung junger Menschen lebt und wirkt.

Die Meisterschaft der Frau muß von Natur vielseitiger sein als die des Mannes. Ihre Bildung läßt sich gar nicht in Schulen zusammendrängen; denn jede Schule ist ein Kunstgebilde und verliert durch das schablonisierte Zusammensein vieler an Lebenswahrheit. Es bleibt bei Goethes Wort: »Man betrachte ein Frauenzimmer als Liebende, als Braut, als Frau, Hausfrau und Mutter, immer steht sie isoliert, immer ist sie allein und will

[2] Vgl. Hermann Muthesius, Zur Frage der Erziehung des künstlerischen Nachwuchses. Berlin 1926.

allein sein ... Jede Frau schließt die andre aus, ihrer Natur nach: denn von jeder wird *alles* gefordert, was dem ganzen Geschlechte zu leisten obliegt. Nicht so verhält es sich mit den Männern. Der Mann verlangt den Mann: er würde sich einen zweiten erschaffen, wenn es keinen gäbe ...«[3]. Von hier aus versteht man, daß alle Pläne einer allgemeinen Frauenschule oder Frauenoberschule, wie sie heute gehegt werden, notwendig immer auf organisatorische Monstrositäten hinauslaufen. Die heutige Frau hat außer ihrem Urberuf, an den die besten Schuleinrichtungen nicht heranreichen, meist auch einen bestimmten Beruf mit ganz spezifischen Leistungsforderungen ins Auge zu fassen. Will man das in einem Topf zusammenkochen, so muß er platzen. Denn die weibliche Bestimmung, die in Ewigkeiten bleibt, und diese Sonderdinge von Fachwissen und nun gar Berechtigungen gehen nie und nimmer in eine Schule hinein. –

Es scheint frevelhaft, so viele wohlgemeinte Bestrebungen als verfehlt zu tadeln. Aber in die Form der besten Absicht können sich wirklich sehr gefährliche Schädigungen der Volkskultur verhüllen. Ganz allgemein droht von der fortschreitenden Verschulung nicht nur die Gefahr, daß die allgemeinen plastischen Erziehungskräfte der Arbeitswelt noch weiter absterben, als es schon der Fall ist, sondern auch die andere der maßlosen Theoretisierung. Mit ihr aber ist immer Lebensferne verbunden. *Jede* Schule steht immer vor der Gefahr irgendeiner »Scholastik«. Schöpferkraft, freie Erfindungsgabe, ja zuletzt die einfache Umstellungsfähigkeit, gehen verloren, wo zu lange nach (noch so freien) Lehrplänen gearbeitet wird. Das bloße »Wissen« wird zum Tyrannen über die Forderungen des Lebens und des Könnens. Es liegt in der Natur des Wissens, ein Eigengesetz zu betätigen, nach Systematik zu streben, auch wo die Sache selbst das System nicht duldet, und eine Verfestigung anzunehmen, die an dogmatische Verhärtung grenzt. Sehr schön wäre es, wenn die Schule immer Leben weckte. Sie will es auch; aber sie könnte es nur, wenn sie das Leben in seiner Plastik in sich hineinnehmen könnte.

Geschieht dies nun, wie es heute von vielen Seiten her mit anerkennenswertem Eifer angestrebt wird, so kommt dies zwar den allgemeinen, grundlegenden Schulen zugute. Sie brauchen – wenn auch »Lebenstreue« im strengsten Sinn weder erreichbar noch wünschenswert ist – entschieden *Lebendigkeit.* Aber bei den Berufsschulen entsteht ein anderes Übel: Es wird überall neben die erste Wirklichkeit eine zweite, gleichsam platonische, ideale gesetzt, die natürlich nie das Ganze der eigentlichen Welt geben kann. Die Folge ist ein ungeheurer Apparat, der dem originalen Wirken

---

[3] Wahlverwandtschaften. Goethes Werke. Cottasche Säkularausgabe. Bd 21. S. 204.

Kraft und Zeit abgräbt. Bis in die reifen Jahre herrscht das System der Schulbank mit einem Hof von Scheinwirklichkeit. Schwimmen lernen aber kann man nur in dem Wasser, das dafür tief genug ist. Was soll man zu einem Volke sagen, das sich um der Schulung willen lauter Lebensmodelle in verkleinerter und vereinfachter Form schafft? Ist da nicht etwas von ursprünglicher Lebenskraft verlorengegangen?

Ich möchte nicht dahin mißverstanden werden, als ob ich Berufs- und Fachschulen für überflüssig hielte. Ein großer Teil unserer Leistungsfähigkeit beruht auf ihnen. Aber ich warne davor, sie *an die Stelle* aller Ausbildung in der Arbeit selbst zu setzen. Diese Trennung von Schule und Leben erträgt ein reifer Mensch auf die Dauer nicht. Wo Fachschulen notwendig sind, da richte man sie entschieden und mutig auf ihren Zweck. Man gebe ihnen auch einen allgemein menschlich belebenden und adelnden Gehalt, der die sittliche Arbeit von der menschlichen Maschine scheidet. Aber man hüte sich vor der sogenannten verschämten Fachschule. Ich verstehe darunter eine Anstalt, die eigentlich dem Zweck dient, den Menschen für eine bestimmte Wirksamkeit, zum Beispiel im Maschinenbau oder in der Landwirtschaft, in der Kindergartenpädagogik oder in der sozialen Arbeit tüchtig zu machen, die man aber auf deutsche Art so verhüllt, als ob sie eigentlich keinem praktischen Berufszweck diente, sondern wieder nur allgemeine Menschenbildung wollte. Die Folge ist, daß man sich müht, den jungen Leuten »eine Weltanschauung zu machen«, daß man Kunstgeschichte und schöne Literatur und rhythmische Gymnastik, ja selbst Religion hinzufügt, als ob ein Mensch von 20 Jahren sich da nicht auch selbst ein Stück weiterhelfen könnte und müßte. Es kommt dahin, daß niemand mehr an das wirkliche Leben als bildende Kraft gewiesen wird. Überall bindet man ihn an die Bänke des Hörsaals, an das Buch und an den Vortrag. Warum fehlt uns Deutschen der Mut, irgendwo einmal die allgemeine Menschenbildung durch die Schule energisch abzuschließen und den so weit gebildeten Menschen nun mit der wirklichen Berufsaufgabe, dieser stählendsten sittlichen Realität, ringen zu lassen? Symptomatisch dafür ist der Versuch, die außerordentlich glücklich entwickelten beruflichen Frauenschulen, zum Beispiel die Kindergärtnerinnenseminare, nachträglich wieder in den Organismus einer allgemeinen höheren Schule mit reifeprüfungsähnlichem Abschluß hineinzuziehen. Dabei kommt beides nicht zu scharfem Umriß: weder der grundlegende Bildungsgang noch die Berufsbildung. In dieser unseligen Verwischung und Vermischung der Bildungsziele zeigt sich zugleich unsere Unentschiedenheit in Sachen des Bildungsideals wie unser mangelndes Stilgefühl für klare Organisationsformen. Sind doch die Typen der höheren Allgemeinbildungsanstalten für Knaben und Mädchen in Preußen heute schon so unnötig zahlreich und differenziert, daß selbst der Fachmann sich jedesmal eigens vorbereiten muß, wenn er sie auswendig hersagen soll. Hier hilft nur eine radikale Vereinfachung, wie sie schon aus rein praktischen Gründen des Überganges von einer Schule zur andern jedem als unumgänglich notwendig einleuchtet.[4] –

Endlich eine letzte Gefahr der Verschulung für unser Gesamtleben: Wimpfeling hat um 1500 über die zunehmende Vermönchung geklagt. Immer wieder kehrt die Klage über die Unzahl von Behörden und das grenzenlos wachsende Heer der Beamten. Es ist für ein Volk auch nicht gut, wenn es dahin kommt, daß die eine Hälfte nur lebt, um die andere zu lehren. Wie die Schule vor der Gefahr der Scholastik, so steht die Lehrerschaft vor der Gefahr eines Lehrklerus. Ein Beruf, dessen Aufgabe nur im Lehren, nie im Schaffen an dem Kulturwerk direkt besteht, hat, wie man weiß, große innere Schwierigkeiten, zumal wenn er ein ganzes langes Leben hindurch getrieben wird. Lehren und erziehen sollte gesunderweise jeder reife Volksgenosse, der an seiner Stelle mit sittlichem Verantwortungsbewußtsein steht und wirkt. Er sollte dies aber auch als *notwendigen* Bestandteil seiner Verantwortung fühlen. Verläßt er sich darauf, daß dies ja andere laut Auftrag und Beruf tun, so lösen sich organische Zusammenhänge des Volkslebens auf, die, wie wir bei der Familie bereits sahen, nie gelöst werden sollten. Umgekehrt: wer *nur* zu lehren und *nur* Werdende zu bilden hat, kommt allmählich vor die Gefahr des Leerlaufs, die jeder Lehrer kennt. Bindet ihn nichts an die Welt des eigentlichen Schaffens, so wird er zum bloßen Zwischenhändler des Lebens und hört auf, innerlich produktiv und lebendig zu sein. –

Gestehen wir uns doch auch im geheimen, daß in Deutschland viel zu viel von Pädagogik geredet und geschrieben wird. Könnten wir als Staat und Volk durch pädagogische Reden und Kongresse gerettet werden, wir müßten längst herrlich dastehen. Aber es ist mit dem Reden und Schreiben über Erziehung eine eigentümliche Sache. Wer den Geist ganz hat, der folgt seinem Wehen, von dem niemand weiß, von wannen er kommt und wohin er fähret. Es wird doch niemand glauben, unsere Ausstellungs- und Renommierschulen seien nun eigentlich die Stätten, wo alles gemacht werde. »Experimentalschulen« gar erinnern an die »Versuchs- und Lehrbrauerei«, die weiland irgendwo bestand; man traut dem Bier von dort nicht ganz. Fichtes ›Reden an die deutsche Nation‹ haben einen wahren

[4] In Österreich hat man das viel besser gemacht. Vgl. die kurze Darstellung von Richard Meister in: Die neuen österreichischen Schulgesetze. In: Südwestdeutsche Schulblätter. Jg. 44. 1927. S. 390–396.

furor teutonicus in Deutschland erzeugt, und wir möchten gern durch Erziehung eine neue Weltepoche heraufführen. Begeisterung ist schön. Man soll ihr nicht wehren. Nur ist ein Unterschied zwischen der lauten Prophetie und der stillen Glut, die wahrhaft Leben weckt und unter Opfern zündet.

Die Entwicklung, die ich in den Hauptzügen angedeutet habe, macht sich auch im akademischen Bereich durch eigentümliche Erscheinungen bemerkbar. An sich ist es der große Gedanke der deutschen Universität, daß sie Gelegenheit zu einer freien, weiten wissenschaftlichen Bildung gibt. Sie hat früher darauf vertraut, daß der einzelne die Kraft besitze, die Brücke zum Beruf auf der Grundlage einer solchen Unabhängigkeit des Urteils und der selbständigen wissenschaftlichen Einsicht zu schlagen. Vielleicht ist die deutsche Universität in dieser Hinsicht früher allzu wissensstolz und utilitätsfeindlich gewesen. Heute aber macht sich eine entgegengesetzte Übersteigerung bemerkbar. Alle kleinen Wissensgebiete sollen so komponiert werden, daß jeder Sonderberuf eine vorgeschriebene Speisekarte findet. Der Wohlfahrtspfleger, der Gerichtsmediziner, der Sozialpfarrer, der Psychopathenlehrer – alle möchten *ihre* »Lehrgänge«, *ihre* ganz spezialisierten Kurse. Auch das muß zur Verschulung führen. Denn niemand traut sich mehr die Kraft zu, selbst in ein bestimmtes Arbeitsgebiet hineinzuwachsen. Er möchte sich dafür »zurichten« lassen und alles so bereit finden, daß er nicht einmal das Vorlesungsverzeichnis der Fakultäten durchzublättern braucht. Die Folge ist, daß kaum einer von diesen Zugerichteten über sein Gebiet hinausblickt oder auch nur *in* seinem Gebiet Neues zu sehen fähig ist, was nicht durch Lehrtradition bereits zubereitet ist. Geht diese Entwicklung über ein bestimmtes gesundes Maß hinaus, so wird die Universität unvermeidlich ein unübersehbares Bündel von Fachschulen für enge Fachmenschen.

In einer anderen Richtung liegt die Hypertrophie der Promotionen. Wissenschaftlicher Geist in möglichst weiten Schichten der Gebildeten ist sicher für ein Volk ein Ruhmestitel. Aber wie ist es denn? Sind wirklich alle diese mühsam hergestellten Dissertationen Kraftquellen für den Autor oder für andere? Sehr oft sind diese Forscher Naturen von sehr geringem wissenschaftlichem Trieb, die, um der Titelfreude willen, ein oder zwei Jahre ihres jungen Lebens an eine ganz tote Sache setzen, die auch durch sie und für sie nicht lebendig wird. Kein gesundes Ideal für ein Volk ist es, daß jeder Akademiker einmal ein paar Seiten »irgendwelchen« wissenschaftlichen Inhaltes habe drucken lassen. Führt ihn der eigene Trieb nicht zum Problem und das Problem zur eigenen Lösung, so lasse er die Finger von einem Tun, das seinen Horizont nur vorzeitig verengt. Auch in der

Wissenschaft heißt es: »Du sollst nicht absichtlich lebendig machen!« Wenn dieser Grundsatz einmal in Deutschland Übung würde, so erhielten die Doktorarbeiten wieder einen Wert, wie sie ihn heute etwa in Frankreich haben, und die stumpfsinnige Fabrikation von Scheinprodukten der Gelehrsamkeit, die heute die deutschen Bibliotheken, ja selbst den Büchermarkt, überschwemmen, hörte auf zugunsten gesunder Aktivität auf anderen Gebieten. Denn daß jeder, der gesellschaftlich etwas gelten will, notwendigerweise »Herr Doktor« gegrüßt werden muß, ist doch auch nur das unzeitgemäße Zeichen einer in Deutschland herrschenden Verschulung.

Das Wichtigste aber sei zum Schluß kurz betont: Alle Verschulung beruht auf einem falschen Kultus einer falschen Wissensidee. Echtes Wissen muß, wie irgendein anderes Geistesgut, von persönlichem Leben getragen sein, aus ihm emporwachsen, und dieses Leben selbst erhöhen und bereichern. Totes Wissen ist *keine* Kraft von sittlichem Wert, und äußerliche Vielwisserei erstickt gar die wirklich aufbauenden ethischen Kräfte. Hüten wir deshalb vor allem unsere grundlegenden Schulen, die Volksschule wie die höhere, vor Scholastik und Enzyklopädismus. Es sollte *nichts*, aber auch *nichts* in der Schule Heimatrecht besitzen, was nicht in den Bildungsprozeß lebendig und organisch eingepflanzt werden kann. Jeder *Stoff* ist hier, wo es noch nicht um Berufskönnen geht, nur Mittel. Seine pädagogische Rechtfertigung liegt darin, daß an ihm und durch ihn in der jungen Seele (nicht gerade immer im Moment und nicht immer sofort bewußt) ein Stück eigenen Geisteslebens aufgehe. Mehr noch als in der Plastik kommt es bei *diesem* Bildungswerke darauf an, den fruchtbaren Augenblick herauszusehn: Es gibt Stellen in unserem seelischen Zusammenhang, von denen aus, wenn sie getroffen sind, ein Licht ringsum ausstrahlt. Auf diese Stellen des Evidentwerdens im Logischen, des Fruchtbarwerdens im Geistig-Sittlichen überhaupt muß die Bildungsarbeit der Schule eingestellt sein. Dahin muß der elektrische Schlag, wie ihn Sokrates führte, treffen. Und von solchen Berührungen aus, die man ohne Phrase »die bildenden Urerlebnisse durch bildungwirkende Urphänomene« nennen kann, muß die innere Geburt des eigenen Geisteswesens weiterwirken. Wo dieses Ziel im Auge behalten wird, stiftet die Schule Leben. Wo es nicht geahnt wird, beginnt schon mit der ersten Schulstunde das abstumpfende Schicksal der Verschulung des Lebens. Wagner, der alles wissen und studieren möchte, erfindet zuletzt den Homunculus. Ich schaudere vor dem Gedanken, daß wir in Gefahr sein könnten, in Deutschland lauter solche Homunculi zu machen. Aber ich tröste mich mit der Rache des unzerstörbaren Lebens:

Eh nun,
Du bleibst zu Hause, Wichtigstes zu tun.
Entfalte du die alten Pergamente,
Nach Vorschrift sammle Lebenselemente
Und füge sie mit Vorsicht eins ans andre.
Das *Was* bedenke, mehr bedenke *Wie*.
Indessen ich ein Stückchen Welt durchwandre,
Entdeck' ich wohl das Tüpfelchen auf dem I.

Pädagogische Betrachtungen zur Frage einer Schulpflichtverlängerung[1]

1929

Die Frage, ob eine Verlängerung der Schulpflicht ratsam sei, kann nur in einem Lande gestellt werden, dessen Schulwesen überwiegend staatlicher Regelung unterliegt. Im Deutschen Reich sind zwar keineswegs alle »öffentlichen« Schulen vom Staat selbst gegründet und unterhalten. Alle unterliegen aber wenigstens der Staatsaufsicht. Dies gilt beinahe restlos auch für private Schulen, die heute in verschwindender Minderheit sind und eigentlich nur noch im Bereich der Fachschulen eine Rolle spielen. Diese Form der »Staatlichkeit« des Schulwesens stammt historisch aus der Epoche des absoluten Staates. Sie gehört in Deutschland so sehr zur herrschenden Tradition, daß aus inneren und äußeren Gründen fast jede Schule, die etwas auf sich hält, nach staatlicher Anerkennung strebt, und diese ist natürlich nur um den Preis eines größeren oder geringeren Maßes von Staatsaufsicht, staatlicher Normierung der Lehrziele und staatlicher Leistungskontrolle zu haben.

Wenn man die äußerst mannigfaltigen Schulformen bei uns nach dem Grade des Staatseinflusses auf sie abgestuft anordnen wollte, so wäre *nicht* entscheidend die Tatsache, ob der Staat die betreffende Schule gegründet hat und unterhält, sondern ob sie in den Bezirk derjenigen Schulbildung gehört, die der Staat *erzwingt,* also nicht der freien Entscheidung von seiten der Eltern oder der Zöglinge anheimstellt. Anders ausgedrückt: der Umfang des Schulzwanges und der Schulbesuchspflicht drückt das vom Staat normierte Minimum der Bildung aus, das er für alle seine heranwachsenden Bürger unbedingt fordert. Was darüber hinausgeht, stellt er

---

[1] Gekürzte Wiedergabe eines im Ausschuß der Gesellschaft für Soziale Reform am 19. Januar 1929 gehaltenen Vortrags.

dem Wirken der Sitte und Tradition, der Elterneinsicht und des freien Bildungsstrebens anheim.

Erinnern wir uns der ursprünglichen Motive, aus denen es in Deutschland zu der Maßnahme des staatlichen Schulzwanges gekommen ist, so finden wir uns in zwei Richtungen gewiesen: Einerseits waren religiöse Anschauungen maßgeblich. Der Landesherr (gleichviel ob Fürst oder Stadtobrigkeit), der den Schulzwang einführte, tat dies zuerst im Interesse des ewigen Heiles seiner Untertanen, in Wahrnehmung der von ihm anerkannten Christenpflicht, für die religiöse Bildung seiner Untertanen zu sorgen. Die Kirche konnte immer nur »Vermahnungen« zum Schulbesuch aussprechen; der Staat konnte zwingen. Er tat es aber zugleich um des weltlichen Heiles seiner Untertanen willen: im Interesse ihrer Aufklärung, ihrer wirtschaftlichen und ihrer steuerlichen Leistungsfähigkeit. Beides diente unmittelbar auch seinen eigenen Machttendenzen. Das 17. Jahrhundert, das allgemein ein solches Doppelgesicht zum Jenseits und zum Diesseits trägt, ist das Jahrhundert der ersten Schritte auf diesem Wege.

Seitdem sind der Staatsgedanke und der Schulgedanke mehr und mehr verweltlicht worden. Aber noch heute darf man sagen, daß in der Forderung eines pflichtmäßigen Schulbesuches ideelle und realistische Motive ineinander verschlungen sind, ebenso wie sich das Interesse des einzelnen und das gesellschaftliche Interesse darin mischen. Wie weit der Schulzwang ausgedehnt wird, hängt ab von den obwaltenden Anschauungen über das wünschenswerte Maß an Bildung, das jeder einzelne braucht und der Staat für sich fordert, das um der realen Leistungsfähigkeit und der geistig-idealen Kultur willen als notwendig erscheint. Demgemäß würden für die Erweiterung des bisher vom Staat normierten Mindestmaßes an Jugendbildung das Einzelinteresse wie das Staatsinteresse, das Nützlichkeitsmoment wie höhere ideale Bildungsgesichtspunkte zugleich maßgeblich sein.

In all diesen Hinsichten aber ist es – und das ist nicht selbstverständlich – in unseren deutschen Verhältnissen der *Staat,* der normgebend auftritt. Erweiterung der Schulpflicht ist also Erweiterung des allgemeinen Kulturwillens und des allgemeinen Erziehungswillens, zu dem der Staat – als Gefäß einer vorwärtstreibenden Kulturidee – *sich bekennt.* Es handelt sich daher im folgenden um die Erwägung der Gesichtspunkte für und gegen einen möglichen *Gesetzgebungsakt.* Sein Inhalt ist genauer dahin zu umschreiben: Verlängerung der ganztägigen (etwa 30 Wochenstunden umfassenden) Pflichtschule, zunächst um ein Jahr, das heißt bis zum vollendeten 15. Lebensjahre. Denn für eine begrenzte Stundenzahl (durchschnittlich acht) besteht bereits in weitem Umfang eine reichsgesetzlich bis zum 18. Lebensjahre, praktisch nicht immer so weit reichende *Berufsschulpflicht.*

Ob das neue pflichtmäßige Schuljahr der allgemeinen Volksschule oder der Berufsschule zuzuschlagen wäre, bleibt vorläufig offen und wird ein wesentlicher Gegenstand der Überlegung sein. Endlich ist zur Begrenzung des Themas zu sagen, daß die zum Teil noch recht ungleichartige gesetzliche Festlegung und tatsächliche Durchführung der Schulpflicht an anderer Stelle dieses Heftes behandelt werden, ebenso wie die volkswirtschaftliche und privatwirtschaftliche Seite des Problems einem besonderen Aufsatz vorbehalten ist. Meine Ausführungen betreffen nur die allgemein-pädagogischen und die schulorganisatorischen Gesichtspunkte, die bei dem Plan eine Rolle spielen.

I. An die Spitze stelle ich die Gründe, die unbedingt für die Verlängerung der Schulpflicht sprechen: man kann von ihr eine allgemeine Hebung der Volksbildung und -erziehung erwarten, und sie wirkt im Sinne eines verstärkten Jugendschutzes.

Das erste schließt die Voraussetzung ein, daß heute keine andere Erziehungsmacht für die Jugendbildung gleich funktionssicher und leistungsfähig ist wie die ganztägige Pflichtschule: weder die Familie noch der Berufskreis, noch eine kirchliche Veranstaltung. Man wird im allgemeinen zugeben müssen, daß diese Voraussetzung zutrifft, ohne daß damit die Schule, wie sie ist, im ganzen überschätzt und in allem einzelnen gebilligt werden soll. Vergleichsmaßstab ist die noch um Jahre fortdauernde *pädagogische Geborgenheit* der Besucher der höheren Schule, während der Volksschüler in einem sehr frühen Alter »ins Leben« hinausgestoßen wird.

Als Jugendschutz wirkt eine längere Schulzeit – wenn auch die Begrenzung des reichsgesetzlich festgelegten gewerblichen Jugendschutzes nicht mit dem normalen Schulentlassungsalter zusammenfällt –, weil der ganztägige Schulbesuch den Übertritt in ein volles Arbeitsverhältnis hindert. Auch gesundheitlich wird diese Hinausschiebung von Vorteil sein. Denn der Abschied von der Schule fällt heute gerade in das kritische Entwicklungsalter hinein. Ganz genaue und allgemeingültige Angaben über den Eintritt der physiologischen Pubertät lassen sich freilich nicht machen. Die neueren Erkenntnisse über den physiologischen Reifungsprozeß berauben die bisher als entscheidend betonten äußeren Merkmale ihrer zentralen Stellung. *Rößle* ist sogar der Meinung, wir hätten gar keine normalen Entwicklungskurven mehr. Dies ist noch strittig. Daran aber ist kein Zweifel, daß die Pubertät bei den Kindern der materiell schlechter gestellten Kreise merklich später eintritt als bei den gutgestellten, für die man von einer pubertas praecox gesprochen hat. Gleichviel, was hier als normal gelten kann: bei den Mädchen der Volksschule liegt der Eintritt der Pubertät durchschnittlich zwischen dem 13. und 14., bei den Knaben im 14.–17. Lebensjahre.[2] In beiden Fällen ist die Pubertätsperiode am Ende der Schulzeit nicht abgeschlossen. Und das wird immer als ein Nachteil gelten müssen, dem freilich durch die Hinzufügung *eines* weiteren Schuljahres nicht abgeholfen werden kann. Einmal nämlich sind im gegenwärtigen Zeitpunkt der Schulentlassung die Kinder den Anforderungen der Berufsleistung keineswegs gewachsen. Noch neuerdings hat der Magdeburger Stadtarzt *Dr. Bregmann* [3] betont, man könne in keiner Weise behaupten, daß ein 14jähriger reif sei, in eine Fabrik einzutreten. »Der Verfasser ist sich völlig dessen bewußt, daß das Alter körperlicher wie geistiger Berufsreife eigentlich zwei Jahre später liegt.« Sodann ist gerade die Pubertätszeit geordneter Erziehungseinflüsse besonders bedürftig. Die Maßnahme würde also auch einen stärkeren Schutz gegen die Jugendverwahrlosung bedeuten. Und endlich darf man annehmen, daß nach neunjährigem Schulbesuch die geistige Reife für die Wahl eines geeigneten Berufes ein klein wenig weiter entwickelt sein wird.

Alle diese Gründe sprechen also *für* den Plan, und ihr Gewicht ist groß genug, um sie mit starker Betonung an den Anfang zu stellen. Aber es sind noch sehr viele andere Gesichtspunkte zu beachten. Sie sind vor allem schulorganisatorischer Natur und müssen erwogen werden, ehe von der besonderen Art der Ausführung gesprochen werden kann.

II. Man darf allgemeine Zustimmung darüber voraussetzen, daß die Verlängerung der Schulpflicht nur dann Sinn hat, wenn von ihr eine allgemeine Hebung der Volkserziehung und der Ausbildung in Kenntnissen und Fertigkeiten mit Gewißheit erwartet werden kann. Ob dies wirklich gewährleistet ist, wollen wir zunächst unter der Voraussetzung erörtern, daß das neue Schuljahr unmittelbar auf der Oberstufe der Volksschule aufgebaut wird.

1. Schon heute erreicht eine große Zahl von Volksschülern das normale Abschlußziel der Schule nicht. Ich sehe davon ab, daß zum Beispiel in der Stadt Berlin 1926 neben 279 941 Kindern, die die normalen Volksschulklassen besuchten, 16 359 Kinder (also 1/18 der Gesamtzahl) sich in Sonderschulen, Sonderklassen und Anstalten für gesundheitlich Behinderte, intellektuell Gehemmte befanden.[4] Der genaue Tatbestand sonst ist statistisch sehr schwer zu erfassen. Nehmen wir die letzte, verhältnismäßig

---

[2] Vgl. Hans Aron (Breslau), Die körperliche Entwicklung des Kindes in der Pubertät. In: Archiv für Kinderheilkunde. Bd. 76. 1925. S. 258–272.

[3] Ludwig Bregmann, Der Arbeitsschutz für die 13jährigen Berufsrekruten. In: Der Landarzt. Jg. 9. 1928. S. 435–438.

[4] Vgl. Arno Fuchs, Die Heilpädagogische Woche in Berlin. Berlin 1927. S. 361.

günstige Statistik dieser Art für *Preußen* von 1921, so ergibt sich folgendes Bild:

Es wurden entlassen mit der Reife des 8. Schuljahres	60,92 %
„ „ „ „ „ „ „ 7. „	20,17 %
„ „ „ „ „ „ „ 6. „	11,54 %
„ „ „ „ „ „ „ 5. „	5,22 %
„ „ „ „ „ „ „ 4. „ und früher	2,13 % [5]

Wie würde die neue Maßregel auf diejenigen Schüler wirken, die heute das volle Ziel nicht erreichen? Sie würden ein Jahr länger Zeit haben, das erziehlich sicher von Nutzen wäre und eine Anzahl gewiß noch fördern würde. Aber für diejenigen unter ihnen, die eben *schulmäßig* nicht begabt sind, bliebe es eine unfruchtbare Verlängerung der Quälerei. Für die normal Leistungsfähigen wäre natürlich die Ausdehnung der Schule ein wesentlicher Vorteil; für die besonders Begabten, wie wir gleich sehen werden, in dieser Form ein zweifelhaftes Geschenk.

2. Zuvor ist noch der Gesichtspunkt der inneren Stufengliederung der Volksschule zu berücksichtigen. Wir haben die Volksschule von der einklassigen (auf dem Lande) bis zum neunstufigen (meist städtischen) System. Nach den Angaben von *Löffl*er [6] sind unter den rund 52 500 Volksschulen des Deutschen Reiches etwa $^1/_3$ = 17 500 einklassig, etwa $^1/_8$ = 6 800 sieben- bis achtstufig und darüber. Es heißt nicht, die hohen Leistungen der einklassigen Volksschule zu unterschätzen, wenn man behauptet, daß die neue Einrichtung an ihnen doch nicht *voll* zur Entwicklung kommen könnte. Der Lehrer muß der untersten der (meist drei) Gruppen die größte Sorgfalt zuwenden. Es bedürfte einer besonderen individualisierenden Kunst, aus der obersten Gruppe dann noch wesentlich weitergehende Leistungen herauszuholen als heute. Und da die einklassigen Schulen meist auf dem Lande vorherrschen, so handelt es sich zugleich um die Kinder, nach deren Arbeit wirtschaftlich der stärkste Bedarf besteht. Obwohl dies alles die günstigen Wirkungen der geplanten Maßregel nicht aufhebt, sondern nur einschränkt, muß man doch zugeben, daß sie den stärksten Erfolg in den Städten haben würde, wo sie in der Regel zu dem Aufbau einer 9. Klasse führen würde.

Der Sachverhalt stellt sich übrigens noch etwas anders dar, wenn man nicht von der Zahl der Schulen, sondern von der der Schüler ausgeht. Hier

[5] Vgl. Preußische Statistik. Hrsg. v. Preußischen Statistischen Landesamt Berlin. Nr 272. Berlin 1924. S. 28.

[6] Eugen Löffler, Der Aufbau des deutschen Schulwesens. In: Das deutsche Schulwesen. Jahrbuch 1927. Hrsg. v. Zentralinstitut f. Erziehung u. Unterricht. Berlin 1928. S. 94–172.

kann ich die Zahlen nur für Preußen 1927 angeben.[7] Ich fasse die weniger ausgebauten und die voll ausgebauten Pflichtschulen in je eine Gruppe zusammen:

1stufig	510 596 Kinder	7stufig	927 029 Kinder
2 „	492 972 „	8 „	1 068 114 „
3 „	464 682 „		1 995 143 Kinder
4 „	267 836 „		
5 „	192 869 „	9jährig	12 500 Kinder
6 „	324 792 „	(schon jetzt)	
	2 253 747 Kinder	Summa:	2 007 649 Kinder

Die Zahlen lehren, daß sich die am reichsten ausgebauten sieben- und achtstufigen Anstalten in den dichtbevölkerten Großstädten befinden. Roh gesprochen: die Einrichtung einer neuen Klasse käme in Preußen 2 Millionen Kindern *voll*, 2¼ Millionen *bedingt* zugute. Dadurch wird das vorhin gezeichnete Bild wesentlich günstiger. Die Neuerung selbst würde ja ohnehin zunächst in einigen Großstädten durchgeführt werden.

3. Diese haben nun teilweise schon irgendwelche Formen erweiterter und gehobener Volksschulen (z. B. Hamburg, Bremen und einige Städte Preußens, Sachsens, Württembergs und Hessens). Auf die sehr mannigfaltigen Systeme, die als »gehobene« bezeichnet werden können, will ich hier nicht eingehen. Manchmal handelt es sich um den Aufbau eines 9. und 10. Jahres auf dem regulären System oder um Abzweigungen von der 7. Klasse, manchmal um reicher ausgebaute Volksschultypen (Hauptschulen, Rektoratsschulen) über der Grundschule; auch die Einrichtung von Begabtenklassen innerhalb des achtjährigen Schulsystems ist hier zu erwähnen.[8] Denn trotz der unübersehbaren lokalen Unterschiede wird man allgemein sagen dürfen, daß die gehobenen Volksschulen und Aufbauten mindestens da, wo neben ihnen einfache Volksschulen zugänglich sind, ganz überwiegend den wirklich Begabten zugute kommen. Es können dann z. B. fremde Sprachen und andere neue Fächer aufgenommen werden. Wird das 9. Jahr obligatorisch, so muß die Zielsetzung natürlich auf Durchschnittsbegabungen eingestellt werden. Dadurch aber wird der Volks-

[7] Die öffentlichen Volksschulen in Preußen nach dem Stande vom 1. Mai 1927. Bearbeitet und hrsg. v. d. Staatlichen Auskunftsstelle für Schulwesen. Teil I. Langensalza 1928.

[8] Es ist hier zum Vergleich die französische Volksschule heranzuziehen: Auf die pflichtmäßige École primaire élémentaire (6.–13. Lebensjahr) folgt die freiwillige École primaire supérieure mit mindestens 3jährigem Kursus. Vgl. Otto Völcker, Das Bildungswesen in Frankreich. Braunschweig 1927.

bildung auf der anderen Seite genommen, was ihr auf der einen gegeben wird. Man darf nicht vergessen, daß Schulbegabung auch bei den besten neuzeitlichen Unterrichtsmethoden immer eine besondere Sache bleiben wird. Manche Kinder kommen im Leben gut vorwärts, denen die Schullaufbahn schwer fiel. Nicht allen jedenfalls würde das Geschenk auch unter echten Bildungsgesichtspunkten willkommen sein.

4. Wenn für die jetzt schon bestehenden gehobenen Volksschulen als Abschluß eine besondere *Berechtigung* gefordert wird, nämlich das Zeugnis der sogenannten »mittleren Reife«, so hängt das Urteil über diese Maßnahme davon ab, wie man überhaupt zum Berechtigungswesen steht. Vielleicht sollte man sich mit *einer* Hauptform der Berechtigung begnügen, nämlich der Berechtigung zum Besuch von Hochschulen, die für ihren freien inneren Lehrbetrieb eine bestimmte Gesamtreife voraussetzen müssen. Vorläufig neigt man in Deutschland überwiegend noch dazu, zwischen der 8 Jahre umfassenden allgemeinen Volksschulbildung und dem 13 Jahre dauernden Weg zum Abiturientenexamen eine mittlere Stufe einzufügen, wie sie etwa durch die Realschulen und die sogenannten Mittelschulen (nicht im österreichischen Sinne!) in Preußen verkörpert wird. Diese Schultypen sind in Deutschland ebenfalls sehr mannigfaltig. Und von ihren Vertretern ist ein starker schulpolitischer Widerstand zu erwarten, wenn man durch Ausdehnung der Volksschule den Sondercharakter der »mittleren« Bildung zu verwischen droht. Natürlich ist dies kein prinzipielles, sondern nur ein schulpolitisches Hindernis. Diejenigen aber, die die Volksschule selbst und damit die *allgemeine* Volksbildung heben wollen, sollten sich klar sein, daß sie die Einheitlichkeit der Volksschulidee aufs neue gefährden, wenn sie einzelne Aufbauten der Volksschule mit besonderen *Berufs*berechtigungen privilegieren wollen.[9] Grundsätzlich ist es nicht undenkbar, daß ein *sehr gutes* allgemeines Volksschulwesen die *offizielle* Dreigliederung der Berechtigungen überflüssig machen könnte; inoffiziell, d. h. in der Praxis, würde natürlich doch noch die ungleichmäßige Bewertung der verschiedenen Schulstufen fortwirken. Der Kaufmann z. B. würde einen Lehrling mit Realschulbildung bevorzugen, weil sein Zeugnis etwa die Beschäftigung mit fremden Sprachen bekundet.

5. Hinter den angedeuteten Fragen steckt aber ein noch viel größeres Problem. Durch die verfehlte Schulpolitik der letzten Jahre, die leider zum Teil auch von der Volksschullehrerschaft selbst begünstigt worden ist, hat sich der Zustand herausgebildet, den man jetzt allgemein als *Auspowerung*

[9] Vgl. den sonst sehr lehrreichen Artikel von Arthur Berg. In: Preußische Lehrer-Zeitung. Jg. 54. 1928. Nr. 135 (Beilage).

der Volksschule bezeichnet. Die Volksschule hat beinahe aufgehört, ein in sich geschlossenes Bildungsganzes zu geben und ein Eigenleben als Organismus zu führen. Gemäß dem Wort vom »Aufstieg der Begabten« ist sie jetzt eigentlich nur ein Sammelbecken, aus dem die stärker Begabten, ja fast schon die normal Begabten von höheren Schulformen angesogen werden. Kein Wunder, daß der Körper der Volksschule blutlos zu werden droht. Der erste große Aderlaß erfolgt nach dem 4. Schuljahr, mit dem Ende der Grundschule, von der die Tüchtigsten, sofern nur irgend die Mittel da sind, zur Realschule oder auf die höheren Schulen abgehen; der zweite Aderlaß findet nach dem 7. Schuljahr statt, wo die neue Aufbauschule winkt. Und dazwischen hat man noch allerhand andere Brücken gebaut. So wird die Volksschulflucht förmlich organisiert.

Für den in Rede stehenden Plan kann man aus dieser Tatsache zwei ganz entgegenstehende Folgerungen ziehen. Nimmt man sie als ein nicht mehr zu änderndes Faktum hin, so lautet die Frage: Sind überhaupt noch genug Schulbegabungen da, für die durch eine weitere Volksschulbildung etwas zu hoffen ist? Oder handelt es sich jetzt im großen und ganzen nur um die ganz schwach Begabten, die den größten Teil des Schulerfolges doch bald nach der Entlassung wieder verloren haben? Es fehlt ja nicht an pessimistischen Stimmen, die überhaupt nur die Bekämpfung des Analphabetentums bei der großen Masse, aus der die besseren Begabungen sämtlich herausgezogen sind, für möglich halten.

Gerade hier aber greift nun die optimistischere Ansicht ein, und es ist geradezu der wichtigste Gesichtspunkt *für* die Ausdehnung der Volksschule, der an dieser Stelle entspringt. Wenn es noch nicht zu spät ist, so sollte man versuchen, die geistig verarmte Volksschule zu regenerieren. Auch die höhere Schule leidet ja bekanntlich unter dem Andrang von Begabungen, die *ihren* Anforderungen wiederum nicht gewachsen sind. Es ist nicht *nur* die Folge der Übervölkerung, des Überangebots von Anwärtern für *alle* Berufe, wenn wir unsere Bildungsanforderungen in der letzten Zeit allenthalben übersteigert haben. Und weiter: es ist nicht nur eine Übersteigerung, sondern ein ganz falscher Bildungsbegriff, der diese Fehlentwicklung herbeigeführt hat. Die Volksschule in ihrem guten Sinn leidet darunter; aber auch die höhere Schule in ihrem guten Sinn; und natürlich auch die Hochschule, deren Lehrer bei dem Massenandrang Ungeeigneter in Gefahr sind, den Idealismus zu verlieren, der doch zu jedem Lehrberuf notwendig gehört. Trotz aller Warnungen Kerschensteiners herrscht noch immer bei uns das einseitige Ideal einer ausschließlich theoretischen, einer einseitig wissenschaftlichen Bildung. Nur dieser Weg, der Weg vom Abiturium hin, gilt ferner als »vornehm«. Das Gesamtleben von Volk und Staat aber fordert doch ganz andere Menschen: Menschen, die in einem weiten humanen Sinne für ihren Beruf und für ihre tätigen, auch wirtschaftlich produktiven Lebensaufgaben gebildet sind. Demgemäß sollte eine lebensoffene Volksschule ihre Begabungen in größerem Umfang als bisher behüten. Sie sollte sie ein gutes Stück höher fördern als bisher. Und an die Vollendung der Volksschulbahn sollte sich dann ein gut ausgebautes System von Berufs- und Fachschulen anschließen, das der Fülle individualisierter praktischer Begabungen im Volke gerecht wird. Die Leiter des »Aufstiegs« führt nicht nur in der Linie zum Abiturium, die allmählich trivial zu werden beginnt, sondern auch hier. Wenn diese Einsicht in unserem Volke nicht bald erwacht, so müßte man Verdacht schöpfen, daß es ihm an Wirklichkeitssinn und an originalem Schaffensdrang in verhängnisvollem Maße fehle. Faßt man aber solche Ziele ins Auge, so wird auch die Erweiterung der Volksschulbildung wieder sinnvoll. Allerdings muß dann gerade die andere Frage geprüft werden, ob der Neubau einfach in einer Aufstockung der Volksschule bestehen kann, oder ob, von der Berufsschule her gesehen, sich andere Wege als notwendig erweisen.

6. Die Pflichtberufsschule jedenfalls, soweit sie heute in Deutschland schon durchgeführt ist, würde sich dagegen wehren, etwa ihr erstes Jahr ganz an die Volksschule abzutreten. Da sie unter dem ausdrücklichen Gesichtspunkt der Berufsgliederung ausgebaut wird, so braucht sie mindestens die drei Jahre für sich selbst, die heute in den meisten Ländern für die Berufsschulpflicht in Anspruch genommen werden. Erhält also die Volksschule das neue Jahr, so müßte die Schulpflicht im ganzen um ein Jahr ausgedehnt werden. Ein denkbarer Weg. – Die freiwilligen Berufsschulen würden einer solchen Maßnahme vielleicht nicht mit unbedingter Freude zustimmen. Denn sie haben ein Interesse daran, ihre Schüler, die in der Regel mit einem stark vorwärtsdrängenden Bildungswillen kommen, in einem besonders empfänglichen Alter mit ihrer eigenartig kräftigen Bildungswelt zu packen. Im übrigen wird sich ihre Stellungnahme danach richten, ob ihre Vertreter über die gegenwärtigen Leistungen der Volksschule ein günstiges oder ein weniger günstiges Urteil haben.

Schon die bisherigen Erwägungen zeigen, daß man nicht einfach mechanisch verlängern kann, sondern daß das Problem sehr tief in den Gesamtaufbau unseres Bildungssystems und seiner Schulformen eingreift. Ebensowenig wie die bloße Dehnung der Volksschule ist aber der andere Weg ratsam, das neu gewonnene Jahr der Pflichtberufsschule zuzuschlagen. Diese würde dann eine Schule werden, die sich – nach oben hin verdünnt. Sie würde mit dem fortissimo von ca. 30 Wochenstunden einsetzen und mit dem piano von ca. 8 Wochenstunden enden. Da die früher sogenannte »Fortbildungsschule« heute nicht nur in »Berufsschule« umgetauft, sondern auch wirklich nach den verschiedenen Berufszweigen organisiert ist, so würde in den Großstädten ein höchst verwickelter Aufbau zu leisten sein. Selbstverständlich kann ein Jahr ganztägiger Berufsschule nicht einfach als Ersatz für den dreijährigen Besuch einer Berufsschule mit wenigen Stunden gelten; denn es kommt nicht nur auf die Zahl der Stunden an, die man gehabt hat, sondern auch auf Lebensalter und Reife. Die Erfahrung lehrt, daß jene Organisationsschwierigkeiten zu lösen sind, wenigstens in größeren Städten; aber es bleibt ein unerwünschter Zustand, daß ein so wichtiger Schnitt, wie der Eintritt in die Berufs*praxis*, mitten in einen Bildungsorganismus hineinfällt. Unter solchen Bedingungen könnte die Pflichtberufsschule kaum noch als ein geschlossenes Ganzes erscheinen. Deshalb müßte – ich spreche hier nur im Sinne deutscher Verhältnisse – eine ganz neue Lösung gefunden werden, deren Grundgedanken ich im letzten Teil andeuten möchte.

III. Die beiden bisher erörterten Wege zur Durchführung einer längeren Schulpflicht sind einfach in Anlehnung an die bestehenden Organisationskörper gedacht. Davon müssen wir uns loslösen. Es handelt sich ferner nicht einfach um die langweilige Alternative zwischen Allgemeinbildung und Berufsbildung. Mit so kahlen Taktstrichen läßt sich der Bildungsprozeß nicht rhythmisieren. Und wir müssen endlich der Tatsache ins Auge sehen, daß unsere Volksschulbildung selbst in tiefgehender Umgestaltung begriffen ist. In ihrer alten Form ruhte sie, abgesehen von der Pflege des religiösen Geistes, auf der Elementarmethode Pestalozzis, die durch »Realien« im Sinne der philanthropistischen Tradition ergänzt wurde (v. Rochow, Natorp, Harnisch, Diesterweg in Preußen). Es ist kein Vorwurf, sondern eine Bestätigung längst gewonnener Einsichten unserer Volksschullehrerschaft, daß diese Bildungsprinzipien heute nicht mehr nachhaltig genug wirken. Es ist vielleicht nicht einmal eine Abkehr von Pestalozzi, sondern im Gegenteil eine sinngemäße Rückkehr zu dem tiefer verstandenen Pestalozzi, wenn wir heute eine stärkere Verbindung von Schule und Leben fordern. Ich will im folgenden zeigen, daß die neueste Volksschulpädagogik sich schon instinktiv wirksameren Bildungsformen genähert hat, daß aber das entscheidende Grundprinzip noch energischer herausgearbeitet werden muß.

Niemand bezweifelt, daß die Welt, für die wir die Jugend unseres Volkes erziehen, sich seit der Mitte des 19. Jahrhunderts gewaltig verändert hat. Auch die leiblich-seelische Gesamtlage der Kinder aber hat sich naturgemäß entsprechend verändert. Wir würden das deutlicher sehen, wenn wir schon die »Geschichte des Kindes« hätten, die noch niemand geschrieben hat. Es kommt darauf an, diese Kinder genau an den Stellen ihrer seelischen Struktur zu packen, von denen aus sie tiefgehend und nachhaltig zu beeinflussen sind, wenn die alten Klagen über das »Vergessen« der Volksschulkenntnisse aufhören sollen. Denn vergessen kann man doch nur, was man nie ganz gehabt hat, nie ganz zu eigen besessen hat.

Wenn in den siebziger Jahren des vorigen Jahrhunderts in der Schule ein ausgestopfter Vogel gezeigt wurde, war das ein Ereignis und ein Erlebnis. Heute kämpft die Volksschulmethode mit Konkurrenten der täglichen Umgebung, die solche Eindrücke zur Unwirksamkeit verdammen. Das Kind eines industrialisierten und technischen Zeitalters empfängt von seiner Umwelt so viel eigenartige und doch wahllose Reize, daß es zugleich aufgeweckter und abgestumpfter genannt werden muß als das Kind einfacherer Verhältnisse. Wir pflegen immer noch die alte primitive Fächertrennung Lesen, Schreiben, Rechnen, Deutsch, Naturkunde. Ringsum aber wirken Industrie, Technik, Rundfunk, Kino. Kein Wunder, daß unsere Methoden unwirksam geworden sind. Die Kinder sind nervös, zerstreut, unempfänglich; sie müssen von ganz anderen Stellen ihrer Seele aus bewegt werden, weil sie nicht mehr so schulgläubig und bildungswillig kommen wie früher einmal. Die Schule ist arm, das Leben ist so reich.

Die Aufgabe wird dadurch noch verwickelter, daß wir, mindestens in den größeren Städten, mit zwei Typen von Kindern zu rechnen haben, die ganz verschieden behandelt werden wollen: mit dem noch spielenden, phantasiebewegten Kind im alten, freilich nie genug berücksichtigten Sinne, und mit dem phantasiearmen, früh intellektualisierten, sehr realistisch gewandten Kind einer von Tradition und Heimat, Familienhut und Gemütspflege entleerten Welt. Es ist nicht mehr so, daß jedes Kind von heute wirklich eine Epoche der Kindlichkeit hat. Von diesem Tatbestand aus versteht man zwei sehr entgegengesetzte Strömungen der heute herrschenden Pädagogik: die Tendenz auf Belebung der Phantasie und des Innenlebens, der Ausdrucksfähigkeit und der Schöpferkraft des Kindes, und die Tendenz auf Hineinführung in das wirkliche Leben mit seinen sehr realistischen Gestaltungen und Anforderungen. Anders gesagt: es ist beides notwendig: das Kind erst einmal wieder Kind werden zu lassen und es dann allmählich, planmäßig aus seiner Welt in jene Wirklichkeit hineinzubilden, die wir geneigt sind, kurz *die* Welt zu nennen. Welche Aufgaben daraus für die Grundschule und die ersten eigentlichen Volksschuljahre erwachsen, in welcher Art und in welchen Grenzen die hergebrachte Fächertrennung zu überwinden sei, gehört nicht in den Bereich der hier gestellten Fragen. Jene Überleitung aber erfordert eine Umgestaltung der Volksschuloberstufe, von der hier allein im Zusammenhang mit ihrer Ausdehnung zu sprechen ist. Unter unseren Zeitgenossen hat den tiefsten Blick für beide Notwendigkeiten bisher *Heinrich Kautz* in Hamborn bewiesen, dessen Anregungen der sorgfältigsten Beachtung wert sind.[10] Sie beziehen sich auf das Problem: *Industriekind.* Für das eigentliche Landkind, das noch an vielen Stellen Deutschlands existiert, liegen die Verhältnisse weniger problematisch.

Die Frage lautet ganz einfach so: wie führen wir eine Jugend, die überwiegend wenig gewillt ist, ihre Interessenwiderstände gegenüber dem rein schulmäßigen Betrieb zu überwinden, die tausendfach abgelenkt, bekümmert, vielleicht sogar von weltanschaulich-politischem Mißtrauen bereits berührt ist, an die Bildungsgüter heran, deren sie um ihrer selbst willen und des Volksganzen willen bedarf? Antwort: es muß gegen das Ende der Volksschulzeit bewußt eine Übergangsstufe gesucht werden, die von der eigentümlichen Werterfülltheit der phantasiebewegten Kindlichkeit in die sehr früh hereinbrechende, sehr anders gestaltete Wertordnung der sittlich-bedeutsamen »Ernstwelt« und »Arbeitswelt« überleitet. Oder anders ausgedrückt: es muß das Zwischenglied zwischen der allgemeinen Kräfteweckung der Volksschule im landläufigen Sinne und der Berufsschule mit ihren bereits ganz wirklichkeitsnahen, spezialisierten Anforderungen gefunden werden.

Dies eigentümliche Zwischenstadium des notwendigen Bildungsweges besteht – das ist meine These – in der *Vorwegnahme des tätigen Berufstypus überhaupt* als eines werterfüllten, interesseweckenden Bildungsfaktors. In den Übergang aus der spielenden Form des kindlichen Erlebens und Gestaltens zu den Ernstformen der reifen Jahre muß der aufdämmernde Sinn eines werteschaffenden, gemeinschaftsbezogenen Tuns hineinfallen. Aber noch nicht in der Gestalt irgendeines genau umschriebenen Ernstberufes, sondern in der undifferenzierten Urform, für die ich in Anlehnung an Goethes Denk- und Ausdrucksweise das Wort *»Urphänomen-Beruf«* einführe.

Der einfachste Beruf umfaßt seinem Grundsinne nach immer drei wesentliche Seiten: eine Richtung des Werte-Produzierens oder -Gestaltens, eine Ordnung des Zusammenwirkens in der Gemeinschaft und ein mathematisches Moment: die Urfunktionen von Messen und Rechnen.

Obwohl die Silbe »Ur« in all diesen Wortverbindungen nicht den zeitlichen Anfang, sondern den ewigen Typus, das Urbildliche, bedeuten soll, kann der Rückgang auf gewisse früheste Formen der Technik und Produk-

[10] Heinrich Kautz, 1. Um die Seele des Industriekindes. Donauwörth 1918. 2. Im Schatten der Schlote. Einsiedeln 1926. 3. Industriemärchen. Kevelaar 1927. 4. Industrie formt Menschen. Einsiedeln 1929.

tion hier zweckmäßig sein. In der verwickeltsten modernen Maschine ist doch zuletzt eine kleine Anzahl technischer Grundideen enthalten, die nur kunstvoll verbunden und verfeinert sind: es handelt sich immer um Abwandlungen des Ziehens, des Stampfens, des Hebens, des Schneidens, des Schweißens usw. Und in der fortgeschrittensten industriellen Produktion stecken noch deutlich erkennbar gewisse Urformen des Produzierens: zum Beispiel das Graben, das Flechten, das Spinnen, das Weben, das Kochen, das Backen, das Tischlern, das Schmieden usw. Mit solchen Urgestalten der Technik und Produktion sind bildende Urerlebnisse gegeben, die man einmal, und zwar früh, gemacht haben muß. Auch hier ist der Rückgang auf das Elementare und seinen Grundsinn das eigentlich Erweckende. An solches Tun knüpfen sich belebende Gefühle der Daseinserfüllung und Ichsteigerung. Von Natur neigt das Knabenalter zum Basteln, als ob ihm ausdrücklich der Durchbruch in diese Welt des Technischen und der Kunst (des Könnens) bestimmt sei.

Vollzieht sich dies alles in der Form der Arbeitsgemeinschaft, so tritt das belebende und sittlich bildende Moment hinzu, das den Eintritt in das Volksbürgertum, später auch in das Staatsbürgertum von einer fruchtbaren Seite her vorbereitet. Durch die Gemeinschaft im Tun und Erleben empfängt der Bildungsprozeß, der früher stark auf abstrakte Gehalte gestellt war, etwas Plastisches und – mit einem anderen Bild: etwas Organisches.

Auch das einfachste Können aber bedarf des Kennens. Unter der Fülle möglicher und nützlicher Kenntnisse hat wiederum eine Urbedeutung das mathematische Gebiet. Geometrische Fragen treten bei jeder Form der Materialbearbeitung auf. Rechnen ist erforderlich, um mit dem Material und dem Geld hauszuhalten.

Gelingt es, die Bildungsgüter für die Oberstufe der Volksschule in der angedeuteten Art um den *Urtypus Beruf überhaupt* herumzugruppieren, so wird sich ihr wirkendes Element dem jungen Bewußtsein tiefer eingraben: es wird in seiner Totalität ergriffen; seiner Individualität kann Rechnung getragen werden; die Brücken zum reifen Leben ringsum sind leichter zu schlagen als von den herkömmlichen Schulfächern aus, die überwiegend aus einer Wissenssystematik heraus gegliedert waren.

Die neueste Pädagogik hat sich den hier gemeinten Grundmotiven von den verschiedensten Seiten her schon instinktiv genähert: sie betont die *Selbsttätigkeit* bis zu der ausdrücklichen Pflege manueller Arbeit und zweckbestimmter Produktion, sie betont die *Gemeinschaft,* innerhalb deren jedoch nach Möglichkeit individualisiert werden soll, und sie berücksichtigt, wo es noch lebendig zu machen ist, das *Bodenständige und Heimatliche,* allgemeiner: die Anknüpfung des Bildungsverfahrens an die sichtbaren und wirkenden Mächte der Umgebung, der naturhaften wie der geistigen. Arbeitsschule, Lebensgemeinschaftsschule und Heimatschule bedürfen aber eines Mittelpunktes, der sowohl dem Zentrum der Bildsamkeit (Interessenzentrum) wie dem Kern des Bildungszieles naheliegt. Eben dieser Mittelpunkt kann m. E. in der bewußten Herausarbeitung des Urtypus Beruf, in der Sichtbarmachung des Urphänomens Beruf gefunden werden.

An zwei Stellen sind noch heute Urberufe der Menschheit, auch dem zeitlichen Sinne nach, in den Hauptzügen erhalten: der weibliche Urberuf bleibt durch die Zeiten hindurch deutlicher bewahrt, mögen auch die Frauen jetzt in das moderne arbeitsteilige Berufsleben mit hineingezogen sein. Das Ziel, das mir hier vorschwebt, wird in der Oberstufe der Mädchenvolksschule leicht zu erreichen sein, weil in den hauswirtschaftlichen und pflegenden Tätigkeiten ein eindeutiger Mittelpunkt der Bildung gegeben ist. Ähnlich liegt es für den landwirtschaftlichen Beruf. Kein technischer Fortschritt vermag hier die ewigen Grundformen wie die schicksalhaften Naturbedingungen ganz zu verdecken. Hier ist alles auch bodenständig und organisch aufeinander bezogen. Schwieriger wird die Aufgabe dort, wo es sich darum handelt, für die Fülle tatsächlicher Berufe, die ja nicht alle technischer oder auch nur produktiver Art sind, jene bildende Vorform zu finden, die *allen* etwas gibt, weil sie unter der Form geordneten beruflichen Tuns allgemein-menschliche Kräfte entwickelt. Wo dies gelingt, erhalten auch diejenigen, die später ungelernte Arbeiter bleiben werden, wenigstens ein ahnendes Gefühl für Sinn und Gestalt einer sittlichen Berufswirksamkeit mit auf den Weg. Zugleich aber ist es sehr wichtig, in diese Bildungsstufe die eigentlich pädagogische *Berufsberatung* systematisch mit einzubauen, etwa in der Form einer abschließenden schlichten Übersicht über Berufsgliederung, Berufsanforderungen und Berufsaussichten. Heute ist die Berufsberatung, soviel Geist und Kraft man auch auf sie verwendet, eigentlich nur eine veredelte Stellenvermittlung. Sie wirkt ziemlich genau in dem Zeitpunkt der unmittelbaren Entscheidung, und sie hat daher pädagogisch genommen all die unvermeidlichen Mängel, die einer so kurzfristigen Einwirkung eigen sein müssen. Es wäre jedenfalls ein wertvolles Ziel, die fürchterliche Entscheidungsstunde – mit ihrer Zufälligkeit und Bedrängnis – durch eine klug geleitete *berufliche Erweckungsphase* vorzubereiten. Denn der Beruf ist nun einmal das Schicksal des Menschen von heute, und mit den Einzelschicksalen ist das Volksschicksal eng verflochten.

Aus all diesen notgedrungen kurzen Andeutungen folgt nun für unser Thema, das sich ja wesentlich auf die Organisationsfrage bezieht: Eine Verlängerung der Volksschulpflicht wird nur dann in jedem Sinne fruchtbar wirken, wenn sie mit einer tiefgehenden Umgestaltung der Volksschuloberstufe verbunden ist. Sie soll von den drei Jahren, die unmittelbar auf die Grundschule folgen, nicht unorganisch abgespalten werden. Aber sie muß doch die Funktion einer Vermittlungsschule übernehmen, die im 8. und 9. Schuljahr die richtige Überleitung zum Beruf und zur Pflichtberufsschule vollzieht. Vielleicht werden glücklichere Zeiten ein 3. Jahr hinzufügen können. Die Maßregel müßte ja überhaupt erst in großen Städten erprobt werden. Soll sie hier nicht nur den besonders Begabten zugute kommen, soll es, mit anderen Worten, nicht bei einer bloßen *Selekta* bleiben, so muß die ganze Bildungsarbeit dieses Aufbaues auf größere *Lebensnähe* eingestellt werden. Die Pädagogik und Didaktik, die diesem Ziel gemäß ist, müßte völlig neu durchdacht werden; völlig neu freilich nur hinsichtlich der zeitgemäßen und landschaftlich individualisierten Formen. Denn der Grundgedanke selbst ist der des greisen Pestalozzi, der über die Formalmethodik seiner mittleren Periode weit hinausgewachsen war. Gelingt dies alles, so ist mit einer Gesundung unseres Bildungswesens zu rechnen. Wir würden dann von dem verhängnisvollen Glauben an die alleinseligmachende höhere Schule, die immer stark theoretische Schule bleiben wird, wieder loskommen und würden die Arbeit der Volksschule wirklich tief und sinnreich in die Arbeit des Volkes hineinsenken. Erst unter diesen Gesichtspunkten also verwandeln sich die verschiedenartigen Bedenken, die gegen den Plan einer Verlängerung der Schulpflicht geltend gemacht werden mußten, in ein entschiedenes und hoffnungsvolles Ja.

Zum Schluß ein Wort über die *Wertmaßstäbe*, von denen aus die Entscheidung über die in Rede stehende Frage zu erfolgen hat. Man kann sehr verschiedene isolierte Werte in den Vordergrund stellen: man kann fragen: wie wird die neue Maßnahme volkshygienisch wirken? wie wird sie wirtschaftlich oder sozial wirken? wie wird sie für die allgemeine Aufklärung wirken? oder: was kann sie machtpolitisch leisten? Das alles aber wären Sondergesichtspunkte, die keinen Anspruch auf letzte Geltung erheben können. Selbst den volkswirtschaftlichen Nutzen – dieses beliebteste Rechtfertigungsmoment der Gegenwart – wird man schwerlich den erforderlichen Mehrausgaben proportional finden können. Die entscheidende Frage liegt noch tiefer und noch weiter rückwärts: Es kommt darauf an, wie jener Schritt, recht vollzogen, volksethisch wirken wird, d. h. im Sinne einer echten Steigerung der volkhaften Totalkultur und Gesinnungsveredlung. Wird das Problem so gestellt, dann *kommt es nicht einmal auf das eine Jahr mehr als solches an, sondern ganz entschieden auf den neuen Geist seiner Ausnutzung im echten Bildungssinne*. Wir haben keine tiefere

Veranlassung, den Erwerbssinn heute noch zu steigern. Wohl aber haben wir Veranlassung, diesen Erwerbssinn zu veredeln und ihn mit den tieferen Kräften der Menschennatur zu verbinden und zu versöhnen.

Studieren wir den Aufbau der modernen Arbeitskultur näher, so finden wir in ihr viele sich übereinander lagernde Schichten: diese Kulturarbeit geht vom Erdenhaften aus: an die Rohstoffgewinnung schließt sich die werteschaffende Verwandlung; zu ihr gehört ein Wissen und ein Können. Und jede neue Stufe der Arbeit fordert neues Wissen, d. h. theoretische Durchleuchtung, und neues Können, d. h. technische Bewältigung. Ein ungeheurer Turm der Wertgestaltung schichtet sich so in jeder nationalen Arbeit auf: Nützlichkeitswerte werden vom Wissen gesteigert, von der Technik verfeinert, von der Politik geschützt, vom Recht geordnet, und Politik und Recht verlangen neues Wissen, neues Können. Wozu aber dieser stockwerkreiche Bau, wenn in ihm das Licht nicht leuchtet, das allen Leistungen erst den letzten Wert zu geben vermag: *die Veredlung echter Kulturgesinnung und tieferer Kulturverantwortung*? Jeder Fortschritt ist Schein, der nicht *sittlicher Gesinnungsfortschritt* eines ganzen Volkes ist. Was wir als Volk in der Hülle staatlicher und rechtlicher Ordnung zu leisten vermögen, ist wahrhafte Leistung nur, wenn dahinter eine höhere ethische Kulturgesinnung liegt. Das allein rechtfertigt unser Dasein und unseren Existenzkampf als Volk und Staat. Und was wir aus dieser Tiefe heraus schaffen, ist nicht nur nationaler Gewinn, sondern auch vertretbarer internationaler Sinn. Der Ausbau der Schulpflicht muß an diesen hohen Zielen orientiert sein. Deshalb ist unsere Frage eine Frage, die wir *allen* Völkern stellen – nicht nur im alten Geiste wetteifernder Konkurrenz, die den Nachbarn überflügeln möchte, sondern *im Geiste der veredelnden Kooperation, die am gemeinsamen Werk der Menschheitserhöhung mitwirken möchte.* Wir nennen das einen deutschen Gedanken, aber wir vertrauen darauf, daß er in der Welt verstanden werde.

Weltanschauung, Erziehung, Schule

1931

Wäre es gestattet, zu der Frage »Weltanschauung, Erziehung, Schule« vom Standpunkte der absoluten, zeitlosen Idee Stellung zu nehmen, so müßte man fordern: Die Erziehung werde von *einer* Trägerschaft in *einer* geschlossenen Weltanschauung geleitet. In der Wirklichkeit wird diese einfache Konstruktion durch die Verteilung der Erziehung auf verschiedene Trägerschaften mit verschiedener Weltanschauung durchkreuzt. Folglich kann die Frage nur unter der Voraussetzung einer bestimmten historischen Geisteslage behandelt werden. Da diese in der vollen Besonderheit ihrer »Geschichtung« und ihrer »Geschiebe« ausgemalt werden müßte, so wird die Aufstellung von bloßen Thesen der Verwicklung des Problems von vornherein nicht gerecht.

Schon die Verwendung von Ausdrücken wie »Staatsschule« und »Weltanschauung« muß die Fragestellung vergröbern. Beide sind ungemein vieldeutig. Im folgenden verstehe ich unter Staatsschule nur diejenige Schule, zu deren Besuch der Staat die Kinder seiner Bürger für einen gesetzlich festgelegten Zeitraum *zwingt*. Das Wort »Weltanschauung« deutet selbst schon seine Herkunft aus einer verweltlichten Geisteslage an. Es kann auf Religionen, die den Anspruch auf überweltlichen Offenbarungsursprung erheben, eigentlich nicht angewandt werden. Trotzdem heiße im folgenden jede Überzeugung eine Weltanschauung, in der eine Gewißheit über den letzten Totalsinn der Welt (und Überwelt), somit auch über die Bestimmung des Menschen in ihr, formuliert oder unformuliert, enthalten ist. Einen Wesensunterschied unter den Weltanschauungen (in dieser weitesten Fassung) begründet nicht nur die Herleitung dieser Gewißheit aus Gott oder aus dem Menschen, sondern auch ihre Haltung zu anderen Weltanschauungen: es kann zum Inhalt einer Weltanschauung gehören, daß sie das Recht anderer Weltanschauungen gelten läßt, anerkennt. Auch eine solche tolerante Weltanschauung wird aber die Voraussetzung machen müssen, daß derjenige, der eine Weltanschauung hat und lebt, in ihr seine *letzte* Einstellung zu Wert und Sinn des Weltzusammenhanges besitzt. Wo *diese* Absolutheit fehlt (die aber, wie betont, die Anerkennung verschiedener Perspektiven nicht ausschließt), da ist keine gefestigte weltanschauliche Überzeugung, sondern nur Meinung und Vermutung.

Der Kern des zur Erörterung gestellten Problems ist das *Verhältnis von Staatsschule und Weltanschauung* in den hier gemeinten Bedeutungen. Alle seine Teilfragen führen zuletzt auf zwei Hauptfragen zurück, die ich herausheben möchte, ohne auf alle schwierigen Verzweigungen einzugehen:

I. Ist Erziehung ohne bestimmte Weltanschauung der Erziehenden möglich?

II. Hat der Staat (sofern sein Wille kulturgestaltend wirkt) eine Weltanschauung oder hat er keine?

I. Erziehung ohne bestimmte Weltanschauung ist möglich. In der Erziehungswirklichkeit findet sich der Fall immer wieder. Er bedeutet dann aber, daß jemand den Versuch macht, junge Menschen für das Leben zu bilden, ohne daß er selbst (laut Begriffsbestimmung) eine Gewißheit über den (für ihn erreichbar letzten) Totalsinn der Welt und über die Bestimmung des Menschen hat. Wer so erzieht, gleicht einem Wanderer ohne Ziel. Er gehört zu den Spaziergängern in der Erziehung. Er hat für sich nichts Festes – wie will er fest machen (oder besser: einem Werdenden helfen, fest zu werden)? Wir wissen alle, daß die Richtung, die dem Zögling »zugemutet« wird, nicht immer auch, zumal wenn er zu eigener Reife gelangt, von ihm bejaht wird. Sehr häufig wirkt hier das Gesetz des Widerstandes. Aber diese feste Gestalt, mit der man *ringen* kann, ist die Erziehung dem Werdenden schuldig. Die Unwirksamkeit moderner Erziehung liegt großenteils daran, daß es in ihr an allen festen Entscheidungen fehlt, zu denen man Ja oder Nein sagen kann. Alles ist hier gestaltloser Brei. Also lautet die Antwort auf die erste Frage: »Erziehung ohne bestimmte Weltanschauung des Erziehenden ist als Tatsache möglich; eine solche Erziehung aber ist unwirksam, verfehlt somit ihren *Sinn.*«

II. Es gilt heute beinahe als selbstverständlich, daß der Staat als solcher keine Weltanschauung habe, sondern daß er allen Weltanschauungen gegenüber völlig neutral sei. (Sehr wahrscheinlich ist der Satz von vornherein nicht; denn da Weltanschauungen sich natürlich auch in politischen Verhaltungsweisen auswirken können, so müßte der Staat diesen Auswirkungen durchweg passiv zusehen – eine Unmöglichkeit.) Zur Begründung dieser These beruft man sich auf das seit dem 17. Jahrhundert allmählich in den meisten Kultur- und Rechtsstaaten zur Herrschaft gelangte Toleranzprinzip. Eine unbegrenzte Toleranz hat es im Staate nie gegeben und wird es nie geben. Das Prinzip hat sich zunächst auf ganz bestimmte, ausdrücklich zugelassene Kirchen bezogen. Trotzdem gab es in den meisten deutschen Staaten eine eigentliche Staatskirche, wodurch der Staat seinen Charakter als christlicher Staat betonte. Die zunehmende Verweltlichung der Denkweise seit der Aufklärung und der französischen Revolution stärkt diejenige Entwicklungstendenz, die auf den rein weltlichen Staat gerichtet ist. Sie führt zu dem Prinzip der Trennung von Kirche und Staat. Danach erscheint als das Ideal des Staates seine »Neutralität« (vgl. Frankreich 1882). Er wird gedacht als ein pouvoir neutre et intermédiaire; italienisch: stato neutro ed agnostico.[1]

Eine Prüfung dieser Anschauung ergibt: 1. Diese Neutralität des Staates kann sich höchstens auf das Recht der freien Meinungsäußerung, der freien Forschung und Lehre und der freien Religionsübung erstrecken, nicht aber auf alle Tatwirkungen, die der zugehörigen ethischen Gesinnung entspringen. Sie können unter Umständen die Existenz des Staates selbst verneinen. 2. In der scheinbaren Neutralität verbirgt sich in Wahrheit selbst eine weltanschauliche Stellungnahme, nämlich die Höchstschätzung des Staates unter allen werttragenden Gesellschaften. Er wird der »sterbliche Gott auf Erden«, wie auch im einzelnen historischen Fall der Inhalt seines Macht- und Rechtswillens gedacht und begründet werde (Hobbes, Hegel u. a.). Alle andern Bekenntnisse und Wertsysteme sind ihm untergeordnet. Der Staat beginnt, sich selbst eine Religion zu werden. Mit andern Worten: es handelt sich nicht mehr um weltanschauliche Neutralität, sondern um weltanschauliche Suprematie. Tatsächlich greift der moderne weltliche Staat immer mit einem eigenen Standpunkt und Willen in die Weltanschauungskämpfe ein.

Diese Feststellungen aber führen auf die weitere Frage, wie denn der Wille des Staates selbst zustande komme. In einer parlamentarisch-demokratischen Republik ist die Erzeugung (oder doch Ermittlung) des Staatswillens äußerst verwickelt – so verwickelt, daß sie zuletzt beinahe überhaupt nicht mehr gelang. Sieht man von dem Spielraum ab, den die persönliche Entscheidung der regierenden Beamten im Rahmen der Gesetze hat, so liegt die Urzeugung in den Stimmen der Wahlberechtigten. Die eigentlich willenbildende Macht aber haben die Parteien. Sie sind freie (nicht verfassungsmäßig festgelegte) gesellschaftliche Gebilde, die ihrerseits in dem Lebens- und Machtwillen bestimmter Volksschichten und ihrer geistigen

[1] Vgl. Carl Schmitt, Staatsethik und pluralistischer Staat. In: Kantstudien. Bd. 35. 1930. S. 28–42.

Haltung wurzeln; sie sind nicht bloße Interessenvertretungen, aber auch nicht bloße Verkörperungen bestimmter technischer Staatsauffassungen, sondern sie bedeuten selbst – besonders in Deutschland – weltanschaulich gerichtete Gruppen. Kurz: der Staatswille selbst kommt zustande dadurch, daß gesellschaftlich geordnete Weltanschauungsmächte sich bald vereinen, bald gegeneinander stellen. Das Ergebnis dieser sichtlich weltanschauungsbedingten Kämpfe kann nichts Weltanschauungsfreies sein. Ein uns nahe angehendes Beispiel ist das mißlungene Weimarer Schulkompromiß – mißlungen, weil kein deutlich erkennbarer Staatswille herausgekommen ist.

Das alles konnte verdeckt bleiben in einer Epoche, in der Weltanschauungsfragen selbst mit lauer Liberalität behandelt wurden. Niemandem aber kann entgehen, daß wir in eine Epoche schärfster weltanschaulicher Kämpfe und Entscheidungen eingetreten sind. Bringt man die Frage auf den rohesten Ausdruck, so wird der Kampf der nächsten Jahrzehnte darum gehen, ob der deutsche Staat (trotz der Trennung von Staat und Kirche) seinem Geist und Ethos nach irgendwie christlicher Staat geblieben ist oder ob er restlos weltlicher Staat (dann also mit rein weltlicher Moral und Geisteshaltung) geworden ist. Neutral bleiben wird in dieser Auseinandersetzung nur jemand, der selbst *keine* Weltanschauung hat.

III. Aus dem Hintergrunde der gekennzeichneten historisch-politischen Gesamtlage muß man die gegenwärtigen Schulkämpfe verstehen. Wie kann unter solchen Umständen das Problem: »Staatsschule und Weltanschauung« gelöst werden?

Als *entscheidende* Lösungsprinzipien können folgende Gesichtspunkte für uns *nicht* in Frage kommen:

1. der rein machtpolitische; eine Partei, die heute an der Macht ist, kann sie morgen verlieren; selbst dann, wenn sie außer ihrer zeitlichen Macht noch so etwas wie »ewige Gründe« besitzt;

2. der staatsrechtliche; die Gestalt des künftigen Reichsschulgesetzes etwa ist durch die Schulparagraphen der Reichsverfassung schon in wichtigen Punkten vorausbestimmt. Ein geltendes positives Gesetz kann aber niemals für letzte grundsätzliche Erwägungen bindend sein;

3. der finanzielle und schultechnische. Eine Schulform kann nicht deswegen grundsätzlich für gut erklärt werden, weil sie »billiger« oder »größer« ist als eine andere.

Selbstverständlich sprechen alle diese Faktoren in der Wirklichkeit sehr erheblich mit. Aber Berücksichtigung können sie doch erst finden, nachdem entschieden ist, was verwirklicht werden *soll*, weil es unter dem zentralen Gesichtspunkt gut ist. Welches ist nun dieser zentrale Gesichtspunkt? Offenbar kann es nur *der Sinn der Erziehung* sein. Wir haben aber bereits festgestellt, daß dieser Sinn der Erziehung seinerseits von weltanschaulichen Voraussetzungen her bestimmt ist. Selbst eine wissenschaftliche Pädagogik kann zwar die verschiedenen Sinnsetzungen betrachten, vergleichen, gegeneinander abwägen: indem sie sich aber für eine als die beste oder »richtige« »entscheidet«, nimmt sie selbst weltanschaulich Stellung, wenn auch auf Grund einer vorangegangenen, besonders sorgsamen Klärung aller Probleme und einer möglichst umfassenden Sachkenntnis.

Das Ergebnis kann uns nicht überraschen: Ist Weltanschauung ihrem Wesen nach *letzte* Entscheidung und Stellungnahme, nicht bloß Zugabe zu anderen Meinungen und praktischen Maßnahmen, so müssen wir beim Rückgang auf die letzten Prinzipien immer wieder auf dies Letzte stoßen.

IV. Welche Möglichkeiten ergeben sich daraus für die praktische Lösung des Problems: Staatsschule und Weltanschauung?

1. Der Staat, entschlossen, seine behauptete Neutralität wirklich zu wahren, beschränkt sich in seinen Schulen auf den Unterricht in nützlichen Kenntnissen und Fertigkeiten, verzichtet aber auf Erziehung und Bildung, bei denen schon die Auswahl der Bildungsgüter ans Weltanschauliche heranstreift. In reinen Fachschulen macht das gar keine Schwierigkeiten; eine Baugewerbeschule z. B. kann als solche vortrefflich sein, ohne irgendwo in weltanschauliche Schwierigkeiten zu geraten. Schwerer wird man sich entschließen, die Stätten, in denen die Jugend auf Grund von staatlichem Schulzwang ihre grundlegende Bildung erhält, ganz und gar wieder auf Unterrichtsschulen zurückzuschrauben, selbst wenn es zu machen wäre, daß *dieser* Unterricht ganz ohne Erziehung bleibt. – Oder der Staat geht noch weiter; er bricht mit einer Linie der Kulturpolitik, die er seit mindestens drei Jahrhunderten verfolgt hat: er begibt sich des Rechtes auf Erziehung in der Form von (Pflicht-)Schulen und überläßt das ganze Kulturgebiet der Erziehung (samt den damit verbundenen Kosten!) den Weltanschauungsgruppen. Ein für uns vorläufig noch fremder Gedanke.

2. Der Staat nimmt auf die weltanschaulichen Standpunkte in seinem Pflichtschulwesen gar keine Rücksicht. Er erzieht einfach in *seinem* Geiste, weil er die Macht dazu hat. Aber welches ist dieser Geist? Ein nationaler oder ein internationaler? Ein sozialistischer oder ein liberaler? Ist der Staat nicht selbst schon das dialektische Gegeneinander von Geistesmächten, die er in bestimmter Art und Richtung zur Aktion gebunden (»integriert«) hat? Kann der Staat allein die Bildungsgüter schaffen oder auch nur bezeichnen, die in der staatlichen Erziehung zur Geltung kommen sollen? Und wollte er dies – so hätte der deutsche Staat im Augenblick gar nicht die Macht dazu. Denn wie wir gesehen haben, kämpfen die Weltanschauungsgruppen ja nicht nur um die Schule, sondern sie kämpfen um den

Staat selbst. Er kann gewiß nicht jeder privatesten Weltanschauung Rechnung tragen, aber auf *die großen Grundrichtungen, die ihn selbst aufbauen,* wird er Rücksicht nehmen *müssen,* solange er Rechtsstaat und Kulturstaat bleiben will. In einer Despotie (heute Diktatur genannt) würde es vermutlich anders sein. Jede diktatorische Lösung – auch nur durch Majorisierung starker Minderheiten – würde später unfehlbar die Wirkung haben, das alte Prinzip der Staatsschule selbst zu sprengen; denn die Staatsschule ist keine Selbstverständlichkeit. Jede Überspannung des Prinzips in der Form von Gesinnungsdruck weckt Gegenkräfte. Wir bemerken heute schon auffallende Anzeichen des Mißtrauens gegen die staatliche Schule. Man sucht zunächst durch Stärkung der Selbstverwaltungsidee im Schulwesen zu helfen[2]. Noch weiter jenseits erscheint die Privatschule.

3. Der Staat sucht gemäß den in ihm selbst gebundenen dialektischen Weltanschauungsspannungen eine elastische Lösung. Er behält das alte Prinzip staatlicher Pflichtschulen bei, *berücksichtigt* aber in ihnen nach einem Verfahren, das gesetzgebungstechnisch gewiß nicht leicht zu fassen sein wird, die großen Weltanschauungsgruppen, die sich im Volksleben historisch herausgearbeitet haben. Das braucht nicht durchweg nach dem Prinzip der reinen Aufteilung auf Sonderorganismen zu geschehen. Es gibt Landesteile, in denen z. B. die beiden christlichen Hauptkonfessionen lange in Schulgemeinschaft leben. Allerdings wird sich bei der gesteigerten Betonung des Weltanschaulichen in der Gegenwart vielleicht auch dort heute manches schwieriger gestalten als früher. Die offizielle katholische Schulpolitik hat den Anspruch auf Konfessionsschulen angemeldet. Der gute Wille der Protestanten, ihrerseits zu verzichten, wird allein nicht ausschlaggebend sein. Wir werden also die drei Formen: Konfessionsschule (bzw. konfessionelle Mehrheitsschule), die christliche Simultanschule und die weltliche Schule als nebeneinander anwendbare Formen ins Auge fassen müssen. Für schwerer durchführbar halte ich die neutrale Simultanschule (auch allgemeine oder wissenschaftliche Simultanschule genannt). Undurchführbar ist die Simultanschule mit interkonfessionell christlichem Religionsunterricht, weil diese Form der Neutralisierung der Religion nur in bestimmten protestantisch-aufgeklärten Kreisen für möglich gehalten wird. Ob außer den drei genannten Hauptformen noch Schulen bestimmter Sonderweltanschauungen von Staats wegen errichtet werden sollen, hängt von der Bedeutung ab, die solche Weltanschauungen im *Staats*leben etwa erlangen. Fehlt diese Bedeutung, so sind sie auf Privatschulen zu verweisen.

[2] Vgl. Wilhelm Färber, Die Schule in Staat und Volk. Berlin 1930.

V. Es bleibt eine letzte Schwierigkeit im Weltanschauungsleben der Gegenwart: die innere Krisis des Protestantismus. Eine neueste, nicht mehr auf die Theologie beschränkte Wendung richtet sich mit großer Schärfe und Einmütigkeit gegen den Idealismus und Humanismus, wie er in der klassischen deutschen Epoche Gestalt gewonnen hat. Seitdem Luther 1524 das Bündnis mit dem Humanismus seiner Tage schloß, hat sich über die Aufklärung und über Herder, Schleiermacher, Hegel hin eine »humanistische« Form des Protestantismus herausgebildet, die heute wegen ihrer bejahenden Haltung zur Kultur und zum Menschen die schärfste Anfeindung von seiten jener radikalen Protestanten erntet. Bei ihnen hat das Wort »Kulturprotestantismus« einen abschätzigen Klang gewonnen. Die Auseinandersetzung ist noch in den Anfängen, nimmt aber bereits recht leidenschaftliche Formen an. Ich sehe in diesem wichtigen Vorgang die Anfänge einer inneren Erneuerung der protestantischen Frömmigkeit und wohl auch einer Regeneration der evangelischen Kirche. Der Hinweis auf den Ernst der Verantwortung und Entscheidung vor dem Absoluten, auf die Unvollendbarkeit aller Arbeit an der Kultur und auf die innere Brüchigkeit alles Menschenwerkes rüttelt auf und wird zur Vertiefung eines manchmal zu spannungslos gedachten christlichen Glaubens führen. Daß Gott der »ganz andere« ist, wurde vielleicht manchmal zu sehr vergessen. Aber daß er nur der Gott des Gerichtes sei, vermögen viele Protestanten gewiß nicht zu glauben. Für sie ist er auch der Gott der erlösenden Liebe, der den Menschen Aufgaben im Diesseits gestellt hat. Sie werden sich schwerlich bei aller Unerlöstheit ihrer Arbeit davon überzeugen, daß diese Arbeit nur Sünde und die ganze Kultur keinen Schuß Pulver wert sei. Die radikale Richtung zerschneidet ein Jahrhunderte altes Band, das sie früher oder später wird wiederherstellen müssen.

In der protestantischen deutschen Volksschullehrerschaft gibt es neben Kreisen, die sich zu einer durchaus immanenten Weltlichkeit gewandt haben, eine große Zahl, für die gerade der mit humanistischen und idealistischen Motiven verschmolzene Protestantismus eine starke Glaubenskraft geworden ist. Mit ihm hängt wohl auch die Ablehnung jedes kirchlichen Aufsichtsrechtes an der Schule zusammen. Denn sie verstehen ihren Protestantismus so, daß sie mit eigener Wahrhaftigkeit und Verantwortung bei ihrem Erziehungswerk vor Gott stehen wollen. Dieses – wenn man will – aufgeklärte und Kulturverantwortung fühlende Christentum hat seine Echtheit und sein Recht. Verweigert man ihm den Namen des Protestantismus, so ist Gefahr, daß die gesamte nichtkatholische Welt bei uns in Sekten zerfällt. Auch für das innere Leben der Schule ist diese Frage von größter Bedeutung. Die Entscheidung in diesen Auseinandersetzungen wird die weltanschauliche Bewegung der nächsten Jahre maßgebend bestimmen.

Wo Schule ist, da ist auch immer Welt. Es hieße das Kind mit dem Bade ausschütten, wollte man sie jetzt plötzlich wieder ausschließlich an der Überweltlichkeit orientieren. Vielmehr gilt es, die Spuren des Göttlichen auch in den irdischen Zusammenhängen zu ahnen und zu ehren. Das allein adelt die Weltlichkeit des heutigen Menschen, das allein kann andrerseits die Überweltlichkeit in für uns *verständliche* Gleichnisse umsetzen.

Zum Geleit

1949

Wer im Beruf des Erziehers und Lehrers tätig ist, muß es als wesentliche Pflicht empfinden, unablässig an seiner Selbstbildung weiterzuarbeiten. Nicht nur deshalb, um sein Wissen zu vermehren und es dann anderen abzugeben. Denn Bildung besteht gar nicht in bloßem Wissensbesitz. Der Hauptgrund liegt vielmehr darin, daß innere geistige Lebendigkeit nicht zu bewahren ist, wenn man nicht Trieb und Willen hat, als Mensch immer weiter zu wachsen. Ein Lehrer aber, der nicht mehr innerlich lebendig ist, mag sich – nach der volkstümlichen Bedeutung dieser Redewendung – »begraben lassen«.

I. Wie man nun an seiner persönlichen Bildung arbeitet, das ist etwas sehr Individuelles. Anlage, Schicksal, Ort und Gelegenheit weisen auf recht verschiedene Wege. Es wäre schon ein Irrtum, wenn man glaubte, daß nur aus Büchern Menschenbildung zu gewinnen ist. Sollen trotzdem allgemeine Ratschläge gegeben werden, so muß man sich wohl auf literarische Anknüpfungsmöglichkeiten beschränken. Von den Schriften, an denen man seine Innerlichkeit als Christ auferbaut, habe ich hier nicht zu reden; dafür gibt es andere Berater. Aber ich glaube, etwas sehr Wichtiges zu sagen, indem ich zwei Pole der literarischen Persönlichkeitsbildung hervorhebe.

Vor allem halte man sich an klassische Meisterwerke. Menschen, die durch Jahrzehnte und Jahrhunderte den Rang eines geistigen Führertums bewahrt haben, werden auch *»Dir«* Wesentliches zu sagen haben. Die noch unbewiesenen Größen des Tages lohnen nicht immer die Zeit, die man ihnen widmet; denn morgen ist schon ein anderer der Neueste, und Modernsein ist keinesfalls ein sicheres Anzeichen für bleibenden Gehalt. Wir Deutschen werden uns zuerst *unseren* Klassikern zuwenden müssen, auch deshalb, damit dem Volke ein gemeinsamer Geistesbesitz gewahrt bleibt, in dem sich alle Volksglieder, die überhaupt lesen, verstehen. Man gewöhne sich aber, einen Lessing, Herder, einen Goethe und Schiller, einen

Hebbel und Gottfried Keller nicht nur als »schöne Literatur« zu betrachten, sondern als Weise und Denker, die die Menschen leben lehren wollen. Man glaube auch nicht, daß man sie schon zur Genüge kenne. Was die Bildungsanstalten von ihnen bieten, ist nur eine ärmliche Auswahl. Außerdem liest man auf jeder Lebensstufe Neues aus ihnen heraus, weil man innerlich immer weiter wächst. Auch deshalb heißen sie »Klassiker«. Ein Jahr etwa, in dem man, was die Lektüre betrifft, ausschließlich mit Goethe »gelebt« hat, wird sich immer belohnen. Hätte man statt dessen den ganzen, keineswegs verächtlichen Conrad Ferdinand Meyer oder den Engländer Galsworthy gelesen, so hätte man doch nur Teilbereiche des Geistes kennengelernt und nicht annähernd die gleiche innere Ausweitung gewonnen.

Viel schwerer ist es, geeignete Wege zur *Gegenwartsbildung* zu raten. Das Leben, das man als Zeitgenosse unmittelbar mitlebt, hat sich noch nirgendwo ausreichend literarisch niedergeschlagen. Man soll sich an der fruchtbarsten Stelle, die man erreichen kann, tätig einschalten, auch hierbei solche Sonderwege vermeiden, die schon an Absonderlichkeiten angrenzen, und sich den Blick nach möglichst vielen Seiten offen halten. Es ist wünschenswert, daß sich ein Kreis zusammenfindet, der eine *hochstehende* große Tageszeitung aufmerksam und regelmäßig verfolgt, wohl auch eine allgemein gerichtete Zeitschrift, die bereits eine ausgeprägte Physiognomie gewonnen hat. Im Augenblick sind völlig befriedigende Beispiele noch nicht zu nennen. Vermeiden sollte man es, jedes neue Buch nur deshalb zu lesen, weil es einem gerade in die Hände kommt. Denn die Zeit, die man solcher Privatlektüre widmen kann, ist spärlich und vor allem in jungen Jahren kostbar. Empfiehlt einem jemand eine Neuerscheinung, so sehe man sich erst *den* genau an, der es tut. Verfehlte Gedanken, die man aufnimmt, setzen sich leicht im Kopfe fest und sind dann nur schwer wieder auszuräumen. Durch wahllose Lektüre entsteht »Halbbildung«, eine Erscheinung, die im Zeitalter des unbegrenzten Druckenlassens nicht selten ist. Unter den Menschen des tätigen Lebens, beim Handwerker, Arbeiter, Bauern, findet man nur selten Halbbildung (meist im Gefolge planloser und unverdauter Lektüre). Einfache, wenig lesende Persönlichkeiten können eine sehr große Bildung des Herzens und Verstandes haben. Der Lehrer soll kein »Halbgebildeter« sein. Dies betone ich, weil diese Gefahr nicht immer vermieden worden ist.

II. Die Ausbildung und Weiterbildung in den eigentlich beruflichen Gegenständen des Lehrertums wird heute vor allem durch den Mangel an den erforderlichen Büchern behindert. Die Frage, was man lesen *solle*, kommt in diesem Bereich kaum zur Entwicklung, weil man selbst das Notwendigste meistens nicht erreichen kann. Es tritt aber etwas anderes hinzu. Wären nämlich auch alle die Bücher noch verfügbar, die verbrannt oder längst ausverkauft sind, so müßten wir uns doch eingestehen, daß das für die Volksschule eigentlich Fruchtbare und in höherem Sinne Zeitgemäße vielfach noch gar nicht da war. Der Traditionsbruch ist nicht nur darin zu suchen, daß die normalen Anknüpfungsmöglichkeiten an den Zustand von etwa 1930 zerstört sind, sondern noch mehr darin, daß wir da gar nicht einfach fortfahren können, wo wir aufgehört haben. In früheren Zeiten hat die jüngere Generation oft darüber geklagt, daß die Masse des schon Geformten und deshalb Geforderten sie erdrücke und daß ihr gar keine Freiheit zu eigenem schöpferischem Aufbau mehr bleibe. Diesem Übelstande ist nun abgeholfen, und es ist ein interessantes, obwohl nicht ganz schmerzloses Experiment, das die Geschichte mit uns macht, indem sie uns zuruft: »Da habt ihr nun eure Freiheit! Es ist an euch zu zeigen, was ihr könnt!«

Jeder empfindet: in einer so voraussetzungsvollen Kultur wie der des gegenwärtigen Europa steht eben doch eine Generation auf den Schultern der vorangehenden. Diese Empfindung muß um so stärker sein, als die europäische Kultur bis in ihren Wurzelgrund hinein – und nicht nur von außen! – gefährdet ist. Nach Revolutionen schwerster Art werden die Menschen immer ein bißchen konservativ, und manchmal kommt es sogar zur stumpfen Reaktion.

Es sind tragische Verkettungen der Weltgeschichte, die ich soeben berührt habe. In *diesem* Zusammenhange läßt sich dies Thema nur bezeichnen, aber nicht behandeln. Nur sollte *jeder*, vor allem jeder Volkserzieher, sich über den Sachverhalt klar sein. Und wir wünschen ihm die geistige Größe, die moralische Spannkraft, daß er vor dieser Verantwortung nicht den Mut verliere. Mir ist darum nicht bange, wenn nur nicht die Meinung störend hineinspielt: »Die deutsche Schule war die beste der Welt; das müssen wir den anderen klar machen; dann geht es wieder vorwärts wie einst.« Denn, unter uns gesagt, ist es mit dieser »besten« Schule schon eine ganze Weile her, und außerdem wissen wir, daß man den *Selbst*anpreisungen einer Firma zu mißtrauen hat. Derartiges fällt unter den Begriff der Reklame; der Lehrer aber sollte immer von dem Gefühl durchdrungen sein: »So, wie es eigentlich sein *sollte*, ist es noch nicht und kann es selbst bei ernstester Aufbietung aller Kräfte in der Schule aus tausend Gründen gar nicht werden.«

Aber ich bin etwas ins Weite geraten. Meine eigentliche Absicht war, ein paar praktische Ratschläge zu geben. Für die Seite des Unterrichtsstoffes bin ich dazu nicht in der Lage. In dieser Hinsicht sollen die Blätter, die hiermit eröffnet werden, sorgsame Ausschau halten und sich von den besten

Kennern beraten lassen. Ich will nur ein paar Bemerkungen über das nötigste Rüstzeug in der allgemeinen Pädagogik hinzufügen, und zwar indem ich ganz wenige Schriften nenne, an die man anknüpfen *kann.* Wenn andere künftig auf diesen Seiten eine andere Meinung äußern, so wird das nur fruchtbar sein.

1. Jeder Lehrer muß eine notdürftige historische Anschauung davon haben, wie das deutsche Schulwesen (nicht *nur* die Volksschule) sich zu seiner gegenwärtigen Gestalt hin entwickelt hat. Darüber gibt es ein kleines Buch von klassischer Klarheit, das allerdings auch schon 43 Jahre alt ist: *Friedrich Paulsens* Abriß: ›Das deutsche Bildungswesen in seiner geschichtlichen Entwicklung‹ (Aus Natur und Geisteswelt. 1. Aufl. Leipzig 1906).

2. Hinsichtlich der Psychologie des Kindes ist das vielseitige, schöne Buch von *William Stern,* ›Psychologie der frühen Kindheit‹, 1. Aufl. Leipzig 1914. 5. Aufl. Leipzig 1928 vorläufig leider noch unerreichbar. Aber zwei Bücher von *Oswald Kroh* waren eigens für den Volksschullehrer bestimmt und zeigen in mancher Hinsicht einen noch moderneren psychologischen Standpunkt:

a) die Psychologie des Grundschulkindes, 1. Aufl. Langensalza 1928.

b) die Psychologie der Oberstufe. 1. Aufl. Langensalza 1932.

3. Für die Hauptfragen des Unterrichts, der Schulerziehung und des inneren wie äußeren Schulaufbaues sind alle Schriften von *Georg Kerschensteiner* noch heute von förderlichster Bedeutung. Es ist damit zu rechnen, daß sie in kurzer Zeit neu erscheinen. Kerschensteiner ist der letzte eigentlich geniale Pädagoge, den wir in Deutschland gehabt haben. Das Dreigestirn Pestalozzi – Fröbel – Kerschensteiner wird die Stürme unserer Tage überdauern. Für Probleme der sittlichen Erziehung findet man bei *Friedrich Wilhelm Förster* in den Schriften seiner späteren Periode reichste Anregung.

Nachdem ich dieses »theoretisch-pädagogische Existenzminimum« bezeichnet habe, muß ich zum Schluß noch auf zwei Gefahrenpunkte aufmerksam machen, die nicht immer genug beachtet werden.

a) Die wissenschaftliche Psychologie überhaupt, also auch die des Erziehungsverfahrens, sagt *niemals*: »Hier hast du die Gesetze, nach denen unweigerlich alles in dem genannten Bereich sich vollzieht und unter die jeder Fall als ein Spezialfall einfach zu subsumieren ist.« Sondern sie sagt nur: »Auf diese und diese typischen Zusammenhänge hast du zu *achten.* Findest du Abweichungen, so frage dich, warum es wohl anders liegen mag, und vertiefe deinen psychologischen Blick immer aus der allein sehfähig machenden Kraft deiner *Liebe.*«

b) Die wissenschaftliche Pädagogik (Erziehungs- und Unterrichtslehre) ist weder eine Sammlung von sich stets bewährenden Rezepten noch ein System von unfehlbar funktionierenden Anweisungen, wie sie der Techniker aus der exakten Physik entnehmen kann. Sondern sie ist ein Ergebnis der Besinnung über ein geistig-ethisches Tun. Sie soll dich nur anregen, diese Besinnung jeden Tag selbständig fortzusetzen und dich dabei zu prüfen, ob du mit wahrer Verantwortung bei deinem Werk der Seelenweckung bist. »Solltest du aber die Erziehung unter dem Bild einer lehrbaren und lernbaren ›Technik‹ ansehen, so wäre es an der Zeit, daß du aus einem Beruf ausscheidest, für den du die inneren Voraussetzungen nicht mitbringst.«

Welche Voraussetzungen denn? – Am besten wäre die heilige Scheu, mit der du auf die Kinder zu wirken strebst, in Analogie zu Goethe in drei Ehrfurchten auszusprechen: Ehrfurcht vor dem Kinde; Ehrfurcht vor den sittlich-religiösen Werten; Ehrfurcht vor der Menschheitsbestimmung deines Volkes. Oder – in Eins zusammengezogen:

Ehrfurcht vor der Größe deines Berufes.

Zur Geschichte der deutschen Volksschule*

1949

Vorwort

Die drei in diesem kleinen Buch zusammengefaßten Aufsätze sollen einen gedrängten Überblick über die Entstehung und Entwicklung der wichtigsten deutschen Schulformen geben, nämlich derjenigen, die von seiten des Staates durch Gesetz für pflichtmäßig erklärt worden sind.

Der erste ist ein durchgesehener Abdruck aus den ›Abhandlungen der Preußischen Akademie der Wissenschaften‹, Jahrgang 1944, Philos.-hist. Klasse, Berlin 1944. Der Hauptinhalt ist unter dem Titel: ›Zur Entstehungsgeschichte der deutschen Volksschule‹ in der regulären Klassensitzung vom 6. Januar 1944 im Luftschutzkeller des Gebäudes Unter den Linden etwa 7 Mitgliedern der Akademie vorgetragen worden. Die beiden anderen Aufsätze sind zuerst in der Zeitschrift ›Die Erziehung‹, Jahrgang XIII (1938), Heft 12, und XIV (1939), Heft 2 und 10 erschienen. Der Umstand, daß die Beiträge unabhängig voneinander entstanden sind, erklärt einige Wiederholungen im zweiten; sie sind nicht beseitigt worden, weil sie für das Verständnis des Zusammenhanges unentbehrlich sind. Da die ursprünglichen Orte der Veröffentlichung nur schwer zugänglich sind, schien ein Neudruck gerechtfertigt; das Ganze kann vielleicht für verschiedene Zweige der Lehrerbildung nützlich werden.

Die Schwierigkeit solcher schulgeschichtlichen Abrisse liegt darin, daß sich

---

In der vorstehenden Abhandlung mußte vieles Altbekannte wiederholt werden, weil sie das Hauptgewicht darauf legt, die entscheidenden Linien herauszuheben. In das herrschende Gesamtbild trägt erst der 3. Teil wesentliche Änderungen hinein. »Altbekannt« ist ferner ein Stück der Wissenschaft immer nur für eine Gruppe von Fachleuten. Ich beabsichtige mit dieser Skizze, die Aufmerksamkeit auf ein Gebiet zu lenken, dessen Wichtigkeit durchweg unterschätzt wird. In den folgenden Anmerkungen erwähne ich nur ausgewählte Quellen und Darstellungen zur Sache und erläutere einzelne Sätze, denen im Text selbst nicht die erforderliche genauere Abtönung gegeben werden konnte. Einige ältere Quellenschriften blieben mir infolge der besonderen Zeitumstände für diese Darstellung unzugänglich.

* Wilhelm Flitner zum 60. Geburtstag in dankbarer Freundschaft

das Schulwesen, besonders in älterer Zeit, in den einzelnen deutschen Landesteilen ziemlich selbständig entwickelt hat. Irgend eine Hauptlinie mußte als Leitfaden gewählt werden; es lag nahe, hierfür den größten deutschen Staat, Preußen, zu wählen. Auch für dieses Land konnte die Mannigfaltigkeit der territorialen Entwicklung nicht voll ausgeschöpft werden.[1] Aber für weitere Einzelforschung sind wenigstens die Hauptanhaltspunkte gegeben worden. Natürlich kann die Tatsache, daß im Jahre 1949 weder ein Staat Preußen noch ein Deutsches Reich mehr existiert, nicht hindern, diese Namen in der historischen Darstellung beizubehalten.

In dem ersten Beitrag tritt die öffentlich-rechtliche Stellung der Volksschule, d. h. der Zusammenhang ihres Werdens mit dem jeweils maßgebenden Kirchenrecht, Staatsrecht usw., merklich zurück. Der Grund hierfür liegt nicht nur in der Absicht, gerade die geistesgeschichtliche Seite auf den kürzesten und schärfsten Ausdruck zu bringen. Ich darf darauf verweisen, daß in Anmerkung I drei ältere Schriften von mir erwähnt sind, die sich mit der Geschichte der Schulorganisation in Preußen bzw. Deutschland beschäftigen. Die Aufsatzfolge in der ›Deutschen Schule‹ Band 18 bis 20 reicht nur bis 1848. Als Ergänzung kann zum Teil die Schrift ›Fünfundzwanzig Jahre deutscher Erziehungspolitik‹ (1890 bis 1915) dienen, die zuerst Berlin 1915, in 2. Auflage 1919 erschienen ist.

Die vorliegende Sammlung gibt absichtlich nur »Umrisse«. Eine eigentliche historische Darstellung müßte anschaulichere kulturgeschichtliche Bilder zeichnen; sie würden sich dem Gedächtnis leichter einprägen und die weittragende Bedeutung einzelner Vorgänge breiter ausmalen, die hier manchmal in einen einzigen Satz zusammengezogen sind. Für die Zwecke der Lehrerbildung müßte der Dozent diese konkrete Ausführung übernehmen. Für ihn ist der umfangreiche Quellennachweis in den Anmerkungen bestimmt, mit dem nicht jeder Leser etwas wird anfangen können. Zu diesen Beigaben hat mich aber noch ein anderer Grund bestimmt.

Ich habe den Eindruck, daß die Zahl der sachverständigen Mitarbeiter auf dem Gebiete der Geschichte der Pädagogik in betrübendem Maße zusammengeschmolzen ist. Nur aus dem Bereich der allgemeinen Geistesgeschichte kommt manchmal noch eine wertvolle Monographie, die auch die Bildungsgeschichte bereichert. Das fast völlige Aussterben der Historiker der Pädagogik ist verständlich, wenn man sich erinnert, wie sehr in den älteren Forschungen oft der geistesgeschichtliche Gesichtspunkt oder – noch weiter gefaßt – der Blick für sozialgeschichtliche, wirtschaftsgeschichtliche und politische Zusammenhänge gefehlt hat. Ganz besonders aber scheint das Interesse für Schulgeschichte verschwunden zu sein, zur Rache für die maßlose Langeweile, die der Abdruck unverarbeiteter Stoffmassen in früherer Zeit verbreitet hat. Auch

[1] Mein Freund *August Gans* in Berlin hat eine Geschichte der Schulpflicht für die meisten preußischen Einzelgebiete vollendet, die leider bisher ungedruckt bleiben mußte.

dies Gebiet kann jedoch kulturhistorisch sehr fruchtbar werden. Nur muß eine entsagungsvolle Kleinarbeit an den Quellen vorangegangen sein. Ich bin mir bewußt, daß der Beitrag über die »Geschichte der Berufsschulpflicht« noch nicht weit über die erste Sichtung des Materials hinausgeht. Aber erst müssen einmal die Leitlinien gezogen sein. Der Aufsatz ist auch deshalb hier wieder abgedruckt, weil er auf Nachforschungen ruht, zu denen man sich vermutlich nicht sogleich wieder entschließen wird. Dieser Anfang könnte zu einem Gemälde entwickelt werden, in dem sich ein großes und wichtiges Stück deutscher Kulturarbeit zusammendrängt. – Letztes Ziel wäre dann eine vergleichende Bildungs- und Schulgeschichte der Kulturnationen, die auch durch die zunehmende Begegnung und Wechselwirkung der abendländischen Völker nahegelegt ist. Es ist zu beklagen, daß die Vorarbeiten, die *Walter Landé* für eine vergleichende Darstellung der Schulsysteme und des Schulrechtes unternommen hatte, infolge seines frühen Todes nicht fortgeführt worden sind. –

Endlich bemerke ich dankbar, daß die vorangestellte Widmung an *Wilhelm Flitner* den Sinn hat, zu bezeugen, daß empfangenes Wertvolles hier in bescheidener Form nur zu ihm zurückkehrt.

Tübingen, den 15. Juli 1949. Eduard Spranger.

Die Kulturhöhe, zu der ein Volk sich emporgearbeitet hat, ist nicht nach einzelnen Spitzenleistungen zu messen, sondern nach dem breiten und sicheren Fundament der allgemeinen Volksbildung, auf dem die Pyramide des sonstigen Unterrichtswesens ruht. Die Volksschule ist für jeden Staat und jedes Land von entscheidender Kulturbedeutung; ihre Entstehungsgeschichte verdient, als ein wesentliches Stück Kulturgeschichte erforscht zu werden. In ihr spiegeln sich zugleich gewisse Grundzüge des Nationalcharakters, obwohl die Frühstadien in den führenden Staaten des europäischen Kontinents typisch gleich, nur in verschiedenem Zeitmaße verlaufen sind.

Eine Geschichte der deutschen Volksschule, die den gegenwärtigen wissenschaftlichen Ansprüchen genügte, besitzen wir noch nicht. Sie würde ein höchst umfangreiches, z. T. schwer zugängliches Quellenmaterial landschaftlicher und örtlicher Herkunft zu verarbeiten haben. Eine gedrängte Übersicht über die Hauptlinien, wie sie uns bisher sichtbar geworden sind, kann den vorläufigen Wert haben, anzudeuten, worauf bei weiterer Einzelforschung zu achten wäre. Die folgende Darstellung wird ihre Beispiele hauptsächlich aus den nord- und mitteldeutschen protestantischen Territorien wählen; in katholischen Gebieten ist die Entwicklung teilweise anders gegangen.[1]

[1] Mit Hochachtung und Dankbarkeit verdient dauernd das große Werk genannt zu werden, das sich die Aufgabe einer Geschichte der deutschen Volksschule zum ersten

Male gestellt hat und vielfach schon die Stufe der Materialsammlung überschritten hat: Heinrich Heppe, Geschichte des deutschen Volksschulwesens. 5 Bde. Gotha 1858 bis 1860. Der erste Band enthält eine allgemeine Darstellung; die anderen behandeln einzelne Territorien. – Eduard Keller, Geschichte des preußischen Volksschulwesens. Berlin 1873. – Heinrich Philipp Ferdinand Sander, Geschichte der Volksschule, besonders in Deutschland. In: Karl Adolf Schmid, Geschichte der Erziehung von Anfang an bis auf unsere Zeit. Bd 5. Abt. 3. Stuttgart und Berlin 1902. – Wilhelm Harnisch, Der jetzige Standpunkt des gesamten Preußischen Volksschulwesens, historisch nachgewiesen. Leipzig 1844. – Wilhelm Thilo, Preußisches Volksschulwesen nach Geschichte und Statistik. Gotha 1867. Auch in: K. A. Schmid, Encyklopädie des gesamten Erziehungs- und Unterrichtswesens. 2. Aufl., fortgeführt von K. Schneider. Leipzig 1885. Bd 6. S. 272–387. – Eugen Schmid, Geschichte des Volksschulwesens in Altwürttemberg. Stuttgart 1927. – Derselbe, Geschichte des Württembergischen evangelischen Volksschulwesens von 1806–1910. Stuttgart 1933. – Herbert Freudenthal, Die deutsche Volksschule. Langensalza 1938. – Dem Gegenstand nach verwandt ist das Buch von Konrad Fischer, Geschichte des deutschen Volksschullehrerstandes. 2 Bde. 2. Aufl. Hannover und Berlin 1898 (materialreich, aber ohne Ursprungsnachweise). Die wichtigsten Sammlungen von Schulordnungen und Gesetzen sind: Reinhold Vormbaum, Evangelische Schulordnungen. 3 Bde. Gütersloh 1860–1864. (Für die ältere Zeit sind jedoch die Sammlungen von Kirchenordnungen, die Aemilius Ludwig Richter, Max Sehling u. a. veranstaltet haben, mit heranzuziehen.) – Johann Ferdinand Neigebaur, Das Volks-Schulwesen in den Preußischen Staaten. Eine Zusammenstellung der Verordnungen, welche den Elementar-Unterricht der Jugend betreffen. Berlin 1834. – Ludwig von Rönne, Das Unterrichtswesen des Preußischen Staates (= Die Verfassung und Verwaltung des Preußischen Staates. 8. Teil. 2. Bd: Das Unterrichtswesen. 2 Bde, Berlin 1855; der 1. Band betrifft das Volksschulwesen. – Karl Schneider und Egon v. Bremen, Das Volksschulwesen im preußischen Staat. 3 Bde. Berlin 1886 f. – Walter Landé, Preußisches Schulrecht. Kommentar. 2 Halbbde. Berlin 1933. – M. Th. Eisenlohr, Sammlung der Württembergischen Schulgesetze (= Vollständige, historisch und kritisch bearbeitete Sammlung der Württembergischen Gesetze. Hrsg. v. August Ludwig Reyscher. Bd 11. 1. Abt.). Tübingen 1839.

Unter den gegenwärtig Lebenden hat die eingehendsten Forschungen zur Geschichte des deutschen Volksschulwesens Gunnar Thiele unternommen. Ich zitiere im folgenden seine Schriften unter der Bezeichnung Thiele I, II usw. – I. Die Organisation des Volksschul- und Seminarwesens in Preußen 1809–1812. Mit besonderer Berücksichtigung der Wirksamkeit Ludwig Natorps. (= Sammlung von Abhandlungen aus dem Gebiet der wissenschaftlichen Pädagogik. Hrsg. v. Eduard Spranger. I. Abhandlung. Leipzig 1912.) – II. Geschichte der Preußischen Lehrerseminare. I. Teil. Berlin 1938 (= Monumenta Germaniae Paedagogica, Bd 62). – III. Zur Entstehung der deutschen Volksschule. In: Zeitschrift für Geschichte der Erziehung und des Unterrichts. Jg. 28. 1938. S. 185–205. – IV. Das zünftige Schulwesen im alten Lübeck. In: Mitteilungen des Vereins für Lübeckische Geschichte und Altertumskunde. H. 15. 1929–1940. S. 201–229. – V. Neudruck von: Süverns Unterrichtsgesetzentwurf vom Jahre 1819. Leipzig 1913.

Von eigenen Schriften erwähne ich: Eduard Spranger, I. Der Zusammenhang von Politik und Pädagogik in der Neuzeit (Umrisse zu einer Geschichte der deutschen Schulgesetzgebung und Schulverfassung). In: Die Deutsche Schule. Jg. 18. 1914. S. 13 bis 21, 73–80, 152–161, 290–299, 356–366, 424–430, 559–565; Jg. 19. 1915. S. 225

Von einer Volksschule im eigentlichen Sinne kann erst die Rede sein, seitdem es ein Volk ohne streng gegeneinander abgeschlossene Stände gibt, d. h., seitdem die rechtlichen Schranken zwischen den alten Volksschichten Adel, Bürgertum und Bauerntum gefallen sind und an ihre Stelle ein vor der Rechtsordnung gleiches Staatsbürgertum getreten ist, also in Preußen seit 1807/15. Der Name Volksschule hat sich auch dann nicht sofort eingebürgert. Ein Provinzialgesetz vom 11. Dezember 1845 führt noch den Titel: ›Schulordnung für die Elementarschulen der Provinz Preußen‹. Die Nivellierung der ständischen Gesellschaftsordnung hat der Volksschule zwar den vielsagenden Namen und einen neuen Sinn gegeben, hat sie aber nicht geschaffen. Eine lange Vorgeschichte muß ins Auge gefaßt werden unter dem besonderen Gesichtspunkt, welche Schuleinrichtungen als *Vorformen* der Volksschule gelten dürfen. Dazu wieder ist es nötig, im voraus die Merkmale festzulegen, die erfüllt sein müssen, damit wir es mit einer Volksschule in strenger Bedeutung zu tun haben. Ich stelle folgende vier Bedingungen auf:

1. Die Volksschule ist eine öffentliche Einrichtung, in Deutschland eine Sache örtlicher Gemeinden (bzw. besonderer »Schulsozietäten«) unter Aufsicht – oft auch gemäß Gesetz – des Staates.

2. Sie ist in *dem* Sinne allgemeinverbindlich für alle Kinder des Volkes, ohne Ansehen von Geburtsstand, Berufsstand und Besitzstand der Erziehungsberechtigten, daß ihr Besuch für eine festgelegte Anzahl von Jahren vom Staat erzwungen werden kann, falls dieser nicht gleichwertige oder höherwertige Einrichtungen als Ersatz anerkennt. (Die Volksschule ist grundsätzlich Pflichtschule.)

3. Die Volksschule beruht auf der Muttersprache ihrer Zöglinge; die besonderen Verhältnisse in gemischtsprachigen Gegenden bleiben hier außer Betracht.

4. Die Volksschule gibt im wesentlichen eine allgemein grundlegende Bildung, noch ohne Rücksicht auf Berufsverzweigungen.

Ein fünftes Merkmal, das man hinzuzufügen versucht sein könnte: die Unentgeltlichkeit des Unterrichtes, gehört nicht zum Wesenskern. Überhaupt ist keine der aufgeführten Bestimmungen ganz unbestritten; um jede ist gekämpft worden und wird zum Teil heute noch gekämpft. Um nur eines zu erwähnen: es gibt Volksgruppen, in denen lange Zeit die Kir-

---

bis 233, 283–293, 355–366, 430–439, 690–701, 748–759; Jg. 20. 1916. S. 204–216; [Schluß nicht erschienen]. – II. Wilhelm v. Humboldt und die Reform des Bildungswesens (= Die Großen Erzieher. 4.), Berlin 1910. – III. Die wissenschaftlichen Grundlagen der Schulverfassungslehre und Schulpolitik. Abhandlungen der Preuß. Akad. der Wiss., Phil.-hist. Kl. 1927, 3. Berlin 1928.

che als nationale, staatsvertretende Organisation fungiert und auch das Volksschulwesen verwaltet hat. Die Aufzählung hat also nur den Wert festzulegen, was hier unter der Volksschule in ihrer reifen Gestalt verstanden werden *soll.*

Geistesgeschichtlich liegt das Hauptinteresse auf den Bildungsstoffen, die sich schon in den Vorformen der Volksschule durchgesetzt haben. Wilhelm *Flitner* hat neuerdings in einem gedankenreichen kleinen Buch: ›Die vier Quellen des Volksschulgedankens‹ (Hamburg 1941) gezeigt, daß jedes Fach, das in die Elementarschule aufgenommen worden ist, die Ablagerung einer geistigen Bewegung des großen Kulturlebens darstellt.[2] Roh gesagt: jedes Fach oder jede in sich zusammenhängende Fächergrupe repräsentiert die Leistung eines Jahrhunderts. Zugleich wandelt sich natürlich in jeder Epoche der öffentlich-rechtliche Charakter der Volksschule, und jede führt näher an die Entstehung eines eigenen Volksschullehrerstandes heran. Die ausführliche Behandlung dieser Seiten des Gesamtprozesses würde den Rahmen einer kurzen Übersicht sprengen. Beschränkt man sich auf das Hauptthema: die allmähliche Aufschichtung von Bildungsgütern, so ist aber auch auf den Vorgang der *Wiederausscheidung* bereits aufgenommener Bildungsziele zu achten. Eine wichtige Bewegung dieser Art werde ich beim Übergang vom 18. zum 19. Jahrhundert zu erörtern haben: die Ökonomisierung der Volksschule, die unmittelbar vor ihrem Reifestadium wieder rückgängig gemacht worden ist. Sie ergreift zwar nur einige Zweige der werdenden Elementarschule, vorzugsweise die Armenschule. Diese aber, die um rund 1700 auftritt, muß man im Gesamtstammbaum als einen wichtigen Neuansatz bewerten.

Wenn im folgenden Schulformen mit ganz anderen Namen und nur teilweise gleicher Zweckbestimmung zu der künftigen Volksschule in Beziehung gesetzt werden, so gibt die ganze Darstellung ein Beispiel für die Anwendung des Entwicklungsgedankens auf das historische Gebiet, deren Recht Erich Brandenburg kürzlich in Frage gestellt hat. Ein Gesamtprozeß – hier die Entstehung von Elementarschulen – wird unter den Gesichtspunkt gerückt, *als ob* die Richtung auf eine grundlegend-allgemeinbildende Pflichtanstalt von vornherein sein Ziel gewesen sei. Dem Historiker muß es erlaubt sein, solche Linien zu ziehen. Andernfalls würde er in einen bloßen Bericht über vereinzelte Taten und Leistungen zurücksinken. Seine Aufgabe aber ist es, sinnvolle Verknüpfungen herzustellen. Das Prinzip der Entwicklung gehört zu seinen unentbehrlichen Deutungskategorien. Selten

---

[2] Soeben erscheint eine Neufassung: Wilhelm Flitner, Die vier Quellen des Volksschulgedankens. Hamburg-Wandsbek 1949.

ist das Ziel einer solchen Entwicklung im Bewußtsein der beteiligten Generationen gegenwärtig gewesen; ja nicht einmal von einem dunklen Drang daraufhin darf in unserem Falle die Rede sein, so wenig, wie etwa der Große Kurfürst die Ahnung von dem Deutschen Reich Bismarcks in sich getragen haben kann. Aber der Erforscher der Geschichte ist immer in einigem Grade auch Deuter von Geschichtsverläufen: er gibt den Geschehnissen eine tieferliegende Sinnverknüpfung. Einer künftigen, noch weiter blickenden Generation mag es als notwendig erscheinen, solche Sinngebungen zu widerrufen. Ohne sie geht es nicht ab. Und so dürfen denn auch wir von einer »Entwicklung der Volksschule« reden, in die ganz anders benannte Vorformen als sinnvoll auf das Resultat bezogen einzuordnen sind.[3]

I

Die Volksschule ruht auf der Muttersprache. Ihre früheste Vorform erscheint dort, wo der Lateinschule zum ersten Male eine »deutsche« Schule zur Seite tritt, d. h. eine Schule, die weder der Ausbildung des Klerus noch gelehrten Zwecken, sondern dem Bedürfnis des praktischen Lebens dient. In größeren Handelsstädten, besonders der Hansa, zum Beispiel in Lübeck, begegnen uns seit etwa 1320 sogenannte »Deutsche Schreib- und Leseschulen«. Der Kaufmann mußte mindestens deutsche Briefe schreiben und lesen können; die Einrichtung wendet sich also zunächst an eine gehobene Schicht. Ob die Gründung ursprünglich aus Privatinitiative oder aus Maßnahmen des städtischen Rates erfolgt ist, vermag man heute noch nicht zu entscheiden. Vermutlich sind schreibkundige Privatunternehmer, darunter niedere Kleriker und Stadtschreiber, vorangegangen. Die Kirche selbst scheint sich nur soweit um die neue Einrichtung gekümmert zu haben, als ihr Monopol auf Verleihung von Schulen dadurch bedroht wurde. Um diese Zeit hatte aber der Rat der Stadt schon mannigfach von sich aus Lateinschulen ins Leben gerufen, die auch wegen der Singechöre erwünscht waren. Altem Herkommen gemäß wurden sie dann doch wohl oft an kirchliche Parochien angeschlossen. In Lübeck geschah dies auch noch mit den vier deutschen Schreib- und Leseschulen, die bald nach 1317 vom Rat begründet wurden. Diese Schulen haben schon eine Art von öffentlichem Charakter. In der Regel aber wird der Vorgang so verlaufen sein, daß

[3] Erich Brandenburg, Der Begriff der Entwicklung und seine Anwendung auf die Geschichte. Berichte über die Verhandlungen der Sächs. Akad. der Wiss., Phil.-hist. Klasse, 93. Leipzig 1941. – Vgl. Friedrich Meinecke, Ein Wort über geschichtliche Entwicklung. In: Geistige Gestalten und Probleme. Festschrift zum 60. Geburtstag von Eduard Spranger. Leipzig 1942.

Privatunternehmer den Anfang machten, dann erst der Rat die Anstellung und Konzessionserteilung beansprucht hat. Denn das Schulehalten galt als ein nutzbares Recht, das die kirchliche oder weltliche Obrigkeit zu verleihen hätte. Wo diese Konzession nicht nachgesucht oder nicht gewährt wurde, entstand das viel bekämpfte, aber nie ausgerottete Gebilde der Winkelschule. An Schulmeisterzünfte ist im Mittelalter noch nicht zu denken. Der Rechenunterricht war anfangs die Sache besonderer Lehrmeister, die vielleicht mit der städtischen Finanzverwaltung in Verbindung standen; allmählich wurde er in die Schreib- und Leseschulen mit aufgenommen. Diese waren ein Erzeugnis des städtischen Lebens. Nur selten und spät werden sie auch auf Flecken und Dörfer übergegriffen haben, wie anscheinend in Württemberg schon vor der Reformation. Der Geist, aus dem sie hervorgingen, war utilitarisch-beruflich. Religionsunterricht gehörte im Mittelalter nicht zu den Unterrichtsgegenständen der »deutschen« Schule; gelegentlich wird »Zucht und Ehrbarkeit« als Ziel mitgenannt. Soweit die Kirche schon einen religiösen Laienunterricht durchführte, trug er nicht den Charakter einer Schule.[4]

Auch die »deutsche« Jungfrauenschule tritt schon in den Städten des Mittelalters auf und wird von den Reformatoren gebilligt. Sie wird sich

[4] Wichtige Quellen bei Johannes Müller, Vor- und frühreformatorische Schulordnungen und Schulverträge in deutscher und niederländischer Sprache (= Sammlung selten gewordener pädagogischer Schriften früherer Zeiten. Hrsg. v. August Israel und Johannes Müller. H. 12 und 13). Zschopau 1885/6. – Derselbe: Quellenschriften und Geschichte des deutschsprachlichen Unterrichts (= C. Kehr, Geschichte der Methodik des deutschen Volksschulunterrichts. Bd 4), Gotha 1882. – Zusammenfassende Darstellung: Eva Hesselbach, Die »deutsche« Schule im Mittelalter. In: Zeitschrift für Geschichte der Erziehung und des Unterrichts. Jg. 10. Berlin 1920. (Daselbst weitere Literatur.) – Die *Vermutung*, daß es in Württemberg auch in den Flecken *vor* der Reformation deutsche Schulen gegeben habe, beruht auf dem Satz der Württembergischen Kirchenordnung von 1559: »Als auch gemeiniglichen die Flecken unseres Fürstentumes die teutschen Schulen bei ihnen zu verleihen gehabt, wollen wir ihnen solches nochmalen zulassen und diese ihre alten Gerechtsame nicht entziehen.« Vormbaum a.a.O. I. S. 162. In Tübingen wird zum ersten Mal 1482 ein »tütscher« Schulmeister erwähnt. – Georg Mertz, Das Schulwesen der deutschen Reformation im 16. Jahrhundert, Heidelberg 1902, S. 184, behauptet nicht ohne Recht, daß man die gehobenen deutschen Schreibschulen, die sogen. Modistenschulen, auch als eine Vorform der späteren Realschulen betrachten dürfe. – Über die *späte* Aufnahme des Rechnens vgl. August Gans, Das ökonomische Motiv in der preußischen Pädagogik des 18. Jahrhunderts. Halle 1930. S. 17. – Die von Wilhelm Kahl, Zur Geschichte der Schulaufsicht, Leipzig 1913, herangezogene Brüsseler Schulordnung von 1320 (vgl. J. Müller, a.a.O. H. 1. S. 5 ff.) gehört zu dem im Text später erwähnten Typus der »Vorschule« und führt noch bis zum Donatus, d. h. bis zu den Elementen des Lateinischen heran.

aber nur an gehobene Kreise gewandt haben und bedeutet insofern eher eine bescheidenste Vorform der höheren Töchterschule als der eigentlichen Volksschule.[5]

Eine zweite Wurzel der Volksschule ist die religiöse Kinderlehre des Reformationsjahrhunderts, die anfangs nur ein Stück der religiösen Laienunterweisung überhaupt war. Die Grundlagen dafür mußten erst in der deutschen Bibelübersetzung, den Katechismen und dem Gesangbuch geschaffen werden. Das »Informationswerk« für Erwachsene schloß sich aus praktischen Gründen an den Sonntagsgottesdienst an. Es kann nicht als eigentliche Schule bezeichnet werden. Ob die Sonntagsschule, die sich in einigen Gegenden bis ins 19., ja ins 20. Jahrhundert erhalten hat und ursprünglich nur religiösen Wiederholungsunterricht bezweckte, mit diesen frühen Anfängen wirklich in Kontinuität steht, bleibt noch zu untersuchen; vielleicht ist sie eine Neuschöpfung der pietistischen Zeit.[6]

Die Forderung einer *allgemeinen* religiösen Volkserziehung bildete einen Kernpunkt im Programm der Reformatoren. Ganz im Anfang aber fehlte es an den Lehrkräften und an den deutschen Büchern hierfür. Wenn Luther (1524) an die Ratsherren schreibt, daß sie Schulen errichten sollten, und wenn er davon predigt, daß man die Kinder zur Schule halten solle, so ist in diesen Zusammenhängen immer an gelehrte Schulen gedacht; denn die neue religiös-politische Bewegung brauchte gebildete Leute, die »geistlich und weltlich regieren« könnten. Diese mußten natürlich in Lateinschulen vorgebildet werden.[7]

Den elementaren religiösen Volksunterricht sollten eigentlich die Pfarrer erteilen. Zu ihrer Entlastung zogen sie die Küster heran. Der Küster mußte also ein Schulmeister werden, was er *vor* der Reformation anscheinend nicht gewesen ist und auch nur ganz allmählich im 16. Jahrhundert geworden ist. Er mußte selbst schreiben und lesen können, um die Jugend darin zu unterrichten. Mindestens das Lesen wurde jetzt allgemein auch für Laien belangvoll, da sie zu den religiösen Grundbüchern: Bibelübersetzung, Katechismus und Gesangbuch, wohl auch zu Streitschriften, selbständigen Zugang haben sollten. Das Ziel wurde in der zweiten Hälfte des Reforma-

---

[5] Vgl. E. Hesselbach, a.a.O. S. 18; G. Thiele, a.a.O. III. S. 193 ff.; G. Mertz, a.a.O. S. 175 ff. – Friedrich Wienecke, Die Begründung der evangelischen Volksschule in der Kurmark und ihre Entwicklung bis zum Tode König Friedrichs I. 1540–1713. In: Zeitschrift für Geschichte der Erziehung und des Unterrichts. Jg. 3. 1913. S. 33 ff.

[6] Heppe, a.a.O. I. S. 224 ff.; III. S. 152.

[7] Vgl. Robert Trögel, Ist Luther der Schöpfer der deutschen Volksschule? In: Die Deutsche Schule Jg. 21. 1917. S. 513–532. Ferner: ders., Entstehung und Wandlung eines pädagogischen Schlagwortes. In: Die Deutsche Schule. Jg. 26. 1922. S. 8–19, 55–67.

tionsjahrhunderts um so wichtiger, als politisch alles von der Bewahrung der »reinen Lehre« abhing, der Katechismus also auch die staatliche Gesinnung normierte. Die in dieser Epoche neu entstehende »Küsterschule«, in der die Religion, Kirchengesang, Lesen und Schreiben notdürftig gelehrt wurden, hatte ihren Hauptboden auf dem Lande, wo es bisher kaum »deutsche« Schulen gegeben hatte. Aber auch in den Städten entstanden solche primär religiösen Küsterschulen.[8]

Zwischen den beiden bisher erwähnten Wurzeln der Volksschule vollzog sich langsam folgender Ausgleich: Die ursprünglich religiöse *»Küster«*-Schule, vorwiegend auf dem Lande, nimmt zur Religion und zum Kirchengesang die weltlichen Elementargegenstände des Lesens, Schreibens und womöglich des Rechnens in sich auf. Die profane »deutsche« Schule in den Städten wird unter dem Einfluß der Reformation verpflichtet, auch für religiöse Unterweisung zu sorgen. Der vom Rat bestellte oder konzessionierte »deutsche *Schulmeister*« mußte von jetzt an die Christenlehre mit zu seinen Aufgaben zählen. Diese Leistung fiel aber nicht mehr unter das übliche Schulgeld, sondern er erhielt dafür besondere Geschenke aus dem gemeinen Kasten der Stadt, das heißt aus der Ratskasse. Mit einer kurzen Formel:

---

[8] Die Entwicklung der Küsterschulen mit Lesen und Schreiben ist außerordentlich langsam vor sich gegangen. Thilo a.a.O. behauptet, daß in der Kurmark erst unter dem Großen Kurfürsten Landschulen dieser Art gegründet worden seien. Wienecke a.a.O. S. 24 weist auf die große Bedeutung der Kirchenvisitation von 1600 für die Verpflichtung der Küster zum Schulehalten hin. G. Mertz überschätzt, was in der Reformationszeit selbst schon geleistet worden ist. Anfangs erfolgte die Christenlehre der Küster durch Vorsprechen des Katechismus und Nachsprechen von seiten der Kinder, also ohne eigenes Lesen. Noch 1571 zweifelt die Lippesche Kirchenordnung (Vornbaum a.a.O. I. S. 225), ob man überall Küster finden werde, die genug lesen und schreiben können: »Dazu denn die Superintendenten auf den Visitationibus entweder fromme gottesfürchtige und im Schreiben und Lesen geübte Küsters, oder, wo man der nicht gemächtigt und haben kann, andere verständige und friedsame Gesellen erwählen und bestellen sollen.« Die Niedersächsische Schulordnung von 1585 (Vormbaum a.a.O. I. S. 396) behandelt die Dorfschulen in einem kurzen Anhang so, als ob noch wenig für sie geschehen sei, und legt dem Küster oder Pastor und ihren Frauen die Aufgabe noch einmal ans Herz. – Die große Württembergische Schulordnung von 1559 erwähnt Fälle, wo »der teutschen Schule die Meßnerei anhinge«. Diese Wendung sowie der Schluß der ganzen Ordnung deuten darauf hin, daß die Trennung zwischen dem »deutschen Schulmeister«, der gegen Schulgeld Lesen, Schreiben (und Rechnen?) lehrte, und dem »Küster«, der nur mündlich die Christenlehre trieb, noch als Normalfall galt; nur werden jetzt die Schulmeister verpflichtet, auch mit denjenigen Kindern, die nicht ihre Schüler sind, den Katechismus und Gemeindegesang zu üben. Dies wird gleichsam ihr *öffentlicher* Auftrag. (Vormbaum a.a.O. I. S. 162 ff.)

der Küster wird ein Schulmeister, und der Schulmeister wird auch Katechet. In Lübeck sind die beiden Typen der Elementarschule, von deren allmählicher Verschmelzung hier die Rede ist (die »deutschen Schreibschulen« und die »Bet- und Leseschulen«), noch bis ins 19. Jahrhundert hinein zu unterscheiden.[9]

Zwei Fächergruppen sind also in der Vorform der Volksschule, die sich im 16. Jahrhundert herausbildete und mindestens dem religiösen Postulat nach »allgemein« werden sollte, bereits enthalten: als weltliches Bildungsgut Lesen, Schreiben, Rechnen; als religiöses die Christenlehre und der Kirchengesang. In den Übungsstoffen überwiegt gemäß dem Gesamtgeist wie der kirchenpolitischen Grundtendenz der Epoche das religiöse Gut. Die Schulordnungen treten immer als Teile der Kirchenordnungen auf, da die Schule als corpus ecclesiae evangelicae annexum gilt; aber die Gesamtregelung ist doch schon ein (durch ihre Christenpflicht geforderter) Hoheitsakt der Landesobrigkeit. Johannes Bugenhagen, der hauptsächlich in den Gebieten der alten Hansa reformiert hat, findet dort bereits ein weltliches »deutsches« Schulwesen vor und berücksichtigt es eingehender, als es anderwärts geschah. Er darf daher unter den Reformatoren der eigentliche Erzvater der deutschen Volksschule genannt werden.

Endlich ist noch eine dritte, schon aus der vorreformatorischen Zeit stammende Wurzel der Volksschule zu beachten. Auch die alte Lateinschule mußte ja den untersten »Haufen« zunächst im Lesen und Schreiben unterrichten, ehe die lateinische Lektüre mit Donat und Cato beginnen konnte. Für diese Fibellisten oder Abecedarii gab es zu Melanchthons Zeit schon ein deutsches Hilfsmittel: ›Der Kinder Handbüchlein‹. Je mehr sich das Bedürfnis nach solchem Elementarunterricht ausdehnte, um so mehr wurde die Anfangsklasse als eine Art von »deutscher« Schule mitbenutzt. Manche Städte legten auch Gewicht darauf, daß nur *eine* Schule besteht, wie Zwikkau 1523. – Dies ist die Keimzelle der sogenannten Vorschule, die bis in unser Jahrhundert hinein in organischer Verbindung mit den höheren Schulen bestanden hat. Im 17. Jahrhundert hat sich diese Einrichtung weiter ausgewachsen, so daß man ausdrücklich von den »deutschen Klassen« des Gymnasiums sprach. Sie bedeutet natürlich nur die Ausnützung der gelehrten Schule für ihr wesensfremde Zwecke. Solange es aber an einer

[9] Auch F. Wienecke, a.a.O. S. 42 f. unterscheidet für die Kurmark am Anfang des 17. Jahrhunderts noch städtische Elementarschulen (die alten »deutschen« Schulen) und städtische Küsterschulen. – Thiele a.a.O. IV.

ausreichenden Zahl von selbständigen Elementarschulen fehlte, fungierte auch sie als eine Vorform der späteren Volksschule.[10]

II

Das 17. Jahrhundert zeigt auch in der Geschichte der Bildungsformen den Januskopf des Barock. Diesseits und Jenseits neigen sich zueinander; man sucht die Ehre Gottes, aber man sucht sie durch die Pracht der Welt. Das Irdische wölbt sich empor bis zu dem Himmel, den man gleichsam geöffnet sieht. Die allgemeine Volksbildung nimmt in diesem Stufenbau einen sehr bescheidenen Rang ein. Die Obrigkeit, die ebensosehr für das Seelenheil wie für das weltliche Heil der ständisch gegliederten Untertanenschaft zu sorgen die Pflicht fühlt, hat noch viel dringendere Aufgaben zur inneren und äußeren Festigung des Staates zu erfüllen, als Schulen zu gründen. Das Kirchenregiment wird mehr und mehr als ein rein politisches Landeshoheitsrecht aufgefaßt. Die niedere Schule gilt zwar noch immer als besonderer Schützling der Kirche und hat sie zur nächsten Aufsichtsinstanz. Aber der Einfluß des Staates auf die Schule verstärkt sich, auch dadurch, daß er sich die lokalen Feudalherren (Gerichtsobrigkeiten) völlig unterwirft. Die adligen Patrone (wie in den Städten der Rat) bewahren jedoch ebenfalls ihre Rechte an die Schule, da sie ja in erheblichem Umfang Mitträger der Schullasten sind. Überall sind die öffentlich-rechtlichen Verhältnisse der werdenden Volksschule noch sehr ungeklärt; denn das Gebäude des absolutistischen Staates ist noch unfertig. Man muß daher durchweg auf den Zusammenhang zwischen Behördenorganisation und Schulregiment achten. Einen Musterfall dafür bietet das kleine Territorium Herzog Ernsts des Frommen von Gotha.

Die Leistung des ganzen Jahrhunderts für die Volksschule ist hoch genug bewertet, wenn man feststellt: das *Interesse* des Landesherrn für die Bildung des niederen Volkes erwacht in dieser Epoche. Das äußere Anzeichen dafür ist die grundsätzliche Proklamierung der *Schulpflicht* von seiten des Staates, an Stelle der bloßen Vermahnungen der Kirche, die Kinder zur Schule zu schicken. Von den beiden kulturpolitischen Programmpunkten Luthers: der gelehrten Spitzenbildung und der allgemeinen christlichen Laienunterweisung, empfängt der zweite jetzt ein stärkeres Gewicht, weil

---

[10] Bekanntlich hat Luther noch geschwankt, ob nicht überhaupt ein allgemeiner lateinischer Volksunterricht wünschenswert sei. Vgl. Mertz, S. 174 ff. 359. – Zu dem »Vorschultypus« vgl. die Pommersche Kirchenordnung von 1563, Vormbaum a.a.O. I. S. 177. Otto Clemen, Die älteste Zwickauer Schulordnung 1523. Faksimiledruck zur 725jahrfeier des Zwickauer Gymnasiums. S. 14. Über Stralsund Mertz, a.a.O. S. 176.

das religiöse Motiv durch das weltliche, staatswirtschaftliche, unterstützt wird.

In der gesamten Geschichte der Pädagogik darf man den weiten Abstand zwischen den Forderungen der Theorie und der langsam nachhinkenden praktischen Verwirklichung nicht aus dem Auge verlieren. Die Männer, die den Regenten des 17. Jahrhunderts die Sorge für die niedere Volksbildung empfehlen, erinnern z. T. noch stark an die Alchimisten, die Reichtümer hervorzuzaubern versprachen. Wolfgang Ratke, der sich als Vollstrecker der pädagogischen Pläne Luthers fühlte, hat seine Methode als eine Geheimkunst behandelt. Sie erstreckte sich noch vorwiegend auf die *Sprach*lehrkunst. Sein Verdienst bleibt der Hinweis, daß man mit der deutschen Sprache anfangen müsse und daß auch diese nach den Regeln der Grammatik zu lehren sei. Johann Amos Comenius war eine viel ernstere religiöse Natur. Aber sein Programm, »alle alles zu lehren«, trägt noch stark die Züge einer mystischen Spekulation. Dies gilt auch von seiner Einteilung der Schulstufen in 4 × 6 Jahrgänge: die Mutterschule, die Muttersprachschule, die Lateinschule und die Akademie. Die 2. Stufe, schola vernacula, entspricht unserer Volksschule und ist für das 7.–12. Lebensjahr bestimmt. Sie bedeutet immerhin die großzügige Vorwegnahme der sozialen Idee einer Schule für *alle* Kinder, ohne Unterschied des Standes. Das alles blieb noch in weitumspannende religiöse, ja eschatologische Weltdeutungen eingehüllt. Denn die Pansophie sollte zur Gottebenbildlichkeit führen; außerdem sollte das verbindende Allwissen von Gottes Welt der Wiedervereinigung der Bekenntnisse dienen. Dieser Unionsgedanke, der auch bei der Gründung der Akademien im 17. Jahrhundert vielfach mitgespielt hat, läßt die große Gestalt von Leibniz am Horizont erscheinen. Staatsmänner wie Richelieu und Oxenstierna haben aufgehorcht, als Comenius mit seiner Didaktik so große Dinge zu vollbringen versprach. Im theologischen Gewande kündigt sich schon das Vordringen einer modernen Weltlichkeit an: Wissen dient zum Ruhme Gottes, wird aber auch als Machtmittel bewertet.

Es sind vor allem vier Punkte, an denen die Leistung des Jahrhunderts für die werdende Volksschule sichtbar wird: 1. Die wichtigste ist die Erklärung der *allgemeinen Schulpflicht* durch den Staat. Sie kommt allerdings immer noch zu früh, weil man in den meisten Territorien mit der Schulgründung und der Regelung der Schulunterhaltungspflicht im Rückstande ist. 2. Die *deutsche Sprache* erwacht zu stärkerem Eigenleben und setzt sich mindestens für elementares Wissen als geeignetes Ausdrucksmittel durch. 3. In innerem Zusammenhang mit den tiefgehenden Bemühungen der Zeit um die Methode der Wissensfindung, sei es im Stile des Descartes oder

Bacos, entwickelt sich zum ersten Male auch das Nachdenken über die Methode der Wissensübermittlung: eine *Didaktik* als Theorie der Lehrkunst entsteht. 4. Die moderne Sachforschung tritt auch in den Schulen zaghaft neben den Betrieb der alten Sprachen: der *Realismus* beginnt seinen langen Kampf mit der bloßen Wissenstradition und dem Verbalismus.

Jene weitblickenden Plänemacher, unter denen sich auch die ersten deutschen Merkantilisten, wie Johann Joachim Becher (1635–1682), und die ersten deutschen Naturforscher vom Erfahrungsstandpunkt aus, wie Joachim Junge (1587–1657), befinden, ahnen bereits, daß das alles dem Glanz und Gedeihen des weltlichen Regimentes zugute kommen kann. Es ist die Blütezeit der Staatsromane und Utopien. Mitten im Dreißigjährigen Kriege regt sich schon dies zukunftreiche Wollen; man empfängt das tröstliche Bild, daß selbst in der Zerstörung Keime frischen Werdens sprießen.

In zwei thüringischen Fürstentümern tritt der neue pädagogische Geist am kräftigsten zutage: in Weimar unter dem führenden Einfluß von Johannes Kromayer (1576–1643), in Gotha, wo 1640 Herzog Ernst der Fromme zur Regierung kam, unter dem von Andreas Reyher (1601–1673). Ihre Schulordnungen hängen zwar noch mit Kirchenvisitationen und -verbesserungen zusammen, sind aber nicht mehr Teile einer landesherrlichen Kirchenordnung, sondern bezeichnen sich als Methodi, das heißt als methodische Anweisungen im Sinne Ratkes. Kromayer hat schon 1614 einen solchen Methodus (man weiß damals nicht, daß das griechische Wort eigentlich feminimum ist) vorwiegend für das Gymnasium der *Stadt Weimar* verfaßt, in dem die deutsche Elementarschule nur nach dem Typus der »Vorschule« berücksichtigt wird. Der erste Satz von Teil I, cap. 2 lautet hier: »Wenn ein Knabe sechs oder sieben Jahre alt wird, soll man ihn in die teutsche Schule tun, welche auf den Dörfern bei den Kirchendienern, in den Städten aber in der untersten Klasse der örtlichen Schulen gehalten werden soll.«[11] Berühmter ist Kromayers ›Bericht vom neuen Methodo‹ von 1619 geworden, der speziell die deutschen Klassen und die unterste Lateinklasse betrifft.[12] Hier ist im ersten Satz das Prinzip der Schulpflicht zuerst ausgesprochen, freilich mit dem vernünftigen Vorbehalt »so viel möglich«. Denn es fehlte noch in vielen Dörfern an einer Schule, und die Kinder schienen in der Landwirtschaft, mindestens als Hütekinder, nicht zu entbehren: »Es sollen, so viel möglich, alle Kinder, Knaben und Mägdlein, mit allem Ernst zur Schule gehalten werden, damit sie je zum wenigsten,

[11] Ludwig Weniger, Johannes Kromayers Weimarische Schulordnungen von 1614 und 1617. (= Wiss. Beilage zu den Jahresberichten des Weimarischen Gymnasiums von 1900 und 1901.) Weimar 1900. S. 6.

[12] Vormbaum a.a.O. II. S. 215 ff.

neben dem heiligen Catechismo, christlichen Gesängen und Gebeten, recht lernen lesen und schreiben.« Der Unterschied zwischen Stadt und Land ist deutlicher in dem Titel der weithin vorbildlich gewordenen Schulordnung des Herzogs Ernst von Gotha 1642 ausgesprochen: ›Spezial- und sonderbarer Bericht ⟨d. h. Spezielle Schulordnung⟩, wie nächst göttlicher Verleihung die Knaben und Mägdlein auf den Dorfschaften, ⟨–⟩ und in den Städten die unter dem untersten Haufen der Schuljugend begriffenen Kinder / im Fürstentum Gotha kurz und nützlich unterrichtet werden sollen‹.[13]

In den späteren Fassungen dieser Schulordnung, seit 1658, tritt zuerst das neue Bildungsgut auf, das das 17. Jahrhundert zu den in dem Kromayerzitat noch einmal aufgezählten alten Stoffen der werdenden Volksschule hinzugefügt hat: die sog. Realien. Dieser Unterricht betrifft gemäß dem Titel eines Lehrbuches, das Andreas Reyher verfaßt hat, 1. die natürlichen Dinge, 2. etliche nützliche Wissenschaften, 3. geistliche und weltliche Landsachen, 4. etliche Hausregeln (= Privatökonomik). Wie primitiv man sich den naturkundlichen Unterricht zu denken hat, beweisen einige Proben: »Der Toback ist auch ein fein zusammengewickelt Blatt, so aber wegen des Mißbrauchs billig verboten wird.« Oder aus der Fassung des Methodus von 1672 selbst (§ 43): »Sollen sie den Kindern anzeigen, wie sie die Kröten von den Fröschen unterscheiden sollen, als nämlich diese kriechen und häßlicher anzusehen sind als die Frösche.«[14] – Zu den Realien gehören auch Stoffe, die wir heute als Staatskunde oder Gesetzeskunde bezeichnen würden. In der Aufklärungszeit entwickelt sich dieses Fach ein wenig weiter; es ist aber im 19. Jahrhundert wieder ausgeschieden worden.[15]

---

[13] Die richtige Gliederung des Titels ist oft verfehlt worden. Die Urfassung hat Johannes Müller als Heft 10 der Sammlung selten gewordener pädag. Schriften, Zschopau 1883, herausgegeben; im Anhang sind die wichtigsten Änderungen der späteren Ausgaben berücksichtigt. Vormbaum a.a.O. II. S. 295 ff. gibt die Fassung von 1672. – Für den Zusammenhang mit der territorialen Behördenorganisation ist besonders wichtig der Text von 1662; vgl. W. Kahl, a.a.O. S. 50 ff. – August Beck, Ernst der Fromme von Gotha. Gotha 1865. Hermann Woldemar Böhne, Die pädagogischen Bestrebungen Herzog Ernst des Frommen. Gotha 1888.

[14] Joh. Müller, a.a.O. S. 106. Vormbaum a.a.O. II. S. 319.

[15] Spuren finden sich z. B. in den ›Erneuerten Kurfürstlich-Sächsischen Schulordnungen‹ von 1773 in dem von Heymann verfaßten Teil über die Deutschen Schulen, Vormbaum a.a.O. III. S. 681. – Ferner bei Eberhard v. Rochow in der Verordnung für das Domkapitularische Landschullehrer-Seminarium in Halberstadt. Sämtliche Schriften. Hrsg. v. Fritz Jonas und Friedrich Wienecke. Bd II. Berlin 1908. S. 101. – Weiteres Material bei Theodor Franke, Geschichte des Staatsgedankens in Schule und Erziehung. Leipzig 1912.

Andreas Reyher ist von Comenius beeinflußt. Dieser hatte in der lateinischen Ausgabe seiner Didaktik, der Didactica magna von 1638, folgende Realien für die Muttersprachschule empfohlen: Staats- und Wirtschaftslehre, allgemeine Geschichte der Welt und das Wichtigste aus der Geographie, besonders der physikalischen. Er fügt hinzu: »Endlich sollen sie von den Handwerken das allermeiste Wichtigere kennenlernen« – teils als ein Stück Lebenskunde, teils zur Erforschung der individuellen Neigungen der Schüler.[16]

Es ist fast unmöglich festzustellen, wieviel von diesen schönen Forderungen Wirklichkeit geworden sein mag. Der ›Teutsche Fürstenstaat‹ des Freiherrn Veit Ludwig v. Seckendorff (1. Ausg. 1656, 2. Ausg. 1660) will eine ›gründliche und kurze Beschreibung‹ geben, ›welchergestalt Fürstentümer, Graf- und Herrschaften im Heil. Römischen Reich T. N.... bestellt zu werden pflegen‹. Dieses viel benutzte Handbuch der Verwaltung eines fürstlich-ständischen Territorialstaates, das sich das Ländchen Herzog Ernsts von Gotha zum Muster nimmt, hat die schulpolitischen Aufgaben eines Fürsten jedenfalls weiterhin sichtbar gemacht als etwa Ratkes ›Regentenamtslehre‹ von 1631. Zwei Hindernisse mußten überall erst überwunden werden, ehe man an die Durchführung der Schulpflicht und an den Ausbau besonders der ländlichen Elementarschulen denken konnte: der Mangel an Schulen und der Mangel an Lehrern. Was den letzteren betrifft, so empfahl das Testament Herzog Ernsts von 1654 seinem Nachfolger die Sorge für praktische Lehrerbildung aller Stufen.[17] Diese Linie wollen wir hier nicht verfolgen. In der anderen Hinsicht war es nicht falsch, wenn man in manchen Ländern erst die Gründung von Schulen betrieb, ehe man die Schulpflicht einführte. Insofern ist es noch kein Zeichen von Rückständigkeit, wenn Preußen sie erst 1717, Kursachsen gar erst 1769 und wieder 1805 proklamierten.[18] Trotzdem trifft es zu, daß das Interesse an der niederen Volksbildung in Brandenburg-Preußen viel später zutage tritt als in den genannten thüringischen Fürstentümern. Friedrich Wilhelm I. ist erst durch die pietistische Bewegung, durch das Schulgründungswerk A. H. Franckes, für diese Aufgaben erwärmt worden.

[16] Johann Amos Comenius, Große Unterrichtslehre. Aus dem Lat. übersetzt von Julius Beeger (= Päd. Bibliothek, hrsg. v. Karl Richter. 3. Bd 2. Abt.) Leipzig 1908. Bes. S. 199 ff.

[17] Zu Seckendorff vgl. neuerdings Wilhelm Lüdtke, Veit Ludwig v. Seckendorff, ein deutscher Staatsmann und Volkserzieher. In: Jahrbücher der Akademie gemeinnütziger Wissenschaften zu Erfurt. 54. Erfurt 1940. – Über Ratkes »Regentenamtslehre« W. Kahl, a.a.O. S. 30 ff. – Zu dem Testament: G. Thiele, a.a.O. II. S. 81 ff.

[18] In Alt-Württemberg wird schon 1649 verfügt, daß man nun die Eltern durch Strafen nötigen solle, ihre Kinder zur Schule zu schicken.

Francke seinerseits hatte das Gymnasium in Gotha besucht und führte auch die realistischen Bestrebungen des Herzogs Ernst bewußt weiter. Wegen dieser sichtbaren Kontinuität ist es erlaubt, hier schon ins 18. Jahrhundert vorzugreifen und zwei Maßnahmen preußischer Schulgesetzgebung zu berühren: Die Einführung der allgemeinen Schulpflicht erfolgte für *alle* brandenburgisch-preußischen Territorien auf Grund einer Eingabe des Reformierten Kirchendirektoriums durch das Edikt vom 28. September 1717, vor dessen Überschätzung Vollmer mit Recht gewarnt hat. Viel fruchtbarer, aber zunächst auch im Geltungsbereich viel beschränkter, war die erste Verordnung über die Regelung der Schulunterhaltungspflicht. Diese ›Principia regulativa‹ von 1736 banden eigentlich unmittelbar nur den König selbst in seiner Eigenschaft als Domänenbesitzer und Schulpatron in Ostpreußen. Der Schlußsatz beginnt mit den Worten: »19. wird sich der Adel hiernach zu richten haben und zur gemeinschaftlichen Einrichtung der Schulen die Hand bieten ...« Die Mittel für die Errichtung ländlicher Schulen werden geradezu zusammengekratzt aus Beiträgen der Schulsozietät, der Kirche (bis zum Klingelbeutel hin), des Gutsherrn als des Patrons. Für arme Gemeinden stiftete der König einen Hilfsfonds unter dem bezeichnenden Namen »mons pietatis«. Undenkbar aber war es, auf das altherkömmliche Schulgeld von seiten der Eltern, welche Kinder in die Schule schickten, zu verzichten. Um ein Bild von der Höhe zu geben, erwähne ich, daß später das preußische Generallandschulreglement von 1763, d. h. das Reglement für die lutherischen *Land*schulen *aller* Provinzen, darüber in § 7 folgendes festsetzte: im Winter für jedes Kind, bis es lesen lernt, wöchentlich 6 Pfennige, für das lesende Kind 9 Pfennige, für das schreibende und lesende 12 Pfennige = 1 Groschen. Im Sommer sollten nur $^2/_3$ dieser Beträge entrichtet werden. – Auch in den städtischen Elementarschulen galten ähnliche Sätze, und die Winkelschulmeister als völlige Privatunternehmer waren selbstverständlich auf diese Einnahmequelle erst recht angewiesen. Vielfach trieben auch sie, wie meistens die Landschulmeister, daneben noch ein Handwerk oder hatten einen anderen, nicht immer ehrenwerten Erwerb. Aber auf dem Lande waren nur wenige Handwerke erlaubt und von diesen wieder dem Schulmeister nur solche, die eine professio sedentaria darstellten.[19]

So dürftig noch alles war: die Anfänge, die das 17. Jahrhundert auf dem Gebiete der Schulen für das niedere Volk, besonders auf dem Lande, ge-

---

[19] Ferdinand Vollmer, Friedrich Wilhelm I. und die Volksschule. Göttingen 1909. – Über den Text der Principia regulativa S. 183 ff.; die verbreitete Fassung findet sich bei Rönne, a.a.O. S. 94 f. und bei Vormbaum, a.a.O. III. S. 356–358. – Das Generallandschulreglement: Rönne a.a.O. S. 64 ff. und Vormbaum a.a.O. III. S. 539–554.

macht hat, haben sich fortentwickelt. Zu den alten Unterrichtsfächern: Religion, Kirchengesang, Lesen, Schreiben und Rechnen, die nunmehr methodischer betrieben wurden, war ein bescheidener Bestand an Naturkunde, Landeskunde und Wirtschaftskunde hinzugekommen. In 150 Jahren seit der Reformation war doch schon einiges geleistet. Das folgende Jahrhundert brachte in seinem Beginn noch einmal einen starken religiösen Antrieb, der sich in eigenartiger Weise mit einem staatswirtschaftlichen Motiv verband.

III

Im 18. Jahrhundert steht die werdende Volksschule anfangs unter dem Zeichen der christlichen Liebestätigkeit des Pietismus, der aber schon im großen Stile zu organisieren versteht. Die fromme Gesinnung verwandelt sich später in eine innerweltliche Philanthropie. Endlich aber setzt sich bei den Obrigkeiten die Überzeugung durch, daß die Sorge für die Erziehung auch der Ärmsten eine öffentliche Pflicht sei. Es ist also ein Gesinnungswechsel auf dem Gebiete der Schulpolitik festzustellen, der dem Wege von der harten, christlich-pietistischen Auffassung des Regentenamtes, wie sie Friedrich Wilhelm I. von Preußen gehegt hat, zu den Ideen von Aufklärung und Volksbeglückung, Macht und Wohlfahrt am Ende des Jahrhunderts entspricht.[20] – Grundsätzlich neue Bildungsstoffe für die niedere Schule treten in diesem Zeitraum nicht auf, mit *einer* Ausnahme, die zu einer weiter ausholenden Betrachtung nötigt.

Was sollte – da nun einmal das *Prinzip* der Schulpflicht sich durchzusetzen begann – mit den Kindern geschehen, deren Eltern zu arm waren, um das Schulgeld aufzubringen, nun gar mit verwaisten oder verwahrlosten Kindern? Seit alters, mindestens seit der Reformation, galt es als Regel, daß der »deutsche« Schulmeister ein paar arme Knaben ohne Entgelt mitzuunterrichten hätte. Waisenhäuser als fromme Stiftungen bestanden ebenfalls längst, und sie waren oft mit einer eigenen Schule verbunden, wie etwa die Waisenanstalt, die die Kurfürstin Luise Henriette von Brandenburg 1665 in Oranienburg gestiftet hatte. Als Begründer des Halleschen Waisenhauses (1695), das übrigens hauptsächlich für verwahrloste Kinder bestimmt war, folgte A. H. Francke nur einer alten Tradition, die vor ihm viele seiner Amtsgenossen gepflegt hatten. Als Organisator war er allen

[20] Vgl. die berühmte Resolution Friedrich Wilhelms I. von 1722 gegen Verzögerungsversuche der von ihm in Litauen eingesetzten Kirchschulgründungskommission: »Dieses ist nichts; denn die Regierung dieses arme Land in der Barbarey behalten will. Denn wenn ich Baue und Verbeßere das Land, und ich mache keine Christen, so Hilfet mir alles nit«. Vollmer, a.a.O. S. 46, 176 ff.

früheren überlegen. Die Verinnerlichung der Katechisation seit Spener gab dem »deutschen« Schulwesen damals allgemein einen Aufschwung. Daß Francke aber gerade mit seinen Armenschulen (= Armenklassen) Epoche machte, ist auf die Tatsache zurückzuführen, daß um 1700 die Armen anfingen, ein soziales Problem zu werden. Wie brennend es noch am Ende des 18. Jahrhunderts war, beweist Pestalozzis gesamte Wirksamkeit. Man müßte feststellen, seit wann eigene »Armenschulen« häufiger zu werden beginnen. Ich vermute, daß sie bis etwa 1700 verhältnismäßig selten gewesen sind.[21] Armut blieb seitdem nicht mehr ein beklagenswerter Sonderfall, sondern wurde eine verbreitete soziale Erscheinung, vor allem natürlich in den Städten. Die »Armen« nannte man alle diejenigen, die kein Handwerk oder sonst eine nützliche Nahrung und Hantierung gelernt hatten, und auf dem Lande diejenigen, die keinen noch so bescheidenen Ackerboden mehr besaßen. Ihnen eröffnete sich nun eine von allen Menschenfreunden als zukunftsreich begrüßte Erwerbsmöglichkeit in der langsam aufblühenden Industrie, die ja durch die merkantilistische Wirtschaftspolitik des Staates planmäßig gefördert wurde. Sie konnte nur gedeihen, wenn wirtschaftlich sonst nicht beanspruchte Arbeitskräfte zur Verfügung standen. Diese Reservearmee bildeten die Armen; sie sind daher als die Vorläufer der Volksschicht zu betrachten, die man im 19. Jahrhundert das industrielle Proletariat genannt hat. Armut hörte auf, eine Ausnahme- und Noterscheinung zu sein; sie wurde *ein Stand.*

[21] Der Artikel »Armenschulen« v. Schaubach in Schmids Encyklopädie, 2. Aufl. Leipzig 1876. Bd. I. S. 219–221 ist historisch unzulänglich. – Wienecke a.a.O. S. 32 erwähnt für Kölln (Berlin) die Gründung einer Armenschule um 1584, die aber eine elementare Lateinschule ist. S. 58 berichtet er: »1699 gründete der Armenprediger J. Rau in den einzelnen Stadtteilen Armenschulen«. – »Armen- und Freischulen gründete man in dieser Zeit fast in allen mittleren und größeren Städten der Kurmark, wie Neuruppin, Prenzlau, Spandau usw. Sie alle verdanken ihre Errichtung dem wohltätigen Einfluß des Pietismus, ja, wie in Werder a. H., dem direkten Eingreifen Speners.« – Weiteres über Armenschulen bei Heppe a.a.O. III. S. 89; Alfred Heubaum, Geschichte des deutschen Bildungswesens seit der Mitte des 17. Jahrhunderts. Bd 1. Berlin 1905. S. 153 (Gehr in Königsberg 1699); 157 ff. 170. 178. – Ferdinand Vollmer, Die preußische Volksschulpolitik unter Friedrich dem Großen (= Monumenta Germaniae Paedagogica. 56). Berlin 1918. S. 282: 1776 bestanden in Berlin 16 Armenschulen mit 941 Kindern. Sie unterstanden nicht dem Geistlichen Departement, sondern dem Armendirektorium. – A. Gans, a.a.O. S. 36 ff. – Für Königsberg vgl. Emil Hollack und Friedrich Tromnau, Geschichte des Schulwesens der kgl. Haupt- und Residenzstadt Königsberg. Königsberg 1899. – Über Armenschulen in England: Bruno Dreßler, Geschichte der englischen Erziehung. Leipzig 1928. S. 233 (17. Jahrhundert), 249 f. – John William Adamson, A short history of education. Cambridge 1919. S. 260 ff. (19. Jahrhundert). – Friedrich Gabriel Resewitz, Über die Versorgung der Armen. Kopenhagen 1769.

Von dieser sozialen Lage aus wird folgender Vorgang verständlich: Man mußte zur Fortführung des Volksbildungswerkes mehr und mehr Armenschulen gründen, was anfangs noch aus christlicher Liebesgesinnung geschah. Da die Kinder kein Schulgeld zahlten, hielt man sie dazu an, sich ihren Unterhalt durch primitive industrielle Arbeit selbst zu erwerben. Die Armenschulen werden daher vielfach elementare Industrieschulen. Sie kommen dem Bestreben des Staates, künstlich Manufakturen im Lande einzuführen, entgegen. Ihr entscheidendes Merkmal ist das – fast nie erreichte – Ziel, durch Selbsterwerb der Schüler sie selbst und die Schule zu erhalten. Später, seit den achtziger Jahren des 18. Jahrhunderts, tauchen reicher ausgestaltete Industrieschulen auf, die schon als niedere Fachschulen anzusehen sind; sie verdanken ihre Entstehung den großen Leitmotiven der Zeit: gemeinnützige Tätigkeit und Philanthropie. Die Zuordnung zu dem einen oder dem anderen Typus ist nicht immer leicht zu vollziehen, da es mannigfache Zwischenformen gab, z. B. solche, in denen eine elementare Lernschule mit einer Schule zur Einführung in einfachste Industriezweige dualistisch verbunden war. Nicht immer stand der Erwerbszweck im Vordergrund. Aber das »Selbstverdienen« der Kinder ist das maßgebende Kriterium für die industriellen Armenschulen, die uns zunächst allein interessieren. In ihnen handelte es sich um so untergeordnete Tätigkeiten wie Strümpfestricken, Baumwollespinnen, Wollereißen und -krempeln. Daß die Mädchen das Nähen und Stricken lernten, war seit langem üblich. Das Neue in den Armenschulen war nur, daß derartige Arbeiten schon dem Erwerb dienen sollten.[22] Die landwirtschaftliche Armenschule

[22] Die ältere und neuere Literatur über Industrieschulen übersieht fast durchweg die Anfänge der Industrieschule in der 1. Hälfte des 18. Jahrhunderts, wo sie mit der Armenschule zu einer eigentlichen Erwerbsschule verbunden war, und bevorzugt die reicher entfalteten Spätformen, wie sie Kindermann in Böhmen, Wagemann in Göttingen und andere ausgebaut haben. Ich erwähne den Artikel von Johann Georg Freihofer in Schmids Encyklopädie. 2. Aufl. Bd 3. S. 701–710. – Heppe a.a.O. I, S. 222 ff. 343. III, 84. 105 u. ö. – Albert Reuß, Die Industrieschule um die Wende des 18. Jahrhunderts. Diss. Frankfurt 1926. – Kurt Iven, Die Industriepädagogik des 18. Jahrhunderts. Langensalza 1929. – Fritz Trost, Die Göttingische Industrieschule. Berlin 1930. – Bruno Bendokat, Industriepädagogik bei den Philanthropen und bei Pestalozzi. Halle 1934. – Wilhelm Andacht, Die Schleswig-Holsteinische Industrieschule. Neumünster 1939. – Das richtige Bild ergibt sich aus der Darstellung von August Gans, Das ökonomische Motiv in der preußischen Pädagogik des 18. Jahrhunderts. Halle 1930. – Eingehender als im Text wären folgende Typen von Arbeitsschulen zu unterscheiden: I. Die Industrieschule als Armenschule und gleichzeitig Erwerbsanstalt für arme Kinder, unter Umständen mit Lieferungsverpflichtung an eine Fabrik. II. Der dualistische Typus: vormittags Lernschule, nachmittags Arbeitsschule (diese meist mit direktem Erwerbscharakter), für alle Kinder gedacht. III. Die

scheint erst wesentlich später aufgetreten zu sein; ihr berühmtester Fall wurde die Gründung von Emanuel Fellenberg in Hofwyl 1804, die später von Wehrli geleitet wurde; dieser Typus breitete sich unter dem Namen »Wehrlischulen« aus.[23]

Industrieschule als Vorbereitungsanstalt für die industrielle Betätigung, also als niedere *Fach*schule, a) mit produktiver Arbeit, b) mit Bevorzugung der allgemeinen theoretischen Grundlagen der Industrie. IV. Die Arbeitsschule im modernen rein erziehlichen Sinne, die die Handarbeit und die Anleitung zum »Fleiß« als wesentliche pädagogische Mittel für die Gesamtentfaltung des Menschen wertet. V. Unterricht in Feierabendarbeiten als Schulfach. – Diese verschiedenen Motive sind bei den Gründungen in der 2. Hälfte des 18. Jahrhunderts so stark gemischt, daß ihre Zuweisung zu einem einzelnen Typus schwer, wenn nicht unmöglich ist. Kindermann verstand Industrie noch in dem weiteren Sinne von »Wirtschaftsfleiß« überhaupt. Die 4 Industriearten, die er seit etwa 1777 von Prag aus über ganz Böhmen verbreitete, sind 1) Spinnen, Stricken, Nähen, 2) Seidenbau, 3) Obst- und Gemüsebau, 4) Bienenzucht. (Die Quellen für die böhmische Industrieschule: Anton Weiß, Geschichte der Theresianischen Schulreform in Böhmen. 2 Bde. Wien 1906/8; kurze Darstellung: Friedrich Wiechowski, Ferd. Kindermanns Versuch einer Verbindung von Elementar- und Industrieschule, in: Beiträge zur Österreichischen Erziehungs- und Schulgeschichte. H. 9. Wien 1907.) – Wagemann in Göttingen strebte seit 1784 mehr die Verlegung städtischer Gewerbe auf das Land an. Als eine »Vorform« der Volksschule ist die Industrieschule in dieser Epoche deshalb noch zu betrachten, weil ihre Gründer sie großenteils für *alle* Kinder des Volkes verbindlich machen wollten. Sie wollten den Geist der gemeinnützigen Industrie in der »Nation« so allgemein verbreiten wie Luther zu seiner Zeit den rechten Glauben durch die Christenlehre. Bendokat a.a.O. S. 41 zitiert von Kindermann den Ausspruch: »Wenn man in andern Schulen oft nur recht *sprechen* lernt, lehrt die Industrieschule recht tun. Sie lehrt nicht allein die Religion und Industrie, sondern sie verhält die Jugend, beide zugleich auszuführen«. Was man gegen Ende der Aufklärungszeit unter dem Ethos der Industrie verstehen wollte, erörtert am eingehendsten Heinrich Philipp Sextro, Über die Bildung der Jugend zur Industrie. Göttingen 1785. – Die Frage des Einflusses der wesentlich früher entstandenen englischen Working schools auf Deutschland berühre ich hier nicht. Vgl. Dreßler, a.a.O. S. 237. 242. Trost, a.a.O. S. 15 und die beachtlichen Hinweise bei Georg Traue, Zur Geschichte der Arbeitsschulbewegung, in: Die deutsche Schule, Jg. 27. 1923. S. 163–166. – Ein Gegenstück zu dem Buch von A. Gans ist die Tübinger Dissertation von Fritz Neukamm, Wirtschaft und Schule in Württemberg von 1700–1836. Heidelberg 1956.

[23] Über Felenberg und Wehrli vgl. die Artikel von Hirzel s. v. Felenberg und Adolf Riecke s. v. Wehrlianstalten in Schmids Encyklopädie. 2. Aufl. Bd 2. S. 418–426 bzw. Bd 10. S. 277–288. E. v. Rochow hat natürlich in seinen Landschulen wenigstens den theoretischen Grundlagen der Landwirtschaft ebenso große Aufmerksamkeit gewidmet, wie man gleichzeitig in städtischen Elementarschulen die Industrie praktisch und *theoretisch* zu fördern strebte. Sein Versuch eines Schulbuches für Kinder der Landleute oder zum Gebrauch in Dorfschulen [1. Aufl. Berlin 1772. 3. Aufl. Berlin 1790 in: Friedrich Eberhard v. Rochows sämtliche pädagogische Schriften hrsg. v. Fritz Jonas und Friedrich Wienecke Bd 1. Berlin 1907. S. 1–87 und Bd 3. Berlin 1909. S. 217–331.] schließt mit einem 16. Kapitel: ›Von der Landwirtschaft als einem

Man empfand diese Notmaßnahmen im 18. Jahrhundert als einen großen pädagogischen Fortschritt. Es gehört zu den Paradoxien der Geschichte, daß das Elend der Kinderarbeit seinen Ursprung erst in der christlichen Liebesgesinnung, dann in philanthropischer Hilfsbereitschaft gehabt hat. Wieviel Mühe es im 19. Jahrhundert gekostet hat, diese Dinge wieder auszufegen, ist bekannt.

Betrachtet man von dem bezeichneten sozialen Problem aus A. H. Frankkes Werk, so ist es natürlich nicht so zu verstehen, als ob er die industrielle Entwicklung vorausgesehen habe und planmäßig habe fördern wollen. Er wollte Christen erziehen zur wahren Gottseligkeit, aber auch zur christlichen Klugheit; das letztere heißt: zu einem arbeitsamen, genügsamen, berufsasketischen Leben in der Welt. Die Erwerbsabsicht tritt bei *seinen* Waisen- und Armenschulen noch wenig hervor. Wir hören nur, daß ein Strickmeister die Knaben nachmittags unterweist, daß ein Praeceptor beim Wollereißen, Wollekrempeln, Spinnen und Stricken die Aufsicht führt und daß die aus besserer Wolle gestrickten Strümpfe verkauft werden. Die Waisenmädchen werden ebenfalls im Nähen, Spinnen und Stricken angewiesen. Dies geziemt sich für die Armen als einen Stand. Wenn man in dem unübersichtlichen Konglomerat von Franckes Schulen – wir würden sie heute nur »Klassen« nennen, wobei aber nicht an Jahresklassen zu denken ist – ein Einteilungsprinzip finden will, so ist es das der ständischen Herkunft und des zukünftigen Berufes. Die höheren Schulen: ein weltläufiges Pädagogium für Kinder zahlender Eltern, eine Gelehrtenschule und zeitweise eine höhere Mädchenschule (Gynaeceum), interessieren uns hier nicht. Zum Waisenhaus gehören, den Hauptkategorien nach, eine Reihe von deutschen Schulen, die teils Waisenschulen, teils Armenschulen, teils Bürgerschulen sind; einige Waisenkinder werden auch zusammen mit Bürgerkindern zum Studium vorgebildet. Das alles hat sehr geschwankt.[24]

Ein solches Schulaggregat entsprach den Bedürfnissen der Zeit. Es wurde daher in Königsberg (seit 1699), Züllichau (seit 1722), Stettin (seit 1730), Berlin (seit etwa 1740) nachgeahmt. Dem König von Preußen, Friedrich Wilhelm I., empfahl es sich durch seinen christlichen, ebensosehr durch seinen praktisch-nützlichen Geist. Er, der »Soldatenkönig«, hatte noch für

---

Berufe und Grundsätze, worauf es bei allen Arten der Landwirtschaft ankommt.‹ – Vgl. besonders seine Vorlesung ›Über die Notwendigkeit einer zweckmäßigern Einrichtung der niedern Stadt- und Landschulen in Rücksicht auf die Armenanstalten‹. a.a.O. Bd 3. S. 60–67.

[24] August Hermann Francke, Schriften über Erziehung und Unterricht. Bearb. von Karl Richter. Berlin 1871. S. 236 f. 394. – A. Gans a.a.O. S. 12 ff. 18; zum Potsdamer Waisenhaus S. 70 ff.

ein zahlreiches Kinderproletariat zu sorgen, nämlich für die Kinder, gegebenenfalls für die Waisen, seiner Soldaten. Viel kosten durften solche Schulen nicht. Das Potsdamer Militärwaisenhaus, dessen Gründungsurkunde von 1724 datiert ist, wurde geradezu eine staatlich ausgenützte Industrieanstalt. *August Gans*, der in seinem wichtigen Buch: ›Das ökonomische Motiv in der preußischen Pädagogik des 18. Jahrhunderts‹ (Halle 1930) alle wirtschaftlichen Experimente mit dem Potsdamer Waisenhause, auch in der Seidenraupenzucht, geschildert hat, sagt darüber allgemein: »So ist das große Waisenhaus auch in gewissem Umfange ein Palliativmittel gegen die zu starken Auswirkungen des Militarismus. Indem der Staat die ihm ganz zur Verfügung stehenden jungen Arbeitskräfte schulte, arbeitete er andererseits im Sinne seiner merkantilistischen Zwecke und Absichten. Er baute die Anstalt zu einem Versuchsinstitut für neu einzuführende Industrien und Kulturen aus.« Das ökonomische Motiv äußert sich auch in der Vorbildung der Soldatenkinder und -waisen für andere spätere Professionen. Wie die Garnisonschulen in den Dienst solcher Zwecke und besonders in den des industriellen Kindererwerbes gestellt wurden, müßte im einzelnen noch näher untersucht werden.[25] Auch Friedrich der Große hat bekanntlich die niederen Landschulen ausdrücklich für die Förderung der Seidenindustrie mitbenutzen wollen.[26]

Als der gescheiterte Landwirt Pestalozzi seit Ende 1774 auf sein Gut Neuhof arme Kinder – sogenannte Baumwollenkinder – aufnahm, dachte er ebenso an die Rentabilität dieser Arbeit wie an die menschlich-sittliche Bildung der Zöglinge. Derartige Armenindustrieschulen waren damals schon ziemlich verbreitet; es war also in keiner Weise ein originaler Gedanke. Höchstens sah er seit den achtziger Jahren, als er seinen Roman ›Lienhard und Gertrud‹ und seine Memorialien für Leopold von Toskana schrieb, die grundsätzliche Problematik des jugendlichen Industrieproletariats deutlicher als andere voraus. Pestalozzis ganze Pädagogik hat ihren

[25] Heppe a.a.O. III, S. 96 ff. – Die Zirkularverordnung über den Unterricht an Garnisonschulen vom 31. VIII. 1799 (Rönne a.a.O. I, S. 89 ff.) spiegelt bereits ein spätes, weit entwickeltes Stadium. Am Schluß wird jedoch erinnert: »So wichtig indessen die Einrichtung der Garnisonschulen ist, so würde doch der Nutzen derselben nur unvollkommen sein, wenn nicht zugleich Industrieschulen damit verbunden würden, worin die Soldatenkinder ihre künftigen Erwerbsmittel lernen und in den Stand gesetzt werden, ihre Eltern für die Zeit, welche sie in der Garnisonschule zubringen müssen, durch einigen Geldverdienst zu entschädigen.« – Zur Potsdamer Garnisonschule vgl. Rochow, a.a.O. III. S. 476, 501. Für Berlin: Friedrich Wienecke, Beiträge zum Berliner Schulwesen. Berlin 1908.

[26] Ferdinand Vollmer, Die Volksschulpolitik Friedrichs des Großen. S. 23 ff., 285 ff., 292 f.

Ursprung in der Erziehung von Landkindern zur Hausindustrie, gegen die er aber Sicherungen durch die Verbindung mit landwirtschaftlichem Kleinstbetrieb und durch eine gute Haushaltungskunst einführen wollte. Auf den ostelbischen Gütern des Herrn v. Rochow gab es noch keine Ansätze zur Industrie. Er ahnte aber wohl schon ihre zukünftige Bedeutung, wie er sein Wirken allgemein unter das Leitmotiv gemeinnütziger Tätigkeit stellte, und seine Frau hat schon eine Industrieschule für Mädchen eingerichtet.[27]

Man darf in diesem Zusammenhang nicht vergessen, daß im 18. Jahrhundert unter dem Worte Industrie noch jede Art von wirtschaftlichem Fleiß verstanden wurde, nicht nur die Verarbeitung von Rohstoffen, sondern auch die landwirtschaftliche Arbeit. Die merkantilistische Wirtschaftspolitik galt ebenso der Bodenmelioration und der Agrikultur wie der Einführung von Manufakturen. Zur Ökonomisierung der Volksschule gehört also auch die Förderung landwirtschaftlicher Kenntnisse und Betätigungen. In württembergischen Landesteilen begegnet uns um 1770 bei dem Pfarrer *Mayer* von Kupferzell ein ›Ackerkatechismus‹ und bei dem evangelischen Prälaten *Balthasar Sprenger* in Maulbronn ein Landwirtschaftskalender *(Neukamm)*. Diese landwirtschaftliche Seite trat mit dem Aufkommen des folgenden Wirtschaftssystems, des Physiokratismus, der in der Bodenkultur den eigentlich produktiven Zweig des Wirtschaftslebens erblickte, sogar wieder stärker in den Vordergrund (etwa seit 1760). Rochow wie Pestalozzi kamen ursprünglich von physiokratischen Anschauungen her. Der letztere fand dann aber um den Neuhof herum Hausindustrie im heutigen, engeren Sinne des Wortes schon auf das Land vorgedrungen. In seinen Volkserziehungsplänen behielt er immer beides im Auge: Industrie und Landwirtschaft – ein System, das sich besonders in Württemberg bis heute als segensreich erwiesen hat. – Endlich bekam das ganze Industrieschulwesen nach 1800 auch dadurch ein anderes Tempo, daß an die Stelle des künstlich lenkenden merkantilistischen Wirtschaftssystems das schon vom Physiokratismus befürwortete Prinzip der Wirtschaftsfreiheit und der freien Konkurrenz trat.

[27] E. v. Rochow im ›Versuch eines allgemeinen Schulplans‹ a.a.O. Bd 3. S. 188 ff. – 1800: »Diese ersten Schulen müssen Klassen haben, und mit ihnen kann füglich das Industrie-Schulwesen verbunden sein.« – Die Jungen sollen zu Hause spinnen und in der Schule stricken lernen (a.a.O. Bd 3. S. 25). Er will das Armwerden seltener machen: »Daß dies möglich sei, davon gibt uns der erzgebirgische Kreis in Sachsen und der gebirgige Teil Schlesiens ein Beispiel. . . . Und nichts anders als mehrere Industrie ist die Auflösung dieses politischen Rätsels« (a.a.O. Bd 3. S. 61 ff.) – Vorschlag zur Aufhebung des Schulgeldes a.a.O. Bd 3. S. 167.

Es handelt sich also um eine breite Bewegung, die bei der niedersten Schicht, der Armenschule, beginnt und gegen Ende des Jahrhunderts sich nach oben hin fortsetzt. Seit der Reformation ist das Bestreben erkennbar, das Analphabetentum zu überwinden und eine elementare Bildung bis in die niedersten Volksschichten hinabzutragen. Aber die wirtschaftlichen Schwierigkeiten sind für die Ärmsten zu groß. Auf dem Lande kam es vielfach aus ganz allgemeinen wirtschaftlichen Gründen nur zu einer Winterschule, trotz der entgegenstehenden Verfügungen. In den Städten lag das Problem bei den Armen und Verwahrlosten. Hier half man sich durch den Versuch, die Schulen für sie durch eigene Erwerbstätigkeit der Kinder zu finanzieren. Manchmal stehen sie von Anfang an in Verbindung mit Arbeitshäusern. Wir bemerken jedoch über solche Notmaßnahmen hinaus eine allgemeine *Tendenz zur Ökonomisierung der werdenden Volksschule.* Das einmal angewandte Prinzip breitet sich weiter nach oben hin aus. Es verbindet sich mit der merkantilistischen Wirtschaftspolitik des Staates, dessen Interesse am Schulwesen dadurch beträchtlich gesteigert wird. Die fortschreitende Rationalisierung des Lebens im Sinne der Nützlichkeit durch den Aufklärungsgeist kommt hinzu. Kindermanns Industrieschulgründungen in Böhmen, bei denen es sich nicht nur um Armenschulen handelt, machen seit 1777 – demselben Jahre, in dem sich Pestalozzi für seine Land-
gen in Böhmen, bei denen es sich nicht nur um Armenschulen handelt, ma-
industrieanstalt bittend an Menschenfreunde und Gönner wandte – in Österreich Epoche und wirkten anregend auf Würzburg, Göttingen, Schleswig-Holstein usw. Sie hatten schon ein eigentliches »Bildungsideal«, das des industriösen Menschen. In diese Linie gehörte als Spitzenerscheinung auch die berühmte Berliner Realschule von Hecker (1747), die allerdings nur theoretische, vorzugsweise ökonomisch-mathematische Grundlagen gab. Überhaupt sind zwei Haupttypen der Industrieschule in dieser Entwicklungsphase zu unterscheiden: der eine führt – meist nachmittags – schon zur industriellen Tätigkeit selbst; der andere begnügt sich, nützliche theoretische Kenntnisse auf die Industrie auszurichten.

Die Ökonomisierungstendenzen setzten sich noch ein Stück ins 19. Jahrhundert hinein fort.[28] So haben sich z. B. die 1793 begründeten privaten Berliner Erwerbsschulen bis in die fünfziger Jahre des 19. Jahrhunderts hinein erhalten. Der Rittergutsbesitzer von Treskow auf Friedrichsfelde bei Berlin eröffnete noch 1822 – nach Jahren schwerster wirtschaftlicher Depression – eine Armen- und Waisenschule mit dem Ziele

[28] Die Württembergische Verordnung die katholischen Elementarschulen betreffend von 1808 handelt noch im 7. Abschnitt (= § 24) von der ›Verbindung der Arbeitsschulen mit den Lehrschulen‹. (Reyscher a.a.O. XI, 1. S. 154 ff.)

ihrer Selbsterhaltung durch landwirtschaftliche Arbeit. Er knüpfte dabei an das Muster der erwähnten ländlichen Armenschule *v. Fellenbergs* in Hofwyl an. Das preußische Ministerium empfahl 1823 den Versuch zur Nachahmung.[29]

Jedoch wurde das ganze System mindestens seit 1809 durch die starke humanistische Gegenbewegung, wie sie besonders *W. v. Humboldt*, *Süvern* und *Schleiermacher* vertraten, scharf bekämpft. Es beginnt der bisher zu wenig beachtete Prozeß der Wiederausscheidung des ökonomischen Motivs aus der Volksschule. Viel langsamer ging die Ausrottung der Kindererwerbsarbeit überhaupt, da sie den siegreichen industriellen Kapitalismus zum Gegner hatte. Denkt man aber an die ungeheuren Auswüchse der Kinderausnützung in England am Anfang des 19. Jahrhunderts, so erscheint die Humanisierung der Volksschule in Preußen durch Humboldt und seine Mitarbeiter von einer neuen Seite als verdienstlich. Selbst der menschenfreundliche v. Rochow mit seiner am Gemeinnutzen orientierten ländlichen Pädagogik wurde nun unmodern. –

Wenn man die dargestellte Gesamtlinie der Volksschulentwicklung im 18. Jahrhundert verstanden hat, genügt es, an ein paar Einzelheiten der tatsächlichen Maßnahmen, besonders in Preußen, zu erinnern.

Das erste Anzeichen, daß der Staat sich auch um die niederen *Privatschulen* in den *Städten* zu bekümmern begann, ist die fortschrittliche, von König Friedrich Wilhelm I. am 16. Oktober 1738 erlassene ›Ordnung für die deutschen Privatschulen in Berlin‹.[30] Von Armenschulen ist darin nicht die Rede, obwohl solche in Berlin mindestens seit 1699 bestanden. Es wird nur bemerkt, daß in Fällen, wo die Eltern zu arm wären, um das Schulgeld (das etwas höher ist als im Generallandschulreglement) aufzubringen, die Geistlichen Rat schaffen sollten. Im Jahre 1737 kam der Prediger *Fuhrmann* nach Berlin, der in der Friedrichsstadt Armenschulen begründete und seine unter dem Namen »Vorteilhafte Lehrart« berühmt gewordene neue Unterrichtsmethode in sie einführte. Um 1740 begann, von Fuhrmann stark beeinflußt, an der Dreifaltigkeitskirche *Johann Julius Hecker* seine umfassende pädagogische Wirksamkeit. Er schuf ein Schulsystem nach dem Muster A. H. Franckes, das sich aber durch die Realschule (1747) und das Lehrerseminar (1748) fortschrittlich von seinem Vorbilde unterschied. Er ist auch, allerdings mit starker Anlehnung an die Minden-Ravensbergsche Schulordnung von 1754, der Hauptverfasser des Preußischen Generallandschulreglements von 1763, das die reifste Gestaltgebung der ländlichen

[29] Rönne a.a.O. I, S. 875. – Karlshorster Heimatbote v. 3. Februar und 3. März 1938.
[30] Vormbaum a.a.O. III, S. 440–445.

Volksschule aus pietistischem Geist darstellt. Mit dem Jahre 1771, in dem der Frhr. v. Zedlitz an die Spitze des Lutherisch-Geistlichen Departements berufen wurde, zog die Aufklärung langsam auch in das preußische Elementarschulwesen ein, und fortan wird der Herr v. Rochow als Vorbild zunehmend bemerkbar.

Im Generallandschulreglement kommt das wirtschaftliche Motiv, durch das der König hauptsächlich für die Sache erwärmt worden war, durch die Verfügung zum Ausdruck, daß in den königlichen Patronatsschulen der Kurmark nur solche Schulmeister und Küster angestellt werden sollten, »welche in dem Kurmärkischen Küster- und Schulseminario zu Berlin eine Zeitlang gewesen und darinnen den Seidenbau sowohl als die vorteilhafte und bei den teutschen Schulen der Dreifaltigkeitskirche eingeführte Methode des Schulhaltens gefasset haben«. Sechzehn Jahre später fürchtete der König bereits eine Überbildung des Landvolkes: »Wissen sie aber zu viel, so laufen sie in die Städte und wollen Sekretärs und so was werden.« (Kabinettsordre an *Zedlitz* vom 5. September 1779.) [31]

Die Elementarschulen des 18. Jahrhunderts weisen auf dem Lande Unterschiede auf, die mit der besonderen Wirtschaftslage und dem Recht, nach dem die freien oder erbuntertänigen Bauern auf der Scholle sitzen, zusammenhängen.[32] In den Städten zeigt sich ebenfalls ein recht buntscheckiges Bild. Es ist daher zweckmäßig, die Verhältnisse, wie sie sich am Ende des Jahrhunderts herausbildeten, am Beispiel einer Stadt zu verfolgen, deren Schulwesen als typisch, ja als idealtypisch gelten kann: an *Leipzig*.[33] Dort leisteten nach alter Gewohnheit die Klassen Sexta und Quinta der Thomana noch immer den Dienst einer niederen Bürgerschule. Neben den vom Rat anerkannten »deutschen« Schulen mußte man immer noch ein überwiegend geringwertiges Winkelschulwesen dulden, da die konzessionierten Schulen bei weitem nicht ausreichten. Einen Fortschritt bedeutete die Gründung von Armenschulen, die nicht unmittelbar mit Waisen- oder Arbeitshäusern verbunden waren, durch den Freiherrn Peter von Hohenthal

---

[31] Jürgen Bona Meyer, Friedrichs des Großen Pädagogische Schriften und Äußerungen. Langensalza 1885. S. 170. – Conrad Rethwisch, Der Staatsminister Frhr. v. Zedlitz und Preußens höheres Schulwesen. 2. Aufl. Berlin 1886.

[32] Pestalozzi hat es mit Bauern im Bereich der Grundherrschaft, Rochow mit solchen aus dem System der Gutsherrschaft zu tun. Man vergleiche die Charakteristik, die Pestalozzi in seinem ›Schweizerblatt‹ 1782 von seinen Bauern gibt, mit der der ostelbischen erbuntertänigen Bauern bei Christian Garve, Über den Charakter der Bauern und ihr Verhältnis gegen die Gutsherrn und gegen die Regierung. Breslau 1786.

[33] Vgl. Eduard Mangner, Geschichte der Leipziger Winkelschulen. Leipzig 1906. – Otto Kaemmel, Geschichte des Leipziger Schulwesens. Leipzig 1909.

(1774), durch den Buchhändler Wendler 1786. In ihnen waltete schon der freiere philanthropische Geist, der auf industrielle Arbeit verzichtete. Anders die »Schule im Arbeitshause«, gegründet 1793, die, wie schon der Name sagt, mit Erwerbsarbeit (Baumwollspinnen und Nähen) verbunden war. Eine große Tat war es, als der Rat der Stadt selbst eine Armenschule begründete. Darin lag die Wendung von dem System frommer oder gemeinnütziger Stiftungen zur Anerkennung einer öffentlichen Pflicht, für die Bildung der Kinder aus unvermögenden Kreisen zu sorgen. Der Wechsel der Benennung in »Freischule«, wie er sich übrigens auch anderwärts vollzog, ist ebenfalls vielsagend. Die Leipziger »Ratsfreischule« wurde 1792 eröffnet. Nun ergab sich aber das Mißliche, daß für die Armen eine öffentliche Elementarschule – ohne Erwerbscharakter – vorhanden war, für die Kinder von Bürgern, die Schulgeld zahlen konnten, aber keine. So begründete der Rat 1804 eine »Bürgerschule«. Sie erhielt 1834 noch einen Oberbau, eine realschulähnliche »Höhere Bürgerschule«. In den sächsischen Städten hat sich die standes- bzw. vermögensbedingte Gliederung des Volksschulwesens in Höhere Bürgerschulen, Bürgerschulen und kostenlose Bezirksschulen bis ins 20. Jahrhundert erhalten.[34]

Blicken wir vom Ende des 18. Jahrhunderts auf seine Anfänge zurück, so zeigt sich ein deutlicher Prozeß der Verweltlichung des niederen Schulwesens. Man denkt zwar nicht daran, es ganz von der Kirche zu lösen; schon als Aufsichtspersonal konnte man die Pfarrer und Superintendenten nicht entbehren. Aber unter dem Einfluß der Aufklärung wie des Merkantilismus verschob sich das Schwergewicht der Schulzwecke doch immer mehr von der kirchlichen nach der staatlich-weltlichen Seite. Man beginnt schließlich schon, über *Nationalerziehung* zu reden und zu schreiben.[35] Den Begriff übernahm man wohl aus Frankreich, wo 1763 die kleine Programmschrift von Caradeuc de la Chalotais: ›Essai d'éducation nationale‹ erschien. Im absolutistischen Staat mit seiner alten ständischen Gesellschaftsordnung konnte man unter Nationalerziehung zunächst nur auf Staatszwecke

[34] Auf die Vieldeutigkeit der Bezeichnung »Bürgerschule« im 18. und 19. Jahrhundert kann ich hier nicht eingehen. Gegenüber den Freischulen bedeutet sie in der Regel eine gehobenere Form, manchmal schon eine Mittelschule im norddeutschen Sinne. Vgl. Heppe a.a.O. III, S. 128, Anm. 3.

[35] Vgl. Spranger a.a.O. I, § 12: ›Die Wandlungen in der Literatur über Nationalerziehung‹. – Otto Gerlach, Die Idee der Nationalerziehung in der Geschichte der preußischen Volksschule, Langensalza 1932, behandelt in der Hauptsache nur Rochow. – Emil Schöbel, Die pädagogischen Bestrebungen von Friedrich Gabriel Resewitz. Diss. Leipzig 1912. – Zu Stephani vgl. Gans, a.a.O. S. 148 ff. – Grundlegend ist das Werk von Friedrich Meinecke, Weltbürgertum und Nationalstaat. 1. Aufl. München 1907.

ausgerichtete Erziehung verstehen, und zwar eine Erziehung für den Staat auf Grund fester ständischer Arbeitsteilung in der politisch-wirtschaftlichen Leistung. König, Edelmann, Bürger, Bauer, Bettelmann – jeder, den dieser Kindervers aufzählt, hatte seine besondere Funktion im Staate zu vollziehen und sollte aus ihr nicht herausstreben. Die Literatur über Nationalerziehung in deutscher Sprache beginnt mit J. B. Basedow und F. G. Resewitz. Des letzteren Schrift: ›Die Erziehung des Bürgers zum Gebrauch des gesunden Verstandes und zur gemeinnützigen Geschäftigkeit‹ (Kopenhagen 1773) zeigt schon im Titel, wie man das aufsteigende Bürgertum dem politischen Gesamtsystem einordnen wollte. Das Entsprechende für den Bauern beabsichtigte Eberhard von Rochow mit seiner Programmschrift: ›Vom Nationalcharakter durch Volksschulen‹ (1779). Der Name Volksschule tritt hier zum ersten Male weithin sichtbar auf; aber »Volk« bedeutet noch ausschließlich das niedere Volk, ja vorwiegend das erbuntertänige Landvolk. Von seiner Befreiung, die 28 Jahre später allgemein in Preußen erfolgte, ist bei Rochow noch nicht die Rede.[36]

Auf einer zweiten Stufe der Nationalerziehungsliteratur gesellt sich zur nützlichen Erziehung des Bürgers schon das freiere Aufklärungsziel, dem Rousseau die wärmeren Töne gab: die Erziehung zum *Menschen.* Bei Heinrich Stephani, Joh. Friedr. Zöllner, Heinr. Ludwig Pölitz lautet also die Formel für die Nationalerziehung bereits: Erziehung zum Menschen und Bürger. Dieser Typus erhält sich bis etwa 1830. Schon früher setzt jedoch eine dritte, ganz kurze Epoche der Nationalerziehungsgedanken ein. Unter dem Einfluß der französischen Revolution und eines nachgelassenen Discours von Mirabeau l'aîné: ›Sur l'éducation nationale‹ (1791) stellt man vereinzelt der Nation die Aufgabe, zum reinen Menschentum *im Gegensatz* zum veralteten absolutistischen Staat zu erziehen. Hierhin gehört W. v. Humboldts 1792 nur teilweise veröffentlichte Schrift über die Grenzen der Staatswirksamkeit und ein Aufsatz von Ernst Christian Trapp im

[36] E. v. Rochow, Sämtl. Päd. Schriften Bd 1. S. 313–348. – In einer 1788 gedruckten Bewerbungsschrift um den Preis der Akademie der Wissenschaften zu Berlin für 1783 hat Rochow selbst seinen Sprachgebrauch folgendermaßen erläutert: »*Nation* ist soviel als eine Anzahl Menschen, die einerlei Sprache reden oder einerlei Gesetze haben, oder endlich einem gemeinschaftlichen Regenten gehorchen. Das Wort *Volk* im Deutschen müßte billig ebendasselbe sagen, wenn nicht ein unbilliger Sprachgebrauch diesem Wort eine *klassierende* Bedeutung gegeben hätte . . .« – »Ich denke auch hier ⟨1783⟩, zur Ehre der Menschheit philosophisch richtig zu verfahren, wenn ich das Wort Volk weder im klassierenden noch im erniedrigenden Sinne nehme; sondern wie bei Nation diejenige Anzahl Menschen mir denke, die zusammen *ein Ganzes* ausmachen.« (a.a.O. Bd 3. S. 435.)

16. Bande des ›Allgemeinen Revisionswerkes‹.[37] Endlich in der vierten Epoche verkünden Fichtes ›Reden an die deutsche Nation‹ (1807/08) das Evangelium der Erziehung der Nation zum reinen freien Menschentum im *neuen* Staate, der von der einen in sich gleichen Nation getragen werden soll. Damit fallen ideologisch die Schranken der 1000jährigen ständischen Gesellschaftsordnung. Der eigentliche Gedanke des Volkes ist geboren, den schon Herder in einem tieferen geschichtlichen Sinn gefaßt hatte, und der, gleichzeitig mit Fichte, von den Romantikern, von Jahn und von Arndt fortgebildet wird. – Pestalozzi hat in seiner ersten Periode den Nationalerziehungsgedanken im Sinne der zweiten Stufe vertreten. Später näherte er sich Fichtes Standpunkt.[38] Jedoch blieben ihm in allen Phasen seiner Entwicklung die »Wohnstubenkräfte« das Entscheidende für Nationalglück und Nationalgedeihen.

In das ausgehende 18. Jahrhundert gehört eigentlich nur die Doppelzielsetzung: Erziehung zum aufgeklärten Menschen und zum gemeinnützig tätigen Bürger oder Bauern oder Armen. Die Überzeugung aber, daß dies die Aufgabe des Staates sei, ja daß er virtueller Gründer *aller* Schulen sei, hat sich am Schluß des Aufklärungsjahrhunderts durchgerungen. In Preußen stellt daher das 1794 veröffentlichte ›Allgemeine Landrecht‹ fest: »Schulen und Universitäten sind Veranstaltungen des Staates, welche den Unterricht der Jugend in nützlichen Kenntnissen und Wissenschaften zur Absicht haben.« Den Namen »Volksschule« kennt das ›Allgemeine Landrecht‹ noch nicht. Statt dessen tritt in Teil II, Titel 12, § 12 die Formulierung auf: »Gemeine Schulen, die dem ersten Unterricht der Jugend gewidmet sind, stehen unter der Direktion der Gerichtsobrigkeit eines jeden Ortes, welche dabei die Geistlichkeit der Gemeine, zu welcher die Schule gehört, zuziehen muß.« Das ›Allgemeine Landrecht‹ widmet dieser Schulstufe bereits 42 Paragraphen (§ 12–53).[39] Die Bezeichnung »Gemeine Schulen« hat sich später nicht durchgesetzt. Die in Berlin bis heute amtliche Benennung »Gemeindeschule« entspricht der Tatsache, daß die Gemeinde Hauptträgerin der Schullasten ist, hat aber sonst nichts Charakteristisches. Auch der Name »erste Schule«, eine Übersetzung des französischen »écoles

[37] Die Zuweisung des 1792 ohne Verfassernamen abgedruckten Aufsatzes ›Von der Notwendigkeit öffentlicher Schulen und von ihrem Verhältnis zu Staat und Kirche‹ an Trapp als Autor erfolgt auf Grund der Angaben bei Theodor Fritzsch, Ernst Christian Trapp. Dresden 1900. S. 109.

[38] Der 3. Stufe entspricht bei Pestalozzi die negative Bewertung des »gesellschaftlichen Zustandes« in den ›Nachforschungen‹ von 1797.

[39] Bekanntlich hat das künstlich aus dem Aufklärungsgeist erzeugte ALR nur »subsidiäre« Geltung gehabt, zur Ergänzung der weiter in Kraft bleibenden Provinzialgesetze. Landé, a.a.O. S. 63 ff.

primaires«, oder »kleine Schulen« ist nicht üblich geworden. Erst das Erwachen der Nation zu politischer Selbsttätigkeit und darauf ruhendem Einheitsbewußtsein hat die »Volksschule«, der Sache und dem Namen nach, hervorgebracht.

IV

Im 19. Jahrhundert gelangt die Volksschule, deren Vorformen wir bisher verfolgt haben, zur reifen Ausbildung. Sie ist das pädagogische Gegenstück zur neuen Sozialstruktur, die an die Stelle der ständischen Gesellschaftsordnung getreten ist. Das Bürgertum ist gleichsam die Normalstufe der Volkszugehörigkeit geworden; daher der Ausdruck »Staatsbürgertum« für das, was sich der dritte Stand errungen hat: die sittliche Freiheit der Person und die Gleichheit vor dem Recht. Zu den erkämpften mannigfachen Freiheiten gehört auch die Möglichkeit der freien Berufswahl. Schon aus diesem praktischen Grunde ist es in der neuen Epoche nicht mehr zeitgemäß, das elementare Schulwesen ständisch oder beruflich zu gliedern; dazu gesellt sich das höherliegende Motiv, das von Rousseau herkommt, erst den reinen Menschen nach all seinen Kräften auszubilden, ehe man ihm eine einseitige Bestimmung gibt. Weil dieser Gedanke im Kern mit der neuhumanistischen Grundidee verwandt ist, bezeichne ich im folgenden das Prinzip der allgemeinen Menschenbildung, das im guten Sinne als »formal«, nämlich als allseitige *Kraft*bildung aufzufassen ist, als das *humanistische* Motiv der Volksschule des 19. Jahrhunderts. Es besagt mehr als das kosmopolitisch gefärbte Menschheitsideal der Aufklärung; denn es ist durch Kants Pflichtethik und Fichtes Philosophie der Tathandlung metaphysisch vertieft. Dies ist das eigentümlich Deutsche am klassischen Ideal der allgemeinen Menschenbildung, daß es ursprünglich religiös-metaphysisch begründet war; was davon zuletzt stehengeblieben ist, war freilich nur ein Schatten. Unsre nationale Bewegung hat aus dem Glauben an den Wert der freien, menschlich voll entfalteten Persönlichkeit ihre beste Kraft gezogen. Das Erwachen der Nation und das Erwachen der Person in diesem Sinne bedeuten zwei Seiten eines und desselben Vorganges. Niemand versteht die Zeit der Stein, Hardenberg und Humboldt, der die eigenartige Zweipoligkeit ihrer geistigen Struktur nicht sieht: Nur der *ganze*, tätige »Mensch« trägt den Geist der »Nation« in sich und ist den neuen »Staat« mitzutragen berufen.

Für die Volksschule hat Pestalozzi die entsprechenden gedanklichen Grundlagen geliefert, und es ist schon nach der Art, wie Fichte seinen Schweizer Freund in seine Prophetien miteinfügte, kein Zweifel, daß man ihn in Preußen deshalb zu Hilfe rief, weil er die allgemein-menschlichen

Kräfte von der elementarsten Schicht geistiger Selbsttätigkeit her zu bilden bestrebt war. In dieser Richtung haben ihn schließlich so verschiedene Naturen wie W. v. Humboldt, Süvern, Nicolovius und Ludwig Natorp verstanden. Eine andere Frage ist es, ob Pestalozzi selbst in seiner »Methode«, die der Gefahr des Formalismus und der Routine auf die Dauer nicht entging, den vollen Sinn seines Werkes erblickt hat. Zu diesem weitgreifenden Problem ist hier nur rahmenhaft festzustellen: Pestalozzi hat unter dem Eindruck schwerer Enttäuschungen mit Kaiser Leopold II., unter dem philosophischen Einfluß Fichtes und dem politischen der französischen Revolution, seinen ursprünglichen Glauben an die erziehende Kraft des patriarchalischen Geistes (des ancien régime, wie er es idealisierte), lange Zeit zurückstellen müssen. In einer Waisen- und Armenschule zu Stans begannen 1799 seine Bemühungen um die Methode, und er hat zehn Jahre lang dem Ausbau dieses späten Fundes so viel Kraft gewidmet, daß er dadurch ein weltberühmter Mann wurde. Aber das war niemals der ganze Pestalozzi. In der Stille bewegten ihn immer zwei andere Gedanken: die Kraft der sittlichen Mächte, die sich in konzentrischen Kreisen als Familie, Arbeitsleben und väterlicher Staat um das werdende Individuum herumlagern, und ihnen gegenüber das hoffnungsvoll begrüßte, aber zunächst störend einwirkende Industriewesen, das die »Armen« sittlich gefährdete. Durch Erneuerung des Liebesgeistes und durch weise wirtschaftliche Lenkung die Armen zur Armut zu erziehen, blieb sein Hauptanliegen. Erziehung der Armen zur Industrie aber konnte er selbst sich noch nicht anders denken als in der Form früher Betätigung, ja des Selbsterwerbes der Kinder. Er wurde erst wieder glücklich, als er 1819 die Armenerziehungsanstalt in Clindy eröffnen konnte. Da wollte er »Menschen« erziehen, aber auch durch »physische Elementarbildung«, unter der nicht nur freie Leibesübungen, sondern ausdrücklich alle durch die Technik geforderten Vorübungen der Glieder für die Industrie zu verstehen sind.[40] Pestalozzi kam eben aus der alten Zeit her. Auch er war ein Philanthrop, aber nicht als Rationalist und Nützlichkeitsapostel. Seine letzte Parole hieß »Wahrheit und Liebe«. Er brachte einen eigentümlich irrationalen Wahrheits-

[40] Besonders zu beachten sind zwei Schriften von Pestalozzi: 1) Zweck und Plan einer Armen-Erziehungsanstalt, entstanden um 1806 (Sämtliche Werke, hrsg. v. Seyffarth. Liegnitz 1899 ff. Bd 3. S. 591 ff.). – 2) Ansichten über Industrie, Erziehung und Politik, mit Rücksicht auf unsern diesfälligen Zustand vor und nach der Revolution (daselbst Bd 12. S. 135 ff.), entstanden gemäß Seyffarth um 1822, gemäß Israel 1811. – Günter Barleben, Pestalozzis Stellung zum Industrieproblem und seine Industriepädagogik, Diss. Berlin 1933, erledigt die Frage noch nicht. – Vgl. E. Spranger, Pestalozzis Denkformen. Stuttgart 1947.

begriff mit, wie ihn *Flitner* besonders betont hat, und einen Liebesgeist, der aus dem tiefen Glauben an die göttliche Ordnung in jenen konzentrischen Lebenskreisen geboren war. Diesen *ganzen* Pestalozzi, der dann auch das Kantisch-Fichtesche Prinzip der sittlichen Autonomie in sich aufgenommen hatte, haben die preußischen Reformer nicht verstanden, sondern fast nur den Entdecker der dreiteiligen Elementarmethode der intellektuellen Grundkräfte, also der Formenlehre, Zahlenlehre und Sprachlehre. Einige, wie *Ludwig Natorp*, fügten dem auch bewährtes Bildungsgut (Realien) aus dem Kreise der Aufklärer und Philanthropen hinzu. In der Tat: es war nicht leicht, die einzigartige Genialität und überströmende Innerlichkeit eines Pestalozzi ganz zu verstehen, ehe sein Werk gesammelt vor Augen lag. –

Bereits vor der Schlacht von Jena beginnt sich das humanistische Motiv der allgemeinen Kraftbildung in der Literatur über die Volksschule zu regen. Die führenden Männer der preußischen Schulreform von 1809 bis 1819, *Wilhelm v. Humboldt, Schleiermacher* und der Fichteanhänger *Süvern*, arbeiten dann entschieden in der Richtung, den ökonomischen Geist, ja den Berufs- und Nützlichkeitsgeist aus der Volksschule wieder auszuscheiden.[41] Schon in seiner Rezension über ›J. Fr. Zöllners Ideen über Nationalerziehung, besonders in Rücksicht auf die Kgl. Preußischen Staaten, Erster Teil, 1804‹, die im folgenden Jahre erschienen ist, bekämpft Schleiermacher das alte Prinzip der Berufsgliederung der grundlegenden Schulen. Über die Industrieschulen als Erwerbsschulen heißt es hier: »Diese können auf die bisherige Weise, sobald der Staat, ordentlich organisiert, niedere Bürgerschulen anlegt, nicht mehr bestehen.« Genauer wird das Problem in den Vorlesungen über Pädagogik von 1826 erwogen. Schleiermacher rechnet hier die Industriearbeiten mit Pestalozzi in das Gebiet des Gymnastischen. Eine eigentliche Vorbereitung für das Geschäftsleben dürfen sie nicht sein, schon weil die erforderliche Arbeitsteilung eine zu frühe Spezialisierung zur Folge haben würde: »Jedes Spezielle gehört nicht in die Schule.« – Hingegen »gibt es Industrieschulen, namentlich für Knaben, in denen nichts von den eigentlichen Gewerben getrieben wird, in die sie nachher übergehen können, sondern nur solche Nebenbeschäftigungen und mechanische Tätigkeiten, die den leeren Raum, den die eigentlichen Gewerbstätigkeiten später übriglassen, zweckmäßig ausfüllen sollen, und die unter dem Namen Füllarbeiten in technologischer Sprache bekannt sind. Das aber steht mit unserem Kanon gar nicht in Widerspruch ...« Kürzer

[41] Nähere Darstellung bei W. Dilthey, Artikel ›Süvern‹ in: Allgem. Deutsche Biographie. Bd 37. S. 206–245. – E. Spranger a.a.O. II. – G. Thiele a.a.O. I und V.

gesagt: was allgemeinbildend ist und daher im Leben überall vorkommt, beansprucht mit Recht Aufnahme in die Volksschule.[42]

Einer näheren Untersuchung bedürfte es, wie weit der Pestalozzianer Carl August Zeller (1774–1846), der seit 1809 in Ostpreußen Normalinstitute, das heißt Musterschulen mit praktischer Lehrerausbildung, einrichten sollte, die Tradition der Armen- und Industrieschulen fortzusetzen gedachte.[43] Naturgemäß schloß er seine Aufbauarbeit mit Vorliebe an bestehende Waisenhausschulen an. Der Chef der Unterrichtssektion W. v. Humboldt, dessen Stellung zu der Frage ich anderwärts behandelt habe, und der Staatsrat Süvern waren zu entschieden gegen alles Berufliche in den grundlegenden Schulen, als daß der industrielle Zusatz, ja auch nur der utilitarische Charakter der Volksschulen sich hätte hindurchretten können: Geistige Selbsttätigkeit und allseitige Kraftbildung (= allgemeine formale Bildung) wurden jetzt die beherrschenden Leitmotive. Als neues Unterrichtsfach tritt – von den bekannten politischen Gegenströmungen vielfach behindert – das *Turnen* auf; denn zur »allseitigen« Kraftbildung gehören natürlich auch elementare Leibesübungen.

Man ist berechtigt, die Idealgestalt der Volksschule jener Reformzeit aus dem preußischen Unterrichtsgesetz abzulesen, das Süvern 1819 entworfen hat – obwohl es infolge des politischen Kurswechsels nicht zur Einführung gelangt ist. Der Entwurf steht stark unter dem Einfluß von Fichtes Idee der Nationalerziehung und will sie gleichsam den Bedingungen der historischen Wirklichkeit gemäß realisieren. Nachdem die allgemeine Wehrpflicht neben die allgemeine Schulpflicht getreten war, konnte Süvern in dem vorangeschickten Promemoria den Staat mit Recht als eine »Erziehungsanstalt im großen« bezeichnen und sich auf Lykurgus, die Jesuiten und Napoleon berufen; auch er strebte ja, durch Erziehung einen einheitlichen Geist in der Nation zu erzeugen. Übrigens verdient es Beachtung, daß C. A. Zeller vor 70–80 Offizieren unter Führung des Generals Scharn-

---

[42] Die Zöllnerrezension ist abgedruckt in: Aus Schleiermachers Leben. In Briefen. Hrsg. von F. Jonas und W. Dilthey. Bd 4. Berlin 1863. S. 593 ff. – Die Vorlesungen über Pädagogik, hrsg. von C. Platz, bilden Bd 9 der 3. Abt. von F. Schleiermachers Sämtlichen Werken, Berlin 1849, besonders S. 404, 414, 671. – Der im Text erwähnte ›Kanon‹ lautet: »Der Schule kommt alles zu, was Unterricht und Übung der Fertigkeit ist, mit Ausnahme der Kenntnisse und Fertigkeiten, die sich auf eine speziellere Geschäftstätigkeit beziehen. Diese fallen in die Familie.« (a.a.O. S. 368.) – Vgl. Franz Kade, Schleiermachers Anteil an der Entwicklung des preuß. Bildungswesens von 1808–1818. Leipzig 1925. S. 199; 14 f.

[43] Ernst Feucht, Carl August Zeller, ein württembergischer Pestalozzianer (1774–1846), Stuttgart 1928, reicht historisch nicht zu. – Über den im Text weiter unten S. 164 f. erwähnten Vortrag vor Scharnhorst, vgl. S. 28.

horst einen Vortrag über den ›Einfluß der Volksschule auf die Wehrhaftigkeit eines Volkes‹ gehalten haben soll.

Für das ganze Jahrhundert behält die Definition Geltung, mit der der erste Paragraph des Süvernschen Gesetzes beginnt: »Als öffentliche und allgemeine werden diejenigen Schulen und Erziehungsanstalten anerkannt, welche die allgemeine Bildung des Menschen an sich und nicht seine unmittelbare Vorbereitung zu besonderen einzelnen Berufsarten bezwekken . . ., unter öffentlicher Aufsicht und Leitung und jedem nach bestimmten allgemeinen und besonderen Bedingungen zur Benutzung offenstehen.« Der Organismus dieses nationalen Bildungswesens soll drei Stufen umfassen: Elementarschule, allgemeine Stadtschule und Gymnasium. § 3, 2 erläutert den Begriff der Volksschule folgendermaßen: »Auf der ersten dieser Stufen soll sich die Schule mit der ersten methodischen Entwicklung der menschlichen Anlagen und Hervorbringung der inmittelst derselben zu gewinnenden Einsichten, Kenntnisse und Fertigkeiten beschäftigen, dem Bildungsbedürfnisse der untern Volksklasse in den Städten und auf dem Lande genügen und *allgemeine Elementarschule* heißen.«

Die alten Bildungsgüter treten mit zeitgemäßen Abwandlungen wieder auf: Entsprechend der Einsicht Pestalozzis, daß das Lesen, Schreiben und Rechnen keine letzten geistigen Elementarakte seien, werden die Überschriften »Zahlenlehre« und »Form- und Maßverhältnislehre« gewählt; unter der letzteren ist auch das (geometrische) *Zeichnen* befaßt, das wohl als neuer Gegenstand anzusehen ist. Ebenfalls an Pestalozzi erinnert die Formulierung, in der die *Leibesübungen* gefordert werden; denn sie schließt die Sinnesübungen mit ein. Natürlich bleibt Religionslehre an der Spitze erhalten; aber zum Kirchengesang tritt der *Volksgesang*. Bei den Realien findet sich eine leichte vaterländische Betonung, wie sie auch früher nicht gefehlt hat: »Die Anfangsgründe der Naturkunde, der Erdbeschreibung und Geschichte, sowohl im allgemeinen als auch in besonderer Hinsicht auf den preußischen Staat.« Eine bescheidene Erinnerung an die wirtschaftlichen Interessen des 18. Jahrhunderts bleibt trotz allem stehen: »Die einfachsten Handarbeiten und einige anschauliche Belehrungen über die landwirtschaftlichen Geschäfte, beides nach Verschiedenheit der Gegenden und ihres Gewerbes.« Aber das ist schon Ausstattung höher entwickelter Elementarschulen; denn das Gesetz unterscheidet bereits drei Stufen dieser Schulform. Die Liste der Mindestforderungen lautet: »Religion, Lesen, Schreiben, Rechnen und der Gesang«, geht somit über den Urbestand des 16. Jahrhunderts nicht hinaus.

Wenn also sachlich nicht viel Neues auftritt, so erwartet man, daß nach den Befreiungskriegen der vaterländische Geist in allem sehr viel stärker und wärmer zur Geltung gelangt sein wird. Aber dieser Geist lebte gleichsam in zwei Gestalten: 1. Für den klassischen deutschen Idealismus lag das charakteristisch Deutsche in dem freien, persönlichen Menschentum mit entschiedener Pflichtbindung an den Staat. Auf den Höhen der Bildung drückte sich dieses Deutschtum in dem neuhumanistischen Verwandtschaftsgefühl zum idealisierten Griechentum aus.[44] Für die einfacheren Schichten wurde ebenfalls die Entfaltung zur Ganzheit als normativ gesetzt; denn jeder Mensch verfüge über geistige Grundkräfte, die um der Menschenwürde willen, um der Weltkenntnis und um des Staates willen entwickelt werden müßten. Alles dies aus sich herauszuholen, empfand man als deutsch. 2. Die Romantiker betonten stärker das durch die Geschichte bezeugte und in ihr bewährte deutsche Wesen. Sie folgten den Spuren Herders und suchten uraltes deutsches Volksgut wieder zu beleben. Sie ahnten mit einem durch Herder belebten feinen Sensorium den nationalen Wert der frühen, kindlich unbewußten Jugendstadien des Volkes mit ihrer Schöpferkraft in Mythen, Märchen und Gesängen. In diesem Sinne pflegten sie die volksverbindende Tradition und zeigten den nachfolgenden Generationen den Weg zu einer vertieften Volkstumskunde und sachbezogenen Volkskunde.

Für den Entwicklungsgang der deutschen Volksschule ist es nun ein entscheidendes Schicksal geworden, daß diese mehr romantischen Tendenzen, wenn überhaupt, so erst ganz spät im 19. Jahrhundert in sie Eingang gefunden haben. Die Romantiker selbst haben sich auffallenderweise um die Volksschule gar nicht gekümmert; sogar Schleiermacher zögerte anfangs, das Literarische ins Volk hineinzutragen.[45] Nur patriotische Sondergestalten, wie L. Jahn und E. M. Arndt, dringen früh mit ihren Auswirkungen in die Volksschule ein, dann auch nationale Freiheitsdichter bis zu Uhland und Freiligrath hin. Vor 1848 überwog noch die Nachwirkung der Aufklärung und die von ihr herrührende Überzeugung, »volkstümlich« sei das ganz einfach und klar Gedachte und das im Leben nützlich Verwertbare. Selbst bei Pestalozzi fehlt noch der Sinn für Volkstradition und alles, was sich nur mit einem verfeinerten historischen Organ verstehen läßt. Wann zuerst die Interessen- und Forschungsrichtung auch nur der Brüder Grimm auf die Volksschule übergestrahlt ist, wäre noch näher zu untersuchen. Es wird nicht viel vor Rudolf Hildebrands berühmtem Buch ›Vom deutschen Sprachunterricht‹ (1867) geschehen sein.

---

[44] Vgl. E. Spranger, Der Anteil des Neuhumanismus an der Entstehung des deutschen Nationalbewußtseins. In: Volk, Staat, Erziehung. Leipzig 1932.

[45] Über die später überwundene Abneigung Schleiermachers gegen das »Literatische« in der Volksbildung vgl. Thiele, a.a.O. I. S. 68; 125. Kade, a.a.O. S. 12, 25.

Auf die Herrschaft der Pestalozzianer in der ersten Hälfte des Jahrhunderts folgte in der zweiten der lange anhaltende Einfluß der Herbartischen Pädagogik, die einen modernisierten Aufklärungstypus verkörpert und kaum Spuren echter historischer Denkweise zeigt. Ihre Theorie vom »erziehenden Unterricht« ist im Kern stark intellektualistisch. So blieb das *eigentlich* Volkstümliche der deutschen Volksschule viele Jahrzehnte hindurch fern, und W. Flitner hat nicht ganz unrecht, wenn er von dem Maßstabe aus, was eigentlich hätte geschehen können, etwas übertreibend feststellt: »Durchgesetzt hat sich nur die zivilisatorische Auffassung von der Volksschule: ihr blanker Nutzwert für das Wirtschaftsleben und für die äußerliche staatliche Arbeit war dem positivistischen Zeitgeist allein völlig einleuchtend.« (S. 101.)

Unter solchen Gesichtspunkten wäre es dringend notwendig, einmal die Geisteswelt der preußischen Pestalozzianer zu untersuchen, die ganze Lehrergenerationen herangebildet, ihr Standesbewußtsein geformt und dadurch auch der preußischen Volksschule das Gepräge gegeben haben. Ihre beiden Führer, Wilhelm Harnisch (1787–1864) und Adolph Diesterweg (1790–1866) sind beide keine direkten Schüler von Pestalozzi; sie weichen nicht unerheblich von seinen Bahnen ab. Harnisch gehört zu denen, die Pestalozzis Grundanschauung von den organischen Lebenskreisen erfolgreich in der Richtung auf den Heimatbildungsgedanken ausgebaut haben.[46] In religiös-kirchlicher Richtung wurde er zunehmend konservativ. Diesterweg ist seiner Grundrichtung nach reiner Aufklärungsmann, trotz leiser Einflüsse, die er von Schleiermacher erfahren hat. Sehr früh wurde er durch die von Frankreich herüberwirkende Sozialproblematik berührt; er hat das Verdienst, die Volksschule als einer der ersten im Lichte der sozialen Frage betrachtet zu haben. Aber er verwechselte im Stile der Fortschrittsgläubigkeit seiner Zeit überall das Wasserklare, Verständige, mit dem Volkstümlichen, und auch sein überkonfessionelles Christentum war ein solches Verdünnungsprodukt. Wie wir heute die Epoche zwischen 1830 und 1890 geistesgeschichtlich überwiegend als eine Abkehr von den tieferen deutschen Wesenszügen, als eine Überfremdung durch den eindringenden Positivismus empfinden, zweifeln wir auch, ob die Linie, in der Diesterweg das deutsche Volksschulwesen wohlmeinend und maßgeblich gesteuert hat, wirklich zu seinem Heile ausgeschlagen ist. Die »Realien« freilich gelangten zu großer Blüte; aber vom Realismus allein können sich die aufbauenden Volkskräfte nicht nähren. –

[46] Vgl. Oskar Johannes Singer, Harnischs ›Weltkunde‹. Diss. Leipzig 1914. – E. Spranger, Der Bildungswert der Heimatkunde. Leipzig 1943. (Reclamheft).

Auch in die realpolitischen Parteikämpfe der Epoche von 1819–1870 wurde die Volksschule unvermeidlich hineingerissen. Die Schule gilt ja immer, wo sie zu äußerlich verstanden wird, als ein politisches »Instrument« für einzelne Gruppen. Das hatte sich schon in der großen französischen Revolution angebahnt. Damals haben sich die typischen schulpolitischen Grundstandpunkte gebildet, zwischen denen dann auch in Deutschland seit 1819 unablässige Kämpfe entbrannten. Sie können in diesem Zusammenhang nicht behandelt werden.[47] Aber lehrreich ist wenigstens ein vergleichender Blick auf Frankreich im 19. Jahrhundert. Von den drei Programmpunkten der liberal-fortschrittlichen Gruppen, die dort besonders auf dem Gebiete der Volksschule laut wurden, liberté d'enseignement, gratuité, laïcité, sind die beiden ersten auch in Deutschland aufgenommen worden. Die Forderung der reinen Weltlichkeit hingegen hat, von einigen Radikalen abgesehen, im 19. Jahrhundert erst die Sozialdemokratische Partei mit dem Erfurter Programm von 1891 ausdrücklich aufgebracht. Die vieldeutige Forderung der liberté d'enseignement hat in Deutschland für das Volksschulwesen nur im Zusammenhang mit dem konfessionellen Problem größere Bedeutung gewonnen. Der Grundsatz wurde jedoch in gemilderter Form auch in die Preußische Verfassung von 1850 (Artikel 22) aufgenommen. Der letzte Satz von Artikel 25: »In der öffentlichen Volksschule wird der Unterricht unentgeltlich erteilt« blieb lange Zeit nur auf dem Papier stehen und wurde erst 1888 verwirklicht.[48]

Je stärker sich die Parteien in Deutschland herausarbeiteten, um so mehr beteiligten sich auch weitere Kreise an den Fragen der Schulpolitik. Es waren die fortschrittlich gesinnten Lehrer, die durch lebhafte Beeinflussung der Öffentlichkeit ihre aus der Aufklärung erwachsenen liberalen, demokratischen, schließlich auch sozialdemokratischen Forderungen zur Geltung brachten. So wurden auch die führenden politischen Köpfe für die Sache der Volksschule interessiert; sie erhielt »Publicität«. Da in Deutschland jedes Parteiprogramm einen weltanschaulichen Hintergrund hatte, so entstand seit 1819, besonders aber seit 1840, ein weltanschauliches Ringen um die Volksschule.

Dabei nahm die wichtigste Stellung das konfessionelle Problem ein: die drei Hauptmöglichkeiten: Konfessionsschule, Simultanschule und vernunftchristliche (humanitätsreligiöse) Schule wurden mit historischen und staatsrechtlichen Gründen verfochten, wobei in Preußen vor allem Sinn und Geltung des Allgemeinen Landrechtes strittig wurden. In engster Verbindung

[47] Vgl. E. Spranger, a.a.O. I und III.
[48] Vgl. Landé, a.a.O. S. 30. 359.

mit diesem inneren Bildungsgehalt der Volksschule stand die Frage, welcher Anteil an der Schulaufsicht den Kirchen verbleiben sollte, die man später juristisch nur noch als »Religionsgesellschaften« bezeichnete. Bis zur Forderung einer rein weltlichen Volksschule ist man im sog. »Kulturkampf« nicht gegangen. Das preußische Schulaufsichtsgesetz von 1872 bestimmte nur, daß die Geistlichen, wofern sie noch die Schulaufsicht führten, »im Auftrage des Staates« handelten. Auch die Weimarer Reichsverfassung von 1919 brachte es in der konfessionellen Frage nur zu dem bekannten »Schulkompromiß«, mit dem in der Praxis nicht zu arbeiten war.

Der zweite Hauptpunkt des Streites war die »Einheitsschule«. Das Schlagwort, manchmal durch die Formel »einheitlicher Organismus des nationalen Bildungswesens vom Kindergarten bis zur Hochschule« erläutert, hatte einen schwer greifbaren Inhalt. Auf demokratischer Seite ging die Maximalforderung dahin, den allgemeinverbindlichen Unterbau aller höheren Schulen soweit auszudehnen, wie die Schul*pflicht* reichte, also (in den meisten Ländern) bis zu acht Schuljahren. Diese Tendenz wurde übrigens in allen europäischen Kulturstaaten sichtbar.

Weitere Gegenstände der schulpolitischen Auseinandersetzungen waren: die Formen der Lehrerbildung, Rechte und Besoldung der Lehrer, innere Bestimmung der Schulen, Fortbildungsanstalten. Eine auffallend geringe Rolle spielt im ganzen 19. Jahrhundert die politische Erziehung in der Schule; nur gelegentlich tritt um 1848 die Forderung nach »Gesetzes- und Verfassungskunde« auf.

Über die aufgeworfenen Fragen wurde natürlich keine Einigung unter den Parteien erreicht. Man setzte in Preußen die Hoffnung auf ein künftiges spezielles Unterrichtsgesetz, wie es Frankreich seit 1833, Sachsen seit 1835, Württemberg seit 1836 besaßen. Die preußische Verfassung vom 31. Januar 1850 verordnete in Artikel 26: »Ein besonderes Gesetz regelt das ganze Unterrichtswesen.« Trotz einer langen Reihe von Entwürfen dazu ist es in Preußen immer nur zu bescheidenen Teillösungen gekommen, unter denen das Volksschulunterhaltungsgesetz von 1906 und das Schulpflichtgesetz von 1927 die wichtigsten sind. Auch das in § 146, 2 der Weimarer Reichsverfassung in Aussicht gestellte Reichsschulgesetz ist nicht erlassen worden. Für unser Gebiet bedeutet einen Teilersatz das Reichsgrundschulgesetz vom 28. April 1920 und das Reichsschulpflichtgesetz von 1938.[49] –

[49] Die Katakombe, in der die vor Falk entstandenen Entwürfe beigesetzt sind, führt den Titel: Die Gesetzgebung auf dem Gebiete des Unterrichtswesens in Preußen. Vom Jahre 1817–1868. Berlin 1869. – Leopold Clausnitzer und Heinrich Rosin, Geschichte des preußischen Unterrichtsgesetzes. Spandau 1912.

Ich werfe nur noch einen kurzen Blick auf die innere Entwicklung der Volksschule in Preußen nach 1848. Auf die Zeit liberaler und demokratischer Siege in der Schulpolitik folgte unter dem Minister v. Raumer eine Epoche der Reaktion, die für die Volksschule in den drei Stiehlschen Regulativen vom 1., 2. und 3. Oktober 1854 ihren Ausdruck fand.[50] Die reaktionäre Schulpolitik wird seit den Tagen Wöllners im wesentlichen von der Furcht vor der Revolution diktiert. Man führte die Erschütterungen von 1830 und 1848 auf eine zu weit getriebene Aufklärung und auf Überbildung der einfachen Volksschichten zurück. Auch auf dieser Seite hatte man keinen produktiven Begriff von wahrhaft volkstümlicher Bildung. Gerade in diesem Jahrzehnt entstanden ja erst die Werke von W. H. Riehl und Gustav Freytag, die langsam den Blick dafür zu öffnen halfen. Gewiß gehörte zum Volkstümlichen der alte christliche Glaube. Aber die Zeit war vorüber, wo man die Volksschule ausschließlich auf religiöse Bildungsstoffe stellen konnte. Die Stiehlschen Regulative machen den Versuch, sie so gut wie ganz auf diese Grundlage zurückzuschrauben. Sie bedeuten eigentlich die *Wiederausscheidung* der Fächer, die sich seit dem 17. Jahrhundert an den religiös-weltlichen Kern der Volksschule ankristallisiert hatten; man findet sich an die Bet- und Leseschule des Reformationsjahrhunderts erinnert. Schon daß die einklassige ländliche Volksschule als Normalform aufgestellt wird, zeigt die Tendenz zur Bildungsbeschränkung. »Wahrhaft christliche Volksbildung« und vaterländische Bildung werden beinahe gleichgesetzt; die »Bedürfnisse des Lebens« scheinen nur in kirchlichen Bedürfnissen zu bestehen. Die Regulative bekämpfen in Pestalozzis »Methode« den Irrweg einer bloß formellen Bildung: »Der Gedanke einer allgemein menschlichen Bildung durch formelle Entwicklung der Geistesvermögen an abstraktem Inhalt hat sich durch die Erfahrung als wirkungslos oder schädlich erwiesen.« Von den Unterrichtsgebieten bleiben nur vier als allgemeinverbindlich übrig: 1. Religion mit sechs Stunden, 2. Lesen, deutsche Sprache und Schreiben mit zwölf Stunden, 3. Rechnen mit fünf Stunden, 4. Gesang (Kirchengesang und Volkslieder) mit drei Stunden. Die Realien – es werden nur Vaterlandskunde und Naturkunde genannt – sind zusätzlich mit drei Stunden »gestattet«; wo diese nicht angesetzt werden, soll man den betreffenden Stoff ausschließlich dem Lesebuch entnehmen. Auch Zeichnen (nur als Linearzeichnen) ist mit einer Stunde zugelassen. Theoretische Kenntnis der Grammatik wird nicht gefordert. Der ganze Ton der Verordnung ist patriarchalisch-frömmelnd; er mußte von den Lehrern, die in den Kämpfen von 1848 nach »Emancipation« gestrebt hatten, als eine Beleidigung des Standes empfunden werden.

[50] Text bei Rönne, a.a.O. Bd 1. 895 ff.

Man hat den Versuch gemacht, die Stiehlschen Regulative unter geistesgeschichtlichen Gesichtspunkten zu rechtfertigen. Wir heute sind den Gegensätzen von damals fern genug gerückt, um ohne Leidenschaft feststellen zu dürfen, daß sie ein dunkler Fleck in der Geschichte der preußischen Volksschule bleiben. Nur 18 Jahre haben sie – von Diesterweg und seiner Gefolgschaft glühend bekämpft – amtliche Geltung behalten. Sie wurden am 15. Oktober 1872 unter dem Minister Falk durch die von Karl Schneider verfaßten ›Allgemeinen Bestimmungen betr. das Volksschul-, Präparanden- und Seminarwesen‹ ersetzt.[51] Eine geistesgeschichtliche Untersuchung dieser Verordnung, mit der die preußische Volksschule für das 19. Jahrhundert und darüber hinaus ihre endgültige Gestalt empfing, hat man noch nicht unternommen. Sie würde nur möglich sein im Zusammenhang mit einer Beleuchtung des gleichzeitig einsetzenden Kulturkampfes und mit dem Unterrichtsgesetzentwurf von Falk, der bis heute nicht veröffentlicht ist. Schneider selbst hat bekannt, in mancher Beziehung durch die Dekrete des französischen Unterrichtsministers Duruy beeinflußt zu sein. Gemäß dem Stil der Epoche tritt aber eigentlich Ideologisches überhaupt kaum zutage. Die Sprache ist nüchtern-sachlich; es wird gesagt, was zu geschehen hat, mehr nicht, Nur die Tendenz, konfessionelle Gegensätze in der Volksschule möglichst wenig hervortreten zu lassen wird erkennbar.

Der Gedanke des »Volkstümlichen« im weiten und guten Sinne, wie er uns heute geläufig geworden ist, fehlt auch hier. Wollte man also die Geschichte der deutschen Volksschule fortführen, so müßte man auf die Strömungen seit 1900 achten, die den Sinn für Volkstum, Volkskunde und echte Volksbildung gefördert haben. Sie hängen mit einer sich leise andeutenden Neuromantik zusammen, kommen aber noch von ganz anderen Seiten her.

Die Unterrichtsgegenstände, die in der ›Allgemeinen Verfügung über Einrichtung, Aufgabe und Ziel der deutschen Volksschule‹ vom 15. Oktober 1872 auftreten, spiegeln den Ertrag der 350jährigen Entwicklung, die wir verfolgt haben. In der folgenden Liste sind die wöchentlichen Stundenzahlen in Klammern beigefügt, um einen Vergleich mit den Stiehlschen Regulativen zu ermöglichen. Sie schwanken gemäß den drei Stufen, in die die Volksschule gegliedert wird, wie denn auch nicht mehr die einklassige Schule als Normalform gilt; man unterscheidet jetzt: mehrklassige Volksschule, Schule mit zwei Lehrern und Schule mit einem Lehrer (als ein-

[51] Text bei K. Schneider und E. v. Bremen, a.a.O. Bd 3, S. 403 ff. – Vgl. Karl Schneider, Ein halbes Jahrhundert im Dienste von Staat und Kirche. Berlin 1900.

klassige oder als Halbtagsschule). Es treten auf: Religion (4–6), Deutsch (11–7), Rechnen nebst Raumlehre (4–5), Zeichnen als Freihandzeichnen und als geometrisches Zeichnen (1–2), Knabenturnen (2), Mädchenhandarbeiten von der Mittelstufe an (2). Die Realien beginnen auf der Mittelstufe mit sechs Stunden und gehören zu den verbindlichen Unterrichtsstoffen. Im einzelnen werden genannt: Geschichte, Geographie, Naturbeschreibung und (physikalische) Naturlehre. Hierbei soll auf das Vaterländische und das Heimatliche (bzw. Erfahrungsnahe) besonderes Gewicht gelegt werden. Eine entschiedene Wendung zum staatsbürgerlichen Unterricht (im Anschluß an »Geschichte«) ist erst 1890 auf Grund der Kabinettsorder vom 1. Mai 1889 erfolgt.

Die preußischen ›Allgemeinen Bestimmungen‹ sind geeignet, ein Bild davon zu geben, welchen Gehalt die deutsche Volksschule im 19. Jahrhundert erreicht hat und nicht erreicht hat. Das Entscheidende bleibt die Herrschaft des Prinzips der allgemeinen Menschenbildung mit starken Zügen, die aus dem Intellektualismus der Aufklärung herstammen. Die Fächer und Fächergruppen in ihrem historischen Ursprung sonst sind nunmehr hergeleitet. Von der praktisch-ökonomischen Tendenz der Volksschule des 18. Jahrhunderts ist jedoch nichts mehr übrig geblieben.

Schluß

Es ist meine Absicht gewesen, einen rahmenhaften Überblick über die Entstehungsgeschichte der deutschen Volksschule zu geben. Schon das 19. Jahrhundert habe ich dabei nur mit wenigen Strichen skizziert. Das 20. Jahrhundert bringt einen vielseitigen inneren Ausbau, den zu behandeln nicht in dem Plan dieser Studie lag. Nur auf *ein* Problem drängt die vorangehende Darstellung so deutlich hin, daß ihm noch einige Worte zu widmen sind.

Die Wiederausscheidung der wirtschaftlichen Seite aus dem Unterrichts- und Erziehungsziel der Volksschule ist im 19. Jahrhundert unter dem Einfluß des Ideals der reinen allgemeinen Menschenbildung mit einer Entschiedenheit erfolgt, wie sie nur eine Art von Glaubensbekenntnis hervorbringen konnte. Seit langem ist es die Frage, ob wir uns nicht – unter wesentlich veränderten Verhältnissen – in dieser Hinsicht anders einstellen müssen. Denn so sehr die allgemeine Volksschulbildung ihren Mittelpunkt in der Entfaltung von Kräften haben muß, die gegen die gemeine Not des Tages stark machen und eine höhere Ansicht des Lebens vorbereiten, vollzieht sie sich doch niemals in einem gleichsam luftleeren Raum, wie ihn Rousseaus Gedankenexperiment für die Erziehung herstellen wollte. Sie muß in fruchtbarer Verbindung zu *allen* wesentlichen Gehalten des kulturellen Volksbesitzes stehen und die elementaren Vorbedingungen dafür schaffen, daß er bewahrt und weitergebildet wird. Dazu gehört auch die wirtschaftliche Arbeit, die für die Volksschüler das entscheidende Schicksal ihres Lebens bedeuten wird, bei vielen schon vom ersten Tage nach ihrer Schulentlassung an.

Es war daher kein Zufall, daß um die Wende des 19. und 20. Jahrhunderts eine pädagogische Bewegung sichtbar wurde, die in ungeheurer Vielseitigkeit und mit manchen seltsamen Auswüchsen das eine Thema umkreiste: die *Arbeitsschule*. Darunter wurde sehr Verschiedenes verstanden: nur geistige Selbsttätigkeit oder mit besonderer Betonung *Hand*arbeit – Handarbeit als Erzeugung nützlicher Güter oder als künstlerisches Gestalten; Arbeit als bloßes Erziehungsmittel zur Entbindung körperlicher und geistiger Kräfte oder schon als Vorschule von Handwerk und Industrie; ja sogar das alte Programm der wirtschaftlich ertragreichen Produktionsschule tauchte in sozialistischer Färbung wieder auf. Die Auseinandersetzung wurde, wie immer in Deutschland, mit der Leidenschaft weltanschaulicher Gegensätze geführt und verwob sich mit grundsätzlichen Einstellungen politischer Parteien. Es ist ratsam, das Thema von so schweren Rüstungen zu entkleiden und zunächst nur auf die einfache Lebenstatsache hinzuweisen, daß jedes normale Kind im bäuerlichen Lebenskreise sich ganz von selbst früh für die Arbeit seiner Eltern interessiert, daß *alle Kinder* unserer Zeit einen glühenden Wissensdrang für die ringsum das Leben durchwirkende Technik mitbringen. Eine Schule würde sich also sehr starker natürlicher Antriebe zum Lernen selbst berauben, wenn sie an den echten Bildungswerten der Arbeitswelt vorüberginge.

Seit dem pseudonym erschienenen Buch von *Karl Friedrich (Biedermann):* ›Die Erziehung zur Arbeit, eine Forderung des Lebens an die Schule‹ (Leipzig 1852) pocht dieser Gedanke an die Türen der Volksschule und fordert wieder Beachtung. Mir scheint, daß der Geist, in dem *Georg Kerschensteiner* die Idee der Arbeitsschule vertreten hat, genau die Richtung traf, in der die deutsche Volksschule der Ausgestaltung bedurfte. Kerschensteiner hielt dabei das humanistische Motiv durchaus fest. Richtig verstanden, muß es allen unseren grundlegenden Schulen erhalten bleiben, nämlich in dem Sinne, daß in dem Kinde alle wertvollen Anlagen zu Fertigkeiten und Kenntnissen entfaltet werden sollen, daß aber kein spezieller *Beruf*skreis (auch der gelehrte nicht!) auf dieser Stufe einseitig zur Herrschaft kommen darf. Das ist – für die Volksschule – ein unantastbares Erbe Pestalozzis, wie auch der zweite Grundgedanke bei Kerschensteiner, daß das Schulleben von Selbsttätigkeit durchwirkt sein solle; denn der junge Mensch will und muß leiblich und geistig *tätig* sein. Endlich stammt von Pestalozzi das pädagogische Grundprinzip, daß der Mensch in *seinen* Lebenskreisen zu bilden sei. Die Schule bemüht sich, selbst einen jugendlichen Lebenskreis zu verwirklichen. Er ist aber wieder eingelagert in die bildenden Mächte des Volkslebens, und unter ihnen darf der Kreis der Arbeitswelt nicht außer acht bleiben, wenn er auch noch nicht in der Gestalt von Spezialberufen schulisch zur Geltung kommen soll. Dies alles hat Kerschensteiner in der Rede zur Pestalozzifeier in Zürich 1908 programmatisch betont und in einem reichen Lebenswerk theoretisch und organisatorisch weiter ausgeführt.[52]

In gedrängter Kürze wäre die Aufgabe so zu formulieren: Das Elementare, das durch *alle* Arbeitsgebiete hindurchgeht, muß in seiner bildenden Kraft auch für die Volksschule fruchtbar gemacht werden. Die Landwirtschaft wie die Industrie gehen auf Urtätigkeiten zurück, die im Unterricht zur Anschauung gebracht und plastisch erlebt werden können. Erste Erfahrungen an den verbreitetsten Materialien, wie Erde, Papier, Holz, Eisen (»Eisen erzieht«), haben eine bildende Wirkung; ebenso das Säen und Aufziehen von Pflanzen, das Pflegen von Tieren. Was davon »nützlich« ist, ist im Bildungsverfahren nicht verboten; vielmehr behält der Goethesche Satz, den er als Wahlspruch eines philanthropisch geleiteten Gutsbetriebes auftreten läßt: »Vom Nützlichen durchs Wahre zum Schönen«, auch für unsre Welt seine pädagogische Berechtigung. – Was den bildenden Umgang mit Werkstoffen angeht, so ist heute in der sog. Einfachstschulung im Sinne von Arnhold und Mathieu bereits ein fruchtbarer Anfang gemacht worden. Das sind geistweckende »Urphänomene« der Arbeitswelt. Und für die Berührung der Mädchen mit den Elementen des hauswirtschaftlichen Arbeitskreises ist ebenfalls schon gesorgt.[53]

Es ist ferner die Frage, ob das 19. Jahrhundert recht tat, wenn es den Unterschied der Bildungsgüter, die für Landschulen und Stadtschulen geeignet sind, grundsätzlich außer acht ließ. Obwohl inzwischen durch die fortschreitende Technisierung der Landarbeit manche dieser Unterschiede sich schon ausgeglichen haben, werden doch Landarbeit und Industrie wesensmäßig gesonderte Kreise des Volkslebens bleiben; *beide* werden ihr eigentümliches Recht an den Bildungsgütern der Schule beanspruchen. So sehr wir uns vor einer falschen Romantisierung des Bauerntums hüten müssen: seine unsterbliche Bedeutung für das Volksganze ist uns entschieden klar geworden. Wenn die ländliche Schule sich auch darauf wieder stärker

---

[52] Zuerst abgedruckt in: Grundfragen der Schulorganisation. 2. Aufl., Leipzig 1910.

[53] Vgl. Eduard Spranger, Von der Fruchtbarkeit des Elementaren. In: Die Schule. Jg. 3. 1948. S. 161–164.

einstellt, so pflegt sie damit Urkräfte des Denkens und Dichtens, der Arbeit, des Spiels und der Feier, die nicht ganz dem Aufklärungsgeist und der »Rechenhaftigkeit« verfallen dürfen. Aus diesem Bereich erdnaher Kräfte bauen sich Sitte, Ordnung und Idealbildung des Volkes immer wieder auf. Die fruchtbaren Formen, in denen dies alles innerhalb der Schule wirksam zu werden vermag, müssen erst wieder gefunden werden.[54]

Haben wir doch auch in anderer Beziehung gelernt, einfacheren Bewußtseinsgestalten pädagogisch Rechnung zu tragen. Nach Friedrich Fröbels genialen Anfängen ist heute eine Kinderpsychologie emporgeblüht, von der das 19. Jahrhundert noch wenig wußte. Wiederum hat es zeitweise nicht an Übertreibungen gefehlt. Der Satz: »Alles vom Kinde aus« war eine solche Verirrung. Wie aber das 17. Jahrhundert die »Methode« entdeckt hat, so hat unsre Zeit die Kindesseele entdeckt und damit Voraussetzungen, die für jedes fruchtbare Bildungsverfahren maßgebend sind. Wir wissen um »das Kindertümliche« und »das Volkstümliche« besser Bescheid als frühere Epochen und tragen daher ein ganz anderes Idealbild von der Volksschule in der Seele als sie.

Von allen erwähnten Ansätzen ist der wichtigste die Wiederherstellung der Brücken, die von dem Wirtschaftlichen zur Volksschule führen und umgekehrt. Dabei müssen die Fehler des 18. und beginnenden 19. Jahrhunderts vermieden werden. Ich drücke die Aufgabe leitsatzmäßig so aus: *»Die deutsche Volksschule hat die Pflicht, die Humanisierung des Arbeitslebens vorzubereiten, indem sie den geistigen Gehalt jeder produktiven Tätigkeit der Hand an geeigneten Urformen früh zur Anschauung bringt und gleichzeitig die gemeinsame Arbeit an sittliche Ordnungsformen bindet.«* Das Nützliche widerstreitet nicht der Humanität, muß aber durch Einfügung in ein höheres Wertganzes beseelt und geadelt werden. Das Sozialnützliche ist Bedingung jeder Kultur, erschöpft aber noch nicht den Sinn der Moral. In der ersten Hinsicht handelt es sich um die Bändigung des bloßen Erwerbstriebes; in der zweiten um Bändigung des Machttriebes. Man würde sich aber täuschen, wenn man glaubte, die angestrebte »soziale Humanität« sei durch bloße Anleitung zum soziologischen Denken und zu solidarischer Gesinnung zu erreichen. »Soziologisierung« ist noch lange nicht »Humanisierung« der Erziehung. Nur zu sehr sind wir in den letzten 100 Jahren dem Irrtum unterlegen, die ganze Moral sei bloß ein »Produkt des Zusammenlebens der Gesellschaft«. Gerade dies müssen wir wieder begreifen, daß sie mehr ist als ein solches Arrangement auf Gegen-

---

[54] Vgl. Max Wolff (Hrsg.), Die Volksschule auf dem Lande. Breslau 1925. – Johann Friedrich Dietz, Das Dorf als Erziehungsgemeinde. Weimar 1927. – Diedrich Rodiek, Der bäuerliche Lebenskreis und seine Schule. Berlin 1933.

seitigkeit. Alles Miteinander der Menschen hängt schließlich an dem einen Punkt, ob der Einzelne in der Tiefe seiner Seele etwas von *Ewigkeits*bindung spürt, ob er eine Menschenwürde in sich und anderen entdeckt, die in keiner Art von sachlichen Interessen aufgeht. Nur wo die Seele der Sache, die Reinheit des Herzens dem äußeren Gelingen vorgeordnet wird, entfaltet sich eine Ahnung von echter Kulturverantwortung, deren Funken doch schon die Volksschule zu schüren hat. Eben deshalb ist »Soziologisierung«, die wesentlich auf das Miteinander gerichtet ist, noch nicht *Humanisierung*, durch die der Mensch in der Einsamkeit seines Inneren vor die metaphysischen Forderungen einer heiligen Macht gestellt wird. –

Der Überblick über die bisherige Geschichte der Volksschule hat gelehrt, daß die Kulturarbeit jedes Jahrhunderts im engen Raum dieser Anstalt durch das Hinzutreten neuer Bildungsgüter ihren Niederschlag gefunden hat. Es mag sein, daß auch das 20. Jahrhundert dieses oder jenes kleine Fach noch beisteuert. Aber diesmal kommt es nicht an auf ein neues »Fach«, sondern auf einen neuen »Geist«. Das 19. Jahrhundert hat ungeheure Fortschritte gemacht in Wissenschaft und Technik, Wirtschaft und Weltverkehr. Aber es hat nicht die Kraft gehabt, auch die neue sittliche Wertordnung des Lebens zu schaffen, unter deren Führung der Mensch wahrhaft Mensch hätte bleiben können, so daß aus der Fülle der Zivilisation der Segen einer echten Kultur geworden wäre. Das Erbe des 20. Jahrhunderts – *unseres* Jahrhunderts – sind alle die Krisen und Kriege, die aus dieser nur halb gelungenen Lebensbewältigung erwuchsen. *Unsere* Aufgabe liegt nicht in weiteren Erfindungen, sondern in Bindungen: in der Erneuerung der ehrwürdig-alten, die nicht zu überbieten sind, und in dem Aufbau neuer zeitgemäßer Ordnungen, die dem Zeitalter der technischen Industrie, des Weltverkehrs, der Weltbegegnung aller Kulturvölker angemessen sind. Schon auf der Schwelle des 19. Jahrhunderts hat der tief ringende Pestalozzi diese große Aufgabe geahnt. Werden *wir* sie endlich bewältigen?

Innere Schulreform

1949

Es wäre voreilig und ungerecht, zu behaupten, daß das deutsche Unglück oder gar die deutschen Verfehlungen ihre Hauptursache in dem System unserer Schulerziehung gehabt hätten. Ehe die Schule zu wirken beginnt, ist manches am Lebenswege eines Menschen schon entschieden. Nach ihrem Abschluß greifen in ihn noch viele führende und verführende Einflüsse ein. Das politisch-kulturelle Schicksal eines Volkes ist keineswegs dem Verdienst oder dem Versagen seiner Schulen genau proportional. Aber irgend etwas muß auch an unserer Schulerziehung nicht ganz gestimmt haben, wenn ein so abgrundtiefer Fall möglich war.

Indem ich die sechs Jahrzehnte überblicke, in denen ich zuerst als Zögling, dann als Beobachter und Miterzieher dem deutschen Schulwesen verbunden war, fällt es mir nicht schwer, die Stelle zu bezeichnen, die dem Verdacht einer gewissen Schwäche ausgesetzt ist. In einer Anstalt mag noch so viel Wertvolles gelernt werden: ihren Adel als Erziehungsstätte empfängt sie doch erst dann, wenn sie einen Heranwachsenden an den Wurzeln seiner geistigen Existenz packt, aus ihm sittliche Kräfte und Gesinnungen herausholt, die im Sturm des Lebens standhalten, und alles, was Menschen leisten können, zur Bildung eines festen Charakters aufbietet. Vielleicht kann planvolle Arbeit in dieser Richtung nur sehr wenig bewirken. Aber unverantwortlich wäre es, wenn man auch das Wenige noch unterließe und sich auf den Standpunkt zurückzöge: »Die Schule ist eine Unterrichtsanstalt, in der man Kenntnisse und Fertigkeiten erwerben kann; mit Gesinnung hat sie nichts zu tun.«

Charakterbildung – der römische Dichter faßt ihr Ziel in die Formel: vir justus et tenax propositi – ist angewiesen auf lebendige Tradition und eine sittliche Verfassung des öffentlichen Geistes. Beides kann die Schule von sich aus nicht schaffen. Sie kann nur ein gesundes Jugendleben gestalten und mit der Auslese der edelsten Geistesgüter der Menschheit für den

Werdenden gleichsam die Nahrung bereitstellen, an der er stark wird. Sie kann nicht züchten, sondern nur erziehen. Diese Arbeit erfordert viel Stille, viel Hingabe an Einzelnes und Kleinstes, vor allem aber: *viel Zeit.* Schon der bloße naturhafte Entwicklungsprozeß hat ein Tempo, das nicht beliebig gesteigert werden kann.

Der Sachverhalt läßt sich auch so ausdrücken: Der junge Mensch soll an bestimmten Bildungsgütern, die für ihn ausgewählt werden, zu einer reicheren und höheren Gestalt seines Inneren erweckt werden. Er soll innere Verwandlungen durchmachen; er soll sich selbst, sein Wollen und Können in die Hand bekommen und Gehalte in sich aufnehmen, deren wertvollste wir als einen Abglanz des Göttlichen verehren. Bei dem Wort »Gehalt« wollen wir stehen bleiben. Es hat seinen Ursprung in einem Bild. Der werdende Mensch erscheint gleichsam als ein Gefäß, das sehr verschiedenen Inhalt in sich aufnehmen könnte. Die Absicht des Erziehers bietet auserlesene Gehalte dar. Seine Kunst ist es, sie so tief in die junge Seele hineinzusenken, daß sie – von innen her bejaht – für die Dauer das ganze Wesen bestimmen, es vergeistigen und veredeln. Ein solcher Lebensvorgang – es sei noch einmal betont – braucht seine Zeit.

Seit dem Ende des neunzehnten Jahrhunderts haben wir uns vielfach diese Zeit nicht mehr genommen. Es kam uns mehr darauf an, dem jungen Menschen alles mögliche Brauchbare mitzugeben, ihn selbst zu einem »brauchbaren Mitglied der menschlichen Gesellschaft« zu machen, wie es allzu oberflächlich hieß. Die Prüfung, mit der die Oberschulen abschlossen, behielt ihren alten Namen »Reifeprüfung«, der doch besagen sollte, daß eine sittliche und intellektuelle, ja religiöse Frucht gereift wäre. Aber man erreichte statt dessen oft nur, daß der Zögling fertig war, fertig nämlich mit dem Pensum, das eine Behörde für ihn zusammengestellt hatte.

Welch tiefer Schaden daraus für die Betroffenen wie für das Kulturleben entstanden ist, haben uns in Deutschland die letzten Jahre erschreckend gelehrt. Wir waren gerade im Erwachen. Der alte, edle Name Humanität wurde wieder genannt, gleichviel, ob man ihm schon die tiefe Deutung zu geben wußte, die vor Zeit und Ewigkeit bestehen kann. Wir wollten wieder dem Menschen aus seinen mitgebrachten Möglichkeiten zur Wesensverwirklichung helfen, das Hohe und Heilige nach Kräften in ihm wachrufen. Da kam uns ein neues Hindernis in die Quere, aus einem Bereich, der sich auch sonst nicht immer als segensvoll erwiesen hat, nämlich aus dem bloßen Denken in Organisationsformen – statt in Bildungsgehalten.

I

Wer das Zusammenleben und -arbeiten der Menschen bloß äußerlich zu organisieren hat, der stellt sie für bestimmte Zwecke als funktionierende Glieder in einen Wirkungszusammenhang. Er stellt sie sozusagen »in Rechnung«. Er glaubt, mit ihnen etwas machen zu können, wenn man sie nur in bestimmte und geordnete Bahnen lenkt.

Auf unserem Gebiet entstand ein nicht immer deutlich bemerkter Konflikt zwischen Bildungsgehalt und Bildungsorganisation. Das axiologische Prinzip (Wertprinzip) und das soziologische Prinzip rieben sich aneinander. Man sollte meinen, daß hier über die Rangordnung kein Streit obwalten könnte. Denn was soll eine gute Bildungsorganisation anderes leisten, als daß sie eben Formen für die Erziehungsarbeit schafft, die das volle Wirksamwerden des Bildungsgutes gewährleisten? Überall sonst schmiegt sich doch die Sozialform dem Ziel, für das gearbeitet werden soll, so zweckmäßig an, daß der angestrebte Wertgehalt möglichst wenig beeinträchtigt wird. Auch eine gute Schulorganisation muß hier Türen öffnen, dort Türen schließen, je nachdem, wie die Sache der Bildung es erfordert. Diese Sache selbst muß dabei unverkürzt maßgebend bleiben. Oder mit einem anderen Bilde: wenn irgendwo in einer Stadt ein großes Arbeitszentrum besteht, dann muß natürlich auch dafür gesorgt werden, daß nach Ort und Zeit geeignete Verkehrsmittel funktionieren, die die Arbeiter dorthin bringen. Nach diesen sachlichen Bedürfnissen muß der Fahrplan gestaltet sein. Man würde es als befremdlich empfinden, wenn einmal das Umgekehrte geschähe und die Arbeit sich nach einem anderswoher bestimmten Fahrplan richtete. In diese Gefahr aber droht uns das moderne Programm der »Einheitsschule« auf dem Bildungsgebiet zu bringen.

Es muß eine eigentümliche Verwirrung der Motive sein, die diese Situation herbeigeführt hat. Sie erklärt sich bei uns aus dem Zusammentreffen folgender Umstände: Auf der einen Seite wird als Bildungsziel nicht zuerst der Mensch gesetzt, der in den vollen Besitz all seiner hohen und wertvollen Kräfte gelangt ist und die Humanität im Sinne einer gottgebundenen Verpflichtung verkörpert. Vielmehr gilt als Erziehungsziel sogleich wieder etwas Politisches: die Einfügung in die Demokratie. Da man aber nicht die Demokratie selbst erziehen kann, erscheint als Bildungsziel der demokratische Mensch. Auf der anderen Seite macht das Ideal der Demokratie seinen Einfluß dahin geltend, daß die Schulorganisation des Staates selbst eine demokratische Organisation sein soll. Das heißt aber: Es soll für niemanden die Tür zu der Bildung, deren er fähig ist und die er erwerben will, verschlossen sein, weder aus dem Grunde, daß ihm die finanziellen

Mittel fehlen, noch deshalb, weil der Fahrplan (Lehrplan) der Schule für ihn unzweckmäßig angelegt wäre.

Da liegt die Antinomie, mit der die gegenwärtige Schulpolitik zu ringen hat. An sich wird jeder zugeben, daß der wertvolle Bildungsgehalt den Vorrang vor der organisatorischen Schulgestalt haben müsse. Im Augenblick aber schiebt sich zwischen die Glieder der Alternative das politische Ideal. Infolgedessen wird die einfache Wahl mit Unklarheiten belastet. Schon auf den ersten Blick müßte der Urteilsfähige erkennen: Auf der Seite des Humanitätsideals liegen die Hindernisse nicht; es ist ganz klar, daß das hochentfaltete Menschentum von sich aus zu einer Staatsform hindrängt, die dem demokratischen Typus entspricht. Und auf der Seite der Schulorganisation lassen sich wohl auch Wege finden, die der vollen Entfaltung des angestrebten Bildungsgehaltes Raum geben, zugleich aber auf eine andere Weise der demokratischen Grundforderung nach Zugang eines jeden zu allen Bildungsmöglichkeiten genügen. Davon soll prinzipiell die Rede sein. Einen bis in die Einzelheiten ausgeführten Plan der Begabtenförderung vorzulegen, ist hier nicht die Absicht.

II

Welchen Bildungsgehalt oder welche Bildungsgüter man auch für die sogenannte Oberschule wähle: Man muß sich darüber klar sein, daß das Ziel nicht darin liegt, Kenntnisse und Fertigkeiten einfach an die nachfolgende Generation weiterzugeben. Erziehung ist nicht bloß Tradierung des elterlichen Kulturbesitzes an die Heranwachsenden. Sondern jene Güter sind nur das Medium, an dem sich eine höhere Kulturfähigkeit überhaupt entfalten soll. Dazu müssen sich langsam innere Einstellungen herausbilden: Gesinnungen, Werthaltungen, Bindung an das Ideenhafte des Wahren, Guten und Schönen. Kurz: es soll hervorgehen ein verwandelter und veredelter Mensch. Dringt die Erziehung nicht bis in diese Tiefen, so ist sie keine eigentliche Erziehung, sondern bestenfalls eine Unterrichtung. Aber es gibt auch wieder keinen Zauberstab, mit dem man unmittelbar das Innerste der Seele berühren könnte. Sondern der Prozeß bleibt an einen Unterricht in kleinen und kleinsten Portionen gebunden, und wer ihn an sich erfährt, merkt in der Jugend eigentlich kaum, was mit ihm vorgeht. Zum Schluß jedoch ist er ein anderer geworden, der er ohne solche Entwicklungshilfe nicht geworden wäre.

Das humanistische Gymnasium ist besonders zum Beispiel geeignet. Sein Bildungsgehalt im einzelnen hat sich zwar im Laufe der Jahrhunderte unablässig gewandelt. Aber ein identischer Kern ist geblieben. Hier wird nämlich eine Kultur, die nicht mehr vom Streit des Tages umbrandet ist, durch die von ihr geschaffenen Geistesgüter für eine fruchtbare Begegnung und Auseinandersetzung ausgewertet; eine Kultur, die von überragender Originalität und Höhe ist; endlich eine Kultur, die zu der unserigen im Verhältnis der Ahnenschaft steht. Dies alles geschieht nicht um jener vergangenen Kultur selbst willen, sondern damit sich an ihr durch Verwandtschaft und Kontrast neues Leben entzünde. Wendet man ein, die Griechen selbst hätten sich nicht an einer fremdsprachlichen Literatur gebildet, so ist zu erwidern: Ihre Kultur war hoch, aber noch einfach und übersehbar. Wir heute haben sehr viel minutiösere Kulturleistungen zu vollziehen als die Alten. Es ist nicht zu leugnen, daß schon die tägliche Beschäftigung mit einer stark durchgebildeten, keinen Schwankungen mehr ausgesetzten Schriftsprache die Bahnen des eigenen Denkens und Fühlens ausschleift. Jedes einzelne Wort muß als Eigenprägung empfunden werden; jeder Gedanke muß gemäß dem eigenen Sprachgeist umgeprägt werden. Die Wahrheit des Gedankens und des Wortes werden gleich gewissenhaft geprüft. So bedeutet die sprachliche Seite im Gymnasium kein notwendiges Übel; sie trägt durchaus Eigenwert. Natürlich muß das Sprachverständnis schon weit vorgeschritten sein, wenn die Literatur in ihren ethischen, ästhetischen und weltanschaulichen Gehalten innerlich belebend wirken soll. Das erfordert so viel Sorgfalt, daß wohl oder übel ein langer Vorhof zu durchmessen ist. Wer aus ihm gar nicht oder nur wenige Schritte hinauskommt, der hat von der ganzen Sache nicht viel. Genauer gesagt: ein achtjähriger Gymnasialkursus reicht eben noch aus, ein sechsjähriger ist zu kurz, und ein vierjähriger wäre unmöglich.

Keineswegs soll behauptet werden, daß es gar keinen anderen Weg gibt, ein höheres Menschentum in der Jugend von heute zu erwecken, als den der Begegnung mit dem antiken Geist und den alten Sprachen. Aber in aller Bescheidenheit darf man geltend machen: Der Beweis, daß es auf anderen Wegen ebensogut gelinge, ist noch nicht sicher erbracht. Das Gymnasium besitzt den Vorzug, daß seine Bildungsstoffe in jahrhundertelanger Erprobung immer wieder gesiebt worden sind, daß Sprachen und Literaturen didaktisch aufs sorgfältigste zubereitet worden sind. Wenn man auch manchmal von Überpädagogisierung reden kann, so bietet sich hier doch den Schwachen unter Lehrenden und Lernenden eine Stütze, die völliges Mißlingen zur Seltenheit macht. Bei den modernen Formen der Oberschule ist man sich über die wirklich fruchtbaren Bildungsgüter viel weniger einig. Die Beschränkung des Zentrums aber auf die eigene Sprache und Literatur brächte die Gefahr einer Selbstbespiegelung mit sich. Geht man, dem großen Gedanken Goethes von der Weltliteratur folgend, allzusehr ins

Weite, so gerät man auch schon in die Zerstreuung. Eine gewisse Einheit und Endlichkeit ist für die Jugendbildung unentbehrlich.

Aber natürlich: das Ideal einer Humanitätsbildung aus den Mitteln der modernen Völker soll nicht bekämpft werden. Es muß auch eine Bildung am neueuropäischen Geist möglich sein. Und ferner: die weit ausladende moderne Naturwissenschaft kann zwar nur wenig gesinnungsbildend wirken und eben deshalb nie allein Zentrum sein. Aber um ihres begrenzten Erziehungswertes willen müßte sie wenigstens so auf ihre fruchtbaren Elemente – Urgedanken, Urmethoden, Urphänomene – zurückgeführt werden, daß sie wahrhaft geistesbildend wirkt und nicht bloß als Auswahl von Kenntnissen, die »nötig sind«. Gestehen wir uns: Wir sind auch damit noch nicht fertig. Nur soviel sehen wir heute schon: kürzer als der Weg des Gymnasiums wird die Wallfahrt zu dieser modernen Humanität nicht sein. Und hält man sie zu kurz, dann kommen die eigentlichen Heiligtümer nicht zu Gesicht. Wir haben dann – um mit Nietzsche zu reden – Anstalten der Lebensnot, aber nicht Anstalten der Bildung. Dabei soll Bildung jedoch mehr bedeuten als ein ästhetisches Ergriffensein. Sie soll bis in die echten ethischen und religiösen Wurzeln gehen. Sie soll sich in Gesinnungen verfestigen. Nur so erziehen wir Menschen, die wissen, was Kulturverantwortung ist, und die danach leben. Darauf kommt es zuletzt an.

III

Die Neugestaltung der Erziehung in Deutschland ist an diesen Maßen zu messen. Wir haben mit dem größten Ernst dafür zu sorgen, daß nicht wieder ein Führertum bei uns emporkommt, das allerhand gelernt hat, aber ohne ethischen Kompaß ist. Es trifft für den Nationalsozialismus nicht zu, daß er sich auf altprivilegierte Schichten gestützt hätte und daß die heillose moralische Entwicklung vermieden worden wäre, wenn man nur andere Schichten – die einst sogenannten »unteren« – zu den Oberschulen zugelassen hätte. Eine Statistik über die Schulbildung der Parteiführer vom Ortsgruppenleiter bis zum Reichsleiter existiert nicht und wird schwer aufzustellen sein. Sicher aber ist, daß gerade der Nationalsozialismus nach dem Reifezeugnis überhaupt nicht gefragt hat. Und niemand wird behaupten, an den maßgebenden Stellen der Partei hätten nur Oberschulabiturienten gesessen, die deshalb versagt hätten, weil sie aus »vornehmen« Kreisen, nicht aus dem Arbeiter- und Bauernstande kamen. Viel eher ist zu fragen, ob nicht Bürgertum, Bauern und Arbeiter vor und während der Hitlerzeit gleichmäßig falsch erzogen worden seien.

Wir verstehen schon recht: Es ist eine wesentliche Forderung der modernen, nicht nur westlichen Demokratie, daß allen Kindern des Volkes grundsätzlich die gleichen Bildungsmöglichkeiten auf öffentlichen Schulen zu geben seien. Wir halten den Grundsatz für richtig und für wichtig, trotz der Einwände mancher Vererbungstheoretiker; denn diese selbst stimmen in ihren Ergebnissen nicht so weit überein, daß man auf sie schulpolitische Entschlüsse gründen könnte. Allerdings ist jene soziale Gesinnung nicht völlig neu in der Welt. In der Epoche vor der Aufklärung und vor dem Kapitalismus führte eine fromme Einstellung zu ganz ähnlicher Förderung von Kindern einfacher Herkunft. Man änderte aber deshalb nicht die sachlichen Anforderungen, sondern man verfuhr nach dem Grundsatz: Jeder Mangel sei mit den ihm spezifisch entsprechenden Mitteln zu heilen, also zum Beispiel finanzielles Unvermögen mit finanzieller Unterstützung. Und so half man mit reichlichen Stipendien. Da das Schulgeld nicht das am schwersten zu Erschwingende war, sondern der ganze Lebensunterhalt der Kinder während einer recht langen Schulzeit, mußten diese Stiftungen sehr hoch bemessen werden. Man richtete vielfach Internate mit völlig unentgeltlicher Verpflegung und Erziehung ein. Dabei mußte man darauf sehen, daß sie nicht in den Geruch von Armenanstalten kamen. Dies erreichte man dadurch, daß die Aufnahme in sie für arm und reich gleichmäßig als eine Ehre und als Anerkennung überdurchschnittlicher Eignung galt. Gefährlichen Ehrgeiz zu zügeln, war dann pädagogische Sonderpflicht.

Der Vorzug dieses alten Systems ist leicht einzusehen. Wenn man nämlich dem gesunden Grundsatz huldigt, daß dem Armen dieselben Bildungsmöglichkeiten offen stehen sollen wie dem Reichen, dann will man doch wahrscheinlich dem Besitzlosen *unverkürzt* das gleiche Recht gewähren wie dem Vermögenden. Der Arbeitersohn soll also wirklich *die* Oberschule besuchen können, die eine ganz vollwertige Menschenbildung anstrebt. Muß aber die Oberschule im Interesse der demokratischen Gleichheitsforderung auf einen Kursus zusammengedrängt werden, der für eine tiefergreifende Wesensformung nicht mehr ausreicht, dann wird jenes Recht im wörtlichen Sinne verkürzt. Damit werden nicht nur die Finanziell-Unvermögenden geschädigt, sondern die Gesamtheit des Volkes. Das ganze Bildungsniveau sinkt. Unter Bildung aber verstehen wir – daran muß noch einmal erinnert werden – keineswegs einseitige Leistungsbildung. Gerade auf die Gesinnungsbildung kommt es uns heute an, auf die Erweckung des Geistes der Kulturverantwortung, wozu der intellektuelle Horizont allein nicht ausreicht. Die ganze ethische Substanz der Person muß veredelt werden und ausreifen können.

Es wäre ein verhängnisvolles Mißverständnis, anzunehmen, daß es in einer Demokratie keine geistig hervorragende Schicht geben dürfe. Führung ist in jeder Gesellschaftsordnung und bei jeder Staatsverfassung notwendig. Das Prinzip der Gleichheit besagt nicht: Alle Menschen sind gleich. Diesen Satz wirft schon die Natur immer wieder über den Haufen. Es bedeutet: Alle haben vom Staat garantierte gleiche Rechte, insbesondere das gleiche Recht auf Zugang zu den öffentlichen Bildungseinrichtungen. Welchen Gebrauch der Einzelne von diesen Möglichkeiten macht und machen kann, das hängt von sehr ungleichen Begabungen, von sehr ungleichem Fleiß und sehr ungleichen Schicksalen ab. Eine Demokratie will, so weit es Menschen vermögen, gerade eine besonders hochwertige Aristokratie erziehen: keine Aristokratie der ererbten Privilegien und des Geldsackes, sondern eine sittliche und geistig geadelte Führerschicht. Jede Gleichmacherei in Sachen der Bildung ist daher ein Schaden, den der betreffende Staat sich selber zufügt, aber auch den anderen Staaten, die die Opfer einer korrupten Außenpolitik werden könnten.

IV

Vielleicht haben manche Anhänger der Einheitsschule den Eindruck, daß hier zu schweres Geschütz aufgefahren werde. Sie sehen den Vorzug ihres Programms nicht in einer weltanschaulich-politischen Idee, sondern in sehr einfachen psychologischen Tatbeständen. Für sie ist die entscheidende Frage gerade die Eignungsfrage: Wer verdient es nach seinen gesamten Qualitäten, nach Begabung und schon erkennbarer Bewährung, in eine Anstalt aufgenommen zu werden, die bis an die Hochschule heranführt? Und sie behaupten, daß man die hierfür erforderliche psychologische Diagnose und Prognose frühestens im vierzehnten Lebensjahre stellen könne.

Der Streit um die Treffsicherheit von Schulprüfungen und Begabungstests soll hier nicht entfesselt werden. Der Glaube oder Unglaube ihnen gegenüber ist beinahe auch schon eine Sache der Weltanschauung geworden. Ich verharre bei der Überzeugung, daß man Begabungen nur an den zugehörigen spezifischen Leistungen prüfen kann. Ob ein Junge begabt genug ist, eine fremde Sprache, beispielsweise Latein, zu lernen, zeigt sich erst am Versuch selbst, ganz gleichgültig, ob er zehn oder zwölf oder vierzehn Jahre alt ist. Ist er vierzehn Jahre alt, so kann sogar der Besitz von Schulkenntnissen bereits verdecken, wieviel auf Rechnung seiner Begabung kommt und wieviel auf einen langen, erfolgreich fortgesetzten Schuldrill.

»Ja, aber mit zwölf oder vierzehn Jahren wird er selbst schon mitentscheiden können, wofür er Neigung, also vermutlich auch Begabung hat.« Dies »vermutlich« ist sehr zweifelhaft. Mancher Student weiß mit neunzehn Jahren noch nicht sicher, wozu er eigentlich Neigung hat. Schüler können es noch viel weniger wissen, weil ihnen die Geisteswelt, in die sie eingeführt werden sollen, noch völlig verschlossen ist. Wäre zum Beispiel das Gymnasium darauf angewiesen, daß sich zu ihm nur Schüler mit Neigung für das Griechische und Lateinische gemeldet hätten, so hätte es schon längst seine Pforten schließen müssen.

Seien wir ehrlich: Der Neigungsfaktor hat vorwiegend auf der Seite der Eltern gelegen, und so wird es auch bleiben, mindestens für das Alter, in dem die Pubertät noch nicht abgeschlossen ist. Die Neigung der Eltern für eine Schullaufbahn ihrer Kinder beruht selten auf der Kenntnis der Berufe, aber auf einem verständlichen sozialen Ehrgeiz wie auf einem hochachtbaren Opferwillen. Ist beides nicht da, so wird auch die volle Schulgeldfreiheit und kostenfreie Internatserziehung nicht anlocken. Denn solche Eltern scheuen von vornherein eine lange Schulzeit ihrer Kinder, nicht wegen der Schulkosten, sondern weil sie sie möglichst früh in einer erwerbsfähigen Stellung wissen wollen, die sie selbst entlastet. Dieses Motiv wird keine noch so soziale Schulreform außer Kraft setzen.

Man prüfe also einen Zehnjährigen sorgfältig darauf, ob er geistig geweckt und allgemein lernfähig ist. Man hüte sich aber, ihm die Lernfreude dadurch zu verderben, daß man ihn noch zwei Jahre mit teilweise langsamen und lernunwilligen Gefährten auf dieselbe Schulbank zwingt. Der Segen des Bekanntwerdens und Zusammensitzens mit Kindern »einfacher« Schichten wird ihm dann nicht vorenthalten bleiben, wenn dafür gesorgt ist, daß möglichst viele aus diesen Kreisen auch in der Oberschule neben ihm sitzen. Hält man aber die Begabten unbegründet lange in der allgemeinen Grundschule zurück, so wird sich bei den Kindern der Besitzenden aus ihrer Ungeduld bald die falsche Vorstellung bilden, das Begabtsein stamme von ihrer »besseren« Herkunft her und die Kinder der weniger begünstigten Schichten seien wesensmäßig arm *und* unbegabt.

Kurz: es gibt in bezug auf die seelische Entwicklung kein unbedingt schützendes Versicherungssystem. Auf jeder Altersstufe bleibt die positive Prognose ein Wagnis und die negative möglicherweise ein Unrecht. Wenn die Berufung auf die Psychologie entscheidend sein soll, dann kann man in unserer Frage psychologische Gesichtspunkte gegen psychologische stellen. Erfahrene Schulmänner sind sich darüber einig, daß gerade das zehnte bis zwölfte Lebensjahr eine besondere Lernfähigkeit und Lernfreudigkeit zeigt, auch für Stoffe, die noch nicht unmittelbar um ihrer selbst willen interessant sind. Von dieser Art aber sind die Anfänge der Grammatik in jeder Sprache, besonders in einer toten Sprache. Beginnt man sie zu spät, so ist Arbeitszeit verlorengegangen, die nachher für die Fruchtbarmachung fehlt. Welche Plage bedeutet das Nachholen der lateinischen Sprachkenntnisse für unsere Studenten in den ersten Semestern, und wie wenig wird dann noch erreicht, was eigentlich das Ziel ist: nämlich das tiefe Heimischwerden im fremden Sprachgeist!

Zwei Maßnahmen – außer den Stipendien – können im Resultat das gleiche bewirken wie die geforderte Hinausschiebung des Beginns der Oberschule: Erstens die Ausscheidung Ungeeigneter nach dem ersten Versuchsjahr; zweitens die Einrichtung von verkürzten sprachlichen Zubringekursen für besonders Begabte vom Ende des sechsten oder siebenten Schuljahres an. Die zweite Vorkehrung müßte schon im Interesse derjenigen Schüler getroffen werden, zu deren Wohnort keine Oberschule in leicht erreichbarer Nähe liegt.

V

Es hat etwas Bestechendes für den, der rein organisatorisch denkt, das Schulsystem nach Art eines großen Verschiebebahnhofs einzurichten, auf dem es von jedem Schienenstrang zum anderen bequeme Übergangs- und Anschlußgleise gibt. Dieses Ideal ist jedoch nicht nur rein organisatorisch bedingt, sondern hat eine Auffassung von den Aufgaben der Schule zum Hintergrunde, die ich den »Gebrauchs- und Verbrauchsstandpunkt« nennen möchte. Jeder soll gerade das »lernen« können, was er – gemäß seiner Begabung und Berufsplanung – im Leben brauchen und verbrauchen wird. Deshalb muß allen die freieste Wahlmöglichkeit unter den Schulfächern gegeben werden. Hier wird gleichsam à la carte gespeist; das feste Menu ist abgeschafft.

Damit endlich sind wir bei der eigentlichen Differenz, die bis ins Ethisch-Weltanschauliche hinabreicht. Wer nur an »Kurse« denkt, in denen man etwas Brauchbares lernen kann, der gibt den Gedanken einer geschlossenen Bildungseinheit gänzlich auf. Er hat dabei eine reine Leistungs- und Erfolgskultur im Auge. Die Schule dient nach ihm dem Fortkommen, Einkommen und Auskommen. Von dieser Einstellung müssen wir endlich frei werden, nicht nur in Deutschland, sondern in allen Kulturländern. Wird die Kultur nur als die Arena eines politischen und wirtschaftlichen Erfolgsstrebens angesehen, dann werden sich Kulturkatastrophen, wie wir sie erlebt haben, verewigen. Deshalb bedarf es unbedingt der Umkehr. Die Kultur muß, wie in betont christlichen Zeiten, wieder als sittliche Aufgabe erfaßt werden, bei der es um Menschen als Ebenbilder Gottes geht, nicht um Geschäfte. Soll der Sinn und die Gesinnung dafür schon in früher Jugend geweckt werden, dann muß jede Oberschulform auf ihre Art ein Bild von der Kultur aufbauen, das sie als *geschlossenen* ethischen Geisteszusammenhang mit ganz bestimmten, heilig gesprochenen Werten zeigt. Da kann der

Jugendliche nicht nach seinem Geschmack und Bedarf wählen, sondern er muß lange Zeit die Luft einer sittlichen Atmosphäre einatmen, damit ihm ihr Gehalt zur zweiten Natur werde. Also nicht »Kenntnisse durch Kurse«, sondern das Ergriffenwerden von einem Kulturideal, das Charakter, Gesinnung und eine persönliche Geistesart zum festen Zentrum hat! Nur auf der obersten Stufe kann es eine bescheidene Wahlfreiheit hinsichtlich der Sachwissenschaften geben, nicht in den ethischen Fächern. Diese müssen das feste Element sein, mit dem der jugendliche Geist lange ringt, wobei dann auch das Widerstreben noch kraftbildend wirken mag. Ein Bildungsprogramm muß eine feste, dem bloßen Zeitgeist überlegene Einheit sein – oder es ist kein *Bildungs*programm.

Geben wir uns nun nicht der Täuschung hin, daß wir – abgesehen etwa vom erneuerten und vertieften humanistischen Gymnasium – das in Deutschland bereits hätten. Gestehen wir vielmehr ehrlich, daß wir es nicht haben und daß danach mit allen Kräften gesucht werden muß. Mein Ergebnis ist also nicht etwa: »keine Schulreform«, sondern: entschiedenste Schulreform von innen her, und nicht bloß organisatorische Maßnahmen! Die Aufgabe ist unendlich schwer. Aber eine schwere Zeit fordert wahrhafte Erzieher, Erzieher mit Ewigkeitsbindung und mit produktiven Gedanken, nicht mit Lehrplan- und Fahrplanrezepten. Das gilt für alle Schulstufen, ganz besonders für die, die den schönen Namen »Volksschule« trägt.

Sokrates fragt einmal einen modern gesinnten jungen Bildungsenthusiasten, ob er sich das Lernen ungefähr so denke wie das Einkaufen von Kenntnissen. Es soll keine unehrerbietige Herabsetzung abweichender Meinungen sein, wenn ich zu bedenken gebe, ob nicht ein allzu stark differenziertes Schulsystem, das doch noch eine Einheit (!) sein will, ein wenig an das Modell des Warenhauses erinnert. Vor diesem Warenhaus-Standpunkt will ich warnen. Denn der Vorgang der Menschenbildung ist so geartet, daß man besser von einem Meisteratelier reden sollte, in dem sehr feine, sehr persönliche und höchst verantwortliche Arbeit vor Gott und den Menschen geleistet wird.

Die Volksschule in unserer Zeit

Ansprache zum 1. Lehrertag von Württemberg-Hohenzollern in Rottweil am 9. September 1950

1950

Meine Damen und Herren!

Zum ersten Male nach langer schicksalreicher Pause sind Sie wieder zu einer festlichen Tagung zusammengekommen. Sie findet statt in den Mauern der alten ehrwürdigen Reichsstadt Rottweil, die soeben ihr 800jähriges Jubiläum begeht. Dies sei uns ein Symbol dafür, daß es im Leben eines Volkes etwas Festes gibt, Traditionen, die standhalten, wenn sie auch immer von neuem geistig durchdrungen und angeeignet werden müssen.

Was Sie, meine Damen und Herren, hier vereinigt, ist zunächst Ihr Beruf und seine großen Verantwortungen. Erlauben Sie mir, bei dem gewichtigen Wort »Beruf« einen Augenblick zu verweilen. Man kann an jedem der unübersehbar vielfältigen Berufe unserer modernen Gesellschaft eine Erwerbsseite und eine Leistungsseite unterscheiden. Wenn für die Wahl eines Berufes nur die Erwerbsmöglichkeiten, die er gewährt, von Belang sind, werden wir ihn zu den einfachsten Berufen zählen – zu den »bloßen« Erwerbsberufen. Je mehr der Berufswahl der Wille zu einer sachlich gehaltvollen Leistung zugrunde liegt, um so höher steigt sein Wert in sozialer und sittlicher Hinsicht. Unter diesen »Leistungsberufen« aber gibt es wieder solche, bei denen die Aufgabe der Volksführung den eigentlichen Mittelpunkt bildet. Man könnte sie in betontem Sinne »Führungsberufe« nennen. Sie sind mit dem höchsten Grade sittlicher Verantwortung verbunden. Der Lehrerberuf gehört unzweifelhaft zu den Führungsberufen.

Natürlich muß derjenige, der solche erhöhte Verantwortung für das Ganze zu tragen hat, vor dem Druck der gemeinen Existenznot geschützt sein. Es ist bekannt, daß diese Forderung für die Lehrerschaft noch nicht im wünschenswerten Maße erfüllt ist. Dieser Überzeugung hat erst kürzlich der »Kulturrat für Württemberg-Hohenzollern« (Comité culturel mixte) in Tübingen durch eine Entschließung Ausdruck gegeben, mit der es ihm sehr ernst war. Hoffen wir auf die Einsicht der maßgebenden Stellen!

Aber andererseits bleibt es dabei: der Lehrerberuf gehört nicht zu den einfachen Erwerbsberufen, sondern zu den anspruchsvollen Führungsberufen. – Wer führen soll, muß mindestens die ihn am nächsten angehende Situation der Gegenwart verstehen. Und so drängt sich uns denn heute die wichtige Frage auf: *Was hat sich an den Aufgaben der deutschen Volksschule verändert, nachdem wir durch so viele aufwühlende Schicksale hindurchgegangen sind?* – Die ganze Welt hat sich grundstürzend verändert. Das werden wir auch auf diesem traditionsgesättigten Boden nicht ableugnen können. Ich verweile nicht bei dem, was jeder von uns weiß: beim Zusammenbruch früherer Großmächte, bei unserer aufs neue schwer gefährdeten politischen Lage. Ich erwähne nur, daß viele unter uns durch ihre persönlichen Schicksale müde geworden, ja fast mutlos geworden sind. Aber die Zeit verbietet es uns, im Gefühl eines auch nur scheinbaren Friedens auszuruhen. Es sei uns daher ein Gegenmittel gegen Müdigkeit und Verzweiflung, daß uns große und ernste Aufgaben gestellt sind:

Zu neuen Ufern lockt ein neuer Tag.

Die alte deutsche Volksschule, die Volksschule des 19. Jahrhunderts – denn die Krisis stammt nicht erst aus dem Jahre 1945 – war tüchtig und stand hoch. Aber sie war gut im Rahmen *ihrer* Zeit. Seitdem ist eine andere Epoche heraufgezogen, und wir müssen in vielem umdenken.

Welche Aufgaben stellte sich denn die alte Volksschule? (Sie ist ja noch keineswegs verschwunden!) Ihr *Programm* lautete: alle Kräfte im Kinde – sein Denken, Fühlen und Wollen – von den Elementen an planmäßig zu entwickeln und zu stärken. Das Ziel war in diesem Sinne: allgemeine reine Menschenbildung mit sittlich-religiöser Krönung. Aber die Wirklichkeit entsprach diesem ehrenwerten Programm vielfach nicht. Meistens überwog die Bildung des Verstandes alle übrigen Aufgaben. Wir nennen dies System einseitigen Intellektualismus. Es handelte sich um Kenntnisse, um Unterricht – meinetwegen auch »erziehenden Unterricht«. Die Kenntnisse waren aufgegliedert in Einzelfächer, die nebeneinander hergingen. Jedes Fach hatte sein Pensum, das heißt sein ihm zugewogenes Gewicht. Nachträglich bemühte man sich dann um Konzentration der Fächer in irgendeinem einheitlichen Geist. »Neben« den Kenntnissen pflegte man »Fertigkeiten« – Gesang, Zeichnen, Turnen; auch ziemlich unverbunden. – Worin lag nun der Mangel? – Die junge Persönlichkeit wurde in einzelne Wirkungsbereiche aufgeteilt. Jeder wurde pädagogisch gesondert bearbeitet.

Die Summe dieser Stücke sollte ein Ganzes ergeben. Aber dies Resultat blieb weithin aus. Die Schule übermittelte Kenntnisse, die nicht genug ins Leben eingriffen. Sie wurden auf Vorrat eingefüllt. Jedoch ihr Sinn für das praktische Dasein war vielfach nicht aufgeleuchtet. Jedes Fach blieb ein Vorstellungskreis für sich. Er versank oft wieder, ehe die Stunde der Anwendung kam. Daher die alte Klage über die Unwirksamkeit des Schulunterrichts für das Leben.

Der Grundgedanke der neuen Schule ergibt sich aus dem Gegensatz, auf den wir aufmerksam geworden sind. Er läßt sich in ein heute viel gehörtes Schlagwort zusammenfassen: die Forderung der *Ganzheit*. Besser würden wir gleich sagen: organische Ganzheit, nicht eine Summe, die aus gegeneinander gleichgültigen Stücken aufgebaut ist. Denn nur eine organisch gewachsene und immer weiter wachstumsfähige einheitliche Gestalt der Seele verdient den Namen *Bildung*.

Ein Schlagwort ist immer gefährlich, wenn man sich nicht über seine konkrete Bedeutung klar ist. Verfolgen wir, was »Ganzheit« im Leben der Schule bedeutet, so treffen wir auf vier Prinzipien; von ihnen sind die ersten drei schon lange verbreitet; aber sie erscheinen heute doch in neuer Beleuchtung. Es handelt sich um das heimatkundliche Prinzip, das Arbeitsprinzip, das Gemeinschaftsprinzip.

I

Das heimatkundliche Prinzip stammt von den Jüngern Pestalozzis her und wurzelt zuletzt in seiner ›Abendstunde eines Einsiedlers‹. Pädagogisch bedeutet es das Bestreben, das enge seelische Verwachsensein des Kindes mit seiner nächsten Umgebung zu pflegen und zu vertiefen. Die Lebens»ganzheit« greift über das leiblich-seelische Individuum hinüber in eine ihm unabtrennbar zugehörige Welt als »Erlebniswelt«. Dies planmäßig zu befördern, ist die zweite Sinndeutung der Welt, die nur von der ersten her verständlich wird.

Die erste Sinndeutung erfolgt durch die Mutter, im Hause, in jener engsten Umgebung, die für das Kind die Rolle eines »Nestes« spielt. Die Mutter macht das junge Wesen mit der Bedeutung des täglich Begegnenden bekannt, durch Zeigen, Bewegen, Tönenlassen, Benennen. Mit der Musik des Wortes klingt eine Welle der Liebe mit. Die Gegenstände empfangen eine seelische Tönung, die gleichsam Kind, Sache, Mutter zugleich umschlingt. Hier werden erst Gemütsbeziehungen, dann Gebrauchsbeziehungen gestiftet, die sich beide ineinander verweben. Es herrscht noch nicht das kalte, bloß beobachtende Kennenlernen. Die sprachlichen Benennungen erhalten einen Gemütswert, wie er sich nur in der »Muttersprache« für uns bilden kann. So wird die Mutter zur ersten Deuterin der nächsten Welt.

Die zweite Sinndeutung erweitert diesen Kreis und erfüllt ihn mit ähnlicher Wärme. Daraus entsteht nicht ein Panoptikum von Dingen mit Namensschildern; sondern alles wird durch Lebensbänder mit dem Zentrum, dem geistig erwachenden Kinde, verflochten. »Heimat ist die früheste Umgebung des Menschen, an der ihm die Dinge ringsum (samt ihrer Vergangenheit) zuerst in ihrer totalen Lebensbedeutsamkeit gedeutet worden sind.« Dies bleibt noch sehr subjektbezogen; denn das Kind soll erst in der Welt Wurzeln schlagen. Es muß ihm da ein Geborgenheitsgefühl gegeben werden. Wer das nicht gehabt hat, kann auch keine Innenwelt entwickeln. Und es ist ein wesentlicher Grundsatz der Pädagogik: Außenweltkenntnis und Innenweltbezug immer gleichzeitig wachsen zu lassen.

Wie wichtig das ist, muß jedem gerade heute bewußt sein, wo für viele Flüchtlingskinder die beginnende Sinndeutung jäh abgebrochen worden ist. Bei ihnen muß die Schule manches nachholen; sie muß noch nachträglich *Heimat schaffen.* Das ist aber kein Pensum, das man lernt, sondern erstrebt ein Kennen plus Verstehen plus Lieben. Aus beseeltem Umgang erwächst mehr als Wissen: alles bekommt sozusagen seine Seele, die es dann nie wieder ganz verliert, auch wenn später ein sehr nüchternes Hantieren und Gebrauchen notwendig wird. In diesem Sinne war von »Ganzheit« die Rede, und nur ein solcher Anfang ist wahrhaft *bildend.*

Später wird im eigentlichen Unterricht die Fächertrennung unvermeidlich. Aber auch dann noch sollten bestehen bleiben: 1. gewisse Gemütsbeziehungen zu den Dingen der Welt (man soll sie den Kindern »ans Herz legen«); 2. ursprüngliche und natürliche Gebrauchsbeziehungen, so daß nichts ganz fremd und neutral »draußen« bleibt, sondern das Gefühl obwaltet: »Das alles gehört zu mir; ist auch ein Stück von mir«; mit einem Worte: »Das ist *meine* Welt«. Für die Bekanntschaft mit *der* Welt schlechthin ist es mindestens im Grundschulalter noch zu früh. Diese ist eine gelehrte Konstruktion, die auszuhalten man schon stark geworden sein muß.

II

Auch das zweite Prinzip, das *Arbeitsprinzip,* ist keineswegs ganz neu. Schon vor dem ersten Weltkriege ist Hugo Gaudig für die selbständige Geistesarbeit des Schülers eingetreten, und Kerschensteiner hat darüber hinaus das Geistige und Bildende der Handarbeit in ihren verschiedenen Formen eindrucksvoll dargestellt. Damals handelte es sich um den pädagogischen Grundsatz weitgehender Selbsttätigkeit des Schülers. Er sollte nicht nur lesen und lernen. So erklang der Ruf »Arbeitsschule gegen Lernschule, Arbeitsschule gegen bloße Buchschule!« Das ist schon psychologisch gerechtfertigt: Das junge Menschenwesen drängt auf der Grundschulstufe noch zum Spielen, das heißt zum tätigen Sicheinfühlen in die Dinge bis zur »Lebenseinigung« im Sinne Fröbels. Auf der Oberschulstufe aber will es gemäß einer natürlichen Entwicklungstendenz etwas herstellen, aus dem Rohstoff etwas machen und den wichtigen Schritt von dem magischen Phantasieumgang zur Technik vollziehen. Diese beiden Seelenstufen sind überhaupt genau zu beachten. Es ist ein Unterschied, ob man sich nur innerlich in das Gegebene verwandeln, in es hineinleben will, oder es schon technisch nach eigener Zielsetzung gestalten. Das zweite setzt das erste entschieden voraus, und der Übergang erfolgt sehr allmählich.

Aber ich glaube, daß wir mit dem Arbeitsprinzip noch wesentlich weitergehen müssen. Die Volksschule des 19. Jahrhunderts hatte eine auffallende Furcht vor der Berücksichtigung des Nützlichen in der Schule. Es schien dem Ideal des reinen Menschentums Abbruch zu tun. Außerhalb der Schule huldigte das Jahrhundert um so mehr einem hochgesteigerten Wirtschaftsgeist. Dieser Kontrast grenzte allmählich ans Unehrliche. Selbst wenn man für die Frühzeit (um 1810) das Motiv gelten läßt, den Menschen in den Bereich des rein Idealen zu erheben, wird man heute darüber anders denken. Die Schule kann an der Arbeitswelt des Volkes nicht vorübergehen. Denn für diese Welt soll doch die Jugend erzogen werden, und zwar in dem sittlich-humanen Geist, der die bloße Erwerbsgesinnung veredelt. Sodann ist dem Alter der Vorpubertät gerade das Nützliche im höchsten Grade interessant; man darf auf diesen naturgegebenen Hebel der Bildsamkeit nicht verzichten. Was man brauchen kann, wird nicht so leicht vergessen. Endlich bedürfen Wirtschaft und Technik selbst in unserer Notzeit aller der veredelnden Hilfen, die nur aus einer eigentlichen Erziehungsstätte herkommen können, nachdem im Wirtschaftsleben selbst manches durch den Krieg heruntergekommen ist.

Ich ziehe die doppelte Folgerung: Unsere ländliche Schule muß noch landwirtschaftlicher werden als sie ist. Unsere städtische Volksschule müßte handwerksnäher werden als sie ist. Aber man verstehe dies nicht in einem materialistischen Sinne. Es handelt sich durchaus um etwas Geistig-Sittliches, nämlich um zwei Urtätigkeiten der Menschheit, mit denen gerade die Quellen geistigen Lebens eng verbunden waren. Die Wiege des Menschengeistes waren Pflanzenpflege und Pflanzenveredlung, Tierpflege und Tierzucht, Werkzeugerfindung und Materialbearbeitung. Das waren die Kulturanfänge, aus denen wir hergekommen sind. Diese lebensverbundene Geistesbetätigung sollte daher immer ihre Würde bewahren. Der sogenannte freischwebende Geist – die abstrakte Intelligenz – hat vielleicht mehr Unheil als Segen gestiftet. Um es modern mit Heidegger auszudrükken: das Zuhandene wird uns immer existentieller betreffen als das nur Vorhandene.

Es erwächst also die Aufgabe, jeden Volksschüler und in sinngemäßer Abwandlung jede Volksschülerin mit den fruchtbaren praktischen Urgedanken der Menschheit in einfachster Form vertraut zu machen. Sie sollte jeder voll verstanden haben: das Spinnen und Weben, das Flechten und Falten, das Nieten und Nageln, das Kochen und Backen. Jede noch so komplizierte moderne Maschine beruht auf wenigen ganz einfachen Grundgedanken, die im Rad, im Hebel, im Stoßkolben usw. verkörpert sind. Immer wieder handelt es sich um Arten der Energieerzeugung und der Energieübertragung. Dies Elementare muß einmal ganz anschaulich begriffen worden sein. Daran entzündet sich neuer Erfindergeist. Jeder hat einmal angefangen mit den Urwerkzeugen und mit der aufwühlenden Erfahrung vom »Charakter« der Grundstoffe. Und viele werden sich noch erinnern, wie brennend interessant diese frühesten Begegnungen waren. – Ich höre den Einwand: das heißt, das in unserer Zeit ohnehin überwuchernde bloß technische Denken schon in die Schule hineinzutragen. Und diese maßlose Technisierung sei gerade die Gefahr unserer Epoche. Darauf erwidere ich: 1. Es darf nicht an den heilsamen Gegengewichten fehlen. Von ihnen wird beim 3. und 4. Prinzip die Rede sein: von den höheren Werten, in deren Dienst das Handwerkliche und das Landwirtschaftliche zu stellen ist. 2. Es handelt sich in der Schule gerade um die Durchseelung und Durchgeistigung jeder Arbeit, auch der technischen. Man soll u. a. daran denken lernen, nicht ein abstraktes, volksfremdes, sondern ein lebensverbundenes und arbeitsverbundenes Denken, das man auch ein baukräftiges Denken im besten Sinne nennen darf.

Noch höher als das mechanisch-technische Denken steht in seiner bildenden Wirkung das am Organisch-Lebendigen geschulte Denken. Hierin wird die ländliche Schule wesentlich weiter fördern können als die städtische – obwohl beide auf beides bedacht sein müssen. Einen Organismus in seinem Bau und Verhalten, Wachsen und Sichwandeln können wir nur »verstehen«, weil der menschliche Leib auch Organismus ist und weil wir nur in diesem einen Falle – an unserem Leib – das Organische auch von innen her, nämlich durchseelt – erleben. Das Vertrautwerden mit anderen »Gebilden« des Lebens wird also besonders bildend und veredelnd auf den sich entfaltenden Menschen zurückwirken. Besonders dann, wenn er mit diesen Organismen wirklich umgeht und ihre Verhaltensweisen täglich beobachtet. Wie es im Leben der Pflanzen und Tiere einfachste Gesetze gibt, die Goethe als *»Urphänomene«* bezeichnet hat, so gibt es auch für die Pflanzenpflege und Tierpflege Urgedanken der Menschheit. Man sollte sich in diese Ursprünge des Menschengeistes vertiefen, wie Goethe in den Urphänomenen unmittelbar das Wirken des Göttlichen anzuschauen gewiß war. Bodenbereitung, Säen, Jäten, Aufbewahrung und Weiterverarbeitung der Früchte gehen ebenfalls auf einige einfachste Prinzipien zurück, die sich noch in den kompliziertesten modernen Formen wiedererkennen lassen. Ähnlich ist es bei der Haustierpflege. Alles Verstehen geht vom Einfachsten, vom elementaren Sinnzusammenhang, aus; und nur, was *so* verstanden ist, wirkt in der Seele fruchtbar weiter.

Natürlich hat das alles in der Volksschule seine Grenzen. Man kann aus ihr kein Laboratorium und keinen Bauernhof machen, auch nur in sehr bescheidenem Sinn eine Werkstatt. Eben deshalb lautet ja die Forderung – schon bei Pestalozzi –: »Von den *Elementen* aus!« Aber nicht von abstrakten, stückhaft gedachten Elementen aus, sondern von sinnbezogenen Elementen. Und das heißt: Sie müssen in ihrer Bedeutung für das ganze Objekt, aber auch in ihrer Lebensbedeutung für das geistig erwachende Subjekt gesehen werden. Dies ist es, was ich »lebensnahe Bildung« oder »totalitätsbezogene Bildung« nenne, und so ist das Schlagwort Ganzheit konkret gemeint.

III

Eine weitere Verstärkung des Ganzheitsgedankens bringt das dritte Prinzip, das der *Gemeinschaftserziehung*. Das vieldeutige Wort soll hier besagen: Der Schüler fühle sich ständig als Glied einer zusammenarbeitenden und zusammenlebenden Gemeinschaft, nicht bloß in einseitigem Bezug auf den Lehrer. Die ganz alte Schule konnte man sich symbolisiert denken durch eine Figur, in der von jedem Schüler ein Strahl in der Richtung auf den Lehrer ausging, und umgekehrt von dem Lehrer je ein Strahl auf jeden Schüler. Der neue Stil wäre so darzustellen, daß von jedem Schüler zu jedem Verbindungsfäden führen: dies ganze Netz aber ist um die Person des Lehrers herumgelagert. Er hält es in seiner Hand; er dankt nicht etwa ab.

Eine solche Wechselwirkung aller mit allen ist natürlich kaum zu verwirklichen, wenn in einem Raume mehrere Altersabteilungen gleichzeitig unterrichtet werden sollen; auch dann nicht, wenn die Gesamtzahl überhaupt zu groß ist, als daß noch Individualitäten zur Geltung kommen könnten. Wo aber das Verfahren durchführbar ist, hat es den Sinn, die Entstehung eines falschen Individualismus zu verhüten. Dieser erwächst unvermeidlich, wenn jeder nur für seine Person etwas vor dem Lehrer gelten will. Dann bildet sich ein verkehrter Wetteifer heraus, der auf das Überrennen aller anderen gerichtet ist. Das wäre frühe Nahrung für den ungesunden Geltungsdrang und Machthunger unserer Zeit. Wenn der Lehrer ein wenig Künstler ist, der auf einem vielstimmigen Instrument zu spielen vermag, so wird er von vornherein darauf hinarbeiten, daß sich in der Klasse ein gesundes Wirbewußtsein entfaltet und daß nicht gerade er selbst von diesem »Wir« ausgeschlossen ist. »Wir arbeiten zusammen, wir helfen uns gegenseitig, wir ergänzen uns, wir erziehen uns untereinander und werden nicht bloß erzogen«, das wären Umschreibungen für diesen Geist der Gemeinschaft.

Der Gedanke ist bekanntlich nicht neu. Aber er sollte heutzutage noch eine besondere Betonung empfangen. Die Sache darf nämlich nicht als »gemacht« wirken. Die Kinder sollen an ihrer kleinen Gemeinschaft selbst erfahren, wie sich verpflichtende Ordnungen *bilden* oder wie ein überindividuelles *Ganzes* entsteht. Keine menschliche Gemeinschaft ohne Ordnung! Aber das kann hier in doppeltem Sinne verstanden werden. Früher legte man es so aus, daß die Schulordnung einseitig vom Lehrer gesetzt würde, und von ihm im Namen der Behörde. Besser würde das Bewußtsein wirken: Eine Ordnung bildet sich aus den Bedürfnissen des Zusammenlebens von selbst. Bleibt dieses Bewußtsein aus, so wird der Lehrer von Zeit zu Zeit immer wieder mit den leidigen Disziplinschwierigkeiten zu tun haben. Nun ist es aber eine bekannte psychologische Tatsache, daß gerade Knaben gemäß ihrer Altersstufe (10–14) eine natürliche Neigung zum Regelhaften haben. Ihre freien Gruppen legen sich Normen des Verhaltens auf, ihre Gemeinschaftsspiele sind Regelspiele, und die einzige sittliche Tugend, die sie schon sehr fein verstehen, ist die Gerechtigkeit, die ja auch mit allgemeingültigen Maßstäben arbeitet. In alledem liegt eine Handhabe. Der Lehrer muß den Gemeinschaftsgeist seiner Klasse allmählich und unmerklich gemäß den inneren Möglichkeiten der betreffenden Altersstufe formen. Könnte er das mehr wachsen lassen, als künstlich herbeiführen, so wäre es die größte Meisterschaft.

Was gehört denn zu einer geordneten Gemeinschaft? 1. Arbeitsteilung, die auch als ein Gesamtspiel mit verteilten Rollen auf Grund besonderer Eignung aufzufassen ist; 2. Arbeitsvereinigung, in der schon ein gemeinsamer Ganzheitswille zum Ausdruck kommt; 3. für alle verbindliche Normen – eine bescheidene Vorstufe der Rechtsordnung; 4. Entstehung des gesunden Ehrgefühls in jedem einzelnen vor den anderen und damit das Verantwortungsbewußtsein vor den anderen; 5. Wachstum des Gemeingeistes als esprit de corps und des Gefühls für Gesamtehre.

Dies alles bildet sich wohl unter günstigen Verhältnissen von selbst. Aber dabei kommen auch Fehlbildungen vor, besonders jugendliche Fehlbildungen des Ehrbewußtseins. Dann muß der Lehrer regulierend eingreifen. Vor allem muß er dafür sorgen, daß er selbst nicht draußen bleibt, sondern in der rechten Weise miteinbezogen wird, nicht als Gewaltherrscher, nicht als Zielscheibe der Angriffslust, aber auch nicht einfach als Kamerad, wie manche es sich gedacht haben; denn der Unterschied von Führen und Geführtwerden muß auch im Bewußtsein der Kinder bleiben.

Ich gebe zu: die Kunst ist schwer. Aber sie ist heute besonders wichtig als eine Vorschule der Demokratie. Sie besteht nicht darin, daß man in der Schule Parlament spielt und ein Scheinsystem von Selbstregierung errichtet. Auch hier, wie bei den ersten beiden Prinzipien, kommt es nur darauf an, daß die Schüler in ihrer Gemeinschaft die einfachsten *Urerlebnisse* erfahren, die man in kleinem Kreise gehabt haben muß, ehe man in größere Kreise eintritt und in den größten: das zum Staat geeinte Volk. Vom Gegenbeispiel aus wird es klarer: Wo nur ein falscher persönlicher Ehrgeiz gezüchtet wird, wo der lobsüchtige Wettstreit aller gegen alle Platz greift, da wird nicht nur das Schulleben verdorben, sondern es wird für alle Zukunft falsch erzogen. Die Weckung des rechten Ehrgefühls, das sich in der Mitte hält zwischen brennendem Ehrgeiz und stumpfer Gleichgültigkeit gegen den Trieb, für die Gemeinschaft etwas Ehrenwertes zu bedeuten, ist einer der bekanntesten »Engpässe« aller Erziehung, wenn dieses heute beliebte Wort hier gestattet ist.

In diesen Andeutungen liegt zugleich die Antwort auf die Frage nach der Möglichkeit der *politischen Erziehung* in der Volksschule. Im eigentlichen Sinne ist das Alter bis zu 14 Jahren dazu noch nicht reif. Wohl aber kann in dieser Hinsicht schon viel verdorben werden. Bildlich gesprochen: die Balken für diesen Bau können schon gezimmert und die Klötze behauen werden. Damit fängt es an. Staatliche Tugenden bedürfen einer Vorübung in übersehbaren Verhältnissen: es muß schon Nachbarschaftsmoral da sein; es muß der Sinn für Regelung, Ausrichtung, Recht vorgebildet sein; was Verantwortung ist, muß gleichsam am Modell eingeübt sein. Wie wichtig das heute ist, wo wir in Gefahr sind, daß der Massenmensch, das heißt der stumpfe Nachahmungsmensch, den für die Gesamtheit frei verantwortlichen Menschen erstickt, bedarf kaum der Ausführung.

IV

Wir sind noch nicht ganz am Ende. Es fehlt noch das vierte und ohne Zweifel das entscheidende Prinzip. Die drei ersten betrafen das Verhältnis des werdenden Menschen zu seiner Außenwelt, nämlich zur Heimatwelt, Arbeitswelt und Gemeinschaftswelt (= »Mitwelt«.). In allen drei Richtungen ging es um eine allgemeine Horizonterweiterung, um eine elementare Einführung in den Sinn des Lebens. Es ging nicht um nackte Tatsachen, die als Kenntnisse eingefüllt werden, sondern um ein »Verstehen« der heimischen Wertwelt, und zwar vom kleineren Sinnbereich zum immer größeren. Aber es soll nicht nur in die Breite gehen: vielmehr auch vom oberflächlichen Sinnbereich zum immer tieferen. Das bedeutet eigentlich eine ganz neue Dimension in der Menschwerdung. Ich sagte schon im I. Teil: Außenweltverbundenheit und Innenweltvertiefung müssen immer gleichzeitig entwickelt werden. Trotzdem betrifft mein viertes Prinzip eine durchaus eigene Region. Ich nenne es das der *Innenwelterweckung*.

Schon das Wort »Erweckung« deutet darauf hin: es handelt sich hierbei nicht um eine pädagogische Technik, die ihre Wirkungen berechnen könnte; auch nicht um eine Erziehungskunst, die dem erprobten Genie beliebig zur Verfügung steht. Hier beginnt die eigentliche Begnadung, die nur der frommen Hingabe vielleicht geschenkt werden kann.

Aber solange wir im Bereich dessen bleiben, was von Menschen geplant werden kann, stellt sich der Bildungsprozeß folgendermaßen dar: Im Schulleben sollen für das Kind immer wieder kleine Erlebnisse kommen, die es in sich selbst hineinführen. Die tiefsten von ihnen nennen wir: »aufwühlend«. Sie sollen sich eingraben, und im günstigsten Falle sind sie auch »nachhaltig« – sie können nie wieder ganz vergessen werden. Daß wir so den Wertgehalt, die Lebensbedeutung des uns Begegnenden fühlen können, daß wir nicht nur ein Echo davon, sondern auch eine stille Sehnsucht nach den höheren Werten in uns tragen, das macht das eigentlich Göttliche in der menschlichen Natur aus. Wo aber dieses Nachhallende ausbleibt, da hat alles Wissen und Können keinen »Wert«. Denn eben auf das Wertorgan und seine Aufschließung kommt alles an.

Noch einmal die Frage: kann man das planmäßig herbeiführen, oder ist es nur ein Geschenk seltener, feierlicher Augenblicke, wie sie ungeahnt in jedem Zusammenleben von Lehrer und Schüler hoffentlich einmal vorkommen? – Wir können auf das erste nicht ganz verzichten. Der Zweck der Schule ist nicht das Lernen kalter, neutraler Kenntnisse, sondern zunächst die lebendige Einführung in die uns zugängliche, die »uns angehende« Wertwelt. Auch das fällt unter den Begriff der Ganzheit. Erziehung unterscheidet sich vom bloßen Unterricht dadurch, daß sie die Werterlebnisfähigkeit des jungen Menschen erweitern und vertiefen will. Sie baut an seiner Wertwelt, nicht nur an einer Wissenswelt. Das muß nun mit zarter Hand geschehen. Die erhoffte Wirkung wird nur dann erzielt, wenn die Wertgehalte, die an den Begegnungen haften, lange und tief in der jungen

Seele nachwirken; mit einem anderen Bild: wenn sie dort Wurzeln schlagen. Vielleicht ist dafür eine Pause des Schweigens fruchtbarer als vieles Reden. Beachten wir nicht überhaupt zu wenig die Fruchtbarkeit des Schweigens in der Schule?

Denn die Seele ist wie ein Schacht. Nach der Oberfläche zu liegen die Metalle von geringerem Wert. Sie werden nur abgebaut, um bis in jene Tiefe zu gelangen, die von eigentlichen Goldadern durchzogen ist. Ohne Bild: Als wir beim zweiten Prinzip von den Nützlichkeitswerten sprachen, da blieben wir bewußt bei Einstellungen, die nur die äußere Welt betrafen. Wir blieben noch ganz beim »Weltlichen«. Aber die Menschenseele reicht weiter. Und auch in *diesem* zeitlichen Leben schon ist das Nützliche, das Technische immer nur ein Dienstwert, der zuletzt auf sehr viel höhere Werte hinzielt, auf Werte nämlich, die ganz der Seele selbst zugehören, nicht den Sachen. Da öffnet sich eine zweite Welt, von der hier nicht mehr ausführlich geredet werden kann. Genug, daß die Seele dem Letzten und Höchstwertvollen begegne, dem Heiligen, in dem sich mehr der Bezug der Seele zum Göttlichen auftut als zum Weltlichen. Die Erziehung will dafür die Tore weit machen.

Ist dies einmal ganz entschieden geschehen, so kehrt sich die Richtung des Lebens gleichsam um: alles erscheint dann im Lichte der göttlichen Liebe,

die alles bildet, alles hegt,

und alle irdischen Dinge verwandeln sich in Gleichnisse, an denen sich nur die Kraft des Enträtselns übt. Das Rätsel des Wagens und des Entsagens, das Rätsel des Leidens und der ewigen Liebe – das sind nur Richtpunkte, die der Erzieher im Auge haben muß. Zu Ende gehen kann er diesen Weg mit der ihm anvertrauten Jugend nicht; er kann nur – »Innerlichkeit wekken«.

Damit aber bin auch ich an der *Grenze* angelangt, in einem doppelten Sinne. In dem Alter, um das es sich hier handelt, kann nur das erste Organ für diese Sicht geöffnet werden. Und in der Deutung der letzten Geheimnisse gehen die religiösen Bekenntnisse auseinander. Da bleibe ich also stehen. Die Hauptsache ist, daß der Lehrer um den Schlüssel ringe, mit dem die Innerlichkeit seiner Zöglinge überhaupt aufzuschließen ist. Denn nur im Innersten öffnet sich der Zugang zum Mehr-als-Weltlichen, zum Transzendenten. Geschieht das nicht, so bleibt es bei halbem Menschentum. Vielleicht haben wir in den letzten Jahren weniger unter einem angemaßten Übermenschentum gelitten, als unter dem halben Menschentum ohne Tiefgang. Es kann wirtschaftlich, gesellschaftlich, politisch noch sehr »nützlich« scheinen. Das Eigentliche fehlt. Der wahre Sinn des Lebens bleibt verschlossen. Wollen wir also in Europa jene vielgenannte Humanität retten, so müssen wir uns bewußt sein, daß sie sich zuerst am Göttlichen und Heiligen ausrichtet, dann aber die Welt von dieser Höhe aus gestaltet und veredelt. Schon unsere Schule muß sich die Aufgabe setzen, die Menschen dazu innerlich »aufzuwecken«. Andernfalls wird Humanität zum Schlagwort, und vor leeren Schlagworten müssen wir uns hüten. –

So hat sich der Kreis meiner Betrachtungen gerundet. Ich habe am Anfang gesagt: der Lehrerberuf sei ein Führungsberuf. Der Erzieher führt aber den jungen Menschen nicht zu einem Geschäft, nicht zu einem erfolgreichen Leben, nicht zu einer politischen Partei, sondern, wenn man das recht versteht: *zu sich selbst,* das heißt in jene tieferen Bezirke seines Inneren, wo er die heimlichen und heiligen Stimmen zu hören beginnt. Streben wir danach von ganzem Herzen und mit ganzem Gemüte, so können wir auch als Zeitgenossen einer katastrophalen Epoche, als Glieder eines geschlagenen Volkes, auf die Verheißung vertrauen, »daß uns das Übrige alles von selbst zufallen werde«.

Umbildungen im Berufsleben und in der Berufserziehung

1950

Die Berufs- und Fachschulen sind stärker als andere Schularten von Veränderungen des wirtschaftlichen und gesellschaftlichen Lebens abhängig. Auch sie bekennen sich zu dem zeitüberlegenen Ziel, in ihren Zöglingen echtes Menschentum zu fördern. Sie tun es aber an den Leistungsforderungen objektiver Berufszweige, für die sie die sittliche Gesinnung und die Arbeitsfähigkeit in je spezifischer Weise zu entwickeln bemüht sind. Die Erfüllung dieser Aufgabe, zum Beispiel schon die Ausgestaltung eigentümlicher Berufsbilder und zugehöriger Berufsbildungsideale, das Durchdenken der entsprechenden Bildungsgüter und Lehrstoffe nimmt so viel Mühe in Anspruch, daß es nicht zu verwundern wäre, wenn dabei sehr tiefgreifende Umbildungen im gesellschaftlichen Leben unbemerkt geblieben wären, für dessen Dienst die Berufsschule tüchtig machen will.

Solche Veränderungen beginnen sehr unscheinbar. In den Anfängen kann man sich mit Prognosen erheblich irren. Vielleicht handelt es sich nur um vorübergehende Gleichgewichtsschwankungen. Wenn jemand darüber schreibt, der seine Beobachtungen in Westdeutschland gemacht hat, ist der Verdacht nicht unberechtigt, daß die Verhältnisse in seinem Lande – gelinde gesagt – noch »unfertig« sind. Sie mögen sich wieder ausbalancieren. Andererseits ist es eine alte Erfahrung, daß gerade in Krisenländern Neubildungen auftreten, die später allgemein werden. Ob sie wünschenswert sind, muß zunächst unerörtert bleiben. Die Pädagogik, erweitert zur Volkserziehungskunde, sollte auf gewisse Vorzeichen sehr gespannt hinblicken. Denn sie tut besser, eine vorbeugende Funktion zu üben, statt einer bloß nachträglich und notdürftig heilenden.

In Deutschland ist es gegenwärtig noch unmöglich, sich auf ausreichende Berufsstatistiken zu stützen. Sie sind wohl da, aber es ist sehr schwer, aus ihnen sichere Schlüsse zu ziehen, weil alles im Fluß ist und weil die politische Gesamtentwicklung dunkel ist. Ich will meine Gedanken daher in die bescheidenste Form kleiden, nämlich in zwei Fragen, durch die man aber leicht die prinzipielle Tragweite der aufgeworfenen Probleme erkennen wird:

I. Werden wir künftig noch Dauerberufe haben?

II. In welchen Grenzen wird es künftig noch eine freie Berufswahl geben?

I

Unter »Dauerberuf« verstehe ich, daß im allgemeinen ein junger Mensch zwischen dem 14. und 18. Jahr für einen umschreibbaren Beruf bestimmt wird oder sich selbst entscheidet, daß er die betreffende Berufsausbildung durchmacht und dann mindestens die *Absicht* hat, im Bereich dieses Berufskreises sein Leben lang zu bleiben. Er mag in ihm zu leitenden Stellen aufsteigen oder in Randfunktionen einmünden. In der Hauptsache wird jedoch sein Weg »berufsverhaftet« sein.

Es bedarf kaum der Ausführung, daß Berufe, die eine hochqualifizierte Vorbildung spezifischer Art erfordern, von den Umschichtungen, die ich meine, auch künftig unbetroffen bleiben werden. Der Regel nach wird in den ärztlichen Beruf nur jemand Aufnahme finden können, der das Fach studiert hat. Er kommt auch nur für den Sektor des Medizinalwesens in Betracht. Ähnlich ist es bei den Technikern, den Juristen, den Landwirten. Unsicher wird das Prinzip schon bei den Lehrern, den Seelsorgern, den Kaufleuten. Die Verhältnisse in Amerika zeigen, daß Praktiker Lehrer werden können, daß in den Sekten Laienprediger wirken, daß der »gelernte« Kaufmann in den allerverschiedensten Stellungen verwendbar ist. Wir in Europa tragen noch die Erinnerung von der ständisch gegliederten Gesellschaft her in uns, daß jeder in seinem Berufsstand bleiben wird. Man *will* auch gar keinen Wechsel und würde sich äußerst unsicher fühlen, wenn man aus der vertrauten Berufssphäre heraus müßte. In Amerika ist die Gesellschaft bereits sehr viel »flüssiger« geworden. Demgemäß »hängt« man auch weniger an seinem Beruf. Schon Benjamin Franklin war dafür ein Beispiel.

Dieser Umformungsprozeß hat auf dem europäischen Kontinent unzweifelhaft mindestens *die* Berufe ergriffen, die ich – mangels eines besseren Ausdrucks – als die »reinen Erwerbsberufe« bezeichnen will. Man geht auch bei uns schon, wenn man kann, in die Beschäftigungszweige hinein, in denen etwas zu verdienen ist. Denkt man an die alte, fromme, tief verwurzelte Berufsgesinnung und an das frühere gute Meisterschaftsideal, so ist dies eine recht traurige Entwicklung. Der Pädagoge aber kann sie ja von sich aus nicht verhindern. Er muß vielmehr in diesem Falle darauf denken, wie er als Erzieher am besten gerüstet sein wird.

Anders ausgedrückt: Zwischen der Schicht der »qualifizierten« Berufstätigen und der breiten Schicht der leider »Ungelernten« ist eine Umwälzung im Gange, die in pädagogischer Hinsicht zu folgendem Problem führt: Sollen diejenigen, die beruflich ins Flottieren geraten sind, noch nach den Maßstäben gebildet werden, die für die Berufsgebundenen früherer Zeit galten?

Um ein Beispiel zu nennen: Es ist zu vermuten, daß in der langanhaltenden Krise des Schweizer Fremdenverkehrs von 1914 bis heute ungezählte Menschen aus der Hotelindustrie in andere Erwerbszweige übergehen mußten. Wenn in Deutschland ähnliche Vorgänge oder Überfüllungen ganzer Berufszweige auftraten, ergab sich folgerichtig immer die schlimme Notwendigkeit der »Umschulung«. Aber sie blieb ein Notbehelf, etwas Kümmerliches, auf das man gar nicht vorbereitet war.

Ich kann es nicht verschweigen, daß es mir schwer wird, diese Feststellung auszusprechen. Denn meine Entwicklung hatte mich von dem Glauben an das maßgebende Ideal des 19. Jahrhunderts: »allgemeine Menschenbildung müsse aller Spezialausbildung vorangehen«, immer mehr dahin geführt, den Wert festen, meisterhaften Könnens auf begrenztem Gebiet als eine höchst wertvolle Form der Menschenbildung zu schätzen. Ich brauche mich dessen nicht zu schämen. Denn selbst Goethe war mir in diesem Umlernen vorangegangen, und mein Freund Kerschensteiner schien mir mit dem gleichen Gedanken: berufliche Meisterschaft sei edelstes Menschentum, einen entscheidenden Durchbruch vollzogen zu haben. Aber was helfen Ideale, die von einer großen Zahl nicht mehr gelebt werden *können?* Gewiß, der Handwerksmeister, der in der Schlosserei das Beste gelernt und es mit ethischer Gesinnung durchdrungen hat, wird auch anderswo seinen Mann stellen. Aber er wird es »trotzdem«, nicht *weil* er für alle Fälle geeignet ausgebildet worden ist. Vielleicht muß er nun den Hausmeister in einer Klinik spielen. Wir wünschen ihm nicht, daß er dann nur in den seltenen Fällen eine Erfüllung seiner eigensten Bestimmung fühlt, wo ein Schloß im Hause zu reparieren ist. Wir wünschen ihm aber auch nicht, daß er allein in dem Gedanken glücklich wird: »Die Hauptsache ist, daß ich Geld verdiene; wie und wo ist ganz gleichgültig.« Meine *Frage* geht also dahin, ob wir nach einer Kulturperiode weitgehender Berufsspezialisierung etwa in eine neue Periode hinübergewechselt sind, in der das Maximum der *Umstellungsfähigkeit* dem unentrinnbaren Diktat der Verhältnisse am besten entspricht. In Amerika scheint dieses Stadium in weitem Umfange, das heißt für eine breite Mittelschicht, schon eingetreten zu sein. Werden wir ihm entrinnen können? Oder ist es unser Kulturschicksal, uns auch darauf einzustellen?

An diesem Punkte taucht nun gebieterisch meine zweite Frage auf.

Haben wir noch eine freie Berufswahl?

Wer nur ein wenig historisch gebildet ist, weiß, daß dieses Prinzip keineswegs selbstverständlich ist. Gesellschaftsformen, die nach Ständen oder gar nach Kasten gegliedert sind, kennen es nicht. In Westeuropa hat es sich erst unter dem Einfluß der Freiheitsforderung der Französischen Revolution für die große – überwiegend bürgerliche – Mittelschicht durchgesetzt. Es ist eine sinngemäße Begleiterscheinung der Wirtschaftsfreiheit, speziell der Gewerbefreiheit und des freien Wettbewerbs. Aber es ist durchaus – ein historischer Sonderfall.

Wie alle Programme hatte natürlich auch dieses Prinzip immer seine Grenzen an der Härte der Wirklichkeit. Wer sich den höheren Ausbildungsgang nicht leisten konnte, mußte wohl oder übel auf einer einfacheren Stufe bleiben. Auf ihr aber konnte er *wählen*. Er mußte sich dabei nach den verfügbaren Lehrstellen richten, und auch hier galt das Gesetz von Angebot und Nachfrage. Es war nicht »klug«, einen Beruf zu wählen, der wenig Aussichten bot, in ihm seinen Unterhalt zu finden. Aber solange sich das Wirtschaftsleben, trotz häufiger Krisen, im ganzen aufwärts bewegte und Raum zu freier Ausbreitung fand, vollzog sich die Eingrenzung in Form einer stillen Selbstregulierung, die dem einzelnen nicht als drückend zum Bewußtsein kam. In der mittleren Schicht konnte man den Beruf wählen, für den man Neigung hatte und Begabung zu haben glaubte.

In dem Jahrhundert der großen Weltkriege, die ja *zum Teil* für die Erhaltung der (freien) Wirtschaftsexpansion geführt worden sind, ist die Welt hinsichtlich der wirtschaftlichen Aussichten *nicht* weiter, sondern sehr viel enger geworden. Mit dem »laissez faire, laissez aller« war es längst vorbei. Nunmehr aber nistete sich im Gefolge der sogenannten »Kriegswirtschaften« die gelenkte und beschränkte Wirtschaft allenthalben ein. Auch da, wo man gar keine Neigung zu einer der vielen Regulierungsformen hatte, die unter dem vieldeutigen Namen »Sozialismus« gehen, blieben Reste der Kriegswirtschaft stehen. Sie verloren den Charakter eines Ausnahmezustandes und wurden für das Bewußtsein der Beteiligten allmählich selbstverständlich. Es gibt heute kein Land, das nicht mindestens auf dem *Wege* zur staatlich gelenkten Wirtschaft wäre, gleichviel, ob man das Staatssozialismus nennt oder anders. Niemand aber kann sich darüber täuschen, daß jede Form von Sozialismus die freie Berufswahl einschränken muß. Schon jede staatlich gelenkte Wirtschaft setzt ihr Grenzen. Das rückt in ruhigen Zeiten dem einzelnen Berufsuchenden noch nicht auf den Leib, weil ja immer noch eine Spielraumbreite bleibt, innerhalb deren die Wählenden sich die Lose nach Geschmack teilen können.

An *einer* Stelle kam aber diese Verwandlung der Lage unverkennbar zutage: die Berufsberatung, die ursprünglich vorwiegend dem Individuum in seinem Schwanken zwischen vielen Möglichkeiten helfen sollte, wobei sie natürlich nebenbei auch von den »Aussichten« jedes Berufes sprach, wurde immer stärker zur Berufs*lenkung*. Das heißt: sie mußte sich mehr und mehr zum Anwalt der *überindividuellen* volkswirtschaftlichen Interessen machen, gewisse Modeberufe sperren, gewisse Mangelberufe versorgen. Man wird einwenden, diese Doppelorientierung sei von vornherein Aufgabe der Berufsberatung gewesen. Ich gebe es zu. Aber es fragt sich, ob künftig noch der Wechsel zwischen den individuellen Wünschen und den überindividuellen Anforderungen im labilen Gleichgewicht bleiben wird oder ob die Schwerpunktverlagerung etwas Endgültiges ist. Das Letztere würde bedeuten: Im Grunde handelt es sich nur noch um die (sehr bürokratische) *Verteilung* von Stellen, die besetzt werden *müssen*, damit das Ganze im Gang bleibt, wobei man gern auch auf Begabung und Neigung (in *dieser* Reihenfolge) »Rücksicht« nimmt, im übrigen aber in Berufe hinein*zwingt*, falls der automatische Zwang des wirtschaftlichen Druckes nicht ausreichen sollte. Berufsberatung wird Berufsüberredung.

Es ist ganz klar, daß *diese* Situation gegenwärtig in Westdeutschland bereits stillschweigend eingetreten ist, während sie in Ostdeutschland schon bis in die akademischen Berufe hinein offizielles System geworden ist. Diese Angleichung in zwei sonst so verschiedenen Gebieten gibt zu denken. Damit ist der Hintergrund gezeichnet, auf welchem sich die aufregende Frage ergibt: Wie soll und kann sich die Berufserziehung gegenüber der veränderten Sachlage einstellen? Denn unter dem ersten Gesichtspunkt hat sich ergeben, daß Dauerberufe künftig in weitem Umfang nicht mehr als selbstverständliche Regel gelten können. Unter dem zweiten: daß Berufswahl auf Grund von Neigung und Begabung künftig noch mehr als heute eingeschränkt werden wird. Beide Erscheinungen kommen offenbar aus *einer* Wurzel. Beide sind Ausdruck einer sich in bestimmter Richtung verändernden Struktur der Volkswirtschaften samt ihrer sogenannten weltwirtschaftlichen Verflechtung. Die Maßnahmen der Berufserziehung müssen auf diesen Strukturwandel Rücksicht nehmen, und zwar so, daß weder der Mensch noch der Berufsträger ethisch vernachlässigt wird.

II

Die Folgerungen, die aus den geschilderten Umbildungen in dem Grade des Berufsverhaftetseins und der Wahlfreiheit gezogen werden sollen, sind keineswegs revolutionär. Sie sind es schon deshalb nicht, weil wir nicht wissen, ob diese Erscheinungen nur vorübergehend auftreten, oder ob sie sich verstärken werden.

Zunächst sei betont: die eigentliche Berufsbildung (im Betrieb oder in der Werkstatt) kann von ihnen nicht berührt werden. Wer in einem Beruf steht, der ein etwas höheres Können erfordert, muß durch eine sorgfältige Lehre hindurchgehen; ebenso muß er zu der eigentümlichen sittlichen Berufsgesinnung erzogen werden. Und auch die ganztägigen Fachschulen, die ja meist auf eine größere Berufs*gruppe* bezogen sind, werden gar nicht alteriert. Im Gegenteil, jede Art von Leistung, die dem Ganzen des Volkslebens gewidmet ist, muß zur höchsten erreichbaren Qualität emporgeläutert werden.

Etwas anders steht es mit den sogenannten »berufsbegleitenden« Schulen. Sie setzen zwar auch eine gute Meisterlehre voraus, ergänzen sie nur – und gerieten schon längst in eine gewisse Verlegenheit gegenüber den Ungelernten, bei denen diese Voraussetzung eben nicht erfüllt war. Sie haben es zwar mit sehr wertvollen, aber in der Regel doch mit einfacheren Berufen zu tun. Je einfacher der Beruf, je geringer der Aufwand an Lernzeit für ihn ist, um so näher liegt auch die Möglichkeit, daß dieser Beruf einmal gewechselt werden wird.

Diesen Sachverhalt könnten diejenigen für sich anführen, die um 1920, als in Deutschland die alte Fortbildungsschule in »Berufsschule« umgetauft und umgestaltet wurde, noch an dem Gedanken festhielten, die Fortführung der »allgemeinen Menschenbildung« im Stile der Volksschule sei eigentlich der sicherste Weg, jedem künftigen Bedürfnis gerecht zu werden. Sie wiesen nicht mit Unrecht darauf hin, daß ja in kleinen und kleinsten Orten eine berufliche Differenzierung ohnehin kaum möglich wäre.

Ich bin nicht geneigt, mich für diese Wiederkehr der »allgemeinen Menschenbildung« zu begeistern. Was zu ihr gehört und nicht gehört, ist längst fragwürdig geworden. Vor allem aber hat sie für das Pubertätsalter derjenigen Jugendlichen, die zur *Praxis* und zur *Erwerbsfähigkeit* hindrängen, allzu wenig Anziehungskraft.

Andrerseits sind wir mit der Spezialisierung der berufsbegleitenden Schulen allmählich doch etwas weiter gegangen, als es organisatorisch noch zu leisten war. Bedenkt man ferner, daß die nun einmal erlosten Berufe gemäß Teil II gar nicht mehr regelmäßig Neigungsberufe sind, so ist wiederum keine Garantie gegeben, daß die sehr spezielle Berufsausrichtung gerade das Herz eines jeden Pflichtschülers geöffnet findet. Endlich muß die Erfahrung mit den mannigfachen späteren Umschulungsnotwendigkeiten darauf hinführen, die *Umstellungsfähigkeit* von vornherein stärker in die Ausbildungsformen hineinzunehmen. Ein Mittelweg scheint sich zu empfehlen. Ich verweile auch nicht länger bei der Erwägung, ob wir an den berufsbegleitenden Schulen etwas ändern *müssen* oder ob es uns nur gestattet ist, ihre Organisation noch einmal ganz frei von vorn zu durchdenken. Vielmehr schlage ich skizzenhaft folgende Dreiteilung ihrer Bildungsgüter vor.

1. Das berufliche Zentrum der Bildung sei künftig repräsentiert nur durch die drei Urberufe: den des Landmanns, des Handwerkers und des Händlers. Bei jedem von ihnen kann man auf gewisse *Elemente* des Tuns zurückgehen, die bis in die kompliziertesten Leistungen hinein als identische Grundformen erkennbar bleiben. In der Landwirtschaft sind es Arten der Pflanzenpflege und Pflanzenzucht, der Fruchtbehandlung und -verwertung, der Tierzucht und Tierpflege; dazu kommen die ursprünglichsten Werkzeuge. Wer diese »Urphänomene« im Sinne Goethes angeschaut und verstanden hat, trägt damit geistige Samenkörner in sich, die von selbst weiter wachsen, sofern nämlich der junge Mensch wirksam daran gewöhnt worden ist, immer wieder nach diesen Elementen zu suchen und von ihnen aus weiterzudenken. Auf modernste, technisch höchst verfeinerte Methoden kann man besonders dann zum Schluß eingehen, wenn am Orte dazu Anlaß und ausreichende Anschauungsmittel gegeben sind. Falsch aber wäre es, nur den sehr fortgeschrittenen Stand der Gegenwart zur Geltung zu bringen. Dieser kann ohne das Einfachste niemals begriffen werden. Ich denke mir jedoch den Lehrplan nicht als eine Geschichte der Landwirtschaft. Sie müßte auch Zufälliges und Entbehrliches mit sich bringen. Der »genetische Weg«, den ich meine, folgt nicht dem Verlauf der zeitlichen Entwicklung, sondern mehr dem Aufbau der *Sache*, der auf »Urgedanken« der Menschheit beruht. Diese Gedanken nachzudenken, sie bis zur Evidenz zu durchschauen, sie geistvoll zu kombinieren, das ist es, was hier eigentlich *bildend* wirkt.

Und ähnlich beim Handwerk. Immer geht es bei ihm um Gebrauchszwecke, Werkzeuge, Material. Von allen dreien soll in der Berufsschule so die Rede sein, daß ein »Modell« vom Schaffen der »denkenden Hand« (Seinig) aufgebaut wird. Die Urbedürfnisse der Menschen, die interessante Eigenart der Stoffe (wie Holz, Eisen, Pappe, Wolle, Baumwolle, Leinwand, Faden und Gewebe), das alles muß so vorgeführt werden, als ob das Gespräch mit Robinson geführt würde. Die geistvollste Maschine ist nur eine

Zusammenfügung von abzählbaren Urgedanken: Energieerzeugung, Energieübertragung, Antriebsweise; Druck, Stoß, Rotation; Rad, Hebel, Zange; Kochen, Flüssigmachen, Filtrieren, Mischen, Entmischen, Leimen, Schweißen, Nieten usw. Die Auswahl ist nur so hingeschrieben. Es erfordert viel Geist, diese Urgedanken der Technik einigermaßen vollständig aufzufinden und zu ordnen. Den gleichen Geist aber, das heißt den offenen Sinn für das Einfachste, wollen wir in unseren Zöglingen wachrufen. Dabei braucht man nicht vollständig zu sein. Wenige technische Einsichten wecken den Sinn für technisches Denken überhaupt bei dem Alter, das hier in Betracht kommt, unfehlbar schon auf. Wiederum aber wäre es falsch, gleich mit den Spitzenerscheinungen zu beginnen: dem Automobil, der elektrodynamischen Maschine, der Theorie des Radios und dergleichen. Es mag pakkender sein, aber es *bildet* nicht im Sinne des eigenen Weiterdenkenmüssens.

Dem künftigen Kaufmann kann eine Einsicht in die eigentliche produktive Tätigkeit nichts schaden. Aber er steht dem direkten Ringen des Menschen mit dem Druck der nicht immer dienstwilligen Materie schon ferner. Dafür braucht er Einsicht in die Urphänomene des Marktes: Angebot und Nachfrage, Preisbildungsgesetze, Zahlungsmittel (das Geld als Urgedanke!), Bank- und Börsenwesen, Wirtschaftsgeographie, bürgerliches Recht u. a.

2. Das zweite Bildungselement sehe ich im Bereiche des Zählens, Messens und exakten Zeichnens. Hierüber herrscht allgemeine Einigkeit. Nur differenziert sich das Mathematische gemäß seinen Verwendungsarten in den drei Urberufen. Konstruktives technisches Zeichnen und Messen knüpft an andere grundsätzliche Entdeckungen an als das kaufmännische Rechnen und die Buchführung. Ich verweile dabei nicht, weil es mir auf das dritte Gebiet ankommt, über das man sich noch nicht einig ist.

3. Wie man dieses dritte Gebiet nenne: sei es »Deutsch« (Französisch, Italienisch – jedenfalls »Muttersprache«) oder Staatsbürgerkunde, Lebenslehre – das ist ein viel erörtertes Thema, das mich aber weniger beschäftigt als die Frage, was unter diesen verschiedenen Namen pädagogisch eigentlich bezweckt wird. Es wird ketzerisch klingen, wenn ich die Ansicht vertrete: gerade hier sollte es nicht auf Kenntnisse ankommen, die heute kaum noch auf ein beherrschbares Maß eingegrenzt werden können, sondern auf geistig-seelische »Auflockerung«. – Kenntnisse, die noch nicht vom inneren Erleben und Anschauen des jungen Menschen getragen werden, erdrücken ihn nur und werden wieder vergessen.

Es geht mir um grundsätzlich anderes. In langer Beobachtung bin ich zu der Ansicht gelangt, die zunehmende Vermassung und Verflachung der heutigen Menschen beruhe darauf, daß sie nicht die Möglichkeit gehabt haben, die fruchtbaren Stürme ihrer Pubertät auszuleben, und daß ihnen dabei jede Führung gefehlt hat. Schon die »eigentliche« Jugendbewegung war eine Revolte gegen die Erstickung des persönlichen Reifens durch den Zwang einer immer anspruchsvoller werdenden Arbeitswelt. Vergessen wir nicht: die eigentliche Sehnsucht dieses Alters geht nicht nach Abfindung mit der stumpfen Realität, sondern nach Weitung der eigenen Seele. Und kein Sonderbegriff der Freiheit (sittliche Freiheit, rechtliche, politische) hat irgendeinen Sinn, solange nicht der Schwung des Innern erweckt und gepflegt ist, der diese Freiheiten als ein hohes Gut erscheinen läßt. Es ist ein begreiflicher Irrtum, wenn man meint: das Blühen der Seele, das innere Ahnen der Idee und der Idealität sei nur eine Erscheinung bei den Intellektuellen. Aber ein verhängnisvoller Irrtum! Gerade weil der früh für den Erwerb arbeitenden Jugend diese Blütezeit von außen verkümmert wird, muß man alles tun, um ihr die Flügel zu stärken. Diese Flügel sind aber nichts anderes als die *Phantasie*. Kenntnis des wirklichen Lebens – wer wird sie nicht unter dem Druck des Lebens zur rechten Zeit erwerben! Aber von diesem Druck noch freizuhalten, der jungen Seele eigentlich *seelische* Nahrung zu geben, das ist viel wichtiger als jede Art von »Schulung«. Kommt in diesen Jahren das Innenleben nicht zu seinem Menschenrecht – nun –, dies kann *nicht* nachgeholt werden.

Wenn ich zwei Drittel der Bildungsgüter für die Bedürfnisse des Arbeitslebens eingeräumt habe, so habe ich mich zu diesem nüchternen Realismus zwingen müssen. Eigentlich wäre die Pflege der jungen Seele in den entscheidenden Entwicklungsjahren sowohl individualpädagogisch wie unter dem Gesichtspunkt unserer Kulturgesundheit, ja selbst des volkswirtschaftlichen Gedeihens sehr viel dringender als alles andere. Aber so »humanistisch« zu denken, wird die Berufsschule kaum wagen dürfen. Sie wird jedoch nur enge Zweck- und Nützlichkeitmenschen erziehen, wenn sie sich diesem großen Gesetz des seelischen Wachstums völlig verschließt. Und das haben wir jahrzehntelang getan.

Es war ein wohlgemeinter, neuer Gedanke meines verewigten Freundes Kerschensteiner, daß man den natürlichen Berufs*egoismus* der Berufsschüler zum Hebel ihrer ethisch-menschlichen Entwicklung und der Entfaltung ihrer Gesinnung für den Dienst am Ganzen machen solle. Aber geht denn das? Das hieße ja, das Aufpfropfungsverfahren zum Normalfall des Wachstums zu machen! Erst muß der Baum *geblüht* haben, und gemäß dieser seiner eigenen Fähigkeit zu blühen, bringt er Früchte.

Ich eile zum Schluß. Wenn ich ganz als Mensch sprechen dürfte, was immerhin noch etwas anderes ist als »Schulbehörde«, so würde ich sagen:

dieses bescheidene Drittel der Berufsschule sollte der Lehrer ohne Bindung an einen Stoffplan so frei ausgestalten dürfen, daß er ganz *die* Kräfte entfalten kann, über die er als Erzieher zu reicherem Menschentum verfügt, zugleich im Hinblick auf den individuellen Kreis, den er vor sich hat und den er bald von dieser, bald von jener Seite her am besten packen kann. Sollte das zu weit gehen und nicht Rücksicht nehmen auf den Lehrertypus, der vor dieser Aufgabe ratlos verzagen würde – nun, so gebe man einige Richtlinien, Ratschläge, aber man stelle keine Unterrichtsziele auf, die mit dem offiziellen Maßstab kontrolliert werden können. Es kann sein, daß die belebte Lektüre einer Geschichte von Gottfried Keller mehr Frucht trägt als die sorgsame Behandlung der Schweizer Bundesverfassung. Für deren vollen Sinn und Geist ist man ohnehin mit 15–18 Jahren nicht reif. Aber man könnte für sie reifer *werden,* wenn man sich – sogar aus dem Lande der Dichtung herkommend, in dem man Nahrung für seine Seele gefunden hat – ein bißchen mehr in die Fülle und die mögliche Höhe des menschlichen Lebens eingefühlt hat, als es auf der Stufe der Volksschule gemäß der dort erreichten seelischen Spannweite möglich war. Die Berufsschule darf ihren Namen nicht dazu mißbrauchen, den jungen Menschen beruflich zu versklaven. Vielmehr sollte er über ein seelisches Kapital verfügen, das ihn noch über den einfachsten, nicht freigewählten Beruf hinaushebt. Und die Umstellungsfähigkeit auf andere Funktionen, die heute unvermeidlich ist, wird er nur dann aufbringen, wenn er einerseits die Urphänomene eines Urberufs verstanden hat, andrerseits ein inneres Plus besitzt, das ihm ermöglicht, sich in einen ganz anderen Beruf einzuleben, ohne von ihm seelisch erdrückt zu werden, ohne die innere Freiheit völlig zu verlieren, die erhalten bleiben muß, wenn Europa ein humanes Kulturland bleiben soll.

Humanismus der Arbeit

1952

I

Die deutsche Fachschule, besonders aber die Pflichtberufsschule, hat ihren eigentümlichen Bildungsgedanken mühsam gegen eine andere Idee durchsetzen müssen, und sie steht auch heute noch in ständiger Auseinandersetzung mit ihr. Jedoch haben sich im Laufe der Zeiten die Fronten eigenartig verschoben. Wer diese Entwicklung nicht in großen Zügen kennt, versteht auch den Geist des deutschen Berufsschulwesens nicht. Die beiden Bildungstypen charakterisierte ich in allgemeinster Fassung folgendermaßen: Zweckfreie (schöne) Formung des ganzen Menschen durch rein geistige Güter ist der eine Pol. Fähigkeit zu gestaltender, nützlicher Arbeit an dem Stoff der Welt, mit dem ringend sich der Mensch erst freimachen muß, steht auf der anderen Seite. Beide Male ist der Mensch als Ziel gemeint, aber doch auf verschiedenen Wegen und in verschiedenem Sinne. Im ersten Falle sind es ganz überwiegend literarische Güter, an denen die Bildung erfolgt, teils Schriftwerke des Wissens, teils Schöpfungen der schönen Kunst. »Es wird gelesen.« Das Buch beherrscht das Feld. Insofern ist es von vornherein zweifelhaft, ob hier wirklich der *ganze* Mensch ergriffen werden kann, wie es das Programm verheißt. Im Grunde werden nur sein Intellekt und seine Phantasie angeregt. Das ist in einer lange herrschenden klassischen Form der deutschen Pädagogik, der von Herbart, ausdrücklich zum Grundsatz erhoben worden. – Im zweiten Falle wird Bildung am *Tun* gewonnen, nun aber nicht auf den Höhen reiner Geistigkeit, sondern an begrenzten praktischen Aufgaben, die für das Leben notwendig sind und einem angebbaren nützlichen Zweck dienen. Ich verzichte darauf, den beiden Bildungstypen kurze Namen zu geben. Denn wenn ich im voraus das eine als humanistisch, das andere als utilitaristisch bezeichnete, so würde das zu Mißverständnissen führen. In der Geschichte haben *beide* ihren Sinn vielfach gewandelt und erhöht. Von diesem Wandel rede ich in äußerster Kürze.

Das 18. Jahrhundert, die Epoche volkstümlicher Aufklärung, war einer tüchtigen Berufsbildung sehr freundlich gesinnt. Der Staat begrüßte es, wenn seine »Untertanen« sich nützlichen Nahrungen und Hantierungen widmeten. Man nennt das ganze Zeitalter das der »Berufs- und Standeserziehung«. Aber die französische Revolution hob die alten Geburtsstände mit ihrer herkömmlichen Arbeitsteilung auf. Die Menschen sollten fortan samt und sonders freie und gleiche »Bürger« sein. Das war zum Beispiel Rousseaus zündendes Evangelium. Das deutsche Bürgertum, bis dahin in wirtschaftlicher und politischer Enge befangen, emanzipierte sich in Deutschland durch eine große *geistige* Bewegung, deren Einfluß durch die *Stein-Hardenbergsche* »Reform« in Preußen auch schon den Staat erreichte. Man nennt sie den deutschen Klassizismus (in der Dichtung) oder den deutschen Idealismus (in der Philosophie). Nun sollte der »reine Mensch« sein Haupt bis zu den Sternen erheben, nicht mehr in der bloßen Enge des Geschäfts- und Erwerbslebens gebunden bleiben. Das »bloß Nützliche« erschien als ethisch unwürdig. Man fand die Würde des Menschen in seiner Bestimmung für das Reich der Ideen. So Kant und Fichte. ›Wilhelm Meisters Lehrjahre‹ zeigen diesen Aufschwung in dem Gegensatz Meisters zu seinem Schwager Werner. Wilhelm v. Humboldts große Schulreform in Preußen (1810) führte die Grundgedanken Goethes, Schillers, Kants und des rein humanistisch verstandenen Pestalozzi (der Jahre 1801–1807) in die Wirklichkeit des öffentlichen Bildungswesens ein. Die Schulformen, die mit Stand und Beruf zusammenhingen, wurden als Stätten des niederen Nützlichkeitsgeistes in den Hintergrund gedrängt. Als Anstalten grundlegender Menschenbildung blieben nur übrig: das klassische Gymnasium, die Zwischenform allgemeine Stadtschule (Bürgerschule) und die Elementarschule (später Volksschule). Sie alle sollten – nur auf verschiedener Stufe – dem Ziel der allgemeinen, harmonischen Menschenbildung dienen. Man könnte auch sagen: der *humanistische* Gedanke des Gymnasiums mit seinen ausschließlich literarischen Bildungsstoffen dehnte sich über das ganze Schulwesen aus.

In der 2. Hälfte des 19. Jahrhunderts aber wandelte sich die wirtschaftliche und gesellschaftliche Struktur Deutschlands in ganz anderer Richtung. Naturwissenschaft und Technik traten ihren schnellen Siegeszug an. Gewerbeinstitute begannen als Technische Hochschulen mit den Universitäten zu rivalisieren. Neben das Bildungsbürgertum trat ein viel einflußreicheres Industriebürgertum. Jenseits des bürgerlichen Handwerkertums entstand eine nicht mehr bürgerlich denkende arbeitende Klasse. Das Erwerbsstreben der neuen Schichten führte zu einer stark materialistischen Gesinnung. Immer mehr geriet das Grundprinzip des allgemeinen Schulwesens in Widerspruch zu den »Forderungen des Lebens«. Jetzt sollte gelernt werden, was man in der modernen Welt »braucht«. Der Schulkampf, zunächst unter dem harmlosen Stichwort: »Hier Humanismus, hier Realismus«, hörte nicht mehr auf.

Im Bereich des höheren Schulwesens führte er bekanntlich um 1900 zur Anerkennung der Gleich*berechtigung* des Realgymnasiums und der Oberrealschule mit dem klassischen Gymnasium. Jedoch gab man deshalb den Allgemeinbildungsanspruch nicht auf. Man erhob die schon sprachlich überraschende Forderung, daß auch die Realanstalten im humanistischen Geist erziehen sollten. Humanistisch bedeutet nun nicht mehr: »gebunden an die griechisch-römische Geisteswelt«, sondern ganz einfach: allgemein menschlich, modern-humanistisch, innerlich allseitig formend.

An dem Allgemeinbildungsgedanken der Volksschule änderte sich um 1900 zunächst *nichts*. Jedoch: Der Zusammenprall der beiden im Anfang gekennzeichneten Bildungsideale ereignete sich überraschenderweise an einer Stelle, die um 1900 für viele noch ganz im Schatten lag: nämlich in der Pflichtfortbildungsschule. Sie war ja auch noch ziemlich unentwickelt und spielte in den einzelnen deutschen Ländern eine sehr ungleiche Rolle, die natürlich mit ihrer ungleichen wirtschaftlichen Struktur – besonders mit dem Grad ihrer Industrialisierung – zusammenhing.[1]

Man weiß, wie es weiterging: die Fortbildungsschule, die ursprünglich unter der Allgemeinbildungsidee gestanden hatte, verwandelte um 1920 ihren Namen in »Berufsschule«. Das war aber mehr als ein Namenwechsel. Es bedeutete ein klares Bekenntnis zu jenem zweiten Bildungsideal, das ich nunmehr, wo Mißverständnisse nicht mehr möglich sind, das *lebenspraktische* nennen möchte. Der Begründer dieser Zeitschrift, Oskar Pache, und der Stadtschulrat von München, Georg Kerschensteiner, waren die wagemutigen Führer auf diesem Wege.

Er enthielt aber eine vielfältige Problematik in sich. Sie ist auch noch für die Gegenwart entscheidend: 1. Niemand dachte daran, die pflichtgemäße berufsbegleitende Schule, die es mit jungen Menschen im Pubertätsalter zu tun hat, zu einer Stätte bloßer Ausrüstung mit beruflichem Wissen und Können zu machen; ebenso wenig daran, sie auf den bloßen Erwerbsgeist zu stellen und das Nützliche für sie zum höchsten Lebenswert zu erheben, das heißt also, die flachen Aufklärungsideen des 18. Jahrhunderts zu erneuern. Auch in sie sollte etwas von jenem – erweiterten – humanistischen

---

[1] Für die rein äußere Vorgeschichte vgl. den Abschnitt ›Zur Geschichte der Berufsschulpflicht‹ in: Eduard Spranger, Zur Geschichte der deutschen Volksschule. Heidelberg 1949. – Berlin z. B. führte die Pflichtfortbildungsschule erst 1905 ein.

Ideal hineinstrahlen. Man ahnte schon etwas von den tiefen Wurzeln echter Arbeitsgesinnung. Es regte sich ein neuer *»Humanismus der Arbeit«*. – Aber wie sollte er aussehen? – 2. Zwischen der Volksschule, wie sie geblieben war, und der Berufsschule, wie sie werden sollte, eröffnete sich eine spürbare Kluft. Seit dem Aufkommen des »Arbeitsschulgedankens« wurden zwar im einzelnen viele Reformgedanken für die Volksschule erörtert. Aber es kann keine Rede davon sein, daß sie weithin durchgedrungen wären. Der Riß besteht noch heute. 3. Wenn die Berufsschule sich ihrerseits – in irgendeiner Form – humanisierte, so konnte diese neue Forderung auf die Dauer am eigentlichen Fachschulwesen nicht vorübergehen. So weit schlugen die Wellen allerdings erst *nach* 1945. Den Anlaß dazu gab nach dem Zusammenbruch des Dritten Reiches die Tatsache, daß man allgemein empfand: wir haben zwar ausgezeichnete Ingenieure und Fachleute sonst gehabt. Es hat ihnen aber häufig nicht nur allgemeiner Weitblick, sondern auch das tiefere Ethos und der Sinn für die in ihrer Arbeit liegende Kulturverantwortung gefehlt. Gerade auf den Technischen Hochschulen trat diese Besinnung stark hervor. Sie griff – allerdings abgeschwächt – auf das mittlere und niedere Fachschulwesen über. *Alle* Anstalten, auf denen deutsche Jugend gebildet wird, sind doch Erziehungsanstalten. *Alle* müssen auch irgend etwas vom erweiterten humanistischen Geist in sich tragen, müssen also ganze Menschen, nicht bloß Spezialisten und Routiniers heranbilden. Nun aber suchte man das Menschenbildende nicht nur in literarischen Gütern. Alles beseelte, geistgeleitete und verantwortliche Tun kann den Menschen im Menschen erwecken.

So liegen die Dinge heute. Und unser kurzer Überblick kann geradezu den Rang einer geschichtsphilosophischen Problemstellung beanspruchen. Das wird am besten deutlich, wenn man folgendes erwägt: die Gesamtlage der gegenwärtigen deutschen Kultur drängt uns dazu, unsere Einrichtungen mit denen der Sowjetunion zu vergleichen. Es könnte nun scheinen, als ob jene beiden Bildungstypen, von denen wir ausgegangen sind, auf Rußland und Deutschland klar verteilt wären. In Deutschland zweckfreie Forschung und allgemeine Menschenbildung ganz oben, allgemeine Menschenbildung aber auch in der Volksschule. Im Osten zweckgebundene Forschung, Fachbildung, Nützlichkeitsgeist auf der ganzen Linie. Aber so darf man nicht vergleichen. Es handelt sich in der UdSSR um ein *vor*humanistisches Stadium, das etwa unserer Aufklärungszeit und den Anfängen der Industrialisierung entspricht. Wir aber befinden uns mit unserer Bildungsproblematik in einer *nach*humanistischen Epoche. Genauer gesagt: wenn wir *nach* der langen Herrschaft der Idee der allgemeinen Menschenbildung, die noch keineswegs entthront ist und auch im Hinblick auf einen tiefliegenden Kern nicht entthront werden soll, wieder die ethischen Werte *echter* Berufsbildung erkennen, dann erscheint die ganze Problematik auf einer höheren Stufe. Alles ist reifer geworden, aber auch komplizierter. Die Schulorganisation der Sowjetunion – übrigens eines totalitären Staates, der eine ähnliche politisch-wirtschaftliche Gesamterziehungsfunktion übt wie der Absolutismus des 17. und 18. Jahrhunderts in Westeuropa – ist nicht etwa »moderner« als die unsrige; sondern sie ist, wenn man überhaupt eine gewisse Parallelentwicklung annehmen darf, zurückgeblieben und noch nicht da angelangt, wo wir stehen.

II

Wo stehen wir also? – Wir knüpfen an die Situation von 1920 wieder an. Was damals zu sehr hoffnungsvollen Ansätzen führte, ist infolge katastrophaler »Zwischenfälle« nicht nur nicht vollendet worden. Die Aufgabe ist vielmehr für die heute verantwortliche Generation einigermaßen unklar geworden. Die Tradition ist nach 30 Jahren für viele schon verwischt. Es sind aber auch neue Faktoren hinzugekommen, die ebenfalls eine produktive Bewältigung fordern. Ich illustriere die Lage an einem Modell: Pflichtberufsschule, und fasse nachher die Fachschule einerseits, die Volksschule andererseits ins Auge. Erziehung zum Beruf hat es seit Urzeiten gegeben und wird es immer geben müssen. Neu ist nur, daß sie nicht mehr ausschließlich im Betrieb erfolgt – sei es die Werkstatt, das Kontor oder der ländliche Hof –, sondern noch daneben in einer Schule, die in unserem Fall bloß ergänzende Einrichtung ist. Bei der neu gegebenen Dreiteilung der Erziehungsrechte zwischen dem Elternhaus, dem Lehrherrn und der berufsbegleitenden Schule würde die letzte mit ihren etwa sechs bis acht Wochenstunden sicher am schwächsten dastehen, wenn sie sich nicht energisch bemühte, »Anziehungskraft« zu üben und gegenüber anderen Instanzen ein Plus zu entwickeln. Worin kann dies liegen? Sie muß in jedem Falle sehr interessant sein. Das kann sie aber nicht, wenn sie den Stil der Volksschule, wie sie nun einmal ist, einfach weiterführt, nämlich das Lesen und Aufsätzeschreiben und Rechnen, das Aufgeben und Abfragen. Vielmehr folgt aus der Eigentümlichkeit des »praktischen Bildungsideals«, zu dem sie sich bekennt, daß sie Gelegenheit zum lebendigen Tun geben muß, betriebsnahe sein muß, aber doch auch dem Betrieb wieder in bestimmten Hinsichten überlegen.

Die erste Aufgabe also, die bei der Umstellung der Fortbildungsschule in eine Pflichtberufsschule (seit 1920) zu leisten war, bestand in dem, was ich mangels eines besseren Ausdrucks die *Weltverbundenheit* der Berufsschule nenne. Viele wird das überraschen, und man wird diese Zielsetzung aufgebauscht finden. Sie ist aber so gemeint: Abgesehen von großen Werkschulen kann die berufsbegleitende Schule mit dem Betrieb des Lehrherrn, sei seine Gestalt noch so bescheiden, nicht in Wettbewerb treten. Denn nur er enthält die belehrende und erziehende *Wirklichkeit.* Was in der »Schule« gemacht wird, beruht immer auf fingierten Aufgaben; das beste Lehrstück kommt höchstens in die Schulsammlung. Aber auf den Bänken dieser Schule sitzen junge Menschen, die gesundermaßen ein Hunger nach Weltkenntnis erfüllt. Die Drehbank in Ehren; aber sie ist es nicht, um die sich die Welt dreht. Die Bindung an den bescheidenen Tätigkeitsbereich des Lehrlings befriedigt eine lebendige junge Seele nicht. Mindestens will sie erfahren, wie dieses kleine Rad in das große Räderwerk der gemeinsamen Arbeitswelt eingreift, welchen Sinn das eigene Tun und welche »Aussichten« man von seiner Stelle aus hat. In dem Wort »Aussichten« liegt für den jungen Menschen der Arbeit etwas Beflügelndes; er hofft noch zu erfinden und zu entdecken; für ein späteres Alter schrumpft das eventuell zusammen zu den bloßen Aussichten der Wirtschaftskonjunktur. Von solchen Verflechtungen in große Arbeitszusammenhänge weiß der Meister selten zu erzählen; es ist dafür auch gar keine Zeit.

Wenn ich die erste Aufgabe der Berufsschule an diese Stelle lege, nicht in das spezifische Berufswissen und Berufskönnen, so äußere ich diesen ungewohnten Gedanken mit Bedacht. Ich will damit sagen, daß *das horizontgebende Fach* – man nenne es nun Staatsbürgerkunde oder Lebenskunde oder gar Kulturkunde – nicht etwas ist, was zu der zentralen, begrenzten Berufskunde bloß hinzukommt. Es ist aus psychologischen Gründen selbst wesenhaft notwendig, und unter erziehlichen Gesichtspunkten entfaltet es die eigentlich idealbildende Kraft im Ganzen. Es nimmt die Stelle des erweiterten humanistischen Gedankens ein; dieser aber hat sich so verwandelt, daß der Standort der Sicht nunmehr der spezifische Beruf ist, der zu bestimmter Tätigkeit, zum tapferen Mitangreifen auffordert. *Jeder* Horizont setzt ja einen Mittelpunkt voraus, in dem man steht. Erweiterung des Horizontes erfordert Orientierung in der realen Welt, Phantasie und Denkarbeit. Das alles macht den Menschen erst von innen heraus *frei,* weil es ihn mehr und mehr zum Geistträger erhebt.[2] Wie etwa diese erste Aufgabe zu lösen ist, davon muß später noch die Rede sein, nachdem auch die anderen Anforderungen erwogen worden sind.

Die zweite, die mit der Umstellung von 1920 erwuchs, war die *Heraus-*

[2] Vgl. Eduard Spranger, Der Lehrer als Erzieher zur Freiheit. In: Bildung und Erziehung. Jg. 5. 1952. S. 1–14. Auch in: Die Berufliche Ausbildung. 1952. S. 152–169.

arbeitung von plastischen Berufsbildern, und zwar sogleich unter ausdrücklich pädagogischen Leitgedanken. Jeder Beruf hat seine eigentümliche innere Struktur. Er greift nicht nur in wirtschaftliche Zusammenhänge hinein, indem er bestimmten Bedürfnissen auf dem Markte oder in einer zentral gelenkten Wirtschaft dient; er hat auch seine besondere Technik, die an Hand und Kopf Anforderungen stellt. Dies Instrumentale verlangt schon mancherlei Wissen; aber die in den Beruf eingeschmolzene Theorie geht weit darüber hinaus; sie ist nur niemals reines zweckfreies Wissen; alles Wissen ist hier vielmehr gebrauchsbezogen, lebensbezogen. Es wird wohl vorausgedacht und vorausgeplant. Immer jedoch sind Denken und Tun, Tun und Denken so ineinandergewoben, wie es Goethe auf seiner *reifen* Stufe, in ›Wilhem Meisters Wanderjahren‹, als eigentliche Reife des menschlichen Geistes gepriesen hat. »Vom Nützlichen durchs Wahre zum Schönen.« Das ist ganz etwas anderes als das neutrale »Wissen auf Vorrat«, mit dem Volksschule, höhere Schule und Universität den Lehrling versorgen. Es kann daher auch immer nur in der lebendigen Auseinandersetzung mit der Sachwelt geübt und erworben werden. Nach diesen Richtungen hin haben das DINTA (Deutsches Institut für technische Arbeitsschulung) und der DATSCH (Deutscher Ausschuß für technisches Schulwesen) sich in früherer Zeit erhebliche Verdienste erworben.

Die Ausarbeitung charakteristischer Berufsbilder ist damit noch nicht beendet. Hinzukommen müssen Feststellungen darüber, welche seelisch-geistigen Anlagen und Eigenschaften zu jedem Beruf gehören; Erwägungen darüber, welchen Stufengang die Ausbildung für ihn innezuhalten hat, und zwar von dem jeweiligen Urphänomen des Tuns und Gestaltens an. Nur dann kommt man über Berufsabrichtung hinaus zur eigentlichen Berufs*bildung.* Denn das Kennzeichen der »Bildung« liegt immer in ihrem Überschußcharakter, darin, daß man sich auch da noch zu helfen weiß, wo einem nichts vorgeschrieben und andressiert worden ist. – Endlich das Höchste: jeder Beruf hat auch sein eigentümliches *Ethos*, eine Gesinnung, die auf dem Sinn für zuverlässige Arbeit, für Ordnung, für treues Zusammenwirken beruht. Kein Berufsethos ferner ohne ein Organ für die spezifische Ehre, die mit einem Stande und mit seiner gesellschaftlichen Leistung verbunden ist. Darin sind Stolz und Demut gleicherweise eingeschlossen; Demut, weil alles Tun unter dem allwaltenden Schicksal steht und der rechte Segen schließlich nur von oben kommt.

Die Berufsschule ist in den letzten 30 Jahren mit der Ausgestaltung solcher Berufsbilder schon ein ganzes Stück weitergekommen. Mindestens sind die Hauptberufsgruppen so erfaßt – noch nicht die sogenannten »Angelernten«. Aber niemand wird sagen, daß in der feineren Durchgliederung, besonders auch der pädagogischen, schon alles Wünschenswerte geschehen sei. – Und wer soll denn das alles tun?

Nicht als eine dritte Aufgabe, sondern als eine Voraussetzung für die Erfüllung aller Aufgaben der Berufsschule ist das Vorhandensein eines *Berufsschullehrerstandes* zu bezeichnen, der das Ganze auf seine Schultern zu nehmen fähig ist. In den Anfängen mußten Anleihen gemacht werden bei der immer arbeitswilligen, weiterstrebenden Volksschullehrerschaft, bei erziehungsfreudigen und -begabten Meistern, bei nur fachlich ausgebildeten Ingenieuren, Kaufleuten, Landwirten. Heute ist ein eigentlicher Lehrerstand bereits vorhanden; er wird an besonderen Gewerbelehrerinstituten oder an den sachverwandten Hochschulen ausgebildet. Ihre Vorbereitung stellt ein neues Bildungsproblem, das noch lange nicht als endgültig gelöst betrachtet werden darf. Hindernisse von außen kommen daher, daß dieser Berufszweig in der Öffentlichkeit nur wenig bekannt ist. Infolgedessen reicht der Nachwuchs im Augenblick nicht aus, und natürlich ist auch nicht jeder Anwärter brauchbar. Es mögen sich in ihm viele Tugenden, Kenntnisse und Fertigkeiten vereinen: wenn er eins nicht kann, dann fehlt ihm die innere Spannfeder, die alles andere in Bewegung setzt: Er muß es verstehen, die Liebe zu einem Beruf, ja die Begeisterung für ihn zu erwecken und zu schüren. Ist in ihm nicht die doppelte Liebe – zur Sache und zur Jugend –, ist nicht in ihm selbst innerer Schwung, so bleibt er ein Handwerker im schlechten Sinne und ist zu dem hohen Werk der Menschenbildung nicht berufen. Denn dies ist nun wirklich Berufung im innersten Sinne: die Gabe, am Beruf und im Beruf zu echtem Menschentum zu erziehen. –

Was die anderen Schulformen betrifft, so ist die Anwendung auf die verschiedenen Arten der Fachschule leicht. Da sie sich von vornherein zu dem lebenspraktischen Bildungsideal bekennen, das heißt zum Menschen von einem Berufszentrum aus erziehen wollen, so werden sie ähnliche Wege wie die der Pflichtberufsschule einschlagen müssen. Allerdings: viele von ihnen werden nicht so betriebsnahe sein können wie die berufsbegleitenden Anstalten. Sie werden in dem Stil des Lernens mehr den wissenschaftlichen Oberschulen ähneln. Auch sie aber müssen aus ihrem Berufszentrum so viel menschliche Bildungswerte herausholen, wie nur irgend möglich ist. Und sie sollten das nicht in verschämter Weise tun, sondern mit entschiedener Betonung ihres Fachcharakters. Denn wer sie besucht, wird in der Regel wissen, was er will, und insofern schon ethischen Halt haben. Vor allem die höheren Fachschulen wenden sich an ein Lebensalter, das nicht mehr den stärksten Pubertätsstößen ausgesetzt ist.

Die Volksschule kann natürlich noch keine Berufsgliederung in sich aufnehmen. Wohl aber könnte sie das Programm der Arbeitsschule stärker verwirklichen, als es bisher geschehen ist, und sie könnte auch die Scheu vor dem Nützlichen abstreifen, die ihr vielfach aus ihrer klassischen Periode noch anhaftet. Sie ist die wesentliche Erziehungsstätte für diejenige Jugend, die einmal in handarbeitende Berufe übergehen wird. Also müßte sie den Bildungsgedanken »denkende Hand« noch sehr viel energischer entwickeln. Endlich sollte sie die erzieherischen Möglichkeiten, die in der Schulgemeinschaft und Arbeitsgemeinschaft liegen, stärker ausnutzen. Denn wenn man für größere Gemeinschaften vorbereiten will, so muß das an kleinen, übersehbaren Kreisen modellhaft geübt werden. Es ist gewiß nicht so, daß man schon künftige Staatsbürger formt, wenn man eine genossenschaftliche Einstellung pflegt. Aber das einfache Miteinander und Füreinander geht den komplizierten Verhältnissen, die im demokratischen Staate walten, naturgemäß voran. – Es wäre auch gut, wenn die deutsche Volksschule ihre Wirtschaftsferne überwände, die aus den besonderen Umständen am Anfang des 19. Jahrhunderts herzuleiten ist. Das würde dazu beitragen, die Wirtschaft nicht nur unter dem Erwerbsgesichtspunkt sehen zu lassen, der sich bei der Schulentlassung unvermeidlich hervordrängt. Es ist im Wirtschaftlichen sehr viel Leben, das nicht vom bloßen Egoismus geprägt ist. Mit einem Wort: Man könnte auch heute noch von dem großen Pestalozzi viel lernen.

III

Die schwierigste Frage im Berufsbildungsprogramm bleibt doch, wie es zu erreichen sei, daß ein junger Mensch auf dem Wege über *seinen* Beruf zu einem »Menschen« erzogen werde, also nicht nur zu einem Berufskönner, sondern zu einer beseelten Persönlichkeit mit einem »Horizont«, *der ihn befähigt, bewußte Verantwortungen für Volk, Staat und Menschheit zu übernehmen und sich in sittlichem Sinne selbständig zu entscheiden.* Er soll kein führender Geist werden, er soll aber auch nicht in der stumpfen Masse versinken und nicht für jede Art menschenfangender Propaganda anfällig sein. Ob dies gelingt, das ist jetzt die Schicksalsfrage für Westeuropa und die abendländische Kultur.

Von den Wegen sittlicher Erziehung überhaupt, die jeder Lehrer kennt, soll hier nicht noch einmal die Rede sein. Ich kehre jedoch zurück zu jenem Komplex von Bildungsgütern, die in der Berufsschule sozusagen das Ausstrahlend-Allgemeine repräsentieren. Auch darüber glaube ich nichts unerhört Neues sagen zu können. Ich möchte Altbekanntes nur von einer ungewohnten Seite her aufrollen. In neuer Ausdrucksweise kann der Gehalt des Vertrauten eindrücklicher werden.

Jeder Mensch ringt im stillen um den Sinn seines Lebens. Der junge

Mensch sucht ihn aus besonderer Bedrängnis mit besonderer Leidenschaft. Er ist nur selten fähig, die reifsten Lösungen, die ihm die Religion bietet, sogleich mit eigenem Verständnis zu übernehmen. Sie weist ihn auf weltüberwindende Mächte hin. Er aber kennt die Welt und das Leben noch gar nicht. Man muß ihn, zum Teil vorgreifend, mit dem Leben erst vertraut machen. Nennen wir also das »Fach«, um das es sich in einer Schule handeln kann, ganz einfach *Lebenskunde*. Entwirft es eine zutreffende Landkarte von den Daseinszusammenhängen, so wird es die Staatskunde ganz von selbst einschließen. Es ist der Gang des Lebens, daß es von einem ganz primitiven *Sinn* zu immer reiferem und tieferem Sinngehalt emporführt, aber auch von engeren Lebenskreisen in immer weitere hinausführt. Dies »weiter hinaus« und »höher empor« muß anschaulich an einfachen Modellen dargestellt werden. Beginnen wir mit der Familie, schreiten wir fort zum Beruf, enden wir mit Volk und Staat und Menschheitsverflechtung, so wiederholen wir nur, was Pestalozzi ahnungsvoll-aphoristisch schon in der ›Abendstunde‹ ausgeführt hat.[3]

Der nur selbstbezogene naive Sinn bildet den Anfang. Aber schon die Familie zeigt, daß sie nicht existieren könnte, wenn sie nicht von umfassenderen Mächten getragen würde. Der »Beruf« des Vaters ist Voraussetzung für ihr Gedeihen. Er weist hinaus in den großen Zusammenhang des Wirtschafts- und Arbeitslebens. Es schadet nichts, wenn eine Zeitlang alles nur so erscheint wie eine selbstsüchtige Interessenverflechtung. Interessen müssen geschützt werden. Die Rechtsordnung tut es. Aber sie wäre machtlos ohne den Staat. Der Staat hat in der Gegenwart eine bestimmte Gestalt. Man versteht sie nur, wenn man sie mit früheren historischen Gestalten vergleicht. Die herrschende Instanz auf Erden ist eine faktische Machtzusammenballung. Sie ist sehr fragwürdig, wenn man sie der Sehnsucht, den Ansprüchen und den tiefsten Forderungen der Einzelseele gegenüberstellt.

Ist man bis zu dieser Spitze gelangt, *dann* wendet sich die Betrachtung zurück zum einzelnen Menschen und macht ihn mit sich selbst näher bekannt. Hier erst setzt das eigentlich Erziehende ein, *also nicht bei der Welterkenntnis, sondern bei der Selbstbesinnung*. Lange muß man dabei verweilen und alle Träume, Torheiten, Illusionen, Begierden, Verruchtheiten des jugendlichen Seelengrundes zur vollen Geltung kommen lassen.

Auf dieses Stadium der Verlegenheit und Selbstunsicherheit folgt dann die zweite Wanderung durch Familie, Beruf und Staat, nunmehr unter dem Leitmotiv: »Was wollt ihr denn wirklich und eigentlich?« Vor allem:

---

[3] Es ist kein Zufall, daß die 2½ Jahrtausende beherrschende Morallehre des Fernen Ostens, die unter dem Namen des Konfuzius geht, ebenfalls nach Lebenskreisen aufgebaut ist.

wie denkt ihr euch euren Beruf, nicht nach bloß ökonomischem, sondern menschlichem Gewinn und Verlust, nach sogenannter Freiheit und höherer Bildung, nach Selbstbejahung und Selbstüberwindung? Und an welchen Sternen wollt ihr zuletzt die gefährliche Fahrt eures Lebensschiffleins orientieren? Ist nicht der Beruf das, was euch zunächst den festen Standort gewährt, aber damit auch an andere bindet, für das Ganze verantwortlich macht, zuletzt vor einem Höchsten und Größten bindet, so daß ihr doch nicht im bloßen Beruf wurzelt, sondern in einer Berufung, die ihr mehr zu achten habt als alle bloß gesellschaftliche Ehre? Denn die wahre Ehre vor sich selbst ist Ehre vor Gott. Vor ihm jedoch gibt es kein Verdienst, sondern allenfalls Streben nach Reinheit des Herzens.

Das alles denke ich mir aufgebaut im Fortschreiten von Sinnbezug des Lebens zu Sinnbezug des Lebens. Das Ziel ist in dem Grade rein ethisch, daß alle Kenntnis etwa von Gesetzesparagraphen, die ein Berufsträger kennen muß, schlechterdings in einen ganz anderen Zusammenhang verwiesen werden muß. Man mag das als reinen Wissensstoff nachtragen. Es gehört nicht dahin, wo es zunächst einmal darauf ankommt, von der primitiven Lebenssucht emporzusteigen zur Lebensbindung, von Forderungen an das Leben zum Sollen und Verpflichtetsein. Staatskenntnis und Gesetzeskenntnis ist nur Beiwerk. Staatsgesinnung, politische Verantwortung und sittliche Hingabe sind Ziel. Das ist und bleibt eine Angelegenheit des innersten Menschen, dem wir – auch in der Berufsschule – zu Bewußtsein und Kraft heraushelfen wollen.

IV

Jede Zeit trägt ihre besondere Gefährdung in sich. Die unsrige scheint, trotz mannigfacher »Geschäftsbelebung«, geradezu unterhöhlt zu sein. Das wirtschaftliche Gedeihen ist noch keine Gewähr für eine gesunde Gesamtkultur. Das 19. Jahrhundert hat berauschende Fortschritte auf naturwissenschaftlichem, technischem und industriellem Gebiet erzielt. Der Mensch, wenn man darunter seine Seele, sein tieferes Glück und sein sittliches Niveau versteht, ist in jener Epoche mehr gefährdet als gefördert worden.

Beim Durchblättern des vorigen Jahrganges dieser Zeitschrift habe ich ein Wort gefunden, das öffentlich plakatiert zu werden verdiente: *»Die Wissenschaft und die Technik können gar nicht so viel in einem Jahrhundert aufbauen, wie ein fehlgeleitetes Menschentum in sehr kurzer Zeit vernichten kann.«*[4] Wir haben wohl allmählich erkannt, daß eine Kultur sich

[4] Kurt Splittgarb, Psychologische Betrachtungen im Unterricht an Fachschulen. In: Die Deutsche Berufs- und Fachschule. Jg. 47. 1951. S. 332–335.

immer nur durch die Menschenart, über die sie verfügt, erhalten und höher bilden kann. Künftig werden wir sehr viel mehr an dem Menschen als an der Sache zu arbeiten haben. Das ist der Leitsatz, in dem dieser Beitrag gipfelt.

Gefährdungen des Menschen kommen aus seinem Innern, aber auch von der Umwelt her, und da ganz besonders aus der vom Menschen geschaffenen Kultur, die zu einer objektiven Macht über ihn geworden ist.

Unser Berufsleben ist nicht mehr genug von dem Geiste erfüllt, der schon durch das Wort gefordert ist: Beruf = inneres Berufensein. Es braucht hier nicht wiederholt zu werden, was tausendfach gesagt worden ist: eine zu weitgehende Arbeitsteilung zerstückt nicht nur die Werkherstellung, sondern schließlich auch den Menschen. Aber das zu ändern, übersteigt unser Vermögen, es muß von anderer Seite her geholfen werden.

Je weniger ein Beruf noch die ganze Seele auszufüllen vermag, um so stärker tritt das bloße Erwerbsmotiv in ihm hervor. Ich will es nicht geringwertig nennen, denn natürlich muß und will der Mensch sich seinen Unterhalt erwerben. Ist es aber allein maßgebend, so bindet ihn nichts mehr an die Sache (das Werk). Er fragt nur noch, wo am meisten und am schnellsten zu verdienen ist. Damit löst sich die Berufsgesinnung auf.

Je verwickelter ein Wirtschaftssystem in seinem Produktionsaufbau, in seinen Marktverflechtungen und in seinen Abhängigkeiten von Großbetrieben politischer und wirtschaftlicher Art geworden ist, um so mehr zwingt es die arbeitenden Menschen in bestimmte Stellen hinein. Der große Apparat darf ja nicht einen Augenblick still stehen. Die Nachfrage der Wirtschaft nach Arbeitskräften wird maßgebender als das Verlangen der nachrückenden Jugend, gerade in dieser oder jener Arbeit mit Lust und Liebe tätig zu sein.[5]

Kommt zur Einschränkung der freien Berufswahl und zur Schädigung der echten Berufsgesinnung noch ein so hochgradiger Mangel an Lehrstellen hinzu, wie gegenwärtig in Westdeutschland, so muß man diese Fülle von Gefährdungen des Berufslebens mit großer Sorge sehen. In all diesen Beziehungen findet sich die Lehrerschaft der Berufs- und Fachschulen vor schweren Aufgaben; aber nichts ist für einen Berufsstand so beflügelnd, als wenn er sich zu einer heilenden und aufbauenden Kulturmission »berufen« fühlen darf. An der Spitze steht die Pflicht, dem um sich greifenden Verfall echter Berufsgesinnung mit allen Kräften entgegenzuwirken. Denn

[5] Diese beiden Gesichtspunkte habe ich näher ausgeführt in meinem Aufsatz: Umbildungen im Berufsleben und in der Berufserziehung. In: Die Berufliche Ausbildung im Kanton Bern. Jg. 1950, Nr. 3. S. 41–47. – Auch in: Berufserziehung. Jg. 2. 1950/51. S. 119–127.

hier handelt es sich um etwas, das die ganze Moral des Volkes an seiner Wurzel bedroht, weil eben die Arbeitsmoral im Abendlande eine entscheidende Seite der Sittlichkeit bedeutet. Für ungeliebte Berufe bei der Jugend innere Anteilnahme zu wecken, ist noch viel schwerer. Aber ein wenig wird man durch Augen-Öffnen auch hier helfen können. Der dritte Mangel endlich muß durch eine große Aktion bekämpft werden, die darauf hinausgeht, in der *ganzen* Wirtschaft wieder den pädagogischen Geist zu wekken, ohne den sie nicht existieren kann, weil im Kulturleben alle Fortpflanzung und Höherpflanzung nur auf Erziehung beruht. Erfahrene Meister, weitblickende Unternehmer, Handwerks-, Industrie- und Handelskammern haben es immer gewußt, daß eine Nur-Wirtschaft, auf die das 19. Jahrhundert zum Teil hintendierte, sich von innen heraus selbst zugrunde richtet. Die Wirtschaft ist keine große Maschine, die von selber läuft, aber auch etwas anderes als ein Organismus, der gedeiht, wenn man ihn füttert; sondern sie ist ein verletzliches Geistesgebilde, das nur durch ethische Kräfte gesund erhalten und veredelt werden kann.

Deshalb stellen wir – nicht *nur* in der Erziehungsphase – den Menschen wieder in den Vordergrund. Gewiß, den *arbeitenden* Menschen. Aber Arbeit ist nicht gleich Arbeit. Sie soll sein Hingabe der Seele an eine Sache. Wir wünschten jedoch, daß in dieser Versachlichung die Seele nicht zugrunde geht. *Deshalb muß sie in der entscheidenden Jugendzeit erst einmal zu sich selbst gekommen sein.* Sie muß Zeit gehabt haben, auch diejenige Problematik in sich zu klären, die es nicht unmittelbar mit dem Beruflichen zu tun hat. Vernachlässigte, verwundete oder gar verbitterte Innerlichkeit ist zu keiner Art von gesunder Lebensleistung und Lebensgestaltung fähig. Ist in diesen Hintergründen des jungen Menschen etwas nicht in Ordnung, so gelingt keinerlei Durchseelung der Arbeit. Auch darum also wird sich der Berufsschullehrer kümmern.

Dies alles in den sechs bis acht Stunden, die ihm zur Verfügung stehen? Heißt das nicht zu verlangen, daß er Wunder tun soll? – Niemand wird die Anforderungen so übersteigern. Es handelt sich in diesen Ausführungen nur darum, sich noch einmal auf alles zu besinnen, worauf es in der Berufsschule ankommt. Der eine Berufserzieher wird da, der andere anderwärts seine Stärken haben und entsprechend seine Schwächen. Sollte aber einmal einer kommen, der wirklich Wunder tut – nicht indem er die Jugend berauscht und bezaubert, sondern indem er sie mit dem Ernst der Liebe belehrt und erzieht, für sie Vorbild wird und von ihr mit antwortender Liebe verehrt wird –, nun, ich glaube nicht, daß man ihn behördlich bekränzen, auf den Markt führen und dem Volke zeigen wird. Er wird – wie jedes treue Erziehergemüt – seinen Lohn haben in der Stille.

Bl. 1

Innere Voraussetzungen des Erziehertums

1952

Jeder Beruf hat seine Voraussetzungen.
Ich meine damit Anforde-
rungen, die an den Berufsträger
gestellt werden.
Für manche Eigenschaften muß die Natur
gesorgt haben,
z. B. ausreichende
Gesundheit und
Kraft.
Andere werden durch den jeweiligen
Ausbildungsgang herbeigeführt.
{ mit mehr oder weniger
zulänglichem Erfolg.
Wir wollen uns heute über die inneren
Voraussetzungen des *Erziehertums* unter-
halten.
Gemäß der Zusammensetzung dieses Kreises
denke ich dabei weniger an Eltern,
die natürlich in erster Linie zu Erziehern
bestimmt sind,
als an *Berufserzieher*.
Es wird sich zeigen, daß die Voraussetzungen,
die von ihnen zu erfüllen sind,
aufeinander aufgebaut sind,
so daß eine Schicht die andere trägt.

Bl. 2

Sie haben vielleicht einmal ein Bild
von dem Grabdenkmal Friedrich Fröbels
in Schweina gesehen:
es besteht aus einem Würfel, auf

dem eine Walze, ein Zylinder,
steht, und auf dem Zylinder
ruht eine Kugel.
(Die 3 Grundkörper.)
Dieses Gebilde wollen wir zum Symbol
für die übereinandergeschichteten
Voraussetzungen unsres Berufes
nehmen.
Wenn wir oben anfangen und nach
unten fortschreiten, so müssen wir
schließlich zu dem kommen,
was *das eigentlich Tragende* ist.
Darauf kommt es mir besonders an.

vielleicht nicht mehr durch Lehre und Lernen
zu erreichen, sondern
auf einem verborgenen
Wege.

Das übrige rufen wir uns nur kurz
in Erinnerung. Denn
darüber wissen wir
genügend Bescheid.

Bl. 3 I. 1. Voraussetzung:
Der Lehrer braucht Wissen.
Zwar zu jedem Beruf gehörig.
Aber in besonderer Bedeutung.
Denn er soll jungen
Menschen Wissen übermitteln.
Gleich hinzufügen: eigentlich zwei Arten
a) Sachwissen
in verschiedensten
Gebieten.
b) Wissen, wie man Wissen
übermittelt.

ad a) *Sachwissen.*
in der Volksschule liegt die
große Schwierigkeit darin,
daß eigentlich jeder Lehrer
alles wissen müßte,
mindestens Elementarkenntnisse.
An der Oberschule gibt es das

Fachlehrersystem.
Hätten wir Riesenschulen
auch auf dem Lande und
in kleinen Städten, dann
wäre es an sich wohl auch
auf Volksschulen zu
übertragen.
Aber das hätte pädagogische
Bedenken: Wenn die Figur
auf dem Katheder immerzu

Bl. 4

wechselte, dann fehlte der *eine* Erzieher,
an den sich die Kleinen gewöhnen
und den sie – im günstigen Falle –
liebhaben.

Wie es damit aber auch stehe: es ist
für einen jungen Menschen heut-
zutage eine schwere Anforderung,
sich in so vielen Fächern gleichzeitig
auszubilden:

Deutsch
Geschichte
Rechnen
Geometrie
Naturkunde
ein wenig Physik
Religion
{ dazu noch musische Fächer
Zeichnen und Musik.
Leibesübungen
und –
Handfertigkeiten.

»Können«
nicht Wissen

Die treten nur
allzusehr zurück,
dürfen aber nicht
mehr fehlen
|| *Programm der Arbeitsschule*
schließt Handfertig-
keiten ein.

wenn ernst machen.

Wie soll das ein Einzelner heute noch
alles bewältigen?
|| *Die crux der Volksschullehrerbildung.*
Welches System?

Bl. 5

Nun habe ich allerdings gesagt:

nur die Elemente
müsse man beherrschen.
Das heißt nicht:
von allem ein bißchen.
Worin die eigentlichen Elemente bestehn
z. B. in Physik
in Geschichte,
das weiß allenfalls ein sehr guter Fachmann.
Der Zustand unsrer Wissenschaften ist aber nicht so,
daß in jeder
die grundlegenden Einsichten und Kenntnisse scharf herausgearbeitet wären:
die Urphänomene (nach Goethe.)
die fruchtbaren
und diese so, daß derjenige, der sie kennt,
sich nun von da aus selbst weiterhelfen könnte.
Das wäre das Ideal. (Mathematik)
cf. Descartes' Überlegungen!!
Das Elementare ist das Geistvollste
Es liegt mir sehr viel daran, daß das einmal
ego
durchgearbeitet werde. (Immer wieder.)
wir haben das aber noch nicht,
und so bleibt es denn dabei:
von jedem Fach »ein wenig«
Bl. 6 Ein solches Wissen bleibt zusammenhangslos.
Es kann eigentlich nur gedächtnismäßig aufgenommen werden.
»Die Not des Gedächtnisses«
in der Lehrerausbildung.
ad b) *Das Wissen* (2. Potenz), *wie man Wissen übermittelt.*
Methode
Darin liegt zweierlei
dafür maßgeblich α) der Weg der Wissensfindung.
Jede Wissenschaft hat als solche ihre einheimische Methode.
Nur wenn man sie beherrscht, kann man Wissen vermehren.

{ Methode der Physik
{ Methode der Geschichte.
Kein Lehrer kann
daran ganz vorübergehn!!

hiervon wieder abhängig — β) Methode nicht als Instrument
des Forschens
sondern des Lehrens
Unterrichtens.

Methodologie — α) gehört in den Bereich erkenntnistheoretischer
Probleme.

Methodik — β) gehört schon zur Hälfte in die Psychologie.

Bl. 7

Wer an der Hochschule doziert, darf
voraussetzen, daß die Seele seiner
Hörer nicht wesentlich anders funktioniert als seine eigne.
Der Volksschullehrer (bes. Grundschullehrer)
muß aber auch etwas von der
noch primitiven Kindesseele wissen.
magische Seelenverfassung.
Alle didaktische Kunst für ihn
{ ist abhängig von kinderpsychologischen
Einsichten:
Wie baue ich auf (vereinfachend)
Wie bringe ich heran
Wie interessiere ich?
Wie übe ich ein?
Wie übe ich das Gedächtnis.
Die *Sache* (der objektive Wissensstoff) nimmt dadurch eine
ganz andere Gestalt an.
Dies Umformen
ad usum Delphini
ist eine ganz besondere Kunst
nur begrenzt *lehrbar* und *lernbar*.
Innere Voraussetzung:
eine Begabung, die schon etwas
mit einem *Künstlertum* zu tun
hat.
Die Kunst der einklassigen Schule.

Bl. 8

II. Eine zweite innere Voraussetzung
[Zusatz:] Von der Kugel zur
(im Symbol die Walze.)

Liebe zu der Jugend.
Ohne sie ist zwar ein Unterrichts-
techniker denkbar
{ kein Lehrer
{ noch weniger ein Erzieher.
Wenn man den unschönen Ausdruck
»Schülermaterial«
anwendet, so gilt selbst dann
noch:
{ Jeder Künstler liebt sein Material
{ Er liebt ebenso die Idee, die er
in sein Material hineinbilden
will:
den Marmor
die Farben
die Sprache.

Doppelte Liebe:
Er liebt in den Kindern das, was sie
als Geschöpfe der Natur *sind*
aber auch: was sie gemäß der
Idee des Menschentums *werden sollen.*
Der Erzieher liebt sie empor.
Doppelte Liebe: zu den Kindern
in uno zum erhöhten, veredelten
Menschentum

Bl. 9 Vielleicht Einwand:
zu viel verlangt.
Es komme auch hier nur darauf an,
daß man *wisse*, wie man erzieht
und das lerne man in der Pädagogik,
die heute *Kpsisch* unterbaut ist.
[Zusatz:] Kinderpsychologie = Ersatz
Allerdings genüge nicht die eine Hälfte
der Pädagogik:
{ Didaktik
{ Methodik.
Erziehungslehre müsse hinzutreten.
Die lerne man ja auch.
Die gebe eine Landkarte, auf der
sehr viele Reisewege ver-
zeichnet sind.
Den jeweils geeigneten
auszuwählen, das

sei zwar eine *Kunst*
man lerne sie aber auch
{ im Laufe der Zeit
{ durch Erfahrung.

Das müsse genügen
Liebe sei zu viel verlangt.

(diejenigen Unglücklichen, die
den Erzieherberuf nicht aus
Neigung gewählt haben,
sagen so.)

Bl. 10

Darauf ist zu erwidern:

Vielleicht gibt es in der Pädagogik
nur *einen* Satz, der absolut sicher
ist:
Eine Erziehung, die nicht im
Medium der Liebe erfolgt, ist
von vornherein zum Scheitern
verurteilt.

Nur in der Temperatur der Liebe
kann man junge Seelen bilden.
Einer pädagogischen Liebe
Die ist eine ganz besondere Form der
Liebe.

Thema für sich.
Wir kommen darauf zurück,
wenn zunächst von der
dritten Voraussetzung
gesprochen worden ist:
Symbol *Würfel*

Was ist damit gemeint?

Bl. 11

III. Ziel von Unterricht und Erziehung ist
leben zu lehren.

nicht dies oder jenes
auch nicht das
»Fortkommen«
nicht das behördliche
Pensum abwickeln.

ins Leben hinein-
stellen

Nicht Leistungen, sondern *Sein*
|| *Verstehen wir denn aber selbst zu*
leben?

Frage an uns:
|| *Woraus leben wir denn eigentlich?*

|| *Was trägt uns eigentlich?*

Jetzt reden wir eine ganze Weile
nur von uns selbst.

Angenommen, das sei *uns* klar,
dann werden wir zugeben:
das Wichtigste im Erzieherberuf
ist doch, daß wir in den jungen
Seelen etwas entwickeln,
was ihnen in diesem letzten Sinne
Halt geben kann. *Halt*, Geborgenheit (trägt)
Auch ein Fundament, aus
dem sie leben können.

Natürlich nur keimhaft.
Aber keinen erstorbenen Keim,
sondern einen, der weiterwachsen
soll und kann.

|| Wir müssen etwas *sein*, um etwas geben
zu können. ||

Bl. 12
Ich glaube,
Sie werden

Ich bitte Sie, mir den dreiteiligen Gedanken zu
bestätigen, 1) daß wir alle aus »Voraus-
setzungen« leben, von gewissen
Überzeugungen und Bindungen
leben, ohne die uns die Basis unsrer
Existenz weggezogen wäre.
2) daß wir sehr oft nicht wissen, worauf
wir eigentlich so aufbauen.
Vielmehr *selbstverständlicher Lebensstil*
nachgemacht.
3) daß wir über diese unsre Fundamente
einmal nachdenken sollten
Selbstbesinnung.

Denn es könnte sein, daß
|| *unser Leben eine von Grund auf*
|| *falsche Konstruktion hätte.*

Verdeutlichung durch *Analogie*:
Zum rechten Leben des Leibes und Betäti-
gung des Leibes gehört *Gesundheit.*
Solange wir sie haben, ist es uns
selbstverständlich, daß wir sie haben.

»Fehlt uns einmal etwas«
so werden wir darauf aufmerksam,
daß die Gesundheit uns bisher getragen
Bl. 13 hat. Gesundheit = Richtigkeit
der leibl. Verfass.

Die Analogie geht noch weiter:
Bei Krankheiten sehen wir ein,
daß wir – mindestens für unsre Konstitution – nicht richtig gelebt haben.

{ Wir stellen uns um
leben diät
wir *suchen* also die Gesundheit
durch »*richtige*« Lebensweise.

Im seelischen Bereich:
Krisen An *Krisen* bemerken wir, daß wir
uns geistig nicht richtig eingestellt haben. *(»Es fehlt uns etwas«)*
daß wir uns umstellen müssen
wieder auf den richtigen Weg
kommen müssen
(*nicht* = zur Vernunft
Suchen nach *Sinn* des Lebens!! kommen.)

Ich will jetzt Schritt für Schritt entwickeln,
was eigentlich in uns vorgeht, wenn
wir
den Sinn unsres Lebens suchen.

Soeben sprach ich von *besonderen*
Krisen, in denen wir aufwachen und uns besinnen.

Aber wir sollten wissen:
das Leben in der Welt ist immer
krisenhaft. |||

Bl. 14 1) Die Minusseiten des Lebens
die *wesensmäßig* mit
ihm gesetzt sind.

a) Dauernd dem Schicksal exponiert
Wir können jeden Augenblick
aus der Sicherheit unsrer
Existenz oder aus unsrem
bescheidenen Glück herausgeworfen werden:

Verlust eines lieben Menschen
Verlust eines Gliedes
Verlust des Berufes
Verlust des Besitzes.
Mißlingen des Lebensplanes.

Das alles ist ungewiß, »droht aber«.

Hölderlins Schicksalsfurcht

Hyperions Schicksalslied:

Doch uns ist gegeben,
Auf keiner Stätte zu ruhn,
Es schwinden, es fallen
Die leidenden Menschen
Blindlings von einer
Stunde zur andern
Wie Wasser von Klippe
Zu Klippe geworfen
Jahr lang ins Ungewisse hinab.

Bl. 15

Unter vielen möglichen das letzte Schicksal

b) gewiß aber ist das eine, daß wir einmal sterben müssen.
(ungewiß nur wann?)

Das Menschenleben ist nichts,
was sich unabsehbar dehnt
(Täuschung der Jugend.)
es ist kündbar,
und zwar fristlos kündbar.

Das Sterbenmüssen ist
für uns *das* metaphys. Geheimnis.

Junge Menschen würden eher glauben, daß die Welt mit ihnen verlösche, als daß sie allein aus der Welt fortgehen müssen.

Ich will hier gleich hinzufügen:
ein Menschenleben wird *nicht* richtig aufgebaut sein, wenn es nicht das Sterbenmüssen mit einkalkuliert.

in frommer Zeit war das so.
Memento mori.

17. Jhhdt: die kleine Sterbenskunst
für Kinder.

Das halten wir heute für verfehlt (weil verfrüht.)

Immerhin: der Schatten der
Vergänglichkeit.

Bl. 16

Wie helfen wir uns?

2) Äußere Kompensationen gegen diese Minusseiten.
Der Mensch hat ein gewaltiges
Sekuritätsbedürfnis. [Zusatz:] Bürger
Der moderne Mensch hat sich weitgehend
vor der Härte des Schicksals zu
schützen versucht:
Man denke einmal über das Versicherungswesen nach
gegen Feuer
gegen Einbruch
gegen Unfall
gegen Not im Alter
gegen Haftpflichtleistungen

Versuche, Schicksalsschläge zu eliminieren

Das ist psychologisch sehr
interessant.
Wenn ich die letzte Art hinzufüge:
Lebensversicherung
so könnte ein Kind denken,
es gebe auch eine Versicherung gegen den
Tod.
Aber das gibt es nicht.
Höchstens Versicherung der
Hinterbliebenen.

Am Leben hängen nach Glück streben

Man beachte auch die *Kehrseite:*
Gegen ein günstiges Schicksal versichert
man sich nicht.
Im Gegenteil: man wünscht es herbei
Lotterie, Toto – Leidenschaft.
Beides aus derselben seelischen Wurzel:

Bl. 17

ein »Pakt« mit dem Schicksal.
Es hat sich aber gezeigt, daß *äußere* Kompensationen auch nur *äußere* Nöte mildern
können.
Heilmittel: *Geld!!*
Sehr viel schwerer zu tragen sind doch wohl
innere Nöte
Seelenleiden
die zur Verzweiflung treiben

können,
auch den Reichen.
Verlust der Eltern, des Gatten, der Kinder
Verlust der Heimat
Verlust der Arbeitskraft
der Wirksamkeit.
Gegen solche Schicksale werden nur innere Kompensationen helfen.

3) *Innere Kompensationen.*
ein triviales Bild: Wenn ein Gummiball Beulen erhalten hat, so muß man ihn von innen aufpusten.
edler gesagt:
der Mensch muß etwas von innen aufbringen, um fertig zu werden.
Da gibt es sehr verschiedene Wege.

Bl. 18

a) Man betäubt sich
um zu vergessen
ein Selbstbetrug.
b) Man macht seine Seele stark.
Heroismus des Stoikers.
Resignation
Glücklosigkeit
nichts hoffen
sich mit dem Leben erst
gar nicht einlassen.

eine Technik.
acquiescentia
in se ipso

Beides bedeutet doch *Unterbilanz der Existenz*
Beides ist eine Art von Flucht.
Besser:

Entsagen u.
Ertragen.

c) *Stirb und werde*
Man wird *stark* durch Übernahme des Leidens.
Neuer Mensch
Mit diesem Goetheschen Rezept sind wir schon in der Nähe christlicher Einstellung.
Denn der christliche Glaube weiß darum, daß man den Weg des Leidens bis zu Ende gehen muß,
wie Christus ihn zu Ende gegangen ist.

Das Leiden
gehört zum
Leben wie
der Tod

Auch wir müssen es.
Das ist kein Sonderfall
vielmehr *die* Struktur des Lebens.

Bl. 18a Eins noch nicht erwähnt!
Wir sind aber oft an unsren
seelischen Leiden selbst schuld
die schwersten.

Bl. 19 Der Zerfall mit sich selbst.
Die innere Zerrissenheit, nicht weil
{ man das Glück verfehlt
hat (wie bisher),
sondern weil man sich selbst
verfehlt hat.
Das Schuldigwerden
Jeder kennt die Qualen des Gewissens
(Das Gewissen ist etwas sehr Geheimnis-
volles in uns
intimes Verhältnis zum
eignen höheren Selbst)
{ jene Analogie: *der Gesund-*
heitssinn im Sittlichen.
»Frieden der Seele«

Spaltung.
Stimme aus
einer anderen Welt

Vor Ewigkeit

Gibt es dagegen auch irgendwelche inneren
Kompensationen?
zunächst doch wohl nicht.
Viele tragen zerbrochenes Leben. Krise.

|| *Das Lebensproblem* ist aufgerollt. ||
Der Sinn des Lebens ist fragwürdig geworden.
Jeder ernsthafte Mensch sucht nach dem Sinn
des Lebens.
Und damit fängt
schon eine innere Umkehr an.
Das Verfahren des Sokrates.
Wofür lebt ihr denn
eigentlich? Welches Gut lohnt es?
Gibt es auch irgend ein *Finden*

Bl. 20 4) *Die möglichen Heilmittel.*
a) die *überlieferte Religion.*
{ das Evangelium
der Weg des Heils
die Erlösung.

Das wird uns jeden Sonntag in
der Kirche gepredigt.
Wir wollen darüber ganz offen reden.
Mich stört der Ausdruck:
überlieferte Religion
als ob das so von außen käme
als ob man sich etwas Fertiges
so bequem aneignen könnte.
Auch das ist Flucht.
Man muß das Gefüge des Lebens
Schicksal
Leiden } schon einmal
Tod geliebter Menschen
erlebt haben.

⟨Nebenbei Schwierigkeiten jedes frühen Religionsunterrichts.⟩

nicht a. b) die *persönlich angeeignete Religion*
die existentiell angeeignete Religion.
Antworten auf *Fragen, die*
++ *man nicht selbst gestellt hat,*
bleiben leer.
|| *Man muß also den Sinn*
|| *seines Lebens ernsthaft gesucht*
haben. Dann *versteht* man
Bl. 21 erst die tiefen Antworten
{ die Heilmittel
{ das Heil.

positiv c) Worin besteht es denn nun eigentlich?
für den Christen in einer einzigen
zentralen Erleuchtung
Paradoxon
in der gläubigen Gewißheit,
daß die Welt mit allen ihren
Unvollkommenheiten aus
der ewigen Liebe ist.

|| *Die Liebe ist die einzige Kompensation,*
|| *die alles Negative ins Positive*
|| *verwandelt.* (Unterbilanz)
Und jetzt erst sind wir bei dem
|| *Grunde angelangt,*
|| *der alles wahrhaft zu tragen*
|| *fähig ist.*

[Zusatz:] Goethe – Fichte Stufen des Lebens – Stufen der Liebe

α) Die Erfahrungen mit der *menschlischen* Liebe.
in vielen Gestalten.
Sie hebt die Trennungen zwischen den Menschen auf
zeugt Leben
pflegt Leben
veredelt Leben.
In ihr liegt die *Ahnung der Ewigkeit*

Bl. 22

Sie allein geht bis an die Grenze des Todes.
Aber das alles sind nur irdische *Gleichnisse*.

β) *Die Liebe aus Gott.* (Der unbekannte Gott)
Das kann niemand aus sich selbst wissen.
Liebe ist *immer* Offenbarung einer Wesenstiefe.
Daß die Welt von der ewigen Liebe getragen wird,
das ist eine Ausgießung über den Menschen.

Urerfahrung

Es kommt auch keiner auf diesen Gedanken,
bis er *über ihn gekommen ist.*

[Zusatz:] *Kraft*

γ) In Jesus Christus ist diese Urerfahrung
Gott unser liebender Vater
zuerst durchgebrochen.
Bis an die äußerste Grenze
des Leidens
bis in den Tod durchgehalten.

[Zusatz:] In der Welt habt ihr Angst Johannis

Das ist der Kern des ev. Christentums
das Vertrauen auf die göttliche
Liebe *überwindet den Tod.*

Bl. 22a

Ist das Christentum noch etwas für uns heute?
oder nur eine *kirchliche* Zumutung aus alter Zeit?

Antwort: Man kann es nicht übernehmen.
Man muß bis an den Punkt
gekommen sein, wo es aus
innersten Erfahrungen aufsteigt.

Zeugnis: Goethe ablehnend.
Gott – Natur.

amor Dei.
Erst spät: es gibt eine erlösende Liebe.
Das Komplement zu dem irdischen Streben.
2 Anteile: Wer immer strebend sich bemüht

Doch hat an ihm die Liebe gar
Von oben teilgenommen
Begegnet ihm die sel'ge Schar
Mit herzlichem Willkommen.
Ein Liebesstrom.
schon in der Gretchenliebe.
Wir ebenfalls – das Herz dafür offen halten.

Bl. 23 *Schluß: Anwendung auf unsren Fall*
Zusammenfassung und Rückblick.

Wir sind von der Frage ausgegangen, welche Voraussetzungen für den Beruf des Erziehers bestehen.
3. Antwort lautet: Wenn er leben lehren will
Wenn er einen Halt für das Leben mitgeben will,
so muß er selbst zur Festigkeit über den Sinn des Lebens gelangt sein.

Er muß gewiß sein über das,
was zuletzt sein Leben trägt.

Diese Antwort geht über die Frage hinaus.
Denn sie gilt nicht nur für den Erzieher,
sondern für alle Menschen.
Jedoch für ihn ganz besonders, weil er ja Verantwortung dafür trägt, daß junge Menschen sich auf den rechten Lebensweg hinfinden.
Ein Wort also von der besonderen Gestalt, die die metaphysische Liebe
Bl. 24 im Erzieher annimmt.

1) Der Erzieher muß *selbst* nach dem Sinn des Lebens und nach

dem Heil des Lebens suchen.
Er kann sich da nichts Fremdes
aufnötigen lassen / *Sein,* nicht gelernt haben.
auf Garantie vom Hörensagen.

1933 Weltanschauung aufgenötigt.

Die protestantische Frömmigkeit
schließt wesensmäßig ein:
ich will und muß den Grund meines Glaubens wissen.
= in mir spüren
Die Evangelische Kirche hat
dafür Raum.

Sie kann die Gewissen nicht binden.
Sie kann keinen Glauben vorschreiben.
Glaube läßt sich überhaupt nicht vorschreiben.

Im Luthertum wird immer wieder das
sola fide betont, und dies sei
Gnade.
Gnade heißt: Kein Mensch, kein Theologe
kann machen, daß das in die Seele
einzieht. Das ist *Gottes Werk.*

Bl. 25

Und zwar geschieht es in Liebe und
durch die Liebe Gottes.

Daraus erst fließt:

2) die Liebe zur Jugend [Zusatz:] Stufen der Liebe
   a) »kinderlieb« genügt nicht. (spielerisch.)
   b) Der Eros Platos
      das Schöne der Jugend.
   c) Die helfende Liebe
      väterlich und mütterlich.
      Pestalozzi.
   d) Pestalozzi aber hat noch
      viel mehr gemeint:
      Ruhen in der All-Liebe.

[Zusatz:] »Milieu«

Bl. 26

Wer nicht selbst durchströmt ist von
der Liebe, die von Gott aus
alle Kreise der Welt durchströmt,

der reicht gar nicht heran.
Wer nicht selbst von der metaphysischen Liebe getragen ist,
wie soll der die kommende Generation
tragen und führen?

Die wissenschaftliche, die exakte Psychologie
nun gar, ist unwirksam,
wenn sie nur
»wie man es macht.« *Psychotechnik* ist.
Sie muß von Strömen des Lebens
erfüllt sein.
{ Das Auge
{ Psychologie nur das Augenglas.
Ansatzpunkte.
Und mit den Sachkenntnissen ist es nicht anders.
Das sind Ausstattungen
aber nicht
die tragenden Balken. [Zusatz:]
[Zusatz:] nicht aus Wissenschaft leben 1848
System von Sätzen, nach denen
man leben kann.
⟨ev. 2. Existenzphilosophien
1) ganz auf sich gestellt
2) Geborgensein
in 1 Grunde⟩

Bl. 27 Sie sagen:
Viel verlangt
außerdem *alter* Bestand.
Das ist ja alles »überfliegend«.
Die Menschen sind anders.
Ich bin alt genug, um die Grenzen der
Menschheit zu kennen.
(Gerade dies die Frucht des
Alters.)
Ich weiß, daß wir alle in den Anfängen
stehen.
Ich weiß, daß es gar keinen Sinn hat,
Erfahrungen, die der andere
noch nicht gemacht hat,
in ihn hineinzupredigen.
Was ich Ihnen nahelegen
ja ans Herz legen wollte,
ist nur dies:

|| *eine solche Bewegung muß*
im Erzieher lebendig sein

eigentlich eine Doppelbewegung:
vom bloßen Lehrstoff zum tragenden Grund des Lebens
vom tragenden Grund wieder in die Verzweigungen des weltlichen Lebens hinein. [Zusatz:] Seelen

Angeln in anderer höherer Welt.

|| *Das irdische Leben hat einen überirdischen Bezug*
und aus ihm leben und lehren wir eigentlich. ||

Bl. 1 # Entmutigendes und Ermutigendes im Lehrerberuf

1954

Einleitung.

Es ist betrüblich, wie wenig wir
uns im allgemeinen um
den Beruf unseres Nächsten
kümmern.
Wir denken nicht darüber
nach, worin die Leiden
und die Freuden, die
besonderen Schwierigkeiten,
die Niederlagen und die Triumphe
bestehen, die ihm
aus seiner täglichen
Arbeit erwachsen. Und
wenn wir bloß gedanken-
los zusehen, täuschen
wir uns meistens über das
Schwere
wie das Schöne darin.
Das ist ein Stück der zunehmenden
Teilnahmslosigkeit aller gegen alle.

Andererseits ist es eine bekannte Tat-
sache, daß wir dem Mitmenschen eine seelische
Hilfe leisten, wenn wir seine
Lage verstehen. Er fühlt sich dann
Bl. 2 mitgetragen von dem *gemein-
samen* Leben, das für *jeden*
Glück und Leid ineinander mischt.

Man sollte meinen, daß sich für die
Lage und die Arbeitsbedingungen

des Volksschullehrers die meisten
Menschten interessieren müßten. Denn
mindestens diejenigen, die ihm ihre Kinder
anvertrauen, finden ja *ihr*
Schicksal und *sein* Schicksal eng
aneinander gekoppelt. Aber allzu-
viel ist davon auch nicht zu merken.

Nur manchmal kommt es zu der
bezeichnenden Redensart:
»Der Lehrer ist auch nur ein Mensch.«
Was soll dies besagen? [Zus.:] Mitfühlend oder schaden-
froh?

Manche Ausleger behaupten, er
werde allgemein für einen
Gott gehalten; es zeige sich
aber, daß er gelegentlich auch
nur ein Mensch sei,
{ ein Mensch mit seinem Widerspruch,
ein Mensch mit Schwächen,
ein Mensch mit Launen.

Bl. 3 »Wir Lehrer«
wünschen gar nicht, vergöttert
zu werden. Wir sind schon
zufrieden, wenn man uns
gerecht beurteilt. Wir wollen
uns zu diesem Zwecke hier
einmal aussprechen über
die Bürde } unsres Berufs
die Würde }
von dem Lose des An-
fängers her gesehen,
über das
Entmutigende } unsres Berufs
Ermutigende }
gemäß der Zusammensetzung dieses Kreises
Volkssch.

[Zus.:] oder besonderen Zweig
des Volksschullehrerberufes.

Bl. 4 I. Das Entmutigende.
Wer würde sich gern lange
beim Stöhnen und Klagen
aufhalten?

Es muß aber doch auch zur
Geltung kommen, und wäre
es nur deshalb, damit
man es nicht zu gering einschätze, wenn jemand sich
durchbeißt und der Aufgabe
Herr wird.

1. Gleich im Anfang müssen wir uns
klar machen, was es mit
der *Allwissenheit*, die von dem
Lehrer *gefordert* wird, auf sich hat.
Mancher wird dadurch schon in der
Ausbildungszeit stark ernüchtert.
Eigentlich soll der *Lehrer der
allgemeinen Schule des Volkes* in
allen Fächern bewandert sein, die
in dieser Schule überhaupt vorkommen.
Jeder anderen Kategorie von Lehrern
wird es zugebilligt, daß sie
nur in einzelnen Gebieten,
die dann nahe miteinander
zusammenhängen, beschlagen sind.

Hier: ein enzyklopädisches Wissen.

Bl. 5 Es ist bekannt, daß die Begabungen
von Natur differenziert sind.
Wer sich für exakte Naturwissenschaften
eignet, eignet sich in der Regel
nicht in gleichem Grade für
das Geisteswissenschaftliche – vom
Bau der Sprache bis zum Sprachwerk und zur Geschichte.
Nun wendet man ein: in all
diesen Gebieten komme es doch
nur auf *das Elementare* an.
Das Elementare ist weder für
den Darstellenden noch für
den Lernenden das Leichteste.
Aber wer überhaupt Dinge des
Wissens betreibt, weiß auch dies,
daß es mit das Schwerste ist,
seine elementaren Strukturen
herauszufinden und
die entsprechenden Fundamente

im Bewußtsein des Kindes so
sicher zu legen, daß sie trag-
fähig werden. Diese Kunst
ist viel anspruchsvoller, als
nachher auf solchen Fundamenten
weiterzubauen. [Zusatz:] noch nicht
genügend durchgearbeitet.

Nicht genug damit:
der junge Lehrer soll auch im
Zeichnen
Musik
Leibesübungen
etwas können
etwas
»vor-«
machen können
und – erwecken können. Doppelsinn
Bl. 6 »Würd' ihn Herrn Mikrokosmos
nennen.«
Meph

Das alles ließe sich noch hören, wenn
dieser Forderung einer kleinen *Allwissenheit* auf
der Seite des Unterrichts als Ausgleich
eine kleine *Allmacht* auf der Seite
der Erziehung gegenüberstünde.
[Zus.:] allein zuständig in der Erz
Bitte nicht falsch zu verstehen:
Jeder echte Meister möchte gern sein
Stück ganz machen.
So hat auch in ältesten Zeiten der
Bauer seinen Sohn ganz und
allein erzogen.
Jetzt aber finden wir das moderne Prinzip
der Teilung der Gewalten auch in Erz[iehung]
Haus und Schule müssen sich in den
Erziehungseinfluß teilen.
Das wäre der Ordnung der Dinge
gemäß:
(gestrichen: Elternrecht geht vor Schulrecht)
wenn sich die Anwendung des Prinzips nicht *so*
entwickelt hätte:
Ist der Junge oder das Mädchen wohlerzogen,

so stammt das aus der
Familie.

Bl. 7

Ist er schlecht erzogen,
so ist die Schule schuld.
Jeder weiß: gegen den Stil des Eltern-
hauses zu
erziehen
ist fast eine Unmöglichkeit.
Kinder, die im Elternhause
schlecht erzogen worden *sind*
bringen der Schule eine fast
unlösbare Aufgabe.

ab 6 Jahren nicht nachholen, was schon verdorben

Normalfall wäre: Beide Kräfte wirken im
gleichen Sinne.
Heute: ist die überlieferte Erziehungs-
1) *gabe* der Eltern
mit oder ohne ihre Schuld
vielfach brüchig geworden.
2) Zerstörte Familien sind keine
Ausnahme mehr.
Es ist ein offenes Geheimnis:
Heutzutage in der Schule auch
nur Disziplin zu halten,
erfordert schon einen
erprobten Meister.
Gerade diese Kunst ist schwer
lehrbar.

Bl. 8

3) Noch eine dritte Reibungsstelle:
Der Lehrer soll die guten Resul-
tate seiner Arbeit jederzeit
vorweisen können: (Behörde)
{ jederzeit in Paradebereit-
schaft halten.
Ich kann eine Registratur in
steter Ordnung haben
nicht Menschen.
{ Weder der Hirt hat die Herde völlig i. d.
Hand
noch der Hirt sich selbst.
Da gibt es tausend Imponderabilien
von der Wetterlage bis zum Zirkus nebenan.
Sondernöte der Nachkriegszeit will ich
gar nicht noch einmal einzeln erwähnen

überfüllte Klassen
unzulängliche Schulgebäude
Spärlichkeit der Lehrmittel
Unvollkommenheit der eignen Ausbildung

Aber davon abgesehen: Es bleibt dabei.
Das Vorexerzieren guter pädagogischer Leistungen ist nicht zu jeder Stunde möglich
(Schon in der Familie geht es bekanntlich schief.)

Bl. 9 Ein verständiger Schulrat weiß das aus eigenster Erfahrung.
Man soll sich also nicht entmutigen lassen – und offen gestehen:
»Ich bin mit meiner Truppe jetzt, nach 6 Wochen, noch nicht so weit.«

Jetzt öffne ich den letzten Kasten der Entmutigung,
dann aber mit den Klagegesängen Schluß!

4) Mißverhältnis zwischen Anstrengung und Ausgleichsmitteln / Hilfsmitteln

Wenige Außenseiter wissen, wie ungeheuer anstrengend der Beruf des Lehrers ist.
Luft in der Klasse.
Energieverteilung auf *eine Sache*
und außerdem 50 Kinder.

geht auf die Nerven

Manche Konstitutionen früh verbraucht.
Ein kranker Lehrer kann nie ein ganz guter Lehrer sein.
Den Nachteil in diesem Falle spüren nicht nur die *Akten*,
sondern *lebendige Wesen*.

Bl. 10 Es darf nicht dahin kommen, daß der Lehrer sich mit dem Heer der Notleidenden *deshalb* verbündet, weil

er selbst einem notleidenden Stande
angehört

weil er auf der ganzen Linie
entmutigt ist
weil er den Klassenhaß in sich genährt
hat
weil alles vor Ressentiment in
ihm nur so platzt.

Salzmanns Rezept
die Ursache aller Mängel
in sich selbst zu suchen,
wage ich nicht mehr zu empfehlen.
Ich suche aber nach
Gegengewichten gegen das Entmutigende.

Bl. 11 »Ferien«
Für eine Erholungsreise reicht
»es« nicht. (Reisende Lehrer?)
Es reicht auch sonst nicht. Horizont

Gar nicht z. B. für »Bücher u. andere
anfällige Not«
Was soll aber aus einem Lehrer werden,
der keine Bücher

Fachbücher
päd.[agogische] Bücher
allgemein bildende
mehr lesen kann?

Ich will hier nicht auf Gehaltsfragen
kommen.
Es könnte als Stimmungsmache bei
den Hörern mißver-
standen werden.
Nur *einen* Gesichtspunkt:
Was es bedeutet, wenn die
Lehrerschaft eines Staates in
die Opposition abgedrängt wird

\+ 1854 Jubiläum der Stiehlschen
Regulative!
haben wir im 19. Jahrhundert 2. Hälfte
erfahren.
Die Regierung erschwert sich damit
ihre Aufgaben mehr, als sie
sich manchmal klarmacht.

Bl. 12

Übergang zum II. Teil.
Indem ich zu dem freundlicheren
Bilde vom Lehrertum übergehe,
erinnere ich mich der Zeit, in
der ich selbst – ohne irgendeine
methodische Vorbereitung –
in die Schule hineingestellt
wurde. Es ist jetzt 48 Jahre
her, ich war damals 24 Jahre.
Es war eine Form von Schule,
zu der der Weg mit so viel
Warnungszeichen besetzt war,
wie jetzt die Kreuzung der beiden
Autobahnen an der Reutlinger Straße,
nämlich eine höhere Töchterschule.

bescheidene Mittel-schule

Die Jahre in der Schule: es waren
kaum 5 – sind für mich zu der
glücklichsten Zeit meines Lebens
geworden
und ich frage mich, wo die
eigentlichen Quellen dieses Glückes
damals gelegen haben.
Es waren wohl 3 Erlebnisse:

Freude

1) In jungen Seelen geistige *»Gehalte«*
zum Leben zu bringen.

Bl. 13

2) Mit Gleichgesinnten vereint an diesem
Werke zusammenzuarbeiten.

1 + 2 Das versteht sich von selbst.
Das Dritte wird weniger beachtet.

3) In mir selbst wurde die zähe
Masse von Wissenschaft, die
ich in mich hineingefüllt hatte,
nun erst aufgelockert.
Auch in mir fing sie jetzt
erst *zu leben* an.
Manche bedauern vielleicht
den Lehrer, daß er in seinem
Beruf immer nur zu *geben habe*,
aber nichts empfangen könne.
Da sitzt nun schon ein Irrtum,
den man in sich selbst überwinden
muß

Man muß darauf achten,
daß man immer selbst
auch *empfängt*
menschlicher werden
Ich nannte es ein *inneres Aufgelockertwerden*
ein Lebendigerwerden.
Drehe ich die Sache herum:
so kann ich auch behaupten:
Bl. 14
Wo das *nicht* eintritt, da ist am
Stil der Berufsausübung schon
etwas verfehlt, und es kommt
heraus, was leider oft genug
herauskommt:
der früh verknöcherte Schulmeister,
alias *»der Pensenbezwinger.«*
Wer nicht spürt, daß ihn die Kinder
von selbst verzaubern, etwas anderes
und *mehr* aus ihm machen,
der ist eigentlich nicht recht am Platze.
Vielleicht ist es zu viel verlangt, daß jeder,
der Lehrer wird, die Kinder von
Herzen liebt, aber das muß man
erwarten,
daß er die Kinder zu
lieben *lernt*,
weil sie *von Natur liebenswürdig* sind.
Ich spüre einen leisen Widerspruch.
Ich spüre ihn sogar in mir selbst,
wenn ich so einer rechten
Radaubande begegne
Wer kennt sie nicht:
Max u. Moritz, die geschworenen
Bl. 15
»Feinde der Gesellschaft«?

Aber hier kann ich sogleich ein Rezept
verschreiben.
Es wirkt erst auf den Kopf
und dann erst auf das Herz.

Die Unarten der Kinder, die einen oft
so ärgerlich machen, sind

großenteils ihre von uns
nicht richtig verstandenen
{ Lebensnotwendigkeiten,
ihre Entwicklungsnotwendigkeiten.

Man darf sie nicht einfach ausrotten,
man muß sie fruchtbar machen
lenken und mäßigen
man muß in *ihre* Welt mitgehen,
um sie in *unsre* Welt hinein-
zubilden.
Dann richten sich diese Kräfte nicht mehr
gegen den Lehrer
sondern es entsteht ein Bund des
Vertrauens
Verstehst du uns, so folgen wir auch dir.
Das ist ein ehrlicher Pakt
unter Ehrenleuten.

Bl. 16

Nur 1 Beispiel:
das Knabenalter zwischen
10 und 14
zeigt die Züge der wilden
Indianer
»Abenteueralter«
Die Natur experimentiert
hier mit dem
werdenden Mann
zunächst von der
Körperseite her.
[Zus.:] Außenweltdinge
Keine Heugabel kann das aus-
treiben.
Aber es kann veredelt werden
zu einer ritterlichen
Haltung
(wie eigentlich bei allen
Völkern.)
Sogar Jugendrotkreuz!!

+ Ernst Goldbecks
Buch Die Welt der Knaben
(hält andere Tröstungen
bereit)
(laute Geräusche)

das Lächeln
des Gereiften!

Bl. 17

Sinn dieses Paktes: [Zus.:] Intermezzo
den Kindern nach Möglichkeit eine echte Jugend verschaffen.

II. Aber wir dürfen niemals vergessen, daß der wesentliche Auftrag der Schule im *Unterricht* besteht. Ich muß also, wenn ich von dem Erfreulichen reden will, mit der Seite des Unterrichts beginnen.

A) Das Unterrichten vollzieht sich in tausend kleinen Portionen.
Gefahr, darüber das große Ziel zu vergessen:
noch mehr als auf Kenntnisse kommt es auf die Erweckung *des Geistes* an.
Was ist Geist?
{ Der Ingegriff der Gehalte, für die die Seele als Gefäß dienen kann. [Zusatz:] Sinn u. Wertgehalte)

Bild Gefäß u. Gehalt

übergreifend über Individuum
Zeit
Raum.
Schon wertvolles Wissen erhebt über diese Schranken
[Zusatz:] Vergeistigung

Bl. 18

Die Freude des Unterrichtens besteht demgemäß darin
1) Gehalte in die Seele hineinzubringen. (Interesse wecken)
Überlegung: Wie machst du es am besten, daß der Funke zündet?

Dies ist für jedes Wissensgebiet eine eigene Kunst
(*nicht* die Routine Herbarts.) — das war Handwerk!
mit dem Leben der Kinder den (manchmal fernliegenden) Stoff in Verbindung bringen.

2. Freude

2) Leuchtende Augen zu sehen,
wenn es gezündet *hat*.

ad 1) kostet viel Überlegung und Mühe
[Zusatz:] analog: Vorlesung vorbereiten.

ad 2) wenn das *dauernd* ausbleibt
(man kann nicht immer interessant unterrichten!)
dann senkt sich über die Klasse
ein lähmender Schlaf – [Zusatz:] Traum
– die Erwartung einer besseren

Bl. 19

Welt – in der Pause nämlich

Erlauben Sie mir mal ein etwas kühnes
Bild:

Wie Ihre Mutter immer mit
Liebe für Sie gekocht hat und
Ihnen nicht nur die Speise,
sondern die Anrührung mit
Liebe wohlgetan hat,
so gibt es auch beim Unterrichten
eine *Beimischung von didaktischer Liebe*

[Zusatz:] fühlen läßt liegt mir selbst am Herzen

a) Liebe zur Sache (die es lohnt)
b) Liebe und Fürsorge für das aufnehmende Gemüt –

nur so kommt spontanes Leben in die Stunde.
Selbst das Geheimnis des Programmes
Arbeitsschule, viel bestaunt, ist im
Grunde nichts als dies:
Sache und Seele so zusammenbringen, daß
++ *ein höheres Leben entsteht.*
Dies heißt || *geistig* beleben ||
kein Unterricht ohne dies

Bl. 20

Aber es ist ja klar, daß der Lehrstoff
gerade in der Grundschule sich immer
wiederholt und daß für den Lehrer
aus ihm schließlich nicht mehr
die Freude kommen kann. Sie kann

dann nur noch von der *unerschöpflichen*
Individualitäten herkommen,
die der liebe Gott wachsen läßt.

[Zusatz:] Die jungen Seelen!
B) *Verhältnis des Lehrers zur Psychologie.*

Voranschicken:
Es ist wohl selbstverständlich, daß
jeder Lehrer und Erzieher über
seine Schüler *nachdenkt*.
(es kommt ganz von selbst)
Diese Notwendigkeit des Nachdenkens
hat dann dazu geführt,
daß man die Hilfe der
wissenschaftlichen Psychologie
herbeirief.
Stolz: »wissenschaftlich«
In jungen Jahren habe ich
mir davon viel versprochen
und habe daran mitzu-
arbeiten versucht.
Wenn ich mir die heutige Lage
betrachte, so kann ich nicht finden,
daß die wi. Psy. die Hoffnungen
Bl. 21
ganz erfüllt hat, mit denen man auszog
sie zu suchen.
Sie hat die seelischen Vorgänge
zu sehr atomisiert
»*Atomspalter*« gibt es auch da.
Sie hat sich immer weiter vom
Leben entfernt, aus dem
sie doch *all* ihren Besitz schöpfen
müßte.
Der Wunsch des Lehrers, auch auf diesem
Gebiet auf der Höhe zu sein
hat ihn mit Bewunderung
alles hinnehmen lassen,
was die neueste Wissenschaft
anbot.
(auch wenn es ihm nur
wenig nützen
konnte.)
Ich würde hier gern das gesunde Ver-

hältnis wiederhergestellt
sehen.

These: Im allgemeinen kennt der
Lehrer seine Kinder besser,
als die Wissenschaft sie
kennen *kann.*

Gegenläufige
Interessen

denn a) die Wiss. atomisiert
totalisiert nicht.
(begriffl. Zerlegung.)

Bl. 22
ad personam
diesen kleinen Kerl

b) Sie generalisiert,
sie kann niemals
ausreichend individualisieren.

Der Lehrer sollte wieder *Zutrauen* zu seiner
eignen Erfahrung gewinnen.
In den meisten Fällen
hat er ein Recht zu sagen:
Dieser Test bestätigt mir nur,
was ich schon längst selbst genauer
beobachtet habe (sehr viel
gründlicher.)

Also *nicht zu viel Entmutigung* durch
die Geheimnisse der wiss. Psychologie.

Denn Psych. geht doch durchweg auf Selbstbeobachtung und Fremdbeobachtung zurück.
Wer das Auge des wahren Psychologen nicht hat, dem kann
es die wiss. Psychologie auch
nicht einsetzen.

→ Dies Auge pflegen und üben.

Hilfsdienst der Wiss[enschaft]

1) auf Begriffe bringen.
2) verborgene Zusammenhänge aufdecken.
3) insbesondere psychophysische
Zusammenhänge
die nicht ins Erleben fallen
(Leib u. Seele.)

Bl. 23

4) Aufmerksam machen, worauf man
achten muß.
(Welcher Fall liegt
hier vor?)

Falsch gedacht:
der Lehrer habe den Auftrag,
die Resultate der wi. Psychologie
anzuwenden und zu *bestätigen.*
z. B. nur festzustellen, zu
welchem
Typus
ein Kind gehört
(visuell, akustisch
beharrlich oder zerfließend
Mißverständnis! introvertiert oder extra-
vertiert.)

Da fängt ja für ihn die Aufgabe erst an
alles bisherige ist für ihn *Hilfs-
konstruktion.*)

Er soll *dieses* Kind in seiner Totalität
so verstehen, daß er ihm Hilfe
leisten kann,
ihm vorwärtshelfen
kann.

|| Die belebende Seite des Unterrichts
ist dies geistvolle
einfühlende
Spiel auf Individualitäten *Beobachten.*

Es ist *kein Zufall*, daß aus den Reihen
der Lehrer
bedeutende Beobachter
u. auch dichterische
Bl. 24 Menschendarsteller hervorgegangen sind
Peter Rosegger
Otto Ernst
Ernst Wiechert
Friedrich Griese
u. v. andere.

eine wachsende Lebens- u. Menschen-
kenntnis. (*Menschlichkeit!!!*)

Sie ist der *Ansatzpunkt für
alles echte Erziehen*
(nicht in der Über-
treibung:
»alles vom Kinde« aus)

Das Kind kann ja nur jemand
kennen, der drübersteht

Zusammenhänge kennt, die in das
Erleben des Kindes *nicht* hinein-
fallen.

Auf die Lebenszusammenhänge kommt
es an.
nicht auf isolierte
Seelenvermögen
und Funktionen.
Das zeigt sich besonders auf dem Gebiet
der Erziehung.

Bl. 25 C) Erziehung
soll
a) in reife Lebensordnungen hinein-
bilden
b) dabei doch die jugendliche
Seelenstruktur in ihrem
Eigengesetz schonen.
denn die »bildende Natur«
will, daß jedes von ihr vorge-
sehene Lebensalter
voll und tief durchlebt
wird.
{ Die Funktion des magischen Alters
{ die Funktion des Pubertätsalters
voll zur Wirkung kommen
lassen.
Das Kind soll in der Schule gar nicht
zum Erwachsenen »gemacht«
werden.
{ Es soll richtiges Kind sein
{ Es soll richtiger Pubeszent sein
Größere Pflichten kann es ja noch
gar nicht tragen.

Bl. 26 Die schöne Aufgabe des Lehrers und
Erziehers:
1) seinen Schützlingen eine echte
Jugend zu verschaffen.
2) an der jugendgemäßen
Lebensordnung alles das
an Kräften, Gesinnungen,
Gehalten und Verpflichtungen
wachzurufen,
was für ein

volles gutes Menschenleben
stark machen
kann.

Das ist nun eine große Kunst.
Wo lernt man sie?
Antwort: Manche tragen es als
eine eigentümliche päd-
++ agogische *Genialität*
in sich.
Lernen kann man es nur
bei den großen
begabten und erfahrenen
Meistern.
|| Meister in seinem Gebiete zu sein
nur das gibt *Mut*
[Zusatz:] Schul*meister* im neuen Sinn

Bl. 27

Wenden wir hier einmal ausnahmsweise
einen Test an!
Wenn ich einer Klasse auf
einem Schulausflug begegne,
so sehe ich am ganzen
Gebaren, was *er* bzw. *sie* kann
und was *er* bzw. *sie* nicht kann.
Ich brauche das nicht näher aus-
zuführen.
[Zusatz:] Meine größte Bewunderung und Liebe.
Was sie nun können,
das wirkt in eine weite
Zukunft.
Nächst der Liebe zu den Eltern
dauert keine Liebe tiefer und
länger als die zu dem Lehrer,
der einen verstanden und
als Menschen gefördert hat.
Der tüchtige Volksschullehrer
hat schließlich ein ganzes König-
reich von Herzen, die ihm
in Freiheit und Liebe unter-
tänig sind. [Zusatz:] bis ins reifste Alter.
Das ist wahres Glück.
Bleibt es aus, so ist
das Leben schwer zu tragen.

Bl. 28

D) Ein letzter Punkt: [Zusatz:] aufsteigen
In seiner höchsten Funktion ist der
rechte Lehrer
Mitgestalter der deutschen
Zukunft

[Zusatz:] 1945 *alles* zerstört.

Er muß unsre Zeit verstehen
Kritik beherrscht jeder Deutsche.
Seine Zeit produktiv verstehen,
bedeutet, Menschen zu bilden,
1) die den Keim zur Weiterentwickl. haben
2) die das deutsche Geisteserbe
bewahren und mehren
3) die verständig und verantwortungs-
bewußt am deutschen Staat
mitarbeiten
z. B. der Mensch der richtig verstandenen
Demokratie muß so erzogen
werden, daß er demokratisch *werden* kann:
d. h. { frei erzogen
zu freier Bindung erzogen
{ nie geknechtet
nie gesetzlos.

Wir sind noch nicht hindurch
die deutsche Aufgabe ist noch
nicht erfüllt
Von der Heimatliebe aus!
[Zusatz:] das zweite Königgrätz Ansehen.

Bl. 29

Schluß:

Zum Schluß möchte ich einem
Einwand begegnen, den ich
voraussehe:
Ich hätte den Beruf idealisiert
ja überidealisiert
Jeder wisse doch, daß die tägliche
Arbeit in der Volksschule
der Gipfel des Nüchternen sei.
Ich antworte:
daß überall mit Wasser gekocht
wird, ist mir nicht neu.
An der Universität wird auch
mit Wasser gekocht
manchmal sogar *nur*
Wasser gekocht.

Idealisieren heißt *nicht* lügnerisch
schön färben,
||| sondern den *tieferen Sinn* suchen
Die alltägliche Ansicht der Welt ist nur
ein blasser Abglanz dessen, wonach
der Mensch sich *sehnt:*
In irgendeiner Form
erhöhtes Leben. [Zusatz:] Rel.
Gipfel!

Bl. 30

Wenn wir uns aber damit ab-
finden
dies höhere Leben sei bloße Illusion
wer will da helfen?
Wenn jemand sagt: der eine
handelt mit Wachslichten, der
andere mit Kenntnissen
voilà tout
dann *will* er eben aus seinem
Beruf nichts machen,
sondern allenfalls aus
dem Geld,
das er ihm abwirft.
Der klage dann aber nicht, daß sein
Beruf schwer zu tragen sei.
Denn er selbst hat ihn erst
unerträglich
(weil eigentlich sinnlos)
gemacht.
Meine Ansprache war so zu verstehen:
Wir selbst müssen aus uns
etwas aufbringen
sonst gewinnen wir nichts.
So ist es sogar beim Toto.
Daß es überall nur bei der Annäherung an
das Ideal bleibt, ist menschlich. Aber
[Zusatz:] Wort von Riehl:

nicht ohne
Einsatz!

Bl. 31

»Immer wird der Mensch an das
Übermenschliche glauben, mag er es
nun das Göttliche nennen
oder das Ideale. Ohne ein Ideal
über sich zu haben, kann der
Mensch im geistigen Sinne des
Wortes nicht aufrecht gehen.«

Der Eigengeist der Volksschule*

1955

Vorwort zur 1. Auflage

Diese kleine Schrift ist aus einem Vortrag hervorgegangen, den ich am 16. Oktober 1954 in Tübingen bei der 1. Versammlung der Württembergischen »Arbeitsgemeinschaft der Lehrerakademiker« gehalten habe. Meine alten Freunde, Herr Otto Schweikert, Direktor des Pädagogischen Instituts in Stuttgart, und Herr Karl Gögelein, Schulrat in Tübingen, haben mich ermutigt, die Gedanken des Vortrages weiter auszugestalten. Herr Oberlehrer Dr. Neukamm in Tannhausen (Württemberg) hat mich mit wertvollem Rat bei der endgültigen Fassung unterstützt. Ich danke ihm dafür herzlich.

Es wäre mir eine Freude, wenn junge Leute, die sich für die Wirksamkeit an der deutschen Volksschule ausbilden, die Anregungen, die ich auf den folgenden Blättern gebe, ihres Nachdenkens für wert befänden.

Tübingen, den 12. März 1955

Eduard Spranger

Vorwort zur 2. Auflage

Die zweite Auflage dieser Schrift ist schneller als erwartet notwendig geworden. Änderungen am Text der ersten habe ich nicht vorgenommen.

Tübingen, den 8. Mai 1956

Eduard Spranger

Einleitung

Das Programm der Einheitsschule stammt aus der großen Französischen Revolution von 1789. Es ist aus dem Geist der Gleichheit geboren, hängt also mit der demokratischen Bewegung zusammen. Diese wieder wäre nicht

* Meiner lieben Frau.

ohne den Aufklärungsgedanken in Gang gekommen, daß die Natur jedem die Anlage zur Vernunft mitgegeben habe und daß die Vernunftsprinzipien in allen Menschen gleich seien. In Deutschland ist die Losung »Einheitsschule« erst in der sogenannten Vormärzzeit zu einem wirksamen Schlachtruf geworden. Dabei lag aber der Ton nicht auf der »Einheit«, nämlich der Forderung einer geschlossenen nationalen Bildungsorganisation »vom Kindergarten bis zur Hochschule«, sondern noch mehr auf der Eröffnung *gleicher* Bildungsmöglichkeiten für alle Kinder des Volkes. Wenn man den Plan näher durchdachte, mußte sich allerdings ergeben, daß eine gleiche Schulform für alle nur auf der frühesten Stufe möglich sei. Wie weit sie reichen könne und solle, ist lange umkämpft worden und ist auch heute noch Gegenstand scharfer, sogar politischer Auseinandersetzungen. Daß es im »Deutschen Reich«, also vor 1945, nur zu einem Reichs*grundschul*gesetz gekommen ist, nämlich zur Einheit und Gleichheit der ersten vier Schuljahre, scheint in ganz wesentlichen Strukturverhältnissen unserer gegenwärtigen Gesamtlage zu wurzeln. Versuche, den gemeinsamen Unterbau noch weiter auszudehnen, haben pädagogischen Widerspruch gefunden und zu innenpolitischen Rückschlägen geführt.

Von den zahlreichen Entwürfen einer »differenzierten« Einheitsschule ist am berühmtesten und einflußreichsten derjenige geworden, den Kerschensteiner auf der Pfingsttagung des »Deutschen Lehrervereins« in Kiel 1914 vorgetragen hat.[1] Auf der gemeinsamen Basis der Grundschule blieben doch die mannigfaltigsten Verzweigungen des nationalen Schulwesens notwendig, gemäß den verschiedenen Formen »grundlegender Bildung« für künftige Berufszweige, gemäß den Begabungen und geistigen Entwicklungsmöglichkeiten der einzelnen Kinder, gemäß auch den Grenzen der finanziellen Leistungsfähigkeit – sei es der Eltern, sei es des Staates und der Volkswirtschaft. Schon vorher hatte der Mannheimer Stadtschulrat A. Sickinger innerhalb der Volksschule selbst eine Differenzierung nach Begabungs*graden* für notwendig befunden.[2] Zu einer radikalen Durchführung der Gleichheitsschule ist es also niemals gekommen – trotz starker Anstrengungen nicht einmal in Sowjet-Rußland.

Die deutsche Volksschullehrerschaft hatte seit der Bewegung von 1848 mit dem Programm der Einheitsschule auch die Forderung nach Einheit des Lehrerstandes verbunden. Diese ging ebenfalls aus dem Aufklärungsgeist

---

[1] Die Probleme der nationalen Einheitsschule. Zuerst veröffentlicht in: Georg Kerschensteiner, Deutsche Schulerziehung in Krieg und Frieden. Leipzig 1916. S. 126–242.

[2] Das Mannheimer Schulsystem. In: Anton Sickinger, Arbeitsunterricht, Einheitsschule, Mannheimer Schulsystem im Lichte der Reichsverfassung. Leipzig 1920. (mit Literaturverzeichnis).

hervor: Alle Lehrer aller Schulgattungen hätten Kenntnisse zu vermitteln; alle müßten daher zunächst gleich ausgebildet, das heißt mit Wissen ausgestattet werden; die etwa nötige Spezialisierung würde sich schon in der Praxis finden oder sich durch zusätzliche Kurse ermöglichen lassen. Wiederum scheiterte der Radikalismus an Kulturrealitäten, die man nicht außer acht lassen konnte. Die so bedingte schulpolitische Einstellung mußte sich gerade für die Lehrer an der allgemeinen Volksschule sehr unerfreulich auswirken. Denn wenn diese nichts anderes war, als das unterste Stockwerk einer Pyramide des Wissensaufbaues, so mochte man die Aufstiegsmöglichkeiten noch so günstig gestalten – der Volksschullehrer stand eben doch am Aufzug im Erdgeschoß und fuhr nicht viel weiter als bis zum 8. Schuljahr mit. Darunter litt das Standesbewußtsein dieser Lehrergruppe mehr, als es notwendig gewesen wäre. Denn die ganze Denkweise legte den Ton an die falsche Stelle.

Wenn ich im folgenden den Versuch mache, das alte Programm der Einheitsschule durch Betrachtungen über den »Eigengeist der Volksschule« zu ergänzen, so gehe ich dabei von den eigentümlichen Aufgaben aus, die der Volksschule als solcher gestellt sind. Wir *haben* heute – 40 Jahre nach Kerschensteiners Rede – die Demokratie als Staatsform; wir *haben* die Einheitsschule in den Grenzen, die sinnvoll sind und über die man nur zum Schaden des Volksganzen hinausgehen könnte. Die dürftige Blüte des Aufklärungsgedankens: »Schule ist Wissensvermittlung« hat ihren Höhepunkt überschritten. Sollte es nicht geboten sein, in der Mitte eines Jahrhunderts mit absolut neuen Aufgaben auch mit einer neuen pädagogischen Betrachtungsweise hervorzutreten? Bisher ist einseitig betont worden, was allen Schulformen und Schulstufen gemeinsam ist. Jetzt wäre darüber nachzudenken, was der Volksschule eigentümlich ist und ihr den unersetzbaren Wert gibt. Wenn die alte Meinung richtig wäre, daß die allgemeine Schule nur Unterricht erteilt und durch Unterricht erzieht, dann freilich wäre Schule gleich Schule, und man brauchte für die ersten acht Jahre nur hinzuzufügen, daß für sie die Schwierigkeit besteht, die eben mit dem »Beibringen« von Elementarkenntnissen samt elementaren Fertigkeiten verbunden ist. Mit einer so rationalistischen Haltung ist es vorbei. Die Tätigkeit des Volksschullehrers ist eine durchaus eigene *Kunst,* die – wie jede Kunst – ihren besonderen Meister erfordert. Diesen Gedanken entwickele ich, weil er m. E. heute von jedem Beteiligten mit voller Klarheit gedacht werden muß. Vielleicht folgt daraus auch ein freudigeres und unbefangeneres Bewußtsein des Volksschullehrers von seiner Aufgabe und seiner Leistung für das Ganze unserer Kultur. Aber es ist nicht etwa so, daß hier etwas künstlich erfunden würde, nur um das Standesbewußtsein einer

Lehrergruppe zu heben. Die Wendung, die ich meine, ist schon da. Allerdings sind es immer einzelne weitblickende Geister, die auf einem produktiven Weg vorstoßen. Erst wenn sie Nachfolger finden, entfaltet sich allmählich ein Stand, der weiß, was er will, und darauf stolz ist.

Was ich von dem Tun solcher Pioniere ablese, ist also nicht absolut neu. Damit wäre ja auch der Verdacht gegeben, daß es sich um willkürliche Gedankenkonstruktionen handeln könnte. Seit der »Pädagogischen Reformbewegung«[3] sind einzelne Ansätze zu spüren, die über die alte Lernschule, über den »erziehenden Unterricht« und die blasse Formel von der Erziehung zur harmonischen Persönlichkeit hinausdrängen. Nur das Bewußtsein von dem Totalsinn dieser einzelnen Bestrebungen ist vielleicht noch nicht durchgebrochen. –

Wer selbst Lehrer ist, weiß um das Bedenkliche in dem Verfahren, am Anfang einer Gedankenentwicklung ein Prinzip aufzustellen, aus dem man alles Folgende ableitet. Besser wäre es, mit dem Bekannten zu beginnen und allmählich zu dem allgemeinen Satz hinzuführen, der sich aus der neuen Beleuchtung des Alltäglichen ergibt. Dieser Weg aber erfordert viel Zeit. Den »Erfahrenen« kann man wohl zumuten, das Prinzip zu verstehen, auch wenn es vorläufig nur als *Zielbestimmung* des Weges dient. Ohnehin wird sich zeigen, daß die volle Theorie in unserem Falle erst am Schluß geliefert werden kann. Demgemäß wage ich es, den Grundgedanken in wenigen Sätzen auszusprechen.

Sofern es die Aufgabe aller Schulformen ist, in irgendeinem Sinne kulturfähig zu machen – das »sofern« bedeutet, daß damit noch nicht die *ganze* Aufgabe der Schulen umschrieben ist – sofern sie also in dieser Richtung zu arbeiten haben, führen sie ihre Zöglinge hinein in die eine offizielle Kulturwelt, die zu ihrer Zeit und in ihrem Lande maßgebend ist. Für den Erwachsenen und Erzogenen ist dann das Leben in der gemeinsamen, verbindenden und verbindlichen Welt so selbstverständlich, daß er alles andere zurückdrängt und von seiner Privatwelt nicht viel Aufhebens macht. Kommt es doch vor allem auf einen reibungslosen »Verkehr« in der Gesellschaft an, sei es in ihrem wirtschaftlichen oder in ihrem rechtlichen oder politischen Bereich – um nur *diese* Provinzen zu nennen. Aber mit einer solchen Verkehrsgeübtheit fängt der Mensch nicht an. Er kommt in mannigfachem Sinne aus »Eigenwelten« her. Sie sind niemals ganz auszulöschen. Man denke nur an die Tatsache, daß es für alle Völker ihre Muttersprache gibt und daß es selbst in der industriellen Gesellschaft noch nirgends zu einer eigentlichen Weltsprache gekommen ist. Ja, gegen den Ge-

[3] Herman Nohl, Die pädagogische Bewegung in Deutschland und ihre Theorie. 3. Aufl. Frankfurt/M. 1949.

danken, daß es einmal nur eine allgemeine Sprache in der ganzen Welt geben könnte, wehrt sich etwas in uns. Wenn Ratke und Comenius programmatisch zu einer allgemeinen Sprache hingestrebt haben, so taten sie es aus ökumenisch-religiösen Gründen. Aber beide kamen von ihrer Muttersprache nicht los.

Das Beispiel ist nur ein Sonderfall für den weit allgemeineren Sachverhalt, daß den »Eigenwelten« neben der einen maßgebenden Kulturwelt ein Wert verbleibt. Auch die höhere Schule kann sie nicht einfach außer acht lassen. Während sie aber entschieden in das Abendländisch-Allgemeine hinüberführt, ist es die Aufgabe der Volksschule, außerdem die Gärten der Eigenwelten verschiedenster Bedeutung anzubauen, weil in ihnen Kräfte liegen, die nicht unentfaltet bleiben dürfen. *Sie* bewegt sich nicht ausschließlich auf den einen Pol, die gemeinsame Geisteswelt, hin; sondern sie ist auch verpflichtet, dem anderen Pol, der individuell bedingten Seelenwelt, zu dienen; anders gesagt: Verkehrswelt und *Wurzelwelt* sind nie ganz voneinander abtrennbar, ohne daß der Mensch Wesentliches von seiner Menschlichkeit verlöre. Vieles, was den Eigenwelten angehört, muß ebenso gepflegt werden wie die Anliegen der sie überwölbenden gemeinsam-gültigen offiziellen Realität. Die Arbeit der Volksschule geht daher nach zwei Seiten: sie überbietet die Eigentümlichkeiten, die sie in den Familien, den Lebensstufen, den Landschaften vorfindet; sie hat sie aber gleichzeitig so weit zu bewahren, daß das, was an ihnen auch künftig unentbehrlich ist, entfaltet wird und nicht zugrunde geht.

Demgemäß formuliere ich die besondere Aufgabe der Volksschule in dem »Grundsatz«: *»Die Volksschule ist die pädagogische Brücke zwischen den Eigenwelten und der einen maßgebenden Kulturwirklichkeit. Es liegt im Wesen einer Brücke, daß man sie in zwei Richtungen beschreiten kann.«*

Ich bin weit entfernt zu glauben, daß dieser Satz aus sich selbst schon ausreichend verstanden werden könnte. Er bedarf der eingehenden Erläuterung. Sie werde ich unter den Hauptgesichtspunkten durchführen:

I. Die vom Kinde her bedingte Aufgabe der Volksschule;
II. Die Eigentümlichkeit der Bildungsgüter in der Volksschule;
III. Die besondere Kulturfunktion des Volksschullehrers;
IV. Die Theorie von der Vielheit der Erlebniswelten;
V. Die Gesamtaufgabe der Volksschule.

I. Die vom Kinde her bedingte Aufgabe der Volksschule

Wer die pädagogische Reformbewegung noch miterlebt hat, erinnert sich, daß um 1900 die Losung aufkam: »Alles vom Kinde aus!« Es war etwa die gleiche Zeit, in der »die Kunst im Leben des Kindes« entdeckt und gepflegt wurde, und die gleiche Zeit, in der die aufbrechende radikale Jugendbewegung den Anspruch erhob, den gesunden, befreienden Standpunkt für die Weltbetrachtung zu besitzen. In all diesen Anzeichen trat zutage, daß die Jugend in der pädagogischen Begegnung zu einseitig zum Objekt des Erziehungswillens der Erwachsenen geworden war. Sie selbst ist schon eine Gestalt menschlichen Lebens von eigenem Recht, und der Rousseauische Gedanke vom Eigenwert der frühen Lebensstadien dürfte nie wieder ganz verlorengehen. Faßt man jedoch Unterricht und Erziehung so rationalzweckhaft, daß man bei ihnen nur die realen Bedürfnisse des reifen Menschen im Auge hat, so werden die Jugendstufen zu bloßen Mitteln für das »eigentliche« Leben, das erst kommen soll. Selbst in diesem Falle noch muß man mit dem Bildungsverfahren an die jeweils vorgefundene leiblich-seelisch-geistige Verfassung des jungen Menschen anknüpfen, weil in ihr allein die Kräfte liegen, auf die die Bildungsabsicht angewiesen ist. Schließlich muß sie ja den *eigenen* Willen zum Sichbilden wachrufen. Jener Grundsatz »Vom Kinde aus« war also nicht falsch. »*Alles* vom Kinde aus« aber war eine Übertreibung, die jede Erziehung zur Robinsonade gemacht hätte. Dafür aber ist der Abstand zwischen der Kinderwelt und der modernen Kulturwelt zu groß geworden. Man muß verfrühen, nachhelfen, ja aufnötigen.

Als die Parole »Alles vom Kinde aus« aufklang, war die wissenschaftliche Kinderpsychologie noch gar nicht zu der Reife gelangt, die sie inzwischen erreicht hat. Man war sich zwar schon klar darüber, daß ein Kind etwas anderes ist als nur ein Erwachsener mit wenig Kenntnissen und ungeordnetem, unverbundenem Vorstellungsschatz. Aber man wandte noch nicht den psychologischen Strukturbegriff an und verstand den Entwicklungsprozeß noch nicht als einen totalen Strukturwandel, der größer ist als etwa die äußere Metamorphose eines Insektes durch Raupe, Puppe und Schmetterling hindurch. Ebensowenig war man zu der entwicklungspsychologischen Ansicht gelangt, die seitdem den Standort der Betrachtung völlig geändert hat: »Das Kind lebt in *seiner* Welt« – das heißt in einer von der kindlichen Seelenstruktur her bedingten kindlichen Erlebniswelt, die ein ganz anderes Relief hat als die des Erwachsenen von heute.

»Das Kind lebt in *seiner* Welt«, dieser Satz ist für unser Thema von grundlegender Bedeutung. Nehmen wir den Entwicklungsgesichtspunkt hinzu, so erweitert sich die Betrachtungsweise dahin: das Kind zeigt auf jeder Lebensstufe eine andere typische Seelenstruktur, und *mit* ihr, allein schon von *ihr* aus bedingt, verwandelt sich auch die jeweilig für das Kind vorhandene Umweltstruktur. Daß außerdem jedes Kind eine Individualität besitzt, die sich auch in einem besonderen Entwicklungsrhythmus auswirkt, soll vorläufig außer Betracht bleiben.

Die wichtigsten Einsichten desjenigen Zweiges der Entwicklungspsychologie, der sich mit den menschlichen Lebensaltern beschäftigt, muß ich hier als bekannt voraussetzen. Es kommt dabei nicht auf Einzelergebnisse an, die sich noch ändern werden, wie es bei jeder Erfahrungswissenschaft der Fall ist. Der leitende Gesichtspunkt liegt darin: Es gibt gegeneinander abgrenzbare seelische Entwicklungsstadien, von denen jedes sein spezifisches Erlebnisgefüge hat, und je zu einem solchen gehört ein ihm entsprechendes Erlebnisweltbild.

Sehen wir von dem Säuglingsalter, besser gesagt: von der Phase ab, an deren Ende das planvolle Greifen, das Aufrechtgehenkönnen und die grundsätzliche Fähigkeit zum Verstehen sinnvollen Sprechens wie zu sinnvollem Redenkönnen erreicht ist, so pflegen wir unter psychologischen Gesichtspunkten drei Entwicklungsabschnitte zu unterscheiden: das Kind im magischen Alter (Märchenalter), das Kind im Knabenalter, für das auf der weiblichen Seite ein eigener Name fehlt, und den Jugendlichen im Reifungsalter, das man noch in Pubeszenz und Adoleszenz zerlegen mag. Genaue Grenzen in Jahreszahlen lassen sich nicht angeben, weil das Tempo der Entwicklung verschieden ist. Die Zuordnung des einzelnen Kindes zu einer jener Phasen richtet sich nach dem jeweiligen Befund. Um aber Durchschnittszahlen anzugeben, die für unseren Kulturkreis als normal gelten können, rechne ich das magische Alter etwa vom 3. bis zum 8. Jahre, das Knabenalter vom 9. bis zum 14., das Reifungsalter vom 15. bis zum 20. Genauere Beobachtungen zeigen, daß die Einschnitte beim weiblichen Geschlecht etwas anders liegen als beim männlichen. Bekannt ist auch, daß neuerdings – vielleicht unter zeitbedingten Kultureinflüssen – bei beiden Geschlechtern eine auffallende Verfrühung des Pubertätsbeginns eingetreten ist. Die Untersuchungen hierüber sind noch nicht abgeschlossen. Es kommt, wie betont, für unsere Zwecke auch nicht auf Genauigkeit im einzelnen an, sondern auf das grundlegende Verstehen des Satzes: »Das Kind lebt in *seiner* Welt«, der nun noch näher beleuchtet werden muß.

Das Kind existiert in einer »Erlebniswelt«, in der die Umweltgegebenheiten etwas anderes *bedeuten* als in unserer, der Erwachsenenwelt. Man kann noch weitergehen und behaupten: vieles, was vorhanden ist, ist »für« das Kind noch gar nicht da; anderes, was für uns belanglos ist, ist *ihm* noch wichtig. Die breite Zone der Dinge aber, die für das Kind und den Erwachsenen gleichmäßig da zu sein scheinen, muß psychologisch so interpretiert werden, daß in ihr ein- und dieselben Dinge eine ganz verschiedene Rolle spielen, das heißt mit abweichenden Bedeutungs- und Wertakzenten besetzt sind. Diese Differenz der Weltbilder ist wesentlich aus der Verschiedenheit der altersgemäßen Seelenstrukturen herzuleiten, die die Richtung wie die Intensität der Beachtung und Behandlung lenken. Also: Wandelt sich die Seelenstruktur, so wandelt sich, parallel dazu, die zugehörige erlebbare Welt, und zwar von der typischen Seelenart des Subjektes her bedingt. Entscheidend ist dabei die *Auswicklung*, die von innen her unentrinnbar kommende Metamorphose des Seelentums. Natürlich wirkt auch gehäufte Erfahrung mit, und insbesondere übt der Schulunterricht seinen Einfluß aus. Das bleibt hier außer Ansatz. Im Kern handelt es sich nicht um quantitative Veränderungen, die etwa als Summierungen von Eindrücken anzusehen wären, sondern um echten qualitativen Gestaltwandel.

Jedes Lebensalter hat seine eigentümliche Seelenstruktur. Durch sie ist der Rahmen dessen gegeben, was überhaupt erlebt werden *kann* und *wie* es erlebt werden kann, woran sich dann entsprechende Rückwirkungen auf die Außenwelt knüpfen. Von Zeit zu Zeit versetzt die bildend-entwickelnde Natur den Menschen gleichsam in einen anderen Käfig, der nur bestimmte Aussichten gestattet und andere verschließt, aber auch die qualitative Sehweise (im weitesten Sinne) beeinflußt.

Was *uns* am meisten als selbstverständlich erscheint, die Eine, für alle identisch gegebene Welt, wird unter diesen psychologischen Gesichtspunkten zunächst problematisch. An ihrer Stelle zeigen sich gestalthaft verschiedene *Eigenwelten*. Damit ist der Begriff gegeben, auf den es hier ankommt.

Das erste Beispiel für die mannigfachen Eigenwelten, die im menschlichen Gesamtleben eine Bedeutung haben, ist das *Vom Lebensalter her* bestimmte Weltbild. Aber es wird sich zeigen, daß das nicht der einzige Fall einer Bedingtheit der Welt von der Seelenverfassung des betreffenden Subjektes aus bleibt. Selbst dann, wenn die denkende Konstruktion einer für alle gleichen offiziellen Welt schon weit vorgeschritten ist, läßt es sich nicht ändern, daß diese Welt ein vom »Menschen überhaupt«, als einem eigentümlich ausgestatteten organischen Lebewesen, mitgeformtes Gebilde bleibt. Auf der entgegengesetzten Seite liegt das Extrem, daß jede Individualität ihre ganz einzigartige Eigenwelt hat, deren intimste Züge so wenig für einen anderen vorhanden sind, wie ein Besucher die Privatbedeutungen vieler Gegenstände ahnen kann, die mich in meinem Wohnzimmer umgeben.

Damit die Hauptlinie des Gedankenganges nicht aus den Augen gerät, sei hier die Anwendung in Erinnerung gebracht: Es ist die Aufgabe jeder Schule, junge Menschen aus der Befangenheit in den Eigenwelten, in denen sie leben, herauszuführen. Die Volksschule hat jedoch umgekehrt bestimmte typische Züge von diesen Eigenwelten zu kultivieren, weil sie im Sinne vollen Menschentums wertvoll sind.

Obwohl ich die Vertrautheit mit der Kinderpsychologie der Gegenwart voraussetze, will ich die Tragweite des angedeuteten Gedankenganges doch wenigstens an *einem* Beispiel erläutern. Es ist ein bekannter Satz, daß das Spiel des Kindes auch dann auf jeder seiner Altersstufen etwas anderes »bedeutet« – dem Lebensganzen mit einem *anderen* Sinn eingefügt ist –, wenn die äußeren Erscheinungsformen zufällig gleich aussehen sollten. Das Spiel im magischen Alter hat trotz seiner Vielgestaltigkeit zwei Hauptpole, um die es sich bewegt: Es ist *Ergriffenheits*spiel, wenn ein gegebener Umweltfaktor das Kind gleichsam in seine »Seele « mit hineinreißt, es so weit aufsaugt, daß es ganz mit ihm eins wird und schauend wie tuend sein Leben mitlebt. Es ist *Bedeutungsverleihungs*spiel, wenn die Umweltgegebenheit dem Kinde als Träger für andere Bedeutungen dient, als sie ihr etwa in der festgelegten offiziellen Welt zukommen. Diese Aufprägung von wechselnden Bedeutungen stammt aus dem seelischen Überschuß des Kindes selbst und ist das früheste Zeugnis einer starken geistigen Lebendigkeit.[4] Beide Male handelt es sich um eine *Auslese* aus Gegebenheiten, die der Erwachsene als neutral Vorhandenes ansehen mag. Einmal ist es die Magie, die von einem Gegenstande ausgeht, das andere Mal der Zauberstab des Subjektes, der ihn in der Vorstellung verwandelt und demgemäß behandelt. Die so wirksamen Bedeutungsakzente sind nicht etwa herausgegriffene Einzelheiten: sie bestimmen das ganze Weltrelief, wie es *für* das Kind besteht. In unserer, der Erwachsenenwelt, gibt es nur noch selten Gehalte, die uns ergreifen und verzaubern; ebenso sprudeln die freien Bedeutungsprägungen nicht mehr aus uns heraus. Die »Dinge« sind nüchtern geworden, und jedes hat seinen festen eindeutigen Sinn. Aber niemand kann daran zweifeln, daß in dem Zeitpunkt, wo gar keine Ergriffenheitsmomente mehr eintreten und keine neuen Bedeutungen mehr »erfunden« werden, der Mensch in einem Grade erstarrt ist, der seine volle Menschlichkeit wie seine Kulturfähigkeit bedroht.

Die praktischen Folgen solcher psychischen Tatbestände sind größer, als es auf den ersten Blick erscheint. Nach der einen Seite hin ist das freilich längst erkannt. Die Aufgabe der Volksschule, die bis an die Pubertätszeit heranführt, ist es, den Eintritt ihrer Zöglinge in einfache Berufe zu ermöglichen. In diesem – naturgemäß anfangs begrenzten – Sinne macht die

[4] Vgl. Eduard Spranger, Ergriffenheitsspiel und Bedeutungsverleihungsspiel. In: Basler Schulblatt. Jg. 13. 1952. S. 139–143.

Schule ihre Zöglinge kulturfähig, indem sie sie aus ihrer Eigenwelt herausholt und für die Eine gemeinsame Welt heranbildet, die im Abendland wesentlich Arbeitswelt ist. Vorher aber hat die Volksschule schon eine andere Leistung vollbracht, für die alle anderen Schularten und -stufen ihr Dank schulden: sie hat das Kind schulfähig gemacht. Davon ist in der Öffentlichkeit wenig die Rede, weil diese dazu neigt, entscheidend wichtige Vorgänge, die sich immer wiederholen, als selbstverständlich hinzunehmen. Es gibt eine vielleicht noch wichtigere und in der kindlichen Entwicklung noch frühere Schwelle, von der die Eltern meistens auch nichts wissen: Im 3. Lebensjahr etwa entscheidet es sich schon, ob ein Kind die ihm begegnende Erziehungsabsicht überhaupt annimmt oder nicht. Das ist der tiefere Sinn der Lebensphase, die jetzt das erste Trotzalter genannt wird. Wenn in ihm nicht endgültig festgelegt wird, wo die Grenzen zwischen dem Willensbereich des Erziehers und dem erwachenden Eigenwillen des Zöglings verlaufen, kommt es zu jenen endlosen Guerillakämpfen, die wir heute in vielen Elternhäusern bemerken. Früher hatten die Eltern für solche Tatsachen einen sicheren Instinkt. Heute müssen sie von der Psychologie an sie erinnert werden, die dann gern allerhand psychoanalytische Schrecknisse an den sehr einfachen Lebensvorgang knüpft.

Erziehungsfähig werden, schulfähig werden, kulturfähig werden, sind also drei normale Stationen im Entwicklungsgang des Jugendlichen unserer Kultur. Die dritte freilich hat noch eine ganze Anzahl von weiteren Haltepunkten, wie auf Hamburg-Hauptbahnhof noch Hamburg-Dammtor, Hamburg-Sternschanze, Hamburg-Altona folgen.

Daß ein Kind in der Eigenwelt des magisch-mythischen Alters noch nicht kulturfähig ist, bedarf keiner Ausführung. Aber auch die Seelenverfassung des Knaben und des ihm ungefähr gleichaltrigen kleinen Mädchens enthält noch nicht die Vorbedingungen für Mitarbeit an dem gemeinsamen Kulturwerk. Zwar ist das brennende Interesse für die Art, wie man Dinge »macht« und nützliche Betätigungen durchführt, schon da. Jedoch fehlt in *dieser* Eigenwelt noch etwas Unentbehrliches: das Verständnis für die vielfältigen Werte, die in der Welt des Menschen teils ruhen, teils ihr aufgeprägt werden können und in der Kultur schon immer so oder so aufgeprägt *sind.* In einer kurzen Formel: Kausalitäten werden einigermaßen begriffen; die Werte sind noch dürftig. Das unmittelbar Nützliche wird verstanden; auch eine schematische Gerechtigkeit im Zusammenleben des nahe vertrauten Kreises wird begriffen und gefordert. Jedoch besteht für diese Altersstufe noch nicht das ganze Wertrelief, in das sich der Erwachsene mit seinen Eigenwertungen irgendwie einfügen muß. Dies reichere Wertorgan erwacht – immer typisierend gesprochen – erst in der Pubertätszeit, also in einem Lebensalter, auf das die Volksschule zu ihrem schweren Schaden keinen vollen Einfluß mehr nehmen kann.

Obwohl hier Grundanschauungen und wissenschaftliche Begriffe angewandt worden sind, die den meisten weniger vertraut sind, ist doch der Sache nach nichts Unbekanntes vorgebracht worden. Die Volksschule muß behilflich sein beim Abbau der magischen Weltauffassung, und sie muß der altersgemäßen Einstellung des Knaben (bzw. Mädchens) vor der Pubertät insofern voraneilen, als sie schon die Seinskategorien, Wertakzente und Verhaltensweisen der sogenannten reifen Welt darstellt. Wie wenig dieses Alter ein solches Weltgefüge bereits versteht, wird vor allem am Geschichtsunterricht deutlich, ganz zu schweigen vom Religionsunterricht. Derartige Stoffe müssen für primitivere Auffassungskategorien erst didaktisch zugänglich gemacht werden. Darin besteht die große Kunst des Volksschullehrers, in der ein durch die volle Wissenschaft hindurchgegangener Lehrer meistens ziemlich hilflos ist. Für die Unterstufe bis zum 14. Jahr etwa eignet er sich nur dann, wenn er zur Not auch ein guter Volksschullehrer sein könnte – *trotz* der Tugenden, die er als wissenschaftlicher Lehrer hat, keineswegs aber vermöge ihrer.

Aber ich wiederhole: Dieser Abbau der Eigenwelten früherer Seelenstufen und dieser Vorstoß in der Richtung auf die offizielle Welt sind nur die eine, längst bekannte Aufgabe der grundlegenden Schule. Die andere Seite wird in der Regel übersehen. Es handelt sich auch um das kunstvolle Bewahren und Pflegen von Seelengestalten, über die das junge Menschenwesen schließlich hinauswachsen wird, von denen aber gewisse Momente verwandelt erhalten bleiben müssen, wenn nicht Weltbezüge verlorengehen sollen, ohne die der Mensch nicht zum vollen geistig *lebendigen* Menschen werden kann. Die Bedeutung dieser bewahrenden Leistung wird sofort klar werden, wenn man sich erinnert, daß die Menschheit viele Jahrtausende lang aus der magischen Stufe gar nicht herausgekommen ist und daß noch heute Völker existieren, die fast ganz in einer solchen »Geistesverfassung« leben. Sie gelten uns als rückständig. In Wahrheit aber ist unsere durchrationalisierte, nun gar unsere weithin industrialisierte Kultur ein einsamer Vorläufer. Wir waren in der Zeit des radikalen Fortschrittsglaubens einseitig stolz auf sie. Jetzt, in der Mitte des 20. Jahrhunderts, beginnen wir zu spüren, daß wir ein gewagtes Experiment mit dem Menschen gemacht haben. Es dürfte schwer sein zu sagen, ob der Gewinn größer ist oder der Verlust. Manche von den alten Kräften müssen wir, um mit Lessing zu reden, »wiederholen«. Stellen wir uns so ein, dann wird sich zeigen, daß es sich dabei gar nicht nur um die Seelengestalten der frühen Altersstufen handelt, sondern um sehr viel mehr. Was sonst noch in verwandter

Richtung liegt, versteht man, wenn man die Arbeit der Volksschule, wie sie heute schon ist, von einer anderen Seite her betrachtet. Sie enthält gewisse Bildungsgüter und Erziehungsmächte, deren Auftreten durch ganz andere Motive bestimmt ist als durch die Absicht, Eigenwelten aufzuheben, um die Eine für alle verbindliche Arbeitswelt zur Geltung zu bringen.

Das Heimatliche zum Beispiel ist ein Weltbereich, der schon seiner Benennung nach nicht allen gemeinsam sein kann. Es bezeichnet etwas, an dem wir mit dem Intimen unserer Seele beteiligt sind. Seine Vorstufe hat es in alledem, was die Mutter dem Kinde »ans Herz gelegt hat«. Dieser Ton des »Nahen« bleibt im weiteren Leben erhalten. In der Spielsphäre der frühesten Kindheit sind uns Gegebenheiten der Umwelt so ursprünglich ins Innere gewachsen, daß sie wirklich in einem »magischen« Sinne ein Stück unserer selbst geworden sind. Dieser Bezirk ist nicht allgemein zugänglich. Der überwölbende »Geist« kann sehr seelenfern werden. Für die »Seele« aber gibt es eine Eigenwelt voll Bedeutungen, die gerade *mir* etwas sagen und nur mit *mir* groß geworden sind. Es liegt in der Natur des strengen Wissens, daß es sich um solche Eigenzentriertheit nicht kümmert. *Mein* Geburtshaus, *mein* Zimmer, *mein Goethe* sind Gegenstände, die in ihm nicht vorkommen. Wissenschaftlich gehört eine Pflanze in irgendein Ordnungssystem à la Linné. Ob eine Seelenbeziehung zwischen ihr und mir besteht, ist unter diesem Gesichtspunkt ganz gleichgültig. Was wir in der Form des methodisierten Wissens besitzen, ist unvermeidlich »subjektfern« geworden. Auf der anderen Seite aber gibt es eine Durchseeltheit der Dinge, meines Hauses, meiner Umwelt überhaupt, bei der *die stärkste Subjektbeteiligung* erhalten bleibt. Wer wollte bestreiten, daß ein solches »Band« für den Menschen ebenfalls wichtig ist?

Pestalozzi, in dem viel mehr die Leidenschaft zur Menschenbildung als die zur Wissenschaft lebendig war, hat daher seine Weltansicht gerade von der Eigenwelt des Individuums her aufgebaut, und zwar in den aus der ›Abendstunde‹ her bekannten konzentrischen Kreisen. Lebensnähe, Individuallage, Realverbindungen der menschlichen Natur sind die für seine Grundeinstellung charakteristischen Stichworte.[5] Darin liegt der tiefe pädagogische Instinkt, daß solchen Gehalten, die »ich« mir in vollem Sinne »zu eigen machen« kann, eine bildende Wirkung zukommt. Sie müssen schließlich ganz mit mir verwachsen sein. Aber »schließlich«! Die Schule bringt notgedrungen Gegenstände, von denen das Kind sagen könnte, »Was ist mir Hekuba?«, (wenn es dieses Zitat schon verstünde!). Alles Gelernte muß jedoch aus der Subjektferne einmal in die Subjektnähe zurück-

[5] Vgl. Eduard Spranger, Pestalozzis Denkformen. Stuttgart 1947.

kehren. Im *Bildungs*prozeß mindestens hat die Objektivierung ihre Grenzen. Das ist ja das Elend vieler Unterrichtsbemühungen, daß der Stoff nicht assimiliert wird, weil der Weg nicht gebahnt wird, auf dem eine persönliche Aneignung des Sachgehaltes erfolgen kann.

Damit greifen wir schon weit vor. Aller Anfangsunterricht muß jedenfalls stark subjektbezogen sein; er muß die Dinge nicht nur »kennen lehren«, sondern, ähnlich wie es die Mutter tat, »dem Kinde ans Herz legen«. Der Volksschulunterricht darf nicht einseitig objektivieren, er muß immer gleichzeitig subjektivieren, das heißt »nahebringen«. Ist dieser Grund nicht gelegt, und zwar durch eine ausdrücklich bewußte Auflockerung der aufnehmenden Innerlichkeit, so fehlt etwas, das weder auf der höheren Schule noch auf der Hochschule nachgeholt werden kann. Es bleibt etwas in der Lebenstiefe unerweckt. Kein Wunder, daß über manchen späteren Unterrichtsstunden dann der »Geist der Schläfrigkeit« liegt, der ein Ungeist ist!

Ehe die Formen des zugleich subjektivierenden und objektivierenden Unterrichts der Volksschule näher entwickelt werden, sei dieser erste Teil mit der These beschlossen: Die Parole »Alles vom Kinde aus« übertreibt. Richtiger wäre die Wendung: »Alles zum Kinde hin«. Denn jeder Lehrstoff muß zunächst in die Eigenwelt des Kindes hineingetragen werden, die ebenso durch die Individuallage wie die seelische Intimität, ebenso durch die Lebensalterstruktur wie den Widerklang der pädagogischen Begegnung im Gemüte bestimmt ist.

II. Die Eigentümlichkeit der Bildungsgüter in der Volksschule

Wie die Bildungsgüter der Volksschule, die man heute aus ihrem Lehrplan ablesen kann, historisch zusammengekommen sind, haben Wilhelm Flitner und ich in besonderen Schriften dargestellt.[6] Hier handelt es sich darum, zu beachten, daß sie fast durchweg von dem »Nahen« ausgehen und nicht von der subjektfreien Sicht, die dem Ideal der Wissenschaft entspräche. In manchen Fächern wird die Objektivierung, die restlose Versachlichung, dadurch gemildert, daß wenigstens die Anwendungsfälle aus der dem Kinde nahen Welt gewählt werden; das gilt vom Rechnen, der Raumlehre und der Physik. Die Gruppe jedoch, die Herbart unter dem Namen Gesinnungsfächer zusammengefaßt hat, nimmt durchweg Rücksicht auf die Lage des besonderen Lebenskreises, mit dem es die Volksschule jeweils zu tun hat.

[6] Wilhelm Flitner, Die vier Quellen des Volksschulgedankens. Hamburg 1941. – Eduard Spranger, Zur Geschichte der deutschen Volksschule. Heidelberg 1949.

Diese Lage ist räumlich bestimmt als Geburtsort der Kinder, mindestens dauernder Wohnort – also als *Heimat*; zeitlich aber nicht so sehr durch die Gegenwart im geschichtlichen Sinne, an der Kinder nur ausschnittweise bewußten Anteil haben, als durch die Struktur, die ihr Seelenleben schon erreicht hat. Von der Anknüpfung an die Lebensalterstruktur und die mit ihr gegebene Eigenwelt ist im ersten Teil die Rede gewesen. Was jetzt zu erörtern ist, bringe ich unter den Gesichtspunkt »Heimatlichkeit in weiterer Bedeutung«. Daß damit eine von der allgemeinen offiziellen Realität unterschiedene Eigenwelt gesetzt ist, ergibt sich schon daraus, daß eine für alle Menschen gleiche Heimat ein Widersinn wäre.

Beim ersten Schritt auf diesem Wege muß man sich mit zwei Einwänden auseinandersetzen, die ernst zu nehmen sind. Beide besagen, daß heimatliche Bindungen etwas Überlebtes seien.

Das deutsche Volk hat das tragische, aber in der neuesten Zeit nicht mehr seltene Schicksal gehabt, daß etwa ein Drittel seiner Mitglieder die Heimat entweder ganz verloren hat (Vertriebene und Flüchtlinge) oder unter ein politisches System geraten ist, das es verwehrt, im vollen heimatlichen Geist zu leben. Also – folgert mancher – sei der Ansatz bei einer solchen Eigenwelt, wie sie der gefühlsbetonte Name Heimat bezeichnet, gar nicht mehr möglich; die Weltgeschichte habe hier etwas zerstört, was schön war; nun aber sei es dahin. Angenommen selbst, ein Teil der Vertriebenen könne dereinst in die ehemaligen Wohnsitze zurückkehren, so sei inzwischen gerade für die Kinder das Band abgerissen. Neue Heimatgefühle künstlich zu stiften, sei vielleicht denkbar, aber es folge daraus nur ein schwacher Ersatz für die alten ganz tiefliegenden Bänder, die von der Natur selbst und der ungebrochenen Tradition geknüpft waren.

Der zweite Einwand geht noch darüber hinaus. Nicht nur das Sonderschicksal der Deutschen habe die Heimatbindungen gelöst, sondern das werde bald auf der ganzen Welt so sein. Die modernen Verkehrsmittel ließen die Räume zusammenschrumpfen. Mit dem motorisierten Rad oder Omnibus sei man in einer Stunde in der Hauptstadt der Provinz, und man brauche nicht einen Tag, um die Grenzen des Landes zu erreichen. Man müsse sich damit abfinden, daß die kleine Heimat ein Rest aus dem Zeitalter überwiegend bäuerlichen Still-Lebens sei. Zur industriell-technischen Gesellschaft aber gehöre eine gewaltig vergrößerte Heimat, die seelisch schon etwas ganz anderes bedeute und weder in der Natur noch in der Ge-

---

[7] Man erinnere sich der intensiven Bemühungen von *Heinrich Kautz*, so etwas wie ein Industrie-Heimatbewußtsein zu schaffen. Von seinen vielen wertvollen Büchern aus den 20er Jahren ist vielleicht besonders charakteristisch dasjenige, das den Titel ›Industriemärchen‹ trägt. Kevelaer 1927.

schichte tiefen Grund habe.[7] Rede man doch schon heute von Europa als unserem gemeinsamen Wurzelboden! – Man weist auf die Vereinigten Staaten von Nordamerika hin, in denen es gemäß der kurzen Geschichte des Landes gar keine eigentümliche Binnenkultur mit vielen Sonderzentren mehr gebe. Der Lebensstil, das Gesicht der Städte, die technischen Produktionsweisen seien überall die gleichen. Eine Zeit, in der man mit Goethe interessiert bei Türschlössern lokaler Prägung verweilen könne, werde nicht wiederkommen. Schon heute sei die internationale Zivilisation farblos allgemein. Die mehr durchgeistigte Kultur werde dem gleichen Schicksal verfallen, vielleicht als durchgängige Amerikanisierung, vielleicht mit wenigen, aber dann auf große Landesstile beschränkten Schattierungen.

Niemand kann leugnen, daß die angedeuteten Tendenzen vorhanden sind. Aber es ist immer eine bedenkliche Einstellung, Kulturbewegungen, weil sie wirksam geworden sind, einfach zu bejahen. Wir haben mit dieser Bereitschaft, sich dem überindividuellen Gang der Dinge willenlos zu unterwerfen, manchen entscheidenden Augenblick verpaßt. Machen wir uns klar, was wir bei der Nivellierung, die sich – besonders in Amerika – anbahnt, zu verlieren haben! Wenn der Mensch in seinen Jugendjahren mit seinen Umweltgegebenheiten keinen warmen seelischen Kontakt gewonnen hat, so wird er sich immer weiter entseelen. Er wird zuerst die Sachen, mit denen er es zu tun hat, dann nach dem gleichen Modell auch die Menschen so behandeln, als ob sie ihn nichts angingen, es sei denn als bloße Mittel für Machtziele und Erwerbsziele. Die fortschreitende Enthumanisierung des Menschen unserer Zeit muß doch eine Ursache haben. Großenteils liegt es daran: er hat weder seine Seele in den reichen Schwingungen entfalten können, die eigentlich normal sind; noch hat er seine Seele je an die für ihn bestehende Umwelt und Mitwelt so hingegeben, daß sie ein Stück von ihm selbst geworden wären. Er steht nun da, dürr und gleichsam frierend, weil ihm die Hüllen fehlen, die um den denkenden und rechnenden Verstand herum liegen müßten. Subjektwelt und Objektwelt sind so radikal zerrissen, wie es Descartes sich ausgedacht hat, damit ausschließlich die Anliegen der mathematischen Physik zu ihrem Recht kommen könnten. Es gibt aber eine Zwischenzone zwischen dem Subjekt und den nackten Objekten, von deren Gehalten man sagen darf: sie sind sowohl ein Stück Seele wie ein Stück Außenwelt. Sie sind ein Stück *durchseelter Welt.* Und eben dies ist der Charakter aller »Eigenwelten«.

Die Entscheidung, die an dieser Stelle von dem Willen der Erzieher gefordert wird, ist, ist weltanschaulicher Art. Für mich ist sie in der Richtung auf die Erhaltung des Heimatlichen im weiteren Sinne gefallen. Gründe dafür werden im 4. Teil bei der Erörterung der Vielheit der Erlebniswelten noch deutlicher entwickelt werden. Zunächst ziehe ich die Folgerungen aus der getroffenen Entscheidung für die Bildungsgüter, die in die Volksschule gehören.

»Das Heimatliche in weiterer Bedeutung« beginnt mit der eigentlichen Heimatkunde. Was über sie zu sagen ist, habe ich bereits vor mehr als drei Jahrzehnten in dem Vortrag ›Der Bildungswert der Heimatkunde‹ (jetzt Reclamheft Nr. 7562) ausgesprochen. Das zugrunde liegende Prinzip formuliere ich noch einmal so: Wie die Mutter dem ganz kleinen Kinde die nächsten Dinge um es herum bekanntmacht, aber nicht als nackte Tatsachen, sondern von vornherein mit Bedeutungscharakteren, die seine Innerlichkeit angehen, seien sie freundlich oder feindselig – wie dadurch zugleich der bloße Name dieser Dinge einen Bezug auf die junge Einzelseele empfängt, so muß der Anfangsunterricht in der Volksschule dafür sorgen, daß die Umwelt gleichsam an das Erlebniszentrum des Schülers heranwächst. Diese merkwürdige Subjekt-Objektivität, die eine Eigenwelt darstellt, muß dann freilich erweitert werden und in der Richtung auf objektive Kenntnis von Tatsachen samt Tatsachenzusammenhängen ausgebaut werden. Das war die eine Bewegung. Weshalb aber gleichzeitig der beseelte Kontakt bewahrt werden muß, ergibt sich aus der Stellungnahme zu der soeben formulierten Entscheidungsfrage. Unterbleibt dies, so trifft der Unterricht auf die Abwehrhaltung: »Das geht mich nichts an; ich finde keinen Zugang dazu; ich kann es mir nicht innerlich aneignen (assimilieren).« Und diese starre, bildungsfeindliche Haltung bleibt für alle Zukunft bestehen.

Der Gedanke ist natürlich nicht neu. In der älteren Pädagogik kommt er in der Gestalt des Imperativs vor: »An die ursprünglichen Interessen anknüpfen und eine allmählich reichere Interessenverzweigung herbeiführen!«[8] Das entsprach der früheren stückhaften Denkweise in der Psychologie. Jetzt ist dem Ganzheitsprinzip Rechnung getragen: Was mir intim zugehört und mit meinem Interesse (= Dabeisein, Beteiligtsein) besetzt ist, trägt immer schon den Charakter einer kleinen »Welt«. Sie ist, je nach dem Standpunkt, den man wählt, entweder »noch *bloß* Eigenwelt«, oder sie ist die organisch zu mir gehörige »Welt«, die allein eine tiefgreifende »Bildung« meines Subjektes ermöglicht. In der wahren Schule kommt es auf Bildung an, nicht bloß auf einen Kreis von abzählbaren Vorstellungen. Auch Herbart schätzte den umfassenden Vorstellungskreis nur unter dem

[8] Vgl. z. B. Georg Kerschensteiner, Theorie der Bildung. 3. Aufl. Leipzig 1931. S. 255 ff.

weitergehenden Gesichtspunkt: »Der Gedankenkreis *bildet* den Charakter«.

Die eigentliche Heimatkunde verzweigt sich nach mannigfachen Richtungen. Ihren »Boden« im wörtlichsten Sinne hat sie in der Natur als Landschaft wie als einheitlichem Gefüge der drei sogenannten Naturreiche: Gesteine, Pflanzenwelt, Tierwelt. Der feinere Gemütswert dieser Totalität wird im Kindesalter noch nicht voll erlebt; es bleibt bei dem Zustande, den Hölderlin in den Versen malt:

> Als ich noch um deinen Schleier spielte,
> Noch an dir wie eine Blüte hing ...

Der Unterricht greift Einzelheiten aus diesem subjektgebundenen Ganzen heraus, legt sie für das Bewußtsein auseinander und bereitet damit zugleich die Grundlage für eine spätere mehr versachlichte Naturbelehrung.

Zur Heimatkunde gehört zweitens die ringsum lebendige Tradition, die Keimzelle eines nur sehr langsam wachsenden historischen Bewußtseins. Die Einführung in die Tradition hält sich an das »noch gegenwärtige Vergangene«. Diese Formel deckt aber auch das Wesen des Mythus, der ebenfalls das Vergangene als immer noch nahe erzählt, während das Märchen darstellt, was zeitlos immer gleich geschieht. Denn das »Es war einmal« versetzt nicht in die Vergangenheit, sondern in die an unbestimmtem Ort immerdar für Menschen und Tiere bestehende magische Welt. Über das mystische Bewußtsein kann die Volksschule, die mit dem 14. Lebensjahre abschließt, nicht weit hinausführen. Sie kann nur die ursprünglich lokal gebundenen Mythen [9] allmählich auf eine größere Weltbühne verpflanzen. Aber selbst in dieser erweiterten Form behält das Historische immer stärker den Charakter einer Eigenwelt als das Wissen um die Natur, da es sich ja in jedem Einzelbewußtsein erst als ein geistiger Besitz aufbauen muß, der zu einer Person und ihrem Standort gehört.

Ein dritter Bezirk des Heimatlichen ist die Berührung mit der nahen Arbeitswelt. In Zeiten, in denen es noch keine Schule gab, war dies das bildendste Element für die Kinder: das langsam wachsende Teilhaben an der Arbeit in Haus und Hof, Acker und Werkstatt. Heute treten alle Arten des »Machens« (der Technik) zuerst durch Beobachtungen, die im eigenen Dorf oder in der städtischen Straße stattfinden, an das Bewußtsein des Kindes heran. Wieder ist es »das Nahe«, an das man anknüpfen muß. Denn die Arbeit der Umgebung bietet sich als das Tag für Tag gleiche der gespann-

[9] Naive alte Bilder stellen bekanntlich vergangene Begebenheiten im Kostüm ihrer eigenen Zeit und in der vertrauten Landschaft, gleichsam in der Nachbarschaft, dar. Auch was nur nacheinander möglich ist, geben sie bisweilen im Nebeneinander.

ten Aufmerksamkeit dar. Hier zuerst kann gelernt werden, daß hinter der scheinbaren Magie eindeutige, praktisch verwertete Kausalzusammenhänge stecken. Der Knabe erlebt diese Verwandlung der Einzelwunder in das eine Generalwunder planvoll gelenkter Handbetätigungen mit leidenschaftlicher Teilnahme. Nun ist aber jeder Wirtschaftsbetrieb eine kleine Eigenwelt, schon weil das Nützliche immer *für* jemanden nützlich sein muß. Das Kind begreift zunächst auch nur, was in seiner nahen Welt Nutzen stiftet.

In den Bereich der eigentlichen Heimatkunde fällt endlich auch das Vertrautwerden mit »Brauch und Sitte« des umgebenden täglichen Lebens. Es ist bezeichnend, daß bei dem Stichwort die meisten sogleich an übriggebliebene Reste früherer Volksgewohnheiten denken. Was davon in der eigenen Nachbarschaft noch fortbesteht, hat einen besonderen Heimatton. Manche Gebräuche sind weit verbreitet, manche von Tal zu Tal, von Flekken zu Flecken verschieden. »Wie Weihnachten zu Hause gefeiert wurde«, diese Erinnerung gehört zu dem intimsten Seelenbesitz; sie behütet manchen Menschen davor, den Kontakt mit dem Volkstümlichen und sogar mit dem Familiengeist ganz zu verlieren. Also wird man diesen kleinen, oft lokal eng begrenzten Dingen einen bildenden Einfluß auf das Kindergemüt erst recht nicht absprechen können.

In der Wissenschaft segelt das gesamte Traditionsgut solcher Art unter der Flagge der Volkskunde (folklore oder sogar »Folkloristik«). Obwohl Laie auf diesem Gebiet, vertrete ich seit langem die Ansicht, daß sie die Kategorien noch nicht gefunden hat, auf Grund deren ihr Wissen erst Wissenschaft werden könnte. Eine »Sitte« deutet immer auf den Zusammenhang mit Sittlichkeit. Mag er längst aus dem Bewußtsein geschwunden sein: ursprünglich wuchs die »gute Sitte«, der »gehörige Brauch«, aus der herrschenden Volksmoral und aus dem Kultus hervor. In bezug auf sie hatten Brauch und Sitte mindestens eine symbolische Bedeutung, oft auch einen unmittelbaren Gesinnungsgehalt. Wenn man auf der Stelle, wo früher eine Burg gestanden hat, Steine sammelt, so haben die Funde nicht viel Sinn, es sei denn, daß man aus ihnen Rückschlüsse auf Anlage und Bau der ehemaligen Burg ziehen kann. So müssen Sitten zurückverfolgt werden bis in die Sittlichkeit, aus der sie hervorgewachsen sind, und bis in die kultisch-religiöse Gesinnung, von der sie als oft sinnentleerte Reste stehengeblieben sind.

Diese Bemerkungen gehören nur deshalb hierher, weil erstens auch das Kind nur über äußerlich geübte Verhaltungsweisen allmählich in Sinn und Gesinnung der Volksmoral eindringt, die um es herum gilt, und weil zweitens alle moralischen Ordnungen die Stelle ihrer größten Dichtigkeit im Leben der Sippe und der Nachbarschaft hatten. Eine Menschheitsmoral ist späte Stufe. Aus dem Mitleben seiner moralischen »Eigenwelt« im Hause und in den nächsten Kreisen erwachsen und erwachen in dem jungen Wesen keimhafte Gefühle, die sich dann auf größere Bereiche ausdehnen können. Das hat wieder Pestalozzi mit sicherer Genialität gesehen. Der Gedankengang seiner ›Abendstunde eines Einsiedlers‹ (1780) könnte auf die kurze Formel gebracht werden: »Von der sittlichen Eigenwelt zur sittlichen Welt«.

Hat man das Prinzip der Lebenskreise erfaßt, so bemerkt man, daß der Gedanke des Heimatlichen noch in anderen Bedeutungen eine Rolle spielt.

Zunächst erinnere ich an schon einmal Erwähntes. Die Sprache, »in« der jemand aufgewachsen ist, nennt man seine »Muttersprache«, obwohl er sie nicht ausschließlich seiner Mutter verdankt. Aber im Gegensatz zu allen »fremden« Sprachen, die er einmal lernen wird, hat er diese von vornherein mit seiner ganzen Seele empfangen und umfangen, nicht nur als ein Wissen um »Vokabeln«. Die reife Sprache dient dem Verkehr im Bereich eines Volkes, vom wirtschaftlichen bis zum geistigen. Irgendeine Art von Esperanto wäre das Ideal einer brauchbaren Weltverkehrssprache. Trotzdem ist jede Sprache etwas »Eigentümliches«; sie ist mit Wertprägungen und Herzenstönen ausgestattet. Deshalb ist sie, an den Forderungen strenger Begriffsbildung gemessen, niemals scharf. Aber sie ist *mehr:* sie ist ein lebendiges, durchseeltes Organ, das in einer nahen Wertgemeinschaft ausgebildet ist und in tausend Beziehungen mit Gemütsanliegen verwoben ist, die den menschlichen »Ursprüngen« angehören. Sie kann sich niemals ganz von ihnen befreien, ohne daß dabei echt Menschliches verkümmert. Jede Eigensprache ist schließlich für eine Gruppe zu ihrer zweiten, stark gefühlsbetonten Umwelt geworden.[10] Die Volksschule lehrt, der Regel nach, nur die Muttersprache. Diese ist, wiederum der Regel nach, zunächst ein Dialekt im Rahmen einer Stammes- oder Volkssprache. Wenn eine solche, nach W. v. Humboldt, Ausdruck einer Ansicht der Welt ist, so muß man dabei den Zusatz »Ansicht« betonen. Jede Sprache nämlich ist wertperspektivisch; nur die im Laufe langer Zeiten ganz selbstverständlich gewordenen Dinge und Betätigungen sinken zu einem neutralen Nennton hinab. Besonders eine junge Sprache – also auch die alte im Munde eines Kindes – ist voll von Liebe und Furcht, voll Staunen und Hätscheln, von Wegwünschen und Begehren. Also ist jede Sprache auch Ausdruck einer Eigenwelt, keineswegs nur *der* Welt überhaupt. Erst recht ist ein Dialekt gemütsdurchwaltet

[10] Auf den erheblichen Anteil der Kindersprache an der Erwachsenensprache hat besonders der dänische Sprachforscher *Jespersen* hingewiesen.

und ein Dokument von Vorlieben, Interessen und anderen spezifischen Erlebnisweisen.

In den Zeiten weitgreifenden Verkehrs oder gar einer Schriftkultur kann es bei der mitgebrachten Mundart der Kinder nicht bleiben, weder phonetisch noch grammatisch, noch syntaktisch. Eine wesentliche Leistung der Volksschule besteht in der Hinüberführung vom Dialekt zur normierten Hochsprache des ganzen Volkes. Daß dabei die warme Intimität der Mundart, die übrigens auch *gut* gesprochen werden soll (!), nicht verlorengeht, dafür muß ausdrücklich Sorge getragen werden. Es kommt unendlich viel darauf an, daß die Wurzeln des Sprechens in der Beteiligung der eigenen Seele stark bleiben. Wir treiben sonst mit der Abschleifung der Sprache, ihrer Laute wie ihrer Wortbildungen, wie ihrer Sinnprägungen, in eine völlig entseelte Zwecksprache hinein. Schon heute braucht eigentlich jeder Zeitgenosse ein Lexikon, in dem die aus bloßen Anfangsbuchstaben gebildeten Stummelwörter erklärt werden.

Die normalisierte Sprache, die wegen ihres Hauptgebrauchs Schriftsprache heißt, ist übrigens auch noch eine Eigensprache; diesmal die eines ganzen, sich als Einheit wissenden Volkes; sie ist weit davon entfernt, die *eine* identische Sprache aller Menschen überhaupt zu sein. An dieser Stelle kann man beobachten, wie die Eigenwelt eines Stammes in die eines Volkes übergeht. Das *»Heimatliche«* empfängt dadurch die weitere Bedeutung des *Nationalen.* Man würde sich täuschen, wenn man glaubte, das Nationale im weitesten Sinne werde in der jetzt angebrochenen Epoche seine Bedeutung verlieren. Das »Gemein-Europäische« oder gar das »Abendländische« sind noch lange nicht da. Und kämen sie einmal, etwa in der Form überstaatlicher Neubildungen, so würden dabei die nationalen Eigentümlichkeiten nicht wieder ausgelöscht, sondern nur überbaut. Die Pflege des Nationalen im guten Sinne bleibt in allen Ländern eine wesentliche Pflicht der Volksschule. »Im guten Sinne« – das deutet wieder auf die seelisch-geistigen Wurzeln, die man nicht wegschneiden darf, etwa zugunsten der bloßen Verkehrserleichterung. Jeder Mensch kommt aus der Eigenwelt seiner Sprache her und darf sie, kann sie nie ganz verlassen.

Der Sprachunterricht der Volksschule muß also in einer anderen, tieferen Schicht ansetzen als der der höheren Schule. Dazu muß der Lehrer etwas anderes können. Er hüte sich zum Beispiel, seine grammatischen Beispiele so zu wählen, als ob sie für einen Philologen bestimmt wären. Zum ganzen Thema wäre unter den neuen Gesichtspunkten noch viel zu sagen. Ich begnüge mich damit, auf die Bücher von Leo Weisgerber hinzuweisen. Gerade sie sind geeignet, das hier Gemeinte zu erläutern.[11]

[11] Vor allem: Muttersprache und Geistesbildung. 3. Aufl. Göttingen 1941.

Die höchste Spitze des »Heimatlichen weiterer Bedeutung« liegt im Religiösen.[12] Der Christ denkt sich eine überirdische Bindung und Geborgenheit nach dem Muster der irdischen Heimat. Wenn das Verhältnis zu Gott als Vater-Kind-Verbundenheit bezeichnet wird, so knüpft dieses Symbol an die nächste und durchseelteste Eigenwelt an, die der Mensch kennt. Es läßt sich schwer vorstellen, daß jemand, der keine Heimat hat, in tieferem Sinne religiös sein könne. Wir nennen die überirdische Welt, für die sonst kein Bild zureicht, unsere eigentliche Heimat. Damit soll das Gefühl innerster Verwurzelung ausgedrückt werden. Die früheste religiöse Anregung – man sage nicht »Religionsunterricht«; denn das führt auf eine ganz falsche Bahn – kann sich nur der magisch-mythischen Gleichnisse bedienen, die dem Kinde verständlich sind. Es ist ein Wahn, zu glauben, daß der Mensch später über die Bildersprache hinauswachsen könne. Wer radikal entmythologisieren will, raubt der Religion damit zugleich die tiefen Symbole, auf die sie angewiesen bleibt. Höchstens kann das religiöse Bewußtsein später das Bild als bloße Hülle eines weit darüber hinausdrängenden Gehaltes erkennen und schlichte Bilder durch höhere Bilder ersetzen. Aber es ist nicht so, daß allein die Volksschullehrer beim Vorläufigen stehenbleiben müßten. Niemand hat den himmlischen Schatz anders als in irdenen Gefäßen. Nur kommt es darauf an, die Gefäße von vornherein nicht als das Eigentliche auszugeben. Wie in ein Gefäß immer edlerer Gehalt hineingefüllt werden kann, wozu sie jedoch »offen« bleiben müssen, so verwandelt sich auch das religiöse Innenleben empor. Gerade für das Religiöse geht durch jene Hinüberführung in die eine gemeinsame offizielle Kulturrealität mehr verloren, als gewonnen wird. Denn das Religiöse nährt sich dauernd aus den intimsten Kräften der Eigenwelt, und im Reich der Seele geht es immer magisch zu.[13]

Dies gilt auch für gewisse keimhafte Vorgänge auf dem Gebiet des Sittlichen. Man spricht viel von der Bedeutung der lebendigen Vorbilder für die Entfaltung des sittlichen Bewußtseins im Kinde. Nun genügt aber offenbar nicht das bloße objektive Vorhandensein edler Muster der Lebensführung. Sie müssen dem jungen Menschen nahekommen oder (auf literarischem Wege) nahegebracht werden. Er seinerseits muß sich mit ihnen zunächst in der Phantasie identifizieren und dadurch emporverwandeln. Verwandlungen und Identifizierungen sind ursprünglich Kategorien aus der magischen Weltauffassung. Ich möchte mich nicht verpflichten, alle Theorien der modernen Psychoanalyse über angebliche typisch-not-

[12] Vgl. Eduard Spranger, Welt, Überwelt, Heimat. In: Mélanges Dimitrie Gusti (Archives pour la science et la réforme sociales. 13.) Bukarest 1936. S. 448–455.

[13] Eduard Spranger, Die Magie der Seele. 2. erw. Aufl. Tübingen 1949.

wendige Identifizierungen im frühesten Kindesalter mit zu übernehmen.[14] Das möge für weitere Nachprüfung offen bleiben. Jedoch kann niemand zweifeln, daß gerade in der Werdezeit Anverwandlungen an reife Menschen, die einem begegnen, später auch an Persönlichkeiten, von denen man hört und liest, stattfinden. Das geschieht ganz in der Stille und oft sogar kaum bewußt. Jeder Mensch umgibt sich auf diese Weise mit (idealisierten) Gestalten, die man in betontem sittlichem Sinne »seine« Menschen nennen könnte.[15] Wenn man in diese verborgenen Bereiche der intimen »Eigenwelt« eindringen könnte, so würden sich für ein vorsichtiges psychologisches Verfahren Charaktertests ergeben, die mehr leisten als solche, die nur auf flüchtige »Assoziationen« abgestellt sind. »Sage mir, mit wem du in deinem *Innern* umgehst, und ich will dir sagen, wer du bist.«

Auch an diesen verborgenen Vorgängen zeigt sich die bleibende Bedeutung der Eigenwelt. »Offizielle« Befragungen der Schüler in dem Stile, »Wer ist dein Ideal?« pflegen sehr konventionelle Antworten hervorzurufen, auf die man wenig vertrauen darf. Die entscheidenden Werdeprozesse der Person vollziehen sich ganz in der Einsamkeit. Die Schulerziehung kann nicht mehr tun, als geeignetes Material dafür darbieten. Aber was davon in diesem oder jenem »zündet«, kann keine pädagogische Kunst vorausberechnen.

Die Erwägungen über die Bildungsgüter der Volksschule haben sich vorläufig auf diejenigen beschränkt, die nicht den streng objektiven Wissensgebieten angehören. Denn zunächst sollte die Aufmerksamkeit darauf gelenkt werden, daß das Bildungsverfahren mit solchen nicht anfangen kann. Die Schule muß gleichsam dem Kinde in seine Welt entgegenkommen, die Volksschule muß – wie noch näher ausgeführt werden soll – auch das Volk und seine volkstümlichen Kulturgüter aufsuchen. Denn in beiden Richtungen liegen Werte, die erhalten zu werden verdienen. Menschenbildung kann sich niemals ganz mit wissenschaftlicher Bildung decken. »Nicht die Ausbildung der Wissenschaften, sondern die Ausbildung der menschlichen Natur durch sie ist ihr heiliger Zweck«, sagt Pestalozzi (Werke XVIII. 114).

Daß jene Bildungsgüter gefährdet sind, spürt jeder unserer Zeitgenossen. Soweit es sich dabei um Abgestorbenes und um sogenannte bloße Über-

---

[14] Der übliche Ausdruck »Identifizierung« bedarf überhaupt der Klärung. Es handelt sich immer nur um das Sichemporfühlen in hervorstechende Eigenschaften und »Ansichten« (= Perspektiven).

[15] Vgl. Karl Schmeïng, Ideal und Gegenideal. Beiheft zur Zeitschrift für angewandte Psychologie und Charakterkunde. 70. Leipzig 1935.

lebsel (survivals) handelt, ist keine Sentimentalität am Platze. Sollte sich aber gezeigt haben, daß auch Unentbehrliches dabei ist, nämlich Kräfte und Wurzelböden, deren die moderne Kultur mehr bedarf, als ihren Trägern heute noch klar ist, so käme es darauf an, das Warum dieser Unentbehrlichkeit ganz zu verstehen. Dafür haben wir in der Muttersprache das fruchtbarste Beispiel gehabt. Sie enthält zwar einen Drang zur Logisierung und zur gedanklichen Schärfe ihrer Ausdrucksmittel in sich. Zugleich aber kommt es ihr darauf an, Gemütstiefen auszuschöpfen. Sie tut dies keineswegs nur in der Poesie. Ihre geheimnisvolle Weisheit besteht in den »Bändern«, die sie zwischen dem erlebenden Subjekt und der reinen Sachwelt stehen läßt. Sie schafft daher nicht nur »Begriffe«, sondern drückt die *Lebensbedeutung* der Umweltbefunde für fühlende und handelnde Subjekte und für ihr eigentümliches Seele-Welt-Verhältnis aus, die niemals ganz neutralisiert werden kann.

Hält aber die Sprache, unsere große überpersönliche geistige Lehrmeisterin, ein solches Verfahren für gut – sollte dann nicht auch die grundlegende Schule der Volks- und Menschenbildung Veranlassung haben, dem gleichen Wege zu folgen?

III. Die Kulturfunktion des Volksschullehrers

Auf die Frage nach dem Bildungsziel der deutschen Volksschule pflegt heute mit verlegenem Schweigen geantwortet zu werden. Immerhin besser als verlogenes Reden! Das Schweigen ist begreiflich, da die Volksschule ihre Arbeit mit einem Zeitpunkt der kindlichen Entwicklung abbrechen muß, an dem der Mensch noch gar keine bestimmte Gestalt erlangt haben *kann*. In älteren Zeiten galt auf evangelischer Seite ungefähr der Bildungsstand als Norm, den der Pfarrer voraussetzen mußte, wenn die von ihm zu vollziehende Konfirmation einen Sinn haben sollte. Unsere Volksschule heute hat kein Bildungsideal, höchstens ein amtlich vorgeschriebenes Pensum – eben weil ihr Kernstück doch immer der Unterricht war und weil nur *vermittels* des Unterrichts erzogen wurde. Die Ziele des Unterrichts aber konnten auch nur mit Minimalbestimmungen bezeichnet werden, etwa so: »Die für das bürgerliche Leben nötigsten Kenntnisse und Fertigkeiten«. Wenn darüber hinaus von der Erziehung zur sittlich-religiösen Persönlichkeit oder gar von der harmonischen Persönlichkeit die Rede war, so gehörte dies in den Bereich altertümlicher Amtssprache, bei der man sich nicht allzuviel denken durfte. Greifbarer war schon die Formel »Erziehung zu einem brauchbaren Mitglied der bürgerlichen Gesellschaft«; denn in die reife Gesellschaft tritt der junge Mensch ein, zu welchem Zeitpunkt er auch die Schule verläßt. Und die Wendung vom »brauchbaren« Menschen spiegelt ganz ehrlich den Geschäftsgeist des 19. Jahrhunderts.

Man wird bemerkt haben, daß ich mir Mühe gebe, die wirkliche Bildungsaufgabe der deutschen Volksschule plastischer zu umreißen, wenn ich dabei bisher auch nur zu einer vorläufigen Formel gelangt bin, die das Nachdenken in eine ungewohnte Richtung lenken soll. Es würde nicht genügen, wenn ich die vertrautere Fassung angewendet hätte: »Elemente des Unterrichts und der Erziehung auf entwicklungspsychologischer Grundlage«. Damit würde nämlich nicht zum Ausdruck kommen, wie die Schule, die ich meine, in das Gesamtleben des Volkes eingelagert ist. Es bliebe bei der alten Vorstellung, das in ihr ein Mann (oder eine Frau) auf dem Katheder eine größere Anzahl von Kindern, die der Jahrgang gerade liefert, pädagogisch versorgt. Wir müssen lernen, die Schule als ein Stück des Gesamtlebens zu betrachten, in dem Erwachsene mit den Kindern *leben*, und zwar aus einem pädagogischen Geiste heraus. In dem Augenblick, wo der Lehrerstand diesen Geist ergreift, oder besser: wo er von diesem Geist ergriffen wird, ist aber auch erkannt, daß sich der Auftrag des Volksschulerziehers nicht in der Schulstube erschöpft, sondern einen wichtigen Bezug auf das Ganze des Volkes überhaupt empfängt. Er hat seine eigentümliche, höchst wichtige und weitgreifende Kulturfunktion.

Was es mit der Pflege der Eigenwelten, die in die Welt der Kultur eingelagert sind, auf sich hat, kann nur allmählich klar werden. Vorläufig hat es den Anschein, als ob das »Zurück«, nämlich das Eingehen auf gleichsam vorkulturelle Bewußtseinslagen, überbetont würde. Diese Einseitigkeit wird sich im Fortgang der Erörterung von selbst richtigstellen. Aber wer »vorwärts« geht, muß auch wissen, wo er herkommt und wo er ansetzt. Der Betreuer der Volksschule setzt eben an einer anderen Stelle an als die Lehrer anderer Schulgattungen. Dadurch wird er zugleich zu einem Betreuer des Volkes überhaupt, wobei als »Volk« sehr eigenartige Lebensformen bezeichnet werden, die wir zum Teil gar nicht mehr ausreichend verstehen. Denn wir entfernen uns immer mehr von den tragenden Lebenszusammenhängen, ohne deren Fortdauer eine höhere Kultur nicht weitergeführt werden kann.

Unter diesem Gesichtspunkt gliedert sich die Kulturfunktion des Volksschullehrers nach drei Richtungen:

1. Die erste ist bereits genügend erörtert und wird nur wegen eines Zusatzes noch einmal erwähnt. Wir betrachten es als einen großen Fortschritt der Pädagogik, daß man – sei es im Hause, sei es in der Schule – auf die altersbedingte Seelenlage »Rücksicht« nimmt, das heißt, sie als innerlich berechtigt zu verstehen sucht und in der Praxis einfühlend an sie anknüpft.

Bei Rousseau ist die große Wendung, die hier gemeint ist, zuerst mit Entschiedenheit erfolgt, wenn wir auch glauben, heute zutreffendere Vorstellungen von seelischer Entwicklung zu haben, als er sie haben konnte. Mit Pestalozzi verglichen, besaß er allerdings ein stärkeres Gefühl für »Eigenwert« und »Eigenrecht« der verschiedenen Jugendstufen.

Die damals durchgebrochene Einsicht kann aber praktisch mehrere Einstellungen zur Folge haben. Man kann den Standpunkt vertreten: Wir kennen nun die psychologischen Bedingungen, denen die Erziehungs- und Unterrichtsarbeit unterliegt. Aber es bleibt dabei: »So schnell als möglich heraus aus diesen kindlichen, knabenhaften, jugendlichen Eigenwelten und vorwärts zu der Bewußtseinsverfassung, die die Mitarbeit an der gemeinsamen Kultur nun einmal fordert!« Mann kann aber auch, gleichsam mit einer Anwendung des Wortes von Ranke: »Jede Epoche ist unmittelbar zu Gott«, den individuellen Lebensgehalt jeder Entwicklungsphase liebevoll pflegen, um ihrer selbst willen, das heißt: weil sie einen Eigenwert besitzt. Das ist ein wenig romantisch gedacht, und es ist kein Zufall, daß Fröbel, der Zeitgenosse der Romantik und spekulative Naturphilosoph, Rousseaus Anregungen nach dieser Seite hin verstärkt und vertieft hat. Den Segen, der in dieser Denkweise für eine frühe Entwicklungsstufe des Kindes lag, erkennen wir noch dankbar an.

Jedoch gibt es eine dritte Auffassung, in der nicht das romantische Verweilen in der Kinderwelt Selbstzweck ist, sondern ein realistischer Blick vorwärts getan wird. Nun aber mit dem Bewußtsein: Der eigentümliche Reichtum der Frühstufen darf nicht völlig verlorengehen, gerade *deshalb*, weil in ihnen etwas für die reife Stufe Unentbehrliches sich ausbildet, das als Fundament erhalten bleiben muß; anderenfalls verkümmern Kräfte, deren auch die reife Kultur noch bedarf. Dies ist der Standpunkt des »Verwandelt-Bewahrens«. Oder als Prinzip ausgedrückt: *Es ist für eine gesunde Entwicklung des Menschen notwendig, daß er jede von der Natur gewollte Altersstruktur mit voller Intensität durchlebt, weil jede ihren eigentümlichen Sinn für die Gesamtentwicklung in sich trägt und durch ihn Notwendiges für das spätere Leben beiträgt.* Wie die Pflanze nur in der Weise wächst, daß sie zugleich ihre Wurzeln ausbreitet und verstärkt, die das feiner differenzierte Obergefüge tragen, so darf auch der Mensch nicht glauben, er könne die Spätformen ausbilden ohne die Frühformen, und es komme nur darauf an, möglichst schnell »fertig« zu werden.

Diesen Gedanken auszuführen, wäre eine Aufgabe für sich. Ich kann hier nur beispielartige Andeutungen geben. In dem sogenannten magischen Stadium des Kindesalters waltet noch ein Verwobensein von Seele und Sache, von Subjekt und Objekt, das die Vorbedingung ist für alles künftige Hantieren und für den geschickten Werkzeuggebrauch. Dagegen stellt sich dann im Knabenalter ein nüchternes Beobachten der abgerückten Objekte ein, ein Zusammenhänge-Suchen und primitives Kausaldenken; auch dies ist als Vorstufe für technische Aufgabenbewältigung unentbehrlich. Der bloß technische Mensch, der homo faber, ist in den Grundzügen schon fertig. Es fehlt nur noch das selbständige Organ für Werterlebnisse und Wertsetzungen. In der Reifungszeit erwacht es langsam. Dieses Stadium fällt leider nur mit seinen ersten Wellen in die Volksschule hinein. Es trägt am deutlichsten den Charakter einer Experimentiermethode der bildend sich entfaltenden Natur. Sie spielt gleichsam noch mit verschiedenen Entwicklungsmöglichkeiten, von denen eine unter Hilfe oder Behinderung seitens der »Umstände« sich durchsetzt. Aber auch die vorangehenden Stufen sind Experimentierzeiten. Das zeigt sich wieder besonders an dem Phänomen des Spielens, das, wie der Kinderpsychologe weiß, in jedem Lebensabschnitt andere Formen annimmt und auch etwas anderes »bedeutet«.

Diese sich sinnvoll ablösenden Perioden gilt es, in ihrer Eigenart zu verstehen, zu pflegen und ganz auskosten zu lassen. Kürzt man sie übermäßig ab – jede Schule tut es unvermeidlich –, so verkümmern ganze Seiten der menschlichen Natur. Schon jetzt ist die Gesamtentfaltung unserer Kultur bedroht durch den Phantasiemangel. Schule und industrielle Umgebung haben gleichmäßig dahin gewirkt, sie dürftig werden zu lassen.[16] Der reife Mensch hat damit die bewegliche Hülle um seine Seele herum verloren, die ihn gegen die enge Realität ringsum lebendig erhält. Er ist ausgedörrt und kann keine reicheren Lebensentwürfe mehr zustande bringen.

Derartige »Auszehrungen« zu verhüten, ist die Pflicht der Volksschule. Deshalb muß sie die Eigenwelten schonen und pflegen, die mit den Lebensalterstrukturen gesetzt sind. Ich stelle also den Satz auf: Die wandelbaren Lebensalterstrukturen sind nicht etwas, das so schnell wie möglich überwunden werden soll; sondern die Eigentümlichkeiten jeder Stufe müssen so tief wie möglich durchlebt und ihre Sinngehalte müssen so sehr wie möglich ausgeschöpft werden.

Nun der Zusatz! Die geschilderte Aufgabe erfordert besondere Erziehernaturen. Man pflegt von der Liebe zu Kindern als der wichtigsten Vorbedingung für die Volksschularbeit zu sprechen. Aber mit der bloßen Neigung ist es in keinem Beruf getan. Die Liebe zu Kindern wäre eine schwache Ausstattung, wenn sie sich nicht zu einer »sehenden Liebe« emporentwickelte. Es ist damit wie mit künstlerischen Anlagen. Durch Lernen er-

[16] Vgl. Eduard Spranger, Was uns nottut: Phantasie. In: Die Deutsche Berufs- und Fachschule. Jg. 50. 1954. S. 418–421.

wirbt man sie nicht. Sie müssen mitgebracht werden. Fehlt der Keim, so kann nichts wachsen. Ist er da, so muß die entsprechende Ausbildung und die ernsthafte Arbeit an sich selbst hinzutreten. Auch die Arbeit in der grundlegenden Schule ist eine echte Kunst. Man glaube nicht, daß ein Handwerker sie ausüben könnte, gleichsam als ein Werk, zu dem man in der kürzesten Zeit abgerichtet wird. Die Enttäuschung wäre groß und der Schaden deshalb schlimmer, weil die falsche Behandlung von Menschen zerstörender wirkt als die von totem Material. Jeder Anwärter prüfe sich also, ob er die inneren Eigenschaften besitzt, die gerade hier gefordert werden, und dann entfalte er sie durch Studium, Selbstbesinnung und Praxis zu echtem Meistertum! Was in dem Wort Schul*meister* liegen kann, muß wieder zu Ehren kommen.

»Das ist die große Anforderung an den Volksschullehrer und Volkserzieher, mit dem warmen Sinn für das Bodenständig-Wurzelhafte die Liebe zu den überindividuellen Werten unserer Kultur zu verbinden. Nicht die wissenschaftliche Eingleisigkeit des Studienrates, nicht die rationale Vereinfachungskunst des Demagogen, sondern die zweischichtige Gestaltungskraft macht seinen Wert aus. Eine Sache, die eindimensional bewältigt werden kann, nennen wir einfach. Das Mehrdimensionale ist immer das Schwierigere. Dieser Tatbestand rückt die Arbeit des Volksschullehrerstandes in das rechte Licht.« (F. Neukamm)

2. Die Kulturfunktion des Volksschullehrers erschöpft sich nicht in den Räumen der Schule. Jede Schule steht im Einflußbereich des Gesamtlebens und wird dadurch teils gefördert, teils gehemmt. Das Kind seinerseits durchläuft nicht nur zeitlich die altersbedingten Eigenwelten; es *hat* jederzeit eine Eigenwelt auch an seiner Familie oder an dem Kreise, der für sie Ersatz bietet. Es wäre eine verhängnisvolle Einstellung zu glauben, der Lehrer zeichne verantwortlich nur für »seine« Schule; das übrige ginge die Eltern oder Erziehungsberechtigten an. Das hieße, das Prinzip der schulischen Eigenwelt in kurzsichtigem Ressortpartikularismus zu übertreiben.

Jede Familie ist eine kleine Welt für sich. In ihr herrschen ganz andere Lebensgesetze als »draußen«, und das Draußen beginnt schon mit der Schule. Der Lehrer muß für einen heilsamen Ausgleich beider Zuständigkeiten sorgen. Er wird die kleinste Heimat, die für seinen Zögling besteht, sorgsam studieren. Er wird dankbar sein für alles, was von da aus seine Arbeit fördert. Er wird aber in den Grenzen, die der Takt (und das Recht) vorschreiben, auch die Familie, zunächst die Mutter, ein wenig *miterziehen.* Darin liegt der Keim aller sozialfürsorgerischen Aufgaben, die für den Lehrer von heute jenseits des Unterrichts erwachsen. Es wäre zu wünschen, daß er mithülfe, den gesunden Stand der Familie nach Kräften zu fördern, in dem Bewußtsein, daß alle Volkserziehung mit der Familie anfängt und von ihrer sittlichen Höhenlage abhängt. Sollten aber seine Möglichkeiten nicht so weit reichen, so wird er doch mindestens bemüht sein, die intime Eigenwelt sorgsam zu beobachten, die das Kind aus dem Hause gleichsam mitbringt. Denn zwischen der Welt des Elternheims und der Welt der Schule muß er »Brücken schlagen«.

Familie und Schule stehen beide auf dem Heimatboden. Die Bildungsgüter der Volksschule sind, wie wir gesehen haben, besonders im Anfang solche, die einen Heimatton besitzen. Das Heimaterlebnis stammt aus Seelentiefen, die der magischen Weltansicht nahe stehen, weil sich in ihnen die – später nackten – Dinge oder »Tatsachen« noch ganz mit dem Innenleben des Subjektes verweben und höchst lebenswichtige Bedeutungen tragen. Insofern der Volksschullehrer gerade diese Bildungsgüter als Sachverständiger verwaltet, wird er auch über die Schule hinaus ein *Heimatpfleger* sein. Das Heimatliche erweitert sich jedoch unvermeidlich zum Volkstümlichen. Er wird also auch ein *Volkstumspfleger* sein.

Es ist, besonders heute, nicht leicht zu sagen, was »das Volkstümliche« ist. Jedenfalls wurzelt es in der Eigenwelt des Volkes. Das heißt: die abstrakten Trennungen und die neutralen Begriffe, die der Welt der Wissenschaft entstammen und die in einer rationalisierten Kultur schließlich das Übergewicht erhalten, sind »für« das eigentliche Volk nicht da. Das Volk denkt in Bildern, in organischen Zusammenhängen, in beseelten Kategorien. Wir haben viel zu sehr den Sinn dafür verloren, was »organisches Denken«, »praktisches Denken«, »durchseeltes Denken« an Kräften in sich birgt. Mag dies alles aus zum Teil verschütteten Urschichten stammen: es lebt doch immer noch fort, wie für den Gelehrtesten noch immer die Sonne aufgeht und untergeht, trotz Kopernikus. Allem Volkstümlichen ist eine warme Seelennähe eigentümlich. Eben deshalb gehört es einer Eigenwelt an, der eines Stammes oder auch des ganzen Volkes. Es spricht sich besonders kräftig aus im Gesang, in der Gebrauchskunst, im Tanz und in der Sage, vor allem aber in einer traditionell verwurzelten echten Volksordnung, die wir blaß die »Volksmoral« genannt haben. Wie der Einzelmensch noch als Erwachsener aus den frühen, kindlichen Seelenschichten schöpft, obwohl sie mannigfach rational überbaut sind, so ruht für ein ganzes Volk auch das Modernste auf dem mütterlichen Grunde ursprünglicher Gestaltungskräfte. Mögen diese »Lagen« wie eine Art von Urgestein nur selten noch an die Oberfläche des heutigen Getriebes treten: sie *tragen mit*. Das Volkstümliche ist Untergrund auch jeder höheren Geisteskultur. Aber es bleibt eine »Eigenwelt« und ist, wie jede Eigenwelt, farbig, plastisch, »nahe«, warm. Hiervon soll bewahrt werden, was wertvoll ist. Denn es liegt in ihm eine Bildungsmacht. Wenn nämlich alle Bildung darin besteht, daß Gehalte des großen, gemeinsamen Lebens persönlich assimiliert, angeeignet, gleichsam in das Innere der Seele hineingenommen werden, dann geht ja auch der Weg der höchsten Bildung wieder zurück »von der Welt zur Eigenwelt«.

Auf welche Art der Volksschullehrer in diesen Bereichen zum Volkspfleger werden kann, ist oft ausgeführt worden. Zu viele Einzelheiten würden die Hauptlinie des Gedankens nur verdecken. Genug: *Soweit* die Volksschule heute noch in die warme Hülle des Volkstümlichen eingelagert ist, wird der Jugenderzieher sich dieser Dinge annehmen, obwohl sie ihn über die Grenzen der Schule hinausführen. Denn in ihm sollte gerade *die* Geistesart entwickelt sein, die das Organ für sie aufschließt. Er wird Pfleger des volkstümlichen Geistes sein aus dem entscheidenden Grunde, daß das keiner so gut kann wie er, der es gelernt haben muß und es lieben muß, noch in solcher Sprache zu reden, und – um im Bilde zu bleiben – hin- und herübersetzen muß aus der modern versachlichten Sprache in die wurzelhaft beseelte Sprache.

3. Keineswegs ist mit diesen Ausführungen gemeint, der Lehrer der allgemeinen Schule solle im Nebenamte so etwas wie Konservator werden. Es gibt in unserer kulturellen Gesamtlage kein eigentliches »Zurück«. Auch das bloße Lebendigerhalten hat seine Grenzen. Die pessimistische Behauptung, das Volkstümliche sei unwiderruflich im Verschwinden begriffen, ist nur zu sehr begründet. Selbst die traditionelle bäuerliche Kultur erliegt in schnellem Tempo der Rationalisierung, Technisierung, ansteckenden Verstädterung. Im Zeitalter des Rundfunks, des Kinos, des Motorrades, der Werbe- und Propagandaflut werden die interessanten Eigenwelten auf *einen* Nenner gebracht, das heißt uniformiert und nivelliert. An die Stelle des alten Volkstümlichen ist etwas anderes getreten, für das man merkwürdigerweise noch keinen Namen hat, so daß es noch unter der alten, ihm nicht zukommenden Flagge segelt. In irgendeiner Hinsicht ist ihm immer der Ersatzcharakter eigen: Filmbild statt des Theaters, Rundfunk statt lebendiger Rede, Motorrad statt Wandern, Negertanz statt Volkstanz, Kreuzworträtsel statt Meditation, Flirt statt Liebe usw. Der Versuch, diesen Prozeß abzudrehen, ist leider aussichtslos. Zur Massenproduktion gehört nun einmal die Versorgung mit Massenkulturgütern, die Verflachung und Vermassung des Geschmackes. Jene Markenartikel der Volkskultur bezaubern auch dadurch, daß in ihnen oft bewundernswerte Leistungen der Technik verkörpert sind; man ist von dem Staunen darüber noch nicht zur Besinnung gekommen, und jetzt würde sie auch nichts mehr helfen. Denn, ob man es bemerkt habe oder nicht – all jene Massen-

güter der Kultur haben mindestens die Nebenfunktion, als Berauschungsmittel zu dienen. Sie sollen den Menschen von sich selbst wegführen, nicht ihn zu sich hinführen; sie sollen ihn von etwas in seinem Leben »erlösen«, was ihm selbst nicht gefällt.

Es wäre ein unsinniger Gedanke, von dem Volksschullehrer, zumal in der großen Stadt, zu erwarten, daß er sich dieser stürmischen Bewegung entgegenwürfe. Die »eigentliche« Jugendbewegung hat es einmal versucht. Sie hat dabei einige erfreuliche Erfolge gehabt; leider waren sie von geringer Dauer. Man soll einem Stande, der schon ein schweres Werk zu verrichten hat, nichts Unmögliches aufbürden.

Aber eines kann er tun: er kann den Prozeß, der im Gange ist, hier und da in gesundere Bahnen lenken. Er kann *innerhalb* der Massengüter der Kultur dem Besseren zum Siege über das Schlechte verhelfen. Dies gilt von der Lektüre, vom Lichtspiel, vom Rundfunk, vom Tanz. Und die Natur bietet noch immer eine mütterliche Zuflucht, in die er die jungen Menschen zurückrufen kann.

Der Weg, der hierbei den stärksten Erfolg verspricht, führt wieder über eine »Eigenwelt«. Wenn nämlich irgend etwas diesen Namen verdient, dann ist es die Welt der Kunst. Welche es auch sei: sie erbaut ein freieres und verschöntes Reich über der harten Realität, auch noch in der industriellen Gesellschaft. Es läßt sich in ihr gleichsam besser atmen als im Dunst der Häuser, Straßen und Fabriken.

Die musischen Fächer der Volksschule legen den Grund für den Umgang mit zwei Künsten, der Musik und der Malerei. Natürlich hat auch der Deutschunterricht seine musische Seite, insofern er zur Dichtkunst hinleitet. Es würde zu weit führen, wenn hier gezeigt werden sollte, daß alles ästhetische Ergriffensein in dem magischen Verhältnis zu der Umwelt wurzelt und daß alles künstlerische Gestalten eine Art von Wiederverzaubern der Wirklichkeit ist, nicht nur beim eigentlichen Genie. Die heute reich entfalteten Bestrebungen zur Pflege des Kunstsinnes und des Kunstkönnens (!) beim Kinde sind Versuche, von der Phase des magischen Seele-Welt-Verhältnisses etwas Belebendes und Veredelndes hinüberzuretten in die Epoche der realistisch gerichteten Seelenstruktur.[17]

Je bescheidener die Rolle wird, die das Bewahren alter Volkskunst (Volkslieder, Volksdichtungen, Volkstanz, Gebrauchskunst usw.) noch spielen

---

[17] Vgl. die Novelle von Lou Andreas-Salomé, Vaters Kind. In der Sammlung: Im Zwischenland. Fünf Geschichten aus dem Seelenleben halbwüchsiger Mädchen. 3. Aufl. Stuttgart 1911. S. 107–184. – Ludwig Praehauser, Erfassen und Gestalten. Die Kunsterziehung als Pflege formender Kräfte. Salzburg 1950. – Karl Hils, Werken für alle. Von den Wurzeln der menschlichen Wirkkraft. Ravensburg 1953.

kann, um so mehr gilt es, unter dem Neuen, das sich in Fülle anbietet, eine Auswahl von solchen Werken zu treffen, die für die Seele eine heilsame Nahrung gewähren. Denn es ist bekannt: nirgends ist die Vermählung von Seele und Sache so eng wie im Gebiet des Ästhetisch-Bedeutsamen; nirgends wird so stark assimiliert; nirgends kann daher auch so viel Gift eingesogen werden.

Diese Erziehungsarbeit sollte jedoch über die Schule hinausgreifen und sich bewußt auch an die erwachsene Generation wenden. Wenn wir einmal den Zustand haben werden, daß die Schule nicht mehr ein Sperrgebiet mitten im Gesamtleben ist, sondern sich organisch durch tausend Fäden mit ihm verwebt, wird sich diese übergreifende Aufgabe leichter lösen lassen als heute. Manche Ansätze dazu bemerkt man in der Schweiz.

Aber schon jetzt gilt: der Schullehrer und Jugenderzieher muß mit Bewußtsein auch Volkserzieher sein. Wesentliche Seiten der Volkskultur sind ihm anvertraut, schon weil es sonst kaum jemanden gibt, der an einer dafür gleich geeigneten Stelle wirkt und an die Menschen herankommt. Von dem Lehrer des Englischen oder der Mathematik oder gar des Lateinischen kann man ähnliches nicht erwarten.

In der Mitte des 19. Jahrhunderts breitete sich weithin die Forderung aus, jeder Volksschullehrer müsse ein Sozialrevolutionär sein, und sie hat lange nachgewirkt. Der ganze Stand ist damit schlecht gefahren. Statt ihn in die Parteipolitik hineinzuziehen, wollen wir lieber sagen: Wo der einzelne Vertreter auch politisch stehe, in jedem Fall übt er als Mitglied seines Standes ein Wächteramt aus, das seine zentrale Aufgabe in der Bildung der Jugend hat, jedoch alles Wurzelhafte des gesamten Volkslebens mit umfaßt.

IV. Die Theorie von der Vielheit der Erlebniswelten

Die Gesichtspunkte, die für den »Eigengeist der Volksschule« sprechen sollen, sind in einem begrifflichen Rahmen entwickelt worden, der vielen als fremdartig erscheinen wird. Ja, man wird es überflüssig finden, die längst klar umrissenen Aufgaben der Volksschule in eine so schwerfällige Ausdrucksweise zu kleiden. Ich erinnere aber an Kants Bemerkung, daß es immer wertvoll sei, ein *Prinzip* gefunden zu haben, mit Hilfe dessen ein vielstrahliger Problembereich behandelt werden kann. Vielleicht hat man gespürt, daß in unserem Falle eine neue wissenschaftliche Anschauung zugrunde liegt, die dazu anregt, das Alte in neuem Lichte zu sehen.

Wenn von den wissenschaftlichen Großtaten des 20. Jahrhunderts die Rede ist, so pflegt man etwa die Relativitätstheorie und die Quantentheorie als höchste Leistungen aufzuzählen. In der Tat sind sie es. Aber für unser tägliches Leben hat sich durch sie nichts Erhebliches geändert. Gewiß bedeutet jede neue Wendung in der Physik auch eine neue Möglichkeit der Technik, und die technischen Errungenschaften wirken dann durch die Kanäle der wirtschaftlichen Erzeugung auf das Gesamtgefüge der Gesellschaft zurück; von da aus geht die Wirkung weiter bis in das Tun und die Schicksale der zugehörigen Einzelmenschen. Es gibt jedoch eine neue Theorie, die von viel umwälzenderen Folgen für das Weltbild des täglichen Lebens ist. Von ihr ist in weiteren Kreisen auffallend wenig die Rede. Ich habe von ihr im Vorstehenden unablässig Gebrauch gemacht. Didaktische Gründe haben mich bestimmt, ihre – sehr gedrängte – Darstellung bis fast an den Schluß zu verschieben. Da sie sich an einem wichtigen Beispiel schon ganz von selbst entwickelt hat, wird man nunmehr ihren Sinn und ihre Tragweite ohne Mühe verstehen.

Es handelt sich um die »Neue Umweltlehre« des baltischen Freiherrn Jakob v. Uexküll (1864 bis 1944). Sie ist ursprünglich auf dem Boden der Biologie erwachsen; aber ihre Folgen erstrecken sich durch den ganzen Bereich des Lebens hindurch bis an die Schicht, die wir das menschliche Geistesleben nennen. Nur die Anwendung auf die Menschenwelt interessiert uns hier unmittelbar. v. Uexküll hat diese auch schon vollzogen, aber in einer mehr schöngeistigen, zum Teil sogar anekdotischen Art.[18] Da es hier wesentlich auf den philosophischen Kern ankommt, gestatte ich mir manche Verkürzungen, andererseits auch Erweiterungen. Man darf also keine einfache Wiedergabe jener biologischen Theorie erwarten. Über sie muß man sich vielmehr in den zahlreichen populären und doch höchst geistvollen Schriften ihres Urhebers selbst unterrichten.[19]

1. Von einer »Neuen Umweltlehre« kann man nur sprechen im stillen Gegensatz gegen die alte. Damit ist die Milieutheorie gemeint, die seit der Mitte des 19. Jahrhunderts in allen Ländern eine große Rolle gespielt hat. Ihre Herrschaft erstreckte sich ebenso auf die Naturwissenschaften wie auf die Geisteswissenschaften. Einer ihrer Hauptvertreter auf dem zweiten Gebiet ist der Historiker und Soziologe Hippolyte Taine (1807–1893). In ihrer extremsten Form behauptete sie, der Mensch sei, was seine *besondere* leiblich-seelisch-geistige Art betrifft, überwiegend ein Produkt der Umwelt, der naturhaften sowohl wie der geistig-gesellschaftlichen. In milderer Ge-

[18] Jakob Freiherr v. Uexküll, Nie geschaute Welten. Die Umwelten meiner Freunde. 1. Aufl. Berlin 1936.

[19] Kürzeste Darstellung: Der Organismus und die Umwelt. In: Das Lebensproblem im Lichte der modernen Forschung. Hrsg. v. Hans Driesch. Leipzig 1931. S. 189–224. – Jakob v. Uexküll und Georg Kriszat, Streifzüge durch die Umwelten von Tieren und Menschen. Berlin 1934. – Karl v. Frisch, Aus dem Leben der Bienen. Berlin 1931.

stalt betonte sie die Notwendigkeit jedes Lebewesens bis zum Menschen hin, sich der gerade hier oder dort gegebenen Umwelt *anzupassen* und sich demgemäß zu verändern, was übrigens auch ganz automatisch und ohne Bewußtsein erfolgen könne. Anpassung ist bekanntlich einer der Hauptbegriffe in Darwins Abstammungslehre. Die alte Milieutheorie neigte sogar dazu, die Macht der Umwelt über alle lebendigen Subjekte noch stärker zu betonen als den Anteil der ererbten »Werdebestimmer« in ihnen.

Welche Sondergestalt diese Lehre auch annahm, immer war die Hauptfrage »Was ist Umwelt?«. In dieser Hinsicht unterlief ihr eine Gedankenlosigkeit. Denn sie verstand unter Umwelt das, was für den menschlichen *Beobachter* der untersuchten Pflanzen und Tiere (schließlich auch Menschen) Umwelt war. Die Fliege zum Beispiel sitzt für den Beobachter Mensch auf einer Hand oder auf einem Lampenschirm oder an einem Fenster. Die Wiese, auf der sich die verschiedensten Lebewesen tummeln, ist eine »Wiese«, weil *wir* sie als das bestimmen, was dieses Wort meint. Es wurde übersehen, daß es eine solche, für alle Erlebenden identisch vorhandene »Umwelt« nicht gibt. Vielmehr ist jedes organische Wesen so gebaut, daß es mit seinen Funktionen einer spezifischen, arteigenen Umwelt von vornherein »eingepaßt« ist. Lassen wir die Stufe des Unbeseelt-Organischen hier beiseite und denken wir der Einfachheit halber nur an merkfähige Wesen (Tiere): sie bemerken von *der* Welt nur das, woraufhin sie organisiert sind. Das mag etwas ganz anderes sein, als was der Mensch an dem betreffenden Orte sinnlich erfaßt. Es mag außerdem infolge der Zahl verfügbarer Sinne mehr sein oder weniger sein, als für den Menschen da ist. Jedenfalls haben anders gebaute Merkwesen ein von *der* Umwelt, die der Mensch als Mensch besitzt und die wir kurz die »biotisch-anthropomorphe« nennen wollen, abweichendes Milieu. Jedes Wesen ist *seinem* artspezifischen Milieu eingepaßt, und erst im Rahmen dieses vorgängigen Eingepaßtseins vollziehen sich die (übrigens nicht sehr weitgehenden) Anpassungen. Die These der Neuen Umweltlehre lautet also: Jede eigentümlich organisierte Art existiert in *ihrer* entsprechenden Umwelt. Wenn hier der Ausdruck »Welt« gebraucht wird, so ist das auch schon eine fragwürdige Übertragung vom Menschen her auf vielleicht sehr primitive Gebilde. Daß das Tier, selbst das höhere, eine »Welt« um sich erlebt, ist mehr als fraglich. Eigentlich sollte man hier nur von »Umfeld« reden, einem Gefüge von Gegebenheiten, die spezifische Reize gerade für diese oder jene Art aussenden; manchmal sind es nur Momentsignale; allerdings können sie sehr eigenartige Komplexqualitäten haben, die man nicht mit den von der Psychologie künstlich konstruierten »einfachen« Sinnesempfindungen verwechseln darf. Unter diesem Vorbehalt sagen wir jetzt:

Jede bewußtseinsfähige Art lebt in ihrer eigenen Welt, die nicht mit der biotisch-anthropomorphen Welt identisch ist.

Die These ist schon dadurch beweisbar, daß die Merkorgane als bloß leibliche Ausstattung von denen des Menschen vielfach verschieden sind. Manches Tier hat, wie betont, mehr Sinneswerkzeuge, manches weniger als der Mensch. Diejenigen, die gemeinsam sind, können ganz abweichend gebaut sein. Das Facettenauge eines Insektes gibt andere Bilder als das menschliche Linsenauge. So sind schon die sinnlichen »Gegebenheiten«, die als Reize oder Signale wirken, von Art zu Art verschieden. Die Reaktionen, die daran gekoppelt sind und über die Wirkorgane verlaufen, sind nicht minder artspezifisch. Soweit die Koppelung von Reiz und Reaktion durch Vererbung fest präformiert ist, darf man vermuten, daß sie den vitalsten Zwecken der betreffenden Tierart dient. Merkorgane und Wirkorgane, Koppelung und Steuerung sind Seiten eines einheitlichen Bau- und Funktionsplanes; mit einem Bilde: Einfallstor, Ausfallstor und arteigene Reaktion machen ein Ganzes aus, an dem eine qualitativ genau abgestimmte Umwelt »hängt«. Dabei greifen Physisches und Psychisches, Unbewußt-Psychisches und Klar-Bewußtes auf eine Weise ineinander, die mit der abstrakten Trennung »leiblich« und »seelisch« gar nicht zutreffend zu umschreiben ist.

In der Schicht, die die biotische heißt, weil sie nur auf die Lebensermöglichung und den artgemäß-naturhaften Lebensvollzug hin konstruiert ist, gelten also die Sätze:

Andere Merkorgane ergeben eine andere Merkwelt,
andere Wirkorgane ergeben eine andere Wirkwelt.

Jedoch ist als drittes hinzuzufügen: die besondere Koppelung zwischen Merken und Wirken bestimmt die arteigentümliche *Bedeutungs*welt. Seelisch nämlich sind Gefühlstöne, ja feststrukturierte Instinkte zwischengeschaltet, die das Lebenswichtige im Reagieren sichern. Das Lebenswichtige gliedert sich, gemäß v. Uexküll, nach vier Funktionskreisen: dem Nahrungskreis, dem Feindeskreis, dem Geschlechtskreis, dem Medium (zum Beispiel Wasser). Buytendijk hat mit Recht noch die Spielsphäre hinzugefügt, die für unser pädagogisches Thema besonders wichtig ist. Auch diese Abgrenzungen sind noch abstrakt und genügen den vollen Zusammenhängen des Lebensgeschehens nicht.

Ich füge, der Verdeutlichung wegen, einige charakteristische Zitate aus v. Uexküll wörtlich hinzu:

»Wir werden immer wieder irregeführt, wenn wir das Maß unserer Welt in die Beurteilung von Tierwelten einführen wollen.« (Bedeutungslehre, Leipzig 1940. S. 55.)

»Jede Umwelt bildet eine in sich geschlossene Einheit, die in all ihren Teilen durch die Bedeutung für das Subjekt beherrscht wird.« (S. 7.)

»Der Frage nach der Bedeutung gebührt ... bei allen Lebewesen der erste Rang. Erst wenn sie gelöst ist, hat es einen Sinn, nach den kausalbedingten Vorgängen zu forschen, die immer äußerst begrenzt sind, da die Tätigkeit der lebenden Zellen durch ihre Ichtöne geleitet wird.« (S. 14.)

Nur Umweltgegebenheiten, die einen Bedeutungston für das eigentümlich organisierte Wesen haben, bestimmen sein Verhalten. Anderes ist entweder im Erleben gar nicht repräsentiert oder es wird nur peripherisch beachtet. Die grundlegenden Bedeutungstöne ergeben sich aus den Funktionskreisen: manches hat einen Freßton, manches einen Feindeston (mit Flucht- oder Angriffsaufforderung), wieder anderes einen Sexualton usw. Alle zusammen können wegen ihrer Subjektbezogenheit auch Ichtöne genannt werden.

2. Ordnen wir den Menschen diesen ineinandergeschachtelten verschiedenen Welten zunächst nur von seiner bloß biotisch bedingten Seite her ein, so ist es *nach* dieser Betrachtung schon klar, daß die dem Menschen korrespondierende, gleichsam »an ihm hängende« Umwelt nur ein Spezialfall möglicher »Erlebniswelten« sein kann. Sie ergibt sich aus unserer spezifisch menschlichen leibseelischen Organisation. Für sie habe ich die Bezeichnung anthropomorphe Welt vorgeschlagen. Selbstverständlich ist sie der Standort, von dem aus wir zunächst Kontakt mit den außerleiblichen und außerseelischen Gegebenheiten gewinnen, und es ist kein Wunder, daß ein naives Denken der Täuschung verfiel, für ganz anders organisierte Wesen bestünden die gleichen Umweltinhalte. (Auf höherer seelisch-geistiger Stufe machen wir ebenfalls unablässig den Fehler zu übersehen, daß die Welt für einen Mitmenschen ganz anders aussieht als für »mich«.) Demgemäß darf nicht erwartet werden, die anthropomorphe Welt sei schon die *Eine* identische Welt selbst, etwa die Welt »an sich«. Sie bleibt immer eine vom *menschlichen* Subjekt her bedingte Welt, so sehr die wissenschaftliche Konstruktion über sie hinausstrebt.

Aber das Wesen des Menschen erschöpft sich nicht in der biotischen (tierartigen) Schicht. Über dem Leibseelischen, unmittelbar angewiesen auf das Seelische und von ihm getragen, baut sich das geistige Leben des Menschen auf. – Was ist der Geist?

Den sich aufdrängenden Gedanken, daß schon jenen Bau- und Funktions- und Umweltplänen der Tierarten, die außerdem noch aufeinander hin komponiert sind und rätselhaft durcheinandergreifen, ein gestaltender

Geist zugrunde liegen müsse,[20] lassen wir in der Schwebe, weil wir hier keinen Anlaß haben, uns mit metaphysischen Behauptungen zu belasten. Wo aber im Menschen selbst Leistungen auftreten, die einem Vermögen »Geist« zugeschrieben werden können, da handelt es sich um Vorgänge, die wir durch eine Rückbesinnung auf uns selbst und auf die »Gehalte« klären können, die wir teils erlebend empfangen, teils den schlicht vorgefundenen Umweltgegebenheiten denkend und handelnd aufprägen (verleihen).

Wir nehmen an, daß sich das Leben der Tiere je in *ihrer* festgelegten Bedeutungswelt vollzieht. Was für sie lustbringend und lebenfördernd ist (bzw. das Gegenteil!), halten wir für eingegrenzt durch präformierte leiblich-seelische Verhaltensstrukturen, genannt Instinkte. Vermutlich ist ihr Triebspielraum doch etwas größer. Das Besondere aber, das den Menschen auszeichnet, liegt darin, daß er »Bedeutungsverleiher« sein kann, das heißt *seinen* Umweltgegebenheiten neue Bedeutungscharaktere aufprägen kann. Für ihn wird zum Beispiel ein Laut oder ein Liniengefüge zum Sinnträger. Mit *selbständiger* Sinngebung fängt das Geistige im Menschen an. Mit einer *gemeinsamen* Sinngebung fährt es fort; in echt *allgemeingültiger* Sinngebung vermöge des Denkens würde es seinen Gipfel erreichen. Aber die vitalen Bedeutungszusammenhänge, das heißt diejenigen Wertakzente, die gerade für den Menschen als Tier unter Tieren gelten, bleiben dabei größtenteils erhalten, und vermutlich gelangt der Mensch nie ganz über die Grenzen hinaus, die seine eigentümliche, auf dem Leibseelischen ruhende Gesamtorganisation ihm setzt. Er wird nie reiner Geist, aber er führt ein Geistes*leben.*

3. Wenn ein Mensch in fremde Erlebniswelten eindringen und das Verhalten fremder Subjekte in »ihrer« Welt verstehen will, so kann ihm dies nur auf Grund seiner Geistesausstattung gelingen. Der wesentliche Leitfaden dafür ist festzustellen, was in einer fremden Erlebnisumwelt für das ihr zugeordnete Subjekt *Bedeutungsträger* ist. Im Hinblick auf eine spezifische Tierwelt wäre also zu fragen: Was hat in ihr einen Nahrungston, einen Gefahrton, einen Paarungston, einen Aufforderungscharakter zum Spiel? Gleichzeitig aber ist in Gedanken ein Standortwechsel nötig, das bekannte *»Sichhineinversetzen«*, mit dem alles Verstehen andersartigen Lebens und Verhaltens beginnt. Endlich gehört dazu natürlich *allgemeingültiges Denken.* Das letztere wird für das Verstehen fremder Erlebniswelten so stark in Anspruch genommen, daß geradezu Verhaltens*experimente* ge-

[20] Jakob v. Uexküll, Der unsterbliche Geist in der Natur. Gespräche. 1. Aufl. Hamburg 1938.

macht werden müssen, wie sie zum Beispiel Karl v. Frisch in seinen genialen Forschungen über das Leben der Bienen durchgeführt hat.

Die neue Umweltlehre führt somit zu einer Vielweltentheorie. Die Biene lebt in einer Bienenwelt, der Hund in einer Hundewelt, die Spinne in einer Spinnenwelt – aber auch: das menschliche Kind lebt in einer kindlich-anthropomorphen Welt, die noch mannigfache Entwicklungsstufen durchmacht, der »Primitive« lebt in einer Welt, die ihr Relief durch die Formen des magischen, später des mystischen Denkens und Verhaltens empfängt. Das Volk im Sinne des alten »Volkstümlichen« lebt in einer vorrationalen und vortechnischen Welt usw. Jede dieser Welten hat ihr eigentümliches Relief, das heißt: Ihre Gegebenheiten sind mit spezifischen Wertakzenten besetzt, die man kennen muß, um das Verhalten der zugehörigen, je einer dieser Welten »eingepaßten« Subjekte zu verstehen. Ein und dasselbe angeblich neutrale Objekt kann dabei in verschiedenen Erlebniswelten ganz Verschiedenes bedeuten.[21] Ja, es gibt sogar in den tierischen Welten Bedeutungs*um*prägungen, die sich nach einer mitgebrachten Regel vollziehen; zum Beispiel das Sexualobjekt wird bei gewissen Insekten nach der Kopulierung Freßbeute.

Der Mensch genießt insofern eine hervorgehobene Freiheit, als er nicht von vornherein gänzlich festgelegt ist, sondern *Bedeutungen von sich aus verleihen* kann. Wie sehr dies zum Wesen des Menschen gehört, zeigt sich zum Beispiel daran, daß das Spielen auf den verschiedenen Altersstufen immer eine andere Art des Bedeutungsverleihens (etwa auf Grund immer anderer Arten des Ergriffenseins) darstellt. Die geistige Natur experimentiert gleichsam im Kinde mit dieser wichtigsten Fähigkeit. Denn Kultur entsteht durch eine Fülle von neuen Bedeutungsaufprägungen auf die erlebbaren Umweltgegebenheiten. Allerdings behält dabei nicht der Spieltrieb die Führung (wie Huizinga übertreibend gemeint hat), sondern es schaltet sich das allgemeingültige Denken ein, das anfangs immer im Dienste der *Zweck*setzung (des »Machens« – Knabenalter) steht, aber zu mannigfacher *Wert*verwirklichung ausreift (in der Pubertät).

4. Es bleibt endlich noch die große Frage: Was wird bei der Fülle solcher »Eigenwelten« aus der Einen, identischen, an sich bestehenden Realität, die wir als denkende Wesen *voraussetzen*? Denn ohne diese Voraussetzung kämen wir auch nicht zur Erkenntnis, daß eine Vielheit (ineinandergrei-

---

[21] »Jeder von uns beobachtete Gegenstand wechselt nicht bloß seinen Bedeutungston, sondern auch den Aufbau all seiner Eigenschaften, sowohl der stofflichen wie der formalen, von Umwelt zu Umwelt.« J. v. Uexküll, Bedeutungslehre (= Bios. Abhandlungen zur theoretischen Biologie und ihrer Geschichte, sowie zur Philosophie der organischen Naturwissenschaften. Hrsg. v. Adolf Meyer-Abich. Bd. X). Leipzig 1940.

fender) Erlebniswelten besteht. Die Antwort muß zunächst daran erinnern, daß für das naive Denken jene bloß anthropomorphe Welt lange die Rolle der »absoluten« Welt spielt. Auch *das* Weltbild, zu dem man herangewachsen ist und zu dem man erzogen worden ist, gilt als die »normale Welt«. Erst nachdem eine ähnliche Bewußtseinsrevolution eingetreten ist, wie sie die moderne Relativitätstheorie hervorgebracht hat, die Einsicht nämlich, daß man in der konstruktiven Einbildungskraft einen Standortwechsel vollziehen kann, erst dann gelangt man dahin, einzusehen, daß auch die anthropomorphe Welt nur ein *Spezialfall* unter vielen möglichen, ja verwirklichten Welten ist.

Wo also bleibt die Eine, die für alle identische Realität? Sie ist für das ursprüngliche Bewußtsein noch gar nicht da, sondern kann nur mit den Mitteln des allgemeingültigen Denkens Schritt für Schritt aufgebaut werden. Ein zunächst befremdender Gedanke. Ich erläutere ihn am Vorgehen der Physik. Sie bemüht sich bekanntlich schon seit dem klassischen Altertum, von den Eindrücken, die immer in spezifischen Sinnesqualitäten gegeben sind, loszukommen und das, was sich in ihnen kundgibt, in einem mathematisierten Gedankensystem darzustellen. Ganz bis zu Ende geht dieser Prozeß nicht. Unsere Physik bleibt stets noch die Wissenschaft eines tastenden und sehenden Wesens. Und um dies gleich anzufügen: auch noch im Zeitalter der mathematischen Physik und Chemie trinken wir immer noch Wasser, nicht H_2O, hören wir immer noch Musik, nicht Schwingungsverhältnisse, unterscheiden wir immer noch oben und unten, obwohl es das nur in Beziehung auf einen irdischen Standort gibt. Den prinzipiellen Sachverhalt drücke ich der Kürze halber nur in einem Gleichnis aus; mit ihm müssen wir uns hier begnügen, damit wir die pädagogische Anwendung, die uns allein interessiert, nicht ganz aus dem Auge verlieren.

Jede »Eigenwelt« hat gleichsam ihre eigentümliche Sprache. Denn in jeder herrschen auf das jeweils maßgebliche Subjekt bezogene spezifische Bedeutungen. Man ist nun auf den Gedanken gekommen, eine Universalsprache zu schaffen, in die alle anderen übersetzt werden können, eine Weltsprache »überhaupt«, noch weitergreifend als Esperanto. Diese Sprache, die das notdürftige Verstehen von anderen Erlebniswelten und den Verkehr mit ihnen ermöglichen soll, ist *die Wissenschaft.* Sie muß die Dinge möglichst *neutralisieren,* das heißt von ihren subjektbezogenen Wertbetonungen befreien. Daher die ewige Jagd nach dem reinen Sosein, ja nach dem »An sich« der Gegebenheiten, das sich doch niemals ganz erreichen läßt. Der Pol der vollendeten Objektivierung ist das Ziel des allgemeingültigen Denkens. In den Naturwissenschaften kommt man ihm näher als in den Geisteswissenschaften, weil in den letzteren ja immer das »stellungnehmende Subjekt überhaupt« erhalten bleiben muß, um Stellungnahmen aus abweichenden Weltbildern heraus als solche zu erfassen.[22] Nehmen wir an, die Arbeit der objektivierenden Wissenschaften ließe sich jemals vollenden, so wäre der, der auf ihrem Standpunkt steht, über alle Eigenwelten hinaus.

Aber das gelingt dem Menschen nicht. Stets wird Anthropomorphes und Standortbedingtes in seinem Weltbild erhalten bleiben. Höchstens wird das ursprüngliche Weltbild von den Fäden des allgemeingültigen Denkens durch*woben*. In unser ganzes Kulturleben sind wissenschaftliche Erkenntnisse hineingemischt. Bliebe aber *nur* Wissenschaft übrig, so müßte das Leben aufhören. Der Mensch schafft sich in der Wissenschaft ein verfeinertes und erstaunlich weitreichendes Organ; jedoch darf das Organ nicht zum absoluten Herrscher über seinen Inhaber werden; von dem Punkte an, wo diese Übermacht beginnt, gerät das Wissen in Gefahr, zerstörend zu wirken.

Also bleibt die anthropomorphe Welt Untergrund und Hintergrund auch für das durchrationalisierte Weltbild. Da ferner diese Bezogenheit auf den lebenden Menschen durch Verwandlungen hindurchgeht wie die Lebensalter, den nationalen Geist, das Volkstümliche in alter und neuer Bedeutung, so werden »Eigenwelten« dieser Art nie aufhören, eine Rolle zu spielen. Sie müssen sogar an ihrer Stelle erhalten bleiben, weil in ihnen das Tiefwurzelnde und das Schöpferische liegt. Die Kulturbewegung geht daher nicht nur in der Richtung auf das Gemeinsame und Allgemeingültige, sondern immer zugleich auch wieder zurück in das lebendige Subjekt, das allein fähig ist, jene objektiven Konstruktionen noch auf ihren Sinngehalt hin zu deuten, das heißt Bedeutungen zu erfassen.

5. Es ist eine unerschöpfliche Aufgabe für die geisteswissenschaftliche Psychologie, für Geschichte, Soziologie und alle einzelnen Geisteswissenschaften, die Gebilde, die wir hier Eigenwelten genannt haben, zur Anschauung zu bringen und den in ihnen maßgebenden Lebens*zusammenhang* herauszuarbeiten. Dabei zeigt sich, wie zäh die Eigenwelten an »ihrem« Subjekt haften und wie schwer es für dieses ist, ganz aus ihnen herauszutreten und ihnen gleichsam von oben her zuzusehen. Hegel hat behauptet, niemand könne über seinen »Volksgeist« und »Zeitgeist« hinausspringen.[23] Noch viel weniger kann das Individuum aus seiner leiblich-seelisch-geistigen Organisation, aus seiner Denkweise, seinen Auffas-

[22] Vgl. Theodor Litt, Denken und Sein. Stuttgart 1948.

[23] Georg Wilhelm Friedrich Hegel, Grundlinien der Philosophie des Rechts. Hrsg. v. Georg Lasson. Leipzig 1911. (Philosophische Bibliothek. 124.) S. 15.

sungskategorien, seinem persönlichen Wertsystem ganz heraustreten. Es ist die Leistung des historischen Bewußtseins, den Horizont in dieser Richtung zu erweitern und dadurch – was dann leider oft vergessen wird – einer tieferen *Selbst*besinnung zu dienen.

Für die Zähigkeit, mit der die einmal eingespielten Erlebniswelten beharren, gebe ich nur ein Beispiel aus einer scherzhaften Erzählung von Peter Rosegger, die mir Alois Riehl vor etwa 35 Jahren einmal vorgelesen hat. Trotz vieler Bemühungen ist es mir nicht gelungen, des Originaltextes wieder habhaft zu werden. Ich muß daher nach meinen Erinnerungsresten berichten (s. Anh. S. 318).

Unten im Gebirgsdorf ist Kaisers Geburtstag mit vielem Schießen und anderem Pomp gefeiert worden. Am Abend gehen der Sauhalter und ein Holzfäller wieder in ihre Waldeinsamkeit empor, noch ganz voll von den erlebten Herrlichkeiten. Ihre Phantasie führt sie schließlich auf die Frage, wie *sie* ihr Leben gestalten würden, wenn einer von ihnen Kaiser wäre. Der Holzfäller malt sich den denkbar schönsten Prunk und alle möglichen Genüsse aus. Dem Sauhalter aber genügt das alles nicht. »Ein Graf müßte mir zur Rechten und einer zur Linken reiten; und so würde ich meine Säue auf die Trift treiben!«

Die Anekdote lehrt, daß die einmal gegebene Erlebnisumwelt an dem Menschen, der sie »hat«, geradezu mitdranhängt. Nicht einmal in den kühnsten Träumen ist sie ganz abzuwerfen. Der Gebildete glaubt wohl, nicht so groben Blicktäuschungen zu verfallen. Aber er merkt nicht, wie viel von dem ihm Vertrauten auch er noch in die Deutung von Fremdwelten mit hinübernimmt. Selbst der wissenschaftliche Historiker, der vielleicht von dem Willen beseelt ist, »sein Selbst auszulöschen« und sich ganz in das Kostüm fremder vergangener Zeiten hineinzuversetzen, haftet unvermeidlich noch an Lebens- und Geistesstrukturen *seiner* Zeit. Und so muß es auch sein. Denn wenn er restlos aus seiner Perspektive herausträte, so hätte er ja gar nichts mehr in sich, was ihm als Analogon und Leitfaden für das Fremdverstehen dienen könnte.

Abschließend: Das wunderbare Gewebe, wie die Eigenwelten der Tiere aufeinander abgestimmt sind und sich durchwachsen (die »Partitur« der vielfältigen Einzelstimmen des Lebens – v. Uexküll), das komplizierte Ineinandergreifen der verschiedenen Eigenwelten in der menschlichen Gesellschaft gibt dem Denker ein Schauspiel, wie es in früheren Zeiten nur Leibniz mit seiner Monadenlehre und Herder mit seinem historischen Sensorium geahnt haben. Aber dabei können wir hier nicht verweilen. Vielmehr müssen wir in unseren pädagogischen Gedankengang zurückkehren.

Es wird jetzt klar geworden sein, was es heißt, daß eine Schule zugleich an der Überwindung der vorgefundenen (nicht nur kindlichen) Eigenwelten arbeitet und sie doch als etwas für das Kulturleben bleibend Wertvolles pflegt. Die Brücke zwischen den Eigenwelten und dem Einen, zum Teil *auch* nur gerade »jetzt« und »hier« maßgebenden Kulturgeist, von der die Rede war, gestattet die Bewegung in beiden Richtungen. An dieser Brücke und auf dieser Brücke arbeitet vor allem die Volksschule, während die höhere Schule, die Fachschulen und die Hochschulen sehr viel entschiedener auf die gemeinsame, reife, wissenschaftlich unterbaute Kultur hinzielen. Der Lehrer der Volksschule, der sich über solche Zusammenhänge einmal klar geworden ist, wird mit Erhebung bemerken, daß er eine Kunst von eigener Würde betreibt. Vorher aber muß er sie verstanden haben; und dazu will ihm die hier vorgetragene kleine »Philosophie der Volksschule« behilflich sein.

V. Die Gesamtaufgabe der Volksschule

Auch die Volksschule ist eine kleine Welt für sich, organisch eingelagert in die anderen Lebenskreise des Volkes. In ihr waltet ein Bedeutungszusammenhang, der ausschließlich ihr zu eigen ist.

Wenn es sich herausgestellt hat, daß von den Wesen, die wir kennen, nur der Mensch aus seiner artspezifischen Eigenwelt emporsteigen kann zu dem Gedanken Einer großen Ordnung, in der die vielen Sonderbühnen des Lebens befaßt sind, wenn somit der Mensch das Privileg der Konstruktion einer für alle Wesen gültigen Realität besitzt, dann wird das Denkenlehren und das Denkenlernen an der Eingangspforte zur höheren Kultur stehen müssen. So viel über die besonderen Bedingungen dieser Aufgabe vorangeschickt werden mußte, so viele Zusätze über die Besonderheiten noch folgen werden: *das* darf niemals aus dem Bewußtsein schwinden: *Die Volksschule ist die erste Schule selbständigen Denkens.* Freilich: Das Denkenlehren hat sie mit allen anderen Schulgattungen gemeinsam. Es wird also noch darauf ankommen, die eigentümlichen Denkweisen, die in der Volksschule geübt werden, näher zu kennzeichnen.

Die drei Hauptcharakteristika sind: 1. Anschauungsnahes Denken, 2. Denken am Tun, 3. Denken in der Gemeinschaft der Lernenden. Man erkennt in dieser Aufzählung sofort einen sehr alten und zwei neue Bestandteile. Alt ist das »Prinzip der Anschauung«; seine Unentbehrlichkeit ist früh zum Bewußtsein gekommen; die Geschichte der Pädagogik lehrt allerdings, daß es noch verschieden tief verstanden werden konnte. Neuerer Herkunft sind das Prinzip der Arbeitsschule und das Prinzip der Gemeinschaft. (Sozialpädagogik im *rein* pädagogischen, noch nicht politisch gefärbten Sinne.)

1. Ehe wir den damit vorgezeichneten Weg beschreiten, müssen wir durch einen wichtigen Vorhof hindurch.

Alles menschliche Denken ist angeheftet an Symbole. Es ist angewiesen auf ein vorangehendes Symbolverstehen. Symbole sind anschauliche, also sinnlich wahrnehmbare Gebilde, die zu weitergreifenden gedanklichen Operationen Anweisung geben. Insofern sie nicht in ihrer schlichten Gegebenheit gemeint sind, sondern nur stellvertretend Gedankliches, das darüber hinausreicht, »andeuten«, gehören sie in die Klasse der bedeutungshaltigen *Zeichen*. Diese können »gewachsen« sein; dann haben sie eine nicht mehr ganz aufhellbare Vorgeschichte und sind den Lebenden schon fertig überliefert. Sie können aber auch durch Konvention neu geschaffen werden; dann sind sie zwar willkürlich gesetzt, jedoch mit dem Anspruch auf allgemeine Geltung für einen Kreis von Verstehenden. Zu den ersten gehören die Wort- und Satzbedeutungen einer Lautsprache, die immer viel feiner artikulierbar ist als zum Beispiel eine Gebärdensprache; zu den letzteren etwa die Zeichen der Verkehrsregelung auf Autostraßen. Immer geben sie Anweisung auf etwas, was dabei *gedacht* und eventuell getan werden soll. Werden sie bloß gesehen oder gehört, so sind sie noch keine Symbole, sondern einfache, sinnlich wahrgenommene Umweltbestandteile. Symbole sind Krücken für das Denken.[24] Oder – günstiger beurteilt – sie beflügeln durch die ihnen innewohnende, beziehungsweise verliehene, über ihre unmittelbare ärmliche Gegenständlichkeit hinausreichende »Bedeutung« das bloß begriffliche Denken. Die wichtigsten Symbolfelder für die Kultur sind 1. die – akustisch fundierte – Sprache. 2. Dieselbe Sprache für das Auge fixiert: die Schrift. 3. Die räumlichen Schemata (zum Beispiel Kugel, Würfel, Kreis und alle »Figuren«). 4. Die Reihungs- und Meßschemata oder die Zahlen.

Es ist hier nicht der Ort, lange bei ihrer Funktion stehen zu bleiben. Das Moment der willkürlichen Wahl tritt am stärksten auf bei der Schrift: man kann sich entscheiden zwischen Bilderschrift, Silbenschrift, Lautschrift. Ferner ist daran zu erinnern, daß sprachliche Symbole nicht nur »für« die inneren Operationen des begrifflichen Denkens »stehen«, sondern ineins damit auf andere, innere Bewegungen hinweisen, die wir kurz Gemütsbewegungen nennen wollen. Schon der imperativische Charakter aller Symbole: »Du sollst bei ihnen dies oder das denken, erleben, wollen!« deutet auf diese erweiterte Funktion hin. Gerade im jugendlichen Alter spielt »das Erregende« der Symbole eine große Rolle.

Es ist der wichtigste Augenblick im geistigen Erwachen des noch ganz

---

[24] Vgl. Ernst Cassirer, Philosophie der symbolischen Formen. 3 Bde. Berlin 1923 ff.

kleinen Kindes, wenn es anfängt, vorkommende Eindrücke überhaupt so zu verstehen, daß mit ihnen etwas »gemeint« ist. Dieser Augenblick leuchtet auf, wenn gemütsnahe Töne über ihr sinnliches Tonsein hinaus als bedeutungshaltig erfaßt werden. Das Sprechenlernen in der Eigenwelt Mutter-Kind ist die geheimnisvolle Geburt dieser Gabe. Sie macht eigentlich erst den Menschen zum Menschen. Daß diese Art des Symbolverstehens noch ganz gemütsnahe bleibt, nimmt ihm nichts von seiner Größe und seinem Durchbruchscharakter. Später müssen immer mehr Symbolsysteme hinzugelernt werden, die künstlicher und strenger sind.

Der Bedeutungsgehalt von Sprachlauten wird schon im 2. bis 3. Lebensjahr erfaßt. Aber die feinere Durcharbeitung der Sinngehalte, die die ausgebildete Muttersprache für das geistig werdende Wesen bereit hält, muß das ganze Leben hindurch fortdauern. Es ist bekannt, daß mit Kindern, die in dieser Hinsicht unterentwickelt in die Schule eintreten, sehr schwer weiterzuarbeiten ist. Das hat niemand so deutlich gesehen wie Pestalozzi. Man spürt es an den Ratschlägen, die er für das früheste Redenlehren gibt; sie sind auf den verzweifelten Ton gestimmt: »Geschehe es auch noch so geistlos!, vor allem muß sich das Kind ein reicheres Sprachgut aneignen!«.[25]

Darauf also muß die Schule in erster Linie bedacht sein – natürlich immer ausgehend von der vertrauten Eigenwelt des Kindes und seinem allmählich wachsenden Erfahrungskreis. Dann aber müssen andere Symbolsysteme eingeführt werden, vor allem die Schrift. Daß sie bei uns keine Bilderschrift mehr ist, macht sie für den Anfang so schwierig. Das Gesprochene muß erst künstlich in Laute zerhackt werden, die gegen den Totalsinn des Wortes ganz neutral sind. Denn nur jeder *Laut* hat bei uns sein eindeutiges Symbol. Das geschriebene Wort aber ist schon ein Zusammensetzungsprodukt und keine echte Ganzheit mehr, was ich den Vertretern der Ganzheitsmethode beim Lesenlernen zu bedenken geben möchte. Buchstabieren und Schreiben sind bei uns – ganz anders als zum Beispiel bei den Chinesen – ziemlich mechanische Leistungen, mit denen man auch nicht viel anders zurechtkommen wird, als mit einem leichten Drill.

Die mathematischen Elementarlehren sind eigentlich auch Sprachen, also Symbolsysteme, nur solche von begrenztem Anwendungsgebiet. Die einfachen räumlichen Schemata, die körperlichen und flächenhaften »Figuren«, sind keineswegs selbst schon Dinge. Sondern sie stehen vereinfachend (schematisierend) »für« die Dinge selbst, die sich ja dem Sehen und Tasten ganz anders darbieten als in so regulären Umrissen. Ein bloßes

[25] Johann Heinrich Pestalozzi, Wie Gertrud ihre Kinder lehrt. Kritische Ausgabe der Sämtlichen Werke. Bd 13. S. 168 ff. Viel tiefer wird das Thema behandelt in Bd 16. S. 263 ff.; dort über die Arten der Schrift S. 322 ff.

Raumschema ersetzt nunmehr die konkreten Gebilde. Außerdem dient es der eindeutigen Orientierung im Raum. Fröbel hat bleibend wertvolle Anweisungen gegeben, wie man dieses Gebiet an die magische Spielwelt anknüpfen kann. Es ist aber kein Zufall, daß er dabei von möglichst einfachen Achsensystemen ausging.[26] Was nämlich im stillen gelernt werden soll, ist die Konstruktion der räumlichen Welt mit Hilfe von einigen Grundkoordinaten. Pestalozzi wählte als Ausgangspunkt das ebene Quadrat; sein Motiv dafür war das gleiche. Es gibt Erwachsene, die sich nirgendwo zurechtfinden, wiel sie nicht frühzeitig gelernt haben, ihren Eigenweltstandort (»Kirchturm«) auf ein Koordinatensystem zu beziehen, mit dessen Hilfe man sich auch untereinander über die relative Lage der Umweltgegebenheiten allgemeingültig verständigen kann.

Das geheimnisvolle Abstraktum »Zahl« endlich ist die geistvolle Abkürzung für Stellen – zunächst in einer Reihe – und für Mengen (Anzahlen), gleichviel, *was* für Einheiten konkret aneinandergereiht beziehungsweise gemessen werden. Das Kind der Kultur muß auch die Zahlensprache erlernen. Der Übergang von dem anschaulichen Bild zu dem ganz farblosen, neutralen Symbol 5 oder 100 macht beträchtliche Schwierigkeiten, die man auch an den vielfach unbehilflichen Zahlwörtern in noch nicht vollrationalisierten Sprachen studieren kann. Die Loslösung vom erlebten Bilde und das Begreifen des neutralen (abstrakten) Zeichens muß irgendeinmal wie ein Blitz von innen kommen. Bleibt er aus, so ist das Kind nicht schulfähig. Wunderkuren gibt es auch da nicht – nur die Geduld des Einübens der grundlegenden, einfachsten Akte, um deren Herausstellung sich schon Pestalozzi bemüht hat.

Wenn wir den Bildungswert des Umgehens mit den mathematischen Symbolen ermessen wollen, müssen wir uns daran erinnern, daß gerade sie es sind, die den Schritt aus den erlebten Eigenwelten heraus und hinüber in die streng objektive, für alle identische Welt ermöglichen. Vor allem die Zahlen begründen die neutrale Sprache, in der sich Wesen ganz verschiedener Merk- und Wirkorganisation unterhalten könnten, wofern (!) sie nur des Messens, Zählens, Wiegens usw. kundig wären. Unsere Physik erfaßt keineswegs die farbig und plastisch »erlebbare« Natur, sondern legt ihr in einseitiger Quantifizierung Zahlensymbole unter, so daß diese Wissenschaft immer mehr ein System von Gleichungen wird. Die Volksschule kann nur die ersten Schritte auf diesem Wege tun. Sie muß zunächst das Anschauliche pflegen und kann nur eine sinnengebundene Physik treiben.

[26] Eduard Spranger, Aus Friedrich Fröbels Gedankenwelt. 2. Aufl. Heidelberg 1952. S. 45.

Aber schon im einfachen menschlichen Verkehr übt die Zahl ihre streng objektivierende Wirkung. Maße, Gewichte, ferner exakte Umrißzeichnungen und dergleichen dienen der Überbrückung der vielen Relativitäten (Perspektiven), die mit der bloß subjektiven Erlebnisweise des Gegebenen verbunden sind.

Die Volksschule legt also ihre Fundamente viersprachig: in der gesprochenen und gehörten Lautsprache, in der geschriebenen und damit *dauernd* sichtbar gemachten Sprache; in der Raumschemasprache und in der Zahlensprache. Alle vier sind vom allgemeingültigen Denken durchzogene Mittel, um über die perspektivisch-engen Eigenwelten hinauszukommen, und sie leiten in die gemeinsame menschliche Kulturwelt hinüber. Dabei bleibt die Lautsprache am meisten gemütsnah; sie ist halb rational, halb emotional. – Die Ausarbeitung dieser vier Medien zieht sich durch den ganzen Schulkursus hindurch und findet mit seinem Ende natürlich auch noch keinen Abschluß. Sie dürfen alle als »formale Geisteshilfen« betrachtet werden, wie schon Pestalozzi gesehen hat. Denn in ihre je eigentümliche Form muß ja nun erst die Fülle der »Sachen« gefaßt werden, die den Welt*inhalt* ausmachen. Trotzdem müssen sie schon als Formen *angeeignet* werden, und das heißt, gemäß unserem Sprachgebrauch, nach Möglichkeit mit den Eigenwelten in Verbindung gebracht werden. Bei der Sprache im eigentlichen Sinne ist das leicht – denn ihr magischer Ursprung ist überall noch spürbar, nicht nur in Poesie und Gesang. Beim Schreiben ist es schwieriger, obwohl alle Schriftzeichen ursprünglich wohl auch als magische Bannungsmittel empfunden worden sind. Im Mathematischen ist es am schwersten. Denn hier springt gerade das entscheidende geistige Konstruktionsprinzip ein, das aus dem Gewirr erlebter Welten die Eine Welt macht. Auch Kant hat das Mathematische seiner allgemeingültigen Weltkonstruktion als Grundlage vorangestellt. An die Stelle der perspektivisch erlebten Räumlichkeit muß schließlich der meßbare Raum treten; an die Stelle der subjektiv höchst verschieden erlebbaren Zeit die Eine, mit Hilfe astronomischer Tatbestände konstruierte und meßbare Zeit.

Um so mehr muß nun beim Inhaltlichen das Denken derart entwickelt werden, daß das Eigenleben des Subjektes dabei nicht ganz ausgeschaltet wird, sondern bereichert wird. Alles, was die Kinder in der Volksschule tun und denken, muß ihnen »zu eigen« werden. Der Lehrerfolg einer ganz abstrakten Volksschule ist zweifelhaft, schädigt den Menschen und die Gesamtkultur, vor allem aber: er hält nicht vor. Denn die Kinder sind nicht im Kern ihres Wesens berührt und von innen her zum Denken geweckt worden.

2. Das inhaltliche Denken kann also auf der Anfangsstufe weder eine

Systematik des Wissens zum Ziel haben noch gar von ihr ausgehen. Es bewegt sich am Erlebten entlang und unterliegt daher dem Prinzip der Lebensnähe; diesen Ausdruck Pestalozzis haben wir im Hinblick auf den Wandel der Seelenstruktur durch den anderen: »altersbedingte Eigenwelt« ersetzt.

a) Frühes Denken bleibt immer anschauungsgesättigt. Jedoch nicht alles, was anschaulich nahe liegt, fordert schon zum Denken auf. Es muß irgendeine verstehbare Lebensbedeutung haben. Am besten ist es, wenn der Denkgegenstand zu den Umweltinhalten gehört, die das jugendliche Wesen *»ergreifen«*, faszinieren und festhalten. Aber jetzt kommt es nicht mehr auf den Spielzustand an, in den das Subjekt von ihm hineingerissen wird; sondern jetzt soll das, was die Anregung gibt, in die Sphäre der Objektivität abgerückt werden und *»begriffen«* werden. Das fordert eine völlige Umkehr der geistigen Einstellung, deren Gelingen man nicht sofort erwarten darf. Für den Lehrer ist es wichtig, sich klar zu machen, daß er der menschlichen Natur etwas Geistiges abringen will. Die damit geforderte neue Richtung der Aufmerksamkeit muß immer wieder schonend wachgerufen werden. Rückfälle in die Spielhaltung sind nicht als Sündenfälle zu betrachten – wie etwa Frau Montessori es übelnahm, wenn mit ihrem Beschäftigungsmaterial gespielt wurde. Das Spiel gleicht den Kelchblättern, aus denen langsam etwas erblühen will, was bis dahin geschützt und eingehüllt war. Zu den noch nicht genügend beachteten geheimnisvollen Verwandlungen des menschlichen Subjektes gehört der Vorgang, wie es sich aus dem Versenktsein in die Sache, die als Einsfühlung anzusehen ist, losreißt, den Erlebnisgehalt sich als Objekt gegenüberstellt (»Gegenstand«) und trotz der nunmehr vorhandenen Distanz auf eine neue Art seiner Herr wird. Wer darauf aufmerksam ist, wird diese Verwandlung aus dem Ergriffensein in die denkende Einstellung auch physiognomisch-mimisch ausgedrückt finden.

Wie es sich mit der Art von Anschauung verhält, die nicht aus Materialien der äußeren Sinne gewonnen wird, sondern am eigenen Innenleben und am Mitleben mit dem Inneren anderer, soll hier noch außer Betracht bleiben.[27] Mit dem Beginn des Knabenalters verlegt sich doch für längere Zeit der Schwerpunkt des Interesses stark einseitig nach außen. Die Natur hat das so gewollt. Comenius würde interpretieren: sie selbst geht vom Leichten zum Schweren.

b) Es wäre ein Zeichen psychologischer Unfähigkeit, wenn man glaubte, man könne aus einer Klasse von Zehnjährigen einen Verein von Kontem-

[27] Friedrich Delekat, Pestalozzi. 2. Aufl. Leipzig 1926. S. 261 ff.

plativen machen, die aus reinem Erkenntnistrieb Begriffe bilden, Urteile fällen oder gar Schlüsse ziehen. Der Mensch ist von Natur denkfaul und wird vom Reiz des Denkens erst dann überwältigt, wenn es ihm »Not tut«, das heißt, wenn es für begehrte praktische Zwecke notwendig wird. Alles ursprüngliche Denken entfaltet sich *am* Tun und bleibt in das Tun eingelagert. Denn wo Welt und Seele sich begegnen, reagiert eben das zum Geist veranlagte Wesen mit einer eigenen praktischen Zwecksetzung und also mit jener Bedeutungsaufprägung, die ich früher als die zweite Komponente im Spiel gerade des Menschenkindes bezeichnet habe. »Wie mache ich das? Wie erreiche ich meine Absicht?« – aus dieser Haltung wird das erste fruchtbare Denken geboren. Es ist keineswegs nur die Wirtschaftlichkeit und Rechenhaftigkeit der modernen Zeit, die zu der pädagogischen Regel geführt hat: Denken und Tun, Tun und Denken (Goethe). Die Lust am kleinen Schöpfertum steht entwicklungsgemäß voran. Beides soll daher am Anfang so eng wie möglich miteinander verbunden werden. Auch Fröbel ging von dieser Überzeugung aus. Ein Kind, das man zum *bloßen* Denken veranlaßt, findet sich dabei unbeschäftigt und gelangweilt. Auch fehlt die Kontrolle, ob man richtig oder falsch gedacht habe, wenn man nicht am praktischen Eingriff in den Gang der Dinge »lernt«, wie sich die stille Denkleistung bewährt. Man braucht nicht einer pragmatistischen Erkenntnistheorie zu verfallen, wenn man als Lehrer für die Anfänge das durch technische Aufgaben herausgeforderte Denken dem reinen Denken vorzieht. Unsere Volksschule hat sich lange zu ihrem Schaden gegen diese tätige Wendung gesträubt, weil sie als Religionsschule und als Traditionsschule, als Buchschule und als Hörschule angefangen hat. Erst spät ist sie auf die lebendigen Impulse des Wissen*wollens* gekommen, nämlich mit dem Auftauchen der Robinsonidee, und auch heute bleibt der Ruf »Arbeitsschule« meist noch bloßes Programmwort, weil zur Durchführung ein nicht billiger Apparat und ein nicht ganz bequemer Lehrstil gehören. Es versteht sich, daß Kerschensteiner recht hat, wenn er nur einer möglichst exakten Arbeit Bildungswert zuspricht. An ihr entfalten sich zugleich das scharfe Beobachten, das Planen, das Messen und Rechnen, das sachgemäße Reden und das sparsame Verfügen über die Mittel.

Die »denkende Hand« soll jedoch in der Volksschule keineswegs ausschließlich Bildungsziel sein. Sie kommt nur in folgenden Grenzen zur Geltung: 1. Soweit materielle Außenweltdinge bekannt gemacht werden sollen und soweit man in sie gestaltend eingreifen kann. Auf den Geschichtsunterricht zum Beispiel paßt das nicht. 2. Nur einige Grundaufgaben, die wiederum mit einfachem Material und einfachen Werkzeugen bewältigt werden können, treten im Lehrgang auf, und sie haben dann den Charakter eines Gesamtunterrichts, in dem viele Bezüge zugleich gelernt werden können. 3. Dabei soll auf dem *Denkenlernen* der Ton liegen, obwohl die Übung der Hand als solcher ein willkommener Nebenerfolg ist. Außerdem erinnert das »Handgemeinwerden« mit den Dingen noch an die vorangegangene Auseinandersetzungsform: das nicht zweckgebundene Spielen, aus dem aber der Entwurf von später möglichen Zwecksetzungen im Sinne einer Auslese des Vernünftigen, Brauchbaren und Schönen herauswächst. Gerade diese Kontinuität des Bildungsganges ist fruchtbar und also erwünscht.

c) Das Gemeinschaftsprinzip soll in der Volksschule durchaus nicht nur im Stile der Arbeitsgemeinschaft zur Geltung kommen. Ohne Gemeinschaftsleben ist überhaupt keine Menschenbildung durchführbar. Immerhin hat die Arbeit wie das Spiel die Kraft, Menschen überhaupt aufeinander anzuweisen und aneinander zu binden. Es geschieht zunächst nur auf kurze Zeitspannen. Dadurch ergibt sich jedoch Gelegenheit zur Entfaltung weiterer und tieferer Bindungen. *Hier* nun soll das Thema noch enger gefaßt werden: es handelt sich um die Bedeutung der Gemeinschaft für das Denkenlernen.

An sich ist das Denken ein einsamer Vorgang, und es wird durch das Kollektivum nicht unmittelbar gefördert, wie etwa durch das Zugreifen vieler das Leistungsquantum erhöht werden kann. Noch viel weniger hängt die Richtigkeit des Denkens davon ab, daß *viele* zu dem gleichen Ergebnis kommen. Aber indem viele über das gleiche nachdenken, gibt einer dem anderen fruchtbare Anregungen und neue Denkanstöße. Deshalb wählt man im reifen Alter die Form der Diskussion: sie führt dazu, ein Thema von möglichst vielen Seiten zu beleuchten. Indessen: das bloße abstrakte Denken »über« Sachverhalte ist eine Einstellung, bei der eine zu große Distanz gegenüber dem Gegenstande gewahrt wird. Hegel ging von der Auffassung aus, die »Sache denke sich selber«. Wir übersetzen das so: wenn man ganz in der Sache lebt, dann entfaltet sie im Bewußtsein des von ihr »Ergriffenen« alle ihre beachtenswerten Seiten. Eben dies wird durch das gemeinschaftliche Denken gefördert, wie bei einer guten, geordneten Diskussion sowohl die Sache mit all ihren Beziehungen wie auch die Mannigfaltigkeit der möglichen Standpunkte und Betrachtungsweisen ganz von selbst herauskommen. Endlich ist das Ziel des Denkens der langsame Aufbau der für alle maßgebenden identischen Welt. Dabei steht der Charakter der »Allgemeingültigkeit«, der dem echten Denken eigen ist, an erster Stelle. Aber dieser identische Sachgehalt soll nun auch »allen gemeinsam« werden.

Aus diesen mannigfaltigen Gründen ist das Gemeinsamdenken bildend.

Es verdient daher, schon in der Volksschule – natürlich unter Anleitung durch den Lehrer – zum Prinzip erhoben zu werden. –

Die drei »Einbettungen« und Denkübungen, die hier aufgezählt sind, stehen sämtlich unter dem didaktischen Gesichtspunkt: Anknüpfung an die kindliche Eigenwelt und an die nahe, umgebende Welt. Sie sind eigentlich nur Fortsetzungen von drei Lieblingsdingen des Kindes, die seit langem als stufengemäß anerkannt sind, nämlich dem Bilderbuch, dem Baukasten und dem gemeinschaftlich betriebenen »Regelspiel«. Das letztgenannte ist ein wesentliches Kennzeichen für den Beginn des Knabenalters (und der entsprechenden Stufe beim Mädchen). Das Spiel ist hier nicht mehr magisch betont, die Verwandlungen werden nicht mehr als »real« empfunden. Statt dessen setzt ein bewußtes Rollenspiel ein, das auf festgelegten Regeln beruht. Diese normierten Verhaltensweisen bedeuten die Entdeckung von Ordnungen des Zusammenlebens und zugleich das Erwachen des eigenen Willens zur Einfügung in sie. Vielleicht bahnen sie auch den Weg zum Verständnis von regelhaften Zusammenhängen in den Einzelreihen des Naturgeschehens, woraus dann Anweisungen für zweckmäßige technische Eingriffe in die Sachwelt folgen. Aber das ist noch nicht genügend untersucht. Es ist auch möglich, daß das ziemlich plötzliche Einsetzen des Regeldenkens eine geistige Erscheinung ist, die *gleichzeitig* an Naturvorgängen, am eigenen Tun und an der Ordnung des Miteinander erlebt wird. Dann würden die Übungen auf diesen drei Gebieten sich gegenseitig unterstützen. Streng methodische Beobachtungen über die Entfaltung des kausalen Denkens und des Normenverstehens beim Kinde liegen leider noch nicht vor. Nur sehr allmählich baut sich in seinem Bewußtsein der Gedanke einer »geordneten Welt« auf. Hilfreich dafür ist die Erfahrung, daß im Elternhaus wie in der Schule je eine »eigentümliche« Ordnung befolgt wird.

3. Der Förderung der erwünschten Kontinuität dient auch die musische Seite im Volksschulleben. Alles ästhetische Verhalten bedeutet ja ein Sicheinfühlen in das Innere der Sache, ein freischwebendes Noch-mit-ihr-Verschmolzensein und In-ihr-Leben. Wieder geht das Tun dem bloßen Schauen voran. Der Gegenstand oder Vorgang, der gezeichnet wird, wird gleichsam auf das Papier hingebannt, nachdem er vorher das Subjekt gebannt hat. Der Rhythmus eines Reigens, eines Marsches oder Tanzes verstärkt das Gefühl des geordneten Miteinander und schlingt *ein* Band um den Boden, den Leib und die Seelenbewegung. Singen ist die veredelte Erscheinungsform des frühkindlichen, noch von Leidenschaft durchglühten Sprechens, also ein besonders beseeltes und doch rhythmisch geordnetes Darstellen und Kundgeben. Gemeinschaftliches Singen fördert den Zusammenklang der

Gemüter und hilft dem Wirbewußtsein heraus. Endlich unterstützt jede Art des »Aufführens« von kleinen Szenen das denkende Begreifen dessen, was den Sinn der Szene ausmacht. Leo Frobenius hat unter dem Stichwort »gespielte Wirklichkeit« gezeigt, welche große Bedeutung dem Mitahmen von Umweltvorgängen in dem magischen Denken der Primitiven zukommt.[28] Natürlich gibt dieses Sichidentifizieren auch ein erhöhtes Machtgefühl. Der ganze Mensch ist dabei noch in Bewegung. Davon bleibt dann für später jenes innere Mitschwingen stehen, ohne welches sich der erforderliche *Kontakt* zu Menschen und Dingen »ringsum« nicht bilden würde. Der reife Mensch der Gegenwart leidet an allgemeiner Kontaktschwäche, weil er diese Stufe des Aufgehens in dem »Anderen« nicht intensiv genug ausgekostet hat. Was das Kind nicht auf früher Stufe durchlebt hat, fehlt dem Mann. Das Ästhetische nämlich, der blassere Rest der kindlichen Einsfühlung, ist nicht bloß ein Sondergebiet, in das man zur Erholung ausweicht, sondern es ist in alles geistige Leben hineinverwoben. Wir können weder eine Sache richtig aufnehmen und behandeln noch einen Mitmenschen verstehen, wenn wir nichts mehr von dem weiteren Seelentum der Frühzeit in uns tragen, für das der Schnitt zwischen dem Subjekt, dem Objekt und der anderen Seele noch nicht so scharf war, wie er in der Pubertätszeit heute meistens wird. Nur der Künstler schöpft noch dank einer Sonderbegabung aus dem reichen Quell des »allgemeinen Seelentums«; er zeigt daher den Weg zurück in einen solchen Zustand des tieferen Einsseins mit den uns begegnenden Menschen und Dingen. Alle musische Bildung aber ist darauf bedacht, etwas in der Seele aufzulockern, was unter dem Einfluß des bloßen Denkens oder der bloßen Arbeit zu starr wird. Sie hält gleichsam die aura um die Person herum beweglich, die Phantasiehülle, ohne die allmählich die Aufgeschlossenheit für den Reichtum der Formen und Formverwandlungen in unserer Welt verkümmert.

4. Es gehört nicht mehr zum Grundgedanken dieser Schrift, Methodenfragen des Unterrichts zu erörtern oder gar Stoffpläne für die Volksschule aufzustellen. Aber im Sinne eines Ausblicks ist hinzuzufügen, daß natürlich mancherlei umgedacht werden muß, wenn man die Aufgabe so faßt, wie es hier geschehen ist. Der Weg von den altersbedingten und ortsbedingten Eigenwelten zum beseelten »Kulturdenken« hin und die gleichzeitige Pflege jener »Wurzelböden« wird auch den Weg des Unterrichtes und der erziehlichen Einflüsse bestimmen. Darüber muß den im Volksschulunterricht Erprobten das Urteil vorbehalten bleiben.

Ich wiederhole hier nur meine Anregung, die Fülle des Stoffes durch

[28] Leo Frobenius, Kulturgeschichte Afrikas. o. O. 1933. S. 30.

bewußte Herausarbeitung des Elementaren zu beschränken.[29] Aber was ist mit dem Elementaren gemeint? Die alte Bezeichnung Elementarschule hat nur bedeutet: die am Anfang stehende Schule. Manchmal hat man auch an die berühmten Elementarfächer Lesen, Schreiben, Rechnen gedacht. Diese Aufzählung war unvollständig. Die Sprachpflege müßte mindestens miterwähnt werden. Wenn »das Elementare« so viel heißt wie das, womit man anfängt, so ist eben dies eine Frage, die sehr verschieden beantwortet werden kann. Hier muß die praktische Erfahrung das maßgebende Wort sprechen. Es ist ein Gebiet, auf dem die bekannte »Versuch – Irrtum – Methode« angebracht ist.

Ein ganz anderes Problem liegt vor, wenn »das Elementare« das *der Sache nach* Einfache bedeutet, zu dem sich andere Fälle als das Kompliziertere verhalten. Nehmen wir die berühmten Naturreiche als Beispiel: das Anorganische, das Organische; das letztere gegliedert in Pflanzenwelt, Tierwelt und – soweit sie den Naturbedingungen unterliegt – die Menschenwelt! Dann gibt es in jedem dieser Bezirke Grundgebilde und Grundvorgänge, die man begriffen haben muß, ehe man zu den verwickelteren Erscheinungen fortschreiten kann. An Goethes Lehre von den Urphänomenen ist so viel richtig, daß man diese großen Leitmotive der Natur zunächst auch nur kennen lernt gleichsam vertreten und anschaulich gemacht an gewissen Einzelfällen. Diese sind dann aber besonders vielsagend. Man kann sie exemplarische, vielleicht sogar »reine« Fälle nennen; manchmal gelangt man nur bis zu Typen, die jedoch *dann* Idealtypen heißen, wenn man ihr Aufbaugesetz erkannt hat und sie in der denkenden Phantasie zu methodischen Zwecken gleichsam selbst konstruieren kann. Auf solche Möglichkeiten bezieht sich die heute viel erörterte, aber nur selten durchgeführte Methode des exemplarischen Lernens.[30] Wenn Goethe zu der Auffassung neigt, man gewinne solche reinen Phänomene oder Urphänomene durch bloßes (geistiges) Hinschauen auf das Sichdarbietende, Sichzeigende, so hat sein Künstlergemüt sich die Sache zu einfach gedacht. Der sogenannte reine Fall wird nur durch vorangehende sorgfältige Analyse des in der Erfahrung Gegebenen und durch nachfolgende gedankliche Konstruktion erfaßt. Diese Leistung steht nun keineswegs am Anfang des Erkennens, sondern sie ist Resultat der vollen Sachbeherrschung und des reifsten Denkens. Sehr spät erst, in den Tagen Galileis, sind zum Beispiel

[29] Vgl. Eduard Spranger, Die Fruchtbarkeit des Elementaren. In: Pädagogische Perspektiven. 3. Aufl. Heidelberg 1955.

[30] Vgl. z. B. Martin Wagenschein, Das exemplarische Lehren (Schriften zur Schulreform. 11.) Hamburg 1954. – Derselbe, Natur physikalisch gesehen. Frankfurt/M. 1953.

die Grundgesetze der Bewegung gefunden worden. Es wäre das größte Mißverständnis zu glauben, das Kind fange von sich aus mit solcher »reinen Schau« an. Vielmehr ist es auch für den Lehrer, der die Gebiete genau kennt, die schwierigste Aufgabe, derartige klassische Paradigmata herauszuarbeiten. Und weil es so schwer ist, deshalb hat man nach meinem Eindruck mit dem Bemühen darum noch gar nicht recht angefangen. Pestalozzi hat die Intention dazu gehabt. Aber er wußte selbst, daß ihm die Mittel zur vollen Durchführung fehlten, und so ist er über die ersten, zum Teil noch unsicheren Schritte nicht hinausgekommen. Gleichwohl enthalten seine »Elementarpunkte« geniale Ahnungen. »Das dilettierende Genie« – ein Thema, über das es sich nachzudenken lohnt!

Bisher habe ich das Problem des »der Sache nach Elementaren« so betrachtet, als ob allein das Objekt das Nötige dafür hergäbe. Nun ist aber auch das denkende Subjekt daran beteiligt. Es betätigt sich in Formen, die wir seit Kant Kategorien (grundlegende Denkformen) nennen. Die bekanntesten unter ihnen sind das Denken in Substanzen und in Kausalzusammenhängen. Eine vollständige, unangefochtene Kategorienlehre steht uns trotz Eduard v. Hartmann, Heinrich Maier, Nicolai Hartmann u. v. a. noch nicht zur Verfügung.

Was die subtilste Philosophie noch nicht herausgearbeitet hat, kann vom Volksschullehrer nicht erwartet werden. Er muß aber wissen, daß es so etwas gibt. Dann kann er seinerseits auch Beobachtungen darüber anstellen, wie sich die grundlegenden Denkformen im Kinde allmählich entwikkeln und klären. Untersuchungen dieser Art, die vor 40 Jahren im Anschluß an William Stern sehr eifrig betrieben wurden, sind leider in den zwanziger Jahren unseres Jahrhunderts fast ganz liegen geblieben. Und doch sind die seitdem beliebter gewordenen Begabungs- und Leistungsprüfungen ganz fragmentarisch, wenn man nicht auch die Frage nach dem Bestand an Kategorien aufwirft, über die ein Kind schon »verfügt«, das heißt, die es unreflektiert anwendet.

Nehmen wir schließlich noch die sogenannten Lebenskategorien hinzu, nämlich die Verstehensschemata, die wir bei der Auffassung menschlicher Verhaltensweisen zugrunde legen, so wird endgültig klar, daß für die Aufhellung des »Elementaren« noch unendlich viel zu tun ist. Nur *ein* einfaches Beispiel hierfür! Die sogenannten Marktvorgänge in der Wirtschaft verweben sich zu den kompliziertesten Erscheinungen. Aber in allen wiederholt sich ein Grundgeschehen, das sich dem Kinde schon darbietet, wenn es die Mutter auf den Wochenmarkt begleitet. Dieses »elementare« Gerüst muß ihm einmal ganz isoliert nahegebracht werden, am besten in einer dramatisierten Szene, wie sie die Kinder selbst gern aufführen. Dann erlebt es den »reinen Fall«, und zwar ebenso in der äußeren wie in der inneren Anschauung. Die sogenannten Lebenskategorien reichen immer in das innere Seelengeschehen hinein und gliedern seine Bedeutung durch. Diejenige Weltseite, mit der sich die *Psychologie* als Wissenschaft beschäftigt, hat auch ihre Urmodelle. Man ist darauf immer noch nicht aufmerksam geworden, weil man immer noch an dem dreiteiligen Schema Vorstellen, Fühlen und Begehren hängen bleibt, das für die geistig-gesellschaftlichen Phänomene nicht ausreicht. Es wäre an der Zeit, daß einmal eine Didaktik des »Verstehenlehrens« in bezug auf menschliche Lebensverhältnisse geschrieben würde. Denn es macht sich nicht einfach von selbst, sondern bedarf auch der planmäßigen Anleitung. Dazu gehört aber der produktive Wurf, zu dem unsere Volksschulmethodik sich lange nicht mehr erhoben hat.

Mit diesen Andeutungen zu dem großen Thema: »Die Elementarformen der Gegenstände und gegenständlichen Vorgänge, die elementaren Kategorien des Denkens über Natur und Gesellschaft« muß es sein Bewenden haben. Sie sind hier nur eingefügt, um Aufgaben zu kennzeichnen, die die bisherige Pädagogik vernachlässigt hat.

5. In den philosophischen Gefilden, in die uns das Thema abgedrängt hat, ist es manchem unbehaglich zu atmen. So richtet sich auch an uns zum Schluß das Gebot der Lebensnähe. Uralt ist das Wort, die Schule habe für »das Leben« zu erziehen. Es ist so klug gewählt, daß niemand dagegen Einspruch erheben wird – denn unter dem »Leben« kann sich jeder denken, was er will. Nicht minder farblos war die uns von Anfang an leitende Bestimmung, die Volksschule habe die ihr anvertrauten Zöglinge für die Mitarbeit an der einen offiziellen Kulturrealität heranzubilden, wenigstens so weit, wie es bis zum 14. Lebensjahr durchschnittlich erreichbar sei.

Wenn Sokrates von den Bemühungen der Ärzte spricht, ihre Patienten zu heilen, erinnert er oft daran, daß man eigentlich fragen müsse, ob das Leben, das da erhalten wird, auch wahrhaft lebenswert (besser gesagt: lebens*würdig*) sei. So müßte man als Pädagog, wenn man für eine Kultur erzieht, sich vorher eigentlich Rechenschaft ablegen, ob die betreffende Kultur es lohne, junge Menschen gerade in ihrem Geiste heranzubilden. Rousseau hat für seine Zeit diese Frage bekanntlich verneint. In den vorangehenden Ausführungen mußte die stille Vereinbarung angenommen werden, daß mit der Abkürzung »Kultur« nur der echt sittliche Gehalt unseres Zusammenlebens und Zusammenwirkens gemeint sei. Gestehen wir uns, daß wir im ganzen wie im einzelnen gar nicht so sicher sind, wo die Grenzen zwischen dem Wertvollen und den – milde gesagt – Verirrungen unserer Epoche verlaufen. Aber diese Prüfung vorzunehmen, kann man dem einzelnen Volksschullehrer nicht auch noch von Amts wegen zumuten. Und wenn wir den Staat darum bäten, diese sokratische Untersuchung doch recht sorgfältig durchzuführen, so würde er – optimistisch prophezeit – vermutlich antworten: auch er sei darin gar nicht mehr ganz frei. Vielmehr seien die Forderungen an die Leistung der Volksschule ja durch die Bedürfnisse des »Lebens« schon festgelegt. Diesmal muß man sich unter dem Leben die Gesellschaft denken oder, gleich deutlicher gesagt, »die Wirtschaft«. Es ist ja noch gar nicht lange her, daß zum Beispiel die Industrie erklärt hat, die deutsche Volksschule leiste nicht mehr, was sie leisten solle. Kein Zweifel, daß die Schule auch vor diesem Forum Rechenschaft abzulegen hat. Sie soll auch die zeitgemäßen »nützlichen« Kenntnisse und Fertigkeiten beibringen und »brauchbare« Mitglieder der menschlichen Gesellschaft heranbilden.

Die deutsche Pädagogik des 19. Jahrhunderts hat sich lange gegen die Zumutung gewehrt, in den sogenannten allgemeinbildenden Schulen das praktisch Nützliche zu berücksichtigen. Das muß um so mehr auffallen, als das gleiche Jahrhundert die Wirtschaft und den Erwerb in einem Grade alle anderen Kulturseiten hat überwuchern lassen, den man früher nie für möglich gehalten hätte. Der horror utilitatis stammte noch aus der Schulreform Wilhelm v. Humboldts, also aus dem deutschen Idealismus. Diese Bewegung wollte vor allem der sittlichen Würde des Menschen zur Anerkennung verhelfen und das Bürgertum von dem kleinlichen Krämergeist befreien, wie ihn Wilhelm Meister in dem Brief an seinen Schwager Werner anklagt. Es gehört zu der Religiosität des deutschen Idealismus, daß er immer wieder auf den metaphysischen Kern im Menschen hinwies. Niemand wird ihn deshalb tadeln.

Daraus folgt aber keinesfalls, daß alles Nützliche aus dem Leben zu verbannen wäre. Das wäre an sich ein unsinniger Gedanke. Goethe, Fichte, Pestalozzi, Schleiermacher haben kein Bedenken getragen, auch den Gütern der Lebenserhaltung und der äußeren Lebensgestaltung den Platz einzuräumen, der ihnen gebührt. Die Maxime beim späten Goethe »Vom Nützlichen durchs Wahre zum Schönen« ist durchaus ernst gemeint. Fichte hat die wirtschaftliche Arbeit seinem System der Sittlichkeit fest eingebaut. Pestalozzi hat in seinen Anfängen bewußt der Pädagog des heraufziehenden Industriezeitalters sein wollen. Durch welche merkwürdigen Umstände gerade in den grundlegenden Schulen eine Art von Abscheu gegen die Berücksichtigung wirtschaftlicher Notwendigkeiten stehen geblieben ist, braucht uns hier nicht zu beschäftigen. Genug: wenn echte Gründe dafür bestanden haben sollten, so sind sie inzwischen weggefallen. Übrig geblieben ist nur, daß zum Beispiel die Volksschule nicht auf einen bestimmten Wirtschaftszweig hinarbeiten soll. Aber selbstverständlich muß sie in ihren Lehrplan auch »nützliche Kenntnisse und Fertigkeiten« aufnehmen. Sie müßte ja geradezu eine künstliche Suchaktion veranstalten, wenn sie Bildungsgüter finden wollte, die in gar keiner Beziehung zum Nutzen des einzelnen und der Gesellschaft stünden. Es gilt also nicht, das Lebensdienliche aus dem Bildungsprozeß auszuschalten – was immer nur zur Selbstbelügung und hochmütigen Weltfremdheit führen kann –, sondern es durch die Beziehung auf die *sittliche* Ordnung der Kultur zu veredeln. Diese Kultur ist bei uns Arbeitswelt in betontem Sinne. In einer solchen kommt es ganz entschieden auch auf *Leistungen* an, und insbesondere die moderne industrielle Gesellschaft ist ohne Hochleistungen gar nicht aufrechtzuerhalten, geschweige denn weiterzubilden. Die Einzelforderungen daraus für den Lehrplan der Volksschule zu ziehen, liegt nicht im Rahmen meines Planes.

Jedoch müssen wir uns noch darauf besinnen, daß in dem Wort »das Lebensdienliche« schon ein Hinweis auf die immer bloß dienende Stellung des Nützlichen enthalten ist. Es ist nicht der endgültige Gesichtspunkt, an dem sich die Kultur wie die Erziehung ausrichten können. Vielmehr bleibt die letzte und höchste Frage, unter welchen Bedingungen eine Kultur als sittlich gerechtfertigt gelten kann, und ihr gegenüber sinken die »gemeinnützigen« Bildungsgüter nun doch wieder auf den zweiten Rang hinab.

Zum höchsten Prinzip können wir den utilitaristischen Maßstab auch deshalb nicht machen, weil für verschiedene Kreise (Eigenwelten) sehr Verschiedenes nützlich ist und weil der Verdacht besteht, das Absolutum im Hintergrunde sei wieder nur der Erwerb oder das Geschäft oder die Rentabilität der Arbeit. Die Volksschule wird also, wenn man sie ausschließlich unter sozialutilitarische Forderungen stellen will, erwidern, der empfohlene Maßstab sei gar kein eigentlicher Maßstab, da er in der Hand des Messenden je nach Wirtschaftslage und Wirtschaftskreis zusammenschrumpfe oder sich ausdehne oder gar Krümmungen erleide.

Also kommen wir auch mit dem Bildungsideal: Erziehung für die bestehende offizielle Kultur keineswegs aus. Es zieht den Menschen ganz in die Relativitäten des gesellschaftlichen Verkehrs hinein. Sollte das nicht ein Anzeichen dafür sein, daß wir zu viel von dem anderen Pol, den Eigenwelten, preisgegeben haben? Oder haben wir gar eine dritte Dimension ganz vergessen, nämlich die Richtung auf die Überwelt?

6. Ehe wir uns diesen letzten Erwägungen zuwenden, erneuert sich der Zweifel, ob man der Arbeit der allgemeinen Volksschule überhaupt ein Bildungsideal setzen kann. Es ist deshalb schwer, weil sie heute bei uns vor dem Pubertätsalter abbricht, also – wenn man sich in der Pädagogik so

»technisch« ausdrücken darf – den jungen Menschen nicht eigentlich fertig machen kann. Nicht nur für den kleinen Prozentsatz der Schüler, die auf die höhere Schule oder auf Fachschulen übergehen, gilt, daß sie bis zum 14. Lebensjahr nur dazu gebildet werden können, mit sinngemäßem Erfolg weiterzulernen und sich – *noch* ein wenig später – selbst zu erziehen.

Dazu muß der Mensch zunächst *gemeinschaftsfähig* sein, also aus der Eigenwelt der naiven Selbstbezogenheit herausgetreten sein. In Deutschland wird diese Forderung immer noch zu eng in der Richtung der Schulgemeinschaftsfähigkeit verstanden, ja als bloßes Disziplinhalten. Eine solche Erziehung greift nicht weit genug über die Mauern der Schule hinaus; sie macht überdies nicht selbständig. Der Mensch entfaltet sich nur auf dem Wege über kleine Verantwortungen zu großen Verantwortungen. An unserem Schulgemeinschaftsleben ist also noch viel zu reformieren, wenn aus ihm junge Menschen hervorgehen sollen, die in größeren Kreisen nicht ihr wahres Selbst verlieren. Die Volksschule ist zunächst nur eine kleine Eigenwelt und ein kleines Reich altersgemäßer Gemeinschaft. Diese muß jedoch schon Gelegenheit geben, Modelle sittlicher Situationen zu erleben, die künftig mit größerem Gewicht und größerer Gefahr auftreten werden. Dies gilt sowohl von der Schule als Arbeitsgemeinschaft und Spielgemeinschaft wie von ihr als Vorschule des reifen Lebens, in dem der Einzelne Verantwortungen zu tragen hat. Auch das Sittliche lernt sich, wie Pestalozzi gewußt hat, zunächst nur an »nahen«, einfachen und anschaulichverständlichen Lebensbeziehungen unter Menschen.

Wenn die Volksschule auch in dieser Hinsicht einen Grund legen soll, wenn sie dem sittlichen Ideal freier, entscheidungsbereiter und verantwortlicher Menschen vorarbeiten soll, dann muß sie natürlich auch ahnen lassen, *vor wem* eigentlich Verantwortungen getragen werden. Zu leicht bleibt die kindliche Vorstellung haften, verantwortlich sei man den Eltern und dem Lehrer. Verliert deren Bild einmal seine magische Kraft, so bleibt nichts übrig, woran die sittlichen Gebundenheiten noch angeheftet werden könnten.

Wo also liegt der letzte Orientierungspunkt? – Unser ganzes Erziehungsbemühen wendet sich an die langsam sich entfaltende Innerlichkeit des Jugendlichen. Haben wir nur sein äußeres »Fortkommen« im Auge, so geraten wir in Versuchung, seine Seele dem Erfolg zu opfern. Der Maßstab des Erfolges bringt all die Gefahren von Ehrgeiz, Machtrausch, Erwerbsgier und Gewissenlosigkeit mit sich, die wir zur Genüge kennengelernt haben. Gelingt es uns nicht, erziehend an die Stelle der seelischen Intimität heranzukommen, die wir *das Gewissen* und – als Dauereinstellung – die Gesinnung nennen, so bleiben die schönsten Leistungen bei den

Abschlußprüfungen unserer Volksschule bloße Scheinerfolge. Dieses Zentrum von der Schule aus zu erreichen, es zu kräftigen und seiner selbst sicher zu machen, ist gewiß eine unerhörte Anforderung. Sollen wir deshalb die Waffen strecken?

Im Gegenteil: wir sollten uns gestehen, daß wir zu einseitig den Weg nach außen gepflegt haben und damit das Beste der Eigenwelt geopfert haben. In *ihr* nämlich ist jene ausgezeichnete Stelle, die allein zum Regulator des »Lebens« werden kann: die Stelle, wo zunächst der Mensch ein Gespräch mit sich selbst zu führen beginnt, das seinen »Eigenwert« zum Thema hat. Der Sinn dieses Gespräches erweist sich jedoch bald als höherer Herkunft. Hier steht nicht bloß der Mensch vor dem »Höchsten«, was er *in* sich kennt. Er begegnet Gott, und er führt in Wahrheit das Gespräch mit Gott, genauer gesagt: mit *seinem* Gott, der zugleich der allmächtige Gott ist. Jene ausgezeichnete Stelle ist also der Punkt des Durchbruchs einer höheren Welt. Hat die Erziehung nicht von vornherein in *dieser* Richtung gesteuert, so ist eigentlich gar nicht erzogen worden, mag der Zögling auch nach außen hin kulturfähig geworden sein. Die ganze vertikale Dimension des »Lebens« wäre dann vergessen worden und somit der absolute Höhepunkt, in dem alles Leben hängt und von dem alles geistige Leben ausgeht.

Mit dem Aufleuchten dieser Einsicht im Erzieher und mit der Anbahnung einer solchen Lebensorientierung im Zögling fällt aber auch endgültiges Licht auf das Hauptthema unseres Gedankenganges. Der Finger ist deshalb so entschieden auf die Erhaltung der Eigenwelt gelegt worden, weil sie etwas enthält, was »die Welt« als solche nicht geben kann. Ausschließlich in der intimen, ganz individuellen Innerlichkeit nämlich liegt der *Quell* alles Erlebens von Bedeutungen und aller Bedeutungsverleihungen. Um diese Sonne bewegt sich alles. Dort allein entscheidet es sich, ob die Werte und Güter in der richtigen Rangordnung gesehen werden oder ob die zufällige Individualität nur ihre leidenschaftlichen Begierden auslebt. Vielmehr: nicht »*es* entscheidet sich«, sondern das werdende höhere Selbst muß sich selbst entscheiden. Dort allein, in der Einsamkeit seines Gewissens, steht es unmittelbar vor Gott. In menschlicher Sprache drücken wir es so aus: Es kommt darauf an, mit dem Willen Gottes mitzuwollen. Welches aber dieser Wille ist, das offenbart sich nur in der Geborgenheit einer sorgsam gepflegten Eigenwelt, die – wenn sie ihr wahres Zentrum findet – Gott findet. Die Ordnungen der Außenwelt sind nur Gleichnisse für die richtige Ordnung in jeder Innenwelt. Die geltende Moral des Zusammenlebens ist nur eine Propädeutik auf das Gewissen. Und im Gewissen wird Gottes Stimme vernommen.

Wie nun das große System von Eigenwelten in ihrer Verflechtung mit der Arbeit an der gemeinsamen Kultur in die rechte Gravitation zu bringen sei, das überschreitet die Aufgabe, die wir uns gesetzt haben. Es würde auch wenig helfen, hierüber eine fertige Lehre vorzutragen, weil das rechte Leben nicht »gelehrt« werden kann, sondern nur die immer wache innere Bereitschaft dazu »geweckt« werden kann. Genug, daß man erkannt habe, worauf es *eigentlich* ankommt!

Jetzt endlich wird es auch klar, weshalb die innerhalb der gemeinsamen Kulturwelt rätselhaft ineinander verflochtenen Eigenwelten zugleich auch konzentrische Welten genannt werden könnten. Es scheint zunächst so, als ob jede von ihnen ein eigenes Zentrum hätte, nämlich gerade dieses einzelne und in sich geschlossene Ich. Aber alle diese Mittelpunkte weisen doch zurück auf den Einen, aus dem zugleich das intime seelische Bewußtsein und die gemeinsame Welt menschlicher Geistesbetätigung stammt. Die verschiedenen christlichen Bekenntnisse haben darüber noch ihre eigentümlichen Aussagen, die wir ehren wollen, weil das Urgeheimnis doch unausschöpfbar bleibt. Man könnte sie wiederum als Heimatsprachen bezeichnen.

Die Volksschule also führt die Werdenden in die Welt hinaus, zugleich aber in sich hinein. Beide Wege sind notwendig. Werden sie richtig begangen, so erwacht schon eine Ahnung von dem Rhythmus des Menschenlebens. Denn das rätselhafte Wesen Mensch ist eingespannt zwischen Gott und Welt und zieht aus beiden seine Kräfte.

Durch die liebenswürdige Vermittlung von Herrn Studienrat Kopp in Tutzing hat sich inzwischen der vollständige Text der Geschichte von Rosegger gefunden, die auf Seite 300 erwähnt wird:

Wan da Sauholta Kaisa war

Is amol a Baur gwest. Uih narasch, däs hebt jo on wiar a schöni Gschicht! Und der Baur is mit an Sauholta va da Kirchn hoamgonga.

»Rechtschoffn hobn s aufmusiziert heint«, sogt da Sauholta.

»Jo, daß s heint wieda gor a so trumelt hobn!« sogt da Baur.

»Weil holt, moan ih, in Kaisa sei Nomenstog tat sei.«

»Hon s eh ah ghört, daß heint in Kaisa sei Nomenstog tat sei.«

»Und derawegn wern s a so trumelt hobn.«

Nochha trotlns weita. Da Baur zündt sei Pfeifn on, und ban Feurschlogn, wiar er in Röhrlspitz so zwischn sein Zähnt hot, sogt er: »Holt leicht jo, daß s trumelt hobn wern, wan in Kaisa sei Nomenstog ist.«

»Ih, wan ih Kaisa war, olli Tog liaß ih trumeln«, sogt da Holta.

»Ih nit, ih«, moant da Baur. »Ih wissad ma wos Bessers.«

Schupft da Sauholta mit sein Schuachspitz aufn Weg a Stoandl hin und her und sogt: »Heili wohr ah, auf däs war ih neugieri.«

»Af wos?« sogt da Baur.

»Wos du tatst, wanst du Kaisa warst.«

»Wia kimst man dan für, Sauholta.«

»Wos du tatst, wanst du Kaisa warst!«

»Guat liaß ih ma s gschechn. In gonzn Tog liegad ih afn Heu.«

»Und derawegn möchast du Kaisa sei?«

»Wos denn!«

»A sou tat ih nit. Wan ih Kaisa bin, do loß is s umagehn – schlageralent noh amol! Onschickn kunt ih ma s.«

»Glaub das eh«, sogt da Baur, »du wurdst as schön nobl gebn.«

»Däs konst da denkn. Wan ih amol Kaisa bin, afn Heu lieg ih nit. Z Fuaß treibad ih meini Sau nit auf d Woad. Af an Schimel mit guldenen Sodl reitad ih eahna noch, und sechs Grofn müassadn hintn drein trappeln.«

Von der Lernschule zur Erziehungsschule

1956

Der Aufruf »Von der Lernschule zur Erziehungsschule!« ist seit langem unter den deutschen Reformpädagogen verbreitet. Mit der Verwirklichung aber will es nicht recht vorwärtsgehen. Ursache dafür ist nicht Mangel an gutem Willen. Vielmehr fordert man hier einen Umbau, der tiefer greift als etwa die Einführung einer neuen Unterrichtsmethode. Die Tradition unseres deutschen Schulwesens steht dagegen. Das Problem trifft vor allem diejenige Art von Schulen, die vom Hause aus für einige Stunden des Tages besucht werden, gleichviel ob sie vom Staat oder von Privaten eingerichtet sind. Für diese »Halbtagsschulen« galt ursprünglich die Meinung: die eigentliche Erziehung besorge die Familie; die Schule nehme ihr nur die Unterrichtsaufgaben ab, die das Haus schon längst mit seinen Kräften nicht mehr bewältigen könnte. Mit der Zeit aber sank die Erziehungskraft der Familie herab; entsprechend wurde ein größeres Maß von Erziehungsverantwortung auf die Schule abgewälzt. Nicht mit Unrecht fragt man, ob diese mit ihren begrenzten Mitteln überhaupt so viel leisten könne; sodann: wie sie sich gegebenenfalls dafür umzustellen habe. Erziehungsheime (Internate) sind im Hinblick auf moralische Wirkung viel günstiger daran, weil sie ihre Zöglinge auch außerhalb der Unterrichtszeit bei sich haben und den Einfluß der Straße wie anderer gefährdender Mächte leichter ausschalten können.

I. Ursprung und Sinn der gegenwärtigen Problemlage zeichnen sich deutlicher ab, wenn man historisch zurückblickt. Die höhere Schule auf dem europäischen Kontinent wurzelt in der Klosterschule, die im Anfang der Tradition antiker Bildungsgüter diente; die Volksschule in der mittelalterlichen Schreib- und Leseschule, einem Erzeugnis vorwiegend kaufmännischer Bedürfnisse. Beide Schularten pflegten selbstverständlich den christlichen Geist, wobei aber die Christen*lehre* immer mehr in den Vordergrund trat. Seit der Aufklärung kommt die *Theorie vom erziehenden Unterricht* auf. Bei A. H. Niemeyer und E. Chr. Trapp zum Beispiel ist sie rein intellektualistisch. Herbart selbst rechnet noch auf das sichere Einspringen des ethisch-ästhetischen Urteils bei den Gesinnungsstoffen. Aber unter der langen Herrschaft der Herbartianer erlangte die intellektualistische Fassung den Rang eines unangefochtenen pädagogischen Prinzips.

In seiner radikalen Auslegung würde es bedeuten: die (öffentliche) Schule kann *nur* durch Unterricht erziehen; über andere Erziehungsmittel verfügt sie gar nicht. In milderer Form genommen heißt es: Zwar erfolgt nicht alle sittliche Einwirkung in der Schule durch Unterricht. Aber neben ihm sind die anderen Mittel nur schwach. Im stillen sprach wohl die Überzeugung mit: »Wissen macht gut«; auch die abgekürzte Herbartische Formel »Der Gedankenkreis bildet den Charakter« könnte so mißdeutet werden. Diese Anschauung haben wir längst als irrig erkannt, obwohl sie sich auf einen halb verstandenen Sokrates berufen könnte. Denn Verstand und Kenntnisse können ebensowohl zum Guten wie zum Bösen eingesetzt werden. Viel Wissen heißt noch nicht: Charakter haben; Klugheit ist noch weit entfernt von sittlicher Reinheit oder gar Güte.

Die Theorie vom erziehenden Unterricht wurde seit dem letzten Jahrzehnt des 19. Jahrhunderts scharf angegriffen, und man darf behaupten, daß sie als Theorie jetzt auf maßvolle Geltungsgrenzen zurückgeführt ist. Wenn man der sittlichen Erziehung auch nur den Auftrag erteilte, feste und lautere Charaktere zu bilden, müßte man einsehen, daß es dazu eines ganz anderen Mediums bedarf, als es die Lernschule hergibt. Man könnte sie auch die Ein-Mann-Schule nennen, insofern in ihr ein Mann (bzw. eine Frau) vom Katheder aus eine Vielzahl von Schülern mit Kenntnissen versorgt, ohne daß die Beziehungen dieser vielen untereinander pädagogisch mit fruchtbar gemacht würden. Man sah zwar, daß in England die Charaktererziehung besser funktionierte; aber man kam nicht hinter das Geheimnis »Wie?«. Die Massenversorgung mit Stoffmassen blieb der herrschende Stil und verschloß den Blick für neue Wege.

II. Die Umstellung führt auf Probleme, die hier nur andeutend berührt werden können. Erziehung durch bloße Lehre, auch als ausdrückliche *Moral*lehre, verhält sich zur Erziehung an konkreten Lebensverhältnissen wie eine Fläche zu plastischen, dreidimensionalen Gebilden. »Das Leben erzieht« war Pestalozzis immer wiederholte Altersweisheit. Natürlich nur *das* Leben, das schon auf das Gute hingeordnet ist, also eine Umwelt mit sittlichen Gehalten!

Man hat vielfach die Forderung vertreten, die echte Erziehungsschule müsse zu einem verkleinerten *Modell des reifen Lebens* gestaltet werden. So hat man zum Beispiel die politische Erziehung zu fördern geglaubt, indem man in der Schule Parlament spielte. Am Spielen mag man mancherlei lernen, nur nicht den Ernst und das Realgewicht von sittlichen Konflikten und Gewissensentscheidungen. Dieser Weg führt also nicht zum Ziel. Wohl aber kann man im Rahmen der Schule eine *Jugend*gemeinschaft aufbauen, in der alle sittlichen Erfahrungen, die dem Jugendleben zugänglich sind, zur Geltung kommen. Also nicht ein Modell des Künftigen, sondern eine gegenwärtige Wirklichkeit! Die Berücksichtigung der Gegenwart bedeutet hier, daß man über die Bedingtheit des jugendlichen Verhaltens durch die jeweilige Altersstruktur Bescheid wisse.

Unsere so rührige Kinder- und Jugendpsychologie hat sich leider um die seelischen Bedingungen und Grenzen der sittlichen Erlebnisse auf den einzelnen Altersstufen noch zu wenig gekümmert. Dieses Thema ist auch mit der alten Dreiheit »Vorstellen, Fühlen und Begehren« nicht zu bewältigen. Der wertvolle Ansatz von Reininger (1925) ist nur spärlich weitergeführt worden.

In dem frühkindlichen Alter, das man neuerdings als das magische oder das Märchenalter zu bezeichnen pflegt, ist das Zueinander und Miteinander der Kinder einer Klasse noch dürftig; es muß gelenkt werden. Erst auf der Stufe, die für die männliche Seite das Knabenalter heißt (und nicht »Vorpubertät« genannt werden sollte), erwacht mit stoßartiger Wucht eine Bewußtseinshaltung, die für das Sittliche mindestens Vorform ist (vgl. Kant): das *Regelbewußtsein.* Die gemeinsamen Spiele werden Regelspiele. Auch das Verständnis für regelhafte kausale Zusammenhänge in der Welt ringsum entfaltet sich jetzt. Aber in der Gemeinschaft empfängt das Regelhafte die Bedeutung einer *gesollten* Ordnung für das Miteinander. An diese zunächst noch stark ins Spielerische eingehüllten Keime muß man pädagogisch anknüpfen.

Dieser Gedanke steht hier nur als wichtiges Beispiel. Es muß überhaupt eine Schul- und Klassengemeinschaft aufgebaut werden, in der man »grundlegende«, »elementare« sittliche Erfahrungen machen kann. Darin besteht die neue Anforderung an den »Erzieher« (der nun nicht mehr bloß »Lehrer« ist), und seine wirklich schwere neue Kunst. Man muß dazu Beobachtungen angestellt haben über die frühesten Erscheinungsformen des »langen Willens«, des Wetteifers, des Ehrbewußtseins, des Gewissens, der Auftragsverantwortung und der Initiativverantwortung. Über kindliche Konflikte gibt es mancherlei Material, jedoch ist es meistens der psychoanalytischen Ausdeutung und damit einem einseitigen Schematismus verfallen (Zulliger). Man wird nicht erwarten, daß ich auf so engem Raum mehr als Stichworte geben kann.

Kerschensteiner hat die Aufgabe zu eng gefaßt, wenn er alles aus der

*Arbeits*gemeinschaft der Schüler herausholen wollte. Die Spielgemeinschaft setzt stärker den ganzen jungen Menschen »ins Spiel«. Der Direktor der Stuttgarter Verwaltungs- und Sparkassenschule Max Rehm führt mit seinen Leuten »Planspiele« durch. Ähnliches muß man für das umfassendere Gebiet des Sittlichen durchdenken. Die Form des Spieles hat den Wert, die Anschaulichkeit der beteiligten Faktoren zu erhöhen. Das Schwierige ist – wie beim Rechnenlernen der Übergang vom Anschaulichen zum Abstrakten – so hier der Übergang von Phantasieleistungen zum Ernst der wirklichen Situation, evtl. zur Krisis.

Situationen muß man herbeiführen und ausnützen. Vor allem aber muß man – und das ist der Gipfel der pädagogischen Kunst – bis zu der konkreten Individualität vordringen, ihre tieferen Schichten ahnen und bewegen, den einzelnen an die für ihn fruchtbare Stelle setzen und möglichst unvermerkt Hilfen geben, wenn Ratlosigkeit oder gar Gefahr eintritt.

Eine neue Staats- und Gesellschaftsordnung fordert auch neue Erziehungsformen. Der demokratische Geist ist bei uns immer noch neu. Er muß zur sittlichen Grundgesinnung erhoben und zu einer Kraft werden. Das ist nicht bloße Forderung eines gerade herrschenden politischen Systems, auf das auch wieder einmal ein anderes mit anderem Erziehungsstil folgen dürfte. Vielmehr münden diese gedrängten Betrachtungen wie alle ähnlichen in den Zentralgedanken: der Massenmensch ist die Bedrohung des Abendlandes. Der systemhörige Mensch der totalitären Staaten ist nur eine seiner Erscheinungsformen. Wenn wir nicht lernen, durch Erziehung früh im Innern der Jugendlichen Gewissen, Entscheidungsbereitschaft, Selbständigkeit und Verantwortung für das gemeinsame Leben zu wecken, werden wir diesen täglich wachsenden Gefahren nicht entgehen und unsere wesentlichste Kulturaufgabe versäumen.

Die Erziehungsaufgabe der deutschen Berufsschule

1958

Die deutsche Pflichtberufsschule ist immer noch in der glücklichen Lage, auf pädagogischem Neuland zu arbeiten; das beflügelt die Kräfte und ermutigt zum Erproben ungewohnter Wege. Es verführt aber auch vielfach zu übermäßigen Erwartungen und Ansprüchen. Als eine »berufsbegleitende« Schule hat sie ursprünglich nur eine Ergänzungsaufgabe gehabt. Sie muß voraussetzen, daß die Meisterlehre in Ordnung ist. Werkstatt und Schule müssen sinnvoll aufeinander abgestimmt sein. Da alles Menschliche unvollkommen zu bleiben pflegt, wird man nicht annehmen dürfen, daß gerade an dieser Stelle immer alles in idealer Weise gelinge. Der Einfluß der Berufsschule auf Lehre und Erziehung in der Werkstatt ist im einzelnen Falle sehr gering. Sie muß also darauf bedacht sein, das Ihrige in bestmöglicher Form zu leisten. Etwas grundsätzlicher ausgedrückt: der Pflichtberufsschule ist die Aufgabe in die Wiege gelegt worden, die ihr zur Verfügung stehenden Mittel auf den höchsten erreichbaren Wirkungsgrad zu bringen. Der Schwung, den das Bewußtsein, neuen Boden zu bestellen, verleiht, ist auch mit einem gewissen Gehetztsein verbunden: »Hole so viel heraus, wie nur irgend möglich ist! Lasse also auch alles beiseite, was zur Not entbehrt werden kann, und setze alle Kraft an das, was von zentraler Wichtigkeit ist!«

Welches ist denn nun der entscheidend wichtige Auftrag der Pflichtberufsschule? Mit dieser Frage beginnt schon die Problematik. Viele Berufspädagogen erinnern sich noch, wie sehr es als befreiende Klärung begrüßt wurde, daß nach dem Fortbildungsschultag in Dresden von 1920 der Name Fortbildungsschule entschieden aufgegeben und durch die neue Bezeichnung »Berufsschule« ersetzt wurde. Darin lag ein eindeutiges Bekenntnis: die Schulform, die jetzt erst festere Form gewann, sollte sich am Beruf orientieren. Der Beruf sollte zum Bildungszentrum werden, ungeachtet aller organisatorischen und finanziellen Schwierigkeiten, die man keineswegs übersah.

Das war der entscheidende Schritt am Ende des ersten Weltkrieges, und wir sind auch heute noch der Überzeugung, daß es ein Fortschritt war. Aber neuerdings, nach dem zweiten Weltkrieg, stellte sich heraus, daß das Ziel mit der Hinwendung zum Beruf als Bildungszentrum noch nicht deutlich genug bezeichnet war. Die Berufsschule wurde in eine Fülle neuer Probleme hineingerissen, von denen wir zunächst nur eines ins Auge fassen wollen: Sie geriet mit in den Strudel einer Welle, die alle Bereiche der Erziehungsbestrebungen erfaßte und die aus dem beunruhigenden Bewußtsein herkam: der Mensch ist in Deutschland zu einseitig Berufsmensch geworden; er ist dabei nicht im vollen Sinne *Mensch* geblieben. Über dem Drang nach Leistungssteigerung ist die Pflege des Charakters zu kurz gekommen. Die Losung von der Humanisierung des Arbeitsmenschen kam auf.

Wenn man die alte Errungenschaft der entschiedenen Berufszentrierung nicht aufgeben wollte, so wurde das neue Bildungsideal einer Ellipse mit zwei Brennpunkten vergleichbar: der eine lag im Beruf, der andere in einem voll entfalteten Menschentum. Das letztere wurde von vielen wieder mit dem Allgemeinbildungsideal gleichgesetzt. Auch auf der Hochschulstufe wurde von einem studium generale Hilfe erhofft. Das war ein Irrtum. Es ging diesmal um sehr viel tiefer liegende Wurzeln des Menschentums als um Versorgung mit Bildungsstoffen: es ging um die Bereitschaft zu sittlichen Verantwortungen. Humanität wurde nicht mehr als eine »Form« gedeutet, die man durch Belesenheit und Gelehrtheit erlangen könnte. Man sah das wahrhaft Menschliche nunmehr in der Fähigkeit und Bereitschaft, sittliche Entscheidungen zu treffen, sittliche Verantwortungen für das Ganze zu übernehmen und als freie Person von einer bescheidenen Stelle her am Ganzen der Kultur mitzubauen. Der Gedanke war freilich in dem Lande eines Kant nicht absolut neu. Aber was selbstverständlich geworden ist, muß bisweilen neu formuliert werden, damit man seines Ernstes wieder voll bewußt werde. Der Sinn der Humanität muß ferner immer wieder mit zeitgemäßem Gehalt erfüllt werden. Für uns liegt das eigentlich Problematische, gemäß dem gewählten Symbol, auf der Verbindungslinie zwischen den beiden Brennpunkten: sittliche Person und Berufsmensch im Wirtschaftsleben.

Damit sind wir bei dem Thema: *Die Erziehungsaufgabe der deutschen Berufsschule* angelangt. Es kann hier nur grundsätzlich beleuchtet werden.

Die Durchführung im einzelnen ist Sache derer, die in der Praxis Erfahrungen gesammelt haben.[1]

I

In seinem Aufsatz ›Gedanken zur gegenwärtigen Lage der Wirtschaftspädagogik‹ hat Karl Abraham für das ganze Gebiet der Wirtschaftspädagogik eine Zwischenbilanz gezogen.[2] Er vermag in manchen Beziehungen unleugbare Fortschritte festzustellen. Hinsichtlich der Erfolge der sittlichen Erziehung aber ist er zur Skepsis geneigt. Es ist keine Mäkelsucht, wenn man sich eingesteht, daß hier das Wünschenswerte noch nicht erreicht ist. Eine Selbstprüfung kann nur förderlich sein, besonders, wenn man sich einmal ganz grundsätzlich klarmacht, was sittliche Erziehung im Rahmen einer beruflich differenzierten Schule eigentlich zu leisten hat und leisten kann.

Alle Menschenbildung muß sich an den Rhythmus anschließen, auf dem der Vollzug des Lebens überhaupt beruht: Welt aufnehmen, Wertentscheidungen treffen, Werk gestalten. Und zwar ist in diesem dreigliedrigen Vorgang alles so eng miteinander verbunden, daß jeder einzelne Faktor auf die sinngemäße Hilfe der beiden anderen angewiesen ist. Die deutsche Sprache gibt dem, der an solchen Spielereien seine Freude hat, schon dadurch eine Gedächtnishilfe für dieses Verflochtensein, daß sich in der Benennung der drei Faktoren jeweils nur die letzten beiden Buchstaben ändern:

Welt – Wert – Werk.

Man muß etwas vom Weltzusammenhang kennen, um dem eigenen Tun (Werk) den rechten Wert zu geben. Erst in der Arbeit am Werk wird man dieser Weltzusammenhänge (Gesetze) ganz inne. Ob aber dieses Werk aus sittlicher Haltung heraus geboren ist, hängt vom Gewissen und von der Gesinnung der Person ab. Die eigentlich tiefgreifende Formung des Menschen beruht also nicht so sehr darauf, daß man ihn mit Sachwissen und Tunkönnen (Fertigkeiten) ausrüstet, sondern daß man sittlich regulierend in seine Gesinnung und in seine Hörbereitschaft gegenüber der Stimme des intimen Gewissens eingreift.

In dieser Darstellung ist ein vierter Faktor noch übergangen: die Wertgemeinschaft. Geistige Entfaltung ist nur in einer Gemeinschaft mög-

---

[1] Während der Drucklegung dieses Aufsatzes ist das wichtige Buch von *Fritz Blättner*, Pädagogik der Berufsschule, Heidelberg 1958, erschienen.

[2] Karl Abraham, Gedanken zur gegenwärtigen Lage der Wirtschaftspädagogik. In: Die deutsche Berufs- und Fachschule. Jg. 53. 1957. S. 726–732.

lich, deren Zusammenleben sittlich orientiert ist. Der einzelne richtet sein Verhalten an den Normen aus, die hier gelten. Sie beziehen sich sowohl auf das persönliche Miteinander wie auf die angemessene sachliche Leistung. Eine Erziehung ohne Erfahrungen an der Wirklichkeit einer Wertgemeinschaft und Werkgemeinschaft ist fragmentarisch. Sie ist im besten Falle »erziehender Unterricht«. Aber der Unterricht ergreift mehr die Phantasie als die Wurzeln der Willensbildung.

Die Pflichtberufsschule versammelt ihre Zöglinge nur für wenige Wochenstunden. Es wird ihr deshalb schwer, eine eigentliche Lebensgemeinschaft mit pädagogischem Geiste herzustellen. Sie nähert sich diesem Ziel am meisten, wo sie zugleich Werkstatt werden kann. Das ist nicht überall und nicht für jede Berufsart möglich. In erziehlicher Hinsicht bietet die Werkstatt des Meisters größere Möglichkeiten. Im Unterricht kann die Berufsschule überlegen sein, weil sie systematischer vorzugehen vermag. Dieser Unterschied der Wirkungsmöglichkeiten liegt in der Struktur der beiden Einrichtungen. Er wäre nur wegzubringen, wenn man sich entschlösse, wie in Frankreich die Zweiteilung aufzugeben und die Lehrlinge in Lehrwerkstätten zusammenzufassen.

Eine andere Begrenzung der Erziehungsmöglichkeiten hängt mit den erwähnten beiden Brennpunkten des Erziehungszieles zusammen. Der werdende Mensch soll in der Berufsschule sittlich von seinem Sonderberuf aus angesprochen werden. Das Menschentum, die Humanität, die auch hier Ziel ist, ist die besondere Vollkommenheit der Lebensgestaltung unter den Bedingungen einer bestimmten Provinz des Arbeitslebens. In den grundlegenden (allgemeinbildenden) Schulen besteht diese Spezialisierung noch nicht. Es gibt bei ihnen – von dem Symbol aus betrachtet – nur *einen* Brennpunkt. Die Ellipse erscheint »noch« in der Grundform des Kreises. Zum Wesen der Berufserziehung aber gehört, daß sie bewußt von einem besonderen Standort ausgeht. Das sie beherrschende Bildungsideal ist »standortgebunden«. Daraus folgt, daß sie von früh an ein *Berufsethos* vor Augen stellt. Dies muß sie bis in die Feinheiten durcharbeiten, gleichsam als Krönung desjenigen Berufsbildes, das jeder Zweig der Berufs- oder Fachschulen zu entwerfen hat.

Dieser Tatbestand wurde deshalb als (zweite) Grenze der Erziehungsmöglichkeiten der Berufsschule bezeichnet, weil in der Praxis Schwierigkeiten erwachsen. Natürlich gibt es eine allgemein-menschliche Moral, die über die besonderen Forderungen eines Einzelberufs hinausgreift. Und man wird nicht die Meinung vertreten, die Berufsschule sei nur verpflichtet, je eine Tischlermoral oder Metallarbeitermoral oder Bäckermoral zu pflegen. Eben diese Einstellung hat sich als unheilvoll erwiesen. Gäbe es nur ideale Techniker, nur ideale Gelehrte, nur ehrliche Kaufleute, so könnte die Menschheit als Ganzes daran zugrunde gehen. Daher, wie erwähnt, die neue Wendung: Der vollentfaltete, für das Ganze verantwortliche Mensch muß als Bildungsziel gelten. Die Ausgangspunkte sind verschieden; von ihnen aus aber muß der Werdende in die *gemeinsame* Welt hinausgeführt werden. Anders beleuchtet: die Berufskunde muß zur Lebenslehre erweitert werden. Im Berufsethos muß das allgemein-menschliche Ethos mitenthalten sein. Diese Art von Standortbedingtheit ist für das Alter des geistigen Erwachens keine Blickverengung, sondern deshalb fruchtbar, weil gerade der Jugendliche mit Archimedes sagt: δός μοι, ποῦ στῶ (Gib mir einen Punkt, wo ich Fuß fassen kann!).

Dieser ganze Gedankengang ist nur unter einer Voraussetzung haltbar, die noch im letzten Teil berührt werden wird: Er setzt voraus, daß es auch künftig einigermaßen ausgeprägte Berufe geben wird, die eine bestimmte Gesamtgestaltung des Lebens mit sich bringen. Sollten diese Prägungen durch das Fluktuieren der Individuen in der Gesellschaft allmählich verschwinden, dann könnte auch das Berufsethos keinen Ansatzpunkt für die sittliche Erziehung mehr geben. Müßte dann nicht aber auch das Ende der Berufsschule gekommen sein? – Sie selbst steht und fällt mit dem Fortdauern der charakteristisch ausgeformten Berufsleistungen und entsprechenden Berufsgesinnungen. Der Schule muß alles daran gelegen sein, daß solche Bildungsansatzpunkte und -zentrierungen erhalten bleiben.

II

Schulformen haben ebenso wie Staaten ihre geschichtlich gewordene, durch eine Fülle von Nebenfaktoren mitbedingte Gestalt. Trotzdem ist es nicht unfruchtbar, sich einmal in einer Art von Gedankenexperiment zu vergegenwärtigen, wie eine Schulart aussehen müßte, wenn man sie ganz frei und nur aus ihrer eigentlichen Aufgabe heraus aufbauen könnte. Das entspräche den naturrechtlichen Konstruktionen auf politischem Gebiet. Man würde dann erkennen, was alles in ihr vorkommen muß, mag es auch in dem vorhandenen Gebilde fächermäßig anders verteilt sein.

Aus den vorangehenden Erwägungen folgt erstens, daß eine theoretische und eine praktische Seite unterschieden werden muß. Die Berufspraxis kann in einer Schule immer nur begrenzt zur Geltung kommen. Es gehören Lehrwerkstätten dazu, und in ihnen können nur gewisse Modellarbeiten geübt werden. Das »Werk« liegt also – mindestens bei dem deutschen System der berufsbegleitenden Schule – nur teilweise im Bereich der »Schule«. In der Hauptsache treibt sie – die Theorie der Praxis. Nur die sogenannte Werkschule, das heißt die einem industriellen Werk eingegliederte Pflichtberufsschule, steht besser da.

Aus den Erörterungen des I. Teiles folgt weiter, daß die Theorie, also der Unterricht, sich auf zwei Bereiche zu erstrecken hat: auf den Kern, der den jeweiligen Beruf selbst betrifft (Berufskunde) und »das Umgebende«, dem der Beruf eingelagert ist. Dieses Umgebende wollen wir nicht die zugehörige »Gesellschaft« nennen. Denn der Name wäre zu eng. Die Gesellschaft trägt immer Kultur*gehalte*, die ihr eigenes Sachgesetz haben. Wirtschaftliche Güterproduktion zum Beispiel erfolgt *in* der Gesellschaft, ist aber nicht selbst Gesellschaft. Man könnte also daran denken, der Berufskunde eine allgemeine Kulturkunde entgegenzustellen. Da die Kultur wieder den Bedingungen der Erde eingefügt ist, wäre auch die Bezeichnung Weltkunde zu rechtfertigen. Sie würde dann aber nicht nur als Geographie zu verstehen sein.

Aus den Erörterungen des I. Teiles folgt drittens, daß diese Kulturkunde oder Weltorientierung standortbedingt sein muß. Und zwar a) von dem Beruf aus, der jeweils das Zentrum bildet; denn wir haben es mit einer (Kleinform der) Fachschule zu tun. Nicht so selbstverständlich ist es, daß auch schon b) eine ethische Auffassung vom Beruf mitbestimmend sein muß. Eine streng wissenschaftliche Behandlung der Kulturzusammenhänge würde Werturteile zunächst einklammern. Auf der frühen Stufe, die hier in Betracht kommt, wäre diese Art von Neutralisierung pädagogisch falsch. Unter einem anderen Gesichtspunkt kommt hinzu, daß man das dritte Moment in der Dreiheit von Welt, Werk, Wert, nämlich die Sittlichkeit, nicht isoliert darstellen kann, sondern immer nur *an* den Inhalten der Kulturzusammenhänge. Das Ethos ist ja kein neuer Lehrstoff, sondern immer nur innere Einstellung der Person zu den inhaltlich vielgestaltigen Aufgaben des Lebens. Diese erscheinen unter normativen Wertgesichtspunkten. Das Gesinnungsmoment läßt sich von den Inhalten des Lebens nicht abtrennen. Wohl aber ist es möglich, ja erforderlich, die in der Berufsschule unvermeidliche ethische Zentrierung (= b) als problematisch zu behandeln, nämlich überall da, wo das sittlich Richtige selbst noch umstritten ist und auf eine selbständige Stellungnahme des jungen Menschen hingearbeitet werden muß. Hier kommt man nur durch eine aufrüttelnde Diskussion weiter.

Was zur »Berufskunde« gehört, erfordert für jeden Berufszweig, den unsere Schulform berücksichtigt, gewiß viel Nachdenken. Aber diese Seite können wir hier kurz übergehen, weil die Stoffpläne dieser Art schon gründlich durchgeformt sind. Nur die geringe Zahl der verfügbaren Stunden bleibt als ständige Not. Hingegen bedarf es der Rechtfertigung, daß eine *rahmenhafte Weltorientierung* unter dem Namen Kulturkunde oder Weltkunde gefordert wird.

Niemand wird bestreiten, daß selbst Gebildete die Zusammenhänge der modernen Kultur, in der sie leben, nicht mehr ausreichend verstehen. Die Verwebungen der Fäden sind zu verwickelt geworden und erstrecken sich historisch wie geographisch über zu weite Spannen. Es ist daher unerläßlich, dem jungen Menschen, der als Neuling in die weite Arbeitswelt hineintritt, eine ganz bescheidene Landkarte mitzugeben, damit er ahnt, wo er selbst steht und wie um ihn herum »alles sich zum Ganzen webt«. Das kann natürlich nur in Form eines Schemas geschehen. Dieses Schema aber muß, so anspruchsvoll es klingt, ein Grundriß der *gesamten* Kultur sein. Es muß einmal ausgesprochen werden, was Wirtschaft »überhaupt« ist und wozu sie dient, was Wissenschaft ist und warum für sie heute ein so großer Apparat aufgebaut ist; was Technik (strenge Kunst) und was schöne Kunst ist. Jedes sogenannte Kulturgebiet hat seinen eigenen einheimischen Sinn. Wie soll der Werdende auf die weittragende Idee kommen, daß sein Leben einen Sinn hat, wenn ihm nicht einmal der *Sinn* der Kulturmächte, die für ihn wie für jeden anderen Schicksalsmächte sind, aufgegangen ist? Wenn man die Erfahrung gemacht hat, daß selbst der Student für das, was um sein enges Arbeitsfeld herumliegt, weder Interesse noch Verständnis bekundet, so liegt das nicht etwa daran, daß er bloß *eine* Wissenschaft treibt, und der Schaden ist nicht etwa durch ein studium generale zu heilen, sondern es liegt daran, daß es ihm an ganz schlichter Weltkenntnis fehlt. Er übersieht die Zusammenhänge nicht, in die sein eng begrenztes Tun hineingeflochten ist. Infolgedessen kennt er auch nicht die Folgen und Nebenfolgen seines Handelns. Es fehlt ihm an Verantwortungsbewußtsein, schon weil es ihm an Wissen, nämlich an Kulturkenntnis fehlt. Wie viel mehr gilt dies von dem Lehrling, der eben aus der Volksschule entlassen ist! So einfach die Forderung ist, die hier gestellt wird, so wenig ist in dieser Richtung vorgearbeitet worden. Man hat die Aufgabe vielleicht nicht einmal ganz verstanden. Es handelt sich um eine *Gefügelehre* der Kultur. Wie es für jede Maschine (oder einen Organismus) einen Grundplan gibt, der darauf beruht, daß jeder Teil in einer besonderen Sinnrichtung *für* das Ganze und *im* Ganzen funktioniert, so ist es auch mit dem großen Gesamtzusammenhang menschlicher Arbeit, den wir Kultur nennen.

Auch dieses Gebilde läßt sich auf einen Grundriß oder ein einfaches Schema zurückführen. Trivial gesagt: wenn ein Lehrling an einem Forschungsinstitut vorbeikommt, so soll er wissen, was darin gemacht wird, und wenn er an einer Kirche vorbeikommt, soll er wissen, wohin die Spitze des Kirchtums weist. Wenn er ein Verwaltungsgebäude sieht, soll es ihn interessieren, was denn da verwaltet wird und warum man für solche Dinge Sorge trägt. Er soll erfahren, was ein Museum, ein Theater, eine Bibliothek ist.

Ein bloßes Schema ist immer langweilig. Es muß Leben in die Behandlung hineingebracht werden. Ich würde mich anheischig machen, in der Erzählung eines einzigen Tagesverlaufes alle Kategorien auftreten zu lassen, die überhaupt eine Rolle spielen. Schließlich aber muß der *Zusammenhang* in diesem bunten Vielerlei aufleuchten. Denn eben darauf kommt es an, daß man das sinnvolle Ineinandergreifen aller Kulturgebiete zu ahnen beginne. Das kann tatsächlich mit Hilfe einer symbolischen »Landkarte« erreicht werden. –

Die Sachgebiete der Kultur (Wissenschaft, Wirtschaft, Technik, schöne Kunst usw.) machen nur die Hälfte der Weltkunde aus. Der Sachgehalt der Kultur wird von Gesellschaften (Gruppen) getragen. Die andere Hälfte betrifft also die Sozialgebilde. Auch diese werden von einem bestimmten Standort aus betrachtet, nämlich von unserer Zeit aus und je von der zentralen Berufsleistung aus. Der Gipfel dieses Faches (Sozialkunde, Gemeinschaftskunde) liegt in der Staatsbürgerkunde. Wiederum handelt es sich nicht um den Staat überhaupt, sondern um den Staat bei uns, heute und inmitten anderer Staaten.

In einer Demokratie, die durch Erziehung nachholen muß, was ihr an Tradition und selbstverständlicher Verwurzelung fehlt, ist diese Seite der Lebensorientierung so wichtig, daß ihr besondere Aufmerksamkeit geschenkt werden muß. Sozialkunde mit besonderer Betonung der Staatsbürgerkunde wird also zu einem eigenen Fach, das durch den ganzen Schulkursus hindurchgeht, nicht nur einen einzelnen Jahrgang in Anspruch nimmt. Will man ernstlich etwas erreichen, so wird eine Wochenstunde dafür kaum genügen. Solange die Pflichtberufsschule nur aus ihrer Idee heraus konstruiert wird, ist das Fordern leicht. In der Wirklichkeit ist sie noch im Aufbau begriffen. Vieles könnte heute noch gar nicht geleistet werden, teils weil die Lehrer fehlen, teils weil die Bildungsgüter noch nicht ausreichend durchgearbeitet sind und weil Leitfäden nicht zur Verfügung stehen.

Über das Prinzipielle der staatsbürgerlichen Erziehung habe ich mich an anderer Stelle geäußert.[3] Hier möchte ich nur die Grundidee der politischen Belehrung und Erziehung wiederholen, die allerdings in der Kürze nicht leicht darstellbar ist.

---

[3] Eduard Spranger, Gedanken über staatsbürgerliche Erziehung. Bonn 1957. (Schriftenreihe der Bundeszentrale für Heimatdienst. 26.) Nur von der Bundeszentrale direkt gratis zu beziehen.

Das Wesen und das Funktionieren des Staates darf nicht als etwas Fremdes erscheinen, nicht als eine, nun einmal geschichtlich gegebene Macht, die nach dem Menschen greift, ihn für sich einspannt und unter Umständen sogar ausbeutet. Sondern es muß der Weg versucht werden, den schon Rousseau gegangen ist, obwohl mit den begrifflichen Mitteln seiner Zeit. Dem jungen Menschen muß langsam zum Bewußtsein gebracht werden, daß der Wille zum Staat, ja der Staatswille, latent in ihm selbst schon vorhanden ist. Dieses verborgene Ja zum Staate ist zu beleben. Später werde ich noch ausführen, wie sich diese Methode in den allgemeinen Erziehungsgedanken unserer Schulform einordnet.

Es versteht sich von selbst, daß die besondere Gestalt, die der Staat bei uns und bei Nachbarvölkern angenommen hat, nicht ohne die Verfolgung einiger historischer Hauptlinien begreiflich gemacht werden kann. Aber es ist ein Unterschied, ob diese Geschichte angehört wird wie eine Erzählung aus ferner Zeit und fremden Landen, oder ob von vornherein das Bewußtsein mitschwingt: »Das ist auch Deine Sache. Es geht hier durchweg um *Dich* und *Deinen* Staat.«

III

Bloße Belehrungen über Zusammenhänge der Weltstruktur und des Weltgeschehens sind noch keine erziehlichen Einwirkungen. Denn Erkenntnisse kann man zum Bösen wie zum Guten aus»werten«. Zwischen das Wissen und das Handeln schieben sich Wertentscheidungen ein. Erziehung, verstanden in dem spezifischen Sinne der *sittlichen* Beeinflussung, beginnt erst dann, wenn dem Unterricht schon moralische Akzente verliehen werden, denen sich der Lernende mit seiner sittlichen Wertung anschließen »soll«. Ob er es tut, bleibt noch sehr fraglich. Darin liegt die Schwäche alles »erziehenden Unterrichts«, das heißt eines Unterrichtes, der sich außer der Belehrung des Verstandes auch die Gesinnungsbildung zum Ziel setzt. Er ist eben immer in der Gefahr des bloßen Moralisierens mit Worten. Seit der Aufklärung, die diese Art von Räsonnieren liebte, ist man davon weit abgerückt.

Wirksames Eingreifen in das Innere des werdenden Menschen gelingt, wie schon früher hervorgehoben, nur in einer vollen Lebens- und Arbeitsgemeinschaft. Da entstehen sittlich bedeutsame Situationen, Gewissensregungen werden erfahren, Konflikte müssen durchgekämpft werden. Man erlebt die Konsequenzen des eigenen Handelns, man korrigiert die eigene Willensbildung, man lernt, seine Motive zu überwachen. Dies alles geschieht freilich nicht von selbst, sondern nur unter stiller Lenkung aus dem Hintergrunde durch einen aufmerksamen Erzieher. Denn der Sicherheit der heute viel gerühmten »funktionalen Erziehung« darf man nicht ohne weiteres vertrauen.

Es versteht sich von selbst, daß die Pflichtberufsschule von solchen Möglichkeiten Gebrauch machen wird, soweit sie sich in ihr ergeben. Das ist aber in einer »berufsbegleitenden« Schule nur in bescheidenem Umfang der Fall. Die Meisterwerkstatt ist in dieser Hinsicht mindestens »kräftiger«, keineswegs immer »besser«. Es kann vom Meister und den Gesellen am Lehrling viel gesündigt werden. *Wollen* sie ihn aber erziehen, so haben sie dazu stärkere Mittel in der Hand als nur das Reden vom rechten Berufsethos, vom Fleiß, von der Ehrlichkeit, von der Zuverlässigkeit und Arbeitssorgfalt. In dieser Lage fragt es sich, ob es nicht auch für die Schule noch wirksamere Mittel der sittlichen Aufrüttelung gibt als das des alten erziehenden Unterrichts. Not macht erfinderisch. Wir *müssen* uns aufs äußerste anstrengen, um noch von anderen Seiten her an das Werden der Persönlichkeit heranzukommen.

Der Unterricht führt den Heranwachsenden aus sich heraus. Er macht ihn mit der Welt bekannt, und er befriedigt damit einen natürlichen Drang des Lebensalters, um das es sich hier handelt. Sollte aber nicht auch das umgekehrte Bestreben notwendig sein, nämlich den Jugendlichen in sich selbst hineinzuführen und ihn besser mit sich selbst bekannt zu machen, als es seinen eigenen Bemühungen gelänge? Auch dies würde einem natürlichen Bedürfnis dieser Altersstufe entsprechen. Übrigens nicht *nur* dieser Altersstufe. Denn Leben heißt ganz allgemein: Erfahrungen mit der Welt und Erfahrungen mit sich selbst machen.

Ehe über die zweite Richtung: die Verinnerlichung, mehr gesagt wird, ist der Besorgnis vorzubeugen, daß es sich um ein neues Fach handeln solle, zum Beispiel um eine Wochenstunde Selbsterkenntnis. Natürlich kann das zweite Verfahren, die Anregung zur Selbstbesinnung, immer nur in die sachliche Belehrung mit eingeflochten werden, und zwar im Stile einer Rückbiegung, einer Re-flexion, wie es die Weisheit der lateinischen Sprache gut ausdrückt.

Es ist längst bekannt, daß der Mensch in der Zeit seiner Reifung dringend nach sexueller Aufklärung verlangt. Parallel damit geht ein ebenso starkes Bedürfnis nach seelischer Aufklärung. Es ist nicht nur theoretisch, sondern gipfelt in der Frage: »Was bin ich und was *soll* ich?« Mit der Auskunft soll zugleich, aber möglichst unvermerkt, eine Ausrichtung gegeben werden. Das geschieht anscheinend noch selten, trotz der umfassenden jugendpsychologischen Studien unserer Zeit.[4] Es ist ja eigentlich die na-

[4] Daß mein 1924 veröffentlichtes Buch ›Psychologie des Jugendalters‹ immer noch gleich starken Absatz findet wie vor 1933, scheint mir nicht nur von dem Bedürfnis der Jugenderzieher zu zeugen. Es müssen die Jugendlichen *selbst* sein, die es lesen.

türlichste Sache von der Welt, daß ein seiner selbst noch ungewisses Ich der Hilfe bei seiner Selbstfindung bedarf. Man möchte nicht nur wissen, was einem ringsum begegnet, sondern mindestens ebenso sehr, was aus dem eigenen Innern aufsteigt – manchmal recht unheimlich – und wie man damit fertig wird. Das Mit-sich-fertig-Werden aber soll in ethischer Richtung liegen. Die Vorhalle zur Selbsterziehung ist die Selbsterkenntnis oder – wenn dieses Wort zu großartig klingt: die Beschäftigung mit sich selbst.

Auf diesem Drang, der um so stärker wird, je stärker der Druck der Umgebung und je seelenferner ihre Anforderungen werden, beruht der Reiz aller modernen tiefenpsychologischen Theorien – übrigens nicht nur für den Jugendlichen. Diese sind allerdings zum Teil noch gar nicht ethisch durchgearbeitet. Sie richten daher leicht Schaden an, wie eine Diagnose, auf die keine sinngemäße Therapie folgt, das Mißbefinden zu vermehren pflegt.

Es ist ein Irrtum, wenn man glaubt, die gegenwärtige Jugendgeneration im Alter von etwa 15 bis 18 Jahren sei seelisch unkompliziert. Sie hat nur andere Jugendschicksale zu verarbeiten, und sie ist noch verschlossener als frühere, weil sie noch mißtrauischer geworden ist.

Die Lektüre, nach der man in diesem Alter greift, hat großen Symptomwert. Der Jugendliche der Berufsschule liest natürlich keine Seelenanalysen, wie der literarisch interessierte Jugendliche sich – immer noch – von Nietzsche berauschen läßt. Wenn er überhaupt liest, so wählt er »Geschichten«, seien sie nun Abenteuerromane oder realistische Erzählungen aus den dunkleren Bereichen der gegenwärtigen Gesellschaft. Dabei kommt es ihm aber nicht, wie dem Knaben, allein auf die Begebenheiten an. Er will zugleich seine Seele in mitschwingende Bewegung setzen, und zwar möglichst ihre abgründigen Tiefen. Er experimentiert also mit sich selbst. Er macht es, wie es auf anderer Stufe der Erwachsene ebenfalls macht: er sucht Phantasiebegegnungen mit der Welt, um bei dieser Gelegenheit sich selbst zu begegnen.

In dieser Gegend hat die Berufsschule ihre stärksten Erziehungsmöglichkeiten. Wenn sie regulierend in das Innere des Werdenden eingreifen will, so muß sie ihm von der Sache und mit der Sache zugleich zu einem klareren Bewußtsein über sich selbst verhelfen. Damit leitet sie einen Prozeß ein, der das ganze Leben lang nicht wieder aufhören darf. Sie muß auch fruchtbare Anweisungen zum Aufbau des höheren Selbst geben. Dabei kann sie sich auf das spezifische Berufsethos nicht beschränken. Denn das Berufliche ist dem Ganzen der Lebensführung eingelagert. Es bleibt Bezugspunkt. Aber doch nicht in dem einseitigen Sinne, daß von den sittlichen Gehalten etwa des Familienlebens überhaupt nicht gesprochen werden dürfte. Die sittlichen Einwirkungen bewegen sich, gemäß dem früher eingeführten Symbol, auf der Geraden, die die beiden Brennpunkte der Ellipse verbindet.

Natürlich können Einzelheiten dieser Einwirkung, die ja nicht als Fach auftritt, sondern sich durch alles Miteinanderleben, Lehren und Leisten hindurchzieht, hier nicht ausgeführt werden. Ich deute nur ein Prinzip an, das mir fruchtbar erscheint, ohne damit einem anderen Stil, der sich etwa in der Erfahrung als wirksam erwiesen hat, entgegentreten zu wollen.

Alle ethischen Zumutungen, die dem Jugendlichen in seiner trotzenden Gesamthaltung gestellt werden, haben dann eine größere Aussicht auf Befolgung, wenn sie in der Form nahegebracht werden können: »Eigentlich stimmst du selbst in deiner tieferen Schicht, die noch nicht ganz aufgedeckt ist, dieser Forderung schon zu.[5] Du selbst bist es, aus dem die Norm zuletzt herstammt«. – Das ist der Kern der sokratischen Erziehungsweisheit, und mit Berufsschülern kann man – im allgemeinen – keine sokratischen Gespräche führen. Die Methode wirkt auch nur unter der Voraussetzung, daß einige Ansätze des höheren Selbst schon aufgebaut sind, auf das sie spekuliert. Das Aufbauen und das Aufrufen müssen also nebeneinander betrieben werden. Das wäre unendlich schwer, wenn die geistige Natur in dem Jugendlichen dieser Absicht nicht fördernd entgegenkäme. Er beginnt, unendlich viel auf »sich selbst« zu halten, und es hängt alles davon ab, daß er »sich selbst« nicht in der verkehrten Richtung sucht. Geschieht das letztere, so wird er leicht zum Feinde der Gesellschaft, gegen die er ja immer schlagende Argumente in der Hand hat: »So rein und edel, wie du es von mir forderst, stehst du selbst nicht vor meinen Augen!« Um so mehr muß er mit seinem Erzieher gemeinsame Sache machen können. Zu ihm muß er Vertrauen haben, ja die jungen Leute müssen sich mit ihm gemeinsam als Verschworene einer besseren Welt fühlen können.

»Das höhere Selbst« ist ein stark abkürzender Ausdruck für ein Stockwerk der Seele, das sehr vielfältigen Lebensäußerungen Raum gibt. Er muß wohl ein wenig näher erläutert werden, damit man nicht glaube, es werde hier ein Begriff eingeführt, der vielleicht in die Philosophie, aber nicht in unsere sehr nüchterne Berufsschulrealität paßt. Ich gebe diese Umrisse, auf

---

[5] Kerschensteiner hat die gleiche pädagogische Methode gemeint, wenn er empfahl, in der Berufsschule die gesamte Erziehung an den »Berufsegoismus« anzuknüpfen, den man mit einiger Sicherheit voraussetzen dürfe. Nur ist das bloße »Ego« noch nicht das höhere »Selbst«. Zum Egoismus braucht man niemanden zu erziehen. Aber auch der Wille zur Selbstveredlung und Selbstachtung ist keimhaft schon da. Man muß nur dazu mithelfen, daß er allen Widerständen von außen und innen zum Trotz »Vertrauen zu sich selbst« behält.

die Gefahr hin, zu wiederholen, was ich an anderen Orten schon ähnlich gesagt habe.[6] Zentrale Dinge lassen sich nicht aus Stilgründen variieren. Man muß unentwegt sagen, was sie sind und bedeuten.

1. Das höhere Selbst ist zunächst das Subjekt des allgemeingültigen Denkens. Es baut im Rahmen der objektiven Raum-Zeit-Ordnung die Welt auf, die für alle Menschen besteht, als Hintergrund ihrer sehr vielfältig differenzierten Eigenwelten. Diese Welt umfaßt nicht bloß die Natur, sondern darüber hinaus diejenigen Kulturfaktoren, die als allgemein verpflichtende Realität auftreten, so daß sie im persönlichen Handeln nicht außer acht gelassen werden können.

2. Das höhere Selbst ist das Subjekt eines vom Denken gesteuerten Wollens, das über längere Zeitstrecken festgehalten wird und sich auch auf Räumlich-Fernes beziehen kann. Es muß sich unablässig mit dem Wollen anderer Subjekte auseinandersetzen.

3. Das höhere Selbst ist der Ort, an dem sich tiefere Wesensschichten des Menschen aufschließen, teils als Ahnungen des letzten Weltgrundes, teils als Kundgebungen der eigenen Bestimmung. Im zweiten Fall tragen die Kundgebungen zum Teil den Charakter von Sollensrufen. Diese bleiben nicht auf allgemeine moralische Normen beschränkt, sondern üben ihre regulierende Funktion auch ganz intim für die Individualität des Subjektes und ganz singulär für einzigartige Situationen (Gewissen) aus. Aus der Verfestigung von Gewissensentscheidungen, die sich dem Sollensruf unterwerfen, entstehen Gesinnungen, die die Wesensart des Individuums über die mitgebrachten Anlagen hinaus zentral bestimmen (Ethos). »Denn die Gesinnung, die beständige, sie macht allein den Menschen dauerhaft.«

4. Die Gewissenserlebnisse und Gesinnungsbetätigungen bedeuten Stellungnahmen zu Werten, die *im* Lebensvollzug aufleuchten und deren Abstufung ein Vorziehen oder Nachsetzen fordert. Sofern das Vorziehen durch ein unbedingtes Sollen bestimmt ist, weist es auf metaphysische Tiefen des Subjektes zurück. Hier hat das höhere Selbst seinen Kern oder seinen Absolutheitspunkt. Aus der Auseinandersetzung zwischen Trieb, Wollen und Sollen, zwischen Schicksal und Schicksalsbeantwortung, zwischen vorgeformter Wesensart, Ansprüchen von seiten der Gesellschaft und metaphysischen Sollensbindungen ergibt sich die innere Lebensgeschichte der Person. Solange sich die jugendliche Person noch in unsicheren Bahnen bewegt, schaltet sich planmäßige Erziehung von außen her mit ein und ver-

[6] In dem Aufsatz: Erziehung zur Menschlichkeit. In: Pädagogische Perspektiven. 4. Aufl. Heidelberg 1956. – Ferner: Der geborene Erzieher. Heidelberg 1958. S. 71 f.

sucht, an dem Aufbau des höheren Selbst mitzuwirken. Diese Mitwirkung ist aber in bezug auf den Kern immer nur ein Heraushelfen, kein Hervorbringen.

5. Das Miteinanderleben von Personen vollzieht sich ebenfalls in »höheren« Ordnungen als denen der Trieberfüllung. Sittlichkeit, Recht und Staat stellen je ihre eigentümlichen Forderungen. Ihnen entsprechen in der Einheit der Person die sittliche Person, die Rechtsperson, die politische Person. Jede von ihnen hat ihre besondere Einflußsphäre und Pflichtensphäre. Erfüllung der Pflichten beantwortet die gesunde Gesellschaft durch Ehrverleihung. Zugleich mit der Einführung in das Verständnis des spezifischen Sinnes dieser Ordnungen – durch einfache Anschauung ihres wirklichen Funktionierens – wird zum Ehrverlangen und zum rechten Ehrgefühl erzogen. *Berufs*ehre ist nur eine Sonderform, in der der ehrbare und ehrliche *Mensch* von der Gesellschaft anerkannt wird.

6. In den Arten und Stufen ihrer Liebe spiegelt sich der Aufbau der Person besonders deutlich. Die Liebe, die dem höheren Selbst zugehört, ist von ganz anderer Art als die des triebhaften Ich (des bloßen »Ego«). Die pädagogischen Möglichkeiten, höhere Formen der Liebe zu entbinden, sind nicht sehr groß. Im allgemeinen gilt der Satz, daß jede Art der Liebe nur in ihrem eigenen Klima gedeiht. Eine Schule aber kann so feine Klimaregulierungen kaum bewirken.

Über alle diese Zusammenhänge muß der Erzieher einmal nachgedacht haben. Er braucht es nicht zum philosophischen Bewußtsein über sie gebracht zu haben. Um so mehr muß er sie aus breiter Erfahrung und aufmerksamer Beobachtung des Lebens um sich herum kennen.

Wenn ihm klar geworden ist, daß es überall auf die Freilegung eines höheren Selbst ankommt, wird er zugleich einsehen, daß seine Erziehungsmaßnahmen sämtlich nur Hilfen zur Unterstützung des beginnenden Selbsterziehungsprozesses sind. Nach außen hin tritt wenig davon zutage. Es gibt dafür keinen Lehrplan und keine Rezepte. Der stille Einfluß des Vorbildes tut hier das meiste. Und doch darf man behaupten: In der Berufsschule ist zweierlei gefordert: die Arbeit an einer Sache, die Arbeit an sich selbst. Die zweite Hälfte ist sogar das Wichtigere. Denn daß der bloße Leistungsmensch unsere abendländische Kultur nicht zu tragen vermag, hat sich allenthalben deutlich erwiesen. Es gehört dazu auch der Mensch des Gewissens, der Gesinnung und der Verantwortung. Der kategorische Imperativ: »Arbeite sachgemäß!« wird begleitet, ja überboten, durch den anderen: »Arbeite an dir selbst!«

Wenn wir in den vorangehenden Ausführungen zwei Arten der Einwirkung auf den jungen Menschen unterschieden haben: die Pflicht, ihn in die vielverwobene Welt hinauszuführen, und die Pflicht, ihn in sich selbst hineinzuführen, so ist dazu am Schluß hinzuzufügen:

1. Beides ist niemals so voneinander zu trennen, als ob es eine Weltkenntnis ohne Wachsen der Selbstkenntnis und eine Kultur der Innerlichkeit ohne fortschreitende Orientierung in der äußeren Welt gäbe. Gerade daß beides in der Tiefe miteinander verflochten ist, muß dem Berufserzieher immer stärker zum Bewußtsein kommen.

2. Andererseits ist nicht zu leugnen, daß auch in der Berufsschule mit zwei Typen von jungen Menschen zu rechnen ist. Der neueren Psychologie sind sie seit langem unter den Namen des Extravertierten und des Intravertierten bekannt. Der eine hält den Drang des Knabenalters zur Begegnung mit der äußeren Realität fest. Der andere ist mehr mit sich selbst beschäftigt und hat seine Not damit, mit sich selbst ins Reine zu kommen. Wertunterschiede geben sich darin nicht ohne weiteres kund. Es handelt sich um zwei Wege zum Ziel, vielleicht sogar nur um Durchgangsstufen. Pädagogisch empfiehlt es sich, solche einseitigen Tendenzen durch Gegengewichte auszugleichen, aber in schonender Weise. Insbesondere soll man den Insichgekehrten nicht hart anfassen, weil man damit viel Wertvolles verderben kann. Man soll ihm Zeit lassen, auch wenn er zunächst in der Arbeitsleistung zurückbleibt. Vielleicht kommt der Augenblick, wo unerwartete Kräfte aus ihm hervorbrechen. Das sagt schon das volkstümliche Wort: »Stille Wasser sind tief«. So kann etwa Phantasie und Erfindungskraft kompensieren, was an unmittelbarem Zugreifen fehlt.

IV

Es liegt in der Natur einer Schule, die mit den Wandlungen des Wirtschaftslebens Schritt halten muß, daß ihr innerer Ausbau nie ganz fertig werden kann. Darüber hinaus aber hat die Berufsschule *Zukunftssorgen*, die keineswegs nebensächliche Punkte betreffen.

Wir wollen annehmen, daß an dem Grundprinzip der Einrichtung nicht mehr gerüttelt werden wird. Ihre Eigentümlichkeit liegt darin, daß sie eine »berufsbegleitende« Schule sein soll. Sie setzt die Ergänzung durch die Meisterlehre voraus. Kaum wird man bei uns noch zu dem System zentraler Lehrwerkstätten übergehen, obwohl diese in Frankreich bestehende Art der Berufsschulung auch ihre Vorzüge hat.

Die deutsche Berufsschule knüpft individualistisch an die einzelne Lehrwerkstatt an. Sie hält traditionalistisch an dem Handwerk als Urform der Produktion fest, obwohl das Hand-werk seit Beginn des Maschinenzeitalters in den Prozeß einer Dauerumbildung geraten, in einigen Herstellungszweigen sogar schon ganz verdrängt worden ist. Jedermann weiß, welch hoher Prozentsatz von Handwerkslehrlingen nachher in die Industrie übergeht. Trotzdem: gerade in pädagogischer Hinsicht ist es sinnvoll, die Verbindung mit den Ursprungsformen nicht ganz abzubrechen. Selbst wenn die Meisterlehre in erzieherischer Hinsicht gegenüber den Zeiten der Zunftverfassung [7] sehr viel schwächer geworden sein sollte: für den Jugendlichen bleibt es fruchtbar, zunächst in übersehbaren Verhältnissen zu lernen, was ein wirtschaftlicher Betrieb überhaupt ist. Sogar die moderne Werkschule muß zu solchen Kleinformaten zurückkehren. Und die charaktervolle Festigkeit, mit der die Vertreter des Handwerks – »trotz allem« – ihre Stellung zu behaupten trachten, ist ein großer Aktivposten im moralischen Gesamtgefüge unseres Volkes. Die Gründe dafür können hier nicht ausreichend entwickelt werden.

Die Zukunftssorgen der Berufsschule kommen von zwei anderen Seiten her. Vorwegnehmend kann gesagt werden: in beiden Fällen handelt es sich um eine Gefährdung des Berufsgedankens als solchen. Wenn er für den modernen Menschen seine zentrale Bedeutung verlieren sollte, dann ist es klar: mit dem Beruf fällt auch die Berufsschule dahin.

A. Auf den ersten Tatbestand, der zum Nachdenken Anlaß gibt, habe ich schon 1950 hingewiesen: die scharfen Abgrenzungen zwischen den Berufen beginnen in der Praxis zu verschwinden.[8] Nicht der Beruf ist das Anziehende, sondern der Geldertrag. Findet man eine Beschäftigung, die leicht und schnell erlernbar ist, so verläßt man den gelernten Beruf und geht dorthin, wo man mehr verdienen kann. Wenn im Anfang der Berufsschule die »Ungelernten« das Hauptproblem darboten, so gesellen sich zu ihnen jetzt die »Abwanderer«. Nicht immer liegt das Motiv der Abwanderung im nackten Geldinteresse. Bei schwankenden Wirtschaftslagen ergibt sich der Zwang, berufsfremde Beschäftigungen zu suchen; nachträgliche Umschulungen werden notwendig. Das ursprüngliche Modell der zweiteiligen Lehre – der Meisterwerkstatt in Verbindung mit einer Schule – wurde von früh an dadurch beeinträchtigt, daß die in die Industrie Übergehenden oft nur Teilstücke zu fertigen hatten: die heilsame »Ganzheit« von Mensch und Sachleistung ging immer mehr in die Brüche.

Ich will auf dieses Thema nicht noch einmal ausführlich zurückkommen. Es gehört in den vorliegenden Zusammenhang nur unter *einem* entscheidenden Gesichtspunkt: Wenn künftig die eigentlichen Dauerberufe zahlenmäßig zurückgehen sollten, so kann die erziehliche Wirkung der Berufs-

[7] Vgl. Karl Abraham, Der Strukturwandel im Handwerk. Köln 1955.

[8] Eduard Spranger, Umbildungen im Berufsleben und in der Berufserziehung. Zuerst in: Die berufliche Ausbildung im Kanton Bern. Jg. 1950, Nr. 3. S. 41–47. Vgl. o. S. 200–209.

schule, wie sie ist, nicht mehr in vollem Umfang eintreten. Denn diese Erziehung ist an der Idee eines spezifischen Berufsethos orientiert und arbeitet gerade die Eigentümlichkeiten jedes besonderen Arbeitszweiges sehr fein heraus. Gewiß ist das Berührtwerden von einer solchen sittlichen Atmosphäre auch dann noch von Wert, wenn man später lernen muß, in einer anderen Luft zu atmen. Aber der Gesichtspunkt, daß auf weitgehende *Umstellungsfähigkeit* hingearbeitet werden muß, empfängt daneben doch ein so starkes Gewicht, daß die Reinheit des Prinzips verlassen wird.

Von berufener Seite ist bestritten worden, daß eine Auflösung der scharf profilierten Berufe im Gange sei.[9] Natürlich wird es auch künftig immer Berufe geben, die eine ganz ausgeprägte Vorbildung fordern. Der Erweichungsvorgang macht sich zunächst in der breiten Schicht einfacherer Beschäftigungen bemerkbar. Er greift jedoch auch schon in höhere Bereiche über, für die die Berufsschule als Vorbildungsstätte gar nicht zuständig ist. Jedenfalls ist es notwendig, die sich andeutende Tendenz aufmerksam zu beobachten. Wenn nichts anderes aus solchen Feststellungen erwachsen sein sollte, wäre es der Hinweis darauf, daß man die Berufsbindung nicht übertreiben darf, sondern in maßvollen Grenzen auf Umstellungsfähigkeit hinarbeiten muß. Das wird nicht in der Werkstatt, sondern nur in der Schule geschehen können. Für sie bringt es auch einen Vorteil mit sich, nämlich den, daß sie gewisse Grundoperationen pflegt, die einer Anzahl von Berufen gemeinsam sind – wie heute schon Rechnen und Buchführung überall eine Rolle spielen. Solch übergreifende Fertigkeiten und Kenntnisse haben einen erhöhten Bildungswert, besonders dann, wenn es gelingen sollte, bis zu einigen Grundleistungen zurückzugehen, die dem Programm des exemplarischen Lehrens und Lernens entsprechen.

Trotzdem hätte ich das Thema: »Erweichung der Berufsgrenzen und Umbildungen im Berufsleben« hier nicht wieder aufgenommen, wenn nicht von einer zweiten Seite her viel schwerere Einbrüche zu erwarten wären, nämlich durch die jetzt viel erörterte Automation (oder Automatisierung) in der Güterherstellung und Betriebsführung. Über sie wage ich noch einige laienhafte Worte.

B. Man könnte derartige Erwägungen unter dem Gesichtspunkt abweisen: »Es ist genug, daß jeder Tag seine eigene Plage habe.« Die Berufsschule hat noch nicht Zeit gehabt, ihr ursprüngliches Programm ganz auszugestalten. Denn jeder Berufsbildungsgang erfordert die Herausarbeitung eigener Pläne und Methoden. Niemand kann mit Gewißheit sagen, mit welcher Geschwindigkeit und in welchem Umfang bei uns in Deutschland

[9] In: Archiv für Berufsbildung. Jg. 3. 1951. Meine Antwort daselbst S. 139–142.

die Umstellung auf Automation, das heißt die radikale Übertragung von Leistungen, die früher nur der Mensch vollbringen konnte, an die selbsttätige Maschinerie, erfolgen wird. Selbst die Phantasie der Fachleute, die ja überwiegend nur Teilfachleute – Ingenieure, Kaufleute, Personalchefs – sein können, reicht im Augenblich noch nicht aus, um ein zutreffendes Bild von den Wirkungen und *Neben*wirkungen der kommenden Veränderungen zu entwerfen. Die Gesamtwisser aber, die Soziologen, sind seit dem Auftreten der Prophezeiungslehren von Marx einer Art von eschatologischer Panik verfallen. Jeder starken Entwicklungstendenz, die bemerkbar wird, sagen sie eine Zwangsläufigkeit nach, die unerbittlich auf einen »Endzustand«, ihren »totalen« Sieg, hinführt. Dabei können sie Störungsfaktoren und Umbiegungen freilich nicht mit vorausberechnen. Solche Ablenkungen kommen manchmal aus der großen Politik, manchmal aus Wirtschaftskrisen her. Diejenigen, die das unaufhaltsame Vordringen der Automation voraussagen, sind vielfach von der Vorstellung beherrscht, daß sich geschichtlich-gesellschaftliche Vorgänge ebenfalls »automatisch« vollziehen. Schon dies ist eine bedenkliche Annahme.

Gewiß: technische Verbesserungen setzen sich durch. Aber was ist eine Verbesserung? Das hängt auch von der Menschenart ab, die darüber zu befinden hat. Nicht jede technische Erleichterung, die möglich wäre, wird von den Zeitgenossen akzeptiert. Erst wenn sie aufgenommen wird, heißt sie eine Verbesserung in voller Bedeutung. Und so dreht sich der Gedankengang der Prophezeiung eigentlich im Kreise. Wer zukünftige Veränderungen in der wirtschaftlich-gesellschaftlichen Welt voraussagt, muß jedenfalls auch Veränderungen des Menschentypus mit einkalkulieren.

Vorläufig wird vorausgesetzt: der Mensch der Zukunft ist der Massenmensch, der Massenartikel verbraucht. Sollte er in den Stammländern der abendländischen Kultur nicht mehr zu finden sein – bei den Entwicklungsländern werden noch lange Zeit Massenbedürfnisse herrschen. Dies aber hängt sehr stark von politischen Faktoren ab, die sich nicht einmal bis zum nächsten Quartalsersten mit Sicherheit bestimmen lassen.

Trotz dieser Erwägungen gebe ich zu: die Rückwirkungen einer schnell durchgeführten Automation könnten in sozialer und psychologischer Hinsicht so gewaltig sein, daß es Pflicht ist, sie in dem Umfang, in dem es möglich ist, abzufangen. Vielleicht muß man gerade dafür Sorge tragen, daß im gegebenen Zeitpunkt der dann erforderliche Menschentypus vorhanden ist. Dazu müßte in jedem Fall die Erziehung beitragen. Insofern fällt das Problem unter unser Thema.

Die zu erwartende neue industrielle Revolution wird sich deshalb von den früheren, die man als Analogie heranzieht, grundlegend unterscheiden, weil in dem Erscheinungszusammenhang, den man etwas summarisch als Automation bezeichnet, etwas absolut Neues enthalten ist. Darüber muß man sich klar zu werden versuchen.

Das Neue liegt weniger in der weiteren Übertragung von menschlichen Arbeitsleistungen an selbsttätig funktionierende Maschinen, als da, wo elektronische Apparate eingeführt werden. Anders gesagt: mehr in der Betriebsgestaltung als in der Herstellung. Die Maschine in ihren bisher bekannten Formen war, trotz aller Wunder, die sie vollbrachte, doch ein Stück aus der dem Menschenwesen schon biologisch zugeordneten Welt. Ihre Funktionen waren direkt oder indirekt unseren Sinnesorganen zugänglich und gemäß unmittelbaren Eindrücken dieser Herkunft zu behandeln. Die Elektronenapparate aber sind von ganz anderer Art. *Sie bedeuten, daß der Mensch in einer anderen Welt für sich arbeiten läßt, als in der ihm von Natur zugeordneten.* Die maschinellen Prozesse verlaufen in der Welt der Elektronen. Dort sind ganz andere Zeitmaße möglich und bestimmend, als sie bisher für den Menschen praktische Bedeutung hatten. Naiv gesagt: Reaktionen gehen dort unendlich viel schneller vor sich, als es sonst in der Zuordnung Außenwelt–Mensch vorkommt.

Schon maßvolle Veränderungen in den Raumgrößen und Zeitgrößen, mit denen der Mensch zu rechnen hat, haben immer auch wirtschaftliche und soziale Umstellungen zur Folge gehabt. Jetzt kommt noch ein anderes hinzu: Die Maschine, ganz allgemein genommen, arbeitet nicht nur mit außermenschlicher Energie. Sie stellt auch *vorgeleistete* Gedankenarbeit dar und entlastet den Produzierenden von derjenigen intellektuellen Tätigkeit, die auf das Produzieren selbst gerichtet ist. Die Denkarbeit muß nun der sachgemäßen Behandlung der *Maschine* zugewandt werden. Bisher war dieses Einschalten und Umschalten recht einfach, ja monoton. Bei der Automation wird die Schaltarbeit vermutlich sehr viel mehr Einsicht in den maschinellen Prozeß und sehr viel mehr Geistesgegenwart erfordern. Der Menschentypus, der dafür gebraucht wird, muß intellektuell auf höherem Niveau stehen als die bisherige Bedienungsmannschaft.

Zum Ausgleich allerdings wird man sehr viel weniger bedienende Arbeitskräfte brauchen. Und die tägliche Arbeitszeit des einzelnen wird nicht mehr ganz in Anspruch genommen werden. Angenommen, daß diese Rechnung stimmt – man weiß es nicht ganz sicher –, dann ergibt sich als Schlußeffekt die erstaunlichste Umwälzung, durch die wir wieder in Erziehungsprobleme zurückgeführt werden: die Berufsschule, die sich bisher mit der äußersten Sorgfalt die Erziehung zur *Arbeit* und durch *Arbeit* zur Pflicht machte, beginnt schon, die Hälfte ihrer Sorge der Hinlenkung zu einem sinnvollen Gebrauch der *Freizeit* zuzuwenden.

Ich bin fest überzeugt, daß an dieser Rechnung etwas nicht stimmt. Ich bin auch keineswegs froh über den Ausblick auf ein Zeitalter, in dem man darauf bedacht sein muß, unbeschäftigten Menschen einen wertvollen Gehalt für leere Stunden zu vermitteln. Vermutlich wäre damit die Pädagogik auf dem Punkte ihrer Entwicklung angelangt, der am allerschwersten zu bewältigen wäre.[10] Es mag in alten Zeiten Kulturen gegeben haben, die aus anderen Wurzeln erwachsen waren. Sie stützten sich auf die Arbeit von Sklaven. Mir scheint etwas Richtiges an dem Grundgedanken von Toynbee zu sein, daß schöpferische Leistungen nicht ohne einen gewissen Druck von der Außenwelt her gelingen und daß jede höhere Kultur als eine produktive Antwort (response) auf die Herausforderung (challenge) durch eine Not zu deuten ist. Hierüber mögen noch Meinungsverschiedenheiten bestehen. Daß aber eine Teilschule wie die Berufsschule in eine verzweifelte Lage geraten müßte, wenn sie die ihr anvertraute Jugend zu einer würdigen Ausfüllung der Mußezeit reif machen sollte, das – glaube ich – wird keinem Streit unterliegen. Vermutlich käme sie auf kein anderes Auskunftsmittel als auf die Anleitung – zum Handwerk!

Aber zurück zu unserer alten, angeblich schon veralteten *Pflicht*berufsschule! – Der Fall lehrt, wie schwer es ist, für eine Kultur, deren Inhalt und Gefüge noch nicht Wirklichkeit geworden ist, im voraus eine Schuleinrichtung zu erdenken. Das wäre eben die Umkehrung des natürlichen Weges: Das Leben bestimmt die Gestalt der Schule; niemals nimmt eine Schulform die Gestalt der künftigen Kultur vorweg.

Trotzdem soll zugegeben werden: Auch das pädagogische Nachdenken muß immer auf Umwälzungen der Sozialstruktur vorbereitet sein. Der Fall lehrt also auch das zweite: man bilde den jungen Menschen so, daß er die innere Umstellungsfähigkeit für neue Aufgaben, die an ihn herantreten können, nicht verliert. Das ist der bleibende gute Sinn der formalen Bildung, die man besser *Kraftbildung* nennen sollte.

Soweit es sich um das Gebiet der Technik handelt, steht es ohnehin fest, daß die Anregung zum technischen Denken besser ist als die Vermittlung genormter Kenntnisse, und technische Gewandtheit besser als Abrichtung zu routinehaften Handgriffen. Das wisssen wir schon seit Pestalozzi. Allerdings: dieses echte Bilden ist viel schwerer durchzuführen als die bloße Abrichtung. Eben deshalb muß immer wieder nach den geeigneten Wegen gesucht werden, und auch der Erziehergeist muß so lebendig erhalten werden, daß er die Erstarrung im Schema verschmäht.

[10] Vgl. Rudolf Lengert, Die anthropologische Bedeutung der Muße. In: Bildung und Erziehung. Jg. 10. 1957. S. 705–714.

Man wird es begrüßen, wenn im Zeitalter der Automation das Kontrollieren und Schalten der maschinellen Anlagen ein höheres Maß von technischem Verständnis beansprucht als bei einfacheren Maschinen. Hoffentlich sind dafür dann auch genügend Begabungen im Volke verfügbar. Denn über allen Wechsel der Epochen hinaus gilt der Satz: Keine Schulform kann aus ihren Lehrlingen mehr herausholen, als ihre Begabung bei normalem Fleißaufwand hergibt.

Aber alle diese Zukunftssorgen werden nicht über Nacht zu praktischen Bedrängnissen werden. Die Einführung des neuen Produktions- und Betriebssystems ist außerordentlich kostspielig. Man wird bedenken müssen, von welcher Grenze an es sich lohnt. Es kann auch nicht in allen Betrieben eingeführt werden. Und für jeden Produktionszweig muß zunächst eine eigene Konstruktionsarbeit geleistet werden, die einige Zeit erfordert. Man darf hoffen, daß diejenigen großen Werke, die das neue Verfahren anwenden, dann auch für Werkschulen sorgen werden, deren Ausbildungsgang den neuen Bedürfnissen Rechnung trägt. Zu einer »eschatologischen Panik« also ist kein Anlaß.

Schlimm aber wäre es, wenn die Hüter der Berufsschule, aus einer solchen Panikstimmung heraus, den Glauben an ihre Sache verlören, weil sie veraltet sei und über kurz oder lang doch abgetragen werden müsse. Man weiß darüber Bescheid, wie unangenehm die roh gezimmerten Aussichtstürme sind, bei denen die unteren Treppen morsch geworden sind. Dann nützt das Vertrauen, daß im 7. oder 8. Stockwerk neue Balken eingezogen sind, auch nicht viel. Möglicherweise kommt man noch hinauf; aber gelangt man auch sicher wieder auf die Erde?

Die Dinge, die unsere gegenwärtige Berufsschule lehrt, werden immer ihren Wert behalten – das Ethische daran ganz sicher, aber auch das Elementar-Technische. Um das mit einem Bilde aus einem anderen Bereich zu bekräftigen: Ein tragisches Ereignis der neuesten Zeit ist kein Gegengrund gegen den pädagogischen Gedanken, daß Schulschiffe auch noch in der Zeit der sogenannten »Dampfer« (mit Ölfeuerung!) vorzugsweise Segelschiffe bleiben müssen. Der Anfänger in der Schiffahrt muß sich auch heute noch erst in das Element einfühlen, mit dem er es zu tun haben wird, nämlich in Wind und Wellen.

Schreibmaschinen machen das Schreibenkönnen mit der Hand nicht überflüssig. Dafür ist auch ein Grund maßgebend, der jenseits des rein Ökonomisch-Technischen liegt: Mit der Maschine kann man zwar sauber und ordentlich schreiben, aber nicht »schön«. Vielleicht wird der Schönheitswert, der in der Massenproduktion jedenfalls nicht bis zum individuellen Kunstwerk emporsteigen kann, auch einmal wieder zu Ehren kommen. Es wäre ein hübsches Spiel der geschichtlichen Entwicklung, wenn er – gerade in der »Freizeit« mit Staunen wieder entdeckt würde.

Die Erziehung in der deutschen Pflichtberufsschule beginnt vernünftigerweise im ersten Stockwerk. Bis zum achten oder noch höher hinaufzuführen, ist ohnehin nicht ihre Aufgabe. Die ethischen Eigenschaften nämlich, auf die es in der Arbeitswelt ankommt, wachsen überall aus sehr einfachen Wurzeln hervor, und eigentlich sind es überall die gleichen soliden Grundtugenden. Die Anwendungsbereiche sind schon heute sehr vielgestaltig. Aber alle fordern den einen menschlichen Kern: den fleißigen, ehrlichen, der Sache sich hingebenden, den Gefährten zuverlässig verbundenen, treuen Arbeitsmenschen.

Der Landlehrer in der verwandelten bäuerlichen Welt

1960

Erst wenn eine Gestalt kulturellen Lebens ganz reif geworden ist, wird sie von der Theorie begriffen und in künstlerischer Darstellung festgehalten. Es muß auffallen, daß im letzten Viertel des 19. und im ersten Viertel des 20. Jahrhunderts allenthalben der *Bauernroman* emporkommt. Als den Anfang dieser breiten Literaturbewegung darf man vielleicht *Peter Roseggers* Geschichten aus der Waldheimat betrachten. Fast jeder deutsche Stamm und jede Landschaft sind vertreten. Manchmal sind die Verfasser der Erzählungen selbst Bauern, manchmal Geistliche, sehr oft Landschullehrer – jedenfalls genaue Kenner des ländlichen Menschentums und Lebens. Ich erinnere an *Ganghofer* für Oberbayern, an *Gustav Frenssen* für Dithmarschen, an *Hansjakob* und *Hermann Eris Busse* für den badischen Schwarzwald, an *Hermann Löns* für die Lüneburger Heide, an *Kneip* für den Hunsrück, an *Friedrich Griese* für Mecklenburg usw. Natürlich hat es seit *Pestalozzi*, *Jeremias Gotthelf* und *Immermann* schon mancherlei Bauerngeschichten gegeben. Aber diese Parallelität und Häufung legt die Vermutung nahe, daß dahinter eine große Zeitbewegung wirksam war. Dabei handelt es sich nicht nur um das naheliegende romantisch gefärbte Kontrastempfinden: hier Stadt, dort Natur; hier rationalisierte, dort traditionale alte Lebensformen; hier Nivellierung, dort Originalität. Die Dichter scheint zugleich das Gefühl zu bewegen: »*Diese Welt wird nicht mehr lange dauern; halten wir ihre kräftigen Züge fest!*« Sie versuchen, das zum Untergang Verurteilte in seinem Spätglanz zu schildern. In ähnlichem Sinne hat ja *Hegel* 1820 behauptet: wenn eine Zeit anfange, über sich selbst zu reflektieren, sich selbst in Gedanken zu fassen, dann sei ihr volles Leben vorüber, und der Weltgeist bereite für sich im stillen schon eine andere Prägung vor: »*Wenn die Philosophie ihr Grau in Grau malt, dann ist eine Gestalt des Lebens alt geworden, und mit Grau in Grau läßt sie sich nicht verjüngen, sondern nur erkennen!«* Die Poesie malt farbenreicher. Aber um manche Bilder ist sie deshalb ganz besonders besorgt, weil die Originale dazu bald versinken werden. –

Erst *nach* der Jahrhundertwende kamen auch die Bestrebungen empor, die man unter dem Namen *»Heimatpflege«* zusammenfassen kann. Bei ihnen handelt es sich ebenfalls um Erinnern und Erhalten. Der Mensch auf dem Lande hat eine sehr starke Bindung an die Scholle. Zu vollem Bewußtsein aber kommt sie ihm erst in der Fremde, als Heim*weh.* Der Gedanke, die Anknüpfungspunkte des Heimaterlebens bewußt zu machen, hat wohl in der Stadt seinen Ursprung; denn auch der Städter empfindet Heimat, wofür ich mich als Zeugen anbieten darf. In der Stadt verschwinden Gebäude und Gedenkstätten viel schneller als auf dem Lande. Seit man bemerkte, wie rapide sich auch die ländliche Flur in Vorstädte und Industrieanlagen verwandelte, wurden Kulturpfleger darauf bedacht, Altes zu erhalten, es dem Gefühl nahe zu bringen und die Erinnerung daran zu erneuern. In diese Pflege wurde auch die Natur einbezogen. Es entstanden der seltsame Begriff »Naturdenkmäler« und das neue Bemühen um »Naturschutz«.[1] Vereine bildeten sich, die durch Behüten und Erforschen versinkender »Umwelten« Heimatgesinnung planmäßig beleben wollten. Ein Zweigmotiv dieser seit 1920 stark anwachsenden Bewegung war die Hoffnung, der Landflucht auch dadurch einen kleinen Damm entgegenzusetzen, daß man den Dorfbewohnern ihre Welt ein wenig lieb machte.

Wie den Bauernromanen, so liegt auch dem »Landschutz« das anschwellende Gefühl zugrunde, daß alle Fundamente des Hergebrachten erschüttert seien und daß etwas Neues heraufziehe. –

Mit diesen Anzeichen, daß eine Spätzeit für die ländliche Welt angebrochen sei, kontrastiert auffallend die Tatsache, daß die Bemühungen um eine Volksschule mit spezifisch ländlichen Bildungszielen noch sehr jung sind. Der klassische Grundgedanke, in der Volksschule gehe es um elementare *allgemeine* Menschenbildung, verhinderte bis zum Anfang unseres Jahrhunderts die Rücksichtnahme auch nur auf verschiedene Wirtschaftsbereiche. Wie man es vermied, der Volksschule den entferntesten Anschein einer Industrievorschule zu geben, so sollte sie auch keine Bauernschule sein. Es verdiente, einmal dargestellt zu werden, wie der alte Pestalozzische Gedanke der Schule, die in einem bestimmten Lebenskreise steht und aus ihm Kräfte und Ziele entnimmt, wieder emporgekommen ist. Damit mußte sich die Anerkennung verbinden, daß Grundelemente der wirtschaftlich-technischen Bildung in eine volle Menschenbildung mit hinein-

[1] Vgl. Hugo Conwentz, Heimatkunde und Heimatschutz in der Schule. Berlin 1922.

gehören. Die Herausarbeitung des Eigentümlichen der *Land*schule begann erst spät. Erwähnenswert ist, daß das »Zentralinstitut für Erziehung und Unterricht« in Berlin Mitte der zwanziger Jahre eine Tagung über Landschulprobleme veranstaltete. Die dort gehaltenen Vorträge hat *Max Wolff* unter dem Titel: ›Die Volksschule auf dem Lande‹, Breslau 1925, herausgegeben. Zwei bis heute beachtliche Dissertationen haben dann die Prinzipien herausgearbeitet: *Johann Friedrich Dietz,* ›Das Dorf als Erziehungsgemeinde‹, Weimar 1927 (3. Aufl. Weimar 1947) und *Diedrich Rodiek,* ›Der bäuerliche Lebenskreis und seine Schule‹, Berlin 1932. Die Arbeit an einer eigenständigen Landschulpädagogik wurde durch die nationalsozialistische Bewegung, die jedem Stande etwas versprach, aber keinem Bleibendes zu geben hatte, nicht ernsthaft gefördert. Als das Dritte Reich zusammenbrach, hinterließ es ein Trümmerfeld.

Der Wille zu einer Landschule mit eigentümlichem Bildungsgehalt war genau in dem Zeitpunkt erwacht, in dem die ländliche Kultur alten Stiles brüchig wurde. Das Bauerntum im traditionalen Sinne schwand dahin; der Unterschied zwischen der ländlichen und der städtischen Welt verlor seine Schärfe. Die bäuerliche Wirtschaft geriet in eine schwere Krisis.[2]

Die Kräfte, die diese Veränderung bewirkt haben, liegen offen am Tage: An der Spitze ist die Herrschaft der Maschine zu nennen, die die gewaltig vorwärtsdrängende Industrie zur Massenproduktion befähigt. Die Verstädterung des Lebensstils raubt dem Lande den Arbeitsnachwuchs und die befähigten Köpfe. Die Geschwindigkeitsbeschleunigung der Verkehrsmittel zieht das einsamste Dorf in die Nähe der Stadt. Der junge Landbewohner richtet seine Wünsche in allen wesentlichen und nebensächlichen Beziehungen nach dem lockenden Bilde der Industriestadt aus.

Dieser Nivellierungsprozeß als ganzer ist von den selbständigen Bauern nicht gewollt worden. Er ist ein Stück der Eigendynamik der objektiven Kultur. Das heißt: die modernen Kulturerrungenschaften sind zu Mächten geworden, die der einzelne oder eine Gemeinde nicht mehr lenken kann. Dieses übergreifende Geschehen hat nur in wenigen Beziehungen seinen Ursprung auf dem Lande. Die industriell-technische Produktionsform gibt die Richtung und das Tempo an. Der bäuerliche Teil des Volkes wird in diesen Umschwung einfach mit hineingerissen. Es wäre ein Wahn, zu glauben, ein guter pädagogischer Wille besäße die Kraft, den Prozeß aufzuhalten, geschweige denn rückgängig zu machen. Die Parole kann nicht heißen: »Erhalten«, sondern nur: »Sinnvoll neu gestalten!« Das aber ist der Kern

[2] Vgl. Diedrich Rodiek, Die ländliche Welt und ihre Pflege in unserer Zeit. In: Studium generale. Jg. 11. 1958. S. 460–472. – Die allgemeinen Grundlagen bei Wilhelm Seedorf, Landvolkserziehung. 2. Aufl. Hiltrup 1956.

der folgenden Ausführungen, daß die Erziehung entschieden darauf bedacht sein muß, planmäßig *mit*zubauen. Die große Aufgabe des Landschullehrers besteht darin, die Bewegung, die im Gange ist, zu erkennen, die Möglichkeiten der Neugestaltung zu durchdenken und auf den Fundamenten des Alten gesunde neue Formen vorzubereiten. Denn auch dies wäre ein Wahn, wenn man sich verpflichtet fühlte, alles, was im Gange ist, einfach mitzumachen, weil es ja doch so kommen *muß*. Wenn irgendeine Tätigkeit berufen ist, Zukunft in ethischer Freiheit zu planen, so ist es die des Erziehers. Sogenannte »Tendenzen« muß er erkennen und ihre Kräfte abschätzen. Aber das heißt nicht, sich ihnen willenlos zu unterwerfen, sondern es gilt, das Werdende mit echtem sittlichem Gehalt zu erfüllen.

I. Das Dorf in seiner neuen Gestalt

Man hat es früher als eine günstige Lage für den Landlehrer bezeichnet, daß die Gemeinde, in der er wirkt, ein einheitliches und übersehbares Gebilde sei. Von diesen Vorzügen ist die Übersehbarkeit im allgemeinen übrig geblieben. Die Einheitlichkeit aber besteht nur noch in solchen Dörfern, die abseits vom großen Verkehr liegen. Die meisten sind spannungsreich geworden. Darüber hinaus: Die frühere gesicherte Welt des Bauern steht unter einem Schicksalsdruck, der von außen kommt. Die Verwandlungen mögen in manchen Gegenden langsam vor sich gehen; die Richtung aber ist deutlich erkennbar. Wer, wie ich, seit 55 Jahren als Wanderer durch den Schwarzwald zieht, trägt die Umbildungen deutlich vorm inneren Auge, die *Hermann Eris Busse* in seiner Romantrilogie an dem Schicksal eines einzelnen Hofes ausgemalt hat. In theoretischer Aufteilung können sie an der Wirtschaft, an der Bevölkerungszusammensetzung und an der maßgebenden Wertwelt verfolgt werden.

1. Kein Zweifel: es ist die *industrielle Wirtschaft,* die heute die Führung hat. Die Landwirtschaft muß sich ihrem Stil anpassen. Als ich Student war, spielte der Streit zwischen den hervorragenden Nationalökonomen *Lujo Brentano* und *Adolf Wagner*, ob Deutschland ein reiner Industriestaat werden solle oder eine gemischt industriell-agrarische Volkswirtschaft bewahren solle. Die Industrialisierung vollzog sich ganz von selbst in immer schnellerem Tempo. Sie wäre noch schneller gegangen, wenn nicht durch die beiden großen Kriege des 20. Jahrhunderts Retardierungen veranlaßt worden wären. Diese Zwischenzeiten haben gelehrt, wie wichtig es für jeden Staat, besonders aber für Deutschland, ist, eine einigermaßen ausreichende Ernährungsbasis im eigenen Lande zu haben. Ob durch übernationale europäische Wirtschaftsverbände daran etwas geändert werden kann, hängt von politischen Ereignissen ab, die sich nicht vorausberechnen lassen.

Das sogenannte »Wirtschaftswunder« nach dem letzten Krieg beruht auf der Industrie, und zwar auf der Herstellung hochwertigster Produkte.[3] Die Landwirtschaft ist daneben immer Sorgenkind. Wie sehr sie von Gunst und Ungunst des Wetters abhängig bleibt, empfindet u. a. der deutsche Weinbau in schärfster Form. Eine kulturbedingte Gefährdung liegt darin, daß die Lokkungen der Industrie und der Stadt immer mehr Arbeitskräfte vom Lande abziehen. Die Einführung der Maschine in die Landwirtschaft ist unabweislich geworden. Damit ist aber auch eine seelische Umstellung verbunden, die nicht so ohne weiteres gelingt. Der deutsche Bauernstand hat kein Klassenbewußtsein entfaltet, was dem Arbeiter bei der engen räumlichen Zusammendrängung früh gelungen war. Der Bauer hält auch heute noch mit einem Eigen-Sinn guter Bedeutung an den Interessen *seines* Hofes fest und unterstützt die genossenschaftlichen Organisationen, die zu seinen Gunsten arbeiten, nicht aktiv genug.

Schon hier werden Volkserziehungsaufgaben sichtbar, die über das, was in der Land*schule* zu geschehen hat, weit hinausgehen. Man muß auf den Bauer alten Stiles in der dreifachen Richtung einwirken,
daß er neue Ziele zu sehen lernt, die *seine* Ziele werden sollten;
daß er neue Möglichkeiten erkennt (Technisierung) und
daß er – trotz der Last solcher Umstellungen – doch gern auf dem Lande bleibt.

Die dritte Aufgabe hat schon Friedrich der Große den Landschulmeistern in seiner drastischen Art eingeschärft.

2. Über die *Bevölkerungsstruktur* seines Dorfes muß sich der Lehrer vom ersten Tage an Klarheit verschaffen. Sollte sie noch überwiegend aus Bauern bestehen, so ist doch nicht Bauer gleich Bauer. Bis zum 18. Jahrhundert haben die Landleute »zu sehr ungleichem Recht« auf ihrer Scholle gesessen. Der tiefstgreifende Unterschied lag darin, ob es sich um das System der *Grundherrschaft* mit im ganzen »freien« Bauern oder um das System der *Gutsherrschaft* mit Erbuntertänigkeit, geregelter Dienstpflicht beim Gutsherrn oder gar Leibeigenschaft handelte. Innerhalb beider Kategorien gab es noch mannigfache Abstufungen. Diese ständischen Unterschiede sind zwar mit der Bauernbefreiung rechtlich verschwunden. Aber sie haben in den Besitzverhältnissen, im gesellschaftlichen Ansehen der betreffenden Familien und in der Sinnesart ihrer Nachkommen noch manche Spuren hinterlassen. Man vergleiche mit einander die fast gleichzeitigen psychologischen Charakteristiken der Bauern bei *Pestalozzi* im »Schweizerblatt« von 1782 und bei *Christian Garve,* dem Breslauer Professor, in seinem Buch ›Über den Charakter der Bauern und ihr Verhältnis gegen die Gutsherren und gegen die Regierung‹, Breslau 1786.[4]

---

[3] Man vergesse auch nicht die zahlenmäßig ungeheure Beteiligung von Frauen an der Fabrikarbeit auf Kosten der Familie.

[4] Aus neuerer Zeit vgl. A. l'Houet (= Wilhelm Borrée), Zur Psychologie des Bauerntums. 1. Aufl. Tübingen 1903. 2. Aufl. 1920. – Max Rumpf, Deutsches Bauernleben. Stuttgart 1936. – Hans Günther, Das Bauerntum. Leipzig 1939.

Wir konstruieren einen Idealtypus, wenn wir von einem reinen Bauerndorf sprechen. Ein solches besteht aus »Höfen«, und zum Hof gehört in der Regel eine Familie, in der er forterbt – nicht umgekehrt. Nur wenige Handwerke sind daneben auf dem Lande gestattet. Es gibt einen Müller, einen Schuster, einen Schmied. Aber die Hofbesitzer mit ihren Angehörigen, Knechten und Mägden verleihen der Gemeinde das Gepräge. Dieser »reine Fall« ist schon in dem Dorfe Bonnal, das *Pestalozzi* in seinem berühmten Roman schildert, also im letzten Drittel des 18. Jahrhunderts, durchbrochen. Da gibt es auch Baumwollspinner und Weber. Aus der Wesensverschiedenheit der Menschen, die Heimindustrie treiben, und der alten Bauernschaft entsteht geradezu Pestalozzis pädagogisches Problem. (Nebenbei: unter solchen Gesichtspunkten soll der Junglehrer Pestalozzi lesen!)

In den fast 200 Jahren, die seitdem verflossen sind, ist die Durchsetzung des Landes mit Industriearbeitern, ja Fabrikarbeitern, ständig fortgeschritten. Vielfach sind sie »Pendler«, die nur im Dorfe wohnen, auswärts arbeiten, also kein Seßhaftigkeitsbewußtsein entfalten können. Es sind aber noch andere nichtbäuerliche Gruppen hinzugekommen. Was sich heute in einem Dorf der Bundesrepublik alles zusammenfinden kann, sei in einer schnell hingeworfenen Liste aufgezählt.

Zu den Bauern alten Stiles gesellen sich solche Fabrikarbeiter, die, mit Hilfe ihrer Frau, noch eine bescheidene Landwirtschaft treiben – ein System, das *Pestalozzi* gerühmt hat, weil es sich durch seine Krisenfestigkeit empfiehlt. Ein paar Handwerker, Installateure, Kaufleute sind heute unentbehrlich. Das westliche Agrargebiet hat viele Flüchtlinge aufnehmen müssen, die oft in der Landwirtschaft unerfahren sind und bald wieder abwandern werden. Endlich begegnet man in Stadtnähe Besitzern kleiner Einfamilienhäuser, die sich auf dem Lande zur Ruhe gesetzt haben. Mag in vielen Fällen auch der Bauer dem Ort noch das Hauptgepräge geben – es ist doch eine Gemengelage entstanden, und von einer geschlossenen bäuerlichen Kultur kann kaum noch die Rede sein. Wo ist denn da nun das »Bauernkind«, dessen Eigentümlichkeiten man vor kurzem noch, nach Landschaften gegliedert, schildern konnte? Das Dorf ist noch übersehbar, aber nicht mehr einheitlich.

Ich weiß wohl, daß es noch viele Dörfer gibt, in denen der Betrieb der Landwirtschaft eindeutig vorherrscht. Aber auch der Bauer selbst ist ein anderer Mensch geworden. Die Veränderungen im einzelnen lassen sich hier nicht erschöpfen. Es genügt zu sagen: er ist vom traditionalen Lebensstil zum fortschrittlichen übergegangen. Er hat es tun *müssen* und hat es vielleicht noch nicht genug getan. Die Übermacht der Technik und der Industrie schreiben ihm das Tempo vor. Die Nähe der Stadt macht ihn mit anderen Leitbildern bekannt.

3. Zur Lebensform eines jeden Berufsstandes gehört auch eine bestimmte *Wertwelt*, eine Art von Weltanschauung und jedenfalls eine das Zusammenleben maßgeblich bindende Moral. *Wilhelm Flitner* und ich haben immer

wieder darauf hingewiesen, wie wichtig für das Verstehen pädagogischer Aufgaben die Beachtung der jeweils herrschenden konkreten Moral ist. Moral ist hier in dem weiteren Sinne gemeint, der sowohl das Maß ihrer theoretischen Anerkennung wie das praktische Befolgen oder Nichtbefolgen der Normen einschließt. Ein solches Lebensgewebe ist seit alters religiös, d. h. christlich, unterbaut. Wie weit diese Fundamente noch halten, ist nach Gegenden, nach Konfessionen und nach Erwerbsarten verschieden. Ganz verschwunden sind sie nirgends. Man darf aber nicht etwa glauben, erst in unserer Zeit – mit der wissenschaftlich fundierten Technik – komme der Geist der Aufklärung ins Dorf. Dafür haben schon Pädagogen wie der Herr *v. Rochow* und seine Zeitgenossen (die Philanthropen) gesorgt. Der Begriff »Aufklärung« ist ebenso relativ wie der des »Fortschritts«.

An welchem Punkte ein bestimmter Ort in dieser Hinsicht steht, erkennt man an der Art, wie der Landmensch sein Handeln ausrichtet. In manchen Beziehungen genügt ihm noch die Begründung: »So ist es immer gemacht worden, so soll es auch bleiben«. Der Bereich aber, in dem nach der Berechtigung der Zwecke und nach dem Grad der Zweckmäßigkeit gefragt wird, dehnt sich immer weiter aus. Das ist zu begrüßen, wo es sich wirklich nur um »*Zwecke*« und »Machen« handelt. Wo aber der Glaube an *Werte* in Frage kommt, deren Gehalt nicht am äußeren Erfolg kontrollierbar ist, stürzt durch die Rationalisierung manches altbewährte Gut zusammen. Das Entscheidende bei diesem Vorgang ist, daß meistens keine neue sittliche Bindung auftritt, sondern eine leere Stelle, ein Vacuum, eine Orientierungslosigkeit übrig bleibt.

Die überlieferte *Moral* ist dann nicht mehr verpflichtende Macht. Die alte Kontrollinstanz, die Nachbarschaft, funktioniert nicht mehr, wie sie in der Großstadt schon längst ausgeschaltet ist. Die *alte* Moral paßt in der Tat vielfach nicht mehr auf die neu entstandenen Verhältnisse. Ja, schon der individualistische Geist unserer Gesetze, vom BGB an, widerspricht den für das Land angemessenen älteren Anschauungen. Man denke an die weitgehende Einschränkung der väterlichen Gewalt, an das Erbrecht, an den Grundstückshandel, an die Vorherrschaft des Geldes vor allen konkreten Gütern usw.

»Gemeinsinn« ist in der dörflichen Gemeinde wohl noch vorhanden. Er hat sich immer nur in bestimmten, lebensdringlichen Beziehungen ausgewirkt. Der Egoismus des Bauern ist sprichwörtlich. Auf Verschiebungen in dieser Hinsicht muß der Landlehrer ebenso achten wie auf alle Symptome der Umwälzung in der »geltenden«[5] Moral.

Das alte »Volkstümliche« verschwindet. Die Kleidung wird städtisch und unterliegt somit der Mode. Das Lichtspieltheater zeigt verlockende Welten, von denen man früher auf dem Lande keine Kunde erhielt. »Die Stadt« – als ein kultureller Gesamtstil verstanden – kommt auf das Land hinaus. Die wichtigste psychologische Seite dieses Vorgangs ist: *die technisierte Industrie*

[5] Der Vieldeutigkeit dieses Wortes bin ich mir bewußt; ich kann sie aber hier nicht klären.

wird zum maßgebenden Erwerbsmodell. Das ist umgekehrter Rousseauismus. Der Volkserzieher, der sich für die Zukunft mitverantwortlich fühlt, steht vor der Frage: »Was ist da zu tun?« Soll man das Alte stützen, auch da etwa, wo es tatsächlich *ver*altet ist? Soll man den Fortschritt, wie er heute reflexionslose Gehirne berauscht, radikal befördern? Oder soll man sich um produktive Gedanken bemühen, wie denn aus dem vorhandenen Wirrwarr etwas gesundes Neues aufzubauen sei?

Der Fall ist entfernt vergleichbar den Aufgaben, die bei den technisch unterentwickelten Völkern gestellt sind. Ihnen muß Neues gegeben werden, ohne daß die ethische Substanz des Volkslebens ganz zerstört wird. *»Neubildung unter Schonung des noch tragfähigen Alten«* wäre die Parole. Die Heranholung zurückgebliebener Glieder der Volkswirtschaft an den gegenwärtigen Stand ist natürlich von der Schule und dem Lehrer allein nicht zu leisten. Sie schalten sich nur begleitend und verstehend mit ein. Die Erziehungsaufgabe im engeren Sinne aber kann an dem Vorbilde Pestalozzis erläutert werden. Er sah das industrielle Zeitalter heraufkommen und fand die Landschule seiner Zeit dafür nicht entfernt gerüstet. Er sah, daß die wirtschaftliche Umwälzung auch neue Moralanschauungen nötig mache. Und er begriff im voraus: bei solchen Revolutionen, die das Traditionale ins Wanken bringen, muß der Pädagoge darauf bedacht sein, einen neuen, *selbständigen* Menschen heranzubilden. –

In einer ähnlichen Lage ist heute wieder der Landlehrer in Deutschland. Aber ehe von seinen allgemeinkulturellen und seinen schulischen Aufgaben die Rede ist, sei die Frage dazwischen geschaltet: *»Wer ist eigentlich der Landschullehrer?«* – Es gibt drei sehr verschiedene *Erscheinungstypen.*

Da ist erstens der lang erprobte, von seinen ehemaligen Schülern verehrte alte Lehrer. Er kennt das Dorf und seine Leute, wie sie *sind.* Was nun werden *soll,* das ist ihm vielleicht noch nicht in allen Einzelheiten klar, und er sieht mit den Alten seiner Gemeinde wehmütig vieles zerbrechen, was in seinen Anfängen noch heil war. Sein Rat und seine Mitarbeit werden unentbehrlich bleiben.

Ferner ist da der anfangende Junglehrer. Er ist auf ein entlegenes Dorf geschickt worden und tritt seine Stelle in der Hoffnung an, dort nicht bleiben zu müssen. Denn er ahnt noch nicht, welche wichtige Kulturaufgabe ihm gestellt ist. Bisher hat er ja in der Stadt gelebt und gelernt. Nun ist er zu den Barbaren verbannt worden.

Der junge Lehrer aber, an den im folgenden gedacht ist, stammt selbst vom Lande oder hat doch früh ein Interesse für das Heile und das Gefährdete der bäuerlichen Welt gewonnen. Er begreift die Situation einigermaßen und will zwar »als Lehrer«, aber doch zugleich »als Kulturpfleger überhaupt« mithelfen. An ihn wenden sich die folgenden Ausführungen mit der Bitte, sie aus seinen eigenen Beobachtungen zu ergänzen.

II. Der Landlehrer und die Gemeinde

Niemand kann seinen Beruf ausüben, ohne zu wissen, in welcher Umwelt er arbeitet, welche Lebensprobleme in ihr brennend sind, welche Widerstände und Förderungen seiner Arbeit von da her erwachsen. Ich beginne daher mit den außerschulischen Angelegenheiten des Landlehrers. Drei Gesichtspunkte hebe ich besonders hervor:

Der Lehrer als Menschenkenner
Der Lehrer als Heimatpfleger
Der Lehrer als Mitgestalter ländlicher Kultur.

1. Bei dem ersten Gesichtspunkt hätte ich wohl auch sagen können: der Lehrer als Psychologe, wenn wir uns darüber einig wären, welche Art von Psychologie gemeint ist. Sicher nicht diejenige, die sich mit Sinnesempfindungen, Vorstellungen, Assoziationen, Reproduktionen, elementaren Gefühlen und anderen zerstückten Seelenerscheinungen beschäftigt. Elementaranalysen sind für Leistungsprüfungen von Belang. Hier aber handelt es sich um eine der Lebenstotalität näher bleibende Art von Menschenkenntnis, die sich auf eine Psychologie der erlebbaren Sinnzusammenhänge stützt. Da der Mensch dem vielgegliederten Sinnzusammenhang der ihn umgebenden Kultur eingelagert ist, könnte man auch von Kulturpsychologie reden; daneben dürfen allerdings die seelischen Reaktionen auf Naturfaktoren, die ursprünglichere Seite der Welt, nicht außer Betracht bleiben. Die Leistung, die in beiden Beziehungen aufzubringen ist, gipfelt im Verstehen von Sinnzusammenhängen des Lebens, von Erlebnisarten und Verhaltensweisen.

Der Lehrer wird auch die ihm anvertrauten Kinder so zu verstehen bemüht sein. Zunächst aber ist mehr gemeint, nämlich das Nachdenken über die Menschentypen und Individualitäten in der Gemeinde, die sein Arbeitsfeld ist. Der Landlehrer muß sich in seiner Welt orientieren. Er muß die Menschen kennen, die ihre Kinder zu ihm in die Schule schicken. Die Eltern gehören in den früher geschilderten »gemischten« Dörfern sehr verschiedenen Arbeitsbereichen und Geisteswelten an. Aber wenn wir annehmen, daß die Bauern noch überwiegen, so richtet sich die Beobachtung des Lehrers natürlich vorzugsweise auf den Bauerntypus, mit dem er es zu tun hat, und auf seine Erscheinungsformen in den Individuen. Denn diese Gruppe ist problematisch geworden. In seiner Ausbildungszeit wird er Anleitung erhalten haben, welche »Kategorien« er bei dem Studium von Menschen ins Spiel zu setzen hat, oder – einfacher gesagt: *worauf er zu achten hat*. Das nämlich allein leistet ihm die erlernte Psychologie; die Resultate läßt sie offen.

Es gibt denn auch nur eine schmale Literatur über die Eigentümlichkeiten des bäuerlichen Menschen, der noch dazu ein klares Methodenbewußtsein fehlt.[6] Um so mehr werden ihm die anfangs erwähnten Bauernromane von

---

[6] Einige Beispiele sind in Teil I erwähnt.

Nutzen sein, auch dann, wenn sie nicht unmittelbar auf seine Gegend passen. Denn er muß lernen, *vergleichend* zu beobachten. Der bis heute unübertroffen geniale Kenner des Bauerntums ist *Jeremias Gotthelf*. Man sagt, daß er seine Studien auch im Wirtshaus getrieben habe, und ich füge hinzu: aus diesem Motiv muß der Lehrer (wie der Pfarrer) gelegentlich ins Dorfgasthaus gehen. Ratschläge, wie er sich sonst dort zu verhalten habe, gehören nicht hierher.

Trotz der kritischen Lage, in die sie geraten sind, bieten die Bauern noch das Bild von kräftigen Individualitäten. Sie sind vielfach Originalmenschen, noch nicht abgeschliffen von dem Massenbetrieb, der in der Stadt herrscht. Der psychologische Forscherblick muß gerichtet sein auf die Verwebung der Individualität in die einzelnen Lebensgebiete, die ich in meinen »Lebensformen« gekennzeichnet habe, nicht zuletzt darauf, wie sich beim einzelnen der Geltungstrieb und der Wille zur Macht auswirkt. Dafür bieten individual-psychologische Schriften nützliche Hinweise (besonders *Fritz Künkel*). Aber der Beobachter muß immer auch totalisieren, d. h. beachten, welche Stelle ein einzelner Zug im *ganzen* Seelengefüge einnimmt.

Wie ist die Arbeitsweise des einzelnen, sein Verhältnis zur Frau, zu *seiner* Frau? Wie steht es mit seinem Gemeinsinn? (oder fehlt er?) Ist er aufgeschlossen für Neuerungen oder stark traditionsgebunden? Kümmert er sich um seine Kinder? Gibt es in seinem Hause eine spürbar gesteuerte Erziehung? Welche Einstellung hat er zum Staat? Macht er sich Gedanken über bäuerliches Leben überhaupt?

Entsprechende Aufmerksamkeit muß der Lehrer natürlich auch den Müttern, den Frauen in der Dorfbevölkerung überhaupt, zuwenden. Wird er so in seinem Bereich zum Menschenkenner – einen Menschenkenner, der in *allen* Kreisen Bescheid weiß, gibt es nicht –, so wird er erfahren, daß es auf dem Lande viel zu entdecken gibt und daß es dort für den, der seine Weltkenntnis so nach innen vertieft, keineswegs langweilig ist. Der Ertrag wird seiner Schularbeit zugute kommen. Fehlt aber dies Interesse für die menschliche Umwelt, so wird sie sich kaum über die Ausübung eines spezialisierten Könnens erheben.

2. Eine weitere wesentliche Funktion des Lehrers besteht in der Pflege des Heimat*bewußtseins*. Dieser Ausdruck ist mit Bedacht gewählt. Denn man muß sich zunächst darüber klar sein, daß »*Heimat*« in zwei Bedeutungen verstanden werden kann.

Sie ist einmal *objektive* Umwelt, in der der Mensch von früher Jugend auf lebt oder gelebt hat: ein Stück Naturboden und zugleich geschichtlich geprägter Raum, der den Bewohnern gemeinsam ist, auch wenn sie dabei bewußt nur wenig fühlen und von den Eigentümlichkeiten dieser kleinen Welt sehr wenig wissen.

Davon ist zu unterscheiden die *subjektive*, d. h. mit besonderen warmen Gefühlstönen erlebte Umwelt. Subjektiv ist diese Heimat, weil ihre Gefühlsbetonungen einem anderen gar nicht zugänglich sind. Bei stumpfen Naturen mag sie ganz fehlen. Mit welchen ganz intimen Erinnerungen und Zuneigungen ein anderer an diese oder jene Gegenstände gebunden ist, bleibt in seiner verschwiegensten Innenwelt geborgen. Jeder hat innerhalb der gemeinsamen Umwelt *seine* Menschen, *seine* Lieblingsplätze, *seine* Erinnerungsstätten, *seine* Stimmungsmomente. Heimat in diesem zweiten Sinne ist ganz still »gewachsen«. Der beste Lehrer kann sie nicht beeinflussen. Er kann nur bedeutsame Seiten der gemeinsamen Heimat zum Bewußtsein bringen und sie den Kindern »ans Herz legen«, damit sie langsam auch ein Stück ihres intimen Lebens werden. Er kann also nur den Heimatsinn überhaupt fördern, und zwar zunächst durch Bereicherung des Wissens. Die Kenntnisse sollen aber auch in die Gefühlswelt der ihnen Anbefohlenen hineinwirken. Das ist von der Heimatkunde unabtrennbar und unterscheidet sie von irgendeinem beliebigen Stück Erdkunde, Botanik oder Geschichte. Den Hintergrund bildet das pädagogische Prinzip der Lebenskreise und der Lebens*nähe*.

Dies Heimat*bewußtsein* zu wecken, ist auf dem Lande leichter als in der Stadt. Denn im Dorf ist alles viel einzigartiger und für das Erleben einprägsamer. In einer größeren Stadt kommt infolge der Flut der Eindrücke kein einzelner Gegenstand voll zur Beachtung. Alles bleibt verwaschener, und manchmal wundert sich jemand mit 40 Jahren, an wie interessanten Dingen er vorübergegangen ist, ohne sich mit ihrem Gehalt zu beschäftigen.

Mit etwas grober Zweiteilung läßt sich die Pflege des Heimatbewußtseins in die zwei Seiten: *»Naturboden«* und *»historischer Boden«* gliedern. Der erste liegt anschaulich da und muß nur besser begriffen werden; den zweiten muß der Lehrer erst anschaulich machen, d. h. vor der Einbildungskraft erstehen lassen.[7] Beides muß miteinander verflochten werden. Jedoch wird der einzelne Lehrer für eine der beiden Seiten besser begabt sein.

Er soll das Heimatbewußtsein anregen und pflegen. Aber er ist von Amts wegen *kein* Konservator. Legt er trotzdem kleine Sammlungen von Naturprodukten oder von historischen Erinnerungsgegenständen an, so wird er den Geist seiner Wirkungsstätte verdienstvoll beleben. Alten Lehrergenerationen verdanken wir manche wertvolle Heimatbeschreibung.

In einem Dorf mit gemischter, nicht mehr überwiegend bäuerlicher Bevölkerung muß Rücksicht auf die Sonderinteressen des gewerblichen Bevölkerungsteils genommen werden. Das dient der Erweiterung des Heimathorizontes. Besondere Aufgaben entstanden, als ganze Gruppen von Flüchtlingen – sei es geschlossen oder gar aus verschiedenen Landesteilen des deutschen Ostens – in die Dörfer aufgenommen werden mußten. Dieses Problem besteht heute kaum noch. Sogleich nach 1945 aber ging es darum, erstens die Erinnerungsreste an die alte Heimat noch mitzupflegen, sodann aber ein neues Heimatbewußtsein zu beleben. Damals mußte den Kindern eine noch unvertraute Welt besonders ans Herz gelegt werden. Die Übung darin wird für den älteren Lehrer heilsame *Nachwirkungen* entfalten. Aus folgenden Gründen:

---

[7] Vgl. Otto Dürr, Über die Heimatkunde zum Geschichtsunterricht. München 1959.

Das Heimatliche als Prinzip der Unterrichtskonzentration ist ja nur die Unterstufe für die Einführung in sich immer erweiternde *Lebenskreise.* Wo alles noch an Heimatliches angeknüpft werden kann, waltet noch nicht die strenge Fächerteilung, die notgedrungen abstrakt verfährt. *Das Ganze der Seele bildet sich nur am Ganzen der Umwelt.* Beide sind in der Grundschule noch lebendige Verflochtenheit. Der Lehrer der Grundschule ist in besonderem Maße Hüter und Förderer der Lebensganzheit.[8] Später muß der Unterricht nach Fächern aufgeteilt werden. Solange der Heimatort eindeutiger Erlebnismittelpunkt bleiben kann, ist auch seine Gemütswirkung tiefer. Der Gedanke: *»Hier lebten meine Vorfahren«* ist zum Beispiel ein fruchtbarer Ausgangspunkt für die Erweckung des historischen Denkens. Aber der alte Satz *»Die ländliche Volksschule gibt die Elemente für alles mit, was der Mensch künftig braucht«, trifft nicht mehr zu.* Denn viele Schüler werden künftig in ganz andere Lebenskreise übergehen.[9]

3. *Die Erweiterung des Dorfhorizontes,* die die neue Welt fordert, sollte der Lehrer planmäßig in seine Aufgaben miteinbeziehen. Natürlich kann er kein Kulturreformator sein. Aber einen *»Kulturpfleger«* würde ich ihn gern nennen. Oder noch maßvoller ausgedrückt: Wenn er sich über die tiefgreifenden Veränderungen, die heute im bäuerlichen Gesamtleben – nicht etwa nur in der Wirtschaft – vor sich gehen, ständig Gedanken macht, so wird er erkennen, daß er seinerseits zu einer gesunden Kultur mithelfen kann.

Ein Kulturpfleger muß dreierlei tun: er muß

Gutes bewahren,
Zeitgemäßes pflegen und
Notwendiges vorbereiten.

Absichtlich rede ich zuerst von diesem weiteren Wirkungsradius; denn was der Lehrer nachher in der Schule tut, muß von einem solchen weitergreifenden Kulturwillen aus bestimmt sein und sich ihm sinngemäß einfügen. Bei diesen Erwägungen stelle ich die Bedürfnisse des bäuerlichen Bevölkerungsteiles in den Vordergrund. Denn er ist es, dem in erster Linie geholfen werden muß, und zwar mit der taktvollen Schonung, die *Diedrich Rodiek* empfohlen hat.

a) Von der bäuerlichen Sitte und Gesittung muß so viel erhalten bleiben, wie es möglich ist. Manches kann nicht mehr gelebt werden und ist auch unter ethischen Gesichtspunkten nicht einwandfrei. Aber der Ansicht, Gruppenmoral gehöre überhaupt zu den Dingen, die der moderne Mensch als abgetan betrachten dürfe, muß der Erzieher des Dorfes entgegentreten. Umwandlung der Moralanschauungen bedeutet nicht Abschaffung der Moral. Es gibt heute nur wenige, die sich um ihre Höherbildung bemühen. Auf dem Lande ist es

---

[8] Vgl. Der Eigengeist der Volksschule. 3. Aufl. Heidelberg 1958.

[9] Vgl. das schöne Loblied des Philosophen *Friedrich Paulsen* (1846–1908) auf die Dorfschule in dem Aufsatz: Dorf und Dorfschule als Bildungsstätte. In: Gesammelte pädagogische Abhandlungen. Hrsg. v. Eduard Spranger. Stuttgart 1912. S. 445–453.

noch möglich. Aber in welcher Richtung man einwirken könne, muß wohl überlegt werden.

Eine Abwehraufgabe stellt das kulturelle Gift, das von der Stadt her sich ausbreitet. Das Lichtspieltheater zeigt natürlich dieselben aufreizenden Filme, die in der Stadt die Jugend berauschen. Weil Kapitalinteressen dahinter stehen, ist eine direkte Verhinderung schwer möglich. Aber man kann warnen und die Werturteile berichtigen. Denn auf dem Lande wird jeweils nur *ein* Film aktuell sein. Städtische Kulturgüter müssen sorgsam gereinigt werden, ehe sie aufs Land kommen.

Die zentrale Aufgabe der Moralunterstützung liegt in der Erhaltung der Familie. In bäuerlichen Kreisen ist sie mehr intakt geblieben, weil alle Glieder des Hauses dauernd aufeinander angewiesen waren. Davon bröckelt jetzt vieles ab. Daß die entschiedensten Anstrengungen gemacht werden müssen, um die Überlastung der Bäuerin zu mildern, braucht hier nicht noch einmal ausgeführt zu werden. Sie muß noch *seelische* Kräfte übrig behalten. Dazu muß man ihr helfen.

Das Miteinanderleben von Gruppen im Dorfe, die unter ganz verschiedenen Arbeitsbedingungen stehen und abweichende Auffassungen von den Pflichten des Daseins haben, verhindert zunächst einen einheitlichen Geist in der Gemeinde. Man soll hier sanft regulierend eingreifen und zeigen, wie die Gruppen sich gegenseitig helfen können. Denn alle zusammen stehen unter dem Druck des Lebens; nur die Druckstellen sind verschieden verteilt.

b) Derartige Sorgen kann der Lehrer nur mitfühlen und mittragen, wenn er von der Arbeit seiner Dorfgenossen ein wenig versteht. Sie erwarten, daß er Interesse dafür hat. Der Kerngedanke, von dem er ausgehen wird, ist der Unterschied zwischen dem täglichen Umgang mit dem Organischen und dem Mechanischen. Daraus folgt auch eine abweichende Seelenprägung. Die Bauern behandeln vielfach ihre Maschinen schlecht; ihre Tiere pflegen sie. Der Industriemensch hingegen muß mehr Sinn für das Lebendige bekommen, für Tiere und Pflanzen. Beide müssen sich dahin erheben, daß der Mensch eine Verantwortung trägt, die ein drittes, höheres Reich betrifft, nämlich das eigentümlich Menschliche. In der modernen Gesellschaft versteht man es ausgezeichnet, was *Mittel* sind. Man begreift auch wohl noch *Ziele* (Arbeitszwecke). In der Sphäre der *Werte* aber hat man nur eine recht unsichere Orientierung.

c) Zu den herkömmlichen Stiftungen des Lehrers an seine Gemeinde gehört, daß er für die musische Seite ihres Lebens etwas beiträgt. Das ist nun allerdings eine Begabungsfrage. Nicht jeder kann einen Gesangverein leiten oder ein Theaterstück einstudieren. Wohl aber kann jeder gute Bücher aufs Land bringen, und es schadet nichts, wenn er dabei das Gebiet seiner Interessen und seiner Zuständigkeit etwas bevorzugt. Es gibt heute billige und doch gute Buchreihen. Einen Zuschuß für eine langsam anwachsende kleine Bücherei wird ihm die Gemeinde nicht verweigern, wenn erst einige Ortsbewohner überhaupt zum Lesen angeregt worden sind und erkannt haben, daß das heute keine dorffremde Tätigkeit mehr ist. –

Diese Art von Kulturpflege kann der Lehrer nur leisten, wenn er mit Bewußtsein gerade *Land*lehrer ist und solche Aufgaben mit dem Herzen betreibt. Stammt er selbst vom Lande – um so besser. Dann kennt er ja den Kontrast zur Stadt aus eigener Erfahrung und kann sich bemühen, das Heilsame aus beiden Bereichen nach Möglichkeit zur Geltung zu bringen. Er ist groß geworden in einer Welt des *Wachsens* und spürt die Grenzen des menschlichen *Machenkönnens* (= Technik). Gerade dieses Organ ist nachträglich schwer zu erwerben. Der frühe Umgang mit der Natur und das Wissen um Schicksale, die das Lebendige treffen können, ohne daß es rationale Abwehrmittel dagegen gibt, begünstigen eine Gemütsart, die uns abhanden zu kommen droht. Denn der Städter wird heute zu selten an die *»Grenzen der Menschheit«* erinnert, bis er von ihnen einmal in tragischer Weise überrascht wird.

III. Der Landlehrer in der Schule

Unter den angedeuteten Kulturgesichtspunkten allein erörtere ich endlich die zentrale Aufgabe, die dem Lehrer gestellt ist: *sein Wirken in der Schule*. Lehrplanfragen und Methodenfragen lassen sich natürlich in den hier gezogenen engen Grenzen nicht behandeln.

1. Man muß sich zunächst Rechenschaft ablegen von dem Wandel, der in der *Kulturfunktion der Schule*, besonders aber der ländlichen Volksschule, eingetreten ist. Sie ist in eine dritte Epoche eingetreten.

Die erste stand unter dem Zeichen der *Tradition*,
die zweite unter dem der *Rationalisierung*.

Vor unseren Augen zieht eine neue herauf, deren Eigentümlichkeit man durch das Stichwort *Kulturregulierung«* kennzeichnen könnte. Der Geist der vorangehenden Phase dauert jeweils in der folgenden fort, empfängt aber eine neue Sinnbetonung. In der dritten wird teils Nachholung von Versäumtem, teils Neubau erforderlich.

Bei allen Völkern steht die grundlegende Schule anfangs im Dienste der *Tradition*.[10] Wertvoller und bewährter Kulturbesitz soll der nachfolgenden Generation übermittelt werden. Dieses Gut ist vom Range des religiös und kultisch Bedeutsamen und strahlt nur wenig in den Bereich des Nützlichen aus. In Deutschland kommt eigentlich erst im 17. Jahrhundert, besonders durch Ernst den Frommen, eine richtige Vorform der Volksschule in Gang. Ihr Lehrstoff besteht in der Christenlehre, konfessionell gefaßt, im religiösen Gesang,

[10] Vgl. Eduard Spranger: Zur Geschichte der deutschen Volksschule. Heidelberg 1949.

Lesen und Schreiben, bescheidenen Anfangsgründen des Rechnens und einigen »nützlichen Dingen« aus der Naturkunde und Landesverfassungskunde. Diese Kenntnisse und Fertigkeiten müssen tradiert werden, damit die Kinder einigermaßen an den vorhandenen Kulturbesitz Anschluß finden.

Am Ende der Aufklärungszeit, im letzten Drittel des 18. Jahrhunderts, kommt die Übung im selbständigen Denken hinzu, im ersten Drittel des 19. Jahrhunderts Pflege des Nationalgefühls. Man *überliefert* nun nicht bloß, sondern fördert die Möglichkeit des Fortschrittes durch die Bildung des Intellektes und durch Erziehung zur Mitarbeit an dem kommenden Nationalstaat mit freier Verfassung.

Nach den beiden Weltkriegen des 20. Jahrhunderts verliert der Fortschrittsglaube seinen verführerischen Glanz. Aber es folgt keine Epoche der Restauration, wie unmittelbar nach den Napoleonischen Kriegen. Vielmehr sieht man ein, daß der Fortschritt besonnen reguliert werden muß. Man hat gelernt, daß eine echte Kultur immer von der gewissenhaften Reflexion begleitet sein muß, welchen Kräften man Spielraum geben darf und welche Gegengewichte notwendig sind.

Die beiden Tendenzen verteilen sich vorläufig noch auf zwei Parteien der *Schulpolitik*: die einen fahren fort, alles zu bejahen, was der Industrie und der Technik noch schnelleren Aufschwung verschaffen kann. Andere dringen auf Vertiefung der Religiosität, auf Charakterbildung, Gemeinsinn, sozialen Ausgleich, Pflege der Gemütskräfte und des Verantwortungsbewußtseins für »das Ganze«. Sie erblicken in der bloßen Kultur des Intellektes ein Verhängnis für »dieses Ganze«. Aber sie kehren nicht einfach zum Traditionellen zurück, sondern möchten die Schule unter den Leitgedanken einer gesunden Gesamtkultur stellen. Das ist natürlich ein Ziel, das durch die bloße Kunst der Fächerverteilung im Lehrplan nicht erreicht werden kann.

Die Schule »als Ganzes« kann nur gedeihen, wenn jene beiden Parteien vereint wirken. Denn die Isolierung des *technischen Fortschrittes* bedroht die Fundamente des *Menschentums*, ohne dessen Kräftigung jeder Fortschritt ein Irrlicht bleibt.

In derartigen Zusammenhängen betrachtet, steht die ländliche Volksschule vor eigenartigen Aufgaben. Sie muß natürlich in einigen Beziehungen am traditionalen Geist festhalten (wie es die städtische Volksschule ebenfalls muß). In einer anderen Beziehung muß sie *nachholen*, was bisher in ihr gefehlt hat. Dahin gehört die Vermittlung eines elementaren Verständnisses für rationale Technik in der Landwirtschaft, im Haushalt und im Verkehrswesen. In einer dritten Hinsicht muß sie das Tempo der Rationalisierung mäßigen, den Fortschritt kontrollieren. Denn wir sind schon gewarnt, unser ganzes Denken nach dem Modell des Maschinendenkens auszugestalten. Wir spüren schon etwas von den ungeahnten und ungewollten Rückwirkungen der Technik auf das Lebendige, und wir scheuen die Nivellierung zur Massengesellschaft, die überall da eintritt, wo der gewünschte Effekt der Arbeit nur dadurch eintritt, daß alle auf die gleiche Art verfahren. Das »Nachholen« in der ländlichen Schule muß und kann schon mit *Kritik* erfolgen. Denn es muß diesmal verhütet werden, daß die Maschine zur Herrin über den Menschen wird, statt daß der Mensch über sie Herr bleibt und sich ihrer nur bedient. Das Lebendige der Pflanzen- und Tierwelt revoltiert nämlich gegen die Maschine, wo es verletzt wird. Als der Mensch von solchen Wirkungen betroffen wurde, hat man es nicht sofort bemerkt. »Die Maschine« steht hier nur als sinnfälliges Beispiel für einseitige physikalische Einstellung. Wir sind aus der Panik über die Rückwirkung der Atomkraft noch nicht heraus.

Die Träger der Landschule, Lehrer und Lehrerinnen, werden sich sehr sorgsame Gedanken über die notwendige Verbindung von Bewahren und Nachholen, Fortschreiten und Vorbeugen machen müssen. Ihnen ist die schwere Aufgabe gestellt, ihre Schule aus einem echten Kulturgedanken heraus neu zu gestalten – auf einem engen und doch übersehbaren Raum. Dieses Nachdenken geht weit über Fragen des Pensums und des Stundenplans hinaus. Wie nämlich ein Dorf aussieht, in dem die alte Kultur nicht mehr stark genug ist, um sich zu wehren, und die neue Kultur noch nicht fertig ist, um gesund zu wirken, konnte man am Anfang unseres Jahrhunderts an den sogenannten »proletarisierten Dörfern« studieren.[11] Nur von der seßhaften bäuerlichen Bevölkerung kann wieder organisches Gesamtleben geschaffen werden. Dazu muß man aber zuerst ihr selbst helfen. Andernfalls wird auch sie proletarisiert.

Wenn dem Landlehrer im vorigen Abschnitt der Ehrenname eines »Kulturpflegers« gegeben wurde, so enthüllt sich nunmehr, was in dieser Hinsicht auf dem Lande zu leisten ist: Tradition und Fortschritt müssen *gesteuert* werden im Geiste eines gesunden Ausgleiches. Voraussetzung dafür ist eine durchdachte Agrarpolitik. In sie muß sich der Erzieher der Jugend für seinen Teil mit Besinnung und mit vollem Verantwortungsbewußtsein einschalten.

2. Obwohl auf Lehrplanfragen im einzelnen nicht eingegangen werden soll, seien einige *grundsätzliche Bemerkungen* angefügt.

Wir haben für die Volksschule keine nach Stadt und Land spezifizierten Richtlinien. Es wäre auch schwer, hier eindeutige Grenzen zu ziehen, da viele Orte den Übergangsformen zuzurechnen sind. Der Lehrer hat die Freiheit, die Akzente sinngemäß zu setzen, und er soll davon Gebrauch machen.

Der nunmehr schon recht alt gewordene *Reformgedanke*, daß der bildende Wert der Handbetätigung zur Geltung kommen soll, paßt auch auf das Land. Er stammt nicht aus wirtschaftlichen Bedürfnissen, sondern aus allgemeinpädagogischen Erwägungen. Es ist aber eine andere Hand, die Lebendes *pflegt*, und eine andere, die aus totem Stoff etwas *macht*. Das muß zu voller Anschauung gebracht werden. Der künftige Landmann hat mit beidem zu tun. Im Hinblick auf die Technisierung der Landwirtschaft muß wohl die Elementarphysik heute verstärkt werden. Dabei sollte sowohl auf Erfahrungen

[11] Vgl. die Schilderung einer solchen Gemeinde in den Jugenderinnerungen von Stefan Andres, Der Knabe im Brunnen. 1. Aufl. München 1953. S. 92 ff.

mit verschiedenem Material wie mit Urbearbeitungsformen Gewicht gelegt werden. Die Forderung der Exaktheit führt unmittelbar ins Mathematische hinein. Sehr bildend ist immer das Erfahrenlassen von ungewollten Nebenfolgen des Tuns. Es ist ein Urphänomen des Lebens, das weit über die physikalische Seinsschicht hinausreicht.

Allgemeiner gefaßt: Kein Unterricht darf den jungen Menschen nur nach außen führen. An allen Gegenständen soll zugleich sein Inneres belebt werden. Er wird dadurch schrittweise näher mit sich selbst und mit seinen seelischen Kräften bekannt. Im Volksschulalter kann man nur indirekt in diese Tiefen wirken, nicht durch ausdrückliche Erweckung der Selbstreflexion. Eine Hauptrolle dabei spielt die Willensstählung, zunächst geübt als Kraft des *Durchhaltens*. Das Wollenkönnen verstärkt sich mit der Einsicht in den Sinn von Aufgaben. Zuletzt tritt auch Gewissensschärfung hinzu. Das gilt für Stadt und Land gleichmäßig. Aber die Anwendungsgebiete sind verschieden. Es ist zweierlei, ob man Material verkommen läßt oder ein Tier, eine Pflanze.

Der Unterricht darf nicht bei zerstückten Kenntnissen stehen bleiben. Wenn er eine Zeitlang nach Fächern aufgegliedert werden mußte, soll er hinterher wieder nach ganzen Sachgebieten, ja nach menschlichen Lebenskreisen zusammendenken lehren. Denn aus Kenntnissen werden Erkenntnisse erst dadurch, daß man einzusehen beginnt, wie in der Welt, die der Gegenspieler des Menschen ist, alles zusammenhängt, und wie der Mensch ihr sinnverleihender Mitspieler ist. *Der eigentliche Bildungswert liegt in der Einsicht in Zusammenhänge, nie in den Einzelheiten.* Nur was seine Zusammenhänge offenbart hat, prägt sich auch dem Gedächtnis ein. Sinnfreies zu memorieren, ist eine Sünde gegen die Bildungsaufgabe.

Weil es schließlich *der Mensch* ist, für den sich zusammenhängendes Wissen ergeben soll, muß am Ende jeder geschlossenen Gebietsbehandlung auch nach *Lebenskreisen* totalisiert werden. Lebenskreise sind zum Beispiel Familie, Arbeitswelt, Gemeinde, Volk, Staat, religiöse Gemeinschaft. Sie geben die wichtigsten Konzentrationsbezüge für den Unterricht her. Auch sie müssen noch zusammengeführt werden; insbesondere dürfen Beruf und Wirtschaftswelt nicht isoliert stehen bleiben. Sonst entwickelt sich in den jungen Menschen ein verhängnisvoll überwuchernder Erwerbsgeist. Zu erwerben ohne Bewußtsein, *wofür* man eigentlich erwirbt, führt zur Entseelung und Sinnentleerung aller Arbeit. Da das die Grundkrankheit unserer Zeit ist, verdient der Hinweis besondere Beachtung. Er führt zurück zu den Gedanken über den Aufbau einer Gesamtkultur im vorigen Abschnitt. In ihr muß der selbständige Mensch immer alle Fäden in der Hand behalten. Nichts im Leben ist wichtig genug, daß der Mensch dafür zum bloßen Werkzeug herabgesetzt werden dürfte.

Aber auch in der anderen Richtung, nämlich auf das Gliedhafte hin, müssen noch Ratschläge gegeben werden. Wir sind überall in Gefahr, den Sinn für das wahrhaft Einfache zu verlieren. Das Einfache ist nicht das Zerhackte, Stückhafte, sondern die Grundgestalt und das Sinngebende. In allen Verwandlungen, Verkleidungen, Überhöhungen muß es noch wiedererkannt werden. Deshalb kommt es darauf an, zunächst einmal die Ur*gestalten* in der Welt und die Grund*motive* des Lebens rein herauszuarbeiten. Hat man diese Mitgift empfangen, kann man sich in den Verzweigungen leicht orientieren. Hat man den Blick dafür verloren oder nie gehabt, so bewegt man sich dauernd in verworrenen Neuheiten, deren fundamentalen Sinn man nicht begreift. –

Man soll ferner überall die gesunden Wurzeln erhalten, nicht nur für die Verzweigung der Krone sorgen – in der Stadt wie auf dem Lande. Aber auf dem Lande ist das Wurzelhafte noch sichtbarer. Es sind ganz wenige uralte Grundmotive des Daseins, die durch alle Zeiten hindurchklingen. Sie sind aber heute vielfach in Verwirrung geraten und klingen nicht mehr in der rechten Ordnung zusammen. Kindern soll man die Grundakkorde wieder hörbar machen. Wer da glaubt, er müsse von vornherein in das »Moderne« einführen, hat das ABC des Bildungsverfahrens nicht begriffen, weil das Moderne ja nur als Abwandlung zeitüberlegener Gebilde zu verstehen ist. Auf der Suche nach diesem Dauernden begegnet man dem »*Klassischen*«. Es trägt einen konzentrierten Bildungswert in sich. –

Es wäre eine große Förderung für das schwer ringende Bauerntum, wenn es eine Schule fände, in der ein *echter Kulturgedanke* maßgebend wäre. Ein solcher ruht immer auf gediegenen alten Fundamenten. Das Neue muß produktiv durchdacht werden und so stark ans Zeitüberlegene angekettet werden, daß es Bestand haben kann. Im Erziehungsbereich ist ein solches »Ausgleichen« unentbehrlich, weil es seinen Sinn immer aus Vergangenheit, Gegenwart und Zukunftsforderungen zugleich entnimmt. Und auch sonst heißt es auf dem Lande, entstandene Spannungen ausgleichend zu mildern. Die Bauern müssen mehr an technische Hilfsmittel herangeführt werden. Die der Industrie Zugewandten müssen mehr Sinn für das Wunder des Organisch-Belebten gewinnen. Die Flüchtlinge sollen allmählich Wurzel schlagen und sich der neuen Umwelt auch mit den Herzen einfügen, was nicht gelingen wird, wenn sie nicht mit historischem Sinn für die früheren Schicksale ihres Siedlungsgebietes erfüllt werden.

Schluß

Aber kommen solche Bemühungen nicht zu spät? Wird nicht unter der Übermacht stadtgeborener Kultur schließlich doch die volle Nivellierung von Stadt und Land erfolgen?

Wenn man vorhandene Entwicklungstendenzen für unentrinnbar erklärt, verzichtet man auf jede Steuerung. Gewiß, es ist der jeweils lebenden Generation nicht möglich, Beliebiges zu wollen. Sie muß mit einer vorhandenen Kräfteverteilung rechnen. Aber zu diesen Kräften gehören auch wollende, Ziele *setzende* Menschen. Ihre Willensrichtung kann durch Politik und Erziehung beeinflußt werden.

Gerade da wäre der Verzicht auf bewußte Lenkung verhängnisvoll, wo man Gefahren für das Gesamtleben des Volkes heraufkommen sieht. Die Planung hinsichtlich der Zukunft des Bauerntums ist deshalb so schwer, weil auf der einen Seite Umbildung unleugbar notwendig, auf der anderen Seite Bewahrung eines leistungsfähigen Bauernstandes mit Privateigentum aus vielen Gründen wünschenswert ist. Die Hauptsache muß die innere Politik leisten. Die *Schule* aber ist hier aufgerufen worden, sich in die Planung miteinzuschalten, weil sie ihrem Wesen nach eine der Zukunft dienende Einrichtung ist und weil Menschen, die zu einem neuen Gesamtstil ihrer Existenz übergehen sollen, dazu erzogen werden müssen. Ich habe ihr eine *kulturregulierende Funktion* zugesprochen. –

Dagegen aber können *Einwände* erhoben werden, auf die abschließend einzugehen ist.

Die Schule auf dem Lande ist ein sehr schwaches Organ, dem man in seiner heutigen Gestalt kaum so große Leistungen zutrauen kann. Sie ist sehr oft nur eine einklassige Volksschule,[12] die von ihren Betreuern die größte pädagogische Kunst verlangt, und nur ganz selten, in Dörfern, deren Größe sich städtischen Maßen annähert, findet man einmal das voll ausgebaute Volksschulsystem. Im günstigen Fall ist mit einem dreistufigen System zu rechnen. Der Unterricht auf dem Lande hat also mit dem in der Stadt schon aus schulorganisatorischen Gründen nicht Schritt halten können.

Man hat sich bemüht, diesem Mangel abzuhelfen, ohne sogleich revolutionär vorzugehen. Vor allem sind hier die Maßnahmen zu erwähnen, die *Johann Friedrich Dietz* und nach ihm *Johannes Schwenk* als Schulrat im Kreise Crailsheim durchgeführt hat: Benachbarte Landschulen bilden einen Schulverband, innerhalb dessen Lehrkräfte ausgetauscht werden, so daß ihre besondere Begabung und Vorbildung einer größeren Zahl von Schulkindern zugute kommen kann.[13] Die Einrichtung verdient, nachgeahmt zu werden. Erst neuerdings gibt es die Verkehrsmittel, die sie ermöglichen. Deshalb sind die Versuche noch spärlich. Jedes Dorf behielte seine eigene Schule. Das ist für die Belebung des Erziehungsgeistes in der Gemeinde wichtig und entspricht den Wünschen der Bauernschaft. Sie hängt ja auch, wenn sie noch so klein ist, an ihrer eigenen Kirche.

[12] Eigentlich sollte sie »Ein-Lehrer-Schule« heißen.

[13] Vgl. bei Dietz, a.a.O. S. 167 ff.

In der Zukunft – soll man nun sagen: »winkt« oder »droht« – das Bild von großen *Zentralschulen,* die an die Stelle der allzu kleinen Schulsysteme treten sollen. Sie würden in geeignet gelegene Ortschaften, vielleicht auch in die Kreisstadt, zu verlegen sein. Was für sie und gegen sie zu sagen wäre, kann hier nicht ausführlich erörtert werden. Die frühere Schwierigkeit: ein zu anstrengender Schulweg, bestünde bei den heutigen Verkehrsmitteln kaum noch. Auch der heimatliche Geist brauchte nicht zu kurz zu kommen. Denn er darf sich ja ohnehin nicht nur um den Kirchtum allein herum bewegen.

Die Frage wird spruchreif werden, sobald das *9. Volksschuljahr* – von dem 10. wollen wir aus wirtschaftlichen Gründen noch nicht reden – gesetzlich eingeführt wird. Diese Ausweitung könnte bestimmt nicht in jeder dorfeigenen Schule erfolgen. Dann würde sich wohl ein gemischtes System empfehlen. Die drei obersten Klassen der Schule würden nach den bestehenden Reformplänen überhaupt, in der Stadt wie auf dem Lande, eine eigene Stufe innerhalb der zunächst neunklassigen Volksschule bilden und empfingen einen geschlossenen Bildungsauftrag unter neuen pädagogischen Gesichtspunkten.

Die Grundschule und zwei weitere Jahrgänge könnten im Dorf bleiben. Die letzten drei oder – später – vier Jahrgänge würden zentralisiert, müßten aber in der Weise unterrichtet werden, die sich aus der geschilderten *Dorf*schulproblematik ergibt. Einfache Angleichung an den Lehrbetrieb der Stadtschule oder gar Aufnahme der Landkinder in bereits bestehende Stadtschulen würde den Gedanken widersprechen, deren Wichtigkeit ich zu begründen versucht habe. Im Gegenteil: erst in einem solchen erweiterten Rahmen könnten sie ganz verwirklicht werden, wenn nur der Geist der Landfremdheit streng vermieden würde. Es wird ja wohl niemand der Meinung sein, der Stil des Landlebens könne jemals ganz in den städtischen Stil aufgehoben werden. Versuchte man es, so würde man unser Volk ganz wesentlicher Kräfte berauben. Dieses Problem greift über bloß pädagogische Erwägungen hinaus.

Der Sinn des altsprachlichen Gymnasiums in der Gegenwart

1960

Vorwort

Gemeinsame Sorge hat zwei Freunde veranlaßt, noch einmal grundsätzlich über den Bildungssinn und die Gegenwartsbedeutung des altsprachlichen Gymnasiums nachzudenken. Der lange fortgesetzte Gedankenaustausch sollte zunächst der Klärung ihrer eigenen Auffassungen dienen. Sie haben das Ergebnis aber auch in kurzen Leitsätzen zusammengefaßt, die sie nunmehr der Öffentlichkeit zur kritischen Kenntnis- und Stellungnahme vorlegen.

Die kleine Denkschrift war in den Umrissen bereits Ende 1958 abgeschlossen. Sie ist aber länger als ein Jahr zurückgehalten worden. Denn um jene Zeit kam der »Rahmenplan« heraus, wie der Entwurf des »Deutschen Ausschusses für das Erziehungs- und Bildungswesen« kurz genannt wird, in dem Vorschläge für den äußeren Aufbau des grundlegenden deutschen Schulwesens gemacht sind. Es schien uns nicht ratsam, unseren begrenzten Gegenstand in die umfassendere Diskussion hineinzugeben, die nunmehr unter ganz anderen Gesichtspunkten begann. Denn jener Plan beschäftigt sich vorwiegend mit der zweckmäßigen Gliederung des Schulwesens nach Stufen und Zweigen. Er ist eine hervorragende Geistesleistung. Das wird dem Betrachter erst dann völlig bewußt, wenn er analysiert, welche verschiedenen, ja zum Teil sich widersprechenden Motive der Schuleinrichtung in diesem Plan ausgeglichen werden sollen. Ob eine solche Konstruktion möglich war, ehe man die *inneren* Anforderungen jedes einzelnen, eigenartigen Bildungszweiges abgewogen und den Raum ausgemessen hatte, den jeder von ihnen aus Wesensgründen unabdingbar beansprucht, mag hier offen bleiben.

Jedenfalls liegt unser Unternehmen in einer ganz anderen Richtung.

Es betrifft nur *eine* der bestehenden Formen der höheren Schule. Diese war uns vorgegeben und führt ihr Leben seit alter Zeit aus der ihr eigenen Kraft. Es kam uns darauf an, dem Geheimnis dieser Kraft nachzuspüren. Denn es sind nicht gerade günstige Umstände, unter denen sich das altsprachliche Gymnasium heute behauptet. Wir mußten also fragen, ob es heute etwa nur noch vom alten Ruhm und von einem allmählich verblassenden Vornehmheitsschimmer lebt, oder ob etwas Unverlierbar-Echtes in ihm steckt. Es könnte sein, daß die Bildungskräfte, die die alte Schulform ausstrahlt, heute anders interpretiert werden müssen als früher, etwa deshalb, weil wir heute über das Fruchtbarwerden des Geschichtlichen für die *Gegenwart* neue Anschauungen gewonnen haben. Wir sprechen also von der Sicht, in die das alte Gymnasium heute gerückt werden muß, damit nicht Nebendinge unangemessen betont werden, sondern das Zentrum seiner Wirkungskraft erfaßt wird.

Es ist selbstverständlich, daß wir anderen Formen der höheren Schule den Raum, den sie sich am Anfang unseres Jahrhunderts erkämpft haben, nicht mißgönnen. Mögen sie mit *ihrem* Pfunde wuchern, so gut sie es können! Da aber Eltern – wenigstens an größeren Orten – heute vor die Möglichkeit der Wahl des Bildungsweges für ihre Kinder gestellt sind, ist es nicht überflüssig, denjenigen, die die Wahl mit innerer Begründung treffen wollen, gerade den Bildungsgedanken, der am schwersten verständlich sein dürfte, einmal in neuer Beleuchtung vorzuführen. Sie sollen sehen, was von der Beschäftigung mit dem klassischen Altertum erwartet werden darf, aber auch, was vom Gymnasium aus guten Gründen *nicht* erwartet werden darf.

Man mag unsere kleine Denkschrift eine »Apologie« des Bildungswertes nennen, der in den Geistesgütern des sogenannten klassischen Altertums enthalten ist. Eine solche Verteidigung ist seit mehr als 1¹/₂ Jahrhunderten immer wieder unternommen worden. Den Kennern ist in besonders werter Erinnerung eine Schrift, die geradezu das Grundprogramm des Gymnasiums in neuhumanistischer Ausprägung genannt werden darf. Der junge Wilhelm v. Humboldt hat sie 1793 – in den Tagen seines leidenschaftlichen Ringens um Selbstbildung – verfaßt. Im Freundeskreise lief sie unter dem Namen »Skizze über die Griechen« um. In der Akademieausgabe von Humboldts Werken findet sie sich unter dem Titel: ›Über das Studium des Altertums und des griechischen insbesondere.‹ (Gesammelte Schriften. Bd 1. S. 255 ff.). Hier ging es um das Selbstbildungsanliegen reifer Männer. Die Gedanken durchliefen noch manche Umformungsstationen, ehe sie um 1810 ihren Beitrag zu dem Neubau einer öffentlichen Bildungsanstalt leisteten.

In das Wagnis eines Wettbewerbes mit einer solchen Kundgebung treten wir nicht ein. Uns ging es von Anfang an um das, was für die Jugend fruchtbar werden kann, und um den Sinngehalt einer Schule. Eines allerdings bleibt unverändert: Auch wir reden von einer Anstalt der Menschenbildung, nicht der Lebensnot. Wir tun es nicht aus hochmütiger Mißachtung der notwendigen Mittel zur Wendung der Not; sondern weil wir glauben: Wer nicht mehr Kräfte in sich entfaltet hat als die, die unmittelbar für den Verbrauch des Tages erforderlich sind, hat von vornherein zu wenig, um das Leben in unserer Welt zu meistern. Die Reserven des Geistes sind der köstlichste Schatz, ganz gewiß für Notzeiten; vielleicht nicht minder für üppige Zeiten.

Zum Schluß danken wir mit Freude Herrn Oberbürgermeister Dr. Pfizer und Herrn Professor Dr. Ludwig Raiser für die Förderung unseres Vorhabens durch Rat und Kritik.

Erich Haag *Eduard Spranger*
Tübingen

Einleitung

Zur Bildungsproblematik in der Kultur der Gegenwart

Der Bildungsgedanke des altsprachlichen Gymnasiums hat seit dem Humanismus des 15. und 16. Jahrhunderts sehr verschiedene Ausdeutungen erfahren. In jeder Epoche sind sich aber gewisse Grundrichtungen der Begründung gleichgeblieben, die man in drei vorsichtig formulierten Sätzen aussprechen kann:

Wir bauen auf den Fundamenten fort, die »die Alten« gelegt haben, und was wir Europäer sind, schulden wir zu einem erheblichen Teil ihrer Kulturarbeit.

Die Leistungen, die sie in ihrer Blütezeit vollbracht haben, bleiben bewundernswert hoch, und sie geben uns einen Ansporn, in »unserer Art« so groß zu werden, wie sie »in ihrer Art« gewesen sind.

Mit Bezug auf die Formung der Persönlichkeit haben sie Ideale aufgestellt und Prägungen verwirklicht, die nicht wieder vergessen werden konnten. Ihnen verdanken wir die vielsagenden Begriffe »Humanität« und »Humanismus«.

Wenn heute des Erbes der griechisch-römischen Antike, ihrer sachlichen Leistung und ihrer Persönlichkeitskultur, noch gedacht wird, pflegen allerdings viele hinzuzufügen: hier handle es sich wirklich um kostbare Museumsstücke. Aber nur zu lange habe man sich mit vergilbten Blättern der

Geschichte abgegeben. Da unsere moderene abendländische Kultur zugegebenermaßen die Zeit sei, die »keine Zeit hat«, da sie eine vorwärtsdrängende Epoche sei, so könne sie sich mit den berühmten Goetheschen dreitausend Jahren nicht mehr belasten. Man habe eben die Bedürfnisse und Verpflichtungen der »industriell-technischen Gesellschaft« als etwas Gegebenes hinzunehmen.

Wir verschließen uns nicht vor der modernen Realität und wissen sehr wohl, daß die Kultur des Abendlandes, wie sie jetzt geworden ist, unser aller Schicksal bedeutet. Wir müssen mit ihr als einer Gegebenheit rechnen, die einzigartig und in vielem bewundernswert ist. Aber wir folgern nicht ohne weiteres, daß eine Schicksalsmacht auch schon höchste Bildungsmacht ist. Das eine muß erlitten werden, das andere – die Bildung – muß geleistet werden. Handelte es sich bei der Menschenbildung um bloße Anpassung an die bestehenden Verhältnisse, so wären die Aufgaben sehr einfach; mindestens wären die maßgebenden Linien überall vorgezeichnet. Wer aber die Weltanschauung vertritt, daß der Mensch dazu gebildet werden sollte, nach Möglichkeit *über* den Umständen zu stehen, die ihm von der Natur und der Kulturlage gesetzt sind, hat ein ganz anderes Ziel vor Augen. Wir behaupten, daß der Zeitpunkt erreicht sei, in dem gerade die industriell-technische Gesellschaft darum kämpfen muß, den Menschen gegenüber der Sachwelt zu erhalten, und es ist nicht zuletzt die Sorge um Steuerung und Fortbestand dieser Gesellschaft, in der unsere Bildungsgedanken ihre Wurzel haben. Die Erhebung des Menschen über den Druck der Mächte, die er selbst aufs Feld gerufen hat, ist ein Gesichtspunkt, der in *keiner* Schulart zu kurz kommen darf. Aber selbst wenn die Bildung des Menschen nur daran gemessen würde, was einer können und sein müsse, um sich der Gesellschaft »als brauchbares Glied« einzufügen, dürfte man sich nicht damit begnügen, zur Technik und zur Industrie zu erziehen. Das Stichwort »industriell-technische Gesellschaft«, das zu einem unbedacht wiederholten Schlagwort zu werden droht, hebt nur das Neue und gewiß auch das Charakteristische der modernen Kultur hervor. Zu einer Kultur gehört aber noch sehr viel anderes als nur die wirtschaftliche Seite. Gäbe man der letzteren den Vorrang vor allem anderen, so näherte man sich bedenklich einer Kulturauffassung, die im Westen jetzt aufs entschiedenste bekämpft wird. Wir glauben nicht daran, daß es die Bestimmung des Menschen sei, in einem eindeutig vorgezeichneten überindividuellen Prozeß nur geschickt mitzuschwimmen. Es kommt darauf an, die sittliche Kraft des Lenkens zu stärken.

Das Problem der Bildung hängt zu allen Zeiten mit der Aufgabe zusammen, eine Gesamtkultur von ethischem Gehalt aufzubauen. Technik und Industrie sind nur Organe in einem Gesamtgefüge. Wenn das Wirtschaftsleben einer Zeit zu rationalen Herstellungsmethoden und dadurch ermöglichter Massenproduktion von Gütern übergegangen ist, hat die Kultur ihre wirtschaftliche Seite schon im höchsten Grade *vergeistigt.* Wieviel Erkenntnisse, wieviel Vorausschau, wieviel sittliche Energie ist in diesen Wirtschaftsstil mit hineingebaut! Aber man könnte in Versuchung geraten, den Sinn des Ganzen ausschließlich im Nutzen für Lebenserhaltung und Komfort zu sehen und zu glauben, nur deshalb sei das ganze Unternehmen angekurbelt worden, damit möglichst viele auf möglichst engem Raum leben könnten. Dieser weltanschaulichen Konsequenz ist man in der Tat heute sehr nahegekommen. Vermutlich auch deshalb, weil die Träger dieser Kultur einseitig gebildet worden sind. Noch einmal: es geht bei der Erziehung und Belehrung immer um die Gestaltung einer Gesamtkultur, und dies ist es, was jeder, der erzogen worden ist, zum Schluß begriffen haben sollte.

Auch die industriell-technische Gesellschaft muß von Menschen getragen werden, die noch sehr viel mehr sind als »industrielle und technische Menschen«. Sie müssen denkende, sprachkundige, weltoffene, an sich selbst arbeitende Persönlichkeiten sein. Sie müssen wissen, wovon eine Gesamtkultur lebt und woran sie im Ernstfall zugrunde gehen kann. Sie müssen Charaktere beurteilen können. Sie müssen Pflichtbewußtsein haben, bereit sein, Verantwortung zu übernehmen und aktuelle sittliche Entscheidungen zu treffen. Sie müssen schließlich ihre noch so begrenzte Mitarbeit am Ganzen in Einklang bringen mit einem zentralen Glauben an Wert und Sinn des Lebens und an eine letzte Bestimmung des Menschen. Kurz, sie wären unvollständig ausgerüstet, wenn man sie nur mit technischen Kenntnissen und industriellem Unternehmergeist erfüllt hätte. Der alte Traum von einer Humanität, die alle Grundkräfte zur Einheit zusammenfaßt, von einer Geistesart, die sich für alle begegnenden Aufgaben und Schicksale offenhält, von einer Kraft, die das Leben ethisch meistert, ist für unsere Zeit nicht deshalb sinnlos geworden, weil wir Maschinen bauen können. Im Gegenteil: Es ist zu vermuten, daß allein ein so überlegener Mensch fähig sein wird, zu begreifen, an welcher Stelle sich seine Arbeit dem Kulturganzen einfügt und durch welche Gefahren das Schiff hindurchgeht, das er mitzusteuern berufen ist. Es ist keine Kleinigkeit, die moderne abendländische Kultur auch nur als Mitträger auszuhalten. Ihr Weiterfunktionieren wird daher von den Besonnenen schon mit einiger Sorge betrachtet. – Jeder Zweig des höheren Bildungswesens soll den Grund legen für ein solches inneres Starksein und soll auf einen solchen weiten Horizont vorbereiten. Das alte Gymnasium insbesondere aber muß heute zweierlei ernsthafter Prüfung unterziehen: sein Verhältnis zur Gegenwart und sein Verhältnis zur Geschichte. Die unverkennbare Spannung in dieser Forderung bezeichnet den entscheidenden Punkt. Das altsprachliche Gymnasium ist, roh gesagt, der Bildungsweg, der vorwiegend über das geschichtliche Bewußtsein führt. Was darunter zu verstehen ist, bedarf der Revision. Stünde von vornherein fest, daß die Geschichte das Vergangene und Abgetane ist, so wäre das Unternehmen wertlos. Wäre »die Geschichte« eine eindeutige Größe, deren Sinn schon feststeht, so wäre es problemlos. Wir denken heute anders über die Geschichte als die Zeit unserer Klassiker, etwa Herder, W. v. Humboldt und Hegel. Von der Antwort auf die Frage, was das historische Bewußtsein uns geben kann und was es uns nicht geben kann, hängt das Schicksal der alten Schulform in der Gegenwart ab. Beide Themen sind eng miteinander verflochten.

Leitsätze über den Sinn des altsprachlichen Gymnasiums in der Gegenwart

Historie als Bildungsmacht

Die Bemühungen um eine angemessene Definition von »Bildung« sind uralt; aber weder die Frage: wie vollzieht sich der Vorgang des Bildens? noch die weitere Frage: was ist Bildung als Zustand des solchermaßen Gebildeten? hat eine allgemein anerkannte Beantwortung gefunden. Über *eine* Seite des Problems wird man sich einig sein: zur Bildung gehört, daß das ursprünglich enge und in sich selbst befangene Ich über sich selbst hinausgeführt werde, daß es zeitweise aus sich heraustrete, Fremdes kennenlerne und sich mit einer anderen Art zu sein auseinandersetze.

Bei Schiller und Wilhelm v. Humboldt findet sich dafür manchmal der abkürzende Ausdruck »Welt in sich aufnehmen«. Damit können nur solche Weltgehalte gemeint sein, die es wert sind, daß man sie sich auf eine geistige Art zu eigen macht. Zur Welt gehören Personen, Lebewesen und Dinge, Geistesgebilde und Gesellschaftsformen. Werden sie nur vereinzelt vorgeführt, so bleibt ihr Bildungswert fragmentarisch. Verstanden werden können sie nur als notwendige Glieder eines höheren Zusammenhangs. Es kommt also auf ihr Miteinanderverwobensein an. Für den Menschen empfangen sie besonders dadurch ihre Geschlossenheit, daß sie als sinnvolle Glieder dem menschlichen Lebensgefüge eingeordnet sind. Der Ganzheit der erlebenden und stellungnehmenden Person soll auf der Objektseite auch ein Ganzes entsprechen. Keineswegs ist hier bei dem Worte Ganzheit an jene Universalität der Bildungsstoffe gedacht, die der echten Formung des Subjektes so oft schädlich geworden ist. Aber ohne Erfassung des Sinnzusammenhanges, dem sich die ausgewählten Einzelheiten eingliedern, ist keine Menschenbildung denkbar. Denn sie ist auf die innere Gesamtentfaltung der Person gerichtet.

Der geistig befruchtende Wert des Reisens beruht darauf, daß man fremde Lebensformen als Gesamtstrukturen kennenlernt und daß man erfährt, wie sie in sich sinnvoll gegliedert sind. Man muß sich mit Reisen in der Phantasie begnügen, wenn sie in der Wirklichkeit noch nicht möglich sind. Die Beschäftigung mit vergangenen Kulturen und Kulturepochen ist einem Reisen in der Einbildungskraft vergleichbar. Dieser Weg über die Geschichte ist zwar nur einer der Wege, der im Bildungsverfahren eingeschlagen werden kann. Aber der Vorzug der historischen Bildung liegt darin, daß sie in ganze Lebenszusammenhänge hineinführt, die von den unsrigen abweichen. Sie fordert nicht nur in räumlicher, sondern auch in zeitlicher Hinsicht ein Heraustreten aus sich selbst. Bildend wird dieser Vorgang, wenn man nach längerer geistiger Auseinandersetzung mit dem geschauten Fremden bereichert in sich zurückgekehrt ist. Das Ich hat sich erweitert; man hat ein höheres Selbst gewonnen.

I. Der Bildungsgedanke des altsprachlichen Gymnasiums hat also die Besonderheit, daß in ihm der bildende Umgang vorzugsweise mit einem *Stück der historischen Welt* erfolgt.[1] Die Gründe, weshalb aus der unübersehbaren Fülle dessen, was wir historisch wissen (ἱστορεῖν), gerade die Griechen und Römer herausgehoben werden, sind folgende:

1. Ihr Leben, ihre Taten und Schicksale sind ein wichtiger Teil unserer eigenen Vergangenheit. Bildlich gesprochen: die Deutschen sind, wie alle anderen europäischen Völker, als sie noch ein werdendes Volk waren, bei den Griechen und Römern in die Schule gegangen. Ihr Kulturerbe, besser: die von ihnen geschaffenen Geistesgüter sind in unser eigenes Wesen einverleibt, freilich schon umgebildet, vor allem durch das Christentum vertieft. Die treue Überlieferung hat sich in immer wiederholten »Lehrgängen« zur intensiven Auseinandersetzung verstärkt und zu mannigfacher innerer Aneignung geführt. Diese Geistesgüter sind uns also verwandt, zu-

[1] Keine Form der höheren Bildung kann auf die geschichtliche Dimension ganz verzichten. Auch das mathematisch-naturwissenschaftliche Gymnasium, das sich der Gegenwart besonders eng verbunden weiß, kann ohne den Rückgriff auf die Geschichte seine Bildungsaufgabe nicht erfüllen. Verschieden ist nur die Tiefe dieses Rückgriffs; zweifellos ist in dieser Hinsicht das altsprachliche Gymnasium die »gründlichste« Form der höheren Schule, da es auf den Grund unserer Geschichte zurückgreift.

gleich aber so fremdartig, daß sie jenes Aussichheraustreten fordern und möglich machen (Genetischer Gesichtspunkt).

2. In der Kultur der Griechen und in der der Römer, die sich als erste Nation Griechisches in lebendiger Auseinandersetzung einverleibt haben, sind eigentümliche Höchstleistungen erzielt worden, mit denen sich in der uns bekannten Geschichte nur wenige andere messen können. Sie dürfen zwar nicht beanspruchen, absolute Vorbilder zu sein, aber sie besitzen den Rang des Klassischen.

Wenn man in das Wagnis nicht eintreten will, mit objektiven Kennzeichen zu bestimmen, was klassisch genannt werden darf, ist es vielleicht erlaubt, den Begriff ausschließlich von seiner Bedeutung in der Bildungsgeschichte her zu beleuchten. Klassisch ist ein Geistesgut, das die Kraft in sich trägt, die Nachfahrenden, die mit ihm in Berührung kommen, immer wieder zur Auseinandersetzung mit seinem Gehalt zu nötigen, und zwar nicht nur im Sinne eines interessierten Kenntnisnehmens, sondern im Sinne eines Aufrufes zur totalen Revision der eigenen Lebensgestaltung: »Du mußt dein Leben ändern.« Ein solches Geistesgut bewirkt, daß in der Begegnung mit ihm die Kräfte des Empfangenden sich stärken und seine Gestaltungen sich im Wettbewerb veredeln. Was klassisch zu heißen verdient, wird selbst in diesem geistigen Ringen immer wieder vor dem Erziehungsgewissen geprüft; es wird nicht einfach übernommen. Die Geschichte des altsprachlichen Gymnasiums seit der Zeit des Renaissancehumanismus legt von dieser immer neuen Sichtung Zeugnis ab. Nicht alle Epochen der griechisch-römischen Geschichte haben den Rang des Klassischen; nicht alle ihre Schöpfungen behalten ihn für alle Zeiten; es gibt aber unter ihnen einen Kernbestand, der immer bleiben wird (Gesichtspunkt der Werthöhe).

3. Obwohl »das Griechentum« und »das Römertum« selbst schon, jedes für sich, eine eigenartige Kultur darstellt, sind sie für den historischen Betrachter doch eine abgeschlossene Einheit. Sie stehen nicht mehr im Kampf und im Wagnis der Gegenwart. Eben deshalb sind sie geeignet, Bildungsgüter darzubieten, an denen das junge Gemüt, gleichsam in Gedanken und in der Phantasie experimentierend, seine Innenwelt bereichern kann. Sie sind fertig gestalteter Geist, der insofern standhält, als nur noch das Verstehen und Werten des Lebenden mit ihnen zu kämpfen hat. Die Alten selbst kämpfen nicht mehr. Alles Moderne – mindestens seit der Renaissance – ist, damit verglichen, noch unfertig. Es ist ein Vorteil für den Bildungsprozeß, wenn der junge Geist sich mit einer festen Geistesart auseinanderzusetzen hat (Gesichtspunkt der Abgeschlossenheit).

4. Von der »Einfachheit« der antiken Kultur(en), die die deutschen Neuhumanisten im Sinne Rousseaus gerühmt haben, werden wir heute nicht

mehr reden. Auch die völlige Originalität der Griechen (Wilhelm v. Humboldt: »eine anfangende Nation«) ist fraglich. Wohl aber bleibt die Vielgestaltigkeit des uns bei ihnen begegnenden Lebens. Schon W. v. Humboldt hatte den Standpunkt überwunden, daß man sich mit dem klassischen Altertum nur wegen der großen Persönlichkeiten beschäftige. Er sprach von dem »Studium einer Nation«. Wir werden lieber sagen, man habe eine ganze in sich zusammenhängende *Kultur* vor sich, auf die dann gleich eine zweite, von ihr befruchtete, folge: die römische. Gerade auf die innere Strukturganzheit der Kultur kommt es uns heute an. Insofern ist der von Wilamowitz geprägte Ausdruck »Modell einer ganzen Kultur« gut gewählt. Aber das Problem, ob es eine Gesetzlichkeit im inneren Ablauf von Kulturen gebe, kann in der Schule höchstens einmal am Rande berührt werden (Gesichtspunkt der Kulturganzheit).

5. Gegen die neuerdings geäußerte Anschauung, die humanistische Geschichtsauffassung sei überwunden, seitdem die ganze bewohnte Erde *eine* Welt geworden sei, ist geltend zu machen: Von dem Orientalischen, das unsere Vergangenheit mitbestimmt hat, ist nur die Religiosität des Judentums für uns zum tiefgreifenden Schicksal geworden. – Bildungsgüter sind durchgeformte historische Mächte und dürfen nicht mit neu auftretenden Zukunftsaufgaben verwechselt werden. Bloßes Kenntnisnehmen und Sich-etwas-innerlich-Aneignen ist zweierlei. Es kommt hinzu, daß sich der Zugang zum Geist fremder Kulturen nur durch weitgehende Beherrschung der betreffenden Sprachen erschließt. Orientalische Sprachen können nicht in den verbindlichen Lehrplan der Schule aufgenommen werden (Gesichtspunkt der inneren Zugehörigkeit).

II. Die sogenannte humanistische Geschichtsauffassung, nach der die Hauptwurzeln der europäischen Kultur bei den alten Griechen und Römern zu suchen sind, gestattet noch mannigfache Ausprägungen. Ihre Verwandlungen lassen sich geistesgeschichtlich verfolgen. Seit dem Humanismus der Renaissancezeit sind auch besondere nationale Akzente bemerkbar geworden. Die Gegenwart wird die neuhumanistische Geschichtsauffassung unserer klassischen Zeit, wie sie Winckelmann, W. v. Humboldt, Schiller, Hölderlin (nur bedingt Goethe, Herder und Hegel) vertreten haben, nicht übernehmen können. Die Forschung hat am Vergangenen neue Seiten sehen gelehrt, und die Lebensaufgaben der Gegenwart gestatten den vorwaltenden Anruf der ästhetischen Kräfte nicht mehr. Also wird auch für das altsprachliche Gymnasium die Auswahl der Bildungsgüter anders getroffen werden müssen. Es soll gewiß keine einseitig verengte Stellungnahme befürwortet werden. Denn die zentralen Bildungswerte des klassischen Altertums liegen in so großen Tiefen, daß sie durch keine Aufteilung auf einzelne Geistesgebiete wirklich erfaßt werden können. Vielleicht aber darf man die Behauptung wagen: Da die Problematik des Gemeinschaftslebens uns so wichtig geworden ist *und tiefere Schichten der menschlichen Existenz* erschlossen hat, sind auch diejenigen Momente, die sich auf das Staatsethos beziehen, als Bildungsfaktoren für uns bedeutsamer geworden. Wirtschaftliche und soziale Erscheinungen sind darin mit befaßt. Falsch wäre es jedoch, interessante Einzelheiten dieser Art aus der alten Geschichte herauszustöbern. Nur die Erfassung von großen *Zusammenhängen* wirkt wahrhaft bildend. Unzweifelhaft gehört die Verantwortungsbereitschaft für die sittliche Durchgestaltung des eigenen Staates und des Gesellschaftslebens überhaupt zu den Kräften, die heute bei der Bildung der Persönlichkeit höchste Beachtung verdienen.

III. Unter der leitenden Idee der Jugendbildung sind einige Einstellungen zum griechisch-römischen Altertum abzulehnen. Ob ihnen in anderen Beziehungen ein volles oder begrenztes Recht zukommt, soll hier ungeprüft bleiben.

1. Der radikale Historismus paßt nicht für die Schule. Der vieldeutige Ausdruck bezieht sich hier auf die völlige Ausschaltung von Werturteilen über vergangene Menschen, Ereignisse und Einrichtungen. Für Forschung und Wissenschaft sind die Unterschiede von gut und böse, schön und häßlich, großartig und unscheinbar nur von sekundärer Bedeutung. Alles ist *wissens*wert und kann unter Umständen wichtig werden. In der Menschenbildung kann die wertende Gemütsbeteiligung nicht ausgeklammert werden. Denn es ist ja gereade die wertende Innenwelt, die gebildet werden soll.

Es wäre aber ein schlimmes Mißverständnis, wenn man diese Unterscheidung so auslegte, als ob es für die Bildungszwecke auf die Realitätsprüfung nicht ankäme und als ob man in der Schule auch historische Auffassungen beibehalten dürfe, die die geschichtliche Forschung als falsch erwiesen hat. Denn der junge Mensch soll mit der wirklichen Welt bekannt gemacht werden. Was »wirklich gewesen ist«, wird damit auch schon als möglich gekennzeichnet. Für das Bildungsverfahren ist es dann erlaubt, ja notwendig, aus dem als wirklich Gesicherten eine Auslese zu treffen, und zwar so, daß die »Zündungsstellen« bevorzugt werden. »Zünden« heißt hier: eine nachhaltig belebende Wirkung auf das sich entfaltende Gemüt, auf die Wertempfänglichkeit und innere Werteinstellung ausüben. Das kann geschehen im Sinne der Bejahung wie der entschiedenen Ablehnung. Vorbilder und Gegenbilder werden dargeboten, nicht ohne leise Unterstützung für den noch unsicher Wählenden. Jedoch darf diese wiederum nicht bis zu einer falschen Idealisierung gehen. Das Falsche bestünde hier darin, daß der reale Gegenstand selbst nichts enthält, was einer solchen Überhöhung würdig wäre; oder auch darin, daß die Stellungnahme, die der junge Mensch selbst vollziehen soll, zu stark vorweggenommen und aufgedrängt würde. Gerade die gegenwärtige junge Generation ist für das Pathetische am wenigsten empfänglich.

Die echten Ergebnisse der klassischen Philologie und der Geschichtsforschung bleiben also für den Unterricht bindend. Aber daraus folgt nicht. daß schon auf der Schule klassische Philologen herangebildet werden dürften. Wie in allen Fächern der höheren Schule, die auf wissenschaftlicher Grundlage arbeiten, beruht auch in den Kernfächern des altsprachlichen Gymnasiums, in Latein und Griechisch, die Bildungswirkung des wissenschaftlichen Unterrichts auf der pädagogischen Kunst des Lehrers, dem jungen Menschen dazu zu helfen, daß er sich den Gegenstand innerlich aneignet und an ihm geistig wächst.

2. Der soeben abgelehnte radikale Historismus verfährt nicht rein empirisch; auch er arbeitet mit je eigentümlichen Fragestellungen, Verstehenskategorien und relativen Aprioris. Dahin gehört die auf Grund von Forschungsergebnissen gewagte historische Periodenbildung. Die Generation von Eduard Meyer, Wilamowitz, Dilthey und anderen hat zum Beispiel die Gesamtkonzeption der Kulturzyklentheorie bejaht. Wilamowitz wollte auf der Preußischen Schulkonferenz vom Juni 1900 diese Anschauung auch im Gymnasium zur Geltung bringen.[2] Dadurch hätte die sogenannte hellenistische Periode ein sehr starkes Gewicht erhalten. Ohne Zweifel ist sie für den Historiker ein ungewöhnlich interessantes Phänomen. Aber gerade dieser Versuch lehrt, daß Erkenntniswert und Bildungswert nicht einfach zusammenfallen. Was auf die Gestalt der Welt entscheidend eingewirkt hat, braucht für die Seele nicht in gleichem Maße gestaltungskräftig zu sein. Der Hellenismus gehört in den Geschichtsunterricht und wird dort gebührend betont werden. Das Fach »Griechisch« wird, wie bisher,[3] seine Auswahl aus dem Zeitraum von Homer bis Aristoteles treffen. Die Gründe dafür werden später eingehend entwickelt werden. Hier genügt die These:

---

[2] Vgl. Verhandlungen über Fragen des höheren Unterrichts, Berlin 6.–8. Juni 1900. Halle 1901. S. 206/7: Unseren Blicken »ist erkenntlich geworden eine anderthalbtausendjährige Periode der Weltkultur, nicht nur die Grundlage, sondern sozusagen ein Typus der unseren«. Auf diesen Gedanken baute dann das Griechische Lesebuch von *Wilamowitz* auf.

[3] Das trifft nur bedingt zu. Plutarch zum Beispiel hat bis zum Neuhumanismus eine große Rolle in den Schulen gespielt.

In der Beschäftigung mit der griechischen Welt soll nicht nur Geschichte im Sinne von vergangenen Geschehensabläufen gelernt werden.

3. Umgekehrt: die seit kurzem zutage tretende Anschauung, die sich als »realen Humanismus« bezeichnet, ist deshalb abzulehnen, weil sie ungeschichtlich ist oder doch die Auslese aus dem antiken Bildungsgut zu einseitig unter religiös-christlichem Gesichtspunkt vollzieht. Der Grundsatz, daß man gerade durch das zeitweilige Heraustreten in den Bereich einer *fremden* Weltansicht innerliche Förderung erfährt, wird hier vergessen oder verengt. Die Hineindeutung christlicher Anschauungen, ja eigentlich nur einer bestimmten, zur Zeit herrschenden Ausprägung des Christentums in die antike Tragödie und andere Schöpfungen des griechischen Geistes ist Rückfall in eine unhistorische Denkweise. Wenn man in der Vergangenheit nur sich selbst – seine eigene Position – wiederfinden will, eben dann verletzt man das Gebot, »real« zu denken, das heißt das Wirklichkeitsbewußtsein vergangener Epochen in *seiner*, von dem unsrigen stark abweichenden, Gehalt herauszuarbeiten. Noch einmal: Das Fach »Griechisch« im Gymnasium ist etwas anderes als bloßer Geschichtsunterricht. Es ist aber auch nicht christlicher Religionsunterricht. Die Spannung zwischen dem griechischen und dem christlichen Geist darf nicht verdeckt werden. Keineswegs ist das Gymnasium unchristlich oder gar heidnisch. Aber es soll durch Kontrasterlebnisse zur Besinnung über die Eigentümlichkeit des Christlichen anregen und dadurch auch das religiöse Bewußtsein vertiefen, wie alles »Andersartige« zu größerer Klarheit über die eigene Art, zu sein und zu denken, verhilft.

4. Der Weg in der Mitte zwischen dem Hineintragen vorgefaßter Wertstandpunkte in die Geschichte und dem Versinken in einen lähmenden historischen Relativismus ist nicht leicht zu finden. Die völlige Neutralität wurde soeben (unter 1) abgelehnt, aber auch die Starrheit des Beharrens in einer bereits mitgebrachten, fertigen Weltanschauung (unter 3). Wer streng existentiell denkt, kann etwas, das seiner Glaubensposition widerspricht, gar nicht mehr an sich heranlassen und in seiner abweichenden Wertbestimmtheit zur Geltung kommen lassen. Wer seine Empfänglichkeit beliebig weit ausdehnt, ist in Gefahr, sich selbst zu verlieren, noch ehe er sich ganz gefunden hat.

Auf die Seite der weltanschaulichen Abgeschlossenheit, die eigentlich nicht mehr durch neue Lebenserfahrungen umgebildet werden kann, gehören auch fertig mitgebrachte Theorien über das Wesen des Menschen und das Funktionsgefüge seiner Seele. Wir bemerken zum Beispiel heute die Neigung, historische Persönlichkeiten unter das Schema psychoanalytischer Deutungen zu zwängen. Vor allem aber kann jede Ausprägung existentiellen Philosophierens sich des griechisch-römischen Altertums bemächtigen, um in ihm Material zur Bestätigung der eigenen Grundhaltung zu finden. Es leuchtet ein, daß der bildende Wert des Hinaustretens in andere historische Welten dadurch eingeschränkt würde.

Auf der Seite des restlosen relativistischen Selbstverzichtes kann das Selbst, das sich an der Geschichte bilden möchte, nichts gewinnen, weil es schon der Schwäche verfallen ist, die Nietzsche und andere als die historische Krankheit gegeißelt haben. Das Hohe und Echte trifft auf ein unzulängliches Wertorgan. Es bleibt allenfalls ein ästhetisches Genießertum. Die Rangunterschiede in der historischen Welt werden nicht mehr deutlich empfunden.

Man kann nicht leugnen, daß der Mensch unserer Zeit beiden Gefahren ausgesetzt ist. Hier liegt ein Grundproblem unseres Verhältnisses zur Geschichte und zu jedem historisch fundierten Weltbilde. Darüber hinweghelfen kann nur eine gesunde Empfänglichkeit, die man als *Wertoffenheit* bezeichnen kann, in Verbindung mit einer ungebrochenen *Kraft der Verarbeitung*. Die Persönlichkeit soll sich nicht an die Geschichte verlieren, sondern ein Zentrum bleiben, das sich auf eigene Art historische Gehalte anverwandelt.

Gerade die humanistische Grundeinstellung ist es, welche beiden Anforderungen, der Wertoffenheit und der kraftvollen Zentrierung, gerecht zu bleiben strebt. Für die erste Haltung hat sie die Formel geprägt: Homo sum; humani nihil a me alienum puto. Die andere ist nicht so kurz formuliert worden, weil sie als eigentliches Geheimnis in der Tiefe des Bewußtseins ruht: Es geht ihr unter allen Umständen um das Suchen nach dem eigenen Selbst, nach dem gestaltenden Zentrum für die Vielfalt der Erlebnisse. Das Pindarische Wort »Werde, der du bist« ist in dieser Richtung zu deuten. Eine Bildungstheorie hat nicht die Aufgabe, konkrete Weltanschauungen als richtig zu monopolisieren, andere als falsch zu verwerfen. Sie sucht mit mehr formaler Einstellung nach einem Bildungsweg, der sich sowohl unter dem Gesichtspunkt der Wertoffenheit wie dem der Selbstgestaltung als fruchtbar erwiesen hat. Es kommt hinzu: Wer Hilfe bei der geistigen Menschwerdung leisten will, hat es mit der *Jugend* zu tun. Sie besitzt noch keine eindeutige Prägung weltanschaulicher Art, sondern ist im Aufbruch, sie sich zu erarbeiten. Der Humanist ist eben derjenige, der ihr dabei keine Form von außen aufzwingt, sondern jeder sich entfaltenden Person Freiheit zur sittlichen Selbstverwirklichung läßt.

Diesen Grundgedanken hat Schiller in dem zweiten Teil seiner »Briefe über die ästhetische Erziehung des Menschen« in tiefer, aber nicht leicht verständlicher Weise ausgeführt. Sein Begriff der »ästhetischen Bestimmbarkeit« kennzeichnet eine jugendliche Haltung. Sie bedeutet Offenheit der wertempfangenden Phantasie bei ungebrochener Kraft der wertenden Auslese und inneren Einverleibung. Man geht fehl, wenn man das so auslegt, Schiller wolle nur Persönlichkeiten vom ästhetischen Typus heranbilden, sogenannte »schöne Seelen«. Wohl aber weist er auf die Ein*bildungs*kraft hin als den seelischen Ort, an dem sich in der Jugend entscheidende Bildungserlebnisse vollziehen. Bilder werden ins Innere aufgenommen, Bilder werden abgewiesen. Was in der leicht formbaren Sphäre der Phantasie geschieht, gibt Nahrung für den Aufbau des Selbst, noch ehe Kraft und Gelegenheit da sind, sich am harten Stoff der umgebenden Welt unmittelbar zu erproben und verantwortlich zu bewähren.

Das Bildungsprogramm des humanistischen Gymnasiums ist aus solchen Erwägungen geboren. Es führt an einen Ausschnitt vergangener Wirklichkeit heran, der bereits auf seine Wertbedeutsamkeit hin ausgewählt ist. Es zeigt an dem historischen Material, wie und auf wie mannigfaltige Weise frühere Menschen ihres äußeren und inneren Schicksals Herr geworden sind. Solche geistigen Kämpfe im stillen mitzukämpfen, wird der Jugendliche aufgefordert. Aber es wird ihm nicht vorgeschrieben, zu welcher Lebensgestalt er dabei kommen soll, ausgenommen das Eine, daß er den Weg nach oben zu wählen habe, das heißt die Richtung auf die Findung seines höheren sittlichen Selbst.

Die Fruchtbarkeit der (klassischen) Gehalte des griechisch-römischen Altertums

Die Zeit ist längst vergangen, in der man einen für alle verpflichtenden einheitlichen Weg zur höheren Bildung vertreten konnte. Damit ist auch der Glaube verschwunden, daß man mit *einer* Form der höheren Schule auskommen könnte. Die Gesamtentwicklung der modernen Kultur hat bei allen europäischen Völkern die Monopolstellung des altsprachlichen Gymnasiums gebrochen. Unser Blick ist weiter und tiefer geworden. Wir möchten heute im Bereich der höheren Bildung auf das Geistesgut der modernen abendländischen Kulturnationen, vor allem unseres eigenen Volkes, nicht verzichten. Auch hat die eindringliche Beschäftigung mit den Naturerscheinungen, die uns in der Neuzeit eine Fülle von Erkenntnissen und neuen Fragestellungen gebracht hat, den Umfang der für Menschenformung fruchtbaren Bildungsgüter gewaltig vermehrt. Trotzdem ist die Berechtigung eines Gymnasiums, welches das Kulturgut der griechischen und römischen Antike in die Mitte der Bildungsarbeit stellt, unerschüttert.

I. 1. Das antike Geistesgut ist uns überliefert in den Werken der bildenden Künstler und der Dichter und Denker, in denen zum Ausdruck gelangt ist, wie die Alten ihre Zeit erfahren, verstanden und bestanden haben. Das Einzigartige dieser Welterfahrung liegt darin, daß sie nicht zu einer abstrakten Darstellung eines Weltverständnisses geführt hat, die immer vergänglich bleibt, sondern daß sie zu tiefen bedeutenden Bildern gleichsam zusammengeschossen ist, deren Gehalt die Zeit überdauert. Zu diesen bedeutenden Bildern ist in erster Linie zu rechnen die lange Reihe einprägsamer Menschengestalten der verschiedensten Art, in denen die Alten mit der ihnen eigenen Schöpferkraft die Möglichkeiten menschlichen Daseins in idealtypischer Weise gefaßt haben.[4] Achilleus und Odysseus, Oedipus und Antigone; Aristides und Themistokles, Perikles und Alkibiades, Sokrates und Kallikles – in der deutenden Darstellung tiefsinniger Dichter, Historiker und Philosophen –; ebenso Mucius Scaevola, Q. Fabius Maximus, die Scipionen, Aeneas, der Tiberius des Tacitus. So viel Namen, so viel Möglichkeiten, das Leben in dieser Welt zu erproben, es zu bestehen, oder auch, im Gegenbild, am Leben zu scheitern. Diese Menschen sind zum Teil mythische, zum Teil historische Gestalten; ihren scharfen Umriß und ihre weiterwirkende überzeitliche Typik verdanken sie in jedem Falle der Formkraft großer Schöpfer (ποιηταί), die sie über ihre zeitbedingte Bedeutung hinausgehoben haben.

2. Den jungen Menschen unserer Zeit mit diesen idealtypischen Gestalten zusammenzubringen, ist eine Notwendigkeit besonderer Art. Dieser junge Mensch wird, wenn er in lebendige Berührung mit ihnen kommt, an ihnen seine Möglichkeiten, wenn auch nur in der Phantasie, erproben. Er wird, von einem weisen, vorsichtig sich zurückhaltenden Erzieher geleitet, das ihm Gemäße wählen und wird versuchen, damit zu leben. Es ist nicht ratsam, ja sogar schädlich, diese antiken Gestalten in irgendeiner Weise zu aktualisieren, sie belehrend oder moralisierend zu verwenden und damit zu verfälschen. Der junge Mensch von heute soll sie sehen, wie sie sind, und sich in völliger Freiheit mit ihnen auseinandersetzen.

Was aber berechtigt uns, den Jugendlichen von heute immer noch an diesen Bildern zu orientieren und seine heranwachsende Seele damit zu nähren?

Daß die Menschengestalten der Antike für uns nicht nur interessante Phänomene einer vergangenen Geschichtsperiode sind, sondern uns auch heute noch innerlich in Bewegung setzen können, muß einen eigenen Grund haben. Wir hegen allerdings nicht mehr den festen Glauben früherer Zei-

[4] Werner Jaeger, Humanismus und Jugendbildung. Berlin 1921. S. 11.

ten, es handle sich dabei um schlechthin verpflichtende Idealgestalten und Normen. Wir denken realistischer. Die Griechen (und, von ihnen befruchtet und angeleitet, die Römer) haben ihr Leben in einem zutiefst gesunden Wirklichkeitssinn geführt, indem sie ihr Verhalten in der Welt an den gegebenen Bedingungen menschlichen Daseins sicher ausgerichtet haben; als schöpferische Gestalter haben sie dann weiterhin diese Fülle erfahrenen, gelebten Lebens in bedeutende Bilder ausgeformt. Sie haben den Menschen – nicht das moderne individuelle Ich, das sie noch nicht kannten – sie haben den ganzen Menschen ernst genommen. Nicht so, daß sie ihn zur Mitte der Wirklichkeit, auch nicht so, daß sie ihn zum passiven, furchtsamen Objekt göttlicher Übermacht und Willkür gemacht hätten – was er beides in Wirklichkeit nicht ist –, sondern so, wie sie ihn verstanden haben als ein im übergreifenden Kosmos aufrecht stehendes endliches Wesen, dem Freiheit zugleich und ehrfürchtige Abhängigkeit, dem Herrschaft zugleich und Gehorsam zukommt. Das ist es, was die Alten und besonders die Griechen Maß und fromme Scheu (αἰδώς), was sie im Gegensatz zu überheblichem Frevelsinn (ὕβρις) gesundes Denken (σωφροσύνη) genannt haben. All ihre großen Menschenbilder leben von der Erfahrung, daß frevelhafte Überschreitung der dem Menschen gezogenen Grenze zum Scheitern, fromme Scheu und frei gewählte Bescheidung zur Bewahrung (σωτηρία) führt. Was der Mensch aus seinen Kräften heraus leisten kann, ist Gestaltung des Schönen, Ergreifen des Wahren, Verwirklichung des Guten. Aber das Schöne, Wahre und Gute wird nicht von ihm geschaffen, sondern ist ihm vorgegeben als Aufgabe und Möglichkeit, die er zu verwirklichen hat. Die Alten haben gewaltige Bilder großer Frevler hingestellt, die es wagten, wie Götter in der Nähe der Götter zu leben, und selbst leidend dafür büßten; sie haben mit beschwörenden Worten den Segen weiser Bescheidung gepriesen, die allein das stetige Gedeihen des einzelnen und der Gemeinschaft verbürgt. Sie haben diese zentrale Lebenserfahrung in Epos, Lyrik, Tragödie, auch in Geschichtsschreibung und Philosophie dargestellt und haben damit die Möglichkeit menschlichen Daseins für den Kulturkreis, in dem wir dank ihnen noch heute leben, klar und entschieden bestimmt.

Diese von den Alten geschaffenen Menschenbilder lehren uns nicht, was wir heute im einzelnen tun sollen; sie zeigen vielmehr, wie der Mensch auf die großen Grunderfahrungen des Lebens reagieren kann in freier Verantwortung, zu seinem und der anderen Heil oder Unheil. Sie enthalten für uns keine inhaltliche Bindung im einzelnen, sondern zeigen eine Struktur menschlichen Verhaltens auf, die auch heute, in der veränderten Kulturlage, noch wirksam ist. In diesem Sinne können sie auch uns noch ein

Maß geben. Darum bilden sie ein besonders kostbares Teil des abendländischen, für die Bildungsarbeit wichtigen Kulturgutes.

II. Zu den großen Kulturgütern, die uns die Antike darbietet, gehören die alten Sprachen. Wenn der Schüler des altsprachlichen Gymnasiums so viel kostbare Zeit darauf verwendet, die lateinische und griechische Sprache zu erlernen, so tut er das einmal, um dadurch den Zugang zu den in Sprache gefaßten Denkmälern des Altertums in der Urform zu gewinnen; das Wort ist ja kein auswechselbares Verständigungsmittel, sondern der lebendige Leib des Gedankens, der den Gedanken einmalig und unwiederholbar repräsentiert. Zum andern aber ist die lateinische und griechische Sprache selbst schon eine Geistesleistung hohen Ranges; die beiden Sprachen bilden darum – zum mindesten die lateinische Sprache – seit Jahrhunderten ein Bildungsmittel von großer Wirksamkeit.

Das Lateinische und das Griechische sind im Gegensatz zu den modernen Sprachen Flexionssprachen mit großem Formenreichtum; sie drücken die sachlichen Beziehungen zwischen den einzelnen Gliedern eines mehrgliedrigen Sachverhaltes im Wortgewand durch exakt bestimmte und deutlich unterschiedene Flexionsformen aus, die eine andere Beziehung der Glieder im Regelfall ausschließen. Sie sind zwingend, während die modernen Sprachen, die die Flexionsformen weitgehend verloren haben, durch die Konvention des Satz-Rhythmus und der Wortstellung, auch durch ein gefühlsmäßiges, vorgängiges Sinnverständnis die gemeinsame Sinnerfassung ermöglichen. Das Lateinische und das Griechische sind nicht eigentlich »logischer« als die modernen Sprachen, sondern sie drücken die Beziehungen der Glieder eines Satzes und der Glieder eines Sachverhaltes so unmißverständlich aus, daß es nötig ist, diese Bezüge exakt nachzuvollziehen, um zum Verständnis des Sachverhaltes zu kommen.

Der einfache Satz »Lehrer lehren Schüler« – magistri discipulos docent – sollte für den Anfänger ein elementares sprachliches Phänomen ersten Ranges werden. Was in der Muttersprache »von selbst eingeht«, muß im lateinischen Satz clare et distincte verstanden werden, da die Funktion des Wortes im Satz durch eine Variation des Stammes bzw. der Wurzel unmißverständlich ausgedrückt wird, während im deutschen Satz Subjekt und Objekt in ihrer Form durch nichts verschieden sind. Bei dem dauernden intensiven Umgang schon mit solchen einfachen lateinischen Sätzen muß sich im jungen Geist nicht nur jeder Satz, sondern auch der in ihm ausgedrückte Sachverhalt plastisch gliedern. An die Stelle einer Vermutung, die sich aus dem Zusammenhang und der Wortstellung mit Wahrscheinlichkeit ergibt, tritt ein exaktes Satz- *und* Sinnverständnis, welches notwendig und beweisbar ist. (Man denke etwa an die mögliche und sinnvolle Umkehrung des Satzes: magistros discipuli docent.) So aber, in der Distanz zum lateinischen Satz, bilden sich nicht nur die sprachlichen, sondern auch die sachlichen Kategorien, das heißt die Elemente einer wissenschaftlichen Erkenntnis.

Wer die Regel verifiziert, das heißt nicht nur anwendet, sondern versteht, daß im lateinischen Folgesatz die Verneinung nicht ne, sondern non lautet, und daß die Rückbeziehung auf das Subjekt des übergeordneten Satzes nicht stattfindet, hat erkannt, daß die Folge nicht in der Intention des im übergeordneten Satz handelnden Subjektes liegt, sondern daß sie sich *ungewollt* aus dem Tatbestand der Voraussetzung ergibt. Discipulus tam piger *fuit*, ut eum promovere *non* possimus. Der Schüler ist so faul gewesen, daß wir ihn nicht versetzen können. – Jugurtha monuit Numidas, ne se desererent. Jugurtha redete den Numidern zu, ihn nicht zu verlassen.

Die alten Sprachen nötigen den Leser ununterbrochen, das feinere Gefüge des Gedankens und des Sachverhaltes zu verstehen und nachzuvollziehen. Diese Fähigkeit der genauen Distinktion gegenüber der unübersehbaren Fülle der Eindrücke ist aber die Voraussetzung für jede Form der strengen gedanklichen Bewältigung der Welt.

Das Lateinische und das Griechische sind uns einerseits so fremd, daß wir nicht – wie bei den modernen Fremdsprachen – versuchen können, bloß durch Umgang und Gewöhnung in sie hineinzuschlüpfen und dadurch die Fremdheit zu überwinden; wir müssen aus uns heraus- und zu ihnen hinübertreten. Sie sind uns andererseits, da unser Sprechen und Denken auch von ihnen bestimmt worden sind, so nahe, daß die durch sie vermittelten Sprach- und Sachkenntnisse unserem Weltverständnis dienstbar gemacht werden können. Dadurch werden die alten Sprachen in besonderem Maße zu Instrumenten der geistigen Schulung.

Die alten Sprachen sind heute nicht »brauchbar« im platten Sinne des Wortes; ihr Wert und Nutzen liegen tiefer. Wer lange Jahre seiner Jugend dafür aufwendet, den Geist der lateinischen und der griechischen Sprache in sich aufzunehmen, ist daraufhin erzogen, von billiger Nützlichkeit abzusehen und auf tiefer liegenden Gewinn zu schauen. Wer sich in diesen Geist wirklich eingelebt hat, kann sich auch nicht damit begnügen, eine Aussage nur obenhin zur Kenntnis zu nehmen, sondern hat es gelernt, ihr auf den Grund zu gehen und sie kritisch zu prüfen. So hat er sich die Nötigung zu ständigem wissenschaftlichem Verfahren zu eigen gemacht.

Die modernen Fremdsprachen haben andere Vorzüge: sie vermitteln uns den Zugang zu einem zwar andersartigen, aber doch vom geistigen Stil unserer Zeit geprägten Sprechen und Denken, das wir uns im günstigsten Falle nachahmend zu eigen machen können. Die alten Sprachen bleiben uns immer fremd zugleich und verwandt, so daß sie uns in dieser Distanz zur Klarheit und freien Verfügung über die Dinge erziehen. In diesem Sachverhalt liegt die viel beredete formal bildende Bedeutung des Unterrichts in den alten Sprachen begründet. Es muß deutlich geworden sein, daß es sich dabei nicht so sehr um Erziehung zu formaler Bildung handelt, als um eine behutsame, in der Tiefe wirkende Entwicklung der Fähigkeit zu einer feinen Durchgliederung der Welt und des Weltgeschehens.[5]

III. 1. In den Sprachdenkmälern, die uns in griechischer und lateinischer Sprache überliefert sind, tritt uns eine Welt entgegen, die sich von unserer Gegenwart zunächst durch ihre Geschlossenheit unterscheidet; diese Welt ist nicht einfach, aber sie ist bei aller Differenziertheit noch einheitlich in ihrem Stil und infolge des geschichtlichen Abstandes, der uns von ihr trennt, für uns überschaubar. Die Welt der Griechen und die Welt der Römer sind für uns Modelle von geschlossenen Hochkulturen, die uns noch heute angehen, da sie den großen Kulturraum des Abendlandes, in dem wir stehen, im wahrsten Sinne des Wortes begründet haben. Die Griechen haben mit der ihnen eigenen Erlebnis- und Gestaltungskraft Kulturgebilde geschaffen, welche für die in ihrer Nachfolge stehenden Völker bestimmend und emporweisend geworden sind.

2. Die für alle Zeiten bewundernswerte Ouvertüre des Abendlandes, in welcher fast alle wesentlichen Motive angeschlagen sind, bilden im 8. Jahrhundert die homerischen Epen, die in unerklärlicher plastischer Vollkommenheit eine Welt gestalten, in der alles mit allem zusammenhängt, einen Kosmos also, in dem eine Welterfahrung sichtbar wird, deren bewegende Kräfte, Göttermacht und Menschenwerk in ihrer Verschlingung, uns noch heute tief berühren. Dem Epos folgt die Lyrik als Ausdruck eines innig bewegten, frommen Menschentums. Die tiefste, das ganze Abendland bestimmende Aussage über Welterfahrung liegt uns in der griechischen Tragödie vor. Die griechische Tragödie ist eine auf engsten Raum zusammengedrängte Welt; sie gibt ein Bild der Kräfte, die die Wirklichkeit bestimmen. Als die realste Gestaltung des menschlichen Daseins, insbesondere des tragischen Zusammenstoßes von Gott und Mensch, ist sie bis heute das wirkungsvollste Mittel, über Ohr, Auge und Nachsinnen Menschen die Bedingtheit ihres Daseins fühlen und verstehen zu lassen.

[5] Werner Jaeger, a. a. O. S. 22: »Die Sprache ist das humanistische Bildungsmittel schlechthin, sie ist der Träger aller geistigen Bewegung, das εἶδος εἰδῶν«.

Epos, Lyrik und Tragödie sind die dichterischen Aussageformen des Abendlandes geblieben. Ihre von den Griechen geschaffene Form ist darum das Modell abendländischer Aussagemöglichkeit. Als erste haben die Römer ihre befruchtende Wirkung erfahren.

3. Griechen und Römer haben das Zusammenleben der Menschen in der politischen Gemeinschaft in einer ganz eigenen Weise geleistet. Das Kunstwerk der griechischen, vor allem der attischen Polis und der disziplinierte Bau der römischen res publica bilden zwar die innerweltliche, zweckmäßige Ordnung für das Zusammenleben von Menschen gleicher Abstammung, gründen aber diese Ordnung auf die Ehrfurcht vor den Göttern des Staates, denen die Bürger im staatlichen und privaten Kult wie auch in jeder Ausübung eines staatlichen Dienstes als Mitglieder der Volksversammlung, als Richter und Beamte, als Dichter, Schauspieler und bildende Künstler sich verpflichtet wissen. Tritt bei den Griechen besonders die in aller Bindung frei und anmutig sich entfaltende Person in unseren Blick, so ist es bei den Römern die Zucht, die wir bewundern, und innerlich damit zusammenhängend: die Kraft des politischen Ordnens und Gestaltens. Durch Entwicklung und Fixierung eines einheitlichen Rechtsbewußtseins haben sie das Zusammenleben der Menschen im Staate geregelt; durch Konzeption und Verwirklichung des Imperium Romanum haben sie in der damals bekannten Oikumene die gedeihliche Kommunikation der Völker ermöglicht.

Die Alten haben das Verhältnis von Einzelmensch und Gemeinschaft auf Grund ihrer Erfahrung stets auch zum Gegenstand eindringlicher Überlegung und sorgfältiger Prüfung gemacht. Neben die politische Praxis tritt damit die politische Theorie, die weit über die Antike hinaus das politische Denken von zwei Jahrtausenden befruchtet hat. Der Grundbestand der Begriffe, in denen wir heute politisch denken, stammt aus der Antike. Die Griechen haben auf kleinstem Raum das Größte geleistet; die Römer haben in größtem Raume eine politische Ordnung geschaffen und damit die Ausbreitung der Ideen ermöglicht, von denen die nachfolgenden Völker zehrten. Unzählige Verfehlungen gegen diese Grundgedanken sind in der Geschichte des Altertums nachzuweisen. Wie sollte es auch anders sein? Aber in diesem abgeschlossenen, überschaubaren Geschichtsverlauf läßt es sich – gleichsam experimentartig – ablesen, wie sich jede Abweichung von der erkannten Norm für den einzelnen und für die Gemeinschaft bitter rächt. Darum ist das Studium von Theorie und Praxis antiken Gemeinschaftslebens von so überzeugender erzieherischer Kraft.

4. Das kostbarste Gut, das wir den Griechen und den durch sie erzogenen Römern verdanken, ist die Wissenschaft, ein geistiges Urphänomen; ihm

ist es zuzuschreiben, daß das kleine Europa seit mehr als 2000 Jahren die unbestreitbare Mitte der Welt ist.

Die Griechen haben die Welt, die sie umgab, nicht passiv hingenommen als etwas, dem sie sich eben zu fügen hätten; sondern sie haben ihre ganze Kraft daran gesetzt, zu erkennen, was wirklich ist und wie es wirklich ist. Sie haben es nicht nur getan, um solche Erkenntnis zweckmäßig zu verwerten, sondern auch aus dem reinen Verlangen zu wissen. Die Ägypter haben Feldmeßkunst getrieben, um nach der Nilschwemme die Felder neu vermessen zu können; die Griechen haben Arithmetik und Geometrie getrieben, um zu wissen, was Zahlen, Punkte, Linien und Flächen eigentlich sind, und welche gesetzmäßigen Beziehungen zwischen ihnen bestehen, in der Absicht, besser zu ergründen, was die Welt wirklich ist. So haben sie die Mathematik als Wissenschaft gefunden. Auch aus dem Orient haben wir Königslisten und Aufzeichnungen über Eroberungen, Tribute und tributpflichtige Völker; aber die Griechen haben das, was geschehen ist, kritisch danach befragt, was wirklich geschehen und wodurch es wirklich und eigentlich in Bewegung gesetzt worden ist. So haben sie die Geschichte als Wissenschaft begründet, so auch die Medizin und die Naturwissenschaft. Sie haben sich nicht mit der bloßen Erfahrung, daß etwas so ist, begnügt, sondern sie haben sich immer bemüht, die Gründe zu erforschen, die die erwartete Folge haben würden. Weil sie Wissen nicht als Macht empfanden, weil ihnen Erkenntnis nicht Mittel zum Zweck war, sondern einfach höchste geistige Lust, die ein natürliches Verlangen des Menschen befriedigt, darum haben sie das Prinzip der Wissenschaft entdeckt als ein geistiges Urphänomen des Kulturkreises, in dem wir heute leben.

5. Ein Menschentum ohne metaphysische Tiefe wäre Gefahr gelaufen, bei diesem Beginnen in flachen Rationalismus zu verfallen. Das wirklich Einzigartige der Griechen aber ist, daß sie in ihrer klassischen Zeit sich der metaphysischen Verwurzelung von Mensch und Welt stets bewußt geblieben sind, und daß ihr Anspruch, wissen und erkennen zu wollen, sich stets innerhalb der Grenzen des menschlichen Erkenntnisvermögens zu halten suchte. Die großen Griechen der klassischen Zeit sind nie der Hybris des Glaubens an menschliche Souveränität zum Opfer gefallen; sie haben auch als denkende Menschen die Andersartigkeit und Übermacht des Göttlichen stets ehrfürchtig anerkannt.

In der Gestalt der Sophistik ist auch an den Griechen jene Versuchung herangetreten. Das Lebenswerk des Sokrates und des Platon ist Beweis dafür, daß das griechische Wesen die Versuchung bestanden hat. Indem Sokrates und Platon das Problembewußtsein freilegten, indem sie das richtige wissenschaftliche Fragen als das Geheimnis aller Wissenschaft erkannten, haben sie in alles Forschen und Suchen eine gewaltige Dynamik gebracht; sie haben für das Denken des Abendlandes Grenze, Möglichkeit und Richtungssinn eines philosophischen Verständnisses von Mensch und Welt gefunden. Als dann die Offenbarung des Christentums in die Welt einbrach, bediente sie sich der Denkmittel der griechischen Philosophie, um das Offenbarungsgut zu festigen und in dieser Form sicher weiterzugeben. Was wäre in der weiteren Geschichte aus der Offenbarung geworden, wenn sie nicht eine Denkform angetroffen hätte, die darauf angelegt war, zugleich klar zu erkennen und ehrfürchtig zu verehren?

6. Die Welterfahrung der Alten, die in Dichtung, Wissenschaft und Philosophie gestaltet worden ist, hat ihren sichtbaren Ausdruck in den gleichzeitigen Werken der bildenden Kunst und der Baukunst gefunden. Anschauliches Bild und gesprochenes Wort entspringen dem gleichen hohen Geist. Diese bedeutsamen Schöpfungen sind dank der Tiefe ihres Gehaltes und dank der leuchtenden Schönheit ihrer Form, dank ihrer Überzeugungskraft also, die konstitutiven Elemente einer weltlichen Kultur geworden. Es ist nicht zu viel gesagt: die abendländische Kultur lebt noch heute von den Urformen der antiken Kunst. In ihr offenbart sich »das Klassische« wirklich in objektiver Bedeutung, weil Wirklichkeit und Idealität sich hier in der schönen Mitte begegnen, ja im Kunstwerk eins werden.

7. Die entscheidenden Kulturgebilde sind fertig geleistet bis zur Zeit Alexanders des Großen; Aristoteles hat ihre summa geschrieben. Es ist darum wohl begründet, daß der Hellenismus, der zwar für ihre Weiterentwicklung und ihre geschichtliche Fortwirkung sehr bedeutsam gewesen ist, aber keine wesentlichen neuen Gestaltungen hervorgebracht hat, in der Bildungsarbeit des Gymnasiums zurücktritt. Erst die Rezeption des griechischen Erbes durch die Römer, das früheste Beispiel einer durch die Griechen bedingten Verwandlung und Erhöhung eines fremden Volkstums, führte in den zwei Jahrhunderten um die Zeitenwende zu neuen eigenständigen Schöpfungen, die wesentlich dazu beigetragen haben, daß das von den Griechen Geschaffene in den späteren Jahrhunderten in einem zur »Welt« erweiterten Raum fortgewirkt hat.

8. Es ist unverkennbar, daß heute die quellende Originalität der Griechen die imitatio Romana überstrahlt, ja gelegentlich ganz verdeckt. Vor allem für junge Menschen ist Homer »schöner« als Vergil. Diese Abwertung des Römertums ist ungerecht und verkennt die Bedeutung der geschichtlichen Tradition. Das Römertum ist in unserer Geschichte das erste Beispiel dafür, wie eine bedeutende Volksnatur durch die Griechen zu ihrer eigenen Form gekommen ist. Die Einbürgerung der Philosophie in Rom, begonnen im Scipionenkreis und abgeschlossen durch das umfassende Le-

benswerk Ciceros, hat nicht nur die lateinische Sprache zu einem geschmeidigen, dem feineren Denken angemessenen Werkzeug des Geistes gemacht, sondern hat auch die weit in die Welt hinein wirkende Idee der Humanitas entstehen lassen. Römische Zucht, als Nationaltugend wirksam in Sprache und Denken, in privater und öffentlicher Lebensführung, hat dem griechischen Erbe einen wichtigen neuen Zug hinzugefügt. Zuchtvolle Härte ist demnach auch der spezifisch römische Einschlag im Gewebe der Bildung, auf den nicht verzichtet werden kann.

9. Seit dem Ende des römischen Reiches hat die fruchtbare Auseinandersetzung zwischen dem Geistesgut der Alten und dem Glaubensgut des Christentums nicht aufgehört. Christentum und Antike sind die Formkräfte geworden, an denen sich die neueren Kulturvölker in ihrer Jugendzeit gebildet haben. Sie sind auch an der individuellen Durchformung der modernen Nationalitäten aufs stärkste beteiligt gewesen und haben so die dritte Kraft, die unsere Geisteswelt bestimmt, das Nationalbewußtsein, ebenfalls entscheidend beeinflußt. In diesen Anziehungen und Abstoßungen, Verschmelzungen und Diastasen haben die griechischen Urformen immer die Rolle von Bildungskräften gespielt, die für die Formalbildung und Sachbildung unerschöpfliche Hilfe geleistet haben.

In dem durch Homer und Aristoteles, durch Lukrez und Tacitus abgegrenzten Zeitraum sind die für die abendländische Bildung wichtigen Kulturgebilde der nichtchristlichen Antike geschaffen worden; es ist darum in Ordnung, daß auch aus diesem Raum die Kulturgüter genommen werden, die der höheren Bildung von heute dienen. Diese Begrenzung entspringt nicht einem ästhetisch-klassizistischen Vorurteil, sondern ist begründet in der Erlebnis- und Gestaltungskraft des jeweiligen Zeitabschnittes. Das Neue Testament und Augustinus, kostbare Dokumente des Christentums und seiner Auseinandersetzung mit dem Erbe der Antike, sind hier, wo bewußt eine strenge Beschränkung auf das griechische und römische Geistesgut beabsichtigt ist, nicht mehr in den Blick genommen worden. Die christliche Lehre kann nicht als Kulturgut und Bildungsmittel im gewöhnlichen Sinne verstanden und verwendet werden. Als eine Glaubenswahrheit wird sie in jeweils verschiedenem Maße das Ganze der Bildungsarbeit bestimmen und sich in jedem Sonderbereich als letzte Sinngebung entfalten.

Schluß

Der Beitrag des altsprachlichen Gymnasiums zur Geistesbildung der Gegenwart

Seit der Zeit des deutschen Klassizismus, die mit der allgemeinen Anerkennung der Menschenrechte zusammenfällt, unterscheidet man bei uns Bildung und Ausbildung. Die letztere ist berufsbezogen oder beruht mindestens auf direkt anwendbaren Kenntnissen und Fertigkeiten. Sie orientiert sich an dem künftigen Lebens*bedarf*. Bildung ist eine Ausstattung des Freien, der nicht an den bloßen Broterwerb gebunden ist. Der Name »artes liberales« erinnert daran, daß die Wissenschaften und Künste einmal Schmuckstücke einer von drängender Not unbeengten Lebensführung gewesen sind.

Sie sind es nicht geblieben. Schon daran zeigt sich, wie falsch es wäre, einen scharfen Grenzstrich zwischen der Ausbildung in nützlichen Dingen einerseits, der Menschenbildung andererseits zu ziehen. Bei dieser Behandlung geriete die letztere von vornherein in den Verdacht, unnütz zu sein, und erhielte so fast einen Beigeschmack des Komischen. Statt »komisch« sagt man heute manchmal auch »romantisch«.

Ein anderes Mißverständnis hinsichtlich der »Bildung« stammt wohl aus der Renaissancezeit. Bildung soll Universalität des Geistes, mindestens der Interessen, oder sogar des Verstehens und des Könnens sein. Wenn dies Ideal je einen guten Sinn gehabt haben sollte, so ist dieser durch seine Unerreichbarkeit mittlerweile illusorisch geworden. Niemand kann in seinem engen Selbst genießen, was der ganzen Menschheit zugeteilt ist. Menschheit bedeutet hier nicht das Kollektivum: die Gesamtheit aller Menschen, sondern die Idee des Menschentums. Niemand kann diese Idee mit ihrer Allseitigkeit in seiner begrenzten Individualität anstreben. Das würde zu einer Menschenart führen, die ebenfalls aus der Renaissance bekannt ist: zum Dilettanten.

»Allgemeine« Menschenbildung [6] kann also nur zu interpretieren sein als Belebung aller dem Menschen eigenen *Grundkräfte*. Diese Totalität darf nicht mit Universalität verwechselt werden. Auch wenn man hier zustimmt, bleibt noch die Frage: Warum denn diese Totalität? Genügt es nicht abzuwarten, welche Stelle einem die Gesamtheit im Ganzen der Arbeitswelt wohlmeinend anweisen wird? (Vgl. Wanderjahre. Goethes Gesammelte Werke. Säkularausgabe. Bd 19. S. 39.)

[6] Vgl. Eduard Spranger, Allgemeine Menschenbildung? In: Westermanns Pädagogische Beiträge. Jg. 11. 1959. S. 1–9.

Man tut Goethe sehr Unrecht, wenn man seine realistische Alterswendung zur Hochschätzung eines tüchtigen Wirkens an begrenzter Stelle *so* auslegt. Was sich von selbst versteht, wird nicht jedesmal von neuem gesagt. Von selbst versteht sich aber, daß Goethe an die begrenzte Stelle nur einen Menschen wünschen kann, der vorher *gebildet* worden ist.

Und worin besteht Bildung als Voraussetzung, als Begleiterscheinung, als mitgedachtes Ziel jeder Art von Ausbildung? Bei der Schwierigkeit, angemessen zu definieren, was Menschenbildung eigentlich ist, empfiehlt es sich, von einem ganz sinnfälligen Gleichnis auszugehen: Gebildet ist, wer in einigem Grade über der Sphäre steht, in der er zu leben und zu wirken hat. Der Gebildete soll seinen Beruf haben, nicht der Beruf ihn. Der Gebildete soll fähig sein, seinem Wirken und Dasein eine sinnvolle, sittliche Richtung zu geben. Er soll sich, wie es unsere Klassiker gewollt haben, als *ganzer* Mensch fühlen können, auch dann noch, wenn das Sachgebiet, das er zu gestalten hat, nur ein kleines Bruchstück des weiten Bereiches »Kulturarbeit überhaupt« bleibt.

Ist es so, dann sind damit die weiteren Einsichten apriori gesichert:

1. Je weiter der künftige Wirkungsbereich einer Person voraussichtlich sein wird, um so sorgfältiger müssen die Fundamente der »Bildung« gelegt werden. Die geistige Gesamtkraft des Menschen muß immer einen Überschuß über den unmittelbaren Bedarf enthalten, damit er das Dasein als Ganzes *bewältigen* kann.

2. Je differenzierter eine Kultur wird, um so mehr von diesem propädeutischen Geist muß in dem jungen Menschen lebendig gemacht werden, der in sie hineinwandert.

3. Je mehr die Grenzen der alten klassischen Berufe unscharf werden, je mehr Kulturfunktionen auftreten werden, die niemand in ihrer Eigenart voraussehen kann, um so sorgfältiger müssen die Träger der Erziehungsorganisationen darüber nachdenken, welche geistig-sittlichen Kräfte unter allen Umständen und überall notwendig sein werden und welche Maßnahmen geeignet sind, die erforderliche Umstellungsfähigkeit zu gewährleisten.

Allgemein gesprochen: die Meinung, aller künftig zu verzehrende geistige Proviant müsse schon in der Schulzeit gleichsam in einem immer größer werdenden Lager aufgestapelt werden, wird in dem Maße falscher, als sich der Bedarf gar nicht mehr voraussehen läßt. Richtig aber ist es, von früh an alle Fähigkeiten zu stärken, die es ermöglichen, bei neuem Bedarf neuen Proviant selbsttätig zu erwerben. Mit dem geistigen Rentnertum ist es in unserer labilen Kulturlage vorbei. Niemand kann mehr von dem Kapital leben, das er (gleichsam) als Schulerbe mitbringt. Selbst ein akademisches Studium stattet nicht mit dem Nötigen aus.

Also ist die These berechtigt: Schulformen, die sich am Stoff orientieren, der künftig gebraucht werden wird, verlieren an Zeitgemäßheit. Schulformen, welche – (in mehr formaler Art) – geistige Kräfte beleben, die Urteilsfähigkeit schärfen, die Kulturverantwortung als Ganzes vor Augen führen und die Entscheidungsbereitschaft für problematische sittliche Situationen vorbereiten, entsprechen besser unserer Gesamtlage.

Zu dieser zweiten Art von Schulen, die von der Situation der modernen Gesellschaft gefordert wird, gehört in besonderem Maße das altsprachliche Gymnasium. Die Gesellschaft von heute ist ja von sich aus nicht imstande, ein gültiges Bild des Kulturganzen zu entwerfen, innerhalb dessen sie eine verbindliche Norm für Erziehung und Lebensführung aufstellen könnte; dafür ist ihr zu wenig bekannt, was sie selbst ist und wohin sie geht. Da springt das altsprachliche Gymnasium mit seiner Bildungsidee ein: es gibt dem jungen Menschen die Möglichkeit, ja es nötigt ihn dazu, sich in ein vergangenes, reich gegliedertes Kulturganzes einzuarbeiten, das, abgeschlossen und in großen Zügen für ihn überschaubar, vor ihm liegt. Indem er in exemplarischem Lernen sich dieses Ganzen zu bemächtigen sucht, beleben sich seine geistigen Kräfte. Zugleich erfährt er, daß jede Einzelheit, die er dort kennenlernt, nur in ihrer Verwebung mit dem ganzen Lebenszusammenhang, in dem sie steht, bedeutend ist. Er hat damit ein Gefühl dafür bekommen, was »Kultur«, dieses Gebilde des Geistes, überhaupt ist, die Vorstellung von einem geistigen Kosmos, den ihm seine Gegenwart nicht vermitteln kann, und den er doch in seiner Gegenwart verwirklichen soll. Er hat, wenn er diese Erfahrung gemacht hat, Kulturbewußtsein erworben.

Unlösbar ist damit verbunden das Kontrasterlebnis: er begegnet diesem vergangenen Kulturganzen als ein junger Mensch der Gegenwart, deren noch ungeklärtes Fühlen und Wollen ohne Unterlaß auf ihn eindringt; er befragt es nicht teilnahmslos, sondern als ein Betroffener und Besorgter. Dabei erlebt er ständig den Widerspruch seiner Gegenwart gegen die Vergangenheit wie den der Vergangenheit gegen seine Gegenwart. So wird der Geist wach für eine kritische Betrachtung von Vergangenheit und Gegenwart. In diesem kritischen Vergleich zwischen einst und jetzt wird er gelöst sowohl vom Bann der Geschichte wie auch von der verführerischen Macht des »Zeitgeistes«, erwirbt er sich Urteilskraft. Er erhebt sich in einem Wissen um den geschichtlichen Ort, an dem er steht, über die Enge seiner zufälligen geschichtlichen Situation und wird so fähig zu einer Übersicht und Verfügung über das Ganze, die es ihm erlauben, ahnungsweise den Blick auch auf die Zukunft und ihre Gestaltung zu richten. Er wird nicht abgerichtet auf ein bestimmtes Verhalten in einer bestimmten künftigen Lage, die so – wie geplant – doch nie eintreten wird; er wird frei.

Es ist heute unsere größte Sorge, wie wir dem Massenmenschentum entfliehen und der Persönlichkeit die geistige Herrschaft über die viel verflochtenen Mächte erhalten können. Der zur Freiheit berufene Mensch soll von diesen nicht erdrückt und verbraucht werden, er soll sie sinnvoll und sittlich nützen. Die Bildungsidee des altsprachlichen Gymnasiums hat ihren Kern darin, Menschen zu erziehen, die – wenn sie ins Leben hinaustreten und dort konkrete Erfahrungen sammeln – der Fülle dieser Gesichte nicht erliegen, sondern die geistigen Kräfte in sich tragen, in der technisch-industriellen Gesellschaft des 20. Jahrhunderts Kultur zu gestalten.

Wir empfinden die hinter uns liegende Geschichte oft als eine schwere Last. Wo wir naiv und unmittelbar entscheiden und handeln wollen, fühlen wir uns durch zahllose Vorgänger bestimmt und geleitet. Indem das Gymnasium aus der Vergangenheit die Bildungsgüter zieht, die dem jungen Menschen helfen sollen, die Gegenwart kritisch zu verstehen und ahnungsweise die Zukunft, die werden soll, zu formen, sucht es diese Last der Geschichtlichkeit in einen Segen zu verwandeln. Wie die Gegenwart aus der Vergangenheit herausgewachsen ist, so will das Gymnasium den jungen Menschen in der produktiven Auseinandersetzung mit vergangenem Großen heranreifen lassen. In dieser Zielsetzung liegt die Schwierigkeit, die Unzeitgemäßheit und der Segen seines Bildungsweges in der technisch-industriellen Gesellschaft des 20. Jahrhunderts.

Ungelöste Probleme der Pflichtberufsschule

1960

Der XIII. Deutsche Fortbildungsschultag, der zu Pfingsten 1920 in Dresden abgehalten wurde, darf als der Zeitpunkt gelten, an dem sich die Verwandlung der »Allgemeinen Fortbildungsschule« in eine »Pflichtberufsschule« entschieden hat. Die historischen Ursprünge beider Schulformen sind bekannt. Roh gesagt, ruhte die pflichtmäßige Fortbildungsschule auf Bestimmungen der Volksschulgesetze, die es in einzelnen Ländern gab; die berufsbegleitende Pflichtberufsschule hingegen ist auf die Gewerbeordnungen zurückzuführen, die seit ihrer ersten, noch vor der Reichsgründung liegenden Fassung (1869) in mannigfachen Novellen gerade auch auf die Regelung der Ausbildung des gewerblichen und kaufmännischen Nachwuchses drangen.[1] Die »Berufsschule«, wie sie in ausdrücklicher Unterscheidung von den Fachschulen (als sogenannte Vollschulen) seitdem heißt, hat also eine Bewährungsprobe von mindestens vierzig Jahren hinter sich. In Stuttgart hat man sogar mit Recht schon 1959 ihre Fünfzigjahrfeier begangen.[2] Es ist erlaubt, Betrachtungen darüber anzustellen, welche Schicksale der Pflichtberufsschule inzwischen begegnet sind und welche Probleme ihr seit 1920 neu erwachsen sind. Dabei sollen die Verwandlungen in möglichst knappen Formulierungen vorgeführt werden, damit die kritischen Stellen deutlich hervortreten.

Einige Schicksale waren ihr gleichsam schon mit in die Wiege gelegt: sie hatte von vornherein den Charakter der »Zusätzlichkeit«. Denn erstens übernahm sie mit der Einnistung in die ältere »Allgemeine Fortbildungsschule« die Aufgabe, grundlegende Kenntnisse und Fertigkeiten zu sichern und fortzuführen. Zweitens wurde sie als bloß *ergänzende* Schule gegrün-

---

[1] Eduard Spranger, Zur Geschichte der Berufsschulpflicht. In: Zur Geschichte der deutschen Volksschule. Heidelberg 1949. S. 64–96.

[2] Vgl. Fünf Jahrzehnte berufsbildendes Schulwesen in Württemberg. Hrsg. vom Deutschen Verband der Gewerbelehrer, Landesverband Württemberg e.V. Stuttgart [1959].

det. Sie setzte eine nebenherlaufende, besser: richtungweisende Meisterlehre im Betrieb voraus. Die Ausdrucksweise, daß sie die theoretische Ergänzung zur Praxis in dem Erwerbsbetrieb liefern solle, würde mindestens für die Gegenwart nicht mehr zutreffen. – Endlich wurde sie zwar zu einem Gliede des Pflichtschulwesens erklärt. Aber es stand ihr immer nur eine geringe Stundenzahl zur Verfügung, kaum mehr als acht Unterrichtsstunden in der Woche. Trotzdem sollte sie über die Vermittlung von Kenntnissen und Fertigkeiten hinaus auch *Erziehungsarbeit* leisten, und zwar unter zunehmender Betonung der staatsbürgerlichen Erziehung.

Fürwahr! Es bestand von vornherein ein Mißverhältnis zwischen dem, was man von der neuen Schulform verlangte, und dem, was in so engem Rahmen möglich war. Nur dem Enthusiasmus und dem Pflichteifer ihrer Lehrer ist es zu danken, daß sie sich nicht nur bewährt, sondern geradezu Ungewöhnliches geleistet hat.

Als »wir« – denn der hier Meditierende war mit dabei – auf dem Dresdener Fortbildungsschultag das entschiedene Bekenntnis zur Durchführung des Berufsprinzips in der bisherigen Fortbildungsschule ablegten, war es klar, daß nun große Schulsysteme zu schaffen waren, die nach den wichtigsten Berufszweigen gegliedert werden mußten. Wir erhoben daher die Forderung, daß zunächst einmal für die Hauptgebiete *konkrete Berufsbilder* entworfen werden sollten, nach denen sich Bildungsziel, Bildungsstoffe und Bildungswege zu richten hätten. Man vertraute darauf, daß jeder Erwerbsberuf noch sein eigentümliches Berufsethos hätte, das für das Bildungsideal eine sichere Krönung lieferte. Im übrigen aber stand auch je ein Leistungsideal vor Augen.[3]

Diese Vorarbeit konnte naturgemäß niemals ganz abgeschlossen werden, schon weil das zu vermittelnde Bildungsgut sich stets änderte. Wenn man aber heute über das Vorhaben Betrachtungen anstellt, so scheint es fast, als ob es zu einem Zeitpunkt in Angriff genommen worden wäre, als die dafür maßgebenden Voraussetzungen immer fragwürdiger wurden. Schon damals setzte ein Prozeß ein, den die Vertreter der gegenwärtigen Berufssoziologie als »Berufsverflüssigung« bezeichnen. Er trifft vor allem die gewerbliche Sparte des Berufsschulwesens. Seine Hauptursache liegt in der immer stärkeren Zurückdrängung des alten Handwerks durch die Industrie und in der völlig anderen Art von Arbeitsteilung, die dadurch emporkam. Ihre Folgen für die Berufsschulen – schon für ihre organisatorische

[3] Vgl. für die neueste Zeit: Walter Hagebölling, Die Neugestaltung der Berufsbilder im Handwerk. Wolfgang Stratenwerth, Die Berufsabgrenzung im Handwerk. Beide Abhandlungen in der Schriftenreihe: Berufsbildung im Handwerk. – Hrsg. v. Friedrich Schlieper, Bd 3, 1957.

Gliederung – sind der problematische Punkt, an dem meine Überlegungen ansetzen.

I

Zwei hervorragende Vertreter der Berufspädagogik und Berufssoziologie in Bern, *Erwin Jeangros* und *Richard Behrendt*, haben eindrucksvoll geschildert, welche Dynamik jetzt im Berufsleben herrscht.[4] Jener Prozeß der Berufsverflüssigung kann nur dann richtig beurteilt werden, wenn man sich der Merkmale erinnert, die nach alter Ansicht das Wesen des Berufes bestimmten. 1. Als allgemeiner Hintergrund ist die Tatsache maßgebend, daß die abendländische Kultur eine Arbeitskultur geworden ist, in der die Existenz des Einzelnen von einer gemeinnützigen Leistung im Ganzen der Gesellschaft abhängt (Erwerbsseite). 2. Die Vielfältigkeit der erforderlichen Leistungen führt zur Gliederung der Berufe nach einseitigen Sonderleistungen (Arbeitsteilung). 3. Dem einzelnen Träger des Berufes ist jedoch der Sinn seiner Tätigkeit im Rahmen der Gesellschaft unmittelbar verständlich (Sinnbezug aufs Ganze). 4. Die Bindung an den Beruf ist in der Regel lebenslänglich. 5. In jedem Berufskreise hat sich eine eigentümliche Moral und sittliche Gesinnung herausgebildet, die den Einzelnen bindet und verpflichtet (Berufsethos).

Die gesteigerte Dynamik des Berufslebens und seine daraus folgende Verflüssigung trifft zunächst Punkt 2 der Aufzählung: die Arbeitsteilung ist weiter fortgeschritten; die Zahl der Erwerbsberufe hat sich ungeheuer vermehrt. Diese Arbeitsteilung hat aber auch mit Bezug auf Punkt 3 Veränderungen zur Folge gehabt: manche Berufe erfordern eine bloß stückhafte Leistung. Ihr Sinn für das Ganze in der Arbeitswelt ist nicht mehr unmittelbar zu überschauen. Die Erwerbsmöglichkeit hat sich von der Sinnerfüllung des persönlichen Lebens weithin getrennt. Damit hängt auch die Erschütterung von Punkt 4 zusammen: es ist nicht mehr selbstverständlich, daß die gewählte Tätigkeit Dauerberuf bleibt. Man hängt nicht mehr an Gehalt und Sinn der Leistung, sondern wählt nach dem Maße der Einträglichkeit. Mit diesen Umbildungen ist endlich eine Wirkung verbunden, auf die es mir hier besonders ankommt: Die persönliche Lebensgestaltung verliert ihren sinngebenden Mittelpunkt. Sie wird nicht mehr von einem bindenden Berufsethos getragen (Punkt 5).

Keineswegs hat die »Verflüssigung« alle Gebiete der modernen Arbeits-

[4] Erwin Jeangros, Die Ausbildungsordnung in der Dynamik des Berufslebens. Bern 1959. – Richard Behrendt, Die Sorge um den beruflichen Nachwuchs im Zeitalter des technischen Fortschrittes. Bern 1959. – Vgl. ferner Eduard Spranger, Umbildungen im Berufsleben. In: Die berufliche Ausbildung im Kanton Bern. Jg. 1950, Nr. 3. S. 41–47.

welt gleichmäßig ergriffen. Es ist lehrreich, sich zu vergegenwärtigen, welche Bereiche nicht oder noch nicht betroffen sind, und aus welchen Gründen sie fest geblieben sind. Es handelt sich vor allem um solche Leistungen, für die eine besonders lange und sorgfältige Ausbildung unerläßlich ist. Suchen wir die Beispiele an der Spitze, bei den akademischen Berufen, so wird sich sogleich zeigen, daß noch ein zweites festigendes Moment beteiligt ist: sie haben einen bindenden ethischen Kern. So schwankend auch in diesem Bereich manches geworden ist, darf man doch wohl sagen: Wer Jurist wird – sei es in der Politik oder in der Verwaltung oder im Gerichtswesen –, verpflichtet sich dadurch einer bestimmten Norm, die – wenn auch durch manche Zwischenglieder – auf die Idee der Gerechtigkeit bezogen ist. Wer sich der Medizin widmet, leistet Hilfe zur Erhaltung der leiblich-seelischen Gesundheit, zunächst beim Einzelnen, dann im ganzen Volk. Wer Forscher wird, dient dem Ziel der Wahrheit; wer den Lehrberuf ergreift, hat ein Ideal der Menschenbildung. Beim Theologen sind letztgültige Bindungen erst recht außer Frage.

Die Vermutung liegt nahe: Diejenigen Berufe, die ohne ein Berufsethos gar nicht denkbar sind, erweisen sich als besonders widerstandsfähig gegen das Fluktuieren. Ihnen stehen erstens diejenigen Berufe gegenüber, die »bloß« wirtschaftlich sind. Man *kann* sie ausüben um des bloßen Erwerbs willen. Das Gut, dem man in ihnen dient, kann ausschließlich der abstrakte Geldgewinn sein. Aber auch rein technische Berufe befinden sich in einer ungedeckten Lage. Die Technik stellt ihrem Wesen nach Mittel bereit, die in den Dienst sehr verschiedener Wertverwirklichungen eingeordnet werden können. Sie erfordern die Tugenden der Genauigkeit und Zuverlässigkeit. Aber – wenn man es sonst noch nicht gewußt haben sollte: die Diskussionen um die Verwertung der Atomenergie zeigen, daß der Arbeitsbereich der Technik ethisch noch nicht voll durchgestaltet ist. Kapitalistische Wirtschaft, Technik, Industrie in ihren heutigen Dimensionen bewirken zunächst Verfügungsmöglichkeit über früher ungeahnte Mittel. Die *sittliche* Beherrschung dieser Mittel ist noch unfertig. Wir wissen, daß die Formung des Berufsethos beim Unternehmerstand sehr lange Zeit und ungeheure Mühe gekostet hat. Am Ziel sind wir damit noch nicht.

Die Abschweifung sollte lehren: Die neu entstandene Berufssoziologie muß ihre Aufmerksamkeit auch auf die ethischen Kräfte richten, die zu einem Beruf gehören: auf die, die da sind, und auf die, die noch nicht da sind. Die Berufspädagogik muß es erst recht. Das alte Handwerk hat ein sehr starkes Berufsethos gehabt; der alte Handel hat es nie vergessen, sich darum zu kümmern. Die alten akademischen Berufe waren sich ihrer sittlichen Bindungen bewußt. Wo aber etwas in Fluktuation gerät, da müssen sich auch die moralischen Wertüberzeugungen ändern. Man kann nicht erwarten, daß sie mit neuen Berufen sogleich fertig mitgegeben sind. Aber man kann verlangen, daß sie nicht vergessen werden, wenn einem Beruf Aufgaben zuerteilt werden. Am wenigsten kann man sie in der Berufspädagogik außer acht lassen. Denn für sie bedeuten sie geradezu das Zentrum ihrer Problematik.

So viel steht zunächst fest: Wer *nur* Technisches treibt, gewinnt daraus allein noch keine Anweisung für seine Lebensführung, und wer *nur* Geld verdient, kann im Laufe der Zeit ganz gleichgültig gegen den Sinn der Güter werden, an denen er verdient. Diese Seiten unserer Kultur sind abstrakt geworden; das heißt: der *Sinn* der Dinge, über die er Verfügung gewinnt, kann für den Arbeitenden in weite Fernen rücken. Die Funktionen können ausgewechselt werden, ohne daß dadurch ein inneres Schicksal ausgelöst würde. Es geht ja immer nur um »Mittel«. Gewiß, wer sie hat, kann mit einer verlockenden Freiheit entscheiden, für welche Zwecke er sie »realisieren« will. Aber unvermeidlich ist dann auch das andere geschehen: der Mensch ist in zwei Hälften auseinandergerissen: eine arbeitende und eine genießende. Der Beruf ist zur Nebensache geworden, und selbstverständlich kann dann auch von einem stützenden Berufsethos nicht mehr die Rede sein.

II

Kehren wir von der erweiterten Aussicht zu den Sorgen um die Pflichtberufsschule zurück! Sie liegt in jenem Bereich, wo die Berufe sich nicht nur unablässig spalten, sondern auch ihre innere Geschlossenheit und ihre dauernd bindende Kraft verlieren. War es vor fünfzig Jahren die große Not, wie man trotz der Anlehnung an die Meisterlehre die Ungelernten und nur Angelernten erfassen könnte, so zeigt sich heute: 1. Die Berufe sind so zahlreich geworden, daß die Möglichkeit einer entsprechenden Differenzierung des Schulsystems selbst in einer Großstadt nicht mehr besteht, geschweige denn in kleineren Orten. 2. Viele Arbeitsleistungen, die für die Industrie notwendig sind, tragen gar nicht mehr den Charakter von Berufen, wie man sie früher verstand. Es handelt sich bei ihnen um etwas, das man mit einem aufs Weltliche übertragenen Bibelwort als »Stückwerk« bezeichnen könnte. 3. Das Verhältnis von Industrie und Handwerk hat sich zuungunsten des letzteren verschoben. Die pessimistische Meinung freilich, daß das Handwerk bald überwiegend auf Reparaturbetriebe und dergleichen beschränkt bleiben würde, trifft nicht zu. Es hat sich ein neues Gegenseitigkeitsverhältnis zwischen dem industriellen Großbetrieb und handwerksähnlichen Kleinbetrieben herausgebildet, das allerdings in jedem Produktionszweig je eigenartige Formen annimmt. Aber wo dies der Fall ist, bliebe die Verbindung zwischen Industrie und Handwerk stark genug, um die Lehrlingsausbildung überwiegend der Werkstatt des kleinbetrieblichen Meisters zu belassen. Sie bliebe dann pädagogisch eine Vorstufe für die Industrie (was historisch nur sehr bedingt zutrifft), und die wichtige Aufgabe, den Nachwuchs mit den Elementen gewerblicher Arbeit vertraut zu machen, brauchte nicht auf andere Wirtschaftsgebilde übertragen zu werden.

Allerdings erheben sich auch Bedenken. Denn es trifft nicht zu, daß im Handwerk gelernt werden kann, was in der Industrie gebraucht wird. Beide Wirtschaftszweige sind nicht nur den Dimensionen nach verschieden. Die sinnfällige Folge dieses Sachverhaltes zeigt sich in der Einrichtung von eigenen Schulen in großen Werken, die unter gewissen Bedingungen als Pflichtberufsschulen im Sinne der geltenden Bestimmungen anerkannt werden. Sie heißen »Werkschulen«. Wo solche bestehen, hat sich ein merkwürdiger Wandel vollzogen: Einst wurde der Handwerkslehre eine ergänzende Schule zur Seite gestellt, weil die Werkstatt nicht alles Erforderliche bieten konnte. Jetzt wird auch die Schule, weil sie nicht ganz ausreicht, in die ungeheuer vergrößerte Werkstatt zurückgenommen. Die Maßnahme ist durchaus folgerichtig und fruchtbar. Aber leider muß sie auf sehr große, auch finanziell besonders leistungsfähige Betriebe beschränkt bleiben. Denn sie setzt die Einstellung eigener Lehrkräfte voraus. Außerdem muß sie wohl darauf zählen, daß die so ausgebildeten Lehrlinge im Betrieb bleiben (wenn auch manchmal großzügig darauf verzichtet wird). Hier spielt also die »Verflüssigung der Berufe« insofern hinein, als Dauerberufe nicht mehr selbstverständlich sind. Daran sind nicht nur subjektive Gründe im Berufsträger »schuld«. Es gibt dafür auch mannigfache objektive Nötigungen.

Die Verlegenheit, in der wir stehen, ist zur Genüge geschildert: das mit so großen Hoffnungen aufgegriffene Berufsprinzip, das schon vor vierzig Jahren organisatorisch nicht leicht durchzuführen war, ist nun selbst fragwürdig geworden wegen der Verschiebungen im Verhältnis der Industrie zum Handwerk, wegen der Zerstückung der industriellen Arbeit, wegen der Gefährdung des lebenslänglichen Berufes und wegen des Auftretens von ganz neuen, mehr oder weniger seltenen Berufen. Es ist das Verdienst von *Erwin Jeangros*, im Hinblick auf notwendige Abänderungen des Schweizer Bundesgesetzes von 1930 eine scharfe Diagnose über die Sachlage gestellt zu haben. Ich hebe aus seiner Schrift nur den einen entscheidenden Abschnitt heraus: »Wir können unsere Lehren ‹Meisterlehren mit zugehörigen Berufsschulen› nicht mehr von den traditionellen Grundberufen aus ordnen, in der Annahme, die Lehre in einem solchen Beruf tauge zur Berufsausübung in allen daraus hervorgegangenen qualifizierten Erwerbsberufen und das Berufsleben folge bei der Gewinnung seiner Arbeitskräfte dieser Orientierung. Die ⟨früher berichteten⟩ Einblicke in die berufsmäßige Herkunft der Arbeiterschaft in den Betrieben und der vielgestaltige Berufswechsel müssen uns veranlassen, künftig geradezu umgekehrt vorzugehen und von der Schaffens- und Lebenswirklichkeit aus die zusammengehörenden Erwerbsberufe und die zugehörigen Lehrberufe ⟨= ausbildungspflichtigen Berufe⟩ zu ermitteln« (S. 41). *Richard Behrendt* fügt bestätigend hinzu: »Mit vollem Recht betont Erwin Jeangros die Notwendigkeit, zwischen ›Startlehren‹ – als Ausbildung zu Kernberufen – und Weiterbildung zu vielfältigen ›Laufbahnberufen‹ zu unterscheiden« (S. 35).

Meinerseits bemerke ich dazu: Die Situation erinnert stark an die Motive, aus denen man das sogenannte allgemeinbildende Schulwesen geschaffen hat, dessen Umbenennung in »grundlegendes Schulwesen« mir erwünscht wäre.[5] Diese Schulen können noch nicht spezialisieren, weil sie für ein Alter bestimmt sind, das *vor* der Berufswahl liegt. Um so mehr müssen sie stofflich auf das durchweg Notwendige, formal auf Erweckung der Umstellungsfähigkeit und ethisch auf allgemeine sittliche Erziehung bedacht sein. Aber zu weit darf man diese Analogie nicht treiben. Denn die Schulen, die wir einst als Berufsschulen getauft haben, dienen ja bereits direkt dem Wirtschaftsleben. Das Problem, vor dem wir stehen, würde also in kürzester Formulierung so lauten: Welche *organisatorischen* Umstellungen werden nötig, wenn wir nicht mehr an die »hergebrachten« – *Jeangros* nennt sie gelegentlich auch die »klassischen« – Berufe anknüpfen, sondern an neu zu konstruierende »Kernberufe«, die dann aber nur die Rolle von »Startberufen« spielen?

III

Der bedenkliche Punkt in der Problemformulierung ist die Wendung: »neu zu konstruierende« Kernberufe. Wenn sie erlaubt wäre, müßte man sie so verstehen: da die Kongruenz der Berufsschulen mit den tatsächlichen Betriebsformen doch nicht aufrechtzuerhalten ist, schaffen wir *künstlich* eine Anzahl von Berufsschulplänen, in denen das berücksichtigt wird, was für konkrete Leistungen zweifellos erforderlich ist. Man könnte von Berufsschulmodellen oder idealtypisch gedachten Berufsschulen reden. Einiges kommt ohnehin in *jeder* Berufsschule vor: Rechnen, Messen, Zeichnen; elementarste Buchführung, Sprach- und Schreibübungen, Staatsbürgerkunde usw. Nur in der jeweils maßgebenden Produktionskunde müßten

[5] Vgl. Eduard Spranger, Allgemeine Menschenbildung? In: Westermanns Pädagogische Beiträge. Jg. 11. 1959. S. 1–9. [Auch in: Berufliche Erziehung. Jg. 1959. S. 129–141.]

Kenntnisse und Fertigkeiten spezifiziert werden. Hier aber müßte man sich mit Grundtypen begnügen dürfen und die Förderung der Umstellungsfähigkeit auf sachlich verwandte Leistungen von Anfang an im Auge haben.

Der Plan ist theoretisch einwandfrei. Nur vergißt man dabei, daß die Berufsschule, die von Anfang an gemeint ist, keine selbständige Fachschule ist, sondern nur eine ergänzende Schule. Sie bleibt immer die andere Hälfte einer zugehörigen Meisterlehre, und diese können wir nicht auch noch in Gedanken konstruieren – dann kämen wir auf zentralisierte Lehrwerkstätten französischen Stiles. Sondern sie muß als Realität gegeben sein, und nach ihr müssen wir uns richten. Nur so kann es *Jeangros* meinen: die Kernberufe oder Startberufe, von denen er spricht, sind nicht zu erfinden, sondern man muß sie aus den bereits vorhandenen auswählen. In den zugehörigen Schulen kann und muß man ein wenig modulieren. Aber sie bleiben immer angewiesen auf Meisterlehren, die es tatsächlich gibt. Die Gemeinde kann wohl Schulen gründen, und der Staat kann einiges an ihnen normieren. Aber beide können die Erwerbsbetriebe nicht schaffen, sondern müssen sie gelten lassen, wie sie sind.

Ein Weg, der die Ausgangsschwierigkeiten beseitigte, ist also noch nicht gefunden. Gleichviel, ob wir unter Meisterlehre verstehen den handwerklichen Kleinbetrieb oder die Betreuung der Lehrlingsgruppen in einem großen Werk – beide sind nicht um der Zöglinge willen da, sondern zum Zweck des Erwerbes. Ihre Anschauungs- und Übungsmöglichkeiten bleiben begrenzt. Am wenigsten kann man von ihnen verlangen, daß sie schon die Umstellungsfähigkeit des Lehrlings fördern, um ihn baldigst in einen anderen Beruf abwandern zu sehen. Ein großes Industrieunternehmen kann natürlich durch verschiedene Abteilungen hindurchführen, größere Zusammenhänge zeigen und vielseitigere Fertigkeiten vermitteln. Der handwerkliche Kleinbetrieb ist da, wo er Vorlieferung für die Industrie leistet, gewiß schon »industriebezogen«. Aber gerade da muß er sich auf stückhafte Arbeit beschränken und die Einseitigkeit notgedrungen über die alte Ganzarbeit stellen. Wenn *Jeangros* ihn nur als Startberuf gelten lassen will, so eröffnet sich der Blick auf »Fortbildungskurse der ehemaligen Fortbildungsschule«. Damit entstehen ganz neue organisatorische Aufgaben für die Berufsschulträgerschaften. Wieder tauchen *Abend*kurse auf, aus denen ja die beruflich gerichtete Fortbildungsschule ursprünglich hervorgegangen ist.

Die eigentliche Problematik der modernen Berufsausbildung im Bereich des Handels und besonders des zur maschinell unterbauten Industrie angewachsenen Gewerbes hat sich also nicht lösen lassen, weil sich die beteiligten Faktoren nicht beliebig lenken lassen. Die Unterrichtsverwaltung kann keine Musterbetriebe schaffen. Nur die Schulen, die sie ergänzen sollen, sind unter neue, allerdings sehr fruchtbare Gesichtspunkte gerückt. Nämlich: 1. sie brauchen nicht mehr jeder feinsten Spezialisierung der Erwerbsarbeit zu folgen. Nur was als »Kernberuf« diplomiert wird, empfängt einen eigenen Berufsschulzweig und Berufsschultypus. 2. Innerhalb dieses Rahmens wird von der Berufsschule mehr Wert auf die Erweckung von Umstellungsfähigkeit gelegt als früher. Sie bevorzugt Bildungsstoffe von stärker ausstrahlender Bildungskraft. 3. Die Schule für einen Kernberuf betrachtet diesen doch nur als Startberuf. Es ist an schulmäßige Weiterführung der Berufsbildung gedacht, bei der auf örtliche und zeitweilig auftretende Bedürfnisse Rücksicht zu nehmen sein wird.

Um die so begrenzte organisatorische Umbildung vornehmen zu können, ist freilich vorher jene »gedankliche Konstruktion« durchzuführen, die im Anfang dieses Abschnittes erwogen wurde. Nur gilt es jetzt nicht, ganze Berufsmodelle oder idealtypische Berufe zu konstruieren, sondern die Leistung bleibt »innerschulisch«. Die realen Schultypen müssen auf ihre Zeitgemäßheit hin geprüft werden, ihre Lehrpläne müssen neu durchdacht werden, formal bildende Denkoperationen und technische Übungen müssen stärkere Berücksichtigung finden. Das bedeutet auch eine Umstellung der Lehrer. Sie müssen einen Einblick in die Berufssoziologie erhalten und sich mit der Einsicht in die fortschreitende Verflüssigung der Berufe erfüllen.

Das alles ist für die Verwaltungskörperschaften und für die gesetzgebenden Körperschaften, die für die moderne Berufsschule Sorge zu tragen haben, sehr wichtig und fruchtbar. Wäre es auch schon das Ganze der Reform?

IV

»Berufsbilder zu zeichnen«, wie wir es uns 1920 vorgenommen hatten, wagen wir nun nicht mehr. Denn es hat ja mindestens in den direkt wirtschaftlichen und in den technischen Berufen jene »Berufsverflüssigung« stattgefunden, die nur noch Wandelbilder übrig gelassen hat. Dieser Prozeß ist irreversibel. Wenn im Zusammenhang damit Produktionskraft und Rentabilität gewaltig gesteigert worden sind, so sollte wenigstens der Pädagoge »von Beruf«, das heißt von innerer Bestimmung, die kritische Bemerkung nicht unterlassen: Die Erziehungskräfte in der abendländischen Kultur sind dadurch nicht stärker geworden. In dieser Hinsicht besteht ein unverkennbarer Nachholbedarf.

Dem seit altersher geprägten Beruf wohnt eine menschenformende Kraft inne. Wir können sie aus den Bestimmungsstücken des Begriffes Beruf im I. Abschnitt unmittelbar ablesen. Das erste und zweite Moment bleiben freilich unverändert in Kraft: die Welt, in der wir unser Leben aufzubauen haben, ist eine Arbeitswelt und eine Welt der Arbeitsteilung. So lange aber der Prozeß der Arbeitsteilung noch geschlossene Berufe übrig ließ, zerschnitt er keine Lebensbänder. Die Sonderberufe blieben in sich noch Träger von ganzheitlichen Leistungen. Heute bleiben »Stücke« übrig, die erst künstlich wieder zur Totalität eines Menschendaseins in Beziehung gebracht werden müssen. Damit sind wir bei dem dritten Moment: der Vollberuf war noch ein überschaubarer, obwohl vielleicht sehr kleiner Lebenskreis, dessen Eingefügtsein in das große Ganze der Arbeitswelt, ja der Volkskultur, für das jugendliche Bewußtsein einen »guten Start« bedeuten konnte. Er bot genug Impulse für ein allmählich wachsendes Lebensverständnis dar. Die Meisterlehre war ein bescheidener Mikrokosmos. In ihr spiegelte sich alles: Produktion und Konsumtion, Angebot und Nachfrage, das Recht, der Staat, sittliche Ordnung, Schönheitssinn und Frömmigkeit. Weil Reste davon auch heute noch vorhanden sind, traut man noch heute der Meisterlehre pädagogische Kräfte zu, und nicht *nur* berufspädagogische. Tritt an die Stelle der Werkstatt als Ausbildungsort ein großes Werk, so wird der Anschauung des Jugendlichen schon ein größerer Sinnzusammenhang zugemutet. Aber die Werkschule hilft nach. Beide Lehrformen kurbeln das Gemüt an. Hingegen ein bloß gedanklich konstruiertes Berufsmodell bewegt in pädagogischer Hinsicht wenig. Eine Schule hat niemals die gleiche erziehende Kraft wie ein Stück sittlich gestalteter Lebenswirklichkeit.

Das vierte Moment: Das Verharren im Dauerberuf war auch schon früher nicht unbedingt gewährleistet. Jedoch wäre es heute noch falsch, dem Lehrling zu sagen: »Du gehst hier nur hindurch«, wenn man nicht hinzufügen könnte: »Du wirst dich noch zu höheren Stufen der Leistung emporarbeiten müssen.« Die einfachere Lebensstufe muß auch heute noch (wie jedes Lebensalter) ihren Eigenwert voll entfalten und bewahren. »*Nur*, wenn du diese Elemente bewältigst, werden in dir Kräfte wachsen, die auch für weiteres Reifen unentbehrlich sind.«

Endlich: die große charakterbildende Kraft des noch überschaubaren Betriebes gipfelt darin, daß in ihm ein Berufsethos galt und wirkte. Eine Umwelt dieser Art ist für den Lehrling genauso wichtig wie ein Heimatbewußtsein für die Entfaltung seiner Innenwelt. Wer nirgends *wurzelt*, kommt durch das Wandern in schwere Gefahren. Das erfuhr der Handwerksgeselle, wenn er hinauszog. Selbst ein Betrieb, der moralisch nicht einwandfrei war, wirkte noch durch den Kontrast gegen das Normale: der junge Mensch merkte mit Empörung, daß hier etwas nicht in Ordnung war, und im günstigsten Fall stemmte er sich dagegen.

Heute wie zu allen Zeiten ist für den Lehrling das als Person vor Augen stehende Vorbild des Meisters die stärkste emporhebende Kraft. Ideen sind hohe Mächte; aber wie überführt man sie ins tägliche Leben? Unsere Welt als Ganzes ist so sehr in das rasende Tempo einer ungeheuren »Dynamik« geraten, daß der ungefestigte Mensch von ihr oft besinnungslos mitfortgerissen wird. Lassen wir uns durch den Wirbel der Verwandlungen nicht berauschen! Erziehung ist zu allen Zeiten *Festigung*. Irgendwo muß es noch einen Halt für die Wertorientierung geben. Der junge Mensch trägt den Drang nach Abenteuern in sich. Er gerät nur zu leicht in die Gefahr, aus seinem Leben ein Abenteuer zu machen.

Also sorge man für die Erhaltung einer sittlichen Berufsgesinnung, wo es noch möglich ist! Und wo die Formkraft der Arbeitsleistung zu schwach geworden ist, da sorge man für sinnvollen Ersatz! Das ist nach meiner Überzeugung der eigentliche Kern der Berufserziehung. In pädagogischer Hinsicht ist alles um dies Zentrum herumgelagert und wird von dort aus im Gleichgewicht gehalten. Wir dürfen über der Suche nach Kernberufen nicht vergessen, daß jede besondere Arbeitssphäre ihren Kern haben muß. Die gesamte Volksmoral in einer Arbeitskultur ist auf solche Stützen angewiesen. Wir denken – obwohl gewarnt – noch immer zu einseitig wirtschaftlich-technisch. Die Sorge für die Mittel hat sich vom Nachdenken über die Werte und Ziele emanzipiert. Das Wichtigste ist, daß das Menschenleben nicht seinen sittlichen Sinn verliert. Ist er unsicher geworden, so muß man ihn in die pädagogische Gesamtplanung mit einbeziehen. Es hat sich bitter gerächt, daß dies in den Anfängen des Kapitalismus und der vielzitierten industriell-technischen Gesellschaft versäumt worden ist.

Unsere Autoren erklären übereinstimmend, daß das Handwerk – wenn auch stark technisiert und industrialisiert – weiter am Leben bleiben wird (*Behrendt* S. 37). *Jeangros* will ihm ausdrücklich auch die Ausbildungsfunktion gewahrt wissen: »Wir halten an dieser Grundform fest, nicht weil sie sich in der Vergangenheit bewährt hat – das könnte für unsere Gegenwart nicht maßgebend sein –, sondern weil sie sich voraussichtlich auch in Zukunft bewähren wird. Wir müssen diese Lehrform jedoch gemäß den voraussichtlichen Bedürfnissen und Entwicklungstendenzen erneuern« (S. 44). Nun, wenn die Berufsschule erneuert wird und doch im Gefolge der Werkstattlehre bleiben soll, dann wird ja vermutlich auch am Meister einiges erneuert werden müssen. Auf diesen Zirkel laufen unsere Betrachtungen hinaus: der Meister soll die Ausbildung der Lehrlinge im Gewerbe leiten.

Die Eignung dazu hängt aber wieder von der Ausbildung der Meister ab. Er soll ein Mann sein, der etwas gründlich *kann*. Er soll aber auch einer *sein*, der als Mensch vorbildlich wirkt. Meister Eckhart hat den Ausdruck »Lebemeister« geprägt. Der alte Handwerker war ein besinnlicher Mensch. Das gehörte zu seiner »Ganzheit«. Es ist möglich, auch in der »Dynamik« des Berufslebens solche Kräfte wieder in ihm zu stärken. Diese Aufgabe darf aber nicht außer acht bleiben, wenn man in der Berufsschule reformiert. Sonst wird der Meister zur Nebenfigur neben der Schule, und das ganze bei uns maßgebende Prinzip geht in die Brüche.[6]

Eine »Neuerung« wird es allerdings sein, wenn man dem Meister, der doch mitten in einem meist nicht leichten Erwerbskampf steht, zumutet, sich in gelegentlichen Abendkursen über seine pädagogische Aufgabe zu besinnen. Keineswegs ist das so gemeint, daß er Pädagogik treiben soll und Jugendpsychologie oder gar Didaktik! Keine dieser Wissenschaften hat fertige Rezepte zur Verfügung. Darin liegt ja gerade die besondere Kraft desjenigen Lebenskreises, den die Werkstatt (oder das Werk) repräsentiert, daß hier alles noch in seinen natürlichen Zusammenhängen anschaulich und erfahrbar bleibt, daß es nicht in Fächer zerhackt wird. Deshalb habe ich die hierhin gehörige Art des pädagogischen Nachdenkens eine »Besinnung« genannt. Der Meister sollte darauf bedacht sein, die eigentümliche Kraft zu pflegen, die gerade *seinem* Erziehertum geblieben ist: Erfahrung am wirklichen Leben und an wirklichem Tun. Er kann den Anregungen Goethes wie Pestalozzis folgen, ohne viel darüber gelesen zu haben.

Das geistige Elend und die Ohnmacht der endlosen Diskussion in unserer »verschulten« Welt[7] besteht nämlich darin, daß wir nicht mehr lernen, wie unser unvermeidliches Spezialistentum in das Ganze des Arbeitslebens und so in die Gesamtkultur verwoben ist. Der Lehrling soll an den Erfahrungen des Tages ständig spüren, wie sein Erleben und Tun in der Werkstatt mit der großen sittlichen Volksgemeinschaft zusammenhängt. Was man so durch Ganzheitserfahrungen gelernt hat, das vergißt man nicht, während die Paragraphen von Schullektionen, die man noch nicht braucht, bekanntlich sehr schnell wieder versinken.

Diese Art von sich vertiefender Erfahrung sollte auch der Meister in sich selbst pflegen. Auch er soll in ganzen Lebenskreisen denken und sie in sich selbst immer klarer werden lassen. Dabei werden Berufsgenossen, die eine besondere pädagogische Ader haben, ihm behilflich sein. Über die äußeren

[6] Reiche Literatur in der von F. Schlieper, Köln, herausgegebenen Schriftenreihe: Berufserziehung im Handwerk, bisher 4 Bde, 1954–1959. Zum Text vgl. bes. II, S. 330.

[7] Vgl. Eduard Spranger, Die Verschulung Deutschlands. In: Die Erziehung. Jg. 3. 1928. S. 273–284; auch als Sonderdruck erschienen: 1. u. 2. Aufl. Leipzig 1929, s. o. S. 90–101.

Formen, in denen solche Abende eingerichtet werden können, will ich mich hier nicht verbreiten. Genug! Wenn wir bloß über die Berufs*schule* und ihre Nöte nachdenken, tun wir nur das halbe Werk, das uns aufgetragen ist. Die Vertiefung der Meisterlehre ist ebenso wichtig. Und hier kann eine *Pädagogik der Lebenskreise*, also eine ganzheitliche Erziehung, aufgebaut werden. Die Schule muß das Wissen und das Können in »Fächer« zerspalten. Daß sie das gut macht, ist ihre Tugend. Daß sie nicht *mehr* kann, ist ihr wesensmäßiges Schicksal und ihre Schwäche. Die Schule muß in Fächern denken. Der Meister muß die sich ergänzenden und sich schneidenden Lebenskreise überschauen. Dem Lehrling muß bewußt werden, daß diese Kreise ihn tragen und daß er berufen ist, sie künftig aktiv mitzutragen.

Quellen pädagogischer Berufswünsche

1961

Wer seine Lebensarbeit der Heranbildung von Lehrern und Erziehern widmet, beobachtet mit Interesse, welche Motive es eigentlich sind, die einem jungen Menschen diesen Beruf als wünschenswert erscheinen lassen. Bei der Erwägung der Möglichkeiten darf das bloße Erwerbsmotiv beiseite gelassen werden. Denn in diesem Falle ist der Inhalt des Tuns, mit dem man sich Geld verdient, nebensächlich. Man könnte einen ganz anderen Beruf wählen, wenn er nur zugänglich wäre und mehr abwürfe. Auch die Beschränkung auf die Freude am Lehren führt noch nicht tief genug in den pädagogischen Geist hinein. Es gibt Lehrfächer, die weder den Meister noch den Schüler mit ihrem ganzen Wesen in Bewegung setzen: Stenographie und Schreibmaschine, Autofahren, ja selbst die Zungenfertigkeit in einer fremden Sprache kann man lehren, ohne dabei in seinen menschlichen Tiefen berührt zu werden. Wir wollen also nur solche Fälle ins Auge fassen, bei denen ein erzieherisches Wollen beteiligt ist. Das schließt dann ein Lehrertum notwendig mit ein. Die aufgeworfene Frage soll daher vorzugsweise im Hinblick auf den »Erzieher« verfolgt werden. In diesem Rahmen ist der echte Lehrer mitgemeint. Zugleich ist das hervorgehoben, was das Unterrichten innerlich beseelt und erhöht.[1]

Welche besonderen Antriebe können also in dem erwachenden Erziehungswillen wirksam sein und ihm ihre spezifische Färbung verleihen – schon im täglichen Umgang, vor allem aber dann, wenn ein Berufswunsch daraus erwächst? – Man wählt seinen Beruf meistens in einem Alter, in dem man sich über seine eigene Seele noch wenig klar ist, jedenfalls ihre Beweggründe noch nicht mit kühler Reflexion durchleuchtet. Es ist nur ein allgemeiner Schwung vorhanden, der im günstigsten Falle den ganzen

[1] Vgl. Theodor Litt, Charakterbildung geht vor Wissensbildung. In: Pädagogische Wahrheiten und Halbwahrheiten kritisch beleuchtet. Festgabe für Wilhelm Flitner zum 70. Geburtstag. Hrsg. v. Eduard Spranger. Heidelberg 1959. S. 41–67.

inneren Menschen erfüllt. Ohne etwas derartiges kann freilich kein geistiger Beruf sinngemäß ausgeübt werden. Ist er doch schon zum seelenvollen Betreiben eines Handwerkes oder technischer Dinge erforderlich. Wer sich die Pflege und Gesunderhaltung des menschlichen Leibes zur Hauptaufgabe macht, muß darin seine »innere Erfüllung« finden. Erst recht muß jemand, der für junge Seelen sorgt und ihnen emporhelfen will, dazu einmal inspiriert worden sein. Oder bildlich: er muß einen Stoß empfangen haben, der ihn gerade dazu getrieben hat. Die Stelle aber, die so getroffen wird, kann im Seelengefüge ganz verschieden eingeordnet sein. Versucht man, diesen Ort in einzelnen Fällen zu bestimmen, so ergeben sich daraus wohl schon Gesichtspunkte, unter denen man verschiedene Erziehertypen herausarbeiten kann, wennschon nicht die *allein* maßgebenden.

Tiefer gefaßt: die ernsthafte Entscheidung für den Erzieherberuf setzt ein Berufungsmoment voraus. Darunter kann verstanden werden *der* Moment als ein bestimmter Augenblick, in dem das Erwachen zu der eigenen Bestimmung erfolgt, aber auch *das* Moment am Ganzen des Lebens, die Seite des persönlichen Geisteslebens, von der her der entscheidende Anstoß kommt.

Die zweite Bedeutung wird zum Leitmotiv der folgenden Ausführungen. Es gibt Gesichtspunkte, die *neben* dem inhaltlichen Geistesfaktor eine Rolle spielen können. Jene »Berufung« kann plötzlich aufleuchten, etwa wie ein Augenblick der Erweckung; sie kann aber auch in stillem Wachstum langsam reif werden. Sie kann erlebt werden »wie« etwas, das sich des Menschen bemächtigt, aber auch gerade wie etwas, das aus dem Kern seines Wesens emporsteigt. Schon näher zu der Frage nach der Ursprungsstelle hin liegt der Gesichtspunkt, ob ein Ungenügen an sich selbst und der Welt zugrunde liegt oder eine innere Fülle, die überquillt und sich nicht genug tun kann. Solche »Modalitäten« werden gelegentlich mitberücksichtigt werden. Die Hauptlinie der Darstellung aber gilt dem »Woher?«.

Hierbei wird eine geisteswissenschaftliche Psychologie angewandt, die nicht im voraus entwickelt werden kann. Ihr Verfahren wird an der Durchführung anschaulich werden.

I

Es gibt ein Erwachen pädagogischer Antriebe, das noch vom Dämmerzustand der Jugend überdeckt ist und der intimen Lebensgeschichte angehört. Ein Bewußtsein von Kulturverhältnissen und ein klarer Kulturwille sprechen noch nicht mit. Die Tiefenpsychologie betont mit Recht, daß wichtige Lebenswünsche bis in sehr frühe Altersstufen zurückgehen. Verdeckt oder »entdeckt«, bleiben sie dann für das ganze Dasein maßgebend. Entweder handelt es sich um infantile Wünsche – hierfür scheint etwa das dritte Lebensjahr besondere Bedeutung zu haben – oder um Pubertätswünsche, die aus dem Gewirr der ersten, noch ganz dumpfen Auseinandersetzung mit sich selbst hervorgehen und doch eine merkwürdige Zähigkeit bewahren. Im dritten Jahr kann wohl schon ein Widerstand gegen die Zumutung, sich erziehen zu lassen, aufwallen. Aber der Sinn des Erziehens und Sicherziehenlassens bleibt noch ganz verschleiert. Er dämmert allenfalls auf, wenn man mit der sehr aufdringlichen Einrichtung »Schule« Bekanntschaft macht. Dies Erleben spiegelt sich darin, daß man gelegentlich auch einmal »Lehrer und Schüler« spielt, mit allem nebensächlichen Tun und Erleiden, das an der Schule in die Augen fällt. Wohl dem, der dabei das Machtgefühl des Lehrers genießen darf! Aber die Fragen, die er stellt, werden von keinem Beteiligten so aufgefaßt, als ob ihre Beantwortung die Hauptsache wäre. Viel packender ist schon das Schimpfen und Bestrafen. Aus dieser Phase nachahmender Dramatisierung bleibt für die Zukunft genauso viel oder so wenig stehen, wie von anderen Berufen, die man spielend aufführt.

Viel tiefer ergreifen Pubertätswünsche von der Seele Besitz. Sie beruhen schon auf einem begrenzten Verstehen von Kulturgehalten. Man begegnet ihnen, wenn sie einen überhaupt angehen, mit entschiedenem Pro oder Contra. Die Folge ist ein leidenschaftliches Umarmen oder leidvolle Ablehnung. In unserem Falle: Der Lehrer wird jetzt als Mensch beurteilt, nicht mehr als ein Mann, der nur Aufgaben stellt, Zensuren gibt oder bestrafen kann. Nun idealisiert man ihn oder verdammt ihn. Immer noch aber steht sehr Äußerliches im Vordergrunde. In der Ernstwelt einmal selbst den Lehrer zu spielen, ist verlockend, weil damit Macht über Menschen verbunden ist. Wie kaum in einem anderen Beruf wird man es mit einem Publikum zu tun haben, dem man imponiert und dem gegenüber man recht behält.

Ein sehr tiefgehendes Bewußtsein von der wahren Aufgabe des Erziehers kann aus solcher Wurzel nicht erwachsen. Zur deutschen Tradition gehört eine hohe Bewertung der Schulen und also auch der Schulmeister aller Stufen. Es ist aber auch eine deutsche Unart, daß deswegen viele ihr ganzes Leben in der Schulatmosphäre verbringen möchten. Sie verlassen die Schulbank, um für kurze Zeit eine Hochschule zu besuchen. Unmittelbar danach kehren sie auf ein Schulkatheder zurück. Was haben sie vom weiten Leben draußen eigentlich gesehen? An welcher Art von Wirklichkeitsgestaltung haben sie sich beteiligt?

Das ist heute, ich weiß es, im allgemeinen besser geworden. Zwei große Kriege haben auch die Vertreter des Lehrerstandes in die weite Welt hinausgenötigt. Jetzt ist sogar ein internationaler Austausch für Schüler und Lehrer organisiert. Aber an der Grundstruktur des Berufes, daß nämlich jemand auf dem Katheder sitzt, der von vornherein hat Lehrer werden *wollen*, hat sich nur innerhalb der Berufsschulen in Deutschland etwas geändert. Dort lehren auch Menschen des praktischen Lebens. Vermutlich hängt jene Beharrungstendenz mit der Herkunft des Lehrerstandes aus dem Kleriker- und Küsterstand zusammen. – Genug: noch heute entschließt sich mancher schon auf der Schule für den Erzieherberuf, also zu einer Zeit, wo ihm noch ganz verborgen ist, welche Charakter- und welche Geistesgaben eigentlich dazu erforderlich sind.

Ich bekenne, daß mein Interesse für alles Pädagogische schon beim Übergang in die Oberstufe des humanistischen Gymnasiums erwacht ist. Es hing zeit meines Lebens mit dem Interesse für philosophische Problematik unlösbar zusammen. Wenn man sich über seine Jugendmotive später Rechenschaft ablegt, verfällt man leicht Täuschungen. Ganz objektiv kann ich aus meiner Erinnerung feststellen, daß ich nur pflichttreue, viele gute und nur wenige ungeschickte Lehrer gehabt habe. Ich habe sogar das hohe Glück erfahren, schon auf dem Gymnasium *meinen* Sokrates zu finden, der mich bis fast ins 60. Jahr mit einer unvergleichlichen Fürsorge und gewissenschärfenden Kraft begleitet hat. Davon schweigt man; es ist ja ein Stück intimster Lebensgeschichte.

Aber auf der anderen Seite: nicht ganz kann ich darüber schweigen, daß ich von meinem 15. Lebensjahr ab den Eindruck gehabt habe, daß wir falsch behandelt wurden. Ob dieser Eindruck berechtigt war, ist eine ganz andere Frage. Heute sehe ich, daß ein Generationsumschwung des pädagogischen Geistes dabei mitgespielt hat. Ich gehörte zu denen, die den Anspruch auf Schonung, ja Förderung der Individualität erhoben. Mit einem Bilde: die alte Schule kam mir vor wie eine Stätte der geistigen Essensausteilung. Die Speisen waren nahrhaft und gut gekocht. Aber an Sonderverpflegung à la carte dachte man nicht. Das war ein guter, in sich berechtigter, kraftvoller Stil. Gerade damals aber kündigte sich ein neuer Stil an. Er hat sich genau um die Zeit, als ich die Schule verließ, im Zusammenhang mit der »Jugendbewegung« entfaltet. Ich wußte davon nichts und habe nie einer Jugendgruppe angehört. Jedoch der Wunsch, Lehrer zu werden, stammt aus meinen positiven und negativen Schulerfahrungen. Ich hatte schon damals das entschiedene Gefühl: »Es muß anders werden in den Schulen.« Nicht organisatorisch, kaum methodisch – das kann man so machen oder so machen. Aber mir schwebte ein anderes Seelentum in der Schule vor.

Jedenfalls ist es ein leicht verständlicher Zusammenhang, wenn jemand aus eigenen Schulerlebnissen den Antrieb gewinnt, Erziehung zum Beruf zu wählen. Dabei kann die Zündungsstelle am negativen oder am positiven Pol liegen: man hat an der Schule schwer gelitten und will, daß es in der Schule besser wird; oder man hat so beglückende Erfahrungen gemacht, daß man weiter in dieser Atmosphäre leben und wirken möchte. Es steckt auch etwas vom Jungbleibenwollen dahinter.

Die Motive für den Entschluß, Lehrer zu werden, sollen hier keiner Kritik unterworfen werden. Aber nebenbei darf man vielleicht sagen: der soeben behandelte Ursprung dieses Wunsches liegt nicht sehr hoch. Denn er ist aus der Perspektive des Schülers hervorgegangen, auf die doch wohl *Goethes* seltsame Redeweise von der »Unvollständigkeit des Inneren« mit anzuwenden wäre.[2] Wir wollen annehmen, daß auch eine latente Anlage mitspricht: die Freude, Jüngeren ein bißchen emporzuhelfen. Sie kann zum Beispiel im Privatunterricht erwachen.

Sobald aber dieser Faktor beteiligt ist, verändert sich die Herkunft des Impulses. Nicht aus Erlebnissen auf der Schulbank nährt sich dann der Berufswunsch, sondern von solchen auf dem Katheder (falls diese veraltete Geographie des Klassenzimmers für eine kurze Umschreibung erlaubt ist). Warum sollte nicht jemand, der bei einigen Probeversuchen in der Jugendführung überhaupt innere Befriedigung empfunden hat, geneigt sein, das Erziehen zum Hauptgehalt seines zukünftigen Lebens zu machen? Geht es doch bei anderen Berufen ähnlich: man hat genippt, und man hat Geschmack gefunden. Leider können erste Elternerfahrungen, die ja stets mit Verstand und Herz zugleich gemacht werden, für die pädagogische Berufswahl im allgemeinen nicht mehr fruchtbar werden. Um so mehr können sie zur Vertiefung einer schon im Gange befindlichen Berufsausübung beitragen.

Von den Frauen sagt man, daß in ihnen der mütterliche Instinkt schon das Vorhandensein pädagogischer Neigungen gewährleiste. Wenn nicht *mehr* behauptet wird und sehr krasse Ausnahmen zugegeben werden, kann man es sich gefallen lassen und den Gesichtspunkt *mit*verwerten, um die so stark überwiegende Zahl der Bewerber*innen* für das Volksschullehramt zu erklären. Es ist ja hier auch vorwiegend von frühen Antrieben die Rede, nur nebenbei von Begabungen. Der Satz »Neigung garantiert noch keine ausreichende Begabung« bleibt eine wichtige Wahrheit. Übrigens steckt noch an anderer Stelle ein Fehler in der Behauptung. Weil ich als Mutter *mein* Kind gern gut erziehen möchte, brauche ich mich noch nicht für die Erzie-

[2] Wanderjahre. In: Goethe, Sämtliche Werke. Jubiläumsausgabe. Stuttgart 1902–1907. Bd 20. S. 183.

hung anderer Kinder zu erwärmen. Man kann Betätigungen, die einem ganz intim am Herzen liegen, eben deshalb von einer Berufswahl ausschließen. Jeder Beruf geht an gewissen Punkten unvermeidlich ins Routinehafte über.

II

Bei unserer Musterung möglicher Quellen pädagogischer Inspiration schreiten wir von der intimen Lebensgeschichte der Frühzeit zu reiferen Jahren fort, in denen bereits ein inneres Verhältnis zu Kulturgehalten gewonnen ist. Nicht gleich das große Ganze pflegt das Gemüt zu beschäftigen. Die Vorliebe wirft sich auf ein Einzelgebiet, und in diesem meistens auf spezielle Gegenstände. Denn die Bewältigungskraft ist in den Jahren bis zur Berufswahl, genauer gesagt: bis zum 19. Jahre, noch nicht groß. Gleichviel aber, wie es mit dem Umfang stehe: Die Intensität des Ergreifens kann so stark sein, daß der Zustand einem Überquellen ähnlich wird. Man ist innerlich so von den neu aufleuchtenden Gehalten erfüllt, daß man abgeben *muß*. Die anderen sind dafür oft weder empfänglich noch dankbar. Also muß man sie gewinnen. Darin kündigt sich schon ein Hauch pädagogischen Geistes an. Noch nicht mehr! An anderer Stelle habe ich ausgeführt, daß das Aufleuchten des »Hebelproblems« die pädagogische Grundeinstellung ausmache.[3] Bei dem hier gemeinten Zustande aber liegt der Ton noch auf dem Sachgehalt. Über den »Weg«, wie man ihn in einer anderen Seele lebendig machen kann, wird noch nicht nachgedacht. Man ist ja überzeugt, daß er unmittelbar zünden *muß*. Tritt das nicht ein, so entsteht ein Schwebezustand, bei dem sich die Leidenschaft für die Sache und der Eifer des Weitergebens noch die Waage halten. Auch ihn kann man sich als Ursprung pädagogischen Wollens gefallen lassen.

Er ist in alten Zeiten, als es noch nicht für alles und jedes eine Schule gab, sehr fruchtbar geworden. Es galt zum Beispiel als selbstverständlich, daß ein guter Handwerksmeister von selbst auch ein guter Handwerkslehrer sein wollte. Das Wort Meister kommt nicht zufällig vom Magister her. Die Regel bestätigte sich nicht immer, aber doch in höherem Grade als heute, wo die Leistungsfähigkeiten sich immer mehr differenzieren. Es handelt sich eben doch um zwei sehr verschiedene geistige Grundtendenzen – dort um Sachgestaltung, hier um Seelenbildung. Die Erfahrung zeigt deutlich: Wer etwas meisterhaft *kann*, braucht noch nicht die Gabe zu besitzen, es auch gut zu lehren oder es gar in die Gesinnungstiefe eines Werdenden hineinzuarbeiten. Vielleicht spürt er nicht einmal das Verlangen danach in sich.

[3] Der geborene Erzieher. 1. Aufl. Heidelberg 1958. S. 8.

Zu unsrem Thema gehört natürlich nur *der* Fall, daß die seelische Energie, die sich irgendeinem Werk zuwendet, zugleich in pädagogische Kräfte ausstrahlt, mindestens auf diesem Sondergebiet. Das Verbindungsglied ist dann vermutlich die Anstrengung, die erforderlich gewesen ist, sich selbst zu einem solchen Wissen und Können zu erheben – also ein Selbstgestaltungsvorgang.

Freilich ist echte Erziehung immer auf den *ganzen* Menschen gerichtet. Ein guter Mathematiker mit dem Trieb, anderen Mathematik beizubringen, ist durchaus noch kein Menschenerzieher. Aber wiederum: wir suchen ja hier nur *Ansatz*stellen. An seiner Quelle hat kein Fluß schon die Breite, die er in seinem weiteren Verlauf annehmen kann.

Das Bewußtsein eigenen Könnens macht lehrhaft – gewiß nicht immer; aber der innere Zusammenhang ist verständlich. Das gilt von allen Wissenschaften und Künsten; die letzteren darf man dabei gemäß dem Sprachgebrauch von Goethes Zeit in strenge und schöne gliedern. Wer technisch begabt, erfahren und geschult ist, wird sein Können vielleicht ebenso gern mitteilen, wie es etwa der »Inhaber einer seltenen Wisserei« (Fichte) tut. Je mehr sich das Wissen über ein positivistisches Spezialwissen hinaus zu einer Gesamtanschauung erhebt, die den Weg der rechten Lebensführung betrifft, um so leichter wird sich auf der anderen Seite ein Geist der Gefolgschaft oder Jüngerschaft herausbilden. Und dies nicht nur auf den Höhen der Prophetie, sondern schon in einfachen Lebensverhältnissen, bei denen es sich nur um Erfahrung und Erprobung in der Meisterung des Alltags handelt.

Es ist gewiß nicht ohne Interesse, die Reihen der Großen in Wissenschaft und Kunst, Technik und Industrie einmal daraufhin zu durchmustern, wer von ihnen einen zusätzlichen pädagogischen Trieb bekundet hat und wer sich ganz indifferent gegen diese Möglichkeit verhalten hat. Bei manchen großen Politikern zum Beispiel fehlt die Neigung ganz, während andere sich bewußt Mitarbeiter und Nachfolger herangezogen haben. Eine solche Untersuchung, auf die verschiedensten Gebiete ausgedehnt, läßt vermutlich Eigentümlichkeiten des geleisteten Werkes, Charakterzüge des Meisters und begleitende Zeitverhältnisse deutlicher hervortreten.

Die großen Modelle müssen natürlich sehr verkleinert werden, wenn es sich darum handelt festzustellen, woher die Neigung zum Lehrerberuf ihren Ausgang genommen hat. Das Gefühl, etwas Tüchtiges zu können, beschwingt den Drang zur Ausbreitung. Freilich folgt manchmal auch eine Enttäuschung. Es zeigt sich nämlich, daß jemand nach der Entscheidung für den pädagogischen Lebensweg eine Wissenschaft oder Kunst oder Technik sehr gut beherrscht, aber völlig hilflos ist, wenn er Neulinge in sein

Gebiet einführen soll. Ganz zu schweigen von dem Versagen vor der viel größeren Aufgabe, von einem Sondergebiet aus auf den *ganzen* jungen Menschen als Erzieher Einfluß zu nehmen! Die bloße Beherrschung des Faches genügt eigentlich niemals, nicht einmal auf der Hochschule. Solchen Naturen fehlt wohl auch bei ihrem Verhältnis zu Fachleistungen die volle Lebendigkeit. »Gelehrte Pedanten« stiften in der Schule nur Unheil, und auch sie selbst müssen sich auf traurige Schicksale gefaßt machen. Was aber die Lernenden betrifft, so vermissen sie selbst *dann* etwas bei ihrem Meister, wenn sie – was selten ist – schon ein warmes Interesse für die Sache mitbringen. Er verfügt nicht über den »Dreh«, der dazu gehört, anderen etwas beizubringen. Diese Gabe kann man sich nur schwer durch Beschäftigung mit didaktischer Theorie aneignen. Besonders im Bereich der Mathematik sind manche Schüler (als Lernende) immer genauso gut, wie der reife Meister (als Lehrender) gut ist.

III

Pädagogisches Interesse erwächst nicht nur aus der Fülle, sondern ebensooft aus der Dürftigkeit. Das Bewußtsein der eigenen Unzulänglichkeit kann zum Ausgangspunkt für Bemühungen um das gesunde Emporwachsen Jüngerer werden. Der innere Verlauf kommt gut heraus in der Formel des Selbstgespräches von Nietzsche: »Die Natur hat es schlecht mit dir gemacht. Du willst ihr helfen, daß es ihr in anderen besser gelinge.« Diese Dynamik vom Negativen in sich selbst zur Förderung des Positiven in anderen kann noch sehr verschiedene Formen annehmen. Der Vorgang kann auch in sehr verschiedener Tiefe stattfinden, zwischen dem Erbsündenbewußtsein des Christen und den Minderwertigkeitskomplexen, deren geheime Kompensationen Alfred Adler zu entlarven bemüht war. Man darf aber nicht übersehen, daß der Drang, ein Minus in ein Plus zu verwandeln, und speziell die Auswirkung gerade im Pädagogischen, nicht eintreten könnte, wenn nicht in der Stille die Ahnung und Bejahung des positiven Ideals schon wirksam wäre. Aus dem Nichthaben wird kein Haben, wenn nicht Reserven vorhanden sind, so wenig das Sokratische Nichtwissen produktiv werden könnte, wenn wirklich nichts da wäre als Unwissenheit. Diese innere Dialektik wird in der Folge, besonders im 5. Teil, noch etwas näher beleuchtet werden. Hier gebe ich dem Gedankengang zunächst eine ganz andere Wendung.

Das Negative – also das Unvollkommene, Unsittliche, Unwahre, Unechte – kann auch auf der Objektseite empfunden werden, nämlich an der Kultur, wie sie ist, wofür man heute den zu engen Namen »Gesellschaft«

vorzieht. Wählen wir hierfür die blasse Alltagsbezeichnung: »Öffentliche Mißstände, die sich dem Bewußtsein des Mitlebenden aufdrängen!« Seit langem weiß man, daß es aus dieser Lage zwei weltanschaulich fundierte, das heißt grundsätzlich verschiedene Auswege gibt. Man beginnt entweder, die Umstände zu ändern, oder man fängt damit an, die Menschen zu ändern. Dieser Gegensatz in seiner noch sehr unbestimmten Allgemeinheit kann nicht durch eine Fülle von Beispielen aufgehellt werden, ohne daß wir das Thema aus dem Auge verlieren. Genug: es gibt Reformer, die erst den Staat, das Recht, die Organisationsformen bessern wollen, und es gibt solche, die dem Prinzip folgen: Erst müssen die Menschen anders werden; dann werden sie auch einen anderen Staat und anderes Recht, andere Wirtschaftsformen und andere Weltanschauungen hervorbringen. In radikal sich ausschließender Weise gedacht, sind These wie Antithese schon theoretisch unzulänglich und erst recht praktisch nicht durchführbar. In bezug auf das Leben der Kultur hilft nur dialektisches Denken. Aber die vorläufige abstrakte Sonderung leistet für unser Thema einen Dienst. Denn wer zuerst die Menschen ändern will, setzt seine Hoffnung auf die Macht der Erziehung. Er wird also Erzieher werden wollen und müssen, um die Welt zu verbessern. Hinter dem Drang zum Erziehertum liegt oft als Motiv der Wunsch, weitgreifende Kulturschäden zu bekämpfen. Verglichen mit den beiden früher erörterten Wurzeln hat diese Geistesart einen Stich ins Große. –

Historische Persönlichkeiten sind niemals »reine Fälle« im Sinne einer Idealtypenbildung. Trotzdem drängt sich für die zuletzt behandelte Einstellung Rousseau als Beispiel auf. Erzieher mit praktisch vorbildlicher Betätigung war er allerdings niemals; nur pädagogischer Schriftsteller. Als solcher aber geht er genau den Weg, der gekennzeichnet worden ist. »Die zeitgenössische Kultur ist durch und durch verderbt. Man kann ihr nur zurechthelfen, wenn man Menschen erzieht, die aus einem gesunden Mittelpunkt heraus leben. Hat man sie in der Abgeschiedenheit gebildet, dann kann man sie in die große Welt hineinstellen, mit der Gewißheit, daß sie sie reinigen werden.« Den Ausdruck »reinigen« übernehme ich von Schiller, der dem stillen Umgang mit den alten Griechen die Kraft zuschreibt, den jungen Menschen fest zu machen gegen die Schwäche und Verworfenheit des Zeitalters: »Wenn er dann Mann geworden ist, so kehre er, eine fremde Gestalt, in sein Jahrhundert zurück, aber nicht um es mit seiner Erscheinung zu erfreuen, sondern furchtbar, wie Agamemnons Sohn, um es zu reinigen.« (9. Brief über die ästhetische Erziehung des Menschen. Sämtl. Werke, Cottasche Säkularausgabe XII, 30.)

Nicht so deutlich sind die Umrisse bei dem pädagogischen Genie, das entschieden durch Rousseau erweckt worden ist, bei Pestalozzi. Natürlich will auch er »Menschen« bilden. In seinen Rückblicken stellt er es wiederholt so dar, daß in ihm der Eindruck des Elends und der Verwahrlosung beim entrechteten Landvolk schon in frühester Jugend den Willen hervorgerufen habe, dem Übel durch eine bessere Erziehung abzuhelfen. Aber gegenüber solchen nachträglichen Selbstdeutungen muß man vorsichtig sein. Tatsächlich wurde er erst Landwirt, und die Wendung zum Erziehertum erscheint wie ein zufälliges Nebenergebnis des Neuhofunternehmens. Er hat sich später nicht damit begnügt, die Menschen zu ändern bzw. rein zu erhalten. Er wollte auch die Verhältnisse ändern. Die Gestalt des Politikers Pestalozzi tritt neben dem Pädagogen Pestalozzi heute immer deutlicher hervor. Er war als Politiker Pädagoge, aber als Pädagoge auch zugleich Politiker. Will man die letzten Grundantriebe in ihm erfassen, so darf man sich nicht an Lebenserinnerungen halten, sondern muß das frühe große Selbstzeugnis von 1780 ›Die Abendstunde eines Einsiedlers‹ zugrunde legen. Dabei trifft man auf eine Ausprägung des Erziehertums, von der erst im 5. Abschnitt die Rede sein wird.

Wie sehr würde es unsere Einsicht in das Wehen und Weben des pädagogischen Genius bereichern, wenn wir Zeugnisse darüber hätten, welchen Weg zum Erziehertum der Größte von allen, Sokrates, gegangen ist. Aber hier schweigen die Quellen. Von Beruf ist er ja wohl, wie sein Vater, Steinmetz und Bildhauer gewesen. Er muß dann von der Bildungswelt seiner Zeit gründliche Kenntnis genommen haben. Sonst wäre die Parodie auf ihn in den ›Wolken‹ des Aristophanes nicht zu verstehen. Aber irgendwann in der Zwischenzeit zwischen 423 und dem öffentlichen Ärgernis von 399 muß in ihm eine große Wendung vorgegangen sein. Nach dem Zeugnis von Xenophon könnte es scheinen, als ob er auch dann noch Fachwissen getrieben und gelehrt habe. Aber Plato, der näher bei ihm blieb und ihn tiefer verstand, spürte deutlich, daß gerade die Abkehr vom Fachwissen (den τέχναι) die große Umwälzung in ihm gewesen sei. »Diese vielwissenden Menschen sind ja alle blind. Sie verstehen nicht, daß es darauf ankommt, für die eigene Seele zu sorgen. Man muß ihre Blickrichtung umdrehen und ihnen helfen, daß sie mit ihrem eigenen Innern bekannt werden.« Daher die immer wiederholte Betonung des Nichtwissens im Munde des Sokrates. Man darf in seinem Sinne sagen: »Jene schönen Künste und Wissenschaften nützen für dies und jenes im Leben. Aber über den Sinn der Lebensführung im ganzen denkt keiner nach. Deshalb ist all jenes Wissen eigentlich noch ein Nichtwissen. Über den ethischen Gehalt des Daseins wird man dadurch nicht klarer. So bleiben die Menschen blind gegen das, was sie vor allem anderen sehen müßten.«

Plato hat auszusprechen versucht, was denn diese »Sichten« eigentlich bedeuteten. Er hat vom Ethischen her ein Weltbild aufgebaut. Sokrates blieb dabei, die lebendigen Menschen, die ihm begegneten, aus ihrer Selbstsicherheit aufzustören. Aber er wäre, wie Kierkegaard ihn anfangs verstand, bloßer Ironiker gewesen, wenn ihn selbst dabei nicht eine Sicherheit eigener Art geleitet hätte. Er war also nicht bloß Kulturreformator, sondern schöpfte aus inneren Tiefen.

Aus welcher Tiefe nun auch der einzelne schöpfe und welche Methode er auch anwende: Es ist ein bis in unsere Tage häufiger Fall, daß jemand aus kulturkritischer und sozialreformatorischer Absicht Erzieher wird. Das Leiden an der Unvollkommenheit der Menschen, wie sie sind, treibt die Neigung, manchmal auch die Kräfte empor, sie zu veredeln. Die Zeitalter unterscheiden sich nach dem Maß des Vertrauens, das sie auf die Macht der Erziehung setzen; noch viel mehr dadurch, auf welche Berge sie ihren Blick richten, weil sie glauben, daß ihnen von da Hilfe kommt. Der einzelne mag dabei auch von sehr trügerischen Idealen erfüllt sein: ein *Glaube* ist es, der hier zum Erziehertum führt und der – besonders in jungen Jahren – die Kraft gibt, den schweren Auftrag durchzuhalten.

IV

Der Weg, auf dem wir die Quellen pädagogischer Neigungen aufsuchen, führt eine Strecke lang durch besonders liebliches Gelände. Vielleicht hätte man sich ihm gleich im Anfang zuwenden sollen. Alles Jugendliche hat für den gesund Empfindenden einen besonderen Reiz. Er macht sich schon gegenüber den uns verwandten Säugetieren bemerkbar. Wie viel mehr Anziehungskraft muß also von den Jugendstadien des Menschenlebens ausstrahlen! Wenn ich die ganze Fülle dieser Wirkungen unter dem Namen »der Zauber der Jugend« zusammenfasse, ist damit doch außerordentlich Verschiedenes gemeint. Der Jüngling und das Jungmädchen bezaubern auf eine andere Art als ein Dreijähriger oder ein Schulneuling. Gemeinsam ist aber solchen Erscheinungen, daß das von innen quellende Leben noch nicht von äußeren Einflüssen verunstaltet ist. Das gilt vom jugendlichen Leib, noch mehr aber von der jugendlichen Seele. Diese letztere in ihrer Eigentümlichkeit zu erschauen, ist zwar schon dem einfachen Menschen gegeben – allerdings nicht in so starkem Maße, wie man es erwarten sollte, da ja der Erwachsene selbst einmal durch jugendliche Seelenlagen hindurchgegangen ist! Wer sich aber das Auge dafür schärft, wird auf immer anmutigere Erscheinungen und immer feinere Geheimnisse stoßen. Dies eben ist »das liebliche Gelände«, von dem ich gesprochen habe. Der Dichter sucht es gern auf; er tut es um so mehr und um so lieber, je weiter sich unsre Kultur von jeder Naivität entfernt. Der Forscher muß notgedrungen zerlegen und Begriffe bilden. Trotzdem hat Karl Groos die Kinderpsychologie mit Recht eine scientia amabilis genannt.

Kaum jemand wird sich von jeder Jugendstufe gleichmäßig angezogen fühlen. Die Gestalten, durch die das menschliche Innere hindurchgeht, sind unter sich erstaunlich verschieden, ganz abgesehen von den individuellen Differenzen. Dabei kommen auch recht rauhhaarig umhüllte Larven vor. Was trotzdem den Betrachter bezaubert, ist wohl das durchweg vorwaltende »spielende Leben« von den ersten Sinnesspielen bis zu den späteren zarten Liebesspielen. Es handelt sich also um ästhetische Phänomene, die auch wieder ästhetisch (also nicht bloß theoretisch) aufgefaßt werden wollen. Wenn wir für die nicht begehrliche Liebe, die sich an solchen Erscheinungen erfreut, den platonischen Namen Eros aufsparen, so befinden wir uns hier im Vorfelde des Eros, das sich viel weiter in die Frühzeit erstreckt, als Plato es auszuführen Anlaß hatte.

Der Eros ist ein geistig-seelisches Schauvermögen. Er braucht noch nicht pädagogischer Eros zu sein. Denn sehr oft bleibt es bei flüchtigem Schauen; es kommt gar nicht zu der Möglichkeit eines Umganges, der ja Voraussetzung für jede erzieherische Einwirkung ist. Der *pädagogische* Geist muß freilich noch aus ganz anderen Quellen schöpfen. Zu ihm gehört persönliche Reife, Helfenwollen, weites Hinausragen über die bloß ästhetische Sphäre. Aber als Ansatzpunkt – wie auch in den früher erörterten Fällen – ist der ästhetische Reiz sehr häufig wirksam. Keineswegs ist er unentbehrlich. Wo er beteiligt ist, ist es so, als ob die Bildekraft der durchgeistigt schaffenden Natur in einer Individualität das Verlangen auslöste, weiter an dem noch naturhaften Geschöpf zu bilden und es behutsam auf die menschlich-geistigen Stufen emporzuführen. Wiederum also haben wir eine Ansatzstelle für pädagogische Berufsneigung gefunden; mehr nicht!

Wer von dieser Seite herkommt, bringt vielleicht eine Gabe mit, die für alle Jugendstufen pädagogisch fruchtbar wird und kaum irgendwo ganz erläßlich ist: das *Mit*spielenkönnen. Die Linie erstreckt sich von den frühesten Glieder- und Sinnesspielen bis zu dem verstehenden Teilnehmen an der Phantasiewelt der Adoleszenz. Schiller hat mit seinen Gedanken einer ästhetischen Propädeutik für die Ernstwelt eine große Tiefe aufgegraben. Daß die Welt des aufrichtigen Scheines für den Menschen sogar die höhere Welt als die Realität bedeute, ist im Dichtermunde begreiflich, aber doch mit einer ethischen Problematik verflochten, die hier nicht durchdacht werden kann. Eine wichtige Durchgangsstufe der Bildung ist das Dichterische gewiß.

Wie es mit dem ästhetischen Reiz der einzelnen Jugendstufen steht, kann ebenfalls nicht näher verfolgt werden. Bleibt dieser Reiz bei einem einzelnen Satz der Jugendsymphonie aus, so wird der Umgang monoton. Es fehlen ihm die Flügel. Die innere Empfänglichkeit der Erziehenden ist recht verschieden. Lehrerinnen, die mit dem Kind im Märchenalter gut zurechtkommen, sind oft hilflos gegenüber dem Alter der Volksschuloberstufe. Lehrer, die für heranreifende Jünglinge Organ und Bildungskraft besitzen, empfinden eine Tertia wie den Vorhof der Hölle.[4]

Je länger ich über die Metamorphosen der Jugendzeit nachdenke, um so mehr wird mir eine Entwicklungsphase problematisch, die zunächst als die unkomplizierteste erscheint; das Knabenalter und die Vorpubertät der Mädchen. Auf beiden Seiten drängen sich fast unhumane Züge hervor. Es gehört eine besondere pädagogische Gabe dazu, hinter der rauhen Außenseite das weiche bildsame Element zu spüren, das auch vorhanden ist, aber sich nicht sehen lassen *will.* Daß das Treiben von Max und Moritz jemanden mit Neigung zum Erzieherberuf erfülle, ist nicht gut zu verlangen. Und doch gibt es Naturen, die dafür geeignet sind. Es sind diejenigen, die den Raubrittergeist zu adligem Wesen und den Knappen sogar zum Ordensritter veredeln können. Aber diese geheimnisvolle Kunst ist schwer erlernbar.

Bisher war nur von den ästhetischen Anziehungskräften die Rede, die als erweckende Vorklänge der Freude am Erziehen wirken können. Was aus dieser ästhetischen Begeisterung herauszuholen ist, lehrt das Gemälde der griechischen Jugendwelt, das Platos genialer Blick festzuhalten vermocht hat. Aber es ist doch nur Rahmen für die eine Gestalt in diesem Kreise, die das Echt-Erzieherische entfaltet. Und das ist sehr viel mehr als das bloß Ästhetische. Sokrates erweist sich als hochbegabter *Mit*spieler der Jugend in dieser Sphäre. Sie dient aber doch nur zum *Vor*spiel. Das Kernhaft-Ethische muß von dieser Hülle befreit werden. Der pädagogische Eros ist selbst in der platonischen Deutung noch ein Irrlicht. Erst wenn der Erzieher begriffen hat, daß er auf die ethische Substanz einer jugendlichen Seele zu wirken hat, begreift er auch den Ernst der pädagogischen Aufgabe, die im Religiösen wurzelt, und zwar nicht in der Kultstätte des Eros.

Die jugendliche Phantasie ergreift zunächst im Spiel den Glanz einer höheren Wertwelt, den Abglanz der echten Wesenswelt. Der junge Plato hat anfangs nur den Kunstgriff seines Meisters nachgeahmt. Vom ›Gorgias‹ an geht ihm der tiefe, fast tragische Ernst dieses Mannes auf. Auch die jun-

---

[4] Man vergleiche: Ernst Goldbecks, Wonne am Knabenalter, und die Novelle von Ernst Wiechert, Der Todeskandidat. München 1934.

gen Erzieher unsrer Tage müssen verschiedene Stufen der Weihen durchmachen. »Der Zauber der Jugend« ist es, was anlockt. Die Erhebung zum vollen ethischen Verantwortungsbewußtsein ist mit harten Erfahrungen verbunden.

Soviel bleibt wahr: wer gar nicht fähig ist, das Jugendliche zu lieben, der bleibe besser fern von der pädagogischen Provinz. Aber je mehr er lernt, was es heißt, junge Menschen emporzuläutern, um so mehr muß er auch seine Liebe emporläutern, bis zu jener Höhe, auf der sie sich als einen Strahl vom amor Dei begreift. Vergeht doch auch der Zauber der Jugend im Wandel der Zeit. Es gilt, ihn durch die Ahnung des Ewigen zu ersetzen, das durch die erscheinenden Hüllen dieser Welt hindurchleuchtet.[5]

V

Äußere Gegebenheiten und Gelegenheiten können persönliche Schicksale tiefgreifend beeinflussen. Für die Welt der Freiheit ist wohl wichtiger, was aus dem Innern des Menschen aufsteigt und was er vermöge innerer Kraft aus jenen Einflüssen macht. Daimon ist entscheidender als Tyche, würde der Gedanke in Goetheschen Symbolen lauten.

Die vier Quellgebiete des pädagogischen Berufswunsches, die bisher erörtert worden sind, stammen vorzugsweise aus Objektivitäten: Schulerlebnisse, Ergriffenwerden von überpersönlichen Gehalten, Unbehagen an der Kultur, Bezauberung durch die Jugend. Ob nun ein solcher Wunsch auch ganz von innen kommen kann, scheint zweifelhaft. Denn Erziehen heißt, auf andere Menschen wirken, und die Leitbilder dazu stammen aus der objektiven Kultur und ihren Aufgaben.

Sind sie wirklich ganz und gar aus der gegebenen Kulturlage abzuleiten? Man darf antworten: Ja, soweit es sich um das Erdgeborene handelt; nein, soweit es sich um die letzte Sinngebung handelt. Kants These bleibt wahr, daß keine ethische Norm aus der Erfahrung abgelesen werden kann. Sie ist apriorischer Herkunft, das heißt, sie hat Ursprung und Legitimation im Innern des persönlichen Geistes. Urbilder wandern nicht in die Seele hinein; sie werden in ihr selbst geboren, und die »Wandelbilder« draußen werden an ihnen gemessen, nicht an anderem bloß Vorfindbarem.

Was hier festzustellen ist, hat geringe Aussicht, von der jungen Generation einer sehr laut gewordenen Kultur leicht verstanden zu werden. Urfaktoren des geistigen Lebens werden aber nicht dadurch aus der Welt geschafft, daß dieser und jener nicht das Organ in sich hat, um ihrer ansichtig

[5] Vgl. den Abschnitt ›Die pädagogische Liebe‹ in: Der geborene Erzieher. S. 80–106.

zu werden. Sie beharren, auch wenn die Sicht auf sie verdeckt ist. In diesem Sinne darf behauptet werden: alle Idealsetzung kommt aus den Tiefen der geistfähigen Seele, und wenn sie aus ihr nicht mehr geboren würde, dann könnte sie kein Genius künstlich hervorrufen. Manchen Naturen mag das gleichgültig sein. Man ertappt sie jedoch beim Kultus von Pseudoidealen; ohne diese könnten sie nicht leben. Es wäre eine fruchtbare Aufgabe, den Idolen einmal ihre Hülle abzustreifen, um zu sehen, welche im Grunde metaphysischen Ideen sich dahinter verbergen. Die moderne Tiefenpsychologie geht überwiegend den umgekehrten Weg. Ist es aber nicht mit Händen greifbar – um nur ein Beispiel zu nennen –, daß der Geschwindigkeitsrausch unsrer Tage nur ein Versuch mit untauglichen Mitteln ist, die Gefängnismauern Raum und Zeit, in die wir gebannt sind, überhaupt zu stürzen? Nur geht man dabei, mit Hegel zu reden, den Weg der schlechten Unendlichkeit, statt in die Tiefe des Hier und Jetzt hinabzusteigen.[6]

In der Provinz geheimer Berufswünsche, von der wir hier reden, ereignet sich immer wieder folgendes: die ihrer Aufgabe ernsthaft bewußten Erzieher stimmen in dem Satz überein: Erziehung sei durchweg nur Hilfe und Vorstufe für Selbsterziehung. In dem Maß, in dem der Werdende *selbst* die Bildung seines Charakters, seines Wissens, seiner Lebensführung in die Hand nimmt, kann sich die Fremderziehung zur Ruhe setzen. Der Gedanke wäre unvollständig, ja sinnlos, wenn man nicht annehmen dürfte, daß das soeben apostrophierte Selbst in sich Kräfte enthält, die über die bloße Reproduktion von außen übernommener Leitbilder hinaustragen. Oder soll Selbsterziehung bedeuten, daß man mit dem Vorrat an moralischen Grundsätzen und fundamentalen Einsichten, die man bis zur Reifeprüfung *empfangen* hat, fortan auf eigene Verantwortung und Gefahr weiterwirtschaften soll? Was wäre das für eine dürftige Selbstverantwortung! Also muß wohl das endlich zu sich selbst erwachte »Selbst« das Entscheidende aus seinem eigenen Innern hervorholen können. Dieses geistgeborene Subjekt ist mehr als das punkthafte Ich, das bei allen unsren Erlebnissen nur »dabei ist«. Das Urbild erhöhten Menschentums kann nicht aus Beobachtungen der Welt, wie sie ist, gewonnen werden.

Es gibt eine Menschenart, bei der die innere Kraft, ein Idealbild des eigenen Selbst zu entwerfen, besonders stark aufflammt, sobald man in das Alter der Adoleszenz gelangt ist. Die Grundlage scheint eine mystische Einstellung zu bilden, die im europäischen Mittelalter und im fernen Osten nicht selten ist: die Mystik der inneren Selbsterfahrung. Diese »Einsamen«

---

[6] Vgl. Eduard Spranger, Schlechte und wahre Unendlichkeit. In: Max Picard zum siebzigsten Geburtstag. Hrsg. v. Wilhelm Hausenstein u. Benno Reifenberg. Erlenbach-Zürich 1958. S. 7–12.

können nur dann eine Wirkung nach außen hin entfalten, wenn sie zugleich planmäßig an ihrem Selbst arbeiten. Dazu gehört dann freilich eine ständige Auseinandersetzung mit dem Stoff der Welt im weitesten Sinne. Das Ziel dabei ist jene Weltüberlegenheit, die die alten Stoiker als Autarkie und Ataraxie bezeichnet haben, aber auch jene Weltüberwindung, wie sie der transzendent gerichtete christliche Glaube ausdeutet.

Was aber die andere Seite betrifft, den Stoff der Welt, das Nicht-Ichhafte, so kann dies Material in jungen Jahren natürlich noch nicht aus gehäufter und mühsam verarbeiteter Erfahrung gewonnen sein. Bei jenen mystisch veranlagten Naturen gibt es eine vorwegnehmende Einbildungskraft – Jean Paul hat sie gut als »Vorbildungskraft« bezeichnet – die apriori eine Ahnung von den die Welt durchwaltenden Lebens- und Geistesstrukturen besitzt. Ihre Gesetzlichkeit wird antezipiert. Sie liegen gleichsam im Seelengrunde schon bereit und treten heller hervor, sobald sich Bilder solcher Art von außen herzudrängen.[7] Ihre gesetzlichen Verbindungen sind im voraus verstehbar. Diese der Seele eingeborenen Ahnungen treten schon im täglichen Leben zutage. Man weiß einigermaßen, wie man sich in »normalen« Situationen verhalten würde, die man selbst noch nicht erlebt hat, und wie andre sich in *ihren* Situationen verhalten würden. Darauf beruht aller geregelte Verkehr. Beim Dichter steigert sich diese Gabe bis zur Genialität. Er schöpft mehr aus seinem Innern, als ihm sein begrenzter Erfahrungskreis liefern kann. Die Tiefen der Einbildungskraft, aus denen er schöpft, bleiben ihm selbst dabei halb unbewußt.

Der hier gemeinte Geistestypus, der mit so wenigen Strichen nur schwer zu umreißen ist, zeichnet sich durch eine erhöhte Gabe des Verstehens aus. Er lebt in dem Gefühl eines universalen Mitschwingens. Die alte Konzeption von der Spiegelung des Makrokosmos im Mikrokosmos hat in ihm wohl ihre Ursprungsstelle, ebenso wie die weitwirkende Idee einer universalen Sympathie des Universums. Modern würde man von einer besonderen psychologischen Befähigung sprechen. Es kann nun aber auch eine *pädagogische* Tendenz hinzutreten, dann nämlich, wenn eine Individualität von solchen Grundlagen aus den Drang verspürt, in anderen dem geheimnisvollen Seelengrund heraus- und emporzuhelfen. Der Weg der Menschwerdung muß ja dann in der Bewußtmachung derjenigen »reinen« Formen bestehen, die gleichsam als göttliche Mitgift, als ahnungsvolle Kräfte dem Menschen »eingebildet« sind. Das Wort von Pindar »Werde, der du bist« wird meistens in dieser Richtung gedeutet. Er selbst hat es frei-

[7] Vgl. Die Ursprünge dieser Einsicht bei Platon in der Darstellung von Nicolai Hartmann, Die Probleme des Apriorismus in der platonischen Philosophie. In: Sitzungsber. der Preuss. Akad. der Wiss. Phil.-hist. Kl. Jg. 1935. S. 223–260.

lich anders verstanden. Auch das andre Wort »Rein bleiben und reif werden« paßt hierher. »Verwirkliche unentstellt deine wesenhaften Anlagen« würde die imperativische Form lauten. Der pädagogische Drang selbst aber hätte seine Wurzel in einem Gefühl der Seelenverwandtschaft und des tiefliegenden »Sichverstehens in Gott«. Besondere Beachtung verdient bei diesem pädagogischen Typus der Augenblick, in dem der Wille zur Selbstbildung wieder nach außen schlägt und sich in der Richtung auf die Menschenbildung anderer betätigt. Ein starkes Organ gerade für das, was in *jungen* Seelen »schlummert«, gehört zum Gesamtgefüge.

Es bedarf großer Aufmerksamkeit, um diese Seelenstruktur bei Erziehern unserer modernen Welt noch wiederzuerkennen. Denn das Zentrum solcher inneren Dynamik liegt ganz im Verschwiegenen. Man kann auch voraussehen,daß Zusammenstöße mit der Welt der Tatsachen draußen nicht ausbleiben werden. Wieder ein Quell tragischer Erlebnisse des angehenden Erziehers! Aber das Urphänomen tritt noch heute auf, wenn auch seltener und von seinen Trägern selbst nur fragmentarisch verstanden.

Immer wieder hat es Zeiten gegeben und werden Zeiten kommen, die das Ideal der Selbstbildung an die Spitze menschlicher Anliegen stellen. Die Renaissance schon ist eine Fundgrube von Beispielen. Den leichtesten Zugang gewährt die sogenannte »Goethezeit«. Herder erfüllt sich mit der Gestaltenfülle der Nationen und berauscht sich an diesem flutenden Meer, in dem sich die Gottheit badet. Im Roman gelangt Wilhelm Meister kraft der idealen Welt, die in ihm vorgebildet ist, zu einem gesunden Kontakt mit der Realität. Bei Wilhelm von Humboldt bleibt ein hohes Maß von Selbstgenügsamkeit und Selbstgenuß. Eigentlicher Pädagog, der anderen *helfen* will, ist er kaum gewesen. Dieser Mann der intensivsten Selbstbildung gerät nachher hinaus in die Politik. Das ist das Besondere des eigenartigen Geistes, der das Fundament für das deutsche Bildungswesen des 19. Jahrhunderts gelegt hat.

Fast einen reinen Fall für die eben geschilderte Geistesart bietet Friedrich Fröbels Weg zum Erziehertum dar. Man lese daraufhin aufmerksam besonders seinen Bekenntnisbrief, den er vom 26. März bis 11. April 1807, also in seinem 25. Lebensjahr, an seinen älteren Bruder geschrieben hat. Den Grundakkord bedeutet der oft wiederholte Gedanke: »Mir ist nichts gegeben worden« – nicht einmal die mütterliche Liebe. So hat er alles aus sich selbst entwickeln müssen. Er tat es – auf dem Lande lebend – in ständigem Umgang mit der Natur. Er lernte, die Verwandtschaft ihrer Gebilde mit den Gestalten seines Inneren zu fühlen. Dabei war das Mathematische, vor allem der geometrische Sinn, der Formensinn, in ihm sehr stark. Der Selbstbildung und Selbstvervollkommnung hingegeben, empfand er es anfangs als Mangel, daß er nicht wußte, *wie* er lernen sollte. Diese Lücke hat er langsam ausgefüllt. Aber er legte um sich und die Welt draußen einen mystischen Ring. Das Denken nach dem Schema: »Der Mikrokosmos spiegelt den Makrokosmos« bleibt ihm zeitlebens eigen.

Das alles hätte wohl einen Selbstbildner, aber noch keinen Erzieher aus ihm gemacht. Das Schicksal gab ihm zwei Anstöße von außen. Es führte ihn zunächst als Lehrer in die Musterschule von Gruner. Tiefer von innen kam der Anstoß, den ihm die hilfesuchende »Mutter«, Frau von Holzhausen, gab. »Von diesem Augenblick *bestimmte* ich mein künftiges Leben ganz der *Erziehung;* denn ich war überzeugt und fühlte, daß mir nur ein *der Erziehung gewidmetes Leben das längst geahnte* und so sehnlichst gewünschte *höchste Leben* in mir und außer mir in der Welt bereiten könne, *jenes Leben,* welches als dunkle Ahnung der Maßstab meiner *allerersten* Wahl war, also ganz *jenes Leben,* welches ich als ein auf dem Lande Lebender in mir zu leben gedachte.«

Das Landleben ersetzt die Zelle des in sich selbst hinablauschenden einsamen Mystikers. Der Feldmesser, Landwirt, Naturdeuter verwandelt sich in den Pädagogen, in dem die Idee des Kindergartens schlummerte.

Das Ahnen von Möglichkeiten in der Kindesseele, das Gefühl eignen Empordrängens verbinden sich und rufen in einem ernsten Geistesträger wohl den Wunsch hervor, das Werk der Menschenbildung zum Mittelpunkt des eigenen Wirkens zu machen. Die Arbeit an sich selbst begleitet dabei ständig die Arbeit an den jungen Seelen. Das Grundpathos bewahrt etwas Metaphysisches. Aber auch in einer Epoche, die vom Metaphysischen nichts mehr »wissen« will, weil es ihr nur in unzulänglichen Theoremen bekanntgemacht worden ist, während es doch eine Kraft ist, die das Leben trägt – auch in einer solchen Epoche tritt die Geistesart noch auf, die den Abschluß unserer Reihe bilden soll. Sie kann bis tief in die realen Notwendigkeiten einer vorwiegend wirtschaftlich-technisch gerichteten Gesellschaft hineinwirken. Ihre große Überlegenheit liegt darin, daß sie ihre Kräfte nicht in der Pflege solcher unleugbaren Notwendigkeiten erschöpfen wird, sondern immer dem tragenden Grund nahe bleibt, aus dem heraus es sich erst rechtfertigt, daß der Mensch sein Leben zu erhalten und zu kultivieren bestrebt ist.

Zu den Texten

Vorbemerkung: Folgende Abkürzungen wurden verwendet: Briefwechsel = Georg Kerschensteiner, Eduard Spranger: Briefwechsel 1912–1931. Hrsg. v. Ludwig Englert. München–Wien–Stuttgart 1966. 372 S. – EM = Ludwig Englert u. Siegfried Mursch: Bibliographie Eduard Spranger 1957–1962. In: Pädagogische Rundschau. Jg. 16. 1962. S. 630–644 (auch Sonderdruck). – KF = Korrekturfahnen. – K.H. = Käthe Hadlich. – Ms. = Manuskript und Manuskripte. – N = Theodor Neu: Bibliographie Eduard Spranger. Tübingen. 1958. 117 S. – o. D. = ohne Datum. – o. T. = ohne Titel. – Ts. = Typoskript und Typoskripte. – UB = Umbruchbogen.

Allgemeinbildung und Berufsschule (1920)

Diesem Text liegt der Vortrag zugrunde, den Spranger in der Pfingstwoche am 27. 5. 1920 auf dem XIII. Deutschen Fortbildungsschultag in Dresden gehalten hat (vgl. an K.H. v. 29. 5. 20).

Im Nachlaß befindet sich das Vortrags-Ms Sprangers, 32 von ihm paginierte Bl. DIN A 6, unter dem Titel: Fortbildungsschulrede 1920. Die Zusammenfassung ist in 6 Thesen formuliert, von denen im Druck nur These I mit drei Unterpunkten erscheint. Die übrigen lauten im Vortrags-Ms.:

II. Bei den Vollberufsschulen sind Einrichtungen zu treffen, die eine möglichst nahe Anschauung der Berufswirklichkeit vermitteln.

III. Bei den Pflichtberufsschulen ist die enge Zusammenarbeit mit den beteiligten Wirtschaftsgruppen zu bewahren und reicher auszubauen.

IV. Die Berufsschulen sind die Erziehungsgrundlage für das zu erstrebende Berufsständische Parlament.

V. Das Verständnis für die Kulturbedeutung und die eigenartige Leistung anderer Berufsgruppen zu wecken, ist eine der Hauptaufgaben der Allgemeinbildung in den Berufsschulen.

VI. In letzter Hinsicht hat die Berufsschule den *Beruf als das wesentliche Mittel zur Menschwerdung* darzustellen.

Der Vortrag Sprangers wurde in wesentlich überarbeiteter Form veröffentlicht (N 144). Im Nachlaß sind drei Exemplare vorhanden, einer ohne Eintragungen, einer mit undatierter Widmung, einer mit Strichen am Rande und der Korrektur »Kunstbildung« in »Kraftbildung« (S. 315).

Zum Problemkreis der Berufserziehung gehören in diesem Band die Stücke S. 200–209 (N 578), 210–222 (N 631), S. 324–345 (EM 793), S. 393–405 (EM 843). Weitere wichtige Veröffentlichungen Sprangers zur Berufsschule s. N 64, 118 (Bd. I. S. 7–19), 182, 340, 425, 614.

In seinen Briefen hat Spranger sehr oft Fragen der Berufserziehung behandelt. Besonders aufschlußreich sind seine umfangreichen Briefwechsel mit Abraham, Blättner, Linke und Jeangros. Unveröffentlicht ist bis jetzt sein Grußwort zur Einweihung der Eduard-Spranger-Berufsschule in Gelsenkirchen-Buer mit dem Bekenntnis: »Ich liebe die Berufsschule; denn sie ist die blühendste pädagogische Provinz, die die Deutschen im 20. Jahrhundert angebaut haben.« Vgl. auch den Brief Sprangers an das Stadtamt Gelsenkirchen-Buer v. 18. 6. 57.

Gedanken über Lehrerbildung (1920)

Die Gedanken über Lehrerbildung erschienen gleichlautend in drei Auflagen 1920, 1929 und 1930 (N 143, 268, 289). Ein Neudruck erschien in: Die Pädagogischen Hochschulen. Hrsg. v. H. Kittel. Weinheim 1965. S. 16–65, eine japanische Übersetzung 1959 (EM 805). Vgl. dazu Spranger an Yokomizo am 14. 1. 58.

Die 1. Aufl. dieser Schrift weist das Erscheinungsjahr 1920 aus. Am Ende ist S. 71 vermerkt: »(Abgeschlossen am 12. November 1919)«, das Vorwort ist vom 15. 11. 1919 datiert, die ersten Exemplare wurden von Spranger, wie die Widmungen zeigen, bereits vor Weihnachten 1919 verschickt. Schon am 10. 12. 19 konnte er an K. H. berichten: »Schrift übt vor Erscheinen starke Wirkung. Götze entzückt, ebenso der Führer der Seminarlehrer. Wann wird sie erscheinen?«

Im Nachlaß findet sich kein Ms., nur zwei Exemplare mit handschriftlichen Widmungen Sprangers, ohne Korrekturen oder Bemerkungen.

In den frühesten Schriften Sprangers wird das Problem der Lehrerbildung nur gelegentlich, überwiegend in historischen Zusammenhängen, gestreift. Im Nachlaß befindet sich ein vollausgearbeitetes (Ms., 10 Bl. DIN A 5, zur ersten Stunde aus der Vorlesung, die Spranger im SS 1912 an der Universität Leipzig über: Pädagogische Theorien und Erziehungswesen im 19. Jh. (Pädagogik II. Teil) gehalten hat. Er kommt darin auf die Frage einer praktisch-pädagogischen Vorbildung der Lehrer schon auf der Universität zu sprechen. Wenn damit auch die zukünftigen Lehrer an höheren Schulen gemeint sind, so sind seine folgenden Ausführungen auch für die Ausbildung der Volksschullehrer von großer Bedeutung. Denn er fährt fort:

»Die wichtigste Konsequenz dieser Forderung wäre die Angliederung einer Übungsschule an die Universität, wie sie in Leipzig als Privatunternehmen tatsächlich bestanden hat und in Jena heute noch existiert. Sofern das Schwergewicht des pädagogischen Studiums auf diese Seite gelegt würde, würde diese Einrichtung die ganze Anlage des akademischen Betriebes, wie sie heute ist, durchbrechen.« Spranger verweist auf die übliche Trennung zwischen der praktischen und der theoretischen Ausbildung an der Universität und sieht in der Einrichtung von Übungsschulen (als sinnfälligstem Ausdruck der *praktischen* Pädagogik) eine gefährliche Konsequenz für den Lehrerstand. Es könnte der Eindruck entstehen, »als ob Erziehung und Unterricht wie eine Technik gelehrt werden könnten, als ob der Professor der Pädagogik derjenige sei, bei dem man dieses Handwerk lernen könnte, und vor allem, als ob es *eine* alleinseligmachende Methode gebe, die man gelernt haben müsse. Diese Aufassung ist in der Tat gefährlich, weil sie die hohe Auffassung vom Wesen des Erziehertums herabsetzt und es zu einem Handwerkertum herabwürdigt.«

Diese Gedanken haben auch Sprangers Stellung zum Problem der Volksschullehrerbildung an der Universität bestimmt; er hat sie von Anfang an abgelehnt, obwohl die Universitätsbildung der Volksschullehrer seit 1848, vor allem von den Standesorganisationen, leidenschaftlich und besonders im Verlauf des 1. Weltkrieges zunehmend gefordert wurde.

Ganz deutlich wurde Sprangers Einstellung zur Lehrerbildung, als 1915 seine Berufung nach Hamburg, wiederum als Nachfolger Meumanns, der am 26. 4. 1915 gestorben war, erwogen wurde. Er schreibt darüber an K. H. am 12. 5. 15: »Die Hamburger Lehrerschaft nimmt mich für die Nachfolge in Aussicht, wenn ich mich auf zwei parteipolitische Gesichtspunkte festlege.« Im Brief vom 18. 5. an die gleiche Adressatin werden diese genannt: (1) die Einheitsschule (2) das *allgemeine* Universitätsstudium *aller* Volksschullehrer. Spranger bemerkt dazu: »Ich habe *ganz scharf* erklärt, daß das gegen das Recht der freien Wissenschaft ginge.«

Zum zweiten Mal wurde das Problem der Lehrerbildung im Leben Sprangers akut, als er 1917 in eine engere Beziehung zum Preußischen Kultusministerium kam, mit dem er auch nach seiner Berufung nach Leipzig dauernd in Verbindung gewesen war. Man bedauerte dort offenbar seinen Weggang von Berlin und hatte schon 1912 seine Rückberufung in Erwägung gezogen. Am 21. 10. 1912 hatte er bereits an K. H. berichtet, der Dezernent im Preußischen Kultusministerium Ludwig Hermann Elster habe geäußert: »Wenn wir ihn doch hier behalten hätten!« Und in der Karte v. 29. 4. 1915 heißt es: »In Preußen bin ich plötzlich persona gratissima. Der Minister wünscht ein ausführliches Gutachten von mir über die neue Prüfungsordnung.« Diese Denkschrift »Bemerkungen zu dem Entwurf einer neuen Ordnung für das Lehramt an höheren Schulen« wird auch in den Briefen an K. H. v. 12. 5. und 18. 5. erwähnt und am 6. 6. 1915 von Spranger abgeschickt. Im Nachlaß befindet sich das Ms. dazu: 10 S. Folio mit der eigenhändigen Überschrift: Preußische Denkschrift ca. 7. 6. 1915.

In diesen Wochen wurde im preußischen Ministerium erwogen, Spranger als Nachfolger für Elster zu gewinnen. Am 10. 7. 1915 fand die entscheidende Besprechung in Berlin statt, über die Spranger am gleichen Tage an K. H. berichtet: »Alea est jacta. Eduard Spranger bleibt in Leipzig!« Dann folgt eine ausführliche Schilderung des Empfangs beim Minister. Nach Sprangers Absage wurde nach dem Brief an K. H. v. 31. 5. 1916 die Stelle »mit dem 40jährigen Professor der orientalischen Philologie Becker in Bonn [besetzt]«, der später als preußischer Kultusminister mit Spranger bei der Errichtung der Pädagogischen Akademien zusammenwirkte.

Der Hauptgesprächspartner Sprangers in der folgenden Zeit scheint aber der damalige Ministerialdirektor und seit 6. 8. 1917 Preußische Kultusminister Schmidt (später Schmidt-Ott) gewesen zu sein, dem er bis zu dessen Tode 1956 in Freundschaft verbunden geblieben ist.

1917 hat Spranger für das Preußische Kultusministerium drei später veröffentlichte Ausarbeitungen geliefert (N 106, 108, 117). Ihnen folgte im Herbst 1918 die Denkschrift über die Umgestaltung der Volksschullehrer-Seminare; nur auf ihre Vorgeschichte soll hier näher eingegangen werden. Sie hängt mit dem erneuten Plan, Spranger in das Preußische Kultusministerium zu berufen, engstens zusammen.

Am 27. 12. 1917 hatte Spranger eine Unterredung mit Minister Schmidt, der ihn fragte, ob er bereit wäre, als Vortragender Rat in sein Ministerium einzutreten. Spranger bat sich eine Bedenkzeit aus. Über die Verhandlungen mit dem Minister berichtete er ausführlich in dem Brief v. 30. 12. 1917 an Kerschensteiner (Briefwechsel S. 115–116), dessen Rat er für seine Entscheidung erbat. (»Ihre Stimme in dieser Angelegenheit wird für mich geradezu ein Orakel sein.«) In der gleichen Angelegenheit wandte er sich auch an Karl Muthesius und seinen alten Lehrer Siegfried Borchardt, an den er am 31. 12. 1917 schrieb: »Im Augenblick stehe ich, wie bei Wien [wo Berufungsverhandlungen schwebten], wieder vor einer schwierigen Entscheidung: Ich bin aufgefordert, als Vortragender Rat in das Ministerium einzutreten und gleichzeitig als ordtl. Honorarprofessor an der Berliner Universität zu wirken. Mein δαιμόνιον rät ab. Da ich aber seit meinen Kinderjahren gewöhnt bin, keine wichtige Entscheidung ohne Ihren Rat zu treffen, so wäre ich Ihnen dankbar, wenn Sie Zeit finden, mir mit einem kurzen Wort Ihre Ansicht zu sagen.« Am 12. 1. 1918 übersandte er die drei Antwortschreiben (das von Kerschensteiner stammt vom 3. 1. 1918, Briefwechsel S. 116–118) zur Kenntnisnahme an Käthe Hadlich.

Am 9. 1. 1918 antwortete Spranger dem Minister mit einer Absage. Dieser Brief ist von höchster biographischer Bedeutung, weil Spranger darin einen ungewöhnlichen Einblick in seine Lebenspläne gibt; im Brief an K. H. v. 12. 1. 18 spricht er geradezu von einem »Selbstporträt«. Im vorliegenden Zusammenhang sei hier nur ein kurzer Abschnitt herausgehoben:

> »Mein organisatorisches Hauptinteresse gehört der *Volksschule* und den *Lehrerseminaren*, weil dort die größten Kulturprobleme und die fühlbarsten politischen Schwierigkeiten liegen. Die Beschränkung auf die höheren Schulen würde meiner laienhaften, aber geradezu zentralen Überzeugung von der dringenden Notwendigkeit des organischen Zusammenhanges zwischen UI, UII und UIII widersprechen, den einzigen festen Leitsatz, den ich vielleicht heute schon mitbrächte. Im übrigen aber sage ich mir selbst, daß die Gedanken im Kopfe des Philosophieprofessors leicht beieinander wohnen, im Ministerium aber die Sachen sich hart stoßen.«

Im gleichen Brief erklärt Spranger später seine Bereitschaft, für das Ministerium zu arbeiten, und er bittet, dies als Akademiker durch Gutachten, Denkschriften und Organisationsentwürfe tun zu dürfen. Der Minister antwortete auf die Absage Sprangers sehr freundlich und herzlich und äußerte die Hoffnung, daß er sich seiner Berufung nach Preußen nicht widersetzen würde (an K. H. am 26. 1. 1918).

Im Laufe des Frühjahrs machte er dreimal einen Besuch im Ministerium: am 22. 2., 4. und 6. 3. 1918. Den Besuch am 22. 2. – ein Gespräch mit Becker – erwähnt Spranger im Brief an K. H. v. 23. 2., über seinen Besuch beim Minister am 4. 3. berichtet er ausführlicher am 6. 3. 1918. Bei dieser Unterredung kam auch die Volksschullehrerbildung zur Sprache, was Spranger Veranlassung gab, sich von da an eingehender hiermit zu beschäftigen. Am 11. 6. 1918 schreibt er an K. H.: »Gewisse Vorgänge bringen mich dazu, den Vorstoß auf Reform der Lehrerbildung in Preußen vielleicht schon bald zu unternehmen. Dazu bedarf es jedoch noch einiger Studien.« In dieser Äußerung dürfte wohl die erste Andeutung über seine Denkschrift die Reform der Volksschullehrer-Seminare betreffend zu sehen sein.

Spranger verwirklichte seine Pläne während seines Urlaubs, den er vom 1.–22. 9. 1918 in Partenkirchen verbrachte. Schon in den ersten Tagen fragte Minister Schmidt bei ihm an, ob er nicht im September auf ein paar Tage nach Berlin kommen könne; er käme ohne seinen Rat nicht vom Fleck (an K. H. am 5. 9. 1918). Im Nachlaß ist der mit Bleistift geschriebene Entwurf der Antwort Sprangers vom 3. 9. 1918 vorhanden. Er bat, nach seiner Rückkehr in den letzten Septembertagen kommen zu dürfen und schreibt dann: »Meinerseits bereite ich für Ew. Excellenz seit längerer Zeit einen prinzipiellen Aufsatz über die Volksschullehrer-Seminare vor, den ich vielleicht mitbringen oder einsenden darf.« Am 17. 9. 1918 berichtet Spranger K. H. den Abschluß und am 22. 9. die Absendung der Lehrerbildungs-Denkschrift. Sie trägt den Titel: Grundsätzliches zur Umgestaltung der Volksschulseminare (dem Minister Dr. Schmidt eingereicht am 19. Sept. 1918). Im Nachlaß befindet sich das eigenhändig geschriebene vollausgearbeitete Ms., mit Titelblatt und 14 S. Folio, mit eigenhändigen Korrekturen, also das im Brief an K. H. am 17. 9. 1918 erwähnte Exemplar, sowie ein nach dem Tode Sprangers angefertigtes Ts 12 Bl. DIN A 4.

Die Unterredung mit dem Minister hat am 28. 9. 1918 in Berlin stattgefunden. Spranger berichtete bereits am 29. 9. 1918 in einem Brief an Kerschensteiner ausführlich über den Inhalt seiner Denkschrift und die Berliner Besprechung (Briefwechsel S. 136). Dieser antwortete am 18. 10. 1918 zustimmend (Briefwechsel S. 139). Vgl. dazu auch die Karte an K. H. v. 30. 9. 1918. Bei den Verhandlungen am 28. 9. 1918 kam auch die Berufung Sprangers nach Preußen erneut zur Sprache.

Während er in den Briefen an K. H. in den folgenden Monaten laufend darüber berichtet (29. 11. 1918, 12. 1., 15. 2., 13. 7., 18. 7., 4., 13., 24. 8. 1919) erfährt man über das weitere Schicksal der Denkschrift über die Volksschullehrer-Bildung aus dieser Quelle ein Jahr lang nichts. Die Verhandlungen darüber erfuhren anscheinend infolge der November-Revolution, die im Preußischen Kultusministerium mehrere Veränderungen mit sich brachte, eine Verzögerung. Erst durch einen Besuch Sprangers am 25. 9. 1919 kamen sie wieder in Gang; am 28. 9. 1919 berichtet er darüber an K. H.: »Die Verhandlungen am Donnerstag im Ministerium haben mich befriedigt.« Der Unterstaatssekretär Becker (»in Wahrheit Minister«) hätte seine Hilfe gegen den Ansturm der Volksschullehrer erbeten; »es handle sich um den Kampf der höheren Bildung.« Wenige Tage später kam es bei drei Sitzungen des Zentralinstituts, die der Vorbereitung der Reichsschulkonferenz dienen sollten, zum Konflikt zwischen beiden Parteien. Spranger schreibt abschließend: »Gesamteindruck: Berlin ist *kein* Glück, sondern eine Pflicht. Keine ›Professur‹, sondern ein politischer Posten.«

Von da an reißen die Berichte über den Fortgang der Arbeit Sprangers an der Lehrerbildung nicht mehr ab. Am 8. 10. 1919 berichtet er an K. H.: »Sonnabendnachmittag [11. 10.] treffe ich mich mit Frischeisen-Köhler und Muthesius in Naumburg zur Beratung der Pädagogischen Akademie, deren fertiger Plan aber heute schon telegraphisch von mir aus Berlin verlangt wurde;» und am 19. 10.: »Gestern früh bin ich nach Berlin gefahren und habe ... wie ich glaube *geschickt* bei einer großen Ausschußsitzung über Lehrerbildung im Zentralinstitut gesprochen.« Vgl. dazu Eduard Spranger: Zur Frage der Lehrerbildung. Ergebnisse des im Zentralinstitut für Erziehung und Unterricht eingesetzten Sonderausschusses (N 152). In der Vorbemerkung werden die Sitzungen am 18. 10. 1919 und 3. 1. 1920 erwähnt. Im Nachlaß 3 Sonderdrucke o. Widmungen u. Eintragungen.

Am 21. 10. spricht er in einem Brief an Werner Jaeger von der Notwendigkeit, »die allgemeine Übernahme sämtlicher Volksschullehrer in die Universität durch etwas anderes zu ersetzen, was der Volksschule wie der Wissenschaft besser dient.« Am 15. 11. waren die »Gedanken über Lehrerbildung« vollendet und wurden zum Druck gegeben.

In einer Sitzung der Erziehungswissenschaftlichen Zentrale des Deutschen Lehrervereins sprach sich Spranger als einziger gegen das Universitätsstudium der Volksschullehrer aus (an K. H. 10. 12. 1919).

Mitte Dezember versandte er die ersten Exemplare, und noch vor Weihnachten kamen die ersten Stellungnahmen. Am 22. 12. schreibt er an K. H.: »Die Wirkung der ›Lehrerbildung‹ scheint gut zu sein. Thiele sagt: Der Sache nach nicht falsch, es sei die Stiftung der Pädagogischen Akademie.« Kerschensteiner war einer der ersten, die zustimmend antworteten. (Brief v. 24. 12. 1919; Briefwechsel S. 161–162)

In der Karte vom 5. 1. 1920 an K. H. sagt Spranger, daß sein Buch der ganzen Angelegenheit einen anderen Kurs gegeben habe. »Aber dafür stehe ich nun auch mitten im Feuer, soll sogar auf der Reichsschulkonferenz (ab 5. 4.) die Sache als Referent vertreten.« Ausführlicher äußert er sich am folgenden Tag in dem Brief an die gleiche Adressatin:

> »Die Pädagogische Akademie wird wohl an den finanziellen Realitäten scheitern, die die Volksschullehrer nicht sehen und ahnen ... Mein Anstandsbesuch bei Becker führte zu sehr wichtigen Auseinandersetzungen, von denen ich Dir berichten muß. Die kleine Schrift, die noch gar nicht ausgegeben ist, erregt ein *fabelhaftes* Aufsehen. Man kann nicht an ihr vorbei. Das trat schon bei den Beratungen am Sonnabend zutage, die ganz unter ihrem Einfluß standen, obwohl einige Teilnehmer sie leider noch nicht

hatten. Die Kommission bestand aus Exzellenz Schmidt, GOR Pallat, Magnifizenz Brandi (Göttingen), Muthesius, Götze, Frischeisen-Köhler (Halle), Baege (Unterstaatssekretär a. D. U.S.P.), Gymnasialdirektor Goldbeck, Stadtschulrat Buchenau und zwei ... Damen. Eigentlich stehe ich mit allen ganz gut. Die Formulierung der Denkschrift wurde sehr zu meinem Ärger wieder mir aufgehalst...

Becker will bekanntlich die Universität mehr ins praktische Leben hinausführen. *Sein* Reformprogramm geht auf Einverleibung der Technik in die Universität. Und *Bildungsaufgaben* will er ihr natürlich auch stärker zuweisen.

In dem (übrigens sehr freundschaftlichen) Gespräch kam mir dies erst klar zum Bewußtsein, und ich sah plötzlich eine große Gefahr. Da habe ich ihm nun zum ersten Mal eine energische Standrede gehalten, die anscheinend stark auf ihn gewirkt hat. Zweierlei habe ich ihm mit erhobener Stimme gesagt: (1) Wenn Sie glauben, das Problem der Volksschule und der Volksschullehrerbildung als einen Anhang zur Universitätsreform mit abmachen zu können, dann unterschätzen Sie die Bedeutung und die Eigenart des Gebietes. (2) Ich habe in die verfahrene Bewegung eine neue Devise hineingeworfen. Sie haben in den nächsten zwei Monaten die Möglichkeit, die Bewegung umzustellen. Wenn Sie davon keinen Gebrauch machen, so kommt sie *nie* wieder. Die Folge wird sein: Verfall der Universität *und* der Volksschule. Die gleichen Gedanken habe ich ihm heute noch einmal in einem 8 Seiten langen Brief auseinandergesetzt. Darin habe ich zugleich angedeutet, daß ich im Fall der Einrichtung einer Pädagogischen Fakultät mein akademisches Amt niederlegen würde. Er erzählte mir ganz offen, der radikale Geheimrat Karstädt, in dieser Sache mein Hauptgegner, habe ihn schon zu einem *offenen Brief* gegen mich bewegen wollen. Du siehst also: der *Kampf* fängt an. Ich bin nicht sehr optimistisch. Die Oberlehrer und die deutschen Seminarlehrer habe ich auf meiner Seite, *die Universitäten leider nur zum Teil*...

Ich habe Dir dies geschrieben, damit Du im Zusammenhang bist und Dich nicht wunderst, wenn der Name Eduard Spranger 1920 wie niemals früher durch den Schmutz gezogen wird. Man muß lernen, dies als ehrenvoll zu empfinden.«

In zahlreichen Briefen an verschiedene Empfänger ist im Jahre 1920 dieser Kampf das Hauptthema, so daß es möglich ist, sich über alle Einzelheiten zu informieren. Die Diskussion über Lehrerbildung erreicht 1920 zwei Höhepunkte: Ende Januar erschien die Gegenschrift von Kühnel unter dem gleichen Titel: Gedanken über Lehrerbildung (vgl. an K. H. v. 24. 1., 4., 13., 19., 27. 2. 1920 und an einen unbekannten sächsischen Lehrer v. 1. 3. 1920). Im Juni tagte die Reichsschulkonferenz. Vgl. dazu N 146, 159, 160, vor allem aber das bisher unveröffentlichte umfangreiche Ms. Sprangers, 14 Bl. DIN A 6: Meine Beteiligung an der Reichsschulkonferenz 11.–19. Juni 1920. Die Reichsschulkonferenz erwähnt Spranger u. a. in den Briefen an Biermann v. 30. 10. 1919, an Jaeger v. 2. 4. 1920, an K. H. v. 29. 5., an Holzhausen am 3. 8. 1920 und an Klose v. 16. 11. 1948.

Die Gedanken über Lehrerbildung haben – obwohl sie nur zwei weitere Auflagen erfahren haben – neben den Lebensformen und der Psychologie des Jugendalters die nachhaltigste Wirkung von allen Veröffentlichungen Sprangers gehabt. Sie haben den Aufbau der Pädagogischen Akademien in Preußen in den zwanziger Jahren mitbestimmt, wenn ihre Entwicklung auch stärker durch Becker als durch Spranger beeinflußt worden ist. Zunächst waren die Beziehungen zwischen den beiden Männern sehr wechselvoll; später geriet Spranger zunehmend in Gegensatz zu Becker. Der Briefwechsel mit K. H. gibt darüber an sehr zahlreichen Stellen Auskunft, vor allem aber Sprangers Briefe an den Biographen Beckers, Staatssekretär a. D. Wende v. 27. 3. u. 5. 8. 1954. In einem Brief an K. H. v. 21. 12. 1921 bemerkt Spranger, daß er eine Denkschrift über die Pädagogische Akademie geschrieben habe, für die Unterlagen im Spranger-Nachlaß bisher nicht gefunden werden konnten.

Es ist klar, daß seine Gedanken über Lehrerbildung in der Zeit zwischen 1933 und 1945, als man ganz andere Wege in der Lehrerbildung einschlug, in den Hintergrund gerieten. Er spricht in seinen Briefen nur selten davon, z. B. an Stellmann am 13. 4. 1940: »Hier macht sich die verfehlte Lehrerbildungspolitik bemerkbar, die seit zwanzig Jahren befolgt worden ist«, und am 18. 12. 1940: »Am meisten Aufsehen erregt wohl die Umstellung der Lehrerbildung. Die ersten Mißgriffe dazu liegen wohl schon zwischen 1920–26.«

Wenn vorher von der ungewöhnlich nachhaltigen Wirkung der Gedanken Sprangers zur Lehrerbildung die Rede war, so stützt dieses Urteil sich vor allem auf den Umstand, daß Spranger – zweifellos als Autor dieser Schrift – nach 1945 als Berater in Fragen der Lehrerbildung von den verschiedensten Seiten herangezogen wurde und daß er ihren Aufbau in verschiedenen Bundesländern beeinflußt hat. Seine 1919 entwickelte Konzeption eigenständiger Pädagogischer Hochschulen blieb wirksam bis in die 60er Jahre. Folgende Briefe zeigen u. a. seinen Kontakt mit einzelnen Bundesländern:

Bayern: an den späteren Landtagsabgeordneten OStD Dr. Schubert v. 6. 3.53:

»Eine völlige Verlegung der Volksschullehrerbildung an die Universitäten würde mir als ein Mißgriff erscheinen. Beide Teile würden dabei um das Wesentliche kommen. Ziel ist es offenbar, eine lose Verbindung zwischen den Pädagogischen Hochschulen und je einer Universität herbeizuführen. Sie sollte aber nicht so eng sein wie in Hamburg.« (Das Bayer. Lehrerbildungsgesetz von 1958 bezeichnet die Pädagogischen Hochschulen als institutionell selbständige Einrichtungen der Landesuniversitäten.)

Bremen: an Prof. Dr. Schwind v. 17. 10. 1949

Hessen: an Kultusminister Arno Hennig v. 15. 7. 1955 (vgl. an K. H. v. 19. 7. 1955)

Niedersachsen: an Prof. Dr. Otto Haase v. 24. 5. 1946

Rheinland-Pfalz: an Kultusminister Finck 1952 (o. D.): »Aber ich muß Sie, hoch verehrter Herr Minister, bitten, meinen Namen in diesem Zusammenhange weder im Landtag noch in der weiteren Öffentlichkeit überhaupt zu nennen. Meine Stellungnahme zu dem gleichen Thema 1919 hat mir eine solche Fülle von Haß und Verleumdung eingebracht, daß mir Jahre dadurch verdorben worden sind. Ich möchte keine Wiederholung dieser Hetze erleben – nicht, weil ich ›Angst‹ hätte, sondern weil ich jetzt Ruhe brauche, um Positives zu tun.«

Südwürttemberg-Hohenzollern: Denkschrift v. 17. 9. 1946 Ms. 3 Bl. 26 × 18 cm, Titel: »Betrifft: Studium für den höheren Volksschuldienst« (dazu an K. H. v. 2. 11. 1946); – an Staatssekretär Binder v. 18. 8. 1947; an K. H. v. 19. 10. 1947; – *Baden-Württemberg:* an Kultusminister Simpfendörfer v. 13. 7., 29. 8. und 22. 9. 1955 mit einem 11seitigen Gutachten: Was heißt »hochschulmäßig«? (Vgl. dazu an K. H. v. 19. 7. und 9. 9. 1955).

In diesen Zusammenhang gehören zwei Ms. Sprangers. (1) eine Ausarbeitung aus dem Jahre (1946) unter dem Titel: Vom neuen Volksschullehrertypus und seiner Ausbildung. Die Veröffentlichung dieser Schrift war ursprünglich für den vorliegenden Band vorgesehen, mußte aber leider aus Raumgründen unterbleiben. Im Nachlaß finden sich ein voll ausgearbeitetes einseitig beschriebenes Ms., 15 Bl. annähernd DIN A 5; dazu 2 Bl. DIN A 5 mit der Überschrift Anhang I: Volksmoral; ein doppelseitig beschriebenes Bl. mit der Überschrift Anhang II: Elemente; 1 Bl. DIN A 5 mit einer schematischen Verteilung des Stoffes nach Stunden; 1 Bl. DIN A 4 mit einer schematischen Verteilung des Stoffes auf vier Jahre. – (2) ein vollausgearbeitetes doppelseitig beschriebenes Ms., 18 von Spranger paginierte Seiten auf 9 Bl. DIN A 5 und ein doppelseitig beschriebenes nicht paginiertes Bl. DIN A 5 mit der Überschrift: Anhang. Dieses Ms. ist das spätere und nimmt anscheinend auf (1) mit folgendem Satz Bezug: »Gegenüber dem 1. Entwurf hat sich nur soviel grundsätzlich verändert, daß ich nun nicht mehr glaube, mit 4 Jahren, auf der erweiterten Volksschule aufgebaut, also vom 17. Lebensjahr an, auskommen zu können.«

Fragen der Lehrerbildung werden nach dem 2. Weltkrieg besonders häufig in Briefen Sprangers berührt, außer den bereits genannten u. a. in folgenden: an Prof. Dr. Schulze v. 3. 10. 1952; – an Prof. Strunz v. 6. 3. 1953; – an Stellmann v. 1. 2. 1955; – an Prof. Ellwein v. 4. 4. 1955; – an Schweikert v. 23. 5. und 26. 7. 1955; – an die Industrie- und Handelskammer Karlsruhe vom 22. 8. 1955; – an die Schriftleitung von Christ und Welt v. 26. 9. 1955; – an Geheeb v. 4. 7. 1956; – an Reble v. 27. 5. 1957; – an Kittel v. 1. 10. 1957; – an Lenk v. 7. 1. 1958; – an Ruth Horn v. 28. 2. 1958; – an Dr. Fritzsche v. 28. 3. 1958; – an Schweikert v. 13. 1. 1959; – an Neukamm v. 13. 1. 1959; – an Brezinka v. 15. 12. 1959. Schon aus der zeitlichen Verteilung dieser Briefe läßt sich der Zusammenhang mit Höhepunkten der Diskussion über die Lehrerbildung in einzelnen Bundesländern erkennen.

Einen Sonderfall bildet der Briefwechsel mit Herrn Pöndl (Gewerkschaft Erziehung und Wissenschaft), und zwar: Pöndl an Spranger v. 29. 6. 1960 und das Gutachten Sprangers v. 30. 7. 1960. Im Nachlaß befinden sich zwei Ms.: ein Entwurf 6 S. DIN A 5 und eine Ausarbeitung 8 S. DIN A 5 (davon die letzten 4 Bl. von Frau Spranger abgeschrieben, datiert z. Z. Lenzkirch, den 30. Juli 1960; ein Ts. 3 Bl. DIN A 4, Abschrift des vorliegenden Ms. mit dem Zusatz: »Herr Prof. Spranger hat den Wunsch geäußert, daß seine Stellungnahme nicht in der Presse erscheint, sondern nur dem Landtag und der Regierung zugänglich gemacht wird. Wir legen deshalb seine Stellungnahme für die Mitglieder des Landtags und der Regierung gesondert bei.« Einen Durchschlag des Gutachtens sandte Spranger auch an OStD Otto Schweikert als Beilage zu seinem Brief v. 30. 7. 1960. Es handelt sich um die Umbenennung der Pädagogischen Institute in Pädagogische Hochschulen und ihre konfessionelle Festlegung.

Die drei Motive der Schulreform (1921)

Die vorliegende Schrift wurde erstmals 1921 in der Monatsschrift für höhere Schulen (N 156) veröffentlicht und in die 2.–4. Aufl. von Kultur und Erziehung

(N 179, 201 u. 254) aufgenommen. Sie ist auch in der japanischen Übersetzung von Kultur und Erziehung (N 717, 742 u. EM 802) enthalten. Die Drucke sind unverändert, nur Anm. 11 wurde in der 4. Aufl. hinzugefügt. Da Spranger die Veranlassung zu dieser Schrift nicht angibt und sie in den Briefen an K. H. nicht erwähnt, müßte ihre Genese noch im einzelnen untersucht werden.

Wahrscheinlich steht sie in Zusammenhang mit der Philologentagung am 21. 4. 1921, die Spranger in dem Brief an K. H. v. 24. 4. 1921 erwähnt; am 7. 8. spricht er von zwei großen Aufsätzen, die »im Grunde nicht übel sind«, die er »heruntergeschrieben« habe. Da die Veröffentlichungen im September/Oktoberheft der genannten Zeitschrift erfolgte, könnte es sich u. U. um diesen Aufsatz handeln.

Das Problem der Schulreform hat Spranger sein ganzes Leben begleitet. Schon in seiner frühen Phase setzt er sich mit der Reformpädagogik und ihren Vertretern, wie z. B. Hugo Gaudig, Kerschensteiner, Lietz, Scharrelmann und Wyneken auseinander. Veröffentlichungen von ihm berühren z. B. Fragen der Reform des Deutschunterrichts (N 70) oder der Schülerselbstverwaltung (N 71). Andeutungsweise wird das Problem Schulreform schon 1907 in den Grundfragen der philosophischen Pädagogik (N 18) gesehen. Grundlegend für Sprangers Einstellung zur Schulreform ist aber der Aufsatz Unterrichtsschule, Arbeitsschule, Lebensschule aus dem Jahre 1912 (N 73), der auch eine geeignete Ouvertüre für diesen Band gewesen wäre. Dort heißt es: »Wir leben in der Zeit einer schöpferischen ›Schulreform‹, aber wir verbinden damit sehr verschiedene Begriffe. Die denkbaren Möglichkeiten sind beinahe erschöpft, und es handelt sich nur noch um die Frage, wie diese reiche Bewegung in gesunde Bahnen zu lenken ist, was an ihr echt ist, was verworren, und worin denn die eigentliche Sehnsucht unserer Zeit nach Abzug mancher Schwärmereien und Phantasien besteht.«

Die einzige, allerdings sehr charakteristische Äußerung Sprangers zu den Drei Motiven findet sich im Vorwort zur 2. Aufl. von Kultur und Erziehung (N 179). Über spätere Schriften Sprangers zur Schulreform s. u. S. 441–446.

Im Nachlaß finden sich keine handschriftlichen Vorarbeiten, wohl aber drei Sonderdrucke, einer mit folgender Widmung:

> »Wanderjahre, Lionardos Tagebuch. Sonnabend, den 20. Abs. 3. Eduard.« Dort heißt es von Frau Susanne: »Ums Himmels willen! Wie kommen Sie zu dem wunderlichen Namen?« Susanne sagt, es sei der dritte, den man ihr aufbürde. Darauf versetzte ich: »Ein vierter ist schon gefunden: ich würde Sie Schöne-Gute nennen, insofern es von mir abhinge.« Dieses Exemplar war also Susanne Conrad, der späteren Frau Eduard Sprangers, gewidmet.

Die Verschulung Deutschlands (1928)

Dieser Aufsatz ist erstmals im Frühjahr 1928 erschienen in der Zeitschrift Die Erziehung (N 262). Ein unveränderter Sonderdruck im folgenden Jahr wird als 2. Aufl. gezählt (N 275). Handschriftliche Vorarbeiten sind nicht vorhanden. Im Nachlaß finden sich folgende Stücke:

(1) 10 Korrekturfahnen v. 7. 1. 1928 2fach, mit zahlreichen, im wesentlichen gleichlautenden eigenhändigen Ergänzungen und Korrekturen.
(2) 2 Sonderdrucke (N 262) ohne Widmungen und Eintragungen, mit den Seitenzählungen der Zeitschrift 272–284.
(3) 2 Exemplare (N 275) mit eigenem Titelblatt und dem Vermerk 2. Aufl. (1 Ex. unaufgeschnitten, 1 Ex. aufgeschnitten).
(4) 2 Exemplare des Abdrucks in der Wilhelmshavener Zeitung. Beilage: Der Sonntag. Jg. 8. Nr. 38, 1928: 22. Sept. (S. 1–3), eins davon mit dem handschriftlichen Vermerk Sprangers: Zweitdruck!

In einem Brief an K. H. v. 20. 11. 1928 erwähnt Spranger, daß die »Verschulung« noch immer stark wirke.

Man geht wohl nicht fehl in der Annahme, daß diese Schrift im Zusammenhang mit einer Begegnung steht, die Spranger 1928 mit dem damaligen Dresdner Stadtschulrat und späteren sächsischen Volksbildungsminister (1933–1935) Wilhelm Hartnacke gehabt hat (vgl. an K. H. v. 20. 1. 1928), der später vor allem durch seinen Bestseller: Geist und Torheit auf Primanerbänken (1934) in weitesten Kreisen bekannt geworden ist.

Im Herbst 1928 verfaßte Hartnacke, wohl inspiriert durch das Gespräch mit Spranger und seinen Aufsatz über die »Verschulung« eine Kundgebung: »Deutschlands geistige Zukunft in Gefahr! Gegen Deutschlands Verschulung und die übersteigerten Vorbildungsanforderungen« (abgedruckt in Briefwechsel S. 262–266) und schickte diese wohl im November 1928 an Spranger mit dem handschriftlichen Vermerk: »Evtl. für Herrn Prof. Kerschensteiner.« Die in dieser Denkschrift geplante Aktion erwähnt Spranger in dem Brief an K. H. v. 20. 11. 28 und bemerkt, daß er über den Modus des Vorgehens mit Kerschensteiner berate. In der Tat hatte er an diesen zwei Tage vorher, am 18. 11. 1928, geschrieben und auf dem Entwurf Hartnackes die ersten taktischen Korrekturen mit Blaustift angedeutet (vgl. die Anm. 57–64 Briefwechsel S. 353). Die sehr ausführliche Antwort Kerschensteiners ist vom 16. 12. 1928 datiert (Briefwechsel S. 266–269).

Zum Wort »Verschulung« schreibt Spranger dreißig Jahre später, am 9. 2. 1958, an Süßkind: »Übrigens bekenne ich mich als Urheber des von Storz S. 104 erwähnten Wortes ›Verschulung‹. Für eine üble Sache schien mir das Wort gar nicht übel, und es machte sofort seinen Weg bis nach Amerika hin. Jetzt ist es wieder verschwunden; die getadelte Sache ist geblieben.«

Pädagogische Betrachtungen zur Frage einer Schulpflichtverlängerung (1929)

Diesem Aufsatz liegt ein Vortrag zugrunde, den Spranger am 19. 1. 1929 im Ausschuß der Gesellschaft für Soziale Reform in Berlin gehalten hat. Er wird bereits in einem Brief an Kerschensteiner v. 18. 11. 1928 (Briefwechsel S. 261) angekündigt, und im Brief an K. H. v. 10. 1. 1929 deutet Spranger an, daß er sich in den nächsten Tagen der Frage der Verlängerung der Volksschulpflicht zuwenden werde. Am 21. 1. berichtet er: »Am Sonnabend [19. 1.] konnte ich mein Referat vor den 35 Leuten schon mit recht gutem Erfolg erledigen.« Ihm war ein Vortrag

Kerschensteiners über Die Erweiterung der allgemeinen Schulpflicht in der Deutschen Gesellschaft für Soziale Reform am 25. 11. 1927 vorangegangen, über den er in dem Brief v. 30. 11. 1927 berichtet (Briefwechsel, S. 240) und der erstmals in der Zeitschrift Die Erziehung (Jg. 3. 1927. S. 257–273) erschienen ist. Durch diesen Vortrag war der Vorsitzender der genannten Gesellschaft Hans v. Nostitz veranlaßt worden, die Frage der Verlängerung der Volksschulpflicht erneut auf die Tagesordnung seiner Gesellschaft zu setzen. »Könnten wir hierzu mitwirken«, schreibt Spranger am 18. 11. 1928, »und jenen Übergang von der ›allgemeinen‹ Volksschule zur Berufsbildung befördern, der Dir und in bestimmter Weise auch mir vorschwebt – so hätten wir mehr im sozialen Sinne getan als die blindwütige und gänzlich kulturfremde ›Wolfsherde‹ des DLV« (Briefwechsel S. 261).

Schriftliche Vorarbeiten sind im Spranger-Nachlaß nicht vorhanden. Eine gekürzte Wiedergabe des Vortrages wurde unter dem Titel »Pädagogische Betrachtungen zur Frage einer Schulpflichtverlängerung« in den Schriften der Gesellschaft für soziale Reform H. 81/82 (= Bd. 13, 1/2) unter dem Titel: Das Neunte Schuljahr. Gutachten über eine Erweiterung der Schulpflicht von Georg Kerschensteiner, Eduard Spranger u. a., Jena 1929 (N 282) veröffentlicht. Das Vorwort trägt das Datum Juni 1929. Ein Exemplar mit einem eigenhändigen undatierten Grußwort ist im Spranger-Nachlaß vorhanden. In ihm liegt ein Zettel offenbar für K. H.: »Die wichtigsten Geburtstagsbriefe zur Ansicht mit herzlichem Gruß Eduard.«

1957 erwog Spranger den Gedanken eines Neudruckes. Er schreibt darüber an Erwin Jeangros am 21. 12. 1957: »Flüchtig ging mir durch den Kopf, ob man nicht einen Auszug aus meinem Vortrag über ›Das 9. Schuljahr‹, den ich 1929 in der ›Gesellschaft für Soziale Reform‹ (N 282) gehalten habe, wieder abdrucken könnte. Es scheint mir, als ob darin schon allerhand gesagt wäre, was heute wieder gesagt wird. Dann aber verging mir der Mut, Ihnen ›getragene Sachen‹ anzubieten.«

Wenig bekannt ist, daß Spranger 1958 noch einmal auf die Frage der Schulpflichtverlängerung zurückgekommen ist. Da sich im Nachlaß dazu ausführliches Material findet, soll hier kurz darauf eingegangen werden. Aufgrund einer Entschließung des Landtags von Baden-Württemberg vom 10. 10. 1956 hatte das dortige Kultusministerium den Deutschen Ausschuß für das Erziehungs- und Bildungswesen um ein Gutachten über das Problem des neunten Schuljahres und über die Heraufsetzung des Schuleintrittsalters gebeten, das dieser am 9. 3. 1957 erstattete. (Vgl. Empfehlungen und Gutachten des Deutschen Ausschusses für das Erziehungs- und Bildungswesen. Folge 2. S. 32. Stuttgart 1957.)

Da sich das Kultusministerium von Baden-Württemberg mit dem Gutachten nicht einverstanden erklären konnte, wurde es durch Beschluß der Landesregierung vom 1. 7. 1957 u. a. beauftragt, eine Kommission zu bilden mit dem Auftrag, Vorschläge für die Gestaltung des neunten Schuljahrs und für eine Anpassung unseres elementaren Schulwesens an die moderne Arbeitswelt und die moderne Industriegesellschaft auszuarbeiten. In diese Kommission wurde auch

Eduard Spranger berufen. Die einschlägigen Akten mit Randbemerkungen von seiner Hand sind in seinem Nachlaß vorhanden. Am 21. 12. 1957 berichtet er an Erwin Jeangros: »Gestern habe ich 5 Stunden in dem gleichen Stuttgart mit Herrn Scheffbuch und anderen zusammengesessen unter dem Zeichen des Themas ›Das 9. Schuljahr‹.« Und am 25. 2. 58: »Morgen muß ich wieder zu dem ›9. Schuljahr‹ nach Stuttgart fahren. Dort werde ich auch Herrn *Scheffbuch* treffen.« Obwohl Spranger in den Kommissionssitzungen wiederholt das Wort ergriffen hat (z. B. Protokoll der 7. Sitzung vom 19. 3. 1958 S. 1 u. S. 4), muß die Schilderung der Verhandlungen einer späteren eingehenden Darstellung vorbehalten bleiben. Nur eine schriftliche Stellungnahme Sprangers soll hier wegen ihrer besonderen Wichtigkeit im Wortlaut wiedergegeben werden. Er war nämlich verhindert, an der Sitzung am 23. 4. 1958 teilzunehmen und gab deshalb sein Gutachten schriftlich ab, das den Kommissionsmitgliedern übergeben wurde. In der 9. Sitzung wurde am 24. 4. 1958 darüber verhandelt (Protokoll S. 9–10). Im Nachlaß findet sich ein handschriftlicher 2½seitiger Entwurf auf zwei Blättern DIN A 4, ein davon völlig abweichendes Ms. »1. Entwurf« 4 Bl. DIN A 4, eine handschriftliche Überarbeitung 4 Bl. DIN A 4 und das dazugehörige Ts. 3 Bl. DIN A 4 und die mit Matrize vervielfältigte gleichlautende Fassung für die Kommissionsmitglieder. Diese lautet:

Material von Herrn Prof. Dr. Spranger zu Kap. IV Nr. 2 und 3 des Gutachtens (Seite 14 bis 19):

3. Die Verlängerung der Schulpflicht ist ganz wesentlich auch unter *dem* Gesichtspunkt zu befürworten, daß sich die Bildungsaufgabe der deutschen Volksschule im 20. Jahrhundert verändert und erweitert hat. Die Einflüsse der wissenschaftlichen, wirtschaftlichen und gesellschaftlichen Faktoren, die eine Umgestaltung fordern, können hier nur in ganz großen Umrissen angedeutet werden.

Die Volksschule zählt bisher – ebenso wie die Mittelschule und das Gymnasium – zu den *allgemeinbildenden* Schulen. Die Benennung ist berechtigt, wenn man diese Gruppe den ausgesprochenen Fach- und Berufsschulen entgegensetzt. Es wäre aber irrig zu glauben, irgendeine der genannten drei Schulformen vermittle wirklich so etwas wie eine allgemeine oder gar allseitige Bildung. In Wahrheit handelt es sich in allen drei Fällen um eine *grundlegende Bildung*. Höchstens könnte man behaupten, daß die Grundkräfte der Seele und des Leibes allseitig angesprochen werden sollten (= allgemeine *Kraft*bildung im Sinne Pestalozzis).

In jedem Zeitalter richtete sich das, was in die grundlegende Bildung hineingenommen wurde, nach den vorherrschenden Anliegen und Aufgaben der Epoche. Das kann an der Geschichte des altsprachlichen Gymnasiums von Johannes Sturm und Melanchthon bis auf unsere Tage leicht nachgewiesen werden. Noch deutlicher aber ist der Prozeß der langsamen Anreicherung bei der deutschen Volksschule:

Lesen, Schreiben und Rechnen weisen auf die kaufmännischen Bedürfnisse in den mittelalterlichen Städten zurück. Die Reformation brachte den Religionsunterricht hinzu. Um des Katechismus und der Bibel willen mußte man nun auch auf dem Lande lesen lernen. Aus dem 17. Jahrhundert stammt die eingehendere Pflege der Muttersprache. Die Einführung der Realien hängt mit der merkantilistischen Wirtschaftspolitik des Staates zusammen, der die Schule mehr und mehr unter seinen Einfluß stellt. Das folgende Jahrhundert verstärkt diese Tendenzen bis zum Eindringen eigentlicher Industriefertigkeiten in die Elementarschule. Die Aufklärung stellt auch sie unter das Zeichen allgemeiner Vernünftigkeit. Der Idealismus wirft unter dem Zeichen des allgemeinen Menschentums die industrielle Kinderarbeit wieder aus der Schule heraus. Im 19. Jahrhundert treten – neben den Leibesübungen, dem Volksgesang und dem Linearzeichnen – historische Stoffe neu auf, die mit dem nationalen Ideal der Epoche in deutlicher Verbindung stehen.

Jedesmal wurde das neue »Fach« stark umkämpft und erst nach sorgsamer Prüfung aufgenommen. Was um 1900 als Bildungsgut der Volksschule fertig dastand, nannte man »allgemeine Menschenbildung«. In Wahrheit umfaßte es nur die »Grundlagen«, die man besitzen müßte, um in schlichter Weise am Leben des deutschen Volkes teilnehmen zu können.

Seit 1900 ist die Prüfung der deutschen Volksschule auf ihre Angemessenheit an die berechtigten Forderungen der Zeit keineswegs unterblieben, aber sie ist bisher z. T. praktisch unwirksam geblieben. Hemmend wirkten die beiden gewaltigen Kriege, die das 20. Jahrhundert brachte, der zweimalige Währungsverfall, die weltanschaulichen Verwirrungen. Zuletzt gingen große Teile des deutschen Gebietes und der deutschen Bevölkerung für freie Menschenbildung verloren. Die überragende Bedeutung von Georg Kerschensteiner für das gesamte deutsche Schulwesen, nicht nur für die Berufs- und Fachschule, liegt darin, daß er eine produktive Auseinandersetzung zwischen der nunmehr voll entfalteten industriell-technischen Gesellschaft und der bestehenden Volksschule (als bloßer »Buchschule«) eingeleitet hat. Die Haupttendenzen kann man schon aus den Titeln seiner Schriften ablesen.[1])

Seit Kerschensteiners Anfängen sind rund 60 Jahre vergangen. Der innere Umbau der Volksschule kann nicht mehr länger vertagt werden. Es versteht sich von selbst, daß er eine entsprechend eingestellte Lehrerschaft und beim Volke selbst die Bereitschaft zu erhöhten finanziellen Leistungen voraussetzt. Rein listenmäßig aufgezählt, handelt es sich um die *zusätzliche* Berücksichtigung folgender Gesichtspunkte:

1) Anbahnung des anschaulich-mathematischen Denkens, auf dem die exakte Naturwissenschaft und die auf ihr aufbauende Technik beruht. Hier handelt es sich nur um das erste Erfassen des »Prinzips«.
2) Übung der denkenden Betätigung der Hand an geeignetem Material mit einfachsten Werkzeugen, wobei jede spezielle Berufsbezogenheit noch unterbleiben muß (Elementarer Werkunterricht).
3) Neben den religiös-sittlich bildenden, gemüterhebenden und phantasiebelebenden Stoffen Berücksichtigung der modernen Arbeitswelt und der kulturfördernden Nützlichkeitswerte im Gegenwartsleben.
4) Aufbietung aller Kräfte, die das Gemeinschaftsleben der Schule für die sittliche Erziehung (Willens- und Charakterbildung) herzugeben vermag (nicht bloß »erziehender *Unterricht*«!).
5) Anbahnung eines leisen Verständnisses für den deutschen freien demokratischen Staat, seine Forderungen an den einzelnen und seine Leistungen für den einzelnen.

---

[1] 1901 Die staatsbürgerliche Erziehung der deutschen Jugend.
1903 Die Entwicklung der zeichnerischen Begabung.
1908 Die Schule der Zukunft – eine Arbeitsschule.
1910 Der Begriff der staatsbürgerlichen Erziehung.
1912 Charakterbegriff und Charaktererziehung.
1912 Der Begriff der Arbeitsschule.

Alle diese neuen Bildungsstoffe und Bildungsverfahren müssen vorsichtig in den guten alten Bestand der Volksschule hineingearbeitet werden. Sie werden großenteils erst in den obersten Klassen zur Geltung kommen können. Jede bloße *Stoff*vermehrung ohne volle innere Aneignung ist unfruchtbar. Da aber ein neues Zeitalter unvermeidlich Stoffvermehrung zur Folge hat, legitimiert sich auch von dieser Seite her die Verlängerung der Schulpflicht um 1 Jahr.

Weltanschauung, Erziehung, Schule (1931)

Die Schriftleitung der Deutschen Schule veranstaltete 1930 eine Umfrage und veröffentlichte die Antworten unter dem Titel: Stimmen zur Frage »Weltanschauung, Erziehung, Schule«. Sprangers Antwort findet sich unter IX auf S. 134–139 der genannten Zeitschrift (N 320).

Es ist unmöglich, in dem hier vorgegebenen Rahmen einen Überblick über das auf das Problem Weltanschauung, Erziehung, Schule gerichtete Denken Sprangers zu geben. Von seinen Studienjahren bis zu seinem Tode hat er über diesen Komplex nachgesonnen. Von seinen Lehrern Dilthey und Paulsen hatte er stärkste Impulse in dieser Richtung empfangen. Auch die juristische Literatur – er hatte in Berlin ja auch juristische Vorlesungen gehört –, die etwa die Frage Konfessions- oder Simultanschule betraf, kannte er sehr gut. Der vorliegende Aufsatz, der zu den aufschlußreichsten Äußerungen Sprangers über Schule und Weltanschauung gehört, ist nur aus der Situation verständlich, in der er entstanden ist. Durch den Entwurf eines Reichsschulgesetzes des Reichsministers v. Keudell vom 16. 7. 1927 war die Diskussion über Elternrecht, Gewissensfreiheit und die Rechte der Kirchen neu in Gang gekommen. Wahrscheinlich hat Kerschensteiner sofort die Verbindung mit Spranger aufgenommen; jedenfalls antwortete dieser am 25. 9. 1927 mit einem überaus aufschlußreichen Brief, der viele Gedanken enthält, die auch in dem vorliegenden Aufsatz begegnen (Briefwechsel S. 238–239). Von gleicher Bedeutung ist der Brief Sprangers an Flitner vom 14. 3. 1928, dessen einschlägiger Abschnitt deshalb hier wiedergegeben wird:

». . . Von den drei Schulgesetzstimmen scheint mir allein Ihr Aufsatz die Höhenlage zu haben, von der aus sich das Problem behandeln läßt. – –

Alle Äußerungen, die für die Simultanschule als Regelform eintreten, eingeschlossen die Ihre wie die beiden Manuskripte, scheinen mir in der Überzeugung der Humanitätsidee zu wurzeln, sei es mit oder ohne protestantisch-christliche Betonung. Auch *ich* stehe da, übrigens *mit* der christlichen Betonung. Aber ich weiß auch genau, daß der Schulstreit doch eben darum geht, ob diese Idee weltanschaulich als die höchste Bindung anerkannt wird. Und da sehe ich rechts den Katholizismus, dem diese Idee zu weltlich, links die Sozialisten, denen sie zu christlich ist. Diese Realitäten sind da. Man kann sie geistig bekämpfen, natürlich; aber wenn ein Gesetz gemacht werden soll, kann man in einem *demokratischen* Staate den anderen nicht einfach sagen: ›*Ihr* müßt zurückstehen.‹ Das Problem sitzt noch tiefer, nämlich in der Frage nach der Art der (heute rein demokratischen) Willensbildung des Staates und in der Frage, ob dieser Staat selbst wirklich, wie man sagt, weltanschauungslos ist. Hierüber steht in meiner Abhandlung mehr. Für heute also genug. Übrigens wende ich mich gar nicht gegen die Zulassung der Simultanschule; ich verlange nur, daß die Konfessionsschule und die weltliche Schule ebenfalls zugelassen werden, wie es ja geistesgeschichtlich nicht zufällig in der Verfassung steht.«

Auch nach dem Scheitern der Beratungen gingen die Auseinandersetzungen weiter – sie sind bis auf unsere Tage kaum zur Ruhe gekommen. Wer den Aufsatz Sprangers liest, erkennt unschwer den Zusammenhang mit seinen beiden großen Akademiereden: Der Sinn der Voraussetzungslosigkeit in den Geisteswissenschaften 1929 (N 284) und: Der Kampf gegen den Idealismus 1931 (N 318). Gleichzeitig wird das Verhältnis Sprangers zum Protestantismus und zur evangelischen Theologie deutlich sichtbar.

Zum Geleit (1949)

Dieser Aufsatz wurde veröffentlicht in: Pädagogische Arbeitsblätter. Jg. 1, Nr. 1. 1949. S. 3–5. (N 582) Im Briefwechsel mit K. H. und – soweit ich sehe – an anderen Stellen wird dieser Aufsatz nicht erwähnt.

Im Nachlaß befindet sich:

(1) das vollausgearbeitete Ms. zu diesem Aufsatz, 6 S. DIN A 4, ohne Überschrift, mit einigen Bleistiftkorrekturen, die im Druck (N 582) durchaus berücksichtigt sind

(2) ein gleichlautendes Ts.

(3) ein Exemplar der Pädagogischen Arbeitsblätter Jg. 1, Nr. 1 o. Widmung und Korrekturen.

Die vorliegende Veröffentlichung gehört in die Reihe der Sprangerschen Aufsätze, die sich mit dem Beruf des Lehrers und Erziehers beschäftigen. Vgl. dazu vor allem die in dieser Ausgabe erstmals veröffentlichten Vortrags-Stichworte: Innere Voraussetzungen des Erziehertums, S. 223–241 und: Entmutigendes und Ermutigendes im Lehrerberuf, S. 242–260. In den Anmerkungen dazu s. weitere Hinweise.

Zur Entstehungsgeschichte der deutschen Volksschule (1949)

Im Sommersemester 1938 hielt Spranger zweistündige Übungen zur Entstehungsgeschichte der deutschen Volksschule. Im Nachlaß dazu Materialien (17 S. bzw. Bl.), darunter Auszüge aus Heinrich Heppe: Geschichte des deutschen Volksschulwesens. Bd. 1. (s. o. S. 134), Eva Hesselbach: Die »deutsche« Schule im Mittelalter (s. o. S. 138) und Johannes Müller: Vor- und frühreformatorische Schulordnungen und Schulverträge in deutscher u. niederländischer Sprache (s. o. S. 138).

Sechs Jahre später erschien in den Abhandlungen der Preußischen Akademie d. Wissenschaften, Philos.-hist.Klasse: Zur Entstehungsgeschichte der deutschen Volksschule (N 504). Der Druck enthält den Vermerk: Vorgetragen i. d. Sitzung der phil.-hist. Klasse am 6. Januar 1944. Zum Druck genehmigt am gleichen Tage, ausgegeben am 29. April 1944.

Von den dramatischen Umständen, unter denen diese Akademierede vorgetragen wurde, spricht Spranger in dem Brief an K. H. v. 17. 1. 1944 und fünf Jahre später im Vorwort zum Wiederabdruck in dem Buch: Zur Geschichte der deutschen Volksschule (N 570). An K. H. v. 13. 2. 1944: »Inzwischen habe ich (seit den ersten großen [Luft-]Angriffen auch meine neue Akademieabhandlung (›Zur Entstehungsgeschichte der Volksschule‹) fertiggestellt, alles selbst mit der Hand zweimal geschrieben und das zweite Exemplar sogleich aus Berlin herausgesandt. Der Haupttext ist schon gedruckt.«

Im Nachlaß befinden sich (ein Ms. ist nicht vorhanden) folgende Stücke:

(1) Ein Berichtigungsabzug vom 28. 1. 1944, 31 S., mit dem Vermerk von fremder Hand: »Nach Einfügung der Anmerkungen umbrechen. Korr. erbeten« und mit eigenhändigen Korrekturen, vor allem mit eingefügten Anmerkungsziffern (rot), aber ohne Anmerkungen

(2) Umbruchbogen, 39 S., mit vielen eigenhändigen Korrekturen und umfangreichen Ergänzungen

(3) Drei Exemplare (N 504) ohne Eintragungen, davon eine mit Widmung (o. D.).

Im Juni 1947 erschien in den Forschungen und Fortschritten eine Kurzfassung der Akademie-Abhandlung unter dem Titel: Zur Entstehungsgeschichte der deutschen Volksschule (N 549). Im Nachlaß befinden sich:

(1) Ein Fragment eines maschinenschriftlichen Entwurfes, 1 Bl. DIN A 4, reichend von Abs. 6 bis zum Schluß

(2) Ein Korrekturabzug (3 Fahnen), ohne Korrekturen

(3) Zwei Sonderdrucke ohne Eintragungen.

Dem vorliegenden Abdruck liegt der Text zugrunde, den Spranger 1949 als erstes Stück in dem Buch: Zur Geschichte der deutschen Volksschule, S. 11–50 (Anm. dazu S. 97–105) unter der gleichen Überschrift veröffentlicht hat (N 570). Die Verhandlungen mit dem Verlag begannen im Frühjahr 1949.

Gelegentlich hat sich Spranger bitter darüber beklagt, daß bei späteren Veröffentlichungen seine Arbeit überhaupt nicht erwähnt wurde. So schrieb er z. B. an Erwin Jeangros am 2. 6. 1955: »Es tut mir leid, daß ich auf mich selbst Bezug nehmen muß. Aber nachdem mein Büchlein über die ›Geschichte der deutschen Volksschule‹ heraus ist, muß man die dort entwickelte Theorie der wirtschaftlichen Epoche der Volksschule (›Industrie- und Armenschulen‹) entweder widerlegen oder verwerten.« Ähnlich bitter äußert er sich am 26. 1. 1957 an den gleichen Adressaten über die Nichtbeachtung des im gleichen Bande enthaltenen Aufsatzes: Zur Geschichte der Berufsschulpflicht.

Das wichtigste Stück im Nachlaß ist das Exemplar der Akademie-Abhandlung von 1944 (N 504), das mit vielen Korrekturen, Streichungen, Ergänzungen und einer Druckanweisung versehen von Spranger dem Verlag zum Druck übergeben wurde. Außerdem befinden sich im Nachlaß folgende Unterlagen:

(1) Manuskripte: (a) Handschriftlicher Entwurf der Vorrede, 6 S. DIN A 5 u. 2 S. Vorentwurf (b) Handschriftliches Widmungsblatt DIN A 5 (c) Ein voll ausgearbeitetes Ms., 8 einseitig beschriebene Bl. DIN A 5 (Fragment S. 3–10), eine Auseinandersetzung mit Wilhelm Flitner betreffend, (d) Handschriftliche Notizblätter,

8 Bl. DIN A 6 u. 3 Bl. DIN A 5 (Stichworte) (e) Entwurf für Titel u. Inhaltsverz. 2 S. DIN A 6 (f) Zwei Briefe an den Verleger Schmeil vom 6. 4. 1949 (bzw. 14. 6. 1949 (g) Ein Brief von Fritz Neukamm an Spranger vom 3. 4. 1949 u. Notizen »Neukamm« 2 S. DIN A 4 mit 1 Bl. DIN A 5 (h) handschriftl. Einfügungen mit den Vermerken zu S. 16, 17 (nur Ts.), 24a, 34 (auch Ts.), 53 (nur Ts.), 343 (auch Ts.), 476 (nur Ts.).
(2) Typoskripte: (a) Ts. des Titels u. Inhaltsverzeichnisses, einfach, u. Vorwortes, 3 Bl. DIN A 4, dreifach, 1 Exemplar mit Verbesserungen von Eduard Spranger, zwei Exemplare und Übertragung der Verbesserungen durch Frau Spranger (b) Ein Brief des Verlegers vom 24. 6. 1949, die Übersendung der Umbruchbogen betr. (c) Ein Brief des Verlegers v. 19. 7. 1949, die Umbruchkorrektur betr.; das von Spranger vorgeschlagene Fachwörterverzeichnis wird abgelehnt.
(3) Drucke: (a) Umbruchbogen S. 9—107, doppelseitig, mit handschriftlichen Verbesserungen (b) Umbruchbogen einseitig, mit den ausgeführten Korrekturen aus (a) und wenigen neuen Korrekturen (c) Umbruchbogen einschl. Widmungsblatt, Vorwort und Inhaltsverzeichnis, 107 S., mit handschriftlichen Verbesserungen und der Bemerkung Sprangers: »Mein Exemplar.« Vgl. (a). (d) 3 Buchexemplare, das 1. ohne Vermerke, das 2. mit eigenhändiger Widmung, das 3. mit dem Eintrag »Handexemplar« auf dem Vorsatz und weiteren Notizen, im Text Unterstreichungen und Bemerkungen. Beigelegt sind 17 Bl. (mit 22 S.) Zettel mit Notizen und Exzerpten von Spranger. (e) 1 Bl. DIN A 4 mit der Ergänzung: »Der Hauptteil des Buches entwickelt« – »Interesse finden dürfte«. Anscheinend Entwurf für einen sog. Waschzettel.

Die innere Schulreform (1949)

Dieser Aufsatz wurde zuerst mit dem Titel: Entschiedene Schulreform – von innen, veröffentlicht in: Wirtschaftszeitung. Jg. 4. 1949, Nr. 1: 1. Jan. S. 5. (N 573). Unter der Überschrift: Innere Schulreform wurde er 1951 in überarbeiteter Form in die 1. Aufl. der Pädagogischen Perspektiven aufgenommen (N 602) und verblieb dort in allen folgenden Auflagen (Vgl. S. 446).

Spranger schreibt über die Erstveröffentlichung dieses Aufsatzes an K. H. am 7. 12. 1948: »Dieses Wochenende habe ich einen großen Aufsatz zur Schulreform für die Wirtschaftszeitung . . . in Windeseile fertig gemacht.«

Im Nachlaß befinden sich:

(1) Für den Druck in der Wirtschafts-Zeitung (N 573):

(a) Ein eigenhändig voll ausgearbeitetes Ms. v. 22./26. 9. 1947 mit dem Titel: Grundsätzliches zum Problem der Einheitsschule, das mit Ausnahme der Einleitung und des Schlusses mit dem Text N 573 im wesentlichen übereinstimmt. Es umfaßt 18 gezählte Seiten auf 9 Bl. DIN A 5.

(b) Ein Ts. mit gleicher Überschrift und gleichem Datum, 11 Bl. DIN A 4, mit dem handschriftlichen Bleistiftvermerk von Frau Spranger: »Alte Fassung« (Gliederung in Abschnitt I–III).

(c) Ein zweites von (b) abweichendes Ts. mit der Überschrift: Grundsätzliches zur Schulreform, 14 Bl. DIN A 4 (Gliederung in Abschnitt I–IV), mit verändertem Anfang und dem Zusatz am Schluß: »Her mit den Erziehern, die das können!«, der in N 573 wieder weggefallen ist. Es trägt den handschriftlichen Vermerk: »Neue Fassung. um 1950.« Der Text ist, von geringen Abweichungen, die sehr wohl bei der Fahnenkorrektur vorgenommen sein können, abgesehen, identisch mit N 573, lag also wohl dem Druck in der Wirtschafts-Zeitung zugrunde und ist nicht etwa später entstanden. Die bisher vermutete Jahreszahl müßte also in 1948 korrigiert werden. Unklar ist nur, daß auf Bl. 14 Schulstufen in Schularten korrigiert ist, in N 573 dagegen »Schulstufen« erscheint.

(d) Ein Sonderabdruck aus der Wirtschafts-Zeitung 1 Bl. DIN A 2 (N 573). Hier finden sich Überschriften über den einzelnen Abschnitten, die anscheinend redaktionell eingefügt und in die Pädagogischen Perspektiven nicht übernommen worden sind. Der Text in den Pädagogischen Perspektiven ist in eine Einleitung und 5 Abschnitte gegliedert, die I–V numeriert sind. Die Gliederung der Ts. s. oben (1b) u. (1c). Im ursprünglichen Ms. steht I statt später II, II statt später III, III statt später IV. Der Schluß des Ms. weicht so stark von der späteren Fassung ab, daß IV bzw. V entfallen.

(2) Zum Druck in den Pädagogischen Perspektiven (N 602 usw.): (a) ein Ts. mit dem Text für die Pädagogischen Perspektiven, 14 S. (b) Korrekturbogen (c) Umbruchbogen.

Die ersten Ansätze dieser Veröffentlichung scheinen im Jahr 1947 zu liegen. Durch die Besatzungsmächte, die eine Re-Education in Deutschland durchführen wollten und starken Einfluß auf die Gestaltung des Schulwesens nahmen, wurde die Schulreform für das pädagogische Denken zum Problem Nr. 1. Viele meinten damals – und zu ihnen gehörte auch Spranger –, daß Erziehungs- und Schulsysteme sich infolge der verschiedenen historischen, gesellschaftlichen und wirtschaftlichen Gegebenheiten nicht ohne weiteres von einem Land auf das andere übertragen lassen. Im Briefwechsel Sprangers hat die Entwicklung seit 1945 sehr umfangreiche Spuren hinterlassen. Eine der frühesten Äußerungen findet sich in dem Brief an Schulrat Dr. Lüdtke in Beeskow/Mark v. 11. 1. 1947:

»Aber auch zur Sache darf ich einiges sagen, am besten so, daß ich nur aus meinen eigenen Erfahrungen und Verwandlungen rede. 1. Jede Art von ›Schulreform‹ ist mir tief gleichgültig geworden. (Obwohl ich hier Prof. d. Philosophie bin, kümmere ich mich noch um die Pädagogik mit. Ich mache sogar für die Regierung Entwürfe (in anderer Richtung als Sie), aber ich hänge an *keinem* Modus und möchte nur der Substanz heraushelfen.) Es ist nie etwas dabei herausgekommen, was auch nur die halbe Mühe lohnte. Alles hängt von den Personen ab, die kann man auch nicht machen. Aber man kann sie beleben oder erdrücken, an die rechte oder verkehrte Stelle setzen. 2. Wenn wir nicht – in freier Form – aus dem Geist des Christentums schöpfen, so taumeln wir von einer zweifelhaften Novität zur anderen. Es ist in der Tat nur der *heilige* Geist, der lebendig macht; ein anderer verdient den Namen garnicht.«

Ein Brief vom 4. 9. 1947 ist an die Staatskanzlei in Hamburg gerichtet:

»Die mich sehr ehrende Einladung vom 30. August, bei der nächsten Konferenz der Herren Ministerpräsidenten der Britischen Zone ein Referat über Schulreform zu halten, ist heute bei mir eingetroffen. Es ist leider schon aus technischen Gründen ... kaum möglich, bis zu dem angegebenen Termin am 3. Oktober fertig zu werden ... Ich bitte daher, meine Absage mit freundlicher Nachsicht aufzunehmen.«

Der politische Aspekt wird sehr deutlich in einem Brief an den Mittelschulrektor Martin Stellmann v. 15. 10. 1947, in dem es heißt:

»Es ist richtig, daß ich aufgefordert war, bei der Konferenz der Ministerpräsidenten der Englischen Zone eines der Referate über Schulreform zu halten. Anscheinend hat diese Konferenz stattgefunden, ich weiß nicht, ob das Thema dabei behandelt worden ist. Für mich jedenfalls war erstens der Termin zu kurz, zweitens die Reise zu anstrengend, drittens der Gegenstand zu hoffnungslos ... Was aber Nr. 3 betrifft, so traue ich all diesen Experimenten nichts zu. Es scheint ja, daß wir um die verlängerte Einheitsschule nicht herumkommen, weil sie auf einem inter-alliierten Beschluß beruht. Ich aber halte mit Ihnen diesen Gedanken für verfehlt und habe das auch in einem nicht für den Druck bestimmten Aufsatz prinzipiell begründet. (s. o. 1 a)

Ihre Gedanken zur Schulreform treffen in der Hauptsache ganz mit dem zusammen, was auch mir vorschwebt. Einzelheiten wären noch zu diskutieren. Herr Minister Grimme aber, den ich sehr verehre, und andere Landesminister steuern völlig andere Wege. Es wird da kaum etwas zu machen sein. Schließlich wird es darauf ankommen, die von Amerika aufgenötigte Form soweit wie möglich mit einem deutschen Geist zu erfüllen. Dazu gehören Lehrer. Mein Anliegen ist jetzt ausschließlich die Ausbildung von Lehrern, die mit innerer Lebendigkeit und Offenheit für das Neue doch das Gute der Tradition so fest in sich tragen, daß es eines Tages seinem Werte gemäß wieder zur Geltung kommen kann.«

Wenige Tage später, am 19. 10. 1947, heißt es in einem Brief an K. H.: »Mit zwei Franzosen hatte ich ein fruchtbares Gespräch über Lehrerbildung. Um die Schulreform komme ich eben doch nicht herum.«

Die Vorgeschichte von N 573 abschließend, sei hier ein Brief Sprangers an Hans Mittermüller in Saarbrücken vom 8. 5. 1948 mitgeteilt, der viel Grundsätzliches und Aufschlußreiches für die Einstellung Sprangers zum Problem der Schulreform enthält:

»Ihren Entwurf habe ich mit lebhaftem Interesse gelesen. Ich bitte, mir eine ganz rückhaltlose Äußerung dazu zu gestatten.

Betrachten wir die (allgemeine) Schule in ihrer Entstehung, so ist sie ursprünglich ein Zweckinstitut für solche Unterrichts- und Erziehungsaufgaben, die nicht mehr im Rahmen der Familie geleistet werden können. Je schwächer der Erziehungsgeist in der Familie wurde, umso mehr mußte von der Lenkung des Jugendlebens in die Schule hineingenommen werden. So kamen wir von der Unterrichtsschule zur sozialpädagogisch belebten Arbeitsschule und von da zur Schule als Lebensgemeinschaft im jugendgemäßen Stil. Dieser Prozeß darf aber m. E. nicht soweit gehen, daß schließlich das ganze Leben von der Schule resorbiert wird. Auf der einen Seite käme dadurch der Lehrer ganz um sein Eigenleben, was schon die Realisierbarkeit des Planes in Frage stellt. Auf der anderen Seite wird dadurch das Jugendleben bis in die letzten Verzweigungen durchorganisiert. Menschen, in denen ein grenzenloses Gemeinschaftsbedürfnis herrscht, mögen das aushalten. Es gibt aber gerade in der höheren Schule

Jugendliche, die zu ihrer Entwicklung freien Spielraum und Einsamkeit brauchen, bis zum bloßen, scheinbar nutzlosen Dahinträumen und zur scheinbaren Zeitvergeudung. Solche Naturen würden sich in einer so ›totalitären‹ Schule höchst unglücklich fühlen. Ich bekenne, als junger Mensch zu diesem Typus gehört zu haben und noch heute dazu zu gehören. Das war ja gerade der Mangel der H. J., daß sie für die unverbindlich schweifende Phantasie keinen Raum mehr ließ. Der Mangel wird nicht behoben, wenn nun dasselbe Werk gar von der Schule übernommen wird und damit einen staatsoffiziellen Charakter erhält, hinter dem nicht einmal – wie einst – die angeblich militärische Notwendigkeit steht.

Für Landerziehungsheime mag Ihr Plan angebracht sein; denn da darf man voraussetzen, daß die Familie auf ihre Ansprüche ganz verzichten will, und dort gibt es keine sonstige Umwelt, an der der junge Mensch noch teilnehmen will.

Auch für die Arbeiterjugend könnte man vieles übernehmen, teils weil für sie eben *keine* Schule mehr besteht, teils weil ihr sonst nicht viel geboten wird und die erforderlichen Anregungen zum Wachsen von innen heraus nicht gegeben worden sind. Das aber gehört zur veredelten Jugendpflege.

Schule als Lebensgemeinschaft kann m. E. nicht bedeuten: das *ganze* Leben für die (noch so erweiterte) Schule und unter der Führung der Schule, sondern nur: Wärme und Beseeltheit der ganzen Atmosphäre. Meinetwegen sollen auch 2 Nachmittage für ›außerunterrichtliche‹ Veranstaltungen der Schule in Anspruch genommen werden, aber ja nicht mehr.

Sie entwerfen einen Plan, der realisierbar sein soll. Dann kommt es vor allem darauf an, daß die Erzieher dafür da sind. Man kann von dem Lehrer der höheren Schule nicht verlangen, daß er noch weiter dienstverpflichtet wird, als es schon der Fall ist. Um für die Jugend *frisch* zu sein, braucht auch er freie Stunden. Unterrichtet er an oberen Klassen, so hat er sich außerdem sehr gründlich vorzubereiten, m. E. sehr viel mehr, als es heute noch Gewohnheit ist. Denn man sagt nicht mit Unrecht, daß die geistige Wirkung der Oberschulen bereits gesunken sei.

Also würde ich im ganzen doch empfehlen, das Projekt in maßvolleren Grenzen zu halten, gerade damit es durchführbar wird. In der Tat verdient es das intensivste Nachdenken, wie die Schule innerlich ›belebt‹ werden kann, wie ihr der Schematismus und die Monotonie genommen werden können, die ihr – trotz Jugendbewegung etc. – immer noch anhaften. In dieser Richtung weiterzudenken, dürfte außerordentlich fruchtbar und willkommen sein.«

Nach Veröffentlichung des Aufsatzes in der Wirtschafts-Zeitung berührte Spranger wiederholt das Problem der Schulreform. Er stand mit dem damaligen württembergischen Kultusminister Bäuerle, dem er zum 70. Geburtstag am 16. 6. 1952 eine Festschrift gewidmet hat (N 662 u. 739), in enger Verbindung. Ein Brief Sprangers an diesen Adressaten v. 17. 10. 1949 bezieht sich auf das damals geplante württembergische Schulgesetz. Spranger erklärt, zu jeder Zeit zu einer Besprechung mit dem Minister bereit zu sein und fügt hinzu: »Das Prinzip der Einheitsschule erscheint mir seit mehr als 30 Jahren nicht als die eigentliche Lösung unserer ebenso lange schon fühlbaren Schulprobleme.«

Wenig bekannt ist, daß Spranger 1953 eingeladen wurde, am 1. Juni in Bonn einen Vortrag über: Innere Schulreform zu halten. Am 22. 5. schreibt er an K. H.: »Sonst habe ich auch in den Festtagen [Pfingsten 24./25. 5.] viel zu arbeiten, da drei neue Vorträge zu machen sind für Bonn, Zürich [5. 6.: Wesen und Wert politischer Ideologien N 686] und Bern.« [7. oder 8. 6.: Ist die Pädagogik eine Wissenschaft? – Unveröffentlicht].

Das Ms. für den Bonner Vortrag im Nachlaß enthält gegliederte Stichworte in Sprangers charakteristischer Art und umfaßt 33 Bl. DIN A 6. Auf Bl. 4 heißt es: »Neuerdings ist der Terminus ›Innere Schulreform‹ aufgekommen, und ich glaube, daß ein Zeitungsaufsatz von mir [N 573], der jetzt in der Sammlung ›Pädagogische Perspektiven‹ erschienen ist [N 602 u. 618] daran schuld ist. Man hat dies Thema auf das Programm der Tagung gesetzt – man, nicht ich. Ich soll also darüber Rede stehen, was ich mir bei diesem Stichwort gedacht habe.« Da der hier zur Verfügung stehende Raum einen vollständigen Abdruck dieser wichtigen Rede nicht gestattet, sei hier wenigstens der Schluß mitgeteilt:

»Bei diesen Entwürfen war es *jedoch* nicht meine Absicht, hier eine Art von Erziehungs*utopie* zu entwickeln. In der öffentlichen Schule muß Tatsächliches geschehen. Erziehungsträumer werden in ihr immer scheitern, und sie würden auch ihren Zöglingen einen schlechten Dienst erweisen.

Damit ich aber mein eigenes Gewissen salviere, möchte ich zum Schluß erklären:

Die Wünsche für die innere Schulreform, die ich formuliert habe, stoßen in der Wirklichkeit an *Grenzen,* ganz ähnlich wie die Wirklichkeit der Demokratie hinter ihrem *Prinzip* nur allzu sehr zurückbleibt.

Diese Grenzen liegen an drei Stellen:

(1) In unserer historischen Situation, die uns zum Schicksal wird, schon indem wir antreten, die Belastung mit Wissenschaft, die Kompliziertheit unseres ganzen Kulturlebens läßt sich nicht aus der Welt bringen. Auch ein neuer Rousseau könnte da nicht helfen.

(2) Wir können nicht damit rechnen, daß wir künftig nur hochbegabte Lehrer und geborene Erzieher in der höheren Schule haben werden, auch dann nicht, wenn die Universität mehr für die Erweckung des Berufsethos tun sollte und wenn die Institute für Studienreferendare fortan jeden mit einem Zauberstab berühren könnten. Es ist schon sehr viel wert, wenn jemand (wie ich von mir) sagen könnte, er habe lauter *pflichttreue* Lehrer gehabt, und darunter sogar zwei Männer, die die große Kunst beherrscht haben, durch ihr Sein und ihr Tun Geist zu erwecken, wie der Frühling Blüten hervorsprießen läßt.

(3) Auch unter den Zöglingen werden immer solche sein,
(a) die die ihnen zugedachte Freizeit gar nicht wollen, weil sie von vornherein nicht die Latitude dafür in sich tragen;
(b) solche, die früh im Genußleben versinken und eigentlich nur flottieren.
c) Endlich gibt es unter den jungen Deutschen besonders immer solche, die nur *ihre* eigene Lebenslinie gehen wollen, man könnte sie die Wilhelm-Meister-Kurve nennen. Sie werden sich in einer notgedrungen normierten Schule immer fremd fühlen.

Denn Schule bleibt Schule. Wenn Schiller den Notstaat durch den Vernunftstaat ersetzen wollte – etwas vom Notstaat wird im besten Staate bleiben –, so wird auch die Schule zur Freiheit immer Forderungen stellen müssen, für die ein junger Mensch nicht von vornherein gestimmt ist.

Um uns etwas über solche *Grenzen* zu trösten, erzähle ich Ihnen einen Mythos, mit dem ich an eine seltsame Idee von Fichte anknüpfe: In den ›Grundzügen‹ behauptet er, es habe am Anfang der Zeiten ein Normalvolk gegeben, in dessen Leben schon alles Gute und alles Wahre, alles Schöne und alles Vernünftige verwirklicht gewesen sei. Dies Normalvolk sei später durch barbarische Völker zerstreut worden. Aber Einzelne aus ihm seien über die Erde gewandert und seien als Lichtbringer zu den anderen Menschen gelangt. Sie hätten sich immer untereinander erkannt, und so habe denn der wahre Geist und das wahre Leben in der Menschheit nie aussterben können.

Angewandt auf unseren Fall: So werden immer einige wenige wahre Erzieher in der Welt auftreten, und es wird auch immer junge Menschen geben, die von ihnen erweckt werden. Der wahre Geist ist immer nur in wenigen lebendig. Auch in der Erziehungswelt wird es immer geben: *Verschworene einer besseren Zukunft.* An ihrem Feuer wird man sich sein Lichtlein entzünden.

Setzen wir statt Normalvolk das, was doch wohl eigentlich damit gemeint war, eine *Elite* im vollen sittlichen und kulturellen Sinne, dann wollen wir dankbar sein, wenn in unserem Volke insgeheim immer eine solche Elite da ist und daß sie – !! – irgendwie zur Führung gelangt.

Das ist der spirituelle Sinn der inneren Schulreform, daß dafür Raum ist. Möge unsere junge Lehrerschaft in ihrer Mehrzahl zu dieser still arbeitenden Elite gehören! Und lassen Sie uns mit der fröhlichen Hoffnung schließen, daß unsere Schulräte immer Abgesandte des Normalvolkes sein werden!«

Die Volksschule in unserer Zeit (1950)

Am 9. 9. 1950 hielt Spranger in Rottweil eine Ansprache beim 1. Lehrertag in Württemberg-Hohenzollern über: Die Volksschule in der neuen Zeit. Er wurde erstmals veröffentlicht in: Süddeutsche Schul-Zeitung. Jg. 4, H. 21. 1950 (Beilage) 4 S. (N 599). 1951 wurde er unter dem Titel: Die Volksschule in unserer Zeit (die Überschrift wurde erst während des Druckes geändert) in die 1. Aufl. der Pädagogischen Perspektiven aufgenommen (N 602) und verblieb dort in allen folgenden Auflagen (N 618, 696, 722, EM 789, 826, 7. Aufl. 1962, 8. Aufl. 1964, 9. Aufl. 1968); er ist auch in der italienischen (N 718), der spanischen (EM 850) und der japanischen Übersetzung (N 721) der Pädagogischen Perspektiven enthalten.

Spranger erwähnt den Vortrag ausführlich im Brief an K. H. v. 10. 9. 1950: »Gestern früh mußte ich vor 8 nach Rottweil fahren, um beim 1. Südwürttembergischen Lehrertag die Festrede zu halten ... Es war doch wieder ergreifend, mit welcher lauten und langen Kundgebung ich von den über 700 Anwesenden begrüßt wurde. Ich glaube, mit meinen Worten, trotz größter Zusammendrängung, das Hingehörige gesagt zu haben und erntete endlosen Beifall.«

Im Nachlaß Sprangers befinden sich

(1) für den Vortrag und die Erstveröffentlichung:
(a) In einem Umschlag mit dem eigenhändigen Vermerk »Festansprache Rottweiler Lehrertag 9. 9. 1950« ein Ms., teilweise gegliederte Stichworte, 28 gezählte u. numerierte einseitig beschriebene Bl. annähernd DIN A 6, mit der Überschrift: »Rottweil 9. September 1950«. (b) Ein vollausge-

arbeitetes Ms. für den Druck, 25 S. auf 13 Bl. DIN A 5. (c) Ein Ts. für den Druck, 2fach, o. T. 14 Bl. DIN A 4. (d) Ein SD, in dem die Kapitelüberschriften handschriftlich gestrichen und durch die Ziffern I–IV ersetzt sind. Dieses Exemplar lag offenbar den weiteren Bearbeitungen für die Pädagogischen Perspektiven zugrunde, worauf auch der Vermerk Nr. IV auf der 1. Seite hinweist.

(2) für die Veröffentlichung in den Pädagogischen Perspektiven:

(a) KF 72–86, 2fach, mit gleichlautenden Korrekturen. (b) UB.

Umbildungen im Berufsleben und in der Berufserziehung (1950)

Dieser Aufsatz wurde erstmals veröffentlicht in: Die berufliche Ausbildung im Kanton Bern. Jg. 1950, Nr. 3, S. 41–47 (N 598), wiederabgedruckt in: Berufserziehung. Jg. 2. 1950/51. S. 119–127 (N 613), zuletzt in: Eduard Spranger: Grundlegende Bildung, Berufsbildung, Allgemeinbildung. Besorgt u. eingeleitet v. J. H. Knoll. Heidelberg 1965. S. 46–57.

In engstem Zusammenhang mit diesem Aufsatz steht eine Veröffentlichung mit dem gleichen Titel und dem Zusatz: Schlußwort zur Diskussion über dieses Thema. In: Archiv für Berufsbildung Jg. 3. 1951. S. 139–142. (N 614) Im Spranger-Nachlaß sind vorhanden:

(1) zu N 598 und N 613:

(a) Ein vollausgearbeitetes Ms., 26 S. DIN A 5 mit vielen Verbesserungen. (b) Ein Ts., 2fach, 12 Bl. DIN A 4 mit gleichlautenden Korrekturen. (c) 7 KF mit handschriftlichen Verbesserungen. (d) Drei Hefte »Die Berufliche Ausbildung im Kanton Bern« N 598, ohne Eintragungen. (e) Fünf SD aus N 613, eines davon mit der handschriftlichen Bemerkung Sprangers »Zweitdruck«.

(2) Zu N 614:

(a) Ein Ms. 3 Bl. DIN A 4, Vorarbeiten und Auszüge. (b) Ein vollausgearbeitetes Ms. 17 einseitig beschriebene Bl. DIN A 5. (c) Ein Ts., 9 Bl., 3fach, mit handschriftlichen Korrekturen, teils von Eduard, teils von Susanne Spranger, eines davon mit Stempel: Archiv für Berufsbildung, Schriftleitung. 1. Sep. 1951 und Druckanweisungen rot und grün. (d) Zwei Hefte des Archivs für Berufsbildung N 614, ohne Eintragungen, eines mit der Korrektur eines Druckfehlers auf S. 142.

Humanismus der Arbeit (1952)

Dieser Aufsatz erschien in: Die deutsche Berufs- und Fachschule. Bd. 48. 1952: S. 412–420 (N 631). Wie aus den Korrekturfahnen (s. u.) ersichtlich, lautete die Überschrift ursprünglich: »Die Idee der Berufsbildung«, wurde aber während des Druckes geändert. Im Spranger-Nachlaß befinden sich:

(1) eine vollständige handschriftliche Ausarbeitung, 25 einseitig beschriebene Bl. DIN A 5. Auf dem Umschlag Vermerk von Frau Spranger: Deutsche Berufs- und Fachschule (Wefelmeyer) 3. 4. 1952.
(2) ein Ts. 17 Bl. DIN A 4, 2fach, o. T. mit Korrekturen v. Frau Spranger. Voraus ging eine Bemerkung über das 50jährige Bestehen der Zeitschrift, die dann wegblieb, ebenso wie das Goethe-Zitat am Schluß: »Fünfzig Jahre sind vorüber . . .«
(3) 6 Bl. der 1. Fahnenkorrektur v. 7. 5. 1952, mit der Überschrift: »Die Idee der Berufsbildung«, mit zahlreichen Korrekturen und Verbesserungen von der Hand Sprangers
(4) das Heft 6/7 »Die Deutsche Berufs- und Fachschule«, Bd. 48, mit dem Aufsatz Sprangers N 631
(5) ein Brief des Hrsg. Robert Wefelmeyer an Spranger v. 26. 3. 1952.

Innere Voraussetzungen des Erziehertums (1952)

Diesen Vortrag hat Spranger, wie auf Bl. 1 des Ms. vermerkt, am 12. 12. 1952 in Schwenningen gehalten. In einem Brief an K. H. v. 13. 12. 1952 heißt es: »Auf den Schweizer Vortrag [Erziehung zur Menschlichkeit am 22. 11. in Bern N 646] folgte gestern der in Schwenningen. Der Vortrag fand bei den 200 alten und sehr jungen Hörern eine freundliche Aufnahme und führte sogar zu einer frischen Diskussion.«

Das hier erstmals veröffentlichte Ms. im Nachlaß umfaßt 27 einseitig beschriebene und vom Autor paginierte Blätter DIN A 6 in gegliederten Stichworten. Der Abdruck folgt im allgemeinen den Prinzipien, die A. Flitner auf S. 453 des I. Bandes dieser Ausgabe angegeben hat. Darüber hinaus wurde auf dem linken Rand jeweils die Blatt-Numerierung angegeben und in eckigen Klammern vermerkt, wo Abkürzungen Sprangers aufgelöst wurden. Die Zeilen sind grundsätzlich beibehalten worden; nur wo die zweite Silbe eines Wortes durch Trennung auf der folgenden Zeile für sich steht, wurde sie auf die vorangehende Zeile gezogen. Wo Spranger ganze Sätze durch senkrechte Striche am Rand hervorgehoben hat, wurde, wie bei Unterstreichungen im Text, Kursivdruck angewendet.

Dieser Vortrag gehört ebenso wie der folgende: Entmutigendes und Ermutigendes im Lehrerberuf zu dem Themenkreis, der sich mit dem Beruf des Lehrers und Erziehers beschäftigt, und es überrascht deshalb nicht, daß hier manche Punkte angesprochen werden, die Spranger später in der Schrift: Der geborene Erzieher (N 752) ausführlich behandelt hat. (Vgl. Bd. I dieser Ausgabe, S. 280–338.)

Über die inneren Voraussetzungen des Erziehertums und weitere hierhergehörende Literatur vgl. A. Flitner in Bd. I dieser Ausgabe, S. 447–448. Vgl. außerdem: Erziehung als Beruf. Vortrag gehalten in der Lehrerbildungsanstalt Künzelsau am 23. 3. 1948. Ms. 11 Bl. DIN A 6, gegliederte Stichworte. Inhalt: I. Man muß etwas sein. II. Man muß etwas können. III. Man muß etwas lebendig machen können. – Der Volksschullehrer als Erzieherpersönlichkeit. Vortrag für Junglehrer, Stuttgart 12. 10. 1948. Ms. 25 Bl. DIN A 6, teils ausführlich, teils in gegliederten Stichworten. Inhalt: I. Geist der Erziehung. II. Die wesensmäßigen Schwierigkeiten des Berufes. III. Die erweiterte Kulturfunktion. – Zum Geleit (N 582, in diesem Bande S. 126–130).

Entmutigendes und Ermutigendes im Lehrerberuf (1954)

Nach dem vorliegenden Ms. hielt Spranger am 25. 6. 1954 einen Vortrag über dieses Thema in Tübingen. Die Datierung ist zweifelhaft; denn er schrieb am 21. 6. 1954 an K. H.: »Am Montag [14. 6.] war ich total entkräftet, mußte mir aber noch den Entwurf des Vortrages für die hiesige Lehrerkonferenz am Dienstag [15. 6.] abquälen. Der glückte ganz ordentlich, bis auf das Verpuffen aller Witze – aus Respekt.« Außerdem geht aus der gleichen Quelle hervor, daß Spranger am 25. 6. von Tübingen nach Sigmaringen zu einem Treffen der Tübinger und Freiburger Philosophischen Fakultäten am 26. 6. in Alpirsbach fuhr. Das im Nachlaß vorhandene, bisher unveröffentlichte Ms. umfaßt 31 einseitig beschriebene Blätter DIN A 6 in der charakteristischen Art der Vortrags-Ms. Sprangers.

Über den Zusammenhang, in dem dieser Vortrag steht, s. das S. 448 zu dem vorhergehenden Vortrag Gesagte.

Der Eigengeist der Volksschule (1955)

Wie aus dem Vorwort hervorgeht, liegt dieser Schrift ein Vortrag zugrunde, den Spranger am 16. 10. 1954 vor Lehrern gehalten hat. Er gehört in den Kreis seiner Gedanken über Schulreform, über die er sich an zahlreichen Stellen skeptisch geäußert hat. Im »Eigengeist« bringt er *seine* Überlegungen durch eine Besinnung auf das Wesen der Volksschule zum Abschluß. Er ließ ihm später die beiden Bändchen folgen: Der geborene Erzieher 1958 (N 752, in dieser Ausgabe Bd. I, S. 280–338) und: Das Gesetz der ungewollten Nebenwirkungen in der Erziehung 1962 (EM 878, in dieser Ausgabe Bd. I, S. 339–405), auf deren Zusammengehörigkeit bereits A. Flitner in den Anmerkungen a. a. O., S. 446–448 u. S. 449 hingewiesen hat. Spranger hat diese drei Bändchen gern als Trilogie bezeichnet. Der »Eigengeist« ist stark beeinflußt durch die Theorie der Eigenwelten von J. v. Uexküll. Spranger erwähnt diesen von ihm sehr geschätzten Autor zum ersten Mal 1926 in der Akademie-Rede über: Die Frage nach der Einheit in der Psychologie (N 226). 1933 veröffentlichte er: Die Vielheit der Erlebniswelten in ihrer Bedeutung für Volkskunde und Volkserziehung (N 353). Zahlreiche Hinweise auf Uexküll finden sich 1934 in: Metapsychologische Meditationen (N 364). Besonders wichtig sind Sprangers Nachwort zu Uexküll: Die neue Umweltlehre. Ein Bindeglied zwischen Natur- und Kulturwissenschaft (N 426) und sein Aufsatz über: Die weltanschauliche Bedeutung der modernen Biologie (N 511); im übrigen wird auf das Gesamt-Personenregister zu den Veröffentlichungen Sprangers im Spranger-Archiv, s. v. Uexküll und die Arbeit von Richard Eckstein: Spranger und v. Uexküll. Ein Essay zu Natur und Geist in der Festschrift der Münchner Seminarteilnehmer zum 80. Geburtstag Sprangers am 27. 6. 1962 (im Spranger-Archiv) verwiesen.

Den Eigengeist der Volksschule erwähnt Spranger in zahlreichen Briefen, so an G. Viertmann v. 10. 3. 1955, an Praehauser (vgl. o. S. 290) v. 17. 3. u. 8. 4. 1955, an Schmeil v. 26. 4., 6. u. 10. 5., 5. 11. 1955, 25. 4. 1956, an Käthe Hadlich v. 13. 5. 1955, an Schweikert v. 23. 5. 1955, an Rudolf Karnick v. 22. 11. 1955, an Röhrs v. 12. 6. 1956 und an Haag v. 23. 6. 1958.

Die 1. Aufl. des »Eigengeistes« erschien 1955 (N 692), die 2. Aufl. 1956 (N 719), die 3. Aufl. 1958 (EM 787), die 4. Aufl. 1960 (EM 823), die 5. Aufl. 1963; sie liegt dieser Ausgabe zugrunde. Eine italienische Übersetzung erschien 1959 (EM 800); über eine japanische wurde mit Schmeil im Brief v. 15. 4. 1959 verhandelt.

Im Spranger-Nachlaß befinden sich:

(1) zum Vortrag:

(a) Ein Ms. 1 Bl. DIN A 5 mit einer Disposition. – (b) ein Ms. 2 Bl. DIN A 4 mit einer erweiterten Disposition. – (c) ein eigenhändiges Ms. mit gegliederten Stichworten, 30 Bl. DIN A 6, mit der Überschrift: Eigengeist der Volksschule, 10. 10. 54. – (d) ein Ms. 1 Bl. DIN A 5 mit der Überschrift: Die neue Umweltlehre. (6 Punkte u. 3 anschauliche Beispiele.)

(2) zum Druck:

(a) ein Ms. 1 Bl. DIN A 5, Entwurf des Vorwortes. – (b) ein Ts. 3fach, 1 Bl. DIN A 4, eines mit handschriftlichen Verbesserungen Sprangers und dem Zusatz des letzten Abschnittes: »Es wäre mir eine Freude ...«, der in II a noch fehlt. – (c) ein Ms. 1 Bl. DIN A 5, mit dem Entwurf des Inhaltsverzeichnisses. – (d) ein Ts. 1 Bl. DIN A 5, Abschrift von (2) c ohne Veränderungen u. 1 Bl. Ms. DIN A 5 Nachträge – (e) ein vollausgearbeitetes Ms. 12 Bl. DIN A 5, mit der Überschrift V und dem handschriftlichen Zusatz mit rotem Kugelschreiber »Alte Fassung von V«. Die Blätter sind mit Bleistift von 76–90 numeriert. Blätter mit der Zählung 83–85 fehlen. – (f) ein Ms. 138 Bl. DIN A 5, 2 Bl. DIN A 4, ohne Vorwort und Inhaltsverzeichnis; davon I–IV 90 Bl. DIN A 5, 1 Bl. DIN A 4; Teil V 47 Bl. DIN A 5, 1 Bl DIN A 4. – (g) ein Ts. 2fach, 77 Bl. DIN A 4, mit eigenhändigen Korrekturen Sprangers, ein 3. Ts. mit Vorwort, Inhaltsverzeichnis und Anweisungen für den Druck. – (h) der vollständige Umbruch mit Korrekturen Sprangers und dem Vermerk: M[ein] E[xemplar] – (i) ein Ts. 7 Bl. DIN A 4, Stellungnahme von Fr. Neukamm zu Sprangers Konzept. – (k) 3 Briefe Neukamms an Spranger. — (l) je 1 Ex. der 1. u. 2. Aufl, mit Widmung Sprangers im Ex. der 1. Aufl.

Von der Lernschule zur Erziehungsschule (1956)

Dieser Aufsatz wurde veröffentlicht in: Kultus und Unterricht. Jg. 5. 1956, nichtamtl. Teil. S. 67–70. Mit einem Bild Sprangers. (N 736) Im Spranger-Nachlaß befinden sich:

(1) der Briefwechsel zwischen Spranger und dem Baden-Württembergischen

Kultministerium das Erscheinen dieses Aufsatzes betreffend, und zwar zwei Briefe an Spranger und einer von ihm, datiert v. 29. 2. 1956

(2) ein voll ausgearbeitetes eigenhändiges Ms., 10 einseitig beschriebene Bl. DIN A 5 mit Verbesserungen

(3) ein Ts. 3fach, 5 Bl. DIN A 4, eines davon mit umfangreichen handschriftlichen Korrekturen Sprangers, zwei mit dem Vermerk »April 1956«

(4) KF, dreifach, datiert v. 4. 6. 1956, ohne Korrekturen.

Die Erziehungsaufgabe der deutschen Berufsschule (1958)

Am 2. 2. 1957 hielt Spranger für Gewerbelehrer auf der Comburg einen Vortrag über: Die Erziehungsaufgabe der deutschen Berufsschule.

Veröffentlicht wurde der Comburger Vortrag in: Die Berufsbildende Schule. Jg. 10. 1958. S. 293–307 (EM 793). Spranger schreibt darüber an Erwin Jeangros am 25. 2. 1958: »In der nächsten Woche soll dann ein Aufsatz für Krefting [Chefredakteur der Berufsbildenden Schule] fertig werden; der ist allerdings ein bißchen lang.« Und am 4. 3. 1958: »Nach der Rückkehr von Stuttgart [wo Spranger am 27. 2. die Kerschensteiner-Berufsschule besichtigt hatte] ist das Ms. für Krefting über ›Die Erziehungsaufgabe der deutschen Berufsschule‹ fertig geworden. Dazu habe ich mir noch einmal die vorzüglichsten Aufsätze über Automation vorlesen lassen, die Sie mir gütig gestiftet haben.« Am 13. 5. 1958 berichtet Spranger an Jeangros: »Mein großer, wahrscheinlich viel zu weitschweifiger Aufsatz für die ›Berufsbildende Schule‹ ist längst gesetzt, wird aber wohl noch zurückgehalten für die Tagung in Hamburg.«

Im Spranger-Nachlaß befinden sich:

(1) Zum Vortrag auf der Comburg:
(a) Ein Ms. in gegliederten Stichworten, 34 einseitig beschriebene Bl. DIN A 5, mit der Überschrift: Comburg 2. II. 57. (b) Eigenhändige Disposition, 5 Bl. DIN A 4, mit der Überschrift »Tabelle«, dazu rot »Übersicht«. (c) Handschriftliche Notizen, 2 Bl. DIN A 4, anscheinend zum Vortrag v. Leyensetter. (d) Eine hektographierte Disposition zum Vortrag von Leyensetter: Die praktische Erziehungsarbeit in der gewerblichen Berufsschule. Vortrag auf der Akademie Comburg am 2. 2. 1957. (e) Brief von Erwin Jeangros vom 29. Jan. 1957, 3 Bl. DIN A 4, mit Umschlag, auf dem Spranger vermerkte »gehört zum Comburger Vortrag, Vorl. Karte am 4. II.« Ferner ein zweiter Brief von Erwin Jeangros vom 5. Febr. 1957, 2 Bl. DIN A 4.

(2) Zum Druck in »Die Berufsbildende Schule«:
(a) Ein Ms., voll ausgearbeitet, 80 Bl. DIN A 5. (b) Ein Ms. (ausgeschiedene Blätter), 6 Bl. DIN A 5. (c) Ein Ms.: Exzerpte aus Otto Monsheimer: »Drei Generationen Berufsschularbeit«. 1955. 17 S. DIN A 5. (d) Ein Ts., 30 S. DIN A 4, mit wenigen Korrekturen von Frau Spranger und der Bemerkung auf S. 1 »Nur zur Ansicht«. (e) Ein Ts. (Durchschlag v. d), unvollständig, nur die Seiten 1–15 umfassend. (f) Zwei Hefte von »Die Berufsbildende Schule« N 793.

Der Landlehrer in der verwandelten bäuerlichen Welt (1960)

Am 2. 7. 1959 hielt Spranger anläßlich des Pädagogischen Lehrganges 8/59 der Staatlichen Akademie Comburg einen Vortrag über den Lehrer in der Gemeinde. Er berichtet an K. H. am 29. 6. 1959: »Am Mittwoch (1. 7.) muß ich für zwei Tage nach der Comburg, und der Vortrag dort macht mir Schwierigkeiten.« Die Bemerkung am 14. 9. an die gleiche Adressatin: »Die letzten Tage habe ich darauf verwenden müssen, einen wichtigen Aufsatz zu schreiben. Er ist nun fertig und kommt mit dieser Karte zur Post«, bezieht sich wahrscheinlich auf den Druck dieses Vortrags, der unter dem Titel »Der Landlehrer in der verwandelten bäuerlichen Welt« erschien in: Die Schulwarte. Jg. 14. 1960. S. 1–15 (EM 840). Dieser Text liegt dem vorliegenden Abdruck zugrunde. Er wurde zwei Jahre später wieder abgedruckt in: Berufliche Erziehung. 1962. S. 24–41 (EM 884).

Im Spranger-Nachlaß befinden sich:

(1) Zum Vortrag auf der Comburg:

(a) Ein vervielfältigtes Schreiben und die Einladung mit Programm zum Pädagogischen Lehrgang Nr. 8/59 der Staatlichen Akademie Comburg, 1.–4. Juli 1959, mit der Ankündigung: Donnerstag, 2. Juli, 9 Uhr, Professor Dr. Eduard Spranger, Tübingen: Der Lehrer in der Gemeinde. (b) Ein Ms. der Disposition u. d. T.: Wandlungen in der Kulturfunktion der Volksschule. 1 Bl. DIN A 4. (c) Ts. einer Disposition zum Vortrag Sprangers u. d. T.: Wandlungen in der Kulturfunktion der Volksschule. 1 Bl. DIN A 4. (d) Ein 23 Bl. DIN A 5, mit der Überschrift: Comburg, 2. Juli 59, und dem Zusatz Ms. in gegliederten Stichworten, 4 Bl. DIN A 4. (e) Briefwechsel mit dem Bezirksschulamt Crailsheim, 4 Briefe. (f) Ein Ms. in gegliederten Stichworten, mit rotem Kugelschreiber: Ursprüngliches Redemanuskript. Auf dem Umschlag von der Hand Sprangers: »Redeexemplar Comburg 2. Juli 59. Der Dorflehrer in der Gemeinde.« Von fremder Hand: 23 Seiten Entwurf + 14 Seiten ausgearbeitet, andere Fassung; vgl. E. Spranger: Der Landlehrer in der verwandelten bäuerlichen Welt in Ztschr.: »Die Schulwarte« Stuttgart, 13. Jg., Heft 1, Januar 1960«. (g) Ein voll ausgearbeitetes Ms. 14 Bl. DIN A 5. Das Ms. beginnt mit 3 »Die Menschenkenntnis und die Heimatkunde beziehen sich überwiegend auf Vorhandenes« (ungefähr entsprechend dem Druck EM 840 S. 9) und bricht ab mit dem Satz: »Aber auf dem Lande ist das Wurzelhafte noch sichtbarer.« (Also im Druck EM 840 S. 13.) (h) Ein Ts. einer ausführlichen Disposition mit der Überschrift: Wandlungen in der Kulturfunktion der Volksschule. 5 Bl. DIN A 4.

(2) Zum Druck:

(a) Ein voll ausgearbeitetes Ms., ohne Überschrift, 73 Bl. DIN A 5. Dies ist die Ausarbeitung des Ms. in gegliederten Stichworten für den Vortrag auf der Comburg (s. o. 1 b). (b) Ein Ts. 2fach, 30 Bl. DIN A 4, mit Korrekturen von Frau Spranger. (c) 2 Hefte von »Berufliche Erziehung« EM 884.

Thematisch hat sich Spranger wiederholt mit dem Problem der Erziehung auf dem Lande beschäftigt. Vgl. N 281 u. N 798.

Der Sinn des altsprachlichen Gymnasiums (1960)

Aus der gemeinsamen Sorge zweier Freunde ist eine gemeinsame Veröffentlichung entstanden. Sie war in Umrissen bereits Ende 1958 abgeschlossen, erschien aber erst 1960 und ist ein in sich so abgeschlossenes Ganzes, daß es schwer ist, den Anteil Sprangers und den Anteil Haags voneinander abzugrenzen. Nur der Grundtext des Abschnittes: Die Fruchtbarkeit der (klassischen) Gehalte des griechisch-römischen Altertums ist Haag zuzuschreiben; er verrät die Kenntnisse und Erfahrungen des praktischen Schulmannes. Die Formulierungen der übrigen Abschnitte gehen teils auf gemeinsame Beratungen zurück, teils sind sie Einfügungen von Haag, ebenso wie sich Einfügungen Sprangers in dem Haag zugeschriebenen Teil finden. Im Nachlaß sind sehr zahlreiche Ms. und Ts. vorhanden, die leider nicht datiert sind; sie wurden einigermaßen chronologisch geordnet. Eine besondere Schwierigkeit lag darin, daß die Arbeit sich über längere Zeit hinzog. Es empfiehlt sich, die Entstehung der einzelnen Kapitel dieser Schrift nach den im Spranger-Nachlaß vorhandenen Stücken zu untersuchen. Dieser Gedanke liegt der folgenden Ordnung zugrunde.

(I) *Vorüberlegungen:* (a) Das älteste Stück ist wohl ein dreiseitiges Ms. DIN A 4 Sprangers, das mit den Sätzen beginnt: »Unser ›Manifest‹ – wie wir es nur im privaten Sprachgebrauch nennen – hat zwei Aufgaben: (1) Aufzeigung des Wertes, den eine ›grundlegende Bildung‹ an den Geistesgütern der alten Griechen und Römer (von Homer bis zur Kaiserzeit) dauernd besitzt; (2) die Notwendigkeit einer Form der höheren Schule (Normalform 9 Jahre), die die genannten Güter – altersgemäß ausgewählt – in den Mittelpunkt ihres Bildungsplanes stellt« und mit den Fragen endet: »Können die feinen Dosen der sprachlichen Bildung sinnvoll assimiliert werden, wenn man gleichzeitig Kinopillen schluckt und die Geistesgymnastik von Fußballgymnastik überboten wird? Gibt es Parallelfälle eines solchen langen Weges durch nicht mehr lebende fremde Sprachen? Hat z. B. die chinesische *Sprache* für die Bildung der Japaner eine ähnliche Rolle gespielt?« (b) Ein eigenhändiges Ms. Sprangers, 1 Bl. DIN A 4, mit einer Disposition des Themas: Jugendbildung an den Kulturschöpfungen der alten Griechen und Römer. Dazu: (c) Ein Ts., 1 Bl. DIN A 4, eine genaue Übertragung von (I b) ohne handschriftliche Zusätze. (d) Ein Ms. Sprangers, 1 Bl. DIN A 4, mit der Überschrift: Unverbindlicher Entwurf einer Einteilung. Dazu: (e) Ein Ts. 2fach, 1 Bl. DIN A 4, mit gleicher Überschrift, dem Stempel Sprangers und einem handschriftlichen Zusatz am Schluß. – (f) Ein Ts. 2fach, 1 Bl. DIN A 4, mit der Überschrift: II. Beiträge zur Ausgestaltung des gegenwärtigen deutschen Bildungsideals. – 1 Ts. 3 S. auf 2 Bl. DIN A 4. Es enthält u. a. den Abschnitt: Wie stehen wir zu Werner Jaeger? Dann folgt eine Abschrift aus (I a). – (g) Ein Ts., 2 Bl. DIN A 4, ohne Seitenzählung, mit der Überschrift: »Humanität« von der Hand Susanne Sprangers. Fragment.

(II) *Zum Vorwort:* Das Vorwort hat im Laufe der Zeit mannigfache Umgestaltungen erfahren. Die Gedanken des späteren Vorworts und der späteren Einleitung waren ursprünglich nicht getrennt, sondern wurden erst später geschieden. (a) 1 Ts., 2 Bl. DIN A 4, mit dem handschriftlichen Zusatz Sprangers: Sommer 1959. – (b) Ein voll ausgearbeitetes Ms., 13 Bl. DIN A 5, mit einem angehefteten Zettel: Haagschrift, Vorwort, Ältere Fassung. – (c) Ein Ts., 2fach, 6 Bl. DIN A 4, mit dem Vermerk: Altes Vorwort (Ende 1959, Anfang 1960). Abschrift von Ms. (II a). – (d) Ein Ms. 7 Bl. DIN A 5. – (e) Ein Ts., 9 Bl. DIN A 4, mit handschriftl. Korrekturen von der Hand Frau Sprangers, enthaltend das Vorwort (Bl. 1–4) und die Einleitung (Bl. 5–9). Dann folgt die handschriftliche Bemerkung von Frau Spranger: »Nun der alte Hauptteil, dessen Gliederung noch zu revidieren ist.« Zugrunde liegt Ms. (II b) und Ms. (II d).

(III) *Zur Einleitung:* (a) Ein Ts. 1 Bl. DIN A 4, mit der handschriftlichen Überschrift Haags: »Einleitung«; später nicht verwendet. — (b) Ein vollausgearbeitetes Ms. Sprangers, 10 Bl. DIN A 5; im Druck entspricht dieses Ms. den Seiten 13–17; dazu: (c) Ein Ts. 1 Bl. DIN A 4 (Fragment) mit handschriftlichen Korrekturen von Frau Spranger, enthaltend die ersten fünf Absätze der Einleitung, mit einem vom Druck abweichenden Schluß.

(IV) *Zu den Leitsätzen:* (a) Ein vollausgearbeitetes Ms. Sprangers, 15 Bl. DIN A 4. Mit Ausnahme des Anfangs (»Wie man auch das Wesen der Bildung definieren möge ... «) stimmt das Ms. von Bl. 1 a Mitte »Bei Schiller und Wilhelm von Humboldt...« bis Bl. 10 u. »... Klarheit über den eigenen Standort vermißt« im wesentlichen mit dem Druck S. 19–29 überein. Dann folgen im Ms. unter B. längere Ausführungen über Humanismus und Existentialismus, die in der endgültigen Fassung weggefallen sind. Sie wurden ersetzt durch eine Fassung, deren erste Formulierung sich findet in: (b) Ein vollausgearbeitetes Ms., 4 S. auf 2 Bl. DIN A 4, von einigen Abweichungen abgesehen, den S. 29–32 entsprechend. Die später mit römischen Ziffern bezeichneten Hauptabschnitte stehen hier unter großen lateinischen Buchstaben. So auch in dem hierhergehörenden: (d) Ts. 8 Bl. DIN A 4, Teilabschrift von (IV a) bis Bl. 10, mit zahlreichen eigenhändigen Korrekturen Sprangers und dem Vermerk »Alt« auf jedem Blatt. Im Druck entsprechen diesem Ts. die S. 19–29. Hier ist bereits der Humanismus und Existentialismus betreffende Abschnitt weggefallen. – (e) Ein Ts. 11 Bl. DIN A 4, vollständige Abschrift von (IV a) mit sehr vereinzelten Korrekturen von Frau Spranger. (f) Ein Ts. 1 Bl. DIN A 4, mit Seitenzählung 1 und der Überschrift »A«, enthält einen frühen Entwurf des ersten Absatzes der Leitsätze (»Wie man auch das Wesen der Bildung definieren möge ...«). – (g) Ein vollausgearbeitetes Ms., 3 Bl. DIN A 5, Entwurf der endgültigen Fassung der Einleitung zu den Leitsätzen (im Druck S. 19–20). – (h) Ein vollausgearbeitetes Ms., 1 Bl. DIN A 4, mit rotem Kugelschreiber von der Hand Sprangers: »S. 2. Z. 8 v. unten« enthält eine Einfügung, die im Druck nach weiterer Überarbeitung auf S. 22 erscheint (»Wenn man in das Wagnis eintreten will ...« – »Wettbewerb veredeln«.) und in dem folgenden Ts. bereits enthalten ist. – (i) Ein Ts. 3fach, 18 Bl. DIN A 4, mit sehr breitem Rand rechts, beginnend: »Die Bemühungen um eine angemessene Definition ... « – » ... auf die Findung seines höheren Selbst«, eine davon mit sehr zahlreichen Randbemerkungen, Verbesserungen und Einfügungen, teils von Haag, teils von Spranger. Dieses Ts. entspricht im Druck den S. 19–32 (= Leitsätze über den Sinn des altsprachlichen Gymnasiums).

(V) *Zum Kapitel: Die Fruchtbarkeit der (klassischen) Gehalte des griechisch-römischen Altertums.* Hierzu finden sich im Nachlaß Sprangers keine handschriftlichen Unterlagen, da dieser Abschnitt (im Druck S. 33–48), wie bereits bemerkt, in erster Linie Erich Haag zuzuschreiben ist.
(a) Ein Ts. 2 Bl. DIN A 4, mit der Seitenzählung 18 und 19. Fragment mit 2 beiliegenden Bl. DIN A 5 für Bl. 18 (eines von Spranger, das andere von Haag), 2 Bl. (eines von Spranger, DIN A 4, das andere von Haag, DIN A 5) zu Bl. 19 und zwei aufgeklebten Zetteln, offenbar Zusätze Sprangers enthaltend, die im Druck berücksichtigt sind; vgl. dort S. 45 (»In der Gestalt der Sophistik ... « – kurz vor dem Ende auf S. 48). – (b) Ein Ts., 20 Bl. DIN A 4, mit sehr breitem Rand rechts und mit sehr zahlreichen Randbemerkungen, Verbesserungen und Einfügungen, teils von Haag, teils von Spranger, enthaltend den Text des Druckes S. 33–48, aber noch ohne Berücksichtigung des Ts. (V a). Diesem Ts. ist ein Bl. DIN A 5, zu S. 19 gehörig, eingelegt, mit einem Zusatz von der Hand Haags und einer Ergänzung von der Hand Sprangers. Dieses Blatt enthält den endgültigen Schluß, der den ursprünglich in Ts. (V b) enthaltenen ersetzt.

(VI) *Zum Schluß:* (a) Ein Ts. 4 Bl. DIN A 4 (Seitenzählung 27–30), mit einer anderen Schreibmaschine als Ts. (VI b) geschrieben und der handschriftlichen Überschrift Sprangers »Schluß« und Randbemerkungen sowie Korrekturen von Haag und Spranger, die in Ts. (VI b) berücksichtigt sind. Dieses Ts. gehörte ursprünglich zum Ts. (VII b). – (b) Ein Ts. 3 Bl. DIN A 4 (Seitenzählung 20–22), mit dem Vermerk:» Alter Schluß« (auf dem Umschlag: »Alter Schluß vom Sommer 1959«). Gehörte ursprünglich zum Ts. VII a. – (c) Ein vollausgearbeitetes Ms. Sprangers 8 Bl. DIN A 5, mit der Überschrift: »Schlußteil. Die Bedeutung des a[lt-]spr[achlichen] Gymnasiums für die ind[ustriell]-techn[ische] Gesellschaft«. Bl. 1–7 entspricht den Seiten 49–52 (bis »unserer Gesamtlage«). Die letzten Zeilen des Ms. erscheinen im Druck nicht; denn von hier an beginnt ein neuer Schluß (»Zu dieser zweiten Art von Schulen ... «). Bl. 8 enthält unter (II) und der Überschrift: »Welche ›Bildung‹ gibt das a[lt]spr[achliche] Gymnasium den Mitgliedern gerade der industriell-technischen Gesellschaft?« und dem Zusatz: »Das müssen wir noch gemeinsam durchdenken.« Disponierte Stichworte für den folgenden Text des Schlusses. – (d) Ein Ts. 5 Bl. DIN A 4 (das 4. Bl. doppelt). Abschrift von Ms. (VI c) mit handschriftlichen Bemerkungen Sprangers und dem Zusatz von Frau Spranger: »Vorrang der Bildung vor der Ausbildung«. – (e) Ein vollausgearbeitetes Ms. Sprangers, 6 Bl. DIN A 4. Grundlage für Ts. (VI f). – (f) Ein Ts. 2fach, 3 Bl. DIN A 4, mit dem handschriftlichen Vermerk Sprangers: »Material für den Schluß«. Abschrift von Ms. (VI e). – (g) Verschiedene handschriftliche Zettel unterschiedlicher Formate mit Notizen.

(VII) *Titelei:* (a) Ein Ms. 4 Bl. DIN A 4 (Titelblatt, Inhalt, Überschrift für Einleitung und Leitsätze). Dazu: (b) Ein Ts. 1 Bl. DIN A 4 (Entwurf des Inhaltsverzeichnisses mit handschriftlichen Korrekturen von Spranger und Haag).

(VIII) *Gesamtfassungen:* (a) Ein Ts. 4fach, 29 Bl., DIN A 4, eines davon mit eigenhändigen Korrekturen Sprangers. – (b) Ein vollständiges Ts., 42 mit automatischem Stempel durchnumerierte Bl. DIN A 4. Die Anm. 1 auf S. 21 des Drukkes ist handschriftlich von Haag auf Bl. 000015 beigefügt. Die handschriftlichen Bemerkungen Sprangers sind im Druck nicht durchwegs berücksichtigt.

(IX) 2 *Exemplare des Druckes* ohne Eintragungen.

Ungelöste Probleme der Pflichtberufsschule (1960)

Erstmals veröffentlicht in: Erziehung und Bildung im Zeitalter der Technik. Beiträge zu pädagogischen Fragen unserer Zeit. Festgabe für Paul Luchtenberg. – Neustadt/Aisch. 1960. S. 140–150 (EM 843), wiederabgedruckt in: Berufliche Erziehung. 1961. S. 152–161 (EM 870).

Im Spranger-Nachlaß befinden sich:

(1) Ein eigenhändiges vollausgearbeitetes Ms., 19 Bl. DIN A 5 mit dem Vermerk Sprangers »Alt«.

(2) Ein eigenhändiges Ms. 1 Bl. DIN A 4, mit der Disposition.

(3) Ein eigenhändiges vollausgearbeitetes Ms., 36 Bl. DIN A 5.

(4 a) Zwei Ts. 17 Bl. DIN A 4, mit mehreren eigenhändigen Korrekturen Sprangers. Davon eines mit dem Zusatz von fremder Hand: Luchtenberg-Festschrift.

(4 b) 1 Durchschlag dieses Ts., 17 Bl. DIN A 4 mit Übertragung der Korrekturen und Zusätzen von Frau Spranger.

(5) 1 Exemplar der Festschrift ohne Bemerkungen sowie 4 Sonderdrucke (EM 843) ohne Anmerkungen.

(6) 1 Exemplar von »Berufliche Erziehung« 1961, 3 (EM 870) ohne Bemerkungen.

(7) Ein achtseitiges eigenhändiges Ms. auf 4 Bl. DIN A 4, mit Auszügen aus Erwin Jeangros: Die Ausbildungsordnung in der Dynamik des Berufslebens. Hrsg. Handwerker- und Gewerbeverband der Stadt Bern. – Bern 1959. 54 S.

Spranger hat das im Nachlaß vorhandene Exemplar dieses Buches mit zahlreichen roten und blauen Strichen am Rand und Unterstreichungen im Text sowie einigen Notizen versehen. Er verweist in Anm. 4 auf S. 141 der Festschrift auf dieses Buch und nimmt auf S. 144–146 und S. 148 dazu Stellung (Vgl. o. S. 315, S. 399–401, S. 403 in diesem Band.)

Quellen pädagogischer Berufswünsche (1961)

Veröffentlicht in: Erziehung als Beruf und Wissenschaft. Festgabe für Friedrich Trost zum 60. Geburtstag [23. 10. 1959]. – Frankfurt, Berlin, Bonn: 1961. S. 1–15 (EM 867).

Im Spranger-Nachlaß befinden sich:

(1) Ein eigenhändiges, vollausgearbeitetes Ms. 61 Bl. DIN A 5 mit zahlreichen Korrekturen und Ergänzungen und roter Paginierung. Bl. 42 u. 43 sind entnommen. Der Text geht Bl. 44 weiter. Nach Bl. 48 folgen Bl. a–p. Dort mit Bleistift am Ende nach » . . . zu kultivieren bestrebt ist« der Vermerk: »vorläufig[er] Schluß.« Tatsächlich handelt es sich um den endgültigen Schluß.

(2) Ein Ts. 2fach, 21 Bl. DIN A 4, eines mit eigenhändigen Korrekturen und der eigenhändigen Überschrift: Quellen pädagogischer Berufswünsche. Eduard Spranger, eines mit Übertragung der Korrekturen durch Frau Spranger. Beide Ts. enden mit: »zu kultivieren bestrebt ist.«

(3) Ein für den Druck bestimmtes Ts., 25 Bl. DIN A 4, mit eigenhändigen Korrekturen und Bemerkungen sowie dem Stempel 3. Okt. 1960. Es handelt sich um eine Abschrift des Ts. (2) mit weiteren Verbesserungen von der Hand Sprangers. Die Anmerkungen sind weggeschnitten und befinden sich zusammengeklebt auf einem besonderen Zettel, dem die gedruckte Ausführung beigegeben ist.

(4) 8 KF 2fach mit zahlreichen eigenhändigen Korrekturen, ein Exemplar mit dem Vermerk Sprangers: Nach Korrektur druckfertig. Sp. 3. XII. 60 und dem Stempel: Revision erbeten. Verlag Moritz Diesterweg 19. 12.

Die vorliegende Schrift gehört in den Zusammenhang der Schriften Sprangers über den Beruf des Lehrers und Erziehers.

Zu diesem Bande

Die Wiedergabe der Texte in diesem Band erfolgt nach den Richtlinien, die für die Ausgabe der Gesammelten Schriften Eduard Sprangers erarbeitet und in Band I, Seite 454 ff. von A. Flitner und G. Bräuer dargelegt worden sind. Die einzelnen Texte sind folgenden Bereichen entnommen: 1) Zur Pädagogik der Volks-, Berufs- und Höheren Schule einschließlich der Geschichte der Volksschule und der Schulreform. 2) Zum Beruf des Lehrers und Erziehers einschließlich der Lehrerbildung (teilweise zur Ergänzung der in Bd. 1 veröffentlichten Stücke). 3) Zum Zusammenhang zwischen Weltanschauung und Schule.

Besonderer Wert wurde darauf gelegt, die im Spranger-Nachlaß zu den einzelnen Abschnitten vorliegenden Ms und Ts möglichst vollständig zu erfassen und nach den Grundsätzen zu beschreiben, die für wissenschaftliche Editionen gelten, ohne daß dabei auf eine Textkritik im einzelnen hätte eingegangen werden können, die nicht im Sinne der Grundplanung dieser Ausgabe liegt. Nur so ist es möglich, die Genese der einzelnen Arbeiten bei weiteren Spezialuntersuchungen zu verfolgen.

Deshalb wurden auch möglichst viele Briefstellen mitgeteilt, die Aussagen des Verfassers über Absicht, Entstehung und Aufnahme der verschiedenen Abhandlungen enthalten. Dadurch kommt oft der biographische Zusammenhang in den Blick, aus dem sie entstanden sind, so vor allem bei den Gedanken über Lehrerbildung, deren Vorgeschichte bis jetzt infolge Unzugänglichkeit der Quellen nur unzureichend untersucht worden ist. Auf bereits veröffentlichte Briefstellen, vor allem aus dem Briefwechsel Kerschensteiner-Spranger, wurde im allgemeinen nur verwiesen, Unveröffentlichtes jedoch möglichst reichlich wiedergegeben, einmal weil dadurch der Stoff erheblich an Leben gewinnt, zum anderen weil Spranger möglichst viel selbst zu Worte kommen sollte. Als unerschöpfliche Fundgrube erwies sich vor allem der von 1903 bis 1960 reichende und mehrere tausend Briefe umfassende Briefwechsel mit Käthe Hadlich, der fast einem Tagebuch gleichkommt. Grenzen setzte der außerordentlich knapp bemessene Raum für den Herausgeberteil: verzichtet werden mußte auf viele interessante Hinweise, auf eine Würdigung und einen Sachkommentar zu den einzelnen Schriften, wie ich ihn etwa in den Anmerkungen zum Briefwechsel Kerschensteiner-Spranger gegeben habe, auf eine systematische Aufführung der Veröffentlichungen und Stellen, an denen sich Spranger zu den einzelnen Problemkreisen äußert. Auf die Bibliographie der Rezensionen und die Vorarbeiten für ein Sachverzeichnis im Archiv wird verwiesen.

Die Spranger-Forschung steht noch am Anfang, und es kann nicht die Aufgabe dieser Edition sein, monographische Untersuchungen über Einzelgebiete vorwegzunehmen, wie etwa die Entwicklung der Sprangerschen Gedanken über die Berufsschulpädagogik, die Lehrerbildung und den Lehrerstand, die Schulreform, die Antike, das Humanistische Gymnasium und die weltanschaulichen Grundlagen der Erziehung. Alle diese Problemkreise haben Spranger sein ganzes Leben hindurch beschäftigt und sich zu literarischen Zeugnissen verdichtet, die im Spranger-Nachlaß vorhanden sind.

Die Schule war das zentrale Anliegen Sprangers, den Lehrern zollte er höchste Achtung, persönliche Freundschaften verbanden ihn mit vielen Volksschullehrern, u. a. mit Götze und Muthesius, und trotz allen Konflikten, die sich vor allem aus seinen Gedanken über Lehrerbildung ergaben, war er ein von Lehrern immer wieder zu Vorträgen gerufener Redner. Es gibt keinen anderen Pädagogen – seinen Freund Kerschensteiner ausgenommen –, der in der ersten Hälfte unseres Jahrhunderts durch eine so große Anzahl von Vorträgen und Schriften, vor allem seine Psychologie des Jugendalters, eine ähnlich starke Wirkung auf die Lehrer gehabt hat wie Spranger. Sein Hochbild von der Volksschule entwarf er im »Eigengeist der Volksschule«, sein Hochbild vom Lehrer im »Geborenen Erzieher«.

Aktuell oder nicht aktuell, das ist hier die Frage nicht. Der Leser dieses Bandes wird manches finden, was zeitbedingt war und nur aus der Zeit Sprangers heraus verstanden werden kann; auf der anderen Seite aber auch manches, worin Spranger seiner Zeit weit voraus war, wie z. B. seine Gedanken über das 9. Schuljahr und über die Hinführung zur Arbeitswelt. Vielleicht aber auch einiges, was in der Pädagogik der Gegenwart noch gültig oder doch jedenfalls wert ist, bedacht zu werden.

Auch ich möchte nicht versäumen, der Stiftung Volkswagenwerk für die Förderung dieser Ausgabe zu danken. Mein besonderer Dank gebührt ferner H. W. Bähr für die Benützung des Spranger-Nachlasses und mannigfache Hinweise, H. J. Meyer für vielfachen Rat, Gerdi A. Jonen für die Durchsicht der Briefzitate, Th. Neu für die Überprüfung der angeführten Ms. und Ts. im Nachlaß und meiner Frau für die Anfertigung der Ts. für diesen Band und die Hilfe bei der Lesung der Korrektur.

Ludwig Englert

Namenregister